郑杭生社会学学术历程之五

中国特色社会学理论的提升（下卷）

社会运行学派：前沿意识与草根精神

郑杭生 著

中国人民大学出版社
·北京·

目　　录

第三部分　重新认识

第四部分 铺路搭桥

三、新型城镇化

走向包容、公平、共享的新型城镇化*

——城乡社会变迁视野下中国城镇化道路的现实考量

从许多方面而言，中国城市化在近现代史上是没有先例的。首先，在中国这样人口规模巨大的发展中国家，有13多亿人参与、提供了惊人财富的城市化过程，这在现代化史上是绝无仅有的。其次，中国仅仅用数十年时间就取得了欧美国家数百年的发展成果，这种高速率推进的工业化和城市化在历史上也是前所未有的。第三，中国城市化不仅对本国的经济发展与社会进步发挥了巨大的推进作用，而且也为发达国家主导的生产关系和供需关系的维系和生产—消费体系的运转做出了贡献。与此同时，中国城乡社会出现的许多新型社会问题，也是始料不及的。总之，巨大规模民众的参与、巨量财富的聚集、层出不穷的困难和问题，导致在经济快速发展、城市急速扩张的过程中，国民收入和所享福祉的提升不同步，社会公平正义滞后，这些现象的反差的确令人关注、引人深思。

一、历史视野下中国城乡社会变迁

以往城市化研究建立了这样一幅图景：城市化是城乡力量彼消此长

---

* 与杨敏合作。这是郑杭生主编的《中国人民大学中国社会发展研究报告（2013）：走向包容、公平、共享的新型城镇化》的总论和第一章。该书2013年10月由中国人民大学出版社出版。本文的部分内容以《城乡一体化与同城化齐举并进》为标题发表在《红旗文稿》，2013（20）。后来全文刊登在《宜春学院学报》，2013（2），文字有所修改，发表时的摘要如下：

> 从历史视野看，我国传统社会长期因循城乡一体的结构体制。这一体制随着近代西方现代化的深入而瓦解，中国近现代的城市化走上了一条“以地为本”的发展道路。“以地为本”的城市化给我国当前社会带来了城镇化率虚高、半城市化、逆城市化等诸多始料不及的问题。当今中国的城市化其实是“土地的城市化”。当今中国城市化发展应该进行由“以地为本”向“以人为本”的发展思路转变，走城乡一体的新型城镇化发展道路。

的过程，乡村衰败、城市兴起、城乡对立、城市主导的变迁轨迹贯穿其中；人类生活也相应呈现出三个阶段性进程，即从传统乡村社会时代向城乡二元社会时代转变，再从城乡二元社会时代发展到城市社会时代。事实上，这可以说是城市化研究中的一种较为常见的和固化的解释模式。这一模式勾勒出的中国城市社会发展，必然是一个从无到有，再到扩张和全盛的过程。不难看出，这一图景与标准的西方现代性理论是高度符合的，以西方城市社会的发展路径作为参照系，引申出对中国城市化过程的刻画和预期。然而，这幅图景对中国城乡社会的历史解释和现实认识存在着诸多误区和重大缺失，对未来趋向的把握也充满困境。

在当代，随着城市化的快速推进，中国城乡社会发生了沧桑巨变。这一令人关切的实际过程蕴含着深邃的历史性意义。城市化改变了城市与农村的结构关系，重构了城乡社会的利益格局，重新安排了“身份—权利—待遇”体系。可以看到相互交织的两条宏脉：一条是城乡关系的发展脉络，经历了从最初城乡一体合治到近现代城乡二元分立，再到当代城乡一体化的进程；另一条是“身份—权利—待遇”体系的演变脉络，展现了从城乡同构体系到城乡差别体系，再到同城差别体系的转变。回溯历史与探察现实，能够把握更为深层的结构性变化和纵跃历史的变迁线索。构建包容、公平、共享的“身份—权利—待遇”体系的过程，将有望绘制中国城市化的一幅全新图景。①

（一）城乡一体的社会体制

事实上，城乡二元分析框架不过是现代进程的产物，其历史极为有限。远在这一视野确立之前，中国城乡关系的独有特征早已存在。这是城与乡的社会一体性关系：乡村社会与城市社会很大程度上是亦此亦彼的，并不存在非此即彼的隔离。可以说，乡村与城市始终是中国社会彼此交融的两个侧面。在漫长的历史进程中，以农耕生产为基础，浇塑了乡村社会和城市社会的共同根基，也融筑成了中国历史上城乡一体的社会体制。

第一，传统中国的社会体制是城乡一体的。中国城市文明发展史十分悠久。2008 年，陕西省杨官寨遗址入选“年度全国十大考古新发现”。

---

① 参见杨敏：《三元化利益格局下“身份—权利—待遇”体系的重建——走向包容、公平、共享的新型城市化》，载《社会学评论》（创刊号），2013（1）。

杨官寨遗址是约 6 000 年前的巨大史前聚落，现被誉为“中国最早的城市”。此外，史前古中原地区先民创造了独特的城市模式——中原城市群。据考，从黄帝时代开始，郑州一带就出现了中华文明史上最早的城市群，黄帝陪都墟、禹居阳城、夏启迁都、太康建都、商汤建都、商代城市遗址、郑韩故城、阳城遗址等。史前中原城市群也许是世界城市发展史上绝无仅有的现象。

中国统一规划的城市体制始于秦。据相关研究，秦统一六国后，普行郡县制，确立了以首都为中心、以郡县城市为网点的大一统的首都郡县制城市体系。城市成为各级政权所在地，城市的政治功能是第一位的。城镇并不是单独的行政单位，城市体制是城乡合治体制的一个组成部分。[①] 钱穆亦认为，远在春秋时，城邑可考者当达两百左右，其间则有迄今超越三千年以上之长时期存在者。自秦汉推行郡县制，每县必有一城为其治所。这些城市，不仅作为一政治中心，同时亦是一工商业中心。环绕着它的四乡，即凭此作为一物资集散之枢纽。此和西方中古时期之城市，独立于当时封建系统以外者大不同。[②] 有学者指出：“多数从事中国研究的欧美学者普遍认为，在近代以前的中国，城乡之间没有截然的区分，它们仅是一个渐进的统一体。”[③] 从研究可见中国城市体制的两个突出特点，一是城乡文化一致性，二是城乡行政一体性。这也赋予了中国城市治理“与欧洲不同”的意义：城市与乡村的位置是平行的，城市在文化上并不比乡村更优越，在行政上也并不比乡村的地位更高。可以说，城乡分野和城乡对立是一种特定的历史现象，经由学人的提炼继而形成了一种理论视野和分析框架。

第二，在城乡合治体制的治理框架中，“身份—权利—待遇”体系是城乡同构的。就制度设置的功能而言，无明显差别的“身份—权利—待遇”体系意味着城乡人口流动能够保持均衡状态。传统上的中国城市并不是社会资源和社会机会的生产与配置中心，不是产出配置性资源和权威性资源的主要基地，城市尚未具有足够的利益驱动力促使乡村人口的大量流入，因而也就无须设置“身份—权利—待遇”的城乡差别体系，从制度规则上对乡村人口流动进行限制。钱穆称“中国向称耕读传家。

---

① 参见熊月之：《中国传统城市特质的变易与延续》，载《学术月刊》，2009（2）。

② 参见钱穆：《中国历史研究法》，42 页，北京，三联书店，2001。

③ 周锡瑞：《华北城市的近代化——对近年来国外研究的思考》，见《城市史研究》，第 21 辑，14 页，天津，天津社会科学院出版社，2002。

农村子弟，勤习经书。再经选举或考试，便能踏进政府，参与国事。故士之一流品，乃是结合政治社会使之成为上下一体之核心”[①]。李泽厚以传神之笔描绘了中国古代知识阶层“兼济”与“独善”这两种相互补充的品格[②]，更是隐喻了在文化价值和理想诉求方面，乡村具有优于城市的淳远意境。这些都印证了中国传统时代“身份—权利—待遇”城乡同构体系的存在。

传统上中国城乡合治的社会体制表现了城乡自然“一体化”，这一历史事实对于西方城市现象显然是很另类的，一些西方学者否认非西方国家前现代时期存在城市文明。其中，韦伯的观点较为极端。在他看来，城市是与乡村分立的另一种共同体，城市也是西方工业化和现代化过程中独有的现象，西方城市的一些特征（社区、社团、市民等）是东方地区缺乏的。[③] 韦伯对中国城市现象所持的否定态度，引起了中国学者的批评。如熊月之认为，对韦伯而言，城市是现代西方特有的产物，是资本主义、理性精神、自由平等的理念及民主制度的体现，而中国城市在这方面则是失败的。韦伯以欧洲城市为普世模式，断言中国历史上根本没有城市。[④] 韦伯显然忽视了：在欧洲现代城市形成之前，中国的城市早已存在，这是以欧洲为中心、以现代性为起点的西方城市理论无法覆盖的历史事实。当这一理论应用于中国城市现象的解释时，其狭隘眼界必然显露无遗，其研究结论也难免遭到质疑。

（二）走向城乡二元分立的现代中国

欧洲开辟的现代性进入全球扩散的过程，在中国的社会变迁中插入了中西关系的重大历史因素。中国城市社会变迁很大程度上也受其影响甚至为其左右，近现代意义的中国城市历史由此开始发生。

第一，中国城乡二元社会结构的生成如下。从中外学者的研究来看，多以中国社会的殖民地化、半殖民地化作为近现代中国城市的起点。“鸦片战争以后，随着上海、汉口、天津等通商口岸的辟设，治外法权的实行，租界的建立，西方的城市规划、司法制度、市政管理、经济管理等制度的引入，中国传统城市演化进程被打断，与西方工业化以后城市相

---

① 钱穆：《中国历史研究法》，44 页，北京，三联书店，2001。

② 参见李泽厚：《美的历程》，桂林，广西师范大学出版社，2000。

③ 参见［德］马克斯·韦伯：《经济与社会》，下册，567 页，北京，商务印书馆，1997。

④ 参见熊月之：《中国传统城市特质的变易与延续》，载《学术月刊》，2009（2）。

似的、与中国传统城市迥异的近代中国城市才开始出现。”[①] 此前，西方占主导地位的国际贸易分工体系及国际经济和政治秩序已经形成。中西关系的这种时空方位，不仅标定了近现代中国城市的起点，也标定了中国城市边缘的和依附的地位，既是西方国家的原料、劳动力和初级产品来源地，也是其商品和资本输出市场。无论从外向还是内向的维度上，都可探查到中国城市具有的特殊机制和功能，即生产要素、经济收益和社会财富的输出机制，以及对国际经济体系发挥的支撑功能。

与殖民地化、半殖民地化同步的中国城市相伴而行的一个进程，就是经济结构和社会结构的严重不均衡性。譬如，城市差距扩大，中东部少数沿海沿江的开埠通商城市发展较快，与内陆城市形成了发展差距；地区差距扩大，东部、中部、西部的不平衡发展格局的持续凸显；城乡差距扩大，随着外国资本输入和本土资本兴起，城市成为经济和政治中心，对中国农村的支配和剥夺逐渐导致了农户经济的衰竭。总之，在中国城市步入近现代的进程中，传统上城乡合治的社会体制发生了根本性的转变，终于形成了城市与乡村的大分流，城乡文化一致性和行政一体性不复存在，开始了所谓城乡二元社会结构的演化过程。

城乡二元分立过程的种种巨变汇成的大时代背景，绘成了这一时期中国社会学的理论底色。如费孝通的《乡土中国》（1948）等作品，刻画了以村落为单位的乡土社会发生的变化，“从基层上看去，中国社会是乡土性的。我说中国社会的基层是乡土性的，那是因为我考虑到从这基层上曾长出一层比较上和乡土基层不完全相同的社会，而且在近百年来更在东西方接触边缘上发生了一种很特殊的社会。”[②] 费老说的这个在东西方接触边缘上、在乡土社会基层上产生的特殊社会，即非乡土性的城市社会。正是在乡土社会与城市社会二元结构的理论前提下，费老建立了一套范式和框架，如乡土社会与城市社会、乡下人与城里人、熟人社会与陌生人世界、礼治与法治、习惯与契约、安土重迁与分化流动等等，对中国社会结构的二元化特点及其相互区隔给予了生动的描述与深入的刻画。

第二，“身份—权利—待遇”的城乡差别体系取代了“身份—权利—待遇”的城乡同构体系。二元分立的现代城乡关系意味着打破传统的城

① 刘君德、汪宇明：《制度与创新——中国城市制度的发展与改革新论》，27页，南京，东南大学出版社，2000。

② 费孝通：《乡土中国》，《费孝通全集》，第5卷，316页，北京，群言出版社，1999。

乡平行格局，在行政体制上确立以城市为中心的行政管理体系，在经济体制上推行以城市为中心的市场化体系，城市因而具有了特别重要的功能地位——城市是对社会资源和社会机会进行生产与配置的核心基地。处在当今的全球大视野下，国家与市场对于城乡分立发挥的推动力量，其复杂过程仍需进一步的研究。简单地说，20 世纪中期新中国成立之后到改革开放的前 30 年中，国家力量对城乡分治体系发挥了主要作用。在国家主导下，中国城市建立了独特的单位制结构，标志着城乡二元化的社会结构和组织体系的确立。改革开放以来的 30 多年中，市场经济成为了中国城乡社会分离的主要力量。仅从收入分配来看，随着中国经济体制从计划型向市场型的转轨，城乡收入差距持续扩大。历史资料显示，从 1978 年至目前的 30 多年间，除了个别年份，中国城乡收入差距一直在扩大。

中国城乡经济和社会结构的二元化过程逐渐催生了一个历史性的转变：以往“身份—权利—待遇”的城乡同构体系不断消解，“身份—权利—待遇”的城乡差别体系取而代之。当城市与农村的二元化结构表现为一系列制度安排，城乡在户籍制、所有制、职业等区分也划定了城乡居民“身份—权利—待遇”的制度壁垒。譬如，《中华人民共和国土地管理法》（2004）和《中共中央关于推进农村改革发展若干重大问题的决定》（2008）的相关规定，农民集体所有的土地依法属于村农民集体所有的，由村集体经济组织或者村民委员会经营、管理，农民集体所有的土地由本集体经济组织的成员承包经营。从《土地管理法》又延伸出了城乡居民在经济权利和社会福利上的不同待遇，如土地承包经营权、农村集体经济股份分红权、计划生育政策区别以及住房、就业、社会保障及其他公共服务政策的城乡差别待遇。总之，中国居民已经分处于“身份—权利—待遇”的城乡制度性差别体系之中。

二、以地为本还是以人为本：中国城市化之惑

在改革开放开始的 1978 年，中国的城市化率只有 17.92%，这一数字在 2011 年达到了 51.27%。随着城市化的快速推进，中国经济也在迅猛发展，国家实力明显增强，社会财富迅速开发聚积，人民生活质量不断改善。从许多方面说，将中国城市化视为本世纪具有全球意义的一个重大事件并不为过。据说诺贝尔奖获得者约瑟夫·斯蒂格利茨曾如此断言：“中国的城市化和以美国为首的新技术革命将成为影响人类 21 世纪

的两件大事。”中国的城市化不仅对本国的经济发展和社会进步发挥了巨大的推进作用，而且也为全球生产关系和供需关系的维系，以及发达国家主导的生产—消费体系的运转做出了贡献。据国家卫生和计划生育委员会最新预测，2020年中国城镇化率将达到60%左右，未来十年全国城镇人口年均增加1 300万～1 600万，其中，农村转移人口1 000万～1 300万。并称，中国农村劳动力向城镇转移的步伐未来将逐步趋于平稳。[①] 每年上千万农村人口移入城市的数字后面，意味着城市化必然面对的各种社会阻力，许多情况下是同时应对来自城乡社会的双重阻力。在未来一段时期里，挤出城市化率泡沫，扭转“半城市化”、“逆城市化”现象等，是实现更加平稳、更加和谐的城市化绕不开的现实问题。

时至今日，必须思考的是：“我们的城市化可以为继吗?”如果答案是肯定的，那么还需要回答“我们的城市化何以为继?”这样一个问题。

(一)“土地城市化”的社会代价

当今的中国和世界已经习惯了一个个“中国奇迹”。这些精彩荟萃的奇迹离不开中国农村和农民的贡献，其背后更多的是土地与农民、农民与乡土挥别的悲喜记述。这一过程的城市化与土地经济的复杂纠结和连锁效应，不断对中国城市社会与农村社会投放出深远的影响。

城市化与土地经济复杂纠结的形成及演变。自20世纪80年代中期开始，国家制定了新的土地管理制度并做了数次修订。特别是1988年《土地管理法》的修改，以及同年宪法修正案关于“土地的使用权可以依照法律的规定转让”的规定，恢复了土地的商品属性，使得土地融资与信用、土地开发利益返还成为可能，建立了国有土地有偿、有限期的土地使用制度。其重要结果之一是城市政府的扩权，譬如征收农村土地的权力，收回城市内部国有土地使用权的权力等。如此，城市地域规模的扩张成为可能。而且，地方政府以低进高出方式圈售土地，通过土地出让变现可实现财政收入，开发利益还可获得高额回报，这样就形成了土地经济与地方利益的链条。同时，以土地批租收益为基础，开辟了一定时期内可持续的地方财政来源，地方土地财政机制也由此形成。这个链条的影响辐射到城市化过程：在地方利益的驱动下，征地、卖地、融资，再征地、卖地、融资，中国城市化进入了快速增长的轨道。

---

① 参见《报告称新生代农民工已不大可能返乡务农》，中国新闻网，http://news.xinhuanet.com/politics/2012-08/07/c_123541471.htm。

土地财政机制与地方债务的循环累积。目前，城市化和地方财政对土地经济的依赖已是不争的事实，许多城市的城建资金支出基本上来自土地出让金，土地收益也是营业税、城建税、土地增值税、耕地占用税、城镇土地使用税、契税等多个地方税收的来源，地方政府机构的正常运转、公共服务支出、民生保障支出等，都依赖于土地经济的收益，可以说事关地方政府的命脉。当然，在这背后还有地方政府债务的累积。土地收益的实现还需融资和举债，地方政府通过银行信贷来筹集一定比例的投资资金，于是，伴随投资融资高增长的是财政预算收入高增长，也包括地方不惜违规违纪进行土地抵押融资。这样，在土地经济为依托的城市化运作链条中，是地方财政预算收入增长与地方债务增长之间的彼此助推关系。相关研究表明，土地出让金是最重要的财源，在某些城市通常占财政超 50%以上。“现在好像离了土地，地方政府各方面都受到影响，包括发工资。”[①] 一些基层政府，年终要拿一块地卖了以后才能发工资。于是，城市越是扩张做大，“土地城市化”之势越盛，政府越是债台高筑。地方政府对土地经济的依存度过高，早已失去了理性。

土地经济主导城市化的社会震源效应。土地问题一直是近现代以来中国社会变迁的“动源”，亦是社会冲突的根本性“震源”，也是当今中国城乡社会矛盾的最主要起因。譬如，土地征用的补偿问题。政府的征地与出让操作过程采取低进高出，使城市地域扩张以较低成本覆盖乡村，造成了城乡收益分配的“新剪刀差”，农村和农民成为了利益受损方，也促成了许多群体性事件的直接震源。2011 年 10 月和 11 月，笔者参与了广东南海农村综合体制改革和社会管理创新的实地调查。当地农民抱怨，农村深层矛盾的根源在土地，而土地问题是政府导致的。根据南海区信访局资料，2011 年 1 月至 10 月，区信访局接待群众来访共 500 批 2 026 人次，土地问题引发的上访是主因，主要涉及征地款（土地出让款）分配、国土资源管理、城建拆迁补偿等问题。[②] 从南海区各镇（街道）情况看，上访事件和群体性事件已经成为基层政府常规性的工作压力。如狮山镇政府相关部门称，维稳的突出问题主要是土地问题，2011 年 13 批越级上访的事件中，11 批涉及土地征用或土地历史遗留问题。[③]

---

① 《发改委酝酿新型城镇化：户改几乎遭遇所有市长反对》，载《财经国家周刊》，2012-08-20；《土地财政挽歌》，经济观察网，http://www.eeo.com.cn/2012/0721/230457.shtml。

② 参见 2011 年南海区信访局调研材料。

③ 参见狮山镇综治信访维稳中心：《狮山镇信访维稳工作和治安管理情况汇报》，2011 年 12 月。

土地经济主导的城市化使土地问题再次成为最大的社会问题，造成了城乡社会深层次矛盾的积累和激化，对经济、政治、司法、社会等多个领域的运行秩序带来了严重震动。这样的说法并不为过："农民与土地问题，又一次成为摆在中国前行道路上的一道坎。"①

流动人口管理和服务的严峻局面。随着城市化的超常规扩张，流动人口的管理和服务也面对十分严峻的局面。第六次全国人口普查数据显示，我国人户分离现象已十分普遍，全国 2010 年人户不一致的流动人口已经达到 26 138 万人，近五分之一的中国人在流动。② 另据国家人口计生委 2012 年 8 月发布的研究报告，流动人口规模达到历史新高。2011 年，中国流动人口总量已接近 2.3 亿，占全国总人口的 17%。③ 值得关注的是流动人口的年轻化趋势，这一群体的平均年龄约为 28 岁，"80 后"新生代农民工在其中已占近一半。与他们的父辈相比，新生代流动人口更看重自己未来的发展，更注重体面就业发展机会。如何应对这一变化是社会管理和公共服务面临的很大挑战。如 2012 年 7 月广东云安外地人因经济纠纷与当地村民发生的冲突事件，广东中山市沙溪镇发生的当地人与外地民工的冲突骚乱并与警方对峙事件，2012 年 5 月浙江瑞安的外地民工骚乱与防暴警察对峙事件，2011 年 10 月广东南海的"小悦悦"事件等，基本是流动人口特别是新生代流动人口的服务和管理缺口导致的严重事件。这就警示我们：城市化不仅仅是经济增长的过程，也是服务和治理提升的过程，应当承担社会管理和公共服务的重要责任。

群体性事件的猛增和激变。令人忧虑的是，因土地征用、强制拆迁、环境污染等直接导致的群体性事件此伏彼起、愈演愈烈。如 2011 年 9 月广东省汕尾市乌坎村因土地征用引发的上访和警民冲突事件，2012 年 4 月天津滨海新区开建聚碳酸酯化工厂项目导致的市民聚集事件，2012 年 7 月四川什邡钼铜项目引发的中学生、市民上街游行事件，2012 年 7 月江苏启东因王子制纸排海项目引发的市民请愿和骚乱事件等，其负面影响均为历年罕见。特别是最近一两年来，我国群体性事件显露出极为严峻的走向。总体上看，发作频次更高、人员规模扩大、参与阶层增多、

---

① 《土地问题：中国绕不过的"乌坎"》，中评社，香港，http：//www.chinareviewnews.com，2012－01－01。

② 参见乔晓春：《中国人口布局的现实特征与未来展望：来自六普数据的分析》，载《甘肃社会科学》，2011 (4)。

③ 参见《报告称新生代农民工已不大可能返乡务农》，中国新闻网，http：//news.xinhuanet.com/politics/2012－08/07/c_123541471.htm。

剧烈程度升级、呈现恶性暴力骚乱等特征，矛盾冲突直指基层政府、市县政府、公安部门和警务人员，再加上博客、微博、QQ、微信等新的网络动员手段，使公共安全和社会秩序面临难以预测的巨大风险。显然，初级发展的负面结果已经碰触了社会承受力的临界点。

(二)“土地城市化”的泡沫：城镇化率“虚高”

随着中国城市社会的扩张，2011年城市化率达到了51.27%。[①] 按照这一数据，中国城市人口有史以来首次超过了乡村人口，标志着以城市型社会为主体的特征已基本形成。不过，采取不同的统计口径会直接导致城市化率的数据波动。一般来说，城市化率是采用人口统计学指标，按城镇人口所占总人口的比重来计算的。在具体统计上，中心城区、县（市、区）及建制镇，凡列入城镇建设规划且城区建设已延伸到乡镇、居委会及村委会并已实现水、电、路“三通”的，都纳入市镇人口计算。然而，如果按照城镇户籍人口占总人口的比例计算，数据就会显示不同的含义。譬如，2010年中国城市化率是46.59%，而城镇户籍人口占总人口的比例只有约33%，两者相差13.59个百分点；2011年，中国城镇化率的官方统计数字是51.27%，但城镇户籍人口占总人数的比例却只有35%，前后相差16.27个百分点。“这意味着有13.6%，即1.28亿生活在城镇里的人没有城镇户口及享有城镇居民待遇。”[②] 相关资料显示，目前的城镇化率存在“虚高”现象，有10%～12%的城镇人口是农民工及其家属，他们仅在统计上归入了城镇人口，实际上并没有真正享受市民待遇。[③] 也就是说，如果以城镇户籍人口所占总人数比例来计算，中国城镇化的真实比率应该降低10个百分点。

对城市化率的统计口径的讨论，涉及“人”与“地”之争，即城市化是“以人为本”还是“以地为本”，是“人的城市化”还是“土地城市化”这样一个问题。学界发出了强烈的质疑声音，如李昌平认为，现在的城市化是“两要两不要”，即要农民工的劳动力不要农民工，要农民的

① 参见潘家华、魏后凯主编：《城市蓝皮书 中国城市发展报告 No.5：迈向城市时代的绿色繁荣》，2页，北京，社会科学文献出版社，2012。

② 《数据显示我国1.28亿生活在城镇民众无城镇户口》，载《中国青年报》，2012-12-04；《发改委酝酿新型城镇化：户改几乎遭遇所有市长反对》，载《财经国家周刊》，2012-08-20。

③ 参见于猛：《城镇化率不是越高越好》载《人民日报》，2011-04-11；张敏：《我国城镇化率虚高10个百分点》，http://www.sina.com.cn，2010-07-30。

土地不要失地农民。去除没有享受市民待遇的人群，现在的城市化率估计只有40%。[①] 相关数据也反映出，土地的城市化率要远高于人口的城市化率。如2001—2007年，地级以上城市市辖区建成区面积增长70.1%，但人口增长只有30%，表明土地城市化远远超前于人口城市化。[②] 陆学艺则指出了目前城市化的另一个软肋：城市化是好的，但在社会政策方面、社会体制改革方面还远远跟不上需求。1978年的时候，一个街道管4 900人，现在一个街道平均要管理9.6万人。[③] 在城市人口激增的同时，城市的公共服务与社会管理并未同步推进，也从一个侧面反映了“土地城市化”的特点和弊端。

（三）“半城市化”：在城乡之间拉锯徘徊的流动人口

土地城市化率与人口城市化率存在的实际差距，意味着相当数量生活在城市的农村流动人口没有城市户籍，不能与城市居民享有同等待遇，不能真正融入城市社会。按照“1.28亿生活在城镇里的人没有城镇户口及享有城镇居民待遇”的估算，这部分人口规模庞大，对城市社会和农村社会造成了不容忽视的影响。近年学界关注的农村流动人口的“半城市化”及“半融入”现象，就是土地城市化率大大超前于人口城市化率所导致的直接结果。“以地为本”的城市化取向排斥了“以人为本”的根本目标，要农民工的劳动力不要农民工、要农民的土地不要失地农民，难以避免深刻的社会矛盾：“一方面是农村人口大量涌入城市，另一方面是进入城市的农民、农民工未能真正融入城市，两个方面形成了尖锐的对立。”[④]特别是2008年以来，进一步强化了土地经济对城市化的主导力量，使得农村流动人口的“半城市化”、“半融入”甚至“不融入”现象更为突出。

研究者将进入城市的农村人口分为两大类别：一类是城市的“外来农民工”，另一类是本地农村户籍人口的“农转非人员”。[⑤]无论是“外来

① 参见《社科院称城镇人口今年将首超农村》，人民网，http：//qh.people.com.cn/BIG5/n/2011/1220/c183411-16617926.html，2011-12-20。

② 参见《数据显示我国土地城市化远超人口城市化》，载《瞭望新闻周刊》，2012-01-02。

③ 参见《社科院称城镇人口今年将首超农村》，人民网，http：//qh.people.com.cn/BIG5/n/2011/1220/c183411-16617926.html，2011-12-20。

④ 李强：《中国城市化进程中的“半融入”与“不融入”》，载《河北学刊》，2011（5）。

⑤ 参见上文。

农民工”还是“农转非人员”，如此规模庞大的人口在城市生活中的徘徊游离状态，已经成为日益严峻的社会问题。外来农民工因户籍制度的限制，在就业、子女教育、社会保障、住房、养老等方面都不能享受与城市居民相同的待遇，很难顺利地融入城市社会。特别是新生代农民工，他们大多出生并成长在城市，但在工作和生活的城市却难以立足，其现实处境和内心感受比他们的父辈更为难堪。“农转非人员”的情况并不比“外来农民工”好。他们以土地换得了城市户籍，面对城市居民，他们在教育、学历、知识、技能、谋生能力、市场竞争力方面往往处于下风，而且，针对“农转非人员”的社会保障和公共服务常常是“真空”状态，从农村到城市的身份转变可以是一个瞬间，从农民变为市民的路依然是漫长而曲折。近年来，随着城市快速扩张、土地不断划入城市，“农转非人员”已经是一个巨大的数目。土地一下变现为了货币财富，世代为农养成的心态、生活方式和价值观却不能立即适应这种变化，“农转非人员”中奢华、挥霍、斗富、滥用金钱的现象十分普遍，不少人重新返贫甚至沦为赤贫，也使得一部分“农转非人员”成为了问题人群和维稳对象。

（四）“逆城市化”：城乡利益格局的变化

从实际看，中国的城市化也是利益驱动方向的变化、社会利益格局的复杂化过程。以往很长时间里，城市居民的收入、身份、权利、待遇都要高于和优于农村居民，因此，成为市民可以比农民获得更大的收益，这也决定了人口流动意愿与城市化是一致的。30多年的城市化使上述情况出现了逆转。在中国的中东部，一些地区农民的收益和待遇超过了市民，人口流动意愿开始出现与城市化不一致的趋向；一些城市，特别是东部沿海经济较发达地区的城市，本地乡村土地被快速扩张的城市区域所包围，围城下的本地农村居民表现出强烈的“逆城市化”甚至“反城市化”心态。“逆城市化”反映了城乡社会利益格局的深刻变化及其深层的制度因素。以户籍制度、土地制度以及由此衍生的农村集体经济制度为基础，形成农民与市民的不同权利和待遇，主要包括承包地、宅基地、计划生育指标以及农村集体经济的持股和参与股份分红等。城乡社会利益格局之间存在的巨大落差，改变了以往的人口流动意愿，形成了“逆城市化”、“拒城市化”、“反城市化”趋势。以前是农村人口千方百计地“农转非”，给城市政府带来了巨大的压力；现在却是城市居民想方设法要“非转农”，使乡镇政府和村委会不胜头痛。这种变化的确让人啼笑皆非。

笔者在广东南海进行实地调查时看到，这些年，南海农村集体经济的“蛋糕”越做越大，2011 年南海村（组）两级经营资产达 260 亿元，可支配收入约 50 亿元。73.7 万拥有农村户籍的“乡下人”都有分享这块“蛋糕”的权利。换句话说，“城里人”和“外来人”成为了与这块“蛋糕”无关的“体制外人员”。因此，“到农村去”的风潮越演越烈。这种“到农村去”、“到保留农民身份的乡下去”潮流，汇成了非常别致的南海“逆城市化”景观。对于实践领域的决策者固然是非常棘手的现象，对于学术领域的研究者也是始料不及的。无论是“半城市化”、“不融入”或“半融入”概念，主要是讨论和描述城市化的不足，仍属于城市化范畴。而“逆城市化”则不是城市化不足的问题，而是“拒城市化”、“反城市化”的问题，是农村对城市社会的抵抗，农民对市民身份的拒绝。“逆城市化”表明了城市化过程的逆反和倒转，这是中国甚至世界城市化史上几乎前所未有的局面。

2011 年我国城镇常住人口首次超过了农村常住人口，标志着我国开始从乡村型社会步入城市型社会的发展阶段。[①] 需要特别关注的是，在现有城镇常住人口中，数以亿计的农村流动人口还没有获得城镇居民的同等待遇。在实现中级城市型社会目标的过程中，将有更多的农村人口转移到城市，如果对他们仍然不能获得同城同待遇，那么这样的城市化势必会难以为继。所以，必须结束初级发展的“土地城市化”，真正以科学发展观对未来的城市化进行思考和规划。

三、新型城镇化过程中的城乡双侧发展

近几十年中，中国城市化进程以超常的速率推进。在这种情形下，我们对现实方位和未来走向的准确判断就显得更为紧要。中国城市化的许多方面是没有先例的、前所未有的、未曾预料的，这就更需要把握中国城市发展的清晰而完整的脉络，在更宏观的历史坐标下寻找现实与未来的答案。汉董仲舒所谓“不知来，视诸往”（《春秋繁露·精华》），其

---

① 以人口城镇化率来对城市型社会进行阶段划分：城镇化率在 51%～60%之间，为初级城市型社会；城镇化率在 61%～75%之间，为中级城市型社会；城镇化率在 76%～90%之间，为高级城市型社会；城镇化率大于 90%，为完全城市型社会。参见潘家华、魏后凯主编：《城市蓝皮书 中国城市发展报告 No. 5：迈向城市时代的绿色繁荣》，2 页，北京，社会科学文献出版社，2012。

意重在“道往而明来”。如果通过这种倒溯的过程，能够感受到内在于一个社会变化趋势中最深沉的力量，那么就获得了立足现实和面向未来的基础。我们就能够从实际过程而不是从纸上的教条，形成对当今中国城乡社会变迁问题的理解和回答。

从中国城乡社会变迁的历史看，城市与乡村始终构成了同一进程的两侧。从当代中国城市化的进程看，城市化每一阶段的推进必然牵涉到乡村，引发农村、农业和农民的许多方面的实际反应。2013 年初，中共中央及国务院下发的 1 号文件中指出了当前农村的新变化和新问题：伴随工业化、城镇化深入推进，我国农业农村发展正在进入新的阶段，呈现出农业综合生产成本上升、农产品供求结构性矛盾突出、农村社会结构加速转型、城乡发展加快融合的态势。人多地少水缺的矛盾加剧，农产品需求总量刚性增长、消费结构快速升级，农业对外依存度明显提高，保障国家粮食安全和重要农产品有效供给任务艰巨；农村劳动力大量流动，农户兼业化、村庄空心化、人口老龄化趋势明显，农民利益诉求多元，加强和创新农村社会管理势在必行；国民经济与农村发展的关联度显著增强，农业资源要素流失加快，建立城乡要素平等交换机制的要求更为迫切，缩小城乡区域发展差距和居民收入分配差距任重道远。[①] 十分明显，新型城镇化本身必须重新思考“三农”问题，对土地配置、农民出路、粮食体系、农业经营、新农村建设等给予具体回答，并在新的历史方位下推进城乡一体化建设。通过这一过程从根本上解决“三农”问题，形成“新三农”——现代农村、现代农业和汇入现代职业体系的现代农民——发展格局。

（一）城市化扩张过程的农村剩余劳动力

上世纪中期，一批新兴发展中国家加入到现代化进程中，它们的社会与西方社会表现出不同的结构性特征，为发展经济学和发展社会学的研究注入了新的生机。W. A. 刘易斯（William Arthur Lewis）在《劳动力无限供给下的经济发展》（1954）一著中提出了二元经济结构模型，以解释发展中国家的经济和社会现象。这一理论模型通过传统农业部门与现代工业尤其是制造业部门之间的劳动生产率差异，分析了发展中国家的工业与农业、城市与农村的二元现象，也指出了城市经济的发展水平

① 参见《中共中央　国务院关于加快发展现代农业　进一步增强农村发展活力的若干意见》，载《人民日报》，2013-02-01。

是破解城乡二元社会结构的根本途径。这一模型刻画了发展中国家同时并存的二元经济现象，指出了传统农村经济与城市工业经济这两种不同类型经济的非均衡性。从二元经济结构理论引申出了一种动态模型，即随着城市化和工业化的发展，传统农村经济向城市工业经济转化，将形成从二元化结构到同质化结构的社会发展趋势；通过工业化带动城市化，城市化又反作用于工业化，农村剩余劳动力不断向城市的劳动力市场转移，最终整个经济由二元结构转变为单一同质的现代化结构。

无论工业化和城市化过程的未来结果是否将是单一同质的现代化结构——在这一问题上难免会出现不同的声音，这一过程受制于一些基本的约束性条件，则是必须认真思考的。譬如，工业化和城市化进程中存在的不充分性和有限性。从理论上说，在工业化和城市化的发展足够充分的条件下，所有的农村劳动力都可以转变为城市劳动力。但就实际而言，市场的容量总是有限的，从而对农业部门和工业部门的产品贸易形成限制，特别是农产品的市场售出和价值变现，所受的限制会更多。因此，如何把农村隐蔽失业者全部转移到工业部门中去，是发展中国家的工业化与城市化面临的一个关键问题，在一定时期中，应采用劳动密集型的技术和产业而不是资本密集型的技术和产业，以避免资本高积累率以及可能造成的低就业率，这种情形将严重阻碍工业化与城市化进程。因此，后来一些经济学家如拉尼斯、费景汉等对二元经济结构模型做了持续的修正。

工业化、城市化和市场化的经验表明，无论是发达国家还是发展中国家，农业和农产品在市场经济中难以避免被边缘化，如果仅仅以从事农业生产作为谋生方式，农民的收入只会越来越低。根据中国人民大学经济学教授周立对美国所做的实际研究，在1910年，农民可以得到40％的食物美元（食物美元衡量每一个美元的食物消费中，食物价值的流向），上游的农业投入，会占15％，下游的食物加工与营销，会占45％。但到了现在，农民只能得到5％。上游的投入品和下游的食物加工与营销，都已经由少数垄断食品集团操纵。这使得夹在中间的农民就像被一把钳子夹住一样。其结果就是在食物美元中，农民得到的份额越来越少。“原来不只是中国的农民、发展中国家的农民，从全世界每人每天都要付出的庞大食物价值中，得到极其微小的一部分。作为世界现代农业样板的美国，农民的命运也是如此。”①

---

① 周立：《全球视野中的中国粮食问题——美国农场调查与〈美国的粮食政治与粮食武器〉写作的余话》，载《北京日报》，2008-06-02。

与这一真相有必然联系的是农民工和城市流动人口现象。“这几年，在农村基层调查中，农民们常告诉我，这年头种什么，什么不赚钱；养什么，什么不赚钱。青壮年人出门打工，实在是因为那块已经生养他们多少辈子的土地，已无法继续养活一家人后的无奈之举。”[①] 也就是说，工业化、城市化和市场化对农村、农业和农民形成了一种挤榨机制，不断将农村剩余劳动力挤压出来，逼迫其进入到城市工业经济部门，这种趋势又对城市的劳动力市场和就业造成了巨大的压力，导致了城市就业不足和失业率升高等问题。对于当代中国，这是一个较长期的动态过程，必然持续地牵扯到一系列的实际关系——城市与农村、城市经济与农村经济、工业部门与农业部门、市民与农民等等。从根本上说，上述讨论不可避免地返回到工业产品和农业产品的市场实现问题，还有通过市场实现过程，农业在食物消费体系、农产品贸易过程中所占的价值份额，最终涉及到规模巨大的农村剩余劳动力。

按照2020年中国城镇化率将达到60%左右的预测，未来十年全国城镇人口年均增加1 300万～1 600万，其中，农村转移人口1 000万～1 300万。在我国近期未来的新型城市化过程中，农村剩余劳动力的出路仍是非常严峻的问题。这就涉及到如何应对城市中的农民工和流动人口的就业问题。大约2007年以来，充分就业作为国家的一项重要政策，成为了城市发展和社区建设的目标之一，根据国家人力资源和社会保障部的相关要求，通过政府各个层级工作的考核标准采用了指标化方法，对社区甚至城市的充分就业贡献进行评估。

2012年12月，我们在地处西南的贵州省遵义市红花岗区的实地调查中，看到了一个优化配置各种社会资源的鲜活实例。这个区舟水桥街道的镇隆社区地处城乡结合部，是一个典型的工矿型社区，大部分居民都是下岗失业人员和就业困难人员。在实践中，镇隆社区逐渐摸索出就业创业工作的“113”模式，打造了社区创业示范街和残疾人就业示范亭，并向辖区企业推荐社区失业人员就业。此外，在区委组织部、区远程教育办公室、舟水桥街道办事处的领导下，社区开展了远程教育及“百千万示范带动工程”，仅2012年上半年就举办了集中培训22期，共培训554余人次。再以实现充分就业为目标，社区开展了“送信息、送岗位、送培训、送政策”等就业援助活动。目前，镇隆社区的失业率控

---

① 周立：《全球视野中的中国粮食问题——美国农场调查与〈美国的粮食政治与粮食武器〉写作的余话》，载《北京日报》，2008-06-02。

制在3%以下[①]，先后荣获了“贵州省五个好基层党组织”、“省级充分就业社区”、“遵义市文明示范社区”、“国家级充分就业社区”等荣誉称号。

2013年4月，我们在广东省中山市进行的实地调查中，对这个充分就业城市有了初步的观察。早在2002年，中山市在全省率先提出了统筹城乡就业的新思路，基本建立覆盖农村富余劳动力、新成长劳动力和下岗失业人员、“零就业家庭”的城乡一体化就业制度。2006年年初，该市将统筹就业范围从农村富余劳动力、下岗失业人员扩展到所有城乡居民，努力实现“人人有一份工作”的目标。按照“宜工则工、宜农则农”原则，大力实施“百万青年技能培训工程”、“创业富民工程”、“技能提升计划”等职业培训项目，实行就业培训补贴，扶持鼓励外出承包土地等措施，推动有就业愿望的农村劳动力转移就业。2010年，市镇两级共安排培训经费3 300多万元，新增就业8万人，高校毕业生就业率达97%，城镇登记失业率控制在2.2%以内，创建国家级创业型城市通过了广东省初检。

在与中山市人力资源和社会保障局举行的座谈中，局党委委员陈伟棠多次使用了“比较好”，透露了他对中山市就业现状的满意和乐观态度。陈伟棠说，目前中山市有200万左右从业人员，现阶段就业形势较乐观，失业率保持在2.1%～2.3%之间，在全省最低，达到了充分就业。外来工就业相对紧张，本地人和大学生的就业（特别是一次性就业）基本没有问题。大学生就业按照实名制落实，通过“一企一岗”活动得到解决。困难群体就业较好。全市设有179个社区就业基地，在基层就业问题解决得比较好。大大小小的社区工作坊和农业工作坊得到推广，起到了很好的带动作用。就业均等化做得比较好，实行本地人与外地人的无差别就业，基本做到就业平等。中山市对所有的求职和招聘实行免费，此外，本地人的就业培训全部免费，外地人部分享受免费培训；企业内部培训全部均等，在就业无歧视的同时，社会保障无差别，企业全部购买社会保险；解决劳资纠纷无歧视，24小时答复劳资纠纷投诉。[②]

---

① 参见镇隆社区党委：《镇隆社区远程教育半年工作总结》，2012年7月4日；《小社区也能做出大文章——郑燕同志先进事迹材料》；《镇隆社区创建方案》，2012年2月6日；《家门口建创业街 失业人员再创业》，载《遵义日报》，2013-01-18。

② 参见杨敏整理：《中山市人力资源和社会保障局调查和座谈纪要》；地点：中山市人力资源和社会保障局会议室；时间：2013年4月10日上午。

（二）粮食安全问题倒逼现代农村和现代农业的步伐

在中国农业八年连续丰收，农民收入也持续增加的同时，中国的粮食安全问题也日趋严峻，可以说粮食安全已经成为关系到国家和民族安全的一个大问题。这就使构建现代农业和现代农村职业体系显得愈加紧迫。

近几年，我国农业的欣欣向荣与农产品进口数量的不断增加形成了明显的矛盾，粮食安全面临严峻的局面。具体譬如，农产品的供求不平衡，许多主要农产品大量依赖国际市场，进口数量在逐年增加。专家指出，2011 年我国进口大豆和谷物超过了 6 200 万吨，也就是说，进口数量超过了我国总产量的 1/10。除此之外，粮、油、棉、肉、糖等都需要进口。[①] 农产品大量的进口，不外是由于我国农业产出与满足社会需求之间存在着很大的缺口，而其背后的深层原因则是农业资源紧张、农业技术能力不足等。"中国的人均农业资源确实太少了，在我们现在这样一种技术能力之下，利用这么少资源难以满足需求，所以要进口。全球现有的耕地大约是 20 亿公顷，我们是 18 亿 2 000 万亩，我们国家的耕地在全球占 9%左右，我们的人口去年是 13.14 亿，全球的人口是 70 亿，我们的人口在全球总人口占到约 19%，以 9%的耕地养活 19%的人民，难度非常大。"[②]

粮食供给利用国际资源和国际市场可以说是一柄双刃剑，在获得某些方面粮食保障的同时，也会导致和加剧另一些危机。例如在种业方面，这些年国内业界人士已经产生了越来越深的危机感。据相关报道，自 2001 年实施《种子法》、国内种业市场开放以来，跨国种业公司纷纷来华开展业务、抢占市场，在带来新品种、新技术和先进的经营、服务理念的同时，也产生了不可忽视的挤出效应，民族种业面临前所未有的严峻挑战。截至目前，包括全球前 10 强在内的外国种业公司陆续在华"跑马圈地"；到 2012 年，已有 25 家外商投资的合资企业和独资企业在华开展业务，经营的品种从蔬菜、花卉，到玉米、棉花等大宗作物。据统计，我国目前约 95%的甜菜、50%以上的食葵、部分高端蔬菜，都是外国品种；外国玉米种子在我国市场的市场份额，已从 2001 年的 0.13%，迅速

---

① 参见陈锡文：《中国农业经营面临危机 解决粮食问题需全球视野》，新浪农业，2012-05-21。

② 同上。

扩大到2011年的11%，10年间扩大了80多倍。[①] 面对这一深刻危机的不仅是种子市场，更有种子的“种子”——人才。由于国内种业失去了市场，相关育种专家被迫转行，其结果将是中国种业的彻底失守。种业失守也意味着中国粮食安全失去了基本的屏障。“专家们指出，不同于其他产业，种业是源头性、基础性、战略性产业，如果种业失守，中国的粮食安全就无从谈起。”[②]

从粮食安全问题衍生出粮食政治问题，从而危及到国家主权。在对发展中国家的观察和分析基础上，专家指出，农业产业化、粮食市场化、农产品贸易自由化对发展中国家的农业和农民带来了摧毁性的打击，伴随着农业生产特别是粮食生产能力的丧失，是对国外粮食援助的依赖，是在农产品自由化贸易和市场交易中受到多重剥夺，并导致了粮食安全、国家政治和政权问题。“在丧失了国家粮食安全和食品安全之后，这些国家更进一步丧失了国家主权，产生了对美国的政治与军事依赖。”这其中的警示是“中国也正在这样的过程之中”。专家建言“中国保障粮食安全的对策，是尽力维系一个自给自足的粮食生产体系，以及促进食品安全的本地化食物体系”[③]。

要“维系一个自给自足的粮食生产体系”和“促进食品安全的本地化食物体系”，首先是在利用国际资源和国际市场之时，对农业产业化、粮食市场化、农产品贸易自由化进行限制，并从根本上实现我国农业、农村和农民的彻底转型，在解决“三农”问题的过程中形成“新三农”发展格局。惟其如此，才能将传统的农户经济改造为现代农业经济，使“小、散、乱”的农民家庭生产和经营整合为现代农业经济的生产和经营体系，使我国农产品在贸易过程和市场竞争中，与发达国家的主要粮食生产国及西方跨国公司同台竞技。

（三）合理配置多种要素 构建现代农业体系

在利用国际市场和国际资源的同时，必须强调农产品供给的自主性，依靠自己的力量确保粮食安全。而所有这些都必须以我国现代农业生产和经营体系为基础。2013年中央1号文件指出：“确保国家粮食安全，

---

① 参见《跨国种业公司全面进入 民族种业面临巨大挑战》，载《人民日报》，2013-03-22。

② 同上。

③ 周立：《全球视野中的中国粮食问题——美国农场调查与〈美国的粮食政治与粮食武器〉写作的余话》，载《北京日报》，2008-06-02。

保障重要农产品有效供给，始终是发展现代农业的首要任务。必须毫不放松粮食生产，加快构建现代农业产业体系，着力强化农业物质技术支撑。”[①] 要实现这一目标，在我国农村和农业的新一轮改革中，需要对一系列环环相扣的重大问题做出慎重的权衡和抉择。

无论传统农业或现代农业，其生产和经营中都会受制于多方面的复杂关系。由于农业自身的自然特性，与工业部门相比，其革新和发展的条件制约只会更多、更严格。“农业是唯一一个人与自然相交换的部门。农产品的供给，主要受制于农地规模、气候变化、生产周期等自然条件。农业满足的，又主要是人们的食物需求，而在短时期内，人口数量是既定的，对食物的需求量，自然也是相对稳定的。所以，农业是最不容易扩张的一个部门。”[②] 如果仅仅局限于某些要素的配置和某些方面的扩张，农业的任何变革都会违背其自身规律而遭遇失败。因此，在建设现代农业生产体系的过程中，还要依据农业的自然规律，对多种要素——人、土地、技术、资本、市场等等——进行合理配置，实现农业生产和经营中各种复杂关系的统筹协调。

第一，需要处理好“谁来种地？怎么种地？”的问题。中国农业是传统农业的经典代表，每家农户以自耕农身份作为经营主体，以“基层细胞的组织与小块耕地的操作”[③] 的结合，形成了以农户为单位的小农经济。拥有小块土地的小农受困于“人多地少”的现实，费尽心力的劳作、殚精竭虑的经营、密集精致的技巧，曾将这种农户经济的效能发挥到了极致。时至今日，面对快速的工业化和城市化，农业领域专家提出的问题是：“回头看，五年、十年以后谁来种地？怎么种地？”[④] 这个“谁来种地？怎么种地？”的问题，就是在农业生产和经营过程中，如何对人以及土地的要素进行合理配置的问题。可能的选择如：以公司、企业为主体，进行大规模农业生产；或采用雇工农场的形式，由雇佣农业工人进行生产；或以农民家庭为主体，将农业生产建立在农户经济的基础上。上面第一种和第二种形式的共同特点，一是以资本而不是以劳动为主导，二

---

① 《中共中央　国务院关于加快发展现代农业　进一步增强农村发展活力的若干意见》，载《人民日报》，2013-02-01。

② 周立：《全球视野中的中国粮食问题——美国农场调查与〈美国的粮食政治与粮食武器〉写作的余话》，载《北京日报》，2008-06-02。

③ 黄仁宇：《中国大历史》，21页，北京，三联书店，1997。

④ 陈锡文：《中国农业经营面临危机 解决粮食问题需全球视野》，新浪农业，2012-05-21。

是生产主体和单位不是农民和农民家庭。究竟是农民为主导、农户为实体，还是资本为主导、公司企业为实体，包括中国在内的许多国家，都经历了漫长的道路和曲折的探索。如果用工业化方式发展农业，用公司经营方式替代农户，“不让农民种自己的地，打的粮食不是自己的”[①]，历史和各国经验已经反复证明是不成功的。我国以扶持联户经营、专业大户、家庭农场作为明确的政策取向，既符合农业自身的规律，也符合我国的基本国情。

第二，需要妥善推进农村土地资源的优化配置。2013 年中央 1 号文件提出，稳定农村土地承包关系。抓紧研究现有土地承包关系保持稳定并长久不变的具体实现形式，完善相关法律制度。坚持“依法、自愿、有偿”原则，引导农村土地承包经营权有序流转，鼓励和支持承包土地向专业大户、家庭农场、农民合作社流转，发展多种形式的适度规模经营。结合农田基本建设，鼓励农民采取互利互换方式，解决承包地块细碎化问题。[②] 从我国目前情形看，要推动农业生产和经营的现代化、集约化，必须对土地承包经营权实行流转从而实现土地资源的优化配置。然而，需要警惕的是城市资本趁土地流转之机，强迫农民廉价转让承包地，改变土地所有权或使用权的性质，并将所获土地用于非农业性的商业开发，以谋取高额利润。如果出现这种情形，不仅对农业现代化可能没有促进作用，而且将进一步激化现有的土地问题，特别是无地农民流入城市难以谋生，逐渐聚集在贫民窟里，生活贫困和走投无路导致社会治安混乱，引发严重的社会动荡。从世界各国的经验看，巴西、阿根廷等拉美国家曾为大资本兼并土地付出了沉重的代价，日本和韩国等则限制资本兼并农地，采取“组织化的现代小农”，使“核心农户”以家庭农场的形式进行自耕自种，从而一方面保证了粮食种植规模，另一方面避免了土地兼并垄断后的“拉美现象”。

第三，需要进一步统筹协调农业与市场的关系。正是由于农业特有的自然性，农业生产和经营不易扩张，从而达到利润最大化的目标，对于追逐巨额利润的资本难有吸引力，因而在市场竞争中最容易被边缘化。“在市场经济的框架下，相对于工业和服务业，以及各种新兴产业，农业

① 陈锡文：《中国农业经营面临危机 解决粮食问题需全球视野》，新浪农业，2012－05－21。

② 参见《中共中央　国务院关于加快发展现代农业　进一步增强农村发展活力的若干意见》，载《人民日报》，2013－02－01。

最容易被资本所抛弃。”[①] 也因如此，农业是最可能发生市场失灵的领域之一。“农业无利润、农民流离失所、农村凋敝，是资本在全球范围内扩张的必然现象，所以也是发展中国家的常见现象。”[②] 所以，在现代化、工业化和市场化的趋势下，必须实行“逆市场化”政策，为农业提供可靠保障，如以农业基础设施的稳定投入作为政府的重要公共责任，在自由市场交易中对农产品实行贸易补贴，等等。2013 年中央 1 号文件强调要“完善农产品市场调控”，提出了充分发挥价格对农业生产和农民增收的激励作用，按照生产成本加合理利润的原则，继续提高小麦、稻谷最低收购价，适时启动玉米、大豆、油菜籽、棉花、食糖等农产品临时收储，完善农产品进出口税收调控政策，加强进口关税配额管理，健全大宗品种进口报告制度，强化敏感品种进口监测；加强和完善农产品信息统计发布制度，建立市场调控效果评估制度；扩大农资产品储备品种等具体措施。[③] 这些措施旨在为农业提供合理的保障，进一步统筹协调农业与市场的关系。

第四，需要进一步合理配置各种技术要素。在现代化、工业化过程中，以农户家庭为单位的小农经济必然面对自身改造的问题。农业生产所具有的自然性、家庭性、个体性，又使农业改造的复杂程度远远超过了其他产业。工厂式的监督、计量、核算、激励或者约束，往往是不成功的。事实上，在建设现代农业体系的过程中，以何种方式提升农业的技术化、标准化，这一问题并不局限于技术化、标准化的范畴，必须以“复合性”的方式给予回应。2012 年 11 月，党的十八大报告中指出了基本的方向和要求：坚持和完善农村基本经营制度，依法维护农民土地承包经营权、宅基地使用权、集体收益分配权，壮大集体经济实力，发展农民专业合作和股份合作，培育新型经营主体，发展多种形式规模经营，构建集约化、专业化、组织化、社会化相结合的新型农业经营体系。[④] 2013 年中央 1 号文件强调“按照规模化、专业化、标准化发展要求，引

---

① 周立：《全球视野中的中国粮食问题——美国农场调查与〈美国的粮食政治与粮食武器〉写作的余话》，载《北京日报》，2008－06－02。

② 同上。

③ 参见《中共中央　国务院关于加快发展现代农业　进一步增强农村发展活力的若干意见》，载《人民日报》，2013－02－01。

④ 参见《坚定不移沿着中国特色社会主义道路前进　为全面建成小康社会而奋斗》，在中国共产党第十八次代表大会上的报告，2012－11－08。

导农户采用先进适用技术和现代生产要素，加快转变农业生产经营方式”①。根据现代农业的技术要求，我国农业需要实现重大转变：一是规模生产和经营，打造农业组织化、社会化的基础，对分散弱小的农民家庭经济进行整合；二是不断改良和创新现有的农业技术，形成集约化、专业化的投资、生产和经营机制，以具备采用优良品种、先进技术、储运设施、营销加工的条件；三是全面提升农业的水利化、机械化、信息化水平，提高农业的土地产出率、资源利用率、劳动生产率和市场竞争力。

第五，需要形成现代农业经营服务体系。现代农业的生产和经营过程，要依靠社会化的服务体系，推进农民的专业技术、投资融资等合作，整合企业、科研机构、高校的人才优势，进行优良品种的培育、先进技术的研发、以及农产品的加工、储运和营销等，这一过程将实现农产品的增值，扩大农村就业和增加农民收入。根据 2013 年中央 1 号文件，要培育农业经营性服务组织，支持农民合作社、专业服务公司、专业技术协会、农民用水合作组织、农民经纪人、涉农企业等为农业生产经营提供低成本、便利化、全方位的服务，发挥经营性服务组织的生力军作用。并指出，采取政府订购、定向委托、奖励补助、招投标等方式，引导经营性服务组织参与公益性服务，培养涉农中介服务组织，为农村提供会计审计、资产评估、政策法律咨询服务。② 这些措施使农民家庭经济突破了一家一户的生产和经营模式的制约，农民和农产品在市场竞争中获得更大的回报和收益。

（四）新型城市化过程的美丽乡村建设

在本世纪中期实现 75％城镇化率、达到中级城市型社会，是中国城市化具有现实性的目标。要达到高级城市型社会（城镇化率在 76％～90％之间）和完全城市型社会（城镇化率大于 90％），必然受到人口规模和其他国情的限制。因此，新型城市化应当是新型城镇与亮丽乡村的并行建设的过程。③ 近年来，随着“美丽城乡”行动计划的实施，在“北上广”等大城市或特大城市、迅速崛起的中部城市以及县级市和小城镇，

---

① 《中共中央 国务院关于加快发展现代农业 进一步增强农村发展活力的若干意见》，载《人民日报》，2013－02－01。

② 参见上文。

③ 参见杨敏：《中国城市化之抉择：科学发展还是初级发展》，载《探索与争鸣》，2012（11）。

不断涌现出越来越多的亮丽乡村。北京以农村作为首都新的战略发展空间，努力构建一二三产相互融合的都市型现代农业。广州实施了无缝对接、全域覆盖的城乡规划，促进区域内部聚合、城乡协调发展的新格局。保定以“一城三星一淀”规划，建设市区为主城，南连清苑、北接徐水、东傍安新白洋淀、西依满城太行山的大保定城市格局。

杭州临安的新农村建设更是一枝独秀、异军突起。自 2010 年 1 月份开始，临安市委、市政府即在全市推行“绿色家园、富丽山村”建设工程，目标是通过十年的努力，逐步把临安市农村建设成生态环境优美、村风民风和谐、产业模式多样、社会保障健全、乡土文化深厚、农民生活安康的“村美、家富、社兴、人和”美好家园。为了实现这一总体目标，临安市采取了近期、中期、远期“三步走”战略，围绕着如下四大建设内容有重点、分步骤地全面展开：第一，实施绿色新环境打造工程，走生态之路，实现“村美”；第二，实施绿色新产业提升工程，走富裕之路，实现“家富”；第三，实施绿色新社区建设工程，走和谐之路，实现“社兴”；第四，实施绿色新文化培育工程，走文明之路，实现“人和”。[①]

临安市“绿色家园、富丽山村”建设工程，紧紧扣住新型城镇与亮丽乡村的同步发展这一根本指向，以“绿色家园、富丽山村”建设活动为载体，实现农村和农业的全面振兴、农民收入和生活水平的不断提高，同时促进农村的社会繁荣和良好治理，在此过程中使临安市成为一个“绿色家园、富丽山村”环绕的新型城市。工程涉及了现代农业生产和经营体系建设、农村经济发展与社会建设的统筹协调、自然生态与人文环境的友好关系等多方面的、综合的、系统的规划和建设。在工程实施过程中，通过不同阶段、不同领域的具体目标设计和极具操作性的推进路径，将美丽乡村建设与新型城镇化建设连接起来。

在具体层面上，临安市对村域社会实施了一系列的全方位改造和建设，在经济领域逐步实现民富村强目标，从而为城镇化的健康推进奠定良好的经济基础；在文化领域积极构建绿色新文化，通过经济发展和生态环境协同共进、互生共赢发展，为城镇化的健康推进奠定良好的社会环境；在村域社会方面推进绿色新社区建设，既促进村中留守居民的整合，又吸引外出务工农民返乡，为农村城镇化的全面、健康推进奠定人力资源基础；在实现村域可持续发展的基础上，形成一种既体现以人为

① 参见郑杭生、张本效：《“绿色家园、富丽山村”的深刻内涵——浙江临安“美丽乡村”农村生态建设实践的社会学研究》，载《学习与实践》，2013 (6)。

本理念又符合生态文明要求的，包容、和谐、统筹协调、低能高效、环境友好的新型城镇化实践模。

自实施“绿色家园、富丽山村”建设工程以来，临安市在新型城镇与亮丽乡村两个方面的建设都取得了显著成效。2012 年，临安市完成了“近期”目标，进入了以点带面、全面覆盖的“中期”建设阶段。截至 2011 年底，全市城镇居民人均可支配收入和农民人均现金收入分别达 2.76 万元和 1.39 万元；到 2012 年底，已建成“绿色家园、富丽山村”精品村、特色村、美丽乡村精品村、中心村 91 个，并被杭州市政府评为“浙江省美丽乡村创建先进市”。作为首批全国生态建设示范市之一，以“绿色家园、富丽山村”为目标，“村美、家富、社兴、人和”建设已在杭州、浙江乃至全国具有领先地位和影响力。

四、走向包容、公平、共享的新型城镇化

如前所述，通过倒溯历史的方法呈现出了两条宏脉：一是城乡关系的发展，经历了从最初城乡一体合治到近现代城乡二元分立再到当代城乡一体化的进程；二是“身份—权利—待遇”体系的演变，展现了从城乡同构体系到城乡差别体系再到同城差别体系的转变。未来的两大趋势：一是城乡一体化，二是同城化。

20 世纪 80 年代，随着城市化的高速推进，我国城乡社会发生了巨大的变化。在此过程中，中国经济总量迅速攀升，2010 年位列世界第三，2011 年超过日本居全球第二位。民众的生活水平也显著改善，城乡民生福利的投入大大增加。与此同时，城市化的复杂效应和负面结果也进一步显露。中国未能避免以往城市化过程中的城市病现象，如城区过大、人口超载、交通拥堵、噪音和空气污染、垃圾围城等，而且遭遇了许多中国式的城乡病，除了就业难、交通难、出行难、停车难、上学难、看病难、住房难等城市民生问题，农村出现的村庄空巢化、留守老人和留守儿童、非常规家庭等现象也令人困扰，还有公共服务短缺、社会治安恶化、犯罪率居高不下等，则是城乡社会共同面对的问题。

（一）三元化利益格局下的同城差别

实际观察表明，最近数十年的城市化过程，我国社会结构出现了未曾预料的深刻变化。原有的城乡二元结构正在出现新的状态，彼此分离的城乡社会经过不断的动态变化，已远远超出了二元之间的简单对应关

系。在某些地区，在原本比较清晰的城市与农村两大结构性板块之间，逐渐生长出一个对于两者来说都是非此非彼、不城不乡的边缘地带，城乡二元化结构在城市的发展中不断延伸和复杂化，城乡之间的差距也随之进入了城市，在更为有限的空间中形成聚合并且锐化，而城乡差距也就演变为了同城差距。于是，由于社会体制、制度和文化等原因，生活在同一座城市中的人们，不得不分属于彼此隔离、相互排斥的“身份—权利—待遇”世界之中。从“身份—权利—待遇”城乡差别到同城差别，这是一种以往未有的社会表征，可以说是当代中国城市化过程最富特点也是最为棘手的现实。

“三分天下”的人口格局日益呈现。在城市化的急速推进趋势下，剧烈扩张的城市显示出巨大的虹吸效应。一方面，大批农村人口进入了城市外来人员的行列，形成了一支在不同城市之间游离流动的务工大军；另一方面，农村的经济要素和社会资源也不断被“圈入”城市，在城市的不同利益群体中进行重新划分和配置。由农村流动人口和“农转非”人员汇成的庞大的城市新增人口大军，在改变城乡人口格局的同时，也重新规划了城乡的社会利益格局。以往隔离在城市和农村的两大群体——农民与市民，现在却在一座城市中持续碰撞和相互浸染，这一过程逐渐在城市与农村两大板块之间推起了一个另类板块，这是一个不城不乡、非此非彼或亦此亦彼的边缘带。观察当今中国的每一个城市，几乎都可以看到这个赫然镶嵌于两者之间的第三板块。由于中国地域性社会的差异，不排除各个城市的第三板块有其各自的特点，不过，与传统的两大板块既明显不同并且同在共生，是第三板块的共同特征。

一般而言，中国城市的常住人口主要包括三个部分：一是本地农村户籍人口，二是本地城市户籍人口，三是外来流动人口。在不同地区的城市人口总数中，上述三大群体所占的比例可能不尽相同，但人口格局的“三分天下”仍表现了目前中国城市社会的一个基本特征。

三元化特征的社会利益格局逐步出现。从“三分天下”的人口格局中，应当察觉到社会群体结构及其利益结构某种新特征的出现。随着城乡二元化结构不断进入到城市空间中，农村人口群体在城市生活中经过糅合重组，形成了一个新社会群体。这个群体越来越表现出非城非乡或亦城亦乡的特点，他们与市民群体和农民群体一起重构了城市的群体关系，同时也改变了城市的利益格局。原有的城乡二元关系也随之发生了一种转变：在有限的城市空间中经过浓缩聚变，城乡差距获得了一种新的样态，这就是同城差距。目前，本地市民、本地农民和外来流动人口这三大人口群体之间的关系最为典型地表现了这种同城差距。一种具有三元化特征的社会结构，或者说三元化特征的社会利益格局也在同城差距中显现出来。以我们 2011 年末在广东南海的实地调查为例，“三分天下”的人口格局与三元化特征的社会利益格局之间有着密切的逻辑关联。

（二）“身份—权利—待遇”的三个世界

第一，在本地农民与本地市民的双边利益中，土地制度、农村集体经济制度仍然是城乡社会差别的主因。由于各种历史和现实的复杂原因，国家在城市和农村的土地、住房、计划生育等方面实行的不同政策，使国民的社会权利和义务体制形成了切分。虽然本地农民与本地市民都是同城户籍人口，但其社会身份、权利、待遇则显示出明显的差别，特别是东部较发达地区，本地农民的社会待遇比本地市民更为优厚。本地农民与本地市民的同城不同待遇，“身份—权利—待遇”的同城差别非常明显，这是造成本地人群体的利益破碎的重要成因。

第二，本地农民与外来流动人口这两个群体的利益关系更为复杂。外来流动人口有不同的情况，其中一部分是流入本地的农村户籍人口，另一部分是流入本地的外地城镇人口。前一种情况是具有农村户籍的外来人口群体，由于不是本地农村户籍，其农民身份虽然相同，与本地农民同城生活但实际权利和待遇完全不同。后一种情况是市民身份的外来人口群体，法理上享有市民权利和待遇，但也由于不是本地城市户籍，与本地市民同城生活但实际权利和待遇也基本不同。因此，本地农民与外来流动人口的关系实际上涉及了三个利益群体，即本地农民群体、外来农民群体和外来市民群体。在本地农民与外来人口“身份—权利—待遇”体系的同城差别中，也表现了不同地区农村群体的利益分化。

第三，本地市民与外来流动人口的利益关系也同样复杂，其中主要是指本地市民与外地农民、本地市民与外地市民的利益关系。外地农民与本地市民相比，虽享有承包地、宅基地、计划生育指标等待遇，但因异地谋生，这些农村优惠政策在南海没有实际优势；外地市民与本地市民相比，在劳动报酬、子女教育、住房、社会保障等方面都不能享有同城待遇。本地市民与外来流动人口的关系实际上涉及了三个利益群体，即本地市民群体、外来农民群体和外来市民群体。本地市民与外来人口“身份—权利—待遇”体系的同城差别，集中反映了城乡差别以及不同地区城市差别。

除了上面所说的各种差别，本地农民、本地市民和外来人在政治参与、社会参与、社区参与（譬如选举权和被选举权等）方面的差别，也表现了“身份—权利—待遇”的三个世界。与户籍制度造成的利益和权利划分相比，农村集体股份合作制涉及更多、更深、更大的利益和权利分野，这道分界线因而更为固化、僵化、难以逾越，有时甚至不可逾越。三个世界的现实区隔使得三个群体固守现有利益划分，围绕各自不同的利益诉求展开竞争、博弈、冲突，这种情形又反过来加剧了三个世界的彼此封闭和相互排斥。

（三）构建同城共享的“身份—权利—待遇”体系

“以人为本”是涉及城乡一体化建设的理念问题。不断缩小城乡差别是城乡一体化建设的题中之义，而消除“身份—权利—待遇”体系的同城差别，以及与这一差别相联系的三个利益世界的区隔，是这一过程的一个实质性内容，可以说是真正实现城乡一体化目标的重要前提条件。因为，如果同在一座城市中谋生存求发展的本地市民、本地农民和外来人口，在基本利益上是相互隔离、彼此排斥的关系，那么城乡一体化就无从谈起。可以说，这是如何对待“人”的根本问题，是涉及城乡一体化建设的理念问题。在城乡一体化建设过程中，理念将贯穿始终并发挥着统领的作用，对城乡一体化建设的构想、规划、手段、步骤、效果和目标带来深远的影响。城乡一体化建设理念说到底，就是“以什么为本”的问题。从目前中国城市化的实际看，“人”与“地”成为了两大焦点，由此衍生出两种不同的城市化理念，一个是“以人为本”的城市化，另一个是“以地为本”的城市化。如果城乡一体化建设不是以“以人为本”为理念，几乎不可避免地会成为“以地为本”的城市化的一种延伸。

“身份—权利—待遇”体系的同城化是实现城乡一体化的根本途径。城乡一体化不能等同于城乡发展规划、土地利用和空间布局的协调统筹，这一目标的真正实现有赖于城市社会的体制和制度的深刻转变。也可以说，城乡一体化是经过一系列改革达成的最终结果。其中，消除“身份—权利—待遇”体系的同城差别，破解城市三大人口群体的社会利益“三个世界”，是实现城乡一体化目标绕不开的关键问题，甚至是不可或缺的前提条件。这就需要切实把握现有三元化社会利益格局的现状，在此基础上形成对城市社会的体制和制度进行改革的基本思路、整体框架、实施方案等。通过这一过程不断推动三元化利益结构的柔化、弱化和同化趋势，最终打破三个世界的封闭、隔离、排斥，构建开放、包容、共享的“身份—权利—待遇”体系，是实现城乡一体化的根本途径。

实现城乡一体化的最终目标，不仅需要改革的意愿和勇气，还需要缜密的思考和合理的规划，以及实施方案、程序步骤、统筹措施等。其主要方面包括：对城市三大人口群体的“身份—权利—待遇”体系进行甄别、分析和评估，形成“身份—权利—待遇”体系的同城差别的现状资料；根据城乡一体化建设的理念，对同城居民的社会权益指标体系进行统筹设计；同时，对农村户籍和土地制度产生的利益驱力采取弱化措施，柔化或消除同城居民的经济权益、政治权益、文化权益、社会权益、环境权益的实际差别。

通过对关于城市三大人口群体的“身份—权利—待遇”体系进行甄别、分析和评估，上文已对三个群体（本地农民、本地市民、外来流动人口）之间的利益关系做了大致分析，这里不再赘述。在此基础上，可以对“身份—权利—待遇”体系同城化进行技术设计，建立“同城居民城乡一体化社会权益指标体系”的基本框架。譬如，以城乡一体化作为总体目标，并对这一目标做进一步的分解，可以得到更为具体的子目标，如经济一体化目标、政治一体化目标、文化一体化目标、社会一体化目标、生态环境一体化目标等。由此，在“同城居民城乡一体化社会权益”的一级指标之下，再进行指标体系的多层次设计，如经济权益、政治权益、文化权益、社会权益、环境权益等；这五大二级指标继续递进，可分解出居民社会权益的若干三级指标；同理，可递进分解出若干四级指标以及更次级的指标。同时，根据本地农民、本地市民、外来流动人口的评估资料，在每一级指标中进行分别设计。这样可以初步形成一个“同城居民城乡一体化社会权益指标体系”。

结束语

2011年，我国城市化率达到了51.27%，城镇常住人口首次超过了农村常住人口。但是，在现有城镇常住人口中，仍有数以亿计的农村流动人口未能获得与城镇居民同等的待遇。在未来一定时间里，将有更多的农村人口转移到城市，如果他们仍然不能享有同城待遇，那么这种城市化效果是值得怀疑的。所以，必须真正实施科学发展和“以人为本”的城市化，走新型城市化的发展道路。我们关于重建现行“身份—权利—待遇”体系的阐述和“同城居民城乡一体化社会权益指标体系”的构想，旨在弱化或消除三大人口群体的利益区隔，缩小城镇居民在社会权益方面的现实差别，通过这种平抑不公、消除区隔、缩小同城差距的过程，不断促进三大人口群体在利益诉求方面的相互包容、开放和共享，不断趋近“身份—权利—待遇”体系的同城同构的愿景目标。这既是中国城市化的迫切要求，也是其未来发展的必然趋势。

促成城市中三大人口群体在社会利益上的基本协调，推动三元化利益结构的柔化和同化趋向，不断增进“身份—权利—待遇”的同城化，是走向包容、公平、共享的新型城市化必须经历的过程。社会公平正义是其中的核心议题。在这里，厘清正义的双重含义是非常必要的。正义的双重含义来自于正义与平等和公平之间的关系，因而有“平等的正义”与“公平的正义”。正义的不同含义表现了正义的两种价值观，“平等的正义”强调“同”，“公平的正义”强调“异”。按照平等的价值观，差别是不正义的，正义不应当有差别；按照公平的价值观，公平是一种合理的差异，在一定社会发展阶段上，正义往往是包含了差别的正义，这种历史性使得差别的正义具有了某种合理性。①

从理论上说，平等的正义与公平的正义分别表达了正义的两面，“平等的正义”强调正义的价值性和理想性，是人类对社会生活的美好追求；“公平的正义”重视正义的工具性和可兑现性，它使得这一追求成为可操作的、可实现的。从实际中看，“公平的正义”更具有日常生活的现实性。一方面，对于“怎样的差别才是公平的?”问题，人们可能永远会有不同的理解，这实际上表达了不同的利益诉求，也常常激发社会不同群体之间的博弈、竞争甚至冲突。另一方面，一个社会共同体中的成员必须也能够就这一问题达成某种共识，这既是基本生存的需要，也是未来发展的要求，从而使我们以包容、开放、共享的方式来对待彼此的不同利益诉求。因此，“公平的正义”与我们的生活相随常伴。我们的意思是，“身份—权利—待遇”的同城化或者说包容、公平、共享的新型城市化，实际带给我们的是具有合理差别的正义，而不可能是绝对平等的正义。

“平等的正义”是人类永远值得追求的理想，这种理想使我们不断趋近美好的生活愿景。但是，平等和正义总是带有时代性和具体性的，绝对平等的正义是任何时代的社会都不可能做到的。我们认为，在“身份—权利—待遇”的同城化以及走向包容、公平、共享的新型城市化过程中，既强调正义的价值性和理想性，也重视正义的工具性和可兑现性，这使我们能够始终保持一份清醒和明智。

① 参见郑杭生：《社会公平与社会分层》，载《江苏社会科学》，2001（3）。

参考文献

1. 郑杭生．抓住社会资源和机会公平配置这个关键——党的十八大报告社会建设论述解读．求是，2013 (7).

2. 郑杭生，黄家亮．从社会成员“无感增长”转向“有感发展”——中国社会转型新命题及其破解．前线，2009 (11).

3. 杨敏．服务—治理—管理”新型关系与社区治理新探索．思想战线，2013 (2).

4. 郑杭生，张本效．“绿色家园、富丽山村”的深刻内涵——浙江临安“美丽乡村”农村生态建设实践的社会学研究．学习与实践，2013 (6).

5. 钟涨宝，狄金华．中国的农村社区研究传统：意义、困境与突破．社会学评论，2013 (2).

6. 奂平清．农村居民的社会分化及社会整合的政策调适．中国人民大学学报，2005 (2).

“绿色家园、富丽山村”的深刻内涵*

——浙江临安“美丽乡村”农村生态建设实践的社会学研究

城镇化的转型发展，为因“空心化”而陷入经济失去活力、环境不断恶化、社会日趋凋敝困局的农村提供了新的发展契机，如何通过新型城镇化发展路径消解传统城市化发展模式弊端，重塑农村活力，统筹城乡一体化发展，是一个既具有现实紧迫性的重大实践性问题，也是一个具有理论挑战性的重大学术性问题。近年来，在东部发达地区农村涌现出了一些具有特色的创新实践典型，它们通过自己的创造性努力，不仅在经济领域率先实现了民富村强目标，而且在社会建设、文化推进和环境保护等领域，也实现了同步发展，构建和丰富着新型城镇化和城乡一体化发展之“中国经验”。解读其内蕴的丰富内涵，形成社会学意义上的

---

* 与张本效合作。刊登在《学习与实践》，2013（6）。发表时的摘要如下：

浙江省临安市以“绿色家园、富丽山村”为载体，大力推进新型城镇化，推进统筹城乡一体化发展，是建设“美丽中国”的一种创新实践。临安以绿色新环境、新产业、新社区、新文化“四大绿色工程”为抓手，着力打造“村美、家富、社兴、人和”的美好家园，涉及农业生产、社会关系和自然生态多重层次和方面。这是新型城镇化和城乡一体化发展之“中国经验”来自基层的一个典型案例，从新的角度展现了“中国经验”的丰富内涵。在实践中逐渐成形的“临安经验”或“临安模式”，反过来能够更好地指导和推进临安的实践，并对全国各地有一定的参考意义。临安“绿色家园、富丽山村”，立足于“富”、“丽”二字，从社会学的意义上来理解，其中既包含绿色的富有生机活力的生态家园、和谐家园，又指富裕美丽的山区农村；既要农民的生活富裕、村级集体经济富足，又要人居环境优化、村民和谐相处。这兼顾了农村从生产到生活、从基础设施到文化文明、从生态保护到社会管理等方方面面的需求。“临安经验”除了具有重要的实践意义，还有重要的学术价值。本文是在实地调查研究基础上，对临安实践经验所做的一种社会学提炼和概括。

张本效，法学博士，浙江农林大学法政学院副教授，教育部重点研究基地中国人民大学社会学理论与方法研究中心访问学者。

提炼和概括，进而促进我国新型城镇化实践健康发展，既是社会学研究者理论自觉的体现和要求，也是社会学的历史使命。

基于上述思考，我们选取了浙江省临安市“绿色家园、富丽山村”特色品牌建设实践为研究对象，采用深度访谈等手段对其进行深入调研，并对这一来自基层的、在实践中逐渐成形的、具有新型城镇化和城乡一体化发展之“中国经验”特点的典型案例——“临安经验”或“临安模式”，进行全面剖析和理论解读。本文是在实地调查研究基础上，对“临安经验”或“临安模式”所做的一种社会学提炼和概括。这种概括提炼，也表明了我们对新型城市化的必要性、新型城镇化的概念内涵、本质属性、发展动力、行动载体等方面所持的看法。

一、临安“绿色家园、富丽山村”创新实践

临安市域总面积 3 126.8 平方公里，是浙江省陆地面积最大的县级市。地处浙江省西北部天目山区，东邻杭州市余杭区，南连富阳市和桐庐县、淳安县，西接安徽省歙县，北界安吉县及安徽省绩溪县、宁国市。市境地貌属浙西中山丘陵区，呈横长形，东西宽约 100 公里，南北长约 50 公里，地势西北高、东南低，有山地 404 万亩、平原 52 万亩、水面 13 万亩、森林覆盖率 77.8%；全市辖 5 个街道 13 个镇 298 个行政村，人口 56.7 万；经济较为发达，连续多年跻身县域经济基本竞争力全国百强行列。

自 2010 年 1 月份开始，中共临安市委、市政府在全市推行“绿色家园、富丽山村”建设工程，希望通过十年的努力，逐步把临安市农村建设成生态环境优美、村风民风和谐、产业模式多样、社会保障健全、乡土文化深厚、农民生活安康的“村美、家富、社兴、人和”美好家园。为了实现这一总体目标，该市采取近期、中期、远期“三步走”战略，围绕着如下四大建设内容有重点、分步骤地全面展开：第一，实施绿色新环境打造工程，走生态之路，实现“村美”；第二，实施绿色新产业提升工程，走富裕之路，实现“家富”；第三，实施绿色新社区建设工程，走和谐之路，实现“社兴”；第四，实施绿色新文化培育工程，走文明之路，实现“人和”。

从实际运转情况看，临安市“绿色家园、富丽山村”创新实践进展顺利，并从 2012 年开始，在完成“近期”目标后，进入了以点带面、全面覆盖的“中期”建设阶段。2012 年底，全市城乡居民总收入分别达 30 903 元和 15 764 元；已建成“绿色家园、富丽山村”精品村、特色

村、美丽乡村精品村、中心村71个，被中共浙江省委省政府授予“浙江省美丽乡村创建先进县”称号。

纵览临安市“绿色家园、富丽山村”建设工程，可以发现，这是一个涉及农业生产、社会关系和自然生态多重层次和方面的综合、系统、宏大的建设工程，它通过不同阶段、不同领域的具体目标设计和极具操作性的推进路径，将美丽乡村建设和城镇化建设连接起来。换句话说，该项工程的最终目标就是以“绿色家园、富丽山村”建设活动为载体，通过对村域社会全方位的建设与推进，一方面在经济领域逐步实现民富村强目标，从而为城镇化的健康推进奠定良好的经济基础，一方面构建基于经济发展和生态环境协同共进、互生共赢发展理念和发展模式之上的绿色新文化，进而为城镇化的健康推进奠定良好的社会环境，一方面在村域社会层面上，通过绿色新社区建设，既将留在村中的原子化农民整合在一起，又能够将外出务工农民吸引回农村，形成促进经济社会发展的合力，从而克服已有和潜在的农村“空心化”困局，为农村城镇化的全面、健康推进奠定人力资源基础。在上述三方面建设基础上，村域可持续发展的生态环境既成为必然结果，也成为进一步发展的条件，进而，一种符合生态文明发展要求的、满足以人为本、包容性发展、和谐发展、统筹协调发展、低能高效发展、环境友好发展等内容的新型城镇化实践模式渐趋成型。

临安市以“绿色家园、富丽山村”为载体的新型城镇化实践，其目标的可达性和具体措施的可操作性，与其背后的动力机制息息相关。分析构成该机制的所有因素，可以发现，至少有四大动力发挥着重要的作用，分别是以政府为推动主体的动力因素、以市场为主体的拉动因素和民间为主体协同推进因素，以及蕴含于前三大动力因素之中的创新驱动因素。所以也可以说是四大动力。在这四大动力中，“政府推动”呈显性状态，发挥主要与主导作用；“市场拉动”呈隐性状态，发挥辅助与规范作用；“民间协同”有时显性，有时隐性，主要通过参与性发挥作用；“创新驱动”则成为“政府推动”的重要工具和重要内容，并在市场价值评价与导引下，发挥发展方向引领作用。

首先是“政府推动”。“绿色家园、富丽山村”是由临安市政府规划设计并推动实施的，“政府推动”特点是既为该工程提供和争取到足够的政策优势和资金支持，也为该工程的实施提供了优良的运行环境，也有利于动员各相关力量积极从事该项工程。这一驱动力的特色是，它既符合中国目前的政治体制特点，也充分发挥了政府能够集中力量办大事的优势。其次是“市场拉动”。它的动力特点是满足和适应了该地市场经济较高发达水平的现实特点。临安市作为浙江省杭州市下辖的一个县级市，市场经济已经发育得较为成熟，市场主体参与大型工程的能力强大、参与机制较为顺畅、参与的积极性因为丰厚和稳定的利益回报而日趋高涨，再加上政府的倡导和鼓励，市场力量迅速介入，成为“政府推动”工程的重要依靠。第三是“民间协同”。民间协同主要指自治组织和村民参与。他们切身感到“绿色家园、富丽山村”的新型城镇化与他们生存和发展的切身利益息息相关，因而激发了参与的积极性。第四是“创新驱动”。“创新驱动”既是政府有意为之的驱动手段，也是市场力量追逐利润的良好凭仗，又是民间改善生活与增加竞争力的条件，所以，它作为一支生力军融入了“政府推动”、“市场拉动”和“民间协同”之中。这里，政府力量的主导性表现在，由于它的积极存在，绿色家园、富丽山村”工程的四大动力被很好地整合在一起，共同推动该项事业的顺利推进。它从一个特定角度，诠释了政府力量、市场力量、民间力量和创新力量的兼容性，并诠释着四大动力整合后对于经济社会发展倍加的推动力量。

综上所述，可以发现，临安市“绿色家园、富丽山村”建设工程已经包含着独特内容、实现路径、动力机制等密切关联的几大结构性要素，再加上“绿色家园、富丽山村”叙述所体现的对“富”与“丽”核心价值的喜好和追求，已经形成了一个体系化结构，不断推进与优化着该地农村的城镇化实践。因此，我们认为，这是新型城镇化和城乡一体化发展之“中国经验”来自基层的一个典型案例，它从新的角度展现了“中国经验”的丰富内涵。并且，这一在实践中逐渐成形的“临安经验”或“临安模式”，反过来能够更好地指导和推进临安城镇化实践的健康发展。与此同时，它内蕴的整合各类动力因素、因地制宜地推进农村城镇化发展的思路和做法，对全国各地城镇化实践，也有一定的参考意义。

二、临安“绿色家园、富丽山村”创新实践的社会学思考

作为“中国经验”来自基层的一个典型案例，临安市“绿色家园、富丽山村”创新实践具有独特的社会学意义。基于我们所提倡的研究“中国经验”的“二维视野”和“双侧分析”方法，可以对“临安经验”或“临安模式”做如下的解读。

首先，“临安经验”或“临安模式”是在特定时空背景下的创新性实践探索。这个特定时空，既指现代性全球化长波进程所构建的世界范围

的广域时空，也指我国社会转型时期所提供的本土时空。这两个特定时空提出和要求的时代任务和发展主题，规定了“临安经验”或“临安模式”的创新方向和基本内容。在这里，本土化与全球化得到了有机的链接，“临安经验”或“临安模式”既受到二者的约束和规范，也因二者而受益，获得了双重发展机遇和发展支持，这些双重受益，既包括市场因素的，也包括政策因素的，还包括技术因素的，甚至在人力资源等具体发展要素等方面，也获得了双重受益。

其次，“临安经验”或“临安模式”是立足自身区位特点、资源禀赋特点、社会经济发展基础因地制宜的创新性实践探索。临安市区位优势明显，浙江省快速发展的经济和杭州市快速推进的城镇化，是作为杭州市郊市的临安创新自身城镇化模式的基础和前提；高达75%以上的森林覆盖率和丰富的山林资源，是其追求“富”与“丽”最重要的资源优势；较高水平的经济实力和因之形成的全市域覆盖的优良公共基础设施和公共服务设施，成为其创新性实践探索的强大支撑。上述几大要素的存在，是“临安经验”或“临安模式”得以出现和能够出现的充分和必要条件，它一方面从新的角度展现了“中国经验”因地制宜的本土特色和丰富内涵，另一方面也说明，在社会学“中国经验”研究过程中，既要关注现代性之全球化发展趋势，也要投身于本土社会转型变迁的经验研究（郑杭生，2010）。

第三，“临安经验”或“临安模式”是“富”与“丽”和谐统一的创新性实践探索。“绿色家园、富丽山村”建设工程的立足点和核心价值是“富”与“丽”，它既是对过去强调数量的外延式扩张模式建设性批判反思的成果，也是向重品质的内涵式发展转变与推进的抓手与载体。与之相对应，其城镇化的推进路径就不仅仅是“见物不见人”的传统城镇化模式，而是体现以人为本的新型城镇化追求。因之，其以绿色新环境、新产业、新社区、新文化四大绿色工程为抓手，着力打造“村美、家富、社兴、人和”美好家园的整体设计和推进路径，才有了自己的灵魂和主线。

从社会学的意义上来理解，“绿色家园、富丽山村”既包含绿色的富有生机活力的生态家园、和谐家园，又包含富裕美丽的山区农村，是“富”与“丽”的和谐统一体。或者说“绿色家园、富丽山村”要建成的新农村，是融“富”于“丽”、融“丽”于“富”的有机统一体，是将城镇化与新农村“融会贯通”的新格局。同时，“绿色家园、富丽山村”既要农民的生活富裕、村级集体经济富足，又要人居环境优化、村民和谐相处。这兼顾了农村从生产到生活、从基础设施到文化文明、从生态保护到社会管理等方方面面的需求，它不仅尝试将农村社区经济发展的“富裕”诉求和环境保护的“美丽”诉求整合在一起，构建二者互生共赢、协同共进的双赢格局，而且，还将农村经济、社会、文化、生态发展的最终受益者落实到村民身上，突出了新型城镇化的核心内容：人的城镇化主题。

第四，“临安经验”或“临安模式”是自我纠偏与自我超越的创新性实践探索。作为新型城镇化的地方性探索努力，“临安经验”或“临安模式”无论是在政策设计层面，还是在具体实践层面，都还存在不成熟、不完善之处。以市政府和辖下职能部门为中心的领导与管理主体，能及时与不断地总结经验、教训，适时提出优化方案，为整个建设工程的良性运行提供保障。例如，在第一阶段行将结束、第二阶段渐次铺开之际，它们发现并总结出实际建设过程中存在的五个主要问题，即：重“丽”轻“富”、重“表”轻“里”、重“量”轻“质”、重“给”轻“谋”和重“建”轻“管”现象，给出对策，规范与纠偏工程建设实践活动。这种自我反思、自觉纠偏并在纠偏中不断超越自我的努力，反映了“政府推动”模式的主动性和便捷性，也反映了“市场拉动”的灵动性和效率追求，是“临安经验”或“临安模式”对全国各地有参考意义的又一重要所在。

三、临安“绿色家园、富丽山村”创新实践的学术意义

“绿色家园、富丽山村”建设工程，是临安市政府设计并推动的统筹城乡一体化发展、建设“美丽中国”的一种创新实践，是新型城镇化的新载体，它以绿色新环境、绿色新产业、绿色新社区、绿色新文化“四大绿色工程”为抓手，着力打造“村美、家富、社兴、人和”的美好家园。作为新型城镇化和城乡一体化发展之“中国经验”来自基层的一个典型案例，“临安经验”或“临安模式”从新的角度展现了“中国经验”的丰富内涵。这使“临安经验”或“临安模式”又具有了超越临安本身的意义，不仅具有指导本地、为外地提供参考的实践意义，而且具有巨大的理论意义。就学术意义来说，至少有这样几点：

第一，“临安经验”不仅仅表明了新型城镇化的必要性，而且本身就提供了一个新型城镇化的活生生的案例。有关我国城镇化现在所处发展阶段的问题，学术界以及政界，立足于转型社会的总体性特征，从不同方面提出、揭示和证明我国城镇化进入了新型城镇化阶段特点。仇保兴

认为我国城市化发展模式面临转型，新型城镇化给我国的城市发展带来机遇和挑战（仇保兴，2012）；郑杭生基于实地研究的思考，以新型现代性的理路理解和阐释河南省郑州市“三化两型”城市化发展与建设实践，提出了城市社会的大时代转折观点（郑杭生，2010）；李培林在将城市化与我国新成长阶段合并思考的过程中，提出坚持走新型城市化道路观点（李培林，2012）。总之，对我国城镇化已经由传统型向新型城镇化转型这样的阶段性特点，相关研究者的视角虽然存在差异，但认识是一致的，新型城镇化成为我们研究“中国经验”、分析中国问题的基本依据。“临安经验”为这一点，提供了强有力的实践依据。

第二，“临安经验”为旧式城镇化与新型城镇化的差别提供了某种参考系。现在，以人为本、内涵发展、包容性发展、和谐发展、统筹协调发展、低能高效发展、环境友好等内容，成为众口一词的新型城镇化关键要素，也成为新旧城镇化发展模式的分水岭。“临安经验”具体地表明了新型城镇化之于传统城镇化或旧式城镇化的比较优势在哪里。笔者几次到上田等村庄，看到那里的村民们在绿色环境下安居乐业的生活情景，不能不感叹，这真是名副其实的“美丽乡村”！这种景象与那些承受旧式城镇化消极后果的村庄的没有生气的景象，形成鲜明的对比！如果说，“临安经验”使人看到的是“村美、家富、社兴、人和”，那么，在那些承受旧式城镇化消极后果的村庄则往往是“村丑、家贫、社衰、人躁”！

第三，“临安经验”为新型城镇化的动力问题的探讨，提供了借鉴。由于新型城镇化是一个复杂的系统工程，再加上我国各地生产力发展水平差异巨大，区位条件、资源禀赋等各种发展要素分布也极不平衡，所以在有关新型城镇化的动力机制、发展载体、推进手段等方面，存在着不同的观点和认识。关于新型城镇化的动力问题，目前学术界研究观点主要集中于三大方面。第一种观点认为，信息化、农业产业化和新型工业化是新型城镇化的动力，并决定了后者以人为本、创新驱动和可持续发展的特征（倪鹏飞，2013）；第二种观点认为，新型城镇化应以新型工业化为动力，新型城镇化的“新”就是要由过去片面注重追求城市规模过大、空间扩张，改变为以提升城市的文化、公共服务等内涵为中心；第三种观点认为，新型城镇化要从“要素驱动”走向“创新驱动”，形成“政府推动”和“市场拉动”的双重动力机制（辜胜阻，2013）。新型城镇化动力的上述三种观点，虽然存在着某种程度的交叉与重复，但是，各自强调的重点是不相同的。“临安经验”的四大动力，应该说展示了动力问题上探讨的全面性，更展示了政府、市场和民间三大主体的一种新型合作关系。这是更有社会学特质和意味的。

第四，“临安经验”为新型城镇化载体和推进手段的探讨提供了启发。

正是因为在动力机制问题上的认识差异，也导致在新型城镇化载体和推进手段方面出现了不同的理解。第一种观点更加重视城乡一体化发展，因此，城乡互补协调发展、低能耗、高质量、低环境冲击、集约式机动化和社会和谐型城镇化，就成为其主张的新型城镇化载体和推进手段（仇保兴，2012）。第二种观点则强调推动城市现代化、城市集群化、城市生态化和农村城镇化，其着力点和重心是城镇品质的提升。第三种观点强调从重数量的外延式扩张向重品质的内涵式发展转变，重视发挥市场配置资源的基础性作用，也强调政府在城镇建设体制、户籍制度、农村土地制度等方面的体制创新（辜胜阻，2013）。第四种观点着眼于我国宏观发展趋势，认为新型城镇化是新型城市与亮丽乡村的并行建设过程。随着我国向本世纪中期达到中级城市型社会这一目标的趋近，“美丽城乡”行动计划将不断获得新的动力，将促进一二三产相互融合的都市型现代农业，形成全域覆盖的城乡一体化和城乡协调发展的新格局（杨敏，2012）。与动力问题相联系的新型城镇化载体与推进手段的上述研究成果，对在实践领域探索有中国自己特色的城镇化模式提供了有力的知识支撑。实际上，像“临安经验”这样的实践领域的探索也在不断丰富着新型城镇化的“中国经验”。将实践领域的探索和理论领域的思考结合起来，用理论提炼和概括实践经验，用实践经验丰富和推进理论探索，对于理论本身的发展，对于中国特色城镇化实践的健康推进裨益良多。本研究对“临安经验”或“临安模式”热切关注的目的亦在于此。

参考文献

1. 仇保兴．新型城镇化：从概念到行动．行政管理改革，2012（11）.

2. 郑杭生．中国特色社会学理论的深化（上卷），北京：中国人民大学出版社，2010.

3. 李培林．城市化与我国新成长阶段．江苏社会科学，2012（5）.

4. 倪鹏飞．新型城镇化的基本模式、具体路径与推进对策．江海学刊，2013（1）.

5. 杨敏．中国城市化之抉择——初级发展还是科学发展．探索与争鸣，2012（11）.

新型城镇化与农村社会发展*

——“新型城镇化与农村社会发展”学术研讨会致辞

尊敬的各位来宾、各位同仁：

大家早上好！

非常高兴受邀参加由中国社会学会和华中农业大学联合主办的“新型城镇化与农村社会发展”学术研讨会。在此，我向研讨会的顺利召开表示诚挚的祝贺，并预祝会议研讨取得丰硕的成果！

这次会议的召开可以说是适逢其时、适得其地、切中命脉。

一是适逢我们党十八届三中全会胜利闭幕之时。这次全会发布的《中共中央关于全面深化改革若干重大问题的决定》，意味着我国将进入社会转型的关键时期。上世纪 90 年代我曾说过“中国社会的社会转型加速期，将延续到 21 世纪的 10 年代至 30 年代”。如今这一时期伴随着新三中全会的决定而到来。未来 10 到 20 年，将是中国社会能否成功转型的关键时期。从城乡关系的角度看，城镇化将是其中重要的一环，十八届三中全会《决定》中明确提出要“健全城乡发展一体化体制机制”，“坚持走中国特色新型城镇化道路”。因此未来的 10 到 20 年将是城乡从对立走向融合，实现农村现代转型的关键时期。所以说，这次研讨会的召开，选了一个好时机。

二是适得华中农业大学这块风水宝地。如果说武汉地区是中国社会学研究的重镇之一，那么华中农业大学（下简称“华农”）可以说是研究农村社会学的中心之一。我是非常关注华农社会学的发展的，近几年专程来此，少说也不下十余次，每次来都能看到他们新的进步和发展，去

---

* 2013 年 12 月 1 日在中国社会学会和华中农业大学联合主办的“新型城镇化与农村社会发展”学术研讨会开幕式上的致辞。

年欣闻华农社会学建成了湖北省人文社科重点基地“农村社会建设与管理研究中心”，这种单独由社会学学科建成的省级以上的基地，在全国社会学界也为数不多；今年又喜听他们成功申报湖北省重点学科，华农社会学可谓是成绩斐然、蒸蒸日上。在此，我作为社会学界的老前辈，也向华中农业大学领导对社会学学科发展的支持表示敬意！所以说，这次研讨会的召开，选了一个好地方。

三是切中时代发展的主旋律。结合中国社会发展的壮阔实践，大尺度地回溯中国城乡社会发生的沧桑巨变，我们可以清楚地看到中国社会独有的、相互交织的两条宏脉：一条是城乡关系发展的脉络，即中国社会经历了从“最初城乡一体合治”到“近现代城乡二元分立”再到“当代城乡一体化”的发展进程；另一条是城乡利益体系演变的脉络，即城乡利益体系中的“身份—权利—待遇”演变逻辑，展现了从“城乡同构体系”到“城乡差别体系”再到“同城差别体系”的转变。

这两条宏脉告诉我们，当前中国提倡的城镇化建设不是要重回过去的“以地为本”、“城乡分割”、“同城有别”的“无感增长”发展模式，而是要建立“以人为本”、“城乡统筹”、“城乡一体化”的“有感发展”新路径和新理念。这种城镇化的“新”主要是两个方面：第一，这是一种以人为本的城镇化而不是以土地为本的城镇化；第二，这是一种建设新型城乡关系、城乡双赢互利的城镇化，而不是城市这样那样剥夺农村的城镇化。

如果从更加广阔的视野来看的话，旧式城镇化和新型城镇化分别植根于旧式现代性和新型现代性的逻辑之中。在旧式城镇化阶段，虽然社会获得了快速的发展，但也存在诸多问题，如前面所说的城乡差别、同城差别、农村“空心化”、环境恶化等，它具有不可持续性；而新型城镇化则要求“以人为本”，改变传统的城乡结构关系、重构城乡的利益格局，构建包容、公平、共享的“身份—权利—待遇”体系，从而与新型现代性的发展理念相契合。因此，如何通过新型城镇化发展理念消解旧式城镇化发展弊端、统筹城乡一体化进程、重塑农村发展活力就摆在了时代发展的面前。这既是一个具有现实紧迫性的重大实践性问题，也是一个具有理论挑战性的重大学术性问题。从而，这次会议以“新型城镇化与农村社会发展”为研讨内容，是切中时代发展命脉的好主题。

各位同仁，当今世界正处在大发展、大转变的过程中，党的十八届三中全会也明确地界定当前中国社会处于改革攻坚期、改革深化期。伴随新型城镇化的提出和不断推进，中国农村的未来必将发生巨大的变迁。

社会学研究者要抓住这个机遇、利用好这次机会，在增强自身理论、自觉意识的基础之上，运用系统科学的方法并扎根农村基层，定能在农村社会学的研究领域有所作为、为创造具有时代价值和深远意义的中国社会学理论增添活力。

最后，我再次预祝本次会议取得圆满成功！祝中国农村社会学的未来更加繁荣！

谢谢！

可行性与可达性：户籍制度改革破题*

导读：人的城镇化既是新型城镇化固有的本质属性，也是我国旧型城镇化曲折发展后遗留下的、后续城镇化发展必须直面的攻坚任务，以二元户籍管理制度改革作为人的城镇化突破口是具有创建性的，但在推进改革过程中却存在诸多问题。我国二元户籍制度改革的阻力是全方位的，围绕着对附着在户籍上的各种权利与利益的坚守这一核心问题，处于不同制度性环境中的不同利益相关者通过“以足投票”的方式，在维护自身既得利益的同时，反对和阻碍着二元户籍制度改革的推进。阻力最小化而效益最大的改革思路和推进模式，应该是调适现行二元户籍制度承担的基本功能，转换其功能角色；促其改革成功的便捷路径则是施行“做实”与“做虚”两类方案，并在三个关键环节上着力推进。

一、问题的提出

新型城镇化的关键是人的城镇化，这既是城镇化固有的本质属性，也是我国旧型城镇化曲折发展后遗留下的、后续城镇化发展必须直面的攻坚任务，如何在新型城镇化推进过程中避免旧型城镇化走过的弯路和歧路，紧紧抓住人的城镇化这个关键点，实现前者的健康快速发展，切入点的选择至关重要。鉴于二元户籍管理制度在城乡关系等领域产生的诸多负面影响，学界内外普遍将户籍制度改革作为推进人的城镇化的突破口，希望以此为起点，逐步实现城乡人口共有共享城市文明发展成果的理想局面，并在改革的总体目标、基本原则等方面达成基本共识；而具体到改革的推进路径、实施方法等具体操作领域，则存在着不同的认识。

---

* 与张本效合作。刊登在《探索与争鸣》，2014（7）。

梳理已有的研究成果和实践中各层级政府的具体改革措施，可以发现三种不同的改革思路和推进模式：其一是向农村户籍人口特别是进城务工人员有序开放城市户口，实施差别化落户政策，以逐渐消解城市内的二元户籍结构。新出台的国家新型城镇化规划（2014—2020 年）系统阐述了这一改革路径："以合法稳定就业和合法稳定住所（含租赁）等为前置条件，全面放开建制镇和小城市落户限制，有序放开城区人口 50 万～100 万的城市落户限制，合理放开城区人口 100 万～300 万的大城市落户限制，合理确定城区人口 300 万～500 万的大城市落户条件，严格控制城区人口 500 万以上的特大城市人口规模。大中城市可设置参加城镇社会保险年限的要求，但最高年限不得超过 5 年。特大城市可采取积分制等方式设置阶梯式落户通道调控落户规模和节奏。"[①] 实践中与之形成呼应的则是诸如"以证管人、以房管人、以业管人"的居住证管理制度。[②] 这类改革措施是由政府推动和实施的，对二元户籍管理制度的存废及运行轨迹具有关键性影响。其二是一种较为激进的改革思路，主张废除存在已久的二元户籍制度，实现完全的迁徙自由，认为"改革的中心任务是取消城乡户口身份划分和户口迁移的行政限制，实行一元化的公民身份制，以及公民自由迁徙和选择居住地的法律制度"[③]。事实上，这类改革思路持有者间的观点还是存在分歧的，从某种程度上说，他们内部也可以细分为两种观点类型，一类是二元户籍制度废除型，一类是迁徙自由型。当然，无论其观点存在着怎样的差异，其改革思路的实质具有同质性：虽然具有一定的理想化成分，但对户籍制度改革实践都具有启发价值。其三是户籍制度去福利化改革思路，认为"改革的难点在于剥离附加在户籍上的各种社会经济权利和福利"[④]。尽管前两种改革思路和推进模式也关注附着在二元户籍制度上的社会福利问题，但其改革的重心并不是去福利化，而是将其作为改革的必然结果，因此，在操作理念和具体操作路径方面，第三种户籍制度改革思路和推进模式有自己独特之处，并因其对现行户籍制度本身的触动比较小而具有更小的改革阻

---

① 《国家新型城镇化规划（2014—2020 年）》，2014 - 03 - 17。

② 参见国务院 2010 年 5 月 27 日批转国家发改委《关于 2010 年深化经济体制改革重点工作的意见》。

③ 陆益龙：《户口还起作用吗——户籍制度与社会分层和流动》，载《中国社会科学》，2008 (1)。

④ 彭小辉、史清华：《城乡二元户籍的历史沿革、改革路径与启示》，载《现代经济探讨》，2013 (8)。

力，也更可能取得改革的顺利推进。

比较现有三种改革思路和推进模式，其推进改革的内在逻辑实际上是相似的，可以这样概括这一同质化的内在逻辑的展开过程——大前提：我国城乡居民都是中华人民共和国的公民，享有同等的权利、履行同等的义务；小前提：二元户籍管理制度将城乡居民分割为两个权利差异明显的不平等群体，在保障并优化城市居民权利的同时，侵占和剥夺了农村居民的合法权利；结论：改革二元户籍管理制度，赋予农村居民与城市居民同等的国民权利。剖析这一推理过程，可以发现并非常容易判定它的合逻辑性、合法性以及现实合理性，因之，由此内蕴和导出的上述三种改革思路和推进模式的操作化方案虽然差异明显，但却各有自己的理论依据和事实依据，并能够推知其改革成功后的巨大制度效应和社会效应。问题的关键在于，逻辑关系清晰、推论正确的理论化对策探讨，能否真正实现运行已久、积弊已深的二元户籍管理制度的改革成功。我们认为，二元户籍管理制度改革措施的合理性、合法性和合逻辑性并不能自然形成其对策的可行性和改革目标的可达性，与可行性和可达性直接相关的，应该是推行过程中障碍与阻力的大小和有无。换句话说，这里的可行性和可达性与障碍与阻力具有反相关关系，后者愈大、前者愈小，反之亦然。所以，我们认为，二元户籍管理制度改革的推进，应该从研究改革的障碍与阻力入手，选择障碍与阻力最小化的对策方案，以保证二元户籍管理制度改革的流畅运行和改革目标的顺利实现。上述三种改革思路和推进模式虽然具有战略性方面的真理性特征，但是，障碍与阻力最小化的战术要求却是其不甚关注的，与之相对应的则是其推进速度的缓慢和实施绩效的低下，因之认为，以二元户籍管理制度改革作为推进人的城镇化突破口是具有创建性的，也是可行的，但是，在推进改革过程中却存在诸多问题。本文正是基于这方面的思考，尝试从障碍与阻力最小化角度入手，探讨二元户籍管理制度改革顺利推进的可行性操作理路。

二、多元化的改革阻力

我国二元户籍制度改革的阻力与障碍是多元的，甚至是全方位的，围绕着对依附在户籍制度上的各种与己密切相关权利与利益的坚守这一核心问题，处于不同制度性环境中的不同利益相关者通过“以足投票”的方式，自觉或不自觉地形成了泾渭分明的利益集团，从各自特定的角度，在维护自身既得利益的同时，反对和阻碍着二元户籍制度改革的推进。按照阻力主体的属性和特征，我们可以将之概括为两大类型：第一大类型包括“市长”、市民、农民三大群体，第二大类型包括大城市（此处的大城市指代大城市和特大城市，下文同）户籍人口与外来户籍人口两大群体，这两大类、五大群体首先以单方化的影响力阻碍着我国二元户籍制度的改革，同时也因各自影响力的交叉与碰撞而形成不期而遇的合力，阻碍着二元户籍制度改革的顺利推进。

本文所谓的“市长”可以包括以市长为代表的城市内各层级政府领导，从某种程度上说，他们发挥着二元户籍制度改革的动力与阻力双重功能。其动力功能易于理解，吊诡的是，其之所以成为户籍制度改革的阻力，却是因为他们承担了维护与促进所在城市经济社会发展的工作职责！特别是在与人口规模、密度、结构密切相关的诸如环境污染、交通拥堵、住房紧张等城市病集中爆发的当下，以市长为代表的城市政府，固守并通过二元户籍制度实现对城市人口的控制以缓解城市病症状，以期实现所在城市经济社会的良性运行、和谐发展，似乎就成为他们最理性的执政选择。所以，即便是忽略掉其他相关因素，单纯上述这一方面原因就足以让“市长”成为二元户籍制度改革的阻力与障碍，并因为他们掌握的政治、权利资源和社会影响力，以及表面上政策选择的正当性而使这一阻力和障碍的实际效力被无限度放大。基于此，我们认为，二元制户籍制度改革要想顺利推进并最终取得理想的效果，“市长”是难以逾越的一道坎儿。

城市市民，主要是大城市市民和特大城市市民。对于市民来说，二元户籍制度的存在，意味着附着在其上的各种教育、就业、医疗、住房等社会福利的保障和延续，以及因之生发的身份地位、社会声望与自我评价的维持；反之，则意味着既得利益的丧失，最好的结果也只能是既得利益的被分享和因此可能出现的被拉低的危险。因此，对既得利益的固守，让市民，特别是大城市市民成为二元户籍制度改革必须面对的一类人数众多、态度鲜明而又可能会在其中爆发群体性事件的反抗力量。

与市民相比较，农民与二元户籍制度相关联的既得利益则是城镇化迅速推进之后产生的一种新的社会事实，是与农村户籍相捆绑的农民的土地权益以及由之衍生的其他权利，特别是前者，在经济发达或较为发达的农村，其巨大的经济价值和潜在的巨大经济价值，让农民得出“有钱有房不如有土地"[①] 的经验性结论，并为了维护这一因二元户籍制度存在而形成的集体土地所有制产权所带来的既得利益，自发地创造出诸如"户籍只出不进"等约束性村规民约，以严格控制所在村农村户籍人口的增加。作为农民保护自身土地权益及其附属权益的手段，来自农村的这些约束性村规民约彰显出农民之于二元户籍制度全新的态度类型，它从一个特定角度说明，城市户口已经不再是农民首选的户籍追求，至少不是发达或较发达农村农民的首选；与之形成呼应的，是越来越多来自农村的大学生拒绝将户口迁出农村，偶有迁出的也在想办法将户口迁回农村。农民们通过这类典型的以足投票方式宣告，他们不是现行二元户籍管理制度改革思路与模式的同盟者和支持者，而是日趋强大的阻力和障碍性因素。

阻碍我国二元户籍制度改革的第二大类型因素，是由大城市户籍人口与外来户籍人口两大群体从不同层面发力而汇聚起的障碍与阻力。从内容上看，这第二类阻力与第一类阻力存在着某种程度的交集，但是，作为一种"同城异籍现象"，他们之间发生的故事与二元户籍制度改革能否顺利推进又具有特别的现实意义，值得我们进一步研究与关注。"同城异籍现象"不仅仅是指同一城市中城市户籍人口与农村户籍人口并存的现象，也指本地城市户籍人口与外地城市户籍人口并存的现象，同时还指同一城市中不同颜色户口本所代表的不同性质户籍人口并存的现象，等等。"同城异籍现象"反映了不同户籍利益群体间的博弈，其博弈的最终目标指向并不单纯是城市户口这一个标的，还夹杂着另外的经济社会等诉求。城市户籍人口自不待言，外来人口中占绝大多数的农村户籍人口，其主要诉求与其说是城市户籍，毋宁说是单纯的经济收入，因为面对极高的大城市户籍门槛，除了为数极少的精英外，农民工难有入籍的希望。因此，他们并没有扎根大城市的能力和奢望，利用自身能力获取尽可能多的经济收入就成为他们最为理性的选择。也正是因为此种原因，他们并不太在意自己的生存条件，也不在意城市本身的发展能力和经济、社会、文化及生态诸环境，因之生发出诸多不利于大城市良性发展的病态因素，并由此激发出户籍人口和非户籍人口间的隔阂和冲突，进而从不同方向催生出二元户籍制度改革的种种阻力。再加上"现有户籍制度改革更多地集中在农业户口与非农业户口之间的形式划分上，尚未从根

---

① 这是郑杭生教授及其团队成员在广东省中山市等地调研时观察与了解到的农村新型社会事实。

本上触及更深层次的镶嵌在户口中的各种社会福利”①，就更加弱化了外来人口的户籍诉求，增生出更多的过客心态，更多的不和谐因素在大城市中聚集发酵，成为阻碍二元户籍制度改革顺利推进或显或隐的众多障碍性因素。

现时代的二元户籍制度改革面临的阻力和障碍是众多的、性质不同的，其表现形式也是多样化的，面对这种复杂的现实困局，多样化、多维度的改革思路与对策应该更能理顺与契合社会现实，而在众多的可能性中，我们认为，阻力最小而效益最大的改革思路和推进模式，应该是调适现行二元户籍制度承担的基本功能，并转换其功能角色。

三、以功能角色的转变推动二元户籍制度改革

正如上文所述，实践中的二元户籍制度改革思路和推进模式，其遭遇的阻力和障碍是众多的，甚至是全方位的；其实际改革绩效与城市规模存在着尽人皆知的反相关关系。换句话说，虽然中小城市的户籍已经和正在全面放开，但是，二元户籍制度最具代表性的大城市户口仍未被真正触及，并且，随着经济社会的进一步发展，附着在大城市户口上的各种经济社会权益有进一步增容扩量的可能，昭示的不仅是户籍制度改革的举步维艰和任重道远，更是城乡二元格局被进一步固化和新型二元体制被制造和放大的可能。因此，设计切实可行的二元户籍制度改革路径成为实现城乡一体化发展的关键。基于对实践中户籍制度改革诸多阻力和障碍的思考与分析，我们认为，通过“做实”与“做虚”两条途径，在三个关键环节上着力推进，应该是切实可行的二元制户籍制度改革捷径。

所谓“做实”意指调整二元制户籍制度改革的基本路径，变向农村户籍人口开放城市户籍为增加农村户籍含金量，将社会福利和公共服务均等化的内容注入农村户籍，通过农村户籍的升值与增值，逐渐拉平城乡户籍之间的价值与等级差异，进而在不触动城市户籍人口既得利益的同时，逐步实现户籍价值无等级差别的城乡户籍分类管理制度。这一改革路径的着力点是向农村户籍人口赋权与增权，其实质是将存在价值等级差异的城乡二元户籍管理制度改革为没有价值等级差异的城乡户籍分

---

① 李强、胡宝荣：《户籍制度改革与农民工市民化的路径》，载《社会学评论》，2013年创刊号。

类管理制度，实现真正意义上的城乡一体化；其可行之处在于操作方面的便捷和较少的改革阻力，因为它并不触及城市人口，特别是大城市人口的既得利益，不会引起他们情绪性激动和对抗性行动，而被赋权与增权的农村户籍人口也会欣然接受、乐享其成，特别是在区位条件较好的农村社区已经存在拒绝改变农村户籍的背景下，“做实”农村户籍的努力就更易于推行。当然，“做实”的困难依然巨大，虽然其困难的数量并不多，但却也是最关键的，这些最关键的难题就是所需的人力资源、资金来源和其他福利性保证。但是，比较剥离附着在城市户籍，特别是大城市户籍上的教育、就业、医疗、住房等社会福利的改革努力，前者付出的经济社会成本会小得多，成功的机会也大得多，而且它能够允许我们采用渐进的方式，从点到面，从易到难，配合新型城镇化的目标与节奏，在健康与和谐的氛围中，逐渐实现城乡居民共享城市文明的发展成果；另外，随着我国农村新型城镇化的进一步推进，城镇化率逐步提高，农村人口大量减少，这使得需要去赋权与增权的农村户籍人口在我国总人口中的绝对占比越来越小，它从另外一个角度为“做实”改革举措的顺利推进提供了保障。作为此项改革措施的客观成果，改革过程中和改革后的城乡户籍功能将趋向于同质化和一体化，其功能角色也将逐步回归到它的本分角色——人口信息登记和人口迁移管理，并通过角色回归和功能转换保证与推动二元户籍制度改革的不断深化和最终取得成功。

所谓“做虚”则是要直面二元户籍制度的弊端，改革利益化二元户籍制度，剥离附着在户籍上面的诸多社会福利及其他利益性成分，回归其纯粹的人口信息登记和人口迁移管理功能。这是一种激进的二元户籍制度改革路径，只应采取由点及面、渐次推进的方式，以免引起所有既得利益群体的反抗，影响整个二元户籍制度改革的顺利推进和健康运行。我们可以通过排除法的方式，圈定特定目标人群作为二元户籍制度的“留守地”，维持其既得利益以换取改革的顺利进行。当然，被排除的人群不应数量过大，时间也不应过于久远，否则，就将形成世袭化的特殊阶层。可行的办法是，通过行政手段在户籍利益特别大的大城市确定一条年龄线，在大于年龄线的人群内继续实行二元户籍管理制度，而对小于年龄线的人群推行全国统一的新户籍管理措施，也就是在特定城市推行“老人老办法、新人新办法”的改革举措，从而逐步而又富有成效地改变户籍制度的管理功能和功能角色，一劳永逸地彻底解决二元户籍制度弊端。

二元户籍制度改革的三个关键环节分别是农村户籍增权、大城市居民户籍权利的差别化处置和农民工户籍价值的同城化待遇，它们是“做实”与“做虚”两条改革路径顺利推进的最为便捷、最易见成效的切入点，三者之间既紧密联系，又具有互补性特点，是从整体上推进我国二元户籍制度改革的三大突破口。

相比较而言，为农村户籍增权最为简单，依我国目前的财政实力和可预期的发展态势，只要持之以恒地持续推进，自然会达到既定的改革目的，而一旦这一目的达到，就会为后两个环节的改革奠定坚实的基础。实际上，只要开始实施为农村户籍增权的改革举措，就能够为后两个环节的改革奠定基础和提供保障性动力。

大城市居民户籍权利的差别化处置，是一个敏感而又棘手的问题。由于附着在户籍上的既得利益太过丰厚与肥美，所以，不管是谁，都难以割舍掉这些到手的“肥肉”。但是归根到底，它们毕竟不是大城市居民完全经由自身后天努力而获取的合法利益和正当权益，难免存在侵占他人劳动成果和揩国家之油而不当获利的嫌疑，因此，平衡城乡居民的户籍权利，取缔城乡户口价值等级分化，实行城乡一体的户籍制度，具有道义上的先天优势。只要工作得当、宣传到位，二元户籍制度改革是能够赢得大城市居民一定程度支持的。同时，可以基于人道主义的考量，对一些特定人群，比如超过劳动年龄阶段的大城市老龄户籍人口以及失能户籍人口等维持旧有户籍制度及福利待遇。这种差别化处置措施，既可以保证户籍制度改革的正义性和正当性，又可以减少改革带来的社会震荡和负面影响，并为农民工户籍价值的同城化待遇改革铺平道路。

随着我国新型城镇化的不断推进，农民工户籍价值的同城化待遇问题将日益成为二元户籍制度改革中的关键环节，其必要性、作用与价值将日趋得以彰显。特别是在大城市仍然能够为农民工提供更多的工作机会和更大的劳动回报，大城市同时也需要大量低人力资本含量的劳动年龄阶段人口的时期，源源不断涌入的农民工更将户籍价值的同城化待遇改革推到舆论的风口浪尖，因为二元户籍制度不仅让农民工成为被剥夺的代名词，而且向城市贡献着青春和热情、推动城市经济社会快速发展的农民工，还给大城市带来了各种各样难以避免与克服的城市病。只有通过户籍价值的同城化待遇改革，不仅允许农民将户口迁进大城市，而且让农民工享受户籍价值同城化待遇，才能够最大限度解决上述不公和根除城市病。而且，推行农民工户籍价值同城化并不需要大的投入，也不会产生大的社会震动，只是需要户籍管理制度回归到它的本分角色，即人口信息登记和人口迁移管理上来即可。当然，一个必要的前提是大城市居民户籍权利的差别化处置的同时推行，或者前者在时间上稍微的延迟推行。

无论是推行“做实”与“做虚”举措，还是在三个关键环节上的着力推进，其实质与目标指向都是通过促使户籍管理制度社会功能的调适和功能角色的转换，实现二元制户籍制度改革富有成效的推行，它们使这项看似遥遥无期、任重道远的改革任务有了易于操作的切入点和低成本的操作路径，值得在实践中尝试并大力推广。

四、小结

处于进行时状态的二元户籍制度改革已经在中小城市取得决定性成绩，但在大城市却遭遇到诸多的困境，甚至陷入挣扎困局。农村户籍含金量因区位差异出现了程度较大的价值分化，但对大多数农村而言，户籍的含金量仍然走低，从总体上看，时至今日的户籍制度改革并没有真正缩小城乡户籍之间的价值差距，因此，对目前改革思路和推进路径有必要进行研究与反思。在我们看来，将新型城镇化目标与二元户籍制度改革联系起来，并用前者规定和引导后者的改革思路与推进路径，应该是值得放手去做的优先选择。基于此前二元户籍制度改革遭遇的多元化阻力和障碍，这一改革并不乐观的事实绩效，以及新型城镇化为户籍制度改革提供的广阔舞台和种种利好机遇，我们认为，对户籍管理制度做功能调适，实现其功能角色转换，逐步回归到它的本分角色——人口信息登记和人口迁移管理，能够推动二元户籍制度改革的不断深化和最终取得成功。从目前形势看，通过“做实”与“做虚”两条路径，在三个关键环节上着力推进，应该是户籍管理制度功能调适和角色转换的实现形式，是二元制户籍制度改革取得最终成功的坦途，也是户籍管理制度能够承担起人的城镇化历史使命的关键。

“就地上楼”：新型城镇化的社区实现形式*

一、问题的提出

从可能性角度理解，农村城镇化的实现方式是众多的和各具特色的；从现实性角度分析，这应是一个因地制宜的具体实践活动集合体；从操作化的实现方式选择方面看，因为受生产力发展水平的影响，受对城镇化发展规律认识程度的影响，受先发国家城镇化理论与实践经验的影响，以及受人的主观性因素影响而更加纷繁复杂，出现了诸多争议和众多实践模式。作为必然的结果和应该的前导，理论研究领域也存在着多元化的流派和多角度的观点。自费老提出“小城镇、大问题”开始，国内学者对以小城镇为载体的农村城市化进行了大量研究（费孝通，1984；王嗣均等，1996；许学强等，1998；郑弘毅等，1998；陆学艺等，2000，薛德升等，2001；陈玉福等，2010；朱宇等，2012），对其发展的动力机制、积极效应和存在问题做了深入剖析，逐步凝炼出“自下而上的城镇化”等理论观点。其中，在动力机制研究领域取得了特别大的成就，政

---

* 与张本效合作，本人为第二作者。该文刊登在《甘肃社会科学》，2014（5）。发表时的摘要如下：

“就地上楼”是从整体推进、协调发展、集约高效角度谋划农村城镇化的一种具有很强操作性的发展思路和实现形式，其出发点不是豪取农民的建设用地，而是让农民在用好自己建设用地的同时实现农村产业转型与升级；前提条件是不增加农民的经济社会负担，不降低农民未来的生活质量，不损害农民的发展利益，不破坏具有历史文化价值的特色村落；核心关注点是保护和发展农民土地权益；唯一目的是实现农村城镇化战略目标。妥善筹措建设资金是其能够实施的充要条件，新土地政策红利和非农建设用地“集体所得的增值”预期是巨量资本的活水源头。“就地上楼”契合我国农村发展的历史脉动，能够将农村土地、劳动力、农民意愿和农村城镇化建设整合成适合现状要求且能够良性运行的新社区，能够形成加速推进农村城镇化健康发展的倒逼机制，是从农村和城市内在联系与互动规律中探寻中国特色城镇化的战略选择。

府主导、大范围规划、整体推进模式被总结为基本模式（李强，2012）。在此基础上，基于农村城镇化的实践，基于不同的关注对象，不同学者提出了各自的主张：关注于不同城镇化主体的作用变化，郑杭生认为，新型城镇化包含着政府推动、市场拉动、民间协同和创新驱动四大动力因素（郑杭生、张本效，2013）。从产业结构的变更与发挥作用角度，孔祥智提出了农业是小城镇发展的初始动力，乡村工业化是城镇发展的根本动力，第三产业是农村、城镇发展的后续动力。同时认为，农民转变身份的愿望和社区发展的公共需求也是农村小城镇发展的强大动力。还有学者从内外部关系、城乡关系等角度，就乡村城镇化动力进行了研究与总结，提出了不同的观点，显示出国内学者在这一领域研究的成果和研究的深度。

在农村城镇化具体推进路径方面，国内学者从更加贴近中国城镇化基层实践角度，做出了各自有价值的探讨。李强认为，城镇化推进不一定都采取集中方式，农村就地城镇化就是一种分散的形式，可以通过乡镇产业化和村庄产业化的发展方式，探索农村就地城镇化的新模式（李强，2012）。张鸿雁从另外一个角度指出，村庄分布规模小、分布零散，加大了城乡统筹的难度；中小城镇尤其是中心镇功能不足造成了“乡村—中小城镇—中心城市”的网状结构功能体发育不全（张鸿雁，2013）。结合实践中出现的诸如撤村建居等地方特色的城市化推进方式，学者们也能够从城市化发展规律的角度，予以判断与解读，并通过“城乡衔接”（毛丹，2009）等概念创新和其他学术努力，为探索具有中国特色的城镇化模式提供理论支撑。另外，在城镇化与农村社区经济、社会结构及资源环境关系等研究领域，国内学者观点较为统一，对城镇化、经济发展与生态环境互构共变关系普遍关注；对城镇化推进与公平正义增长普遍关心，特别是对农民工市民化的关注，更凸显出新型城镇化研究的时代内容和科学内涵；通过新型城镇化实现经济、社会与生态共赢成为基本共识，这为我国农村城镇化健康推进提供了知识保障。

国外学者对农村城镇化研究成果可以大致区分为两种类型，第一种类型由来已久，马克思最早从历史发展规律角度提出农村城市化的发展趋势。阿德纳·费林·韦伯则首先认识到，西方世界向心或者集聚现象成为普遍的趋势，小城镇是一个过渡地点，城市化是一个从农场到乡村，从乡村到城镇，从城市到大都市的渐进过程，并以此为起点，研究城镇化的的程度、趋势、动力、后果及弥补措施等等问题。哈佛大学经济学教授爱德华·格莱泽新近提出了一种观点：城市生活远比绿草如茵的生活更加有利于环境，并进一步得出如下结论：如果你真的热爱大自然，请远离它（爱德华·格莱泽，2012）。加拿大的简·雅各布斯则在更早之前提出了集中居住以实现对环境损害最小化的观点（简·雅各布斯，2006）。第二种类型的典型理论可以追溯到有机疏散论和田园城市理论，二者都强调改变城市发展的集中趋势，特别是后者，主张实施离心规划，形成小的均衡的城镇，融美好的乡村生活和工业生产的成果于一体（埃比尼泽·霍华德，2012）。后来，实践中逆城市化现象的出现，也让国外研究者更多关注小城镇发展，并将其视为城市化发展的规律。也有国外研究者关注发展中国家农村城镇化特质，提出“内爆式的城镇化”等观点。2008年金融危机之后，国外学者从环境与经济的可持续发展角度反思离心化发展趋势，发现围绕中心城市建立的市郊型城镇由于各方面完全依赖中心城市而成为在金融危机中受打击最严重的城镇类型，因之认为市郊型城镇是近现代城镇化进程中最失败的案例。西方学者上述研究成果可以从两个方面揭示农村城镇化的重要功能：一方面，作为累积因果的城镇化，标志和促进了农村发展与城市增长互生共赢、协同增长；另一方面，与农村发展失去关联的城镇化，难以形成城乡间良性互动与互补，难以保证城市的可持续发展，从而凸显出微观层面社区城镇化的价值和必要。

国内外学者的现有研究成果，既从理论层面上触及到农村城镇化的本质与规律，也从实践层面上探索出一系列的操作化对策，为我国农村城镇化实践提供了理论指导和知识推动，但也彰显出其自身的不足和缺陷。整体上看，“中国城镇化研究迄今为止还缺少清晰的理论分析或模式分析，缺少对于中国城镇化发展的理论或范式总结”（李强，2012），因此，影响了理论对实践的指导价值，在某些领域甚至误导了城镇化实践的具体进程，有些理论还成为伪城镇化、半城镇化、城镇化大跃进的背后推手，诸如农民“被上楼”现象的出现和被推广，理论工作者就难辞其咎。但是，当“被上楼”背后地方政府的“土地”意愿被揭破之后，当这种伪城镇化的努力尘埃落定之后，研究者是不是还可以从另外的角度对之进行理论思考呢？不管怎么说，这也算是地方政府推动农村城镇化的一次尝试，很可能有某些合理内核的存在。基于这种认识的推动，我们在对其进行建设性批判反思之后，发现了“就地上楼”之于农村城镇化的含义和价值，并认为，“就地上楼”蕴含着农村新型城镇化实现方式的战略选择。

二、“就地上楼”意旨阐释

本研究在界定和使用“就地上楼”概念时，以“被上楼”概念为参照，并对后者进行了建设性反思和创造性改造，在此基础上，将“就地上楼”建构成具有城镇化实践意义的操作性概念，并以之为工具，从战略层面上对农村城镇化实现方式予以深入研究。

从概念的严格意义上讲，“被上楼”更多的是在经验层面上被理解和应用，意指地方政府假借耕地“增减挂钩”政策，以换取城镇建设用地指标为目的，复垦农民宅基地，强迫农民搬出平房，搬上楼房居住的现象。对这种现象，由于地方政府的土地财政追求，使得人们更多从具有“羊吃人”特点的“圈地运动”角度来理解和评判。实际上，如果剥离开地方政府的土地财政追求，单纯从农村城镇化发展趋势角度考虑问题，我们认为，农民“上楼”并不完全是一件坏事，相反，它可能为农村城镇化顺利推进提供了一个难得的思路。本文正是从这一切入点着手，研究农民“就地上楼”问题。

本文所研究的“就地上楼”，从实现形式上看，可以是农民在地方政府的引导与监督下，根据村发展整体规划而经由村两委发动与组织的就地上楼；也可以是以农民为行动主体的主动、自觉就地上楼，即主动上楼。它与“被上楼”的本质区别在于其目标指向是尊重并保护农民的土地权益，维护“三农”的整体利益和长远利益，是从整体推进、协调发展、集约高效角度思考、谋划农村城镇化实现方式，其出发点不是豪取农民的建设用地指标，而是让农民在用好自己建设用地的同时实现产业转型与升级。从城镇化水平与程度角度看，“就地上楼”不仅指涉完全意义上的农村城镇化，更主要指涉非完全意义上的城镇化，即准城镇化——在不改变乡村属性的前提下，经由农村新社区建设，使农民在参与新型城镇化建设的同时，分享城市文明发展成果。从城镇化内容角度看，“就地上楼”勾连着经济、社会、文化建设、环境保护等方方面面内容。从运行角度看，“就地上楼”是一“倒逼机制”：以居住形态的城镇化，推动农民改变生产、生活方式，进而逐渐形成与城镇化相适应的思维方式，最终成为真正意义的城市人。总之，我们认为，“就地上楼”不是农村城镇化过程中一种局地的、临时性的孤立现象，除了应该保护的、具有历史文化传承价值的特色村需要探寻另外的城镇化路径外，“就地上楼”无疑是适合我国农村现状、易于操作、效率较高、应该优先选择的城镇化推进方式。

具体说来，“就地上楼”就是在原有行政村基础上[①]，在不改变或者尽量不改变原人口结构前提下，在原村落范围内，通过集中连片建造住宅楼区的方式，将村民从分散而又无序蔓延的平房内迁出，搬上楼房居住，构建具有城市特点的新社区，从而一方面改变农村传统的居住形态，优化农民居住环境，为农村城镇化发展创造基础条件；另一方面缩减宅基地面积，增加农村建设用地存量，为农村城镇化发展创造物质条件和发展空间。在实际推进过程中，地方政府将扮演重要的领导、动员与监督角色并负担部分的组织责任，在这个过程中，必须将保护和发展农民土地权益作为核心关注点，坚决杜绝觊觎农民土地的“土地财政”操盘。换句话说，“就地上楼”的唯一目的是逐步推进与实现农村城镇化战略目标。

以“就地上楼”为载体，推进与实现农村城镇化发展的前提条件是不增加农民的经济社会负担，不降低农民未来的生活质量，不损害农民的发展利益，不破坏具有历史文化价值的特色村落（下文将以“四不”代称此四个前提条件），因此，妥善筹措建造住宅楼区的资金就成为“就地上楼”可以并能够实施的充要条件。对村级集体经济较为发达的村庄来说，这并不是一个难题，但是，对我国绝大多数行政村来说，恐怕就是一个极为棘手的问题，甚至是一个不可操作的“书生之见”。实际上，不管有没有强大的集体经济作为支撑，“就地上楼”都能够在避免“四不”发生的同时顺利推进，并能够在推进过程中和农民“上楼”后，为新社区经济社会提供即时发展机遇、强劲发展后劲和巨大发展潜力。我们之所以如此断言并如此乐观的原因，在于“就地上楼”之后可以被预期的、迅速增加的农村建设用地面积，无论区位如何，这些建设用地都是农村巨量财富的活水源头：区位优越的地区自不待言，没有区位优势的村也完全可以假借十八届三中全会关于“城乡统一的建设用地市场”的规定和“从严合理供给城市建设用地，提高城市土地利用率”的机遇，通过市场化手段，盘活建设用地存量，预先筹得建楼资金。退一万步讲，

---

① 在村庄密度较大的区域或者在规模较小的邻近村之间，在尊重村民意愿和尊重原人口结构的前提下，在村际协商的基础上，可以在共同同意的位置联合上楼。那些需要保护的具有历史文化传承价值的特色村，可以采取原村落去商业化整体保护的方法，让历史传承下来的优秀遗产不走形、不变样地流传下去；同时，通过在贴近村落外围的区域就近从事相关村落文化的商业开发与建设，一方面满足村民对城市生活方式的渴望与追求，另一方面也为原村落保护和农村城镇化发展开拓资金来源。

就算是没有人对这些建设用地感兴趣，“就地上楼”后因村域环境优化所形成的建设用地“集体所得的增值”预期（埃比尼泽·霍华德，2012）也能被预先资本化。总之，只要善加操作和利用，“就地上楼”不仅是村级集体经济实力强大、区位优势明显村推进城镇化的重要形式，也是经济落后、区位劣势严重村城镇化发展的重要推手和发展模式。

三、“就地上楼”的合理性

经由“就地上楼”方式推动农村城镇化进程，既具有成本方面的优势，也符合农村目前的发展实际，同时与农村固有的历史传承也具有较强的亲和性，在克服与消解农村病和城市病方面也能够发挥建设性作用，所有这些积极面向是其存在合理性的主要表现。

第一，“就地上楼”是低成本的农村城镇化实现形式。这里所谓的成本，可以包括经济成本、社会成本和环境成本三方面内容。分析“上楼”的经济成本，可以很容易发现，无论是建筑楼房，还是配套居住区基本基础设施，其总体造价都是低廉的，因为这是在村级集体经济自有的建设用地上谋发展，不存在购买土地的问题，所以，与购买土地相关的各种费用和税收都不会产生，不仅使建设的总成本大大降低，而且还以隐性补贴或集体福利的方式馈赠给村集体和购房的本村农民。而且因为“就地上楼”形成的人口聚居虽然没有提高整个村域空间的容积率，却使居住区局域空间的容积率大幅度提升，由此释放出的建设用地和经济发展机会及其带来的经济效益，反过来会增加村集体和村民的经济收入，从而变相的进一步降低了农村城镇化的经济成本。从“上楼”的社会成本角度分析，由于农民并不需要背井离乡的异地城镇化，所以，其社会关系网络不会发生或很少发生变动；又由于人口在局域空间的聚居，既有利于村民内部新型关系的建构和重构，也有利于村域范围内各种社会事业的建设和推进，进而能够进一步强化村民的村落认同和群体认同。因之，“就地上楼”的城镇化方式不存在社会成本，它会从相反的方向成为村民凝聚力和内聚力增强的推力。至于“就地上楼”的环境成本，因为不与宅基地之外的村域空间发生直接关系，所以不会影响原有的地形地貌，相反，还会因为“就地上楼”优化的排水系统等基础设施和村域整体的合理规划而避免各类生活性污染的产生和蔓延。

第二，“就地上楼”契合农村目前的发展实际。除了为数不多的一些发达村外，目前我国农村普遍处于空心化状态，留守在农村的“386199”

人员难以真正支撑具有战略意义的第一产业：大量土地被撂荒，许多被耕种的土地处于粗放经营状态，土地的生产能力没有被完全释放出来。另外，进城务工人员融入城市的速度缓慢。清华大学中国经济社会数据中心 2013 年 10 月 27 日发布的数据显示，中国户籍城镇化率仅为 27.6%，难以“市民化”的农业流动人口游走在城市的边缘；而且，高达 70%的人不愿意放弃农村户籍，他们的心理归属仍然在农村。因此，一方面，他们愿意将自己的城市收入带回农村，在缺乏投资渠道的限制下，顺从于传统农民的行为喜好，同时也是为后代子孙尽义务和显示自身财富实力，竞相在农村建造新房；另一方面，终究要返回农村的生命前景也让他们对农村发展多了一份关注和牵挂，每年春节前奔回农村的庞大人流更暗示着他们的必然选择。然而，农业太苦、农村太穷、村庄太脏成为拒斥农民回乡的强大力量。“就地上楼”不仅能够改善与优化农村生活环境，迎合农民建造新房的一贯热情①，吸引农民的城市收入，还能够创造出就业空间和发展机会，并为农民回乡创业提供了非农建设用地。如果他们能够联合起来，共同利用与开发农村土地资源的生产潜力，城市化的农村不仅成为农民参与推动城市化发展的载体，也能够促其就地共享城镇化的发展成果。因此，“就地上楼”能够将农村土地、劳动力、农民意愿和农村城镇化建设整合成适合现状要求且能够良性运行的新社区，成为实现农村城镇化的较优选择。

第三，“就地上楼”与农村优秀历史文化传承有着较强的亲和性。以“就地上楼”作为现阶段农村城镇化的主要推进方式和实现形式有着文化的合理性，换句话说就是，农村文化在长期流传过程中沉淀出的许多进步元素，能够与“就地上楼”相互适应和相互支撑，并成为后者推动农村城镇化顺利实现的润滑剂和助推器。梳理农村现存文化特质的方方面面，可以发现，这类进步的文化因素或曰文化特质并不罕见，其中有许多还是被大家经常注意并被经常提及的普通文化现象，诸如与现代主流发展模式相呼应的“小康社会”理想，与城市社区文化建设相契合的邻里融洽、守望相助的共同体意识，等等。其他还有一些表面上看似乎落后并与城镇化不相契合的农村传统文化因素，因为“就地上楼”的特点和要求而与农村城镇化发生了亲缘关系，在这类文化特质中，安土重迁、

① 搬上楼房居住应该是农民提高生活水平的一个长期追求，20 世纪 70 年代以前出生的人，对“楼上楼下、电灯电话”这句话一定耳熟能详，因为那是那个年代人们最高的生活理想，折射出楼宇生活相对于平房生活的比较优势和价值优势。

自给自足、安居乐业、田园社会等具有代表意义。概括地讲，由于“就地上楼”本身的“就地”特点和营造农民向往的城市居住形态及城市生活方式的建设目的，客观上挖掘了这些本不具有城市性质的农村传统文化特质的合理内核，使之成为“就地上楼”的积极合作因素，连同“小康社会”理想以及守望相助的共同体意识等一起，建构出“就地上楼”的合理性基础，并使“就地上楼”具有了显见的可操作性。

第四，“就地上楼”在克服与消解农村病和城市病方面能够发挥建设性作用。从某种程度上讲，农村病和城市病之间具有相当大的关联性，虽然二者间关联度大小的准确数据，以及这种关联反映二者之间存在的是相关关系还是因果关系，尚有待进一步实证研究的确证，但是，大量经验事实不断向人们显示出二者之间事实发生的关系模式的特质，即经由巨量农村人口流出与流入的激发，流出地的农村不断“空心化”乃至最终形成了农村不断凋敝的病态现象，流入地的城市则在巨量人口的冲击下，难以承载、不堪重负，乃至产生出令城市几近崩溃的城市病。这个特质告诉我们，无论二者之间关系性质存在着怎样的变化，也无论其度的差异有多大，病态发展的根本原因都与巨量人口的不平衡流动息息相关，因此，根本解决之道也就在于平衡巨量流动人口的流动方向：城市需要时流向城市、农村需要时流向农村。“就地上楼”能够将“政府看得见的手”和“市场看不见的手”整合在一起，通过农村的城镇化努力，不但可以平衡农村人口的流动方向，甚至也可以让城镇人口流向农村，这比单纯在城市中耗费巨资企图解决城市病的无望努力和任由农村自生自灭的伪城市化放任，都具有更大的操作空间。这是“就地上楼”在克服与消解农村病和城市病方面能够发挥建设性作用的关键所在。

四、“就地上楼”是农村城镇化的战略性选择

有许多人存在一种误解，似乎农民共享城镇化发展成果的路径只有一条，那就是通过向城市迁移的方式，实现农民的市民化。我们认为，通过就地城镇化或者就地准城镇化方式，改变传统农村经济社会文化结构形态，让农民享有城镇文明发展的福祉，对人口众多、幅员辽阔、经济社会发展基础差异巨大的中国农村来说，不失为一种低成本、高效益、可持续的发展模式。本文提出和研究“就地上楼”的目的，就是希图在战略层面上探索一条具有创新性、适应性和易于操作的农村城镇化实现形式，以消减背井离乡式城镇化带给“三农”的多种负面成本，从根本

上化解城市病和农村病的病根，构建和谐共进的城乡关系。

需要明确的一点是，“就地上楼”完成时态的居住区，其规模会因为原行政村旧有规模的约束而存在大小不一的可能，也会出现居住区人口总量太少而不被认可为小城镇的可能，因此，经由“就地上楼”实现的城镇化，可能是真正意义上的城镇化，更可能是准城镇化。实际上，单纯用人口数量来考量某农村区域是否实现了城镇化，也存在一定程度上的片面性。例如，美国人口局规定 2 500 人以上聚居的地方称作“城”(费孝通，2010)。按照此等标准，中国可以被称为城市的传统乡村聚落就太多了。因此，我们认为，可以跳出人口数量与规模的框框，更多从居住形态，基础设施与公共服务，生产、生活、思维方式等角度来界定与考量农村城镇化的程度与水平。这样做，一方面可能更适合人口众多、分布广泛而又幅员辽阔的我国农村实际；另一方面可以让相关各方更加关注农村城镇化的实质内容，克服城镇化大跃进的冲动，真正让城镇化成为全体人民共享城市文明的基本载体。这是我们将“就地上楼”定性为农村城镇化战略性选择的第一层含义。

从实际操作层面看，“就地上楼”应该是农村城镇化的战略性选择，我们可以用实践领域已经发生的典型个案来说明这一思路。实事求是地讲，在实践中经由“就地上楼”完成城镇化的典型案例已经存在，这类行政村一般都处于城市的近郊区，区位优势突出①，因此，具有率先实现城镇化的天然优势，有些甚至是在城市摊大饼式扩张过程中被动“上楼”的。它一方面说明，城市近郊农村易于实现城镇化，甚至可能被迫城镇化，城镇化之于它们来说，不是要不要的问题，而是如何迎接的问题；另一方面也说明，农村城镇化研究的着力点不应放在城市近郊区，而应放在中远郊区及其以外的农村区域。但是，近郊农村较为成功的城镇化努力，从特定角度为其他村落的城镇化发展提供了重要启迪，我们在实地调研中发现，北京市昌平区郑各庄村的城镇化实践就具有这方面的意义。

该村地处北京天安门正北 22 公里处，在其开始城镇化努力的 1995 年，区位优势并不明显，其成功的关键并不在于对既有城市摊大饼式扩张的依赖，而在于旧村改造和多元化的产业选择，特别是独具匠心的旧

① 例外的情况也是存在的，如山东省龙口市的西楼村，就在远离县城 7 里的地方，为合并的几个小行政村建造楼房，在让原村民上楼的同时，利用腾出的建设用地指标，开发与经营房地产业务，为村级集体经济发展与壮大提供了丰富的收入来源。

村改造，为该村未来的发展奠定了不可替代的独特优势。在旧村改造时，该村并没有走建造豪华别墅以改善村民居住条件的路子，而是选择了“就地上楼”的土地集约利用方式，因而，不仅没有侵占基本农田，反而节省出大量的集体建设用地：旧村改造之前，住宅用地高达1050亩；旧村改造之后，住宅用地仅为250亩，节省出的800亩建设用地，成为该村多元化产业发展的活水源头。因此，在北京市区距离其越来越近的今天，郑各庄村才能够充分发挥其区位优势，实现了“三农”的全面城镇化。与之形成呼应的是上世纪九十年代上海市在市郊农村推行的“三个集中”，即“农民向社区集中、工业向园区集中、土地向规模集中”，在某种程度上可以将之看做是与郑各庄村“就地上楼”具有同等意义的尝试。但是，由于对农民集中的方式并没有做出明确规定，所以出现了鼓励村民到市区购买商品房以置换农民宅基地的九星村样式，集中连片建造别墅区的杨王村样式，等等。因之，部分行政村能够通过“三个集中”释放出大量的集体建设用地，成为促进村域城镇化发展的强大引擎；部分行政村则没有取得相应的建设用地资源，错失了一次发展机遇。结合上海的实践，我们认为，郑各庄村的城镇化努力全面阐释了这样一个道理：“就地上楼”不仅能够节约不可再生的宝贵土地资源，而且能够创造出显见的、即时的或潜在的城镇化优势，这种优势既可以是村域经济多元化发展的依托，也可以是村域城镇化再造的依托，只要是占有了大量空闲集体建设用地这样一个先决条件，农村城镇化就能够进入进退自如的发展坦途。这是我们将“就地上楼”定性为农村城镇化战略性选择的第二层含义。

另外，我们认为，“就地上楼”是能够继往开来、建构出一个优良的农村城镇化新社区的推进路径。在这一思考层面上，有三大问题必须引起人们的重视：第一，新型城镇化必须以乡村社区的城镇化为依托；第二，现在我国正以每天消失100个村子的速度，快步进入城镇化；第三，农民渴望城镇化。这三大问题分别从必要性、紧迫性和可能性三个角度赋予“就地上楼”以当下农村城镇化路径选择的优先价值，并暗示着该路径选择的最优品性。

第一个问题，即新型城镇化必须以乡村社区的城镇化为依托，这是对以城市为中心的传统城镇化模式的一个挑战，或者叫做理性回归，因为它契合了我们这个农村区域广阔、农村人口众多、农业文明悠久大国的历史脉动，开始从农村问题和城市问题的内在联系和互动规律中探寻具有中国自己特色的城镇化推进路径，而不是简单地移植外国的城镇化模式。从城市病和农村病在我国一起爆发，以及发生的时间和烈度看，城市问题的根本解决离不开农村，同样，农村问题的根本解决也离不开城市。但是，因为二元经济社会结构的出现及其刚性化维持与延续，农村长时间、单向度向城市输出资源、财富、劳动力等发展要素的模式，让城市成为农村的病根。在这一背景下，积贫积弱并不断被边缘化的农村，如果不能依据自身发展规律和自身利益诉求的引导而成为城镇化的主角，如果还是延续传统城镇化的城市本位模式，农村问题断难解决，城市病的解决也会举步维艰，新型城镇化的理想诉求只会成为空中楼阁。

第二个问题则从城镇化的速度与质量角度拷问着我国现行的城镇化模式，其中的最关键点在于：村庄的快速消失真的是中华民族的福音吗？在考虑这个问题时，我们不妨暂时放下城镇化是经济社会发展必然趋势这类逻辑，实实在在地从中国目前实际情况出发，探索真正适合中国需要的城镇化推进方式。实际上，中央在做城镇化顶层设计时，已经从不同角度做出了整体规划，例如，党的十八大报告提出的“城乡发展一体化是解决‘三农’问题的根本途径”和“构建科学合理的城市化格局”思想，其基本意旨并不是城镇化速度愈快愈好，也不是城镇物理空间愈大愈好。联系到我国现存“农村病”和“城市病”病根及其相互间密切关联的实际，我们认为，城乡发展一体化既是解决“三农”问题的根本途径，也是解决城市问题的根本途径，进而认为，村庄的快速消失并不是中华民族的福音，它反映的并不是经济社会的发展趋势，而是城镇化大跃进的嫌疑，昭示的是我们并没有找到一条符合中国特色的城镇化推进路径。它从特定角度揭示出“就地上楼”的价值和必然性，以及在城市单极发展的今天，立足农村思考、推动农村城镇化的合理性。

第三个问题，即农民渴望城镇化，并不仅仅指向二元户籍制度的取消和农民身份意义上的变更，而是更多指向分享城市文明的发展成果方面，特别是在基础设施建设与维护、公共服务的提供与维持领域，农民有着急切的需求和热切的期盼。但是，由于空心化导致农村自身能力日趋衰微，国家财政难以全盘支撑，地方财政又不愿意在这些难以彰显政绩的领域投入财力，所以，如果不能另辟蹊径，找到必需的资金、人力等资源支撑，农民的这一渴望也只能转换为不切实际的幻想。立足于这一现实角度思考问题，我们认为，只有改变“三农”在现有城镇化发展模式中的地位与作用，从破解农村病角度谋划农村新型城镇化路径，依靠“三农”自身的资源、财富和人力资本，才能够让农民的渴望变成现实。总之，不管是求解农民渴望城镇化的问题，还是寻找前述两个问题的答案，都牵扯到城市化推进过程中如何对待“三农”、如何建构出一个优良的农村城镇化推进路径、如何能够平稳顺畅实现我国城镇化既定目标的大问题，而这些看似困难的问题，我们都可以通过“就地上楼”建构出一个优良的城镇化新社区方式予以圆满解决。这是我们将“就地上楼”定性为农村城镇化战略性选择的第三层含义。

正是因为上述三层含义的存在，所以，我们认为“就地上楼”与2013年中央一号文件规定的“不提倡、不鼓励在城镇规划区外拆并村庄、建设大规模的农民集中居住区，不得强制农民搬迁和上楼居住”的规定并不冲突，因为“就地上楼”的出发点不是为了豪取农民的建设用地指标，而是让农民自己用好自己的建设用地，以之为产业转型与发展抓手，不但要扭转“三农”在传统城镇化模式中的被动地位和从属角色，而且要实现“三农”真正意义上的城镇化，进而促进我国整个城镇化的健康平稳发展；而且，我们也不提倡农民的异地搬迁和大规模的集中居住，只要能够在原行政村范围内“就地上楼”即可，这不仅可以取得集中产生的各种规模及集约优势，还可以维持并强化农村原有的社会资源与和谐氛围，在消解空心化的同时，实现农村城镇化。因之，我们认为，“就地上楼”应该是农村城镇化的战略性选择。

五、小结

“就地上楼”是以“被上楼”概念为参照，在对后者进行建设性批判反思和创造性改造基础上形成的操作性概念。以之为分析工具，我们对农村城镇化实现方式进行了实证调查和理论思考。我们认为，“就地上楼”是农村新型城镇化实现方式的战略性选择，它不仅具有存在的合理性，也符合并满足当下农村推进城镇化平稳健康发展的客观要求，并存在能够将日趋严重的农村病和难以治愈的城市病一揽子解决的可能与希望，是促进并真正实现城乡发展一体化的有效载体。“就地上楼”的实际建设者是农民，但其主要倡导与推动者却是政府，因此，在实际推进过程中，必须将保护和发展农民利益作为核心关注点和主要建设任务，坚决杜绝觊觎农民土地的“土地财政”操盘。“就地上楼”的唯一目的是逐步推进与实现农村城镇化战略目标，在追求这一战略目标过程中，政府、市场和“三农”在扬长避短基础上的有机结合是成功的关键。

参考文献

1. 费孝通．费孝通全集．呼和浩特：内蒙古人民出版社，2010.

2. 朱宇，等．中国的就地城镇化：理论与实证．北京：科学出版社，2012.

3. 李强，等．中国城镇化推进模式研究．中国社会科学，2012 (7).

4. 郑杭生，张本效．“绿色家园、富丽山村”的深刻内涵．学习与实践，2013 (6).

5. 张鸿雁．现代化进程中城镇化与城市功能转型．探索与争鸣，2013 (4).

6. 毛丹．赋权、互动与认同：角色视角中的城郊农民市民化问题．社会学研究，2009 (4).

7.《冯村之路》课题组．冯村之路．北京：中国经济出版社，2009.

8. 中共中央关于全面深化改革若干重大问题的决定（2013 年 11 月 12 日中国共产党第十八届中央委员会第三次全体会议通过）.

9. 爱德华・格莱泽．城市的胜利．上海：上海社会科学院出版社，2012.

10. 简・雅各布斯．美国大城市的死与生．上海：译林出版社，2006.

11. 布莱恩・贝利．比较城市化．北京：商务印书馆，2008.

12. 埃比尼泽・霍华德．明日的田园城市．北京：商务印书馆，2012.

四、中国经验

让“包容”牵手“和谐”*

——包容性增长里的中国智慧

“包容性增长”，一个有色彩、有温度的词语。虽然听起来很专业，但却因为“包容”而温暖众生。

有人说，包容性增长是一个“舶来词”。的确，它最早是 2007 年由亚洲开发银行首次提出的。但在中国被广大百姓所熟悉，得从 2010 年 9 月 16 日算起。就在当天，胡锦涛主席在第五届亚太经合组织人力资源开发部长级会议上致辞，代表中国政府大力提倡、集中论述了“实现包容性增长”。

“包容性增长”对于中国而言，绝不是一个简单借用的外来概念。正像胡锦涛主席所说的那样，“中国是包容性增长的积极倡导者，更是包容性增长的积极实践者”。不论是包容性增长这个概念本身，还是我们对这条道路的选择与钟情，都蕴含着丰厚的中国因素，闪耀着深远的中国智慧。

中国文化对“包容”的崇尚其实早已存在。先从这个概念本身看起。“包容性增长”，汲取了经济学、社会学、政治学等多门社会科学的成果。在社会学上，一直就有“社会包容”和“社会排斥”两个相对应的概念。我们常说一个人被身边人“看不起”，说他在各方面得到的对待低人一等，这就是社会学所说的“社会排斥”，也就是说，在社会意识和社会政

---

* 本文刊登于《光明日报》，2011－03－03。发表时的编者按如下：

3 月，春回。中国进入一年一度的“两会时间”。无论年轮如何增替，国计民生永远是两会聚焦的主题。去年岁尾，因为对民生的关注，对“共享社会发展成果”的渴盼，“包容性增长”的理念在中国迅速传扬开来。怎样前瞻而睿智地划定一条普惠万民、促进发展的道路，无疑是一种最大的智慧。在郑杭生教授眼里，“包容性增长”这个“舶来词”提出得恰逢其时，且深刻地契合了中国文化的精髓与传统。

策等层面上，占据社会主流地位的强势群体对边缘化的弱势群体采取歧视性态度，施以不公平政策。相应地，所谓“社会包容”，也就是我们梦寐以求的“爱无差等”、“人人公平”。

这些与生活息息相关的概念被运用到经济增长、社会发展中去，无疑是一个很大的进步。它为我们勾画出一个美好的愿景：让所有社会成员都能参与到经济社会发展进程中，共享经济社会发展的成果，消除社会群体之间的隔阂和冲突。这个共同的指向，让我们找到了它与中国传统智慧的结合点。

在传统中找到“包容”的根须
有现代因素，也有传统资源

在北京大学张岱年先生看来，中国优秀传统文化有两个最主要的基本思想：一是人伦和谐；二是天人协调。人伦和谐是说人与人之间、人与社会之间和谐共处；天人协调是说人与自然、社会与自然之间协调发展。“人伦和谐、天人协调”，这堪称中国传统文化精华与核心的八个字，是我国提倡包容性增长的文化根基。可以说，正是在这片追寻和谐的文化热土上，包容性增长的理念顺利且迅速地扎下了根须。

如果说中国古人“和而不同”的追求与包容性增长一脉相通，那么时代演进到今天，中国又用“科学发展、以人为本”的现代理念与包容性增长遥相呼应。

中国人早已清醒地意识到，通过牺牲一方来使另一方得益获利，正如一场没有赢家的“零和游戏”，到头来伤害的却是双方的利益。正所谓“己所不欲，勿施于人”。

有了这个认识，中国开始强调科学发展、社会和谐，而这种以人为本，全面、协调、持续发展的理念，就是通向双赢互利，甚至多赢互利的最佳路径。我们一直在思考，如何使我们的城市和乡村、东部和西部、经济和社会、人和自然携手并进地共同发展？如何真正实现“民生为重，百姓至上”，更为合理地配置社会资源和社会机会？而这些，也正是包容性增长最为本质的呼唤。

由此可见，我国强调包容性增长，并非单纯的“拿来主义”，它既有中国历史文化悠久的传统根基，又有当今社会现实深层的时代内容。

刚性“治标”与柔性“治本”
重社会服务，也重社会管理

包容性增长究竟将对中国的社会发展、百姓的日常生活产生什么影响？我们先从现实情况看起。

从现在多发凸显的社会矛盾看，从燃点多、燃点低的社会问题看，引燃这些矛盾的最粗的那根“导火索”是什么？毫无疑问，就是经济发展的成果落实不到老百姓的民生福利上。应该说，这是最大的脱离群众。老百姓得不到实惠或者只能得到很少的实惠，怎么可能保持和谐安定？现在确实有些干部舍不得把钱花在普通百姓身上，这是十分短视的。单靠刚性的手段来维稳，成本很高，收效甚微，甚至造成越维稳、群发事件越多的困境。这是因为没有从根本上解决问题，只是治标，而非治本。

必须转换一条新的思路——既是治本的，也是柔性的。这就是增加民生福利，特别是增加老百姓的收入，尤其是低收入群体、弱势群体的收入。正因如此，中共十七届五中全会强调“努力提高居民收入在国民收入分配中的比重，提高劳动报酬在初次分配中的比重”。确实，我们的劳动报酬只占 GDP 的 37.2%，还不到 40%，这与发达国家劳动报酬占 GDP 总量的 60%以上的普遍水平差距太大，与我们自己 1985 年的水平相比，也下降了差不多 20 个百分点。当然，增加弱势群体的收入不是平分，平均分配是另外一个极端，我们吃过亏，也要避免。

包容性增长的观念，也贯穿在近期通过的《中共中央关于国民经济和社会发展第十二个五年规划的建议》中。

翻开《中共中央关于国民经济和社会发展第十二个五年规划的建议》第八节，可以看到，这一节从就业、分配、保障、医疗、人口、社会管理六个方面，对改善民生为重点的社会建设进行了全面系统阐述。在我看来，这六个方面并举，事实上是提出了一种“标本兼治”、“刚柔相济”、社会服务与社会管理相结合的新型社会治理模式——前五条都直接涉及改善民生，涉及老百姓的安居乐业，涉及社会资源和社会机会的最大公平。它们对维护社会和谐稳定带有基础的、根本的性质，主要是从治本的视野，从柔性的和社会服务的角度，来寻找社会和谐稳定的通路。而第六条，主旨为“加强和创新社会管理”，更多地表现出应对当前社会矛盾、社会问题、社会风险的性质，可以说是以治标为主的。这种生动体现包容性增长的社会治理模式的转变，为中国社会健康发展开出了一求是，更加体现以人为本，并使它们转化为有可操作性的社会管理体制和机制，落实为有可行性的社会政策，从而保证我国社会发展成果真正惠及全体社会成员。你们的文件，第一部分三条，根据南海区的实际分别提出的指导思想、基本原则、目标任务，经过多次修改，应该说在字里行间体现了使社会管理更加符合规律性，更加实事求是，更加以人为本。同时，第二部分“创新体制机制，构建社会管理载体”六条；第三部分“创新服务机制，完善服务体系”六条；第四部分“加强领导，明确责任，提升社区整体服务水平”三条，几乎都是在把指导思想、基本原则、目标任务转化为有可操作性的社会管理体制和机制，落实为有可行性的社会政策。

第二，文件在如何实现科学化上也是符合要求的。4 月 21 日我刚刚在《人民日报》发表了一篇文章，根据胡锦涛的重要讲话，提出要“提高社会管理科学化水平”，应当注意六个结合：治标管理与治本管理相结合；刚性管理与柔性管理相结合；社会服务与社会管理相结合；社区管理与社会管理相结合；政府主导与多方参与相结合；科学精神与人文关怀相结合。你们的文件，应该说都这样那样地体现了上述六个结合。

今天不能说得太长。我就以重视源头治理，把治标管理与治本管理相结合为例加以说明。你们提出建设强区富民的幸福南海的总目标，提出统筹城乡发展，推进城乡公共服务均等化。其中富民就是让老百姓安居乐业，就属于源头治理。

这里，我们不能把源头治理理解得太窄了，只限于社会保障。建立保障民生的制度无疑是非常重要的，但不是唯一的。确立社会规范、提高社会诚信、注重制度建设，与建立社会保障体系，是同样重要的源头治理。源头是前提，前提错了，其他就都错了。制度、政策都是源头。

源头治理，还涉及“无感增长”和“有感发展”的问题。“无感增长”就是经济社会的发展与老百姓的切身利益，特别是收入，关系不大，老百姓没有感觉。例如，我们的收入只占 GDP 的 37%，发达国家一般是 60%以上的，甚至与我们的 80 年代相比都不如，那时我们的收入占 GDP 的 58%。也就是我们的经济在飞速地发展，但是我们老百姓的收入却停滞不前。这是最大的脱离群众，这甚至已经发展成为一个政治问题了。这种情况已经引起党和国家的高度重视，在十二五规划的主要指标当中，明确了经济增长速度是年均 7%，同时也明确了城乡居民收入增长速度要在 7%以上。把 GDP 的增长与居民收入增长明确挂起钩来，使有点困难。

第二，文件第四条的提法有些问题。“构建以社区党组织为核心、社区自治组织为主体、社区服务中心为平台、经济组织为支撑、群团组织为辅助、社会组织为补充、公众参与为主导的共建共享基层管理新机制。”这段话至少有两个问题：首先说“公众参与为主导”，比较勉强，一般说政府主导，一定要说公众参与的作用，在我看来可以说“以公众参与为路径”；其实“政府负责”就是政府主导。其次，社会组织的概念不清。社会组织是个大概念，包括社区自治组织、群团组织，甚至在某种程度上也可以包括经济组织。文件说“社区自治组织为主体、经济组织为支撑、群团组织为辅助、社会组织为补充”，这里“为主体”、“为支撑”、“为辅助”、“为补充”概念都不清楚。例如，在社区治理中，主体不仅仅是社区本身一个，其他社会组织同样也是主体。同样“为支撑”、“为辅助”、“为补充”，在我看来，也经不起推敲。

我相信，在实践创新和理论提炼双管齐下之后，总结南海经验、创建南海模式的任务一定会圆满实现。

这些意见不一定对，希望批评指正。

从社会复合主体到城市品牌网群*

——以组织创新推进社会管理创新的“杭州经验”

现代社会是组织化社会，组织是社会管理的基础和着力点，社会管理的任何构想、政策和措施要通过组织的运作得以“落地”。因此，社会管理的科学化必然涉及组织自身的创新。从本世纪初到现在，“杭州经验”一直在持续不断地推陈出新。近几年中，我们见证了从社会复合主体到城市品牌网群的“杭州经验”新推进。从组织社会学的视角，通过组织的创新进一步探查社会管理的创新，能够使我们理解“杭州经验”引人瞩目的进展。

“不断提高社会管理科学化水平”，是胡锦涛总书记今年2月19日在省部级主要领导干部社会管理及其创新专题研讨班开班式上所强调的重要问题之一。“杭州经验”引人瞩目的进展，也使我们实践地、具体地体会到，什么是社会管理？什么是社会管理科学化？如何推进社会管理科学化？关于这些问题的理论解释，本文第一作者在今年4月21日发表于《人民日报》、题为《不断提高社会管理科学化水平》的文章中做了说

* 与杨敏合作，刊登于《杭州市委党校学报》，2011（4）。发表时的摘要如下：

多年来，以“让我们生活得更好”的价值共识作为共同行动的基础，“杭州经验”通过连续不断的系列创新，对“中国经验”的内核——构建“国家—社会”新型关系、促进“政府—企业—社会”的合作三维，使社会资源和社会机会形成优化配置——给予了独特的探索。最近几年中，“杭州经验”从社会复合主体到城市品牌网群的新跨越，对“政府—企业—社会”合作三维的具体组织构架、作用模式和运行机制等做了开创性的探索。这一通过组织创新推进社会管理创新的过程，使杭州作为“东方休闲之都、生活品质之城”的发展步伐再次提速。

明。①这里，我们也从组织社会学的视角，结合杭州的实际，着重分析通过城市品牌网群实现的组织创新与管理创新的“杭州经验”，看看“杭州经验”是如何实现六个结合的，即治标管理与治本管理相结合，刚性管理与柔性管理相结合，社会服务与社会管理相结合，社区管理与社会管理相结合，政府主导与多方参与相结合，科学精神与人文关怀相结合。应该说，“杭州经验”是现阶段以组织创新推进“社会管理科学化”的比较成功的案例。

一、组织理性的聚合为创新社会管理奠定基础

正如个人一样，理性也是组织的一种重要现象。组织不仅具有理性，而且能够对理性进行聚合，这也许是组织理性与个人理性的重大不同之处。组织的理性聚合既可以发生在组织内部的成员之间，也可以发生在不同类型的组织之间。“杭州经验”中的社会复合主体和城市品牌网群，表现了在不同类型的组织间进行的理性聚合过程。在不同组织的临界点、分界线和叠合面上寻求自己的生存、立足和运作，社会复合主体和城市品牌网群展开了一种新的组织形态的尝试，努力将正式的与非正式的、官方的与民间的、高端的与草根的、实体的与虚拟的、物理的与数字的等等不同类型的组织复合为一体，这一过程也使得技术的与价值的、形式的与事实的等等组织理性形成聚合，从而使这种复合型组织的实际效果发挥到某种极致。在我们看来，正是这种组织创新促成了群众性的社

① 上述文章指出：社会管理本身仍然是一个争议很多的复杂问题。国外并没有相应的“社会管理”（social management）这个短语，通常是用意义相近的“社会治理”（social governance）。所谓“社会管理”，在我们看来，在中国的情况下，是指执政党和政府与其他社会主体，运用法律、法规、政策、道德、价值等社会规范体系，直接地或间接地对社会不同领域和各个环节进行服务、协调、组织、监控的过程和活动。通过这样的过程和活动，维系社会秩序、规范社会行为、协调社会关系、维护社会治安、促进社会公正、增进社会认同、推进社会和谐；化解社会矛盾、解决社会问题、应对社会风险、减少社会内耗、控制社会冲突、弥合社会分歧，从而推动社会资源和社会机会更加公平合理地配置和分配，为构建和谐社会、促进社会生存和发展创造既有秩序又有活力的基础运行条件和社会环境。这个定义指出了社会管理的内涵和外延，它的主体、手段、目标和任务以及作用。所谓“社会管理科学化”主要就是使我国的社会管理更加实事求是，更加符合社会管理的规律性，更加体现以人为本，并使它们转化为有可操作性的社会管理体制和机制，落实为有可行性的社会政策，从而保证我国社会发展成果真正惠及全体社会成员。上述文章还指出，要“提高社会管理科学化水平”，应当注意六个结合，就是治标管理与治本管理相结合，刚性管理与柔性管理相结合，社会服务与社会管理相结合，社区管理与社会管理相结合，政府主导与多方参与相结合，科学精神与人文关怀相结合。

会管理，使得社会管理的创新成为了现实。

（一）杭州市“社会复合主体”的组织创新

根据我们此前的研究，“杭州经验”的创新经历了一系列推进——“钱塘江时代”（2002）、“精致和谐，大气开放”的杭州精神、和谐创业（2004）、“生活品质之城”（2007）、生活品质系列点评（2007）、生活品质网群（2008）、“城市有机更新”（2008）、社会复合主体（2008）。在上述创新中，“社会复合主体”具有极为重要的位置，我们将其视为“杭州经验”进入新里程的一个标志。①

“社会复合主体是指以推进社会性项目建设、知识创业、事业发展为目的，社会效益与经营运作相统一，由党政界、知识界、行业界、媒体界等不同身份的人员共同参与、主动关联而形成的多层架构、网状联结、功能融合、优势互补的新型创业主体。”②

社会复合主体与其他社会组织一样，都有一定的组织结构形态和明确的组织目标，但是相对于其他社会组织而言，具有以下5方面的特征：一是架构多层复合、成分多元参与。在成分上有党政界、行业界、知识界和媒体界等多元参与，联动运行，你中有我，我中有你，彼此关联、互为支撑。二是功能特色互补、职能衔接融合。社会复合主体往往既具有引导、协调、管理职能，又具有创业、开发、经营职能；既具有研究、策划、设计功能，又具有宣传、推广、展示功能，各种功能既彼此分工，又互补衔接。三是人员专兼结合、角色身份多样。社会复合主体在人员结构上，既有专职人员，又有兼职人员，形成既立足岗位、履行职能，又相互平等、协商合作的社会关系。四是事业项目带动、机制灵活规范。社会复合主体在运作机制上，往往针对文化型、知识型产业或项目的弹性、柔性、开放性等特性，以及项目建设的阶段性特点，形成灵活的组织结构和运作模式。五是社会公益主导、持续经营运行。社会复合主体具有事业发展性质，突出公益性，同时又能实行经营运作，不是依靠权力或行政审批权延伸来运作，而是采用企业化、社会化运作方式，具有

---

① 参见郑杭生、杨敏、奂平清等：《“中国经验”的亮丽篇章：社会学视野下“杭州经验”的理论与实践》，3、20页，北京，中国人民大学出版社，2010。

② 杭州市委办公厅政研室资料：《政府创新服务案例选编》，“理念创新·培育和发展社会复合主体”部分。

自我“造血”功能，实现可持续发展。[①]

在我们看来，由于行动过程的相互关联，不同社会主体在相互之间的关系中会呈现出主体性的重叠或复合。在此意义上，我们将“社会复合主体”理解为，多个社会主体形成相互关联，其各自的主体性发生重叠或复合，使得这些原本不同的多个社会主体成为一个社会主体，也即社会复合主体。我们认为，多个组织实体之间的这种复合性，是基于它们在实际生活过程中具有的行动关联性。由于这些社会主体在行动过程的相互关联和彼此建塑，增进了结构的凝聚和功能的融合，促成了社会主体彼此依赖、共存互生的整体性，使得原本多个不同的主体转变为了具有一体化组织效应的一个复合主体。就这种结构与功能特点而言，社会复合主体表现为一种新的“单位主体”，即由多种成分组成的一个特别主体，既有别于通常单一的单位主体，又不再是多个不同的主体，而是由其复合成分在内在联系基础上构成的多合一主体，因而被视为一个主体单位。[②]显然，从组织社会学的视角进行观察，社会复合主体具有显著的创新意义。

在实践过程中，社会复合主体遇到了新的实际问题，包括社会复合主体典型中的行政力量过大（如西泠印社的社务委员会），运作松散（如丝绸和茶的行业联盟），等等。这就引发了一系列思考——如何形成复合主体成员的主动关联，如何处理专业性和复合性的关系，党政界如何既发挥作用又保持权力不介入，行业（企业）的社会复合主体联合如何避免垄断，等等。[③]通过这些思考逐渐形成了新的认识：“我们应该形成不完全依靠某个人而运行的机制，增加一个人，可以增加一份力量和特色，减少一个人也可以运行，这是一个良好生命体的特征，是一个组织机制成熟的标志。它自身是一个生命体，而不是靠某种外力的推动。”[④]由此可见，社会复合主体的实践本身产生了组织自身持续创新的动力。

（二）杭州市“城市品牌网群”的组织创新

根据杭州市的相关资料，2007 年 1 月，杭州确定自己的城市品

---

① 参见杭州市委办公厅政研室资料：《政府创新服务案例选编》，《理念创新·培育和发展社会复合主体》。

② 参见郑杭生、杨敏、奂平清等：《“中国经验”的亮丽篇章：社会学视野下“杭州经验”的理论与实践》，45 页，北京，中国人民大学出版社，2010。

③ 参见胡征宇主编：《让我们生活得更好——杭州城市品牌网群的思考与实践》（上），297 页，杭州，杭州出版社，2010。

④ 同上书。

牌——“生活品质之城”之后，构建了城市品牌网群这个由党政界、知识界、媒体界、行业界“四界联动”的“多层复合”的新型社会主体。城市品牌网群是对社会复合主体的重大提升。

城市品牌网群以“让我们生活得更好”为价值共识，围绕“生活品质”城市发展理念和城市品牌的研究、宣传与推广目标，构建了一个“研究院（中心）＋研究社团＋展览、推广、制作机构”为一体的复合型社会主体。在网群的各个机构中，杭州生活品质研究与评价中心是事业单位，在“城市品牌网群”运行中，具体承担杭州城市品牌指导委员会办公室的工作职能，通过对生活品质的研究、评价，起着党政、知识、行业、媒体“四界”联动的纽带作用。杭州市城市品牌促进会以及活动部、生活品质展示展览中心、生活品质纪念品中心是推进城市品牌建设的社团组织，侧重于城市品牌、城市标志的活动组织、展示展览、宣传推广、设计制作。[①] 杭州发展研究会以及杭州生活品质调查中心是研究杭州城市发展的社团组织，侧重于生活品质发展理念的研讨、城市和行业生活品质评价、调查、发布。杭州创业研究与交流中心是服务于行业企业创新创业的一家非企业组织，侧重于城市品牌与行业品牌、企业品牌的互动提升。生活品质网站、期刊是生活品质的展示、交流平台，围绕“生活品质之城”城市品牌的提升，进行交流推广、传播运作。

这些机构在平时各有专业分工，彼此独立开展工作，又能整合资源、整体运作，呈现多层联结、纵横交错、条块互渗的网络状，形成了以主动关联的“我们”为特征的全新主体构架。在运行机制上，城市品牌网群呈现三个特点，一是以项目整合各方资源，集聚起相关的研究、宣传、推动等机构，最终带动事业发展；二是能分擅合，运作灵活集中力量办大事；三是开放合作，整合资源实现效益最大化。网群成立以来，成功组织了生活品质点评活动、生活品质全国论坛、生活品质全国点评、生活品质调查发布等重大活动，其独特的工作机制得到了社会各界的广泛认同和好评。市委、市政府和广大市直部门及区（县）市高度赞赏网群工作，许多部门和地方寻求与网群的全面合作。

正如我们前面指出的，在社会复合主体和城市品牌网群的实践探索中，组织创新既是一个主线索也是实质内容。当我们从组织创新的角度对社会复合主体和城市品牌网群进行再认识，那么，“杭州经验”的社会管理创新就获得了一种新的意涵。

---

① 参见杭州市委办公厅（政研室）：《政府创新服务案例选编》。

二、城市品牌网群与新型的社会治理模式

杭州市通过社会复合主体、城市品牌网群等进行的组织创新探索，以一种新型的组织方式将正式的与非正式的、官方的与民间的、高端的与草根的、实体的与虚拟的、物理的与信息的等等不同性质和类型的组织形态叠合为一，从而为新型的社会管理和社会治理，提供了实体基础。这一实践过程形成了数十个典型的案例。

（一）草根式沟通："和事佬"的调解机制及其组织创新

在当今经济体制深刻变革，社会结构深刻变动，利益格局深刻调整，思想观念深刻变化的大背景下，各种利益相互冲突，社会矛盾相互交织。社区是基层矛盾、纠纷反映的最初环节。社区建设对推进和谐社会建设，构建和谐社会具有举足轻重的作用。

近年来，杭州坚持以民为本，积极探索新形势下"民主促民生，民主促稳定，民主促和谐"的工作机制，努力构筑社区人民调解新机制、新举措，探索科学有效、快速化解社区矛盾纠纷的人民调解工作新路。下城区社区"和事佬"协会人民调解工作就是在这一探索过程出现的一个典型。2008年初，第一个以居民自愿参与、自我管理、自我服务为原则的社区基层人民调解民间组织"和事佬"协会在下城区文晖街道打铁关社区成立。至2009年1月底，下城区71个社区已全部建立"和事佬"协会，在册"和事佬"会员达933名。[①]

社区"和事佬"是居民群众的"家里人"，是最信任的人、最敬重的人，他们能够表达老百姓的正当意愿，并能把政府的"普通话"翻译成百姓的"地方话"。同时，"和事佬"协会满足了社区居民群众依法直接参与管理社会基层公共事务的愿望，创造条件让居民群众行使自己的民主权力，是发挥主体作用，解决自己的问题，实现自我服务、自我管理、自我监督和自我教育的新方式和新途径、有效方式和有效途径。2009年1至10月，全区"和事佬"协会共计参与社区公共事务协调485起，预防、调解纠纷654件，向党委、政府反映社情民意355件。"和事佬"已成为一支纠纷调处、社区维稳、信息反映不可或缺的重要队伍，做到了

① 参见中共杭州市委办公厅、政研室机关党委：《"我们"的脚印——2009年度市委办公厅、政研室干部学习实践成果汇编》，2010年7月。

“琐事不出楼道、小事不出社区”，为基层人民调解工作注入了强大活力，发挥出显著作用。目前，“和事佬”人民调解已在杭州市得到了快速发展。

同时，杭州市下城区的“和事佬”协会也在组织创新方面进行了积极探索，形成了一套组织原则、机构设置和运作机制。譬如，以自治、互动为原则，规范机构设置。“和事佬”协会建在社区，属于民间自治组织，接受社区党委的指导，社区制定《和事佬协会工作联络细则》，协会自身制定《和事佬协会工作细则》、《和事佬协会会员职责》。协会日常建设情况、纠纷调处情况、在居民群众中了解到的问题信号、矛盾萌芽、社情反映等每日向社区进行通报。协会会员组成及人员变动情况在社区登记的基础上，向街道司法所报备案。街道司法所对各社区“和事佬”协会进行日常工作指导和技能培训。

又如，以专业、自愿为原则，配置人员结构。“和事佬”协会提倡民间自治、义务奉献、发挥余热、力促和谐的办会宗旨，“和事佬”一般由社区内具备一定威信的离退休党员、干部、教师、心理医生、政法部门工作人员和社区楼宇居民自治会长、单元居民自治小组长担当。“和事佬”具有两重特点，一是威信高、觉悟高，多为离退休老同志，业余时间充裕，自身抱有一种愿意发挥余热、愿为居民邻里解忧、愿为社区建设出力的思想追求；二是经历多、能力强，多为原先单位工作骨干，具备较强的问题分析能力和民事协调能力，能够为人民调解工作出力、出成绩。协会设立会长一名，一般由非社区工作人员担任，充分体现协会民主自治原则。

再如，以义务、激励为原则，落实经费保障。“和事佬”协会原则上实行为民解忧、义务奉献的工作方针，义务为邻里调纠纷、义务为邻里解忧烦、义务为邻里出主意、义务为邻里破难题。在此基础上，设立“和事佬”协会纠纷调处工作奖励经费，每个协会每年不少于5 000元，由街道、社区两级拨付，用于协会会员评优奖励和纠纷调解工作补贴，与此同时，将“和事佬”纠纷调解工作纳入全区人民调解“以奖代补”机制范畴，保障其工作积极性。

还有，以规范、高效为原则，细化运作机制。“和事佬”协会建立串门促和制、坐堂问诊制、联席会诊制、信息反馈制、纠纷回访制、学习培训制、工作记录制、评先奖优制等一系列工作机制，落实“七个一”工作法，发挥“三大员”作用。“和事佬”能够及时了解社区楼道内产生的矛盾纠纷，第一时间上门调处，力争做到“大事化小、小事化了”，防止萌芽状态的矛盾激化；能够及时了解群众的思想、疾苦和诉求，并将有价值的社情民意反映到社区，为社区协调人民内部矛盾、保障民主民生出谋划策；能够将自己掌握的法律知识、人生阅历、处事经验拿出来与居民群众分享，并宣传法治意识、国家政策，解答群众的困惑、引导群众的思维、提高群众的素质。

以学习、提炼为原则，促进工作发展。“和事佬”协会会员定期接受街道司法所组织的理论与技能培训，力求做到政治上过得硬、理论上站得稳、技能上拿得出。民间纠纷调处能力是“和事佬”的关键技能，协会每月举行纠纷调解经验交流会，分析当月工作中出现的问题，探讨纠纷调解好经验、好方法，提高会员整体工作水平。“和事佬”们在实践基础上总结并推广了“缓”、“暖”、“理”“新三字经”纠纷调解工作法，在实践中发挥出显著作用。

（二）虚实相合：数字城管的社会管理新创意

数字城管不是单纯的信息化项目，而主要是一种新的城市管理模式。它以现代信息技术为依托，基于万米单元网格的管理，形成了从问题发现、受理、立案、交办、处置到监督、考核、评价的城市管理闭合回路。根据国家建设部的总体要求和数字城管的内在规律，在推进数字城管发展中，杭州在系统建设上坚持资源整合，在业务运行上坚持创新增效，在服务功能上坚持拓展延伸，走出了一条符合杭州实际、独具杭州特色的数字城管建设运行之路。

作为一种城市管理新模式，数字城管于 2005 年 7 月由国家建设部向全国推广，目前，全国试点城市已达 51 个。杭州是国家建设部首批十个试点城市之一，2006 年 3 月 28 日实现上线运行，同年 8 月 27 日顺利通过国家建设部验收，成为全国第一个通过验收的试点城市，被部验收专家组称为“杭州模式”，推荐向全国推广。上线三年多来，杭州数字城管紧扣“三个第一”，即“第一时间发现问题，第一时间处置问题和第一时间解决问题”这一总要求，坚持量质并举、强基固本，内强外拓，逐步实现了从无到有、从小到大、从弱到强的历史性跨越，运行机制不断完善，系统功能不断拓展，区域覆盖不断推进，社会美誉度不断提升。目前，数字城管已成为杭州城市摸底应急、强化“四化”长效、打造“国内最清洁城市”和落实“民主促民生”工作机制的综合平台和有力抓手。截至目前，杭州数字城管覆盖面积已从建成之初的 110 平方公里拓展至 319.58 平方公里（目前已实现主城区城市化管理区域的全覆盖），覆盖上城、下城、江干、拱墅、西湖、风景名胜区、开发区、临安市、余杭区、萧山区以及淳安县。①

杭州通过数字城管以虚拟组织的创新推动了社会管理的创新，更新了城市管理的方式、手段、机制。这种虚拟性的组织创新主要包括：

——在全国首创了信息采集市场化。杭州数字城管采取“政府花钱买信息”、“养事不养人”的做法，每天近400名信息采集员不间断地巡查街面，实现了问题的全面与及时发现。同时，数字城管以合同为抓手，引入了竞争机制，采取周例会、月考核、季兑现的做法，实施采集公司月度考核排名制，既确保了信息采集的质量，又降低了信息采集的成本。而且，为做到信息采集的公正与中立，设定了信息采集的“高压线”，杜绝虚假信息和吃拿卡要行为的发生；建立了对采集公司的全方位监管机制，有效地控制了信息采集中的避重就轻、漏报、失报、延报等现象。

——搭建了受理中心和协同平台的“新两轴”，建立“一级监督、两级指挥、按责处置”的工作机制。在进一步明确城区政府城市管理主体地位的同时，较好地克服了现有体制方面的制约和不足，形成了统一管理、协同作战和齐抓共管的城市管理良好格局。

——完善运行机制，提高运行成效。通过实施考核，形成动力；完善机制，形成合力；加强协调，形成推力；强化分析，提供参考等措施，杭州数字城管建立了协调一致、指挥有力、响应及时、运转畅通、处置高效的运作机制，确保了问题的及时、高效解决。

——整合现有资源，实现信息共享。杭州数字城管在建设中没有单独组网，借助政务外网，融合了既有的“市、区、街道、社区”城市管理网络，实现了全市城市管理网络单位、网络终端与社区的互联互通，实现了与公安和交警的视频监控、桥梁、地下水在线监测，城区防汛决策系统的对接共享。

三、推向基层一线：四界联动与五位一体的社会管理全覆盖

杭州市委市政府在市委十届四次全会上提出实施“民主民生”发展战略，以民主促民生、促发展。为落实这一重要战略，实施了创新服务联动机制，构建民主民生互动平台。市委办公厅、市委政研室系统每年

① 参见中共杭州市委办公厅、政研室机关党委：《“我们”的脚印——2009年度市委办公厅、政研室干部学习实践成果汇编》，2010年7月。

组成近20个对应群众反映热点难点问题的调研组，开展走访实践活动，建立起了解民情民意的“直通车”。厅室在社区、街区、园区、特色行业、重大工程等领域选择一批重点单位作为民主民生实践点，每个实践点联系一批专家学者、行业企业人士、媒体界人士、党政机关干部、市民等代表人物，建立起专家、市民、媒体、党政、行业企业“五位一体”，党政界、知识界、媒体界、行业企业界四界联动工作机制，听取和帮助解决群众关注的热点难点问题，打造社会各界民主参与的创新服务平台。这一过程将新型社会管理推向了社区，在群众性参与中实现了社会管理全覆盖。其中，“律师进社区”活动很具有典型性。

（一）“律师进社区”

为进一步提高基层组织化解矛盾纠纷和依法治理水平，满足居民群众日益增长的法律服务需求，杭州市委法制办会同市司法局、市律师协会和在杭高校法学院等相关单位，在杭州市六个城区率先开展了“律师进社区”活动。[①]律师进社区也体现了“杭州经验”的组织创新。

譬如，在组织构架方面，建立了以律师和法学专家为主体、律师协会牵头负责、司法行政部门指导协调、街道社区支持配合、媒体宣传联动的党政界、行业界、学界、媒体界“四界联动”、“四位一体”的复合主体型互动平台。注重与基层人民调解工作、综治中心工作、“和事佬”协会工作、大学的“法律诊所”有机结合，做到资源共享、优势互补，共同推进“律师进社区”活动的顺利开展。

在社区服务方面，规范律师服务行为。由市律师协会负责制订统一的服务规范和服务协议书，报市司法行政部门备案后，以文件形式下发各律师事务所。律师事务所按照辖区对应、统一推荐和双向选择相结合的原则，与相关社区挂钩结对，签订统一的服务协议书。律师事务所派驻社区律师必须经市律师协会资格认证后才可进驻；高校法科学生以社会实践形式进驻“社区律师工作室”，协助律师开展服务工作。

在服务内容方面，在社区设立“社区律师工作室”，制定服务章程，公开驻点律师情况，定期为社区单位、居民提供优质、便捷的法律服务；印发律师事务所“服务联系卡”，方便社区居民随时联系律师事务所寻求

① 参见《市委办公厅　市政府办公厅关于开展“律师进社区”工作的实施意见》（2009年11月24日），见《第四届生活品质全国论坛参阅材料——杭州实施“民主民生”战略有关文件和典型案例汇编》，2009年12月。

法律帮助；开通与社区之间的电话或网络专线，接受社区随时的法律咨询和求助。主要服务内容包括：提供法律咨询服务，开展法制宣传教育，参与指导纠纷调解，为社区日常工作提供法律意见，及时传递社情民意。

律师进社区工作自 2009 年 12 月 4 日全国第九个法制宣传日举行启动仪式至今，全市 6 个老城区先行试点的 100 家社区的结对律师和大学生志愿者，共接待群众咨询 1 764 人次，提供法律服务 272 次，成功调处邻里、家庭、物业等矛盾纠纷 305 起，解决疑难涉法问题 23 个[①]，受到了群众的普遍欢迎，取得了良好的社会效果。

（二）“湖滨晴雨”工作室

此外，“杭网议事厅”、上城区“湖滨晴雨”工作室、下城区朝晖街道“食品药品安全诚信经营自治会”等，都是有代表性的案例。这里限于篇幅，仅以上城区“湖滨晴雨”工作室为例。

上城区“湖滨晴雨”工作室是湖滨街道在市区两级党委和相关部门指导下，搭建的党委政府、媒体、专家学者、市民群众四界联动的社区民主民生平台。工作室以西湖新十景“湖滨晴雨”来命名，既是对湖滨独特的地理位置和深厚历史文化底蕴、渊源的体现，也蕴涵着“民情晴雨表”的深刻寓意。“湖滨晴雨”工作室整合街道（社区）层面现有的“社情民意信息直报点”、“社会舆论信息直报点”、“草根质监站”、“和事佬”等单项平台资源，采取网上互动与往下恳谈的形式，构建了一条上情下达、下情上报的“绿色通道”。工作室担负着问计于民、收集民意、排忧解难的任务，是民主促民生、民主促发展、民主促和谐工作在基层的一个落实范本。正是围绕问计于民、收集民意、排忧解难这三大任务和三大工作内容，工作室形成了“1624 晴雨工作法”这就是一室（“湖滨晴雨”工作室）、六站（六个社区民情气象站）、两员（民情预报员和民情观察员）、四报（民情气象一天一报、民生焦点一周一报、民生时政一月一报、民生品质一年一报）。其中，民情预报员由 12 名专家学者以及政府有关部门领导担任，民情观察员由 45 名湖滨街道社区居民、党代表、人大代表、政协委员、单位职工、新杭州人担任。为了落实上述三大任务，工作室还建立了信息报送机制、处理反馈机制、效果评估机制。“湖滨晴雨”工作室成立以来，成效明显，2010 年 12 月 25 日杭州日报头

① 参见中共杭州市委办公厅、政研室机关党委：《“我们”的脚印——2009 年度市委办公厅、政研室干部学习实践成果汇编》，2010 年 7 月。

版报道了它的工作开展情况：一年收集民意500多条，大部分得到了解决。

总之，通过“湖滨晴雨”工作室这个街道互动交流的复合平台，充分调动辖区单位、社区和人大代表、政协委员等社会各界的积极性，使民主参与渠道进一步拓宽，民主参与方式进一步创新，民主参与制度进一步健全，使发扬民主成为改善民生的动力。现在，“湖滨晴雨”工作室的经验已经引起全国政界、学界的重视和兴趣。

小结

现代社会通过社会的组织化与组织的社会化形成的双向反馈过程，实现了我们所说的社会管理以及社会治理。事实上，一个社会正是在它的组织化的方式、模式、结构、制度、机制等基础上，形成了社会管理和社会治理的关键特征。在这个意义上，对社会管理的创新进行讨论，实质上也是对其组织的创新进行讨论。最近，我们明确认识到，组织创新是杭州经验的贯穿性线索。社会复合主体、生活品质网群以及近期的城市品牌网群（它标志着杭州经验推进到了城市品牌网群的发展阶段），意味着对组织的新类型、新模式、新制度、新机制等进行的尝试。如果我们要把握社会管理创新的“杭州经验”，其中的组织创新是一个不能忽视的重要方面。

民生为重造福于民的体制创新探索*

——从社会学视角解读"大民政"的本质和重大意义

两年多前，刘淇同志代表北京市委，号召全市树立"大民政"理念。这可以看作是正式提出了"大民政格局"，简称"大民政"。在后来的多次讲话中，刘淇书记不断强调全市要进一步树立大民政理念。最近在2011年5月23日北京市委书记刘淇，市委副书记、市长郭金龙等市领导与民政部部长李立国等民政部领导的座谈会上，刘淇又一次指出，"大民政"推动了由管理型政府向服务型政府的转变。下一步，我们将进一步加强和创新社会管理，全面推进社会建设，努力建设和谐稳定的首善之区。①

两年多来，"大民政"理念得到了中央有关领导的高度重视，民政部领导的大力支持，各级民政干部的切实贯彻，受惠群众和老百姓的衷心拥护，也受到社会科学界的众多好评。人们越来越认识到，"大民政"的理念就是体现"民生为重、造福于民"这一本质的理念，"大民政"的实践就是贯彻"民生为重、造福于民"的体制创新探索。"大民政"的重大意义越来越得到显现。

小引：什么是"大民政"和"大民政格局"？

在说明这些意义和价值前，我想先简要解释一下，什么是"大民政"和"大民政格局"？也就是"大民政"的"大"，体现在哪里？"格局"又

---

* 本文是郑杭生主编的《"大民政"的理论和实践与"中国经验"的成长——夯实中国特色世界城市基础的"北京经验"》的前言。该书2011年8月由中国社会出版社出版。

① 参见《北京市领导与民政部领导座谈 刘淇李立国等参加》，载《北京日报》，2011-05-24。

表现在何方？北京市主要总结为五个“大”、四个或五个“格局”。

所谓五个“大”就是：第一，大在要统筹经济社会协调发展。第二，大在要统筹城乡一体化发展。第三，大在以人为本，关注和服务的对象扩大到穷人、边缘人群和流动人口。第四，大在既兼顾过去的发展基础，也着眼今天的现实和未来的发展战略。第五，大在既讲制度创新，也讲服务创新，更讲价值重塑。这着重是就内容上说的，即“大民政”的“大”，体现在经济社会统筹上，城乡一体的统筹上，服务对象扩大上，过去现在和未来的兼顾上，以及制度、服务和价值创新的兼顾上。

有的还这样概括五个“大”：即大投入、大保障、大服务、大管理、大协同。我的理解是，为了真正做到“大民政”，需要大投入、大保障、大服务、大管理、大协同。这着重是就方法、手段来说的。与上面的五个“大”着重是就内容上说，尽管有联系，但是有所不同的。

所谓四个或五个格局就是：第一，基本形成与首都经济社会协调发展的格局；第二，基本形成民政工作城乡统筹发展的格局；第三，基本形成民生福利适度普惠的格局；第四，基本形成民政工作机制高效运转的格局。如果要再加一个格局，就是第五，基本形成社会工作人才队伍建设的格局。这是我加的。

一句话，“大民政”就是站在整个北京市社会建设、社会管理和社会发展的高度，强化民政在社会保障、社会建设、社会管理中的职能和作用，强化政府责任，加大财政投入，创新制度和标准，加强部门联动和政策协同。

经过我们团队两次系统实地调查和分析研究，我把“大民政”的重大意义凝练、概括为五个方面，即：“大民政”是大力推进现阶段中国特色现代民政的艰辛探索；是社会管理从原有体制转向新型体制的不懈努力；是社会成员从无感增长转向有感发展的必由之路；是夯实世界城市建设基础的北京经验的生动体现；是促进建构“国家与社会”新型关系的有力抓手。

下面，我们就对这五方面的重大意义，结合它的实质，从社会学的视角，分别做些简要的解读。

一、“大民政”——现阶段中国特色现代民政的艰辛探索

第一点涉及“大民政”自身的定位问题，也指明了“大民政”对民政工作、民政事业本身的重大意义。

关于正确定位的问题。做任何事情，正确定位十分重要。少有定位错误而能干成大事情的；也少有定位错误而能在理论上真正站住脚的。我个人认为，把现代民政定位为“现阶段中国特色的现代民政”，是符合实际的，既符合我国仍处在社会主义初级阶段这个最大的实际，也符合中国社会还处在从传统型社会向现代型社会的转型过程中这个最基本的社情。这一定位明确指出了“大民政”是一种现代民政，代表了我国从传统型社会转向现代型社会这一历史时期的民政事业发展方向。同时也表明，现代民政的建设是一个过程，需要像北京市那样进行艰辛的探索。

关于对民政工作、民政事业本身的重大意义，如果我们对“大民政”的上述五个“大”，再从过程和本质两方面做些提炼，可能就会有更深的感受和体会。

第一，从过程来看，“大民政”是对推进现代民政的艰辛探索。

中国的民政工作正处在从初级民政向现代民政转变的过程中。在这个过程中，要不断探索现代民政内涵和实现形式，增加和优化现代民政的含量和要素。现在看来，“大民政”的理念和实践，正是对现代民政的探索，正是增加和优化了现代民政的含量和要素。正如吴世民局长在最近的一篇文章中所说：不断探索现代民政内涵，增加和优化“大民政”的含量和要素十分重要。[①]

民政工作从传统民政转向现代民政，用我们社会学术语来说，是通过“现代的成长和传统的被发明”来实现的。这就是不断减少传统性、初级性、增加现代性、高级性。传统的被发明，一般是通过“重构”（对传统进行某种改造）和“新构”（对传统进行重新建构）来实现的。“大民政”正是在原有传统民政取得成绩的基础上，又超越传统民政，不断探索和推进现代民政，从而成为推进国际城市、世界城市建设的促进因素。“大民政”能够从传统出发，又超越传统民政，正是由于通过经济社会统筹、城乡一体统筹、服务对象扩大、过去现在和未来兼顾以及制度服务和价值创新兼顾这五个方面的“大”，对原有的初级民政进行了艰辛的重构和新构。这样才使得北京市的民政工作在理念思路上、在总体布局上、在体制机制上、在支撑条件上、在水平规模上、在与其他政府部门的关系上，跳出初级民政的种种局限，并使“大民政”本身成为一种现阶段中国特色的现代民政。

---

① 参见吴世民：《“大民政”与适度普惠型社会福利制度》，载《北京日报》，2011-02-28。

第二，从本质来看，“大民政”是对合理配置社会资源的艰辛探索。

现代民政最基本的问题是合理配置与民生相关的社会资源和社会机会的问题。初级民政在资源配置上，合理性是初步的；现代民政的资源配置合理性则提升到一个新的高度。我们在“大民政”格局的实践中，看到了这种合理性不断提高和增长。这突出地表现在“大民政”推进原有补缺型福利模式向适度普惠型转变。

原有补缺型福利模式，是非常典型的初级民政，是传统的“小福利”制度。它强调的是社会补救功能：在对象上仅限于特殊困难群体；在内容上仅限于满足基本生活；在供给主体上仅限于政府；在供给方式上，将社会福利与社会救助和社会保险并列，排除了后两者的福利属性。这种局限性导致大多数社会成员不在享受社会福利之列。与此不同，适度普惠型社会福利是由政府和社会基于本国的经济和社会状况，向全体国民提供的、涵盖其基本生活主要方面的社会福利。适度普惠型福利模式是现阶段推进我国社会福利事业发展的必然选择。从非普惠的补缺型的福利模式到适度普惠型，表示了民政领域现代性、合理性、公平性的不断增加、增强的过程。这里我很赞同吴世民局长的观点：现阶段在建设社会福利制度过程中，既要改变补缺型社会福利的“小福利”现状，又要吸取福利国家的教训，谨防走福利国家普遍高福利的老路。①

在适度普惠型社会福利制度的建构方面，北京市进行了大量社会政策的探索和制度创新，使城乡居民，特别是其中的弱势群体受益。目前，北京市已有55.9万城乡65岁以上无保障老年居民，每人每月享受200元福利养老金；有218万60岁以上城乡老人享受文化娱乐、卫生服务、法律援助、居家养老福利服务等11项优待，其中，160万65岁以上老人免费乘公交、游公园；有272.5万农村居民参加了新型农村合作医疗，参合率达92.9%；有22.7万人享受城市和农村最低生活保障，低保标准进一步提高。当然，地区发展不平衡是中国社会的主要特点之一，各地的差别很大，但都要从自己的条件出发，探索适合自己情况的现代民政的实现形式。

总之，民政工作要立足社会主义初级阶段这个最大的实际，立足于中国社会还处在从传统型社会向现代型社会的转型过程中这个最基本的社情，来谋划改革和发展，确定目标和思路，兼顾需要和可能，从而找到推进民政事业发展出路。“大民政”的理念和实践表明：理念决定思

① 参见吴世民：《“大民政”与适度普惠型社会福利制度》，载《北京日报》，2011-02-28。

路，思路决定出路。

二、“大民政”——从原有社会管理体制转向新型体制的不懈努力

从社会管理的角度看，“大民政”也是对原有社会管理体制转向新型社会管理体制的一种不懈探索。这种探索符合“不断提高社会管理科学化水平”的要求。“不断提高社会管理科学化水平”，是胡锦涛总书记2011年2月19日在省部级主要领导干部社会管理及其创新专题研讨班开班式上所强调的重要问题之一。①

“社会管理科学化”主要是使我国的社会管理更加实事求是，更加符合社会管理的规律性，更加体现以人为本，并使它们转化为有可操作性的社会管理体制和机制，落实为有可行性的社会政策，从而保证我国社会发展成果真正惠及全体社会成员，造福于民。

社会管理科学化，要反对和避免的是形形色色在社会管理上不实事求是、不符合社会管理规律的观念、做法和倾向。例如，停留在过去的“整治命令”思维，习惯于“政府包打天下”，跳不出充当“灭火队”的角色，只看重硬性行政手段的功效等。这样的观念、做法和倾向，既不能保持与时俱进，也不能落实以人为本，都是不符合事实求是的，不科学的，因而是要避免的。

经过实地调查和分析研究，我们感受到“大民政”在社会管理上注意六个结合：治标管理与治本管理相结合；刚性管理与柔性管理相结合；社会服务与社会管理相结合；社区管理与社会管理相结合；政府主导与多方参与相结合；科学精神与人文关怀相结合。这六个结合，也回答了现阶段如何提高社会管理科学化水平的问题。

第一，治标管理与治本管理相结合。

突出源头治理，强调治本管理，把治标管理与治本管理有机结合起来，是两年多来“大民政”实际上贯穿始终的红线。它也是胡锦涛这次《重要讲话》的一个特点和重点。所谓治标管理，就是我们过去习惯的应急性、“灭火式”的管理，无疑地，应对的及时有效也是十分重要的，否则要误大事。问题是我们过去对源头治理重视不够，甚至忽视，没有把

---

① 参见胡锦涛：《扎扎实实提高社会管理科学化水平　建设中国特色社会主义社会管理体系——在省部级主要领导干部社会管理及其创新专题研讨班开班式上的讲话》，载《人民日报》，2011-02-20。

治标管理与治本管理有机结合起来。而所谓治本管理就是从源头抓起的管理，主要包括三个要点：以改善民生为重点、注重制度安排的公平正义、让发展成果惠及全体人民。努力实现这三条，才能从源头上预防、化解和减少社会矛盾。很显然，这样的治本管理，包含着一种“大管理”的视野，有利于我们跳出过去对社会管理的狭隘眼界。

“大民政”作为一种相对于传统民政工作、单个社会建设部门解决民生而言的格局，作为一种体现“民生为重、造福于民”本质的理念和实践，贯穿和体现的正是上述三个要点。第一，“大民政”的核心内容就是“大民生”。它关注的群体从既有的低收入者，扩大到边缘人群和流动人口中的贫困者，同时在优先解决特殊群体、困难群体、优抚群体的民生问题的基础上，给予低保边缘人员及全体市民更多的关注。第二，“大民政”的实质便是创建、发展与完善更加公平正义的适度普惠型社会福利制度，努力建立起水平较高的民生保障体系，实现公共服务均等化，提高全民社会福祉水平。第三，“大民政”的具体内容就是将社区服务、就业、子女入学等基本公共服务从本市户籍人口拓展到流动人口，使他们也共享首都发展成果。在这个意义上，“大民政”也是一种标本兼治并把治本管理放在更重要位置的社会管理。

从现在多发凸显的社会矛盾看，从燃点多、燃点低的社会问题看，最主要的根源就在经济发展的成果落实不到老百姓的民生福利上，应该说，这是最大程度的脱离群众。执政党和政府的社会政策如果不给老百姓实惠或少给老百姓实惠，社会就不可能和谐稳定。现在确实有些干部舍不得把钱花在普通百姓身上。这已经发展为政治问题。单靠刚性的强力的手段来维稳，成本很高，收效甚微，甚至造成越维稳、群发事件越多的困境。这是因为没有从根本上解决问题，只是治标。必须有新的治本的思路。这就是增加民生福利，特别是增加老百姓的收入，尤其是低收入群体、弱势群体的收入。这是有效得多的办法。这当然不是平分，平均分配是另外一个极端，我们吃过亏，也要避免。在北京，通过“大民政”的实践，改善民生确实正在一步一步转化为有可操作性的社会管理体制和机制，落实为有可行性的社会政策。

这种治标管理与治本管理相结合，是有中国特色的，有首都特点的，是立足本土的实际和问题提炼出来的；同时又是有世界眼光的，借鉴了世界各国的经验教训。因为尽管说法各有不同、表达各有特点，它们其实也是世界上发达国家实际上在做的。

第二，刚性管理与柔性管理相结合。

社会管理作为一种服务、协调、组织、监控的过程和活动，本来就应该是刚性管理与柔性管理相结合的。其中除了监控以刚性管理为主外，服务、协调、组织都是以柔性为主的。标本兼治的社会管理，则更应该在实行方式上体现刚性管理与柔性管理的有机结合。治本的管理本身就是以柔性管理为主的。柔性管理主要包括三方面的内容：加大财政投入、德治法治并重、突出社会服务。第三点将放在下一个题目说。

柔性管理的一个基础方面是加大对民生的财政投入。2011 年末我们承担了北京市“大民政”的一个课题，题目叫“‘大民政’的理论和实践与适度普惠民生之路——夯实世界城市基础的‘北京经验’”，随着我们对“大民政”理念和实践，特别是它对北京市城乡居民带来的众多民生实惠之理解的日益深入，我和我的学术团队受到了很大教育。北京市“大民政”近两年来出台 200 多项惠民政策，都需要投入。例如，就北京市 65 岁以上城乡居民享受公交免费、公园免费、博物馆免费这一项就要支出 80 多亿。其他，城乡居民死亡，一律每人补助 5 000 元。义务兵补助，将过去城市户口几乎是农村户口 2.5 倍的补助标准，一律统一为城市的标准 18 000 元。所有这些都需要财政投入。后来我们想明白了。政府的钱是留不住的。不是花在这儿，就是花在那儿，而最值得的是花在普通百姓身上。这就根据需要和可能，用大幅度增加民生福利来进行“倒逼”，迫使减少那些与民生无关或关系不大的开支。

当然，这也要实事求是、量力而行，并且把有限的钱用好。现在的问题，不是不能做，而是没有想到做或不想做。想做，就会根据自己的实际情况，制定适合当地实际情况的标准。北京“大民政”两年多来的实践已取得了效果证明了这一点。有很多例子很感动人。我们体会到，“大民政”实际上是一种大管理，是一种治本维稳的社会管理，同时也是一种柔性的社会管理。加大民生投入是对社会管理从“以刚性管理为主”向柔性管理为主推进的一种强有力的支撑。

柔性管理的一个深层方面就是像胡锦涛总书记指出的，进一步加强和完善思想道德建设，持之以恒加强社会主义精神文明建设，加强社会主义核心价值体系建设，增强全社会的法制意识，深入开展精神文明创建活动，增强社会诚信。这就是社会管理在重视法律等硬规范时，不能忽视软规范——道德、价值的作用。[①]今后，软规范的作用会越来越重要。

① 参见胡锦涛：《扎扎实实提高社会管理科学化水平 建设中国特色社会主义社会管理体系——在省部级主要领导干部社会管理及其创新专题研讨班开班式上的讲话》，载《人民日报》，2011-02-20。

在调研中，我们也体会到“大民政”对精神文明的重视。对中国传统中的孝文化的弘扬，表扬万名“孝星”就是其中突出的实践。当然，德治法治并重，仍有很大的推进余地。

第三，社会服务与社会管理相结合。

标本兼治的社会管理战略，也使我们认识到过去社会管理与社会服务结合不够，把服务寓于管理之中、把管理寓于服务之中太少。实际上，社会管理，既是治理更是服务。柔性管理的最切近群众方面、老百姓最能切身感受到的，不是别的，正是社会服务。

“大民政”在将社会服务和社会管理结合上，有这样几个特点：

第一，大力推进专业化、规范化社会服务机构的发展，完成社区服务站设施标准化建设。这样，让社区服务站专事政府的公共服务，把社区从行政事务中解脱出来，专事社区管理和社区服务，把政府依法行政和社区依法自治真正结合起来。

第二，社会服务内容贴近社区居民需求。为使老年社会福利由补缺型向适度普惠型转变，近两年来，“大民政”积极营造尊老、敬老、爱老、助老、孝老的氛围，坚持“政府主导、部门协作、社会参与、个人自愿”的原则，以政府购买服务的方式为主，创新了一系列养老政策和办法，让京城的老年人陆续品尝到了“出行更省钱，就医更方便，身心更健康，生活更幸福”的滋味。这突出体现在2010年实施的“九养”政策中。所谓“九养”政策是北京市市民居家养老（助残）服务九项办法的简称。这九项办法的主要内容是：（1）建立万名“孝星”评选表彰制度；（2）建立居家养老（助残）券服务制度和百岁老人补助医疗制度；（3）建立城乡社区（村）养老（助残）餐桌；（4）建立城乡社区（村）托老（残）所；（5）招聘居家服务养老（助残）员；（6）配备养老（助残）无障碍服务车；（7）开展养老（助残）精神关怀服务；（8）实施家庭无障碍设施改造；（9）为老年人（残疾人）配备“小帮手”电子服务器。这九项办法构建了更加和谐的居家养老服务体系。

第三，服务方式立足于方便快捷，城区基本形成社区居民步行不超过15分钟就可以解决日常生活需求的“一刻钟社区服务圈”。

“大民政”通过对社会服务和管理的结合的创造性探索，增强了社区归属感、社会认同感。

第四，社区管理与社会管理相结合。

在“大民政”的推动下，北京市各个区县，根据自己的情况，进行了社区治理创新。例如，东城区进一步完善了“一委三会一站，多元参与共建”的社区管理模式。这里，“一委”是指社区党委，“三会”是指社区居委会、社区居民会议和社区代表会议，“一站”是指社区服务站。他们还把社区工作理念和专业社会工作方法引入社区，吸引社区成员参与社区社会事务管理，形成以社区组织为载体、以协商讨论为途径、以居民自我管理为依托的社区参与式治理格局。

社区管理对社会管理的作用主要体现在三个方面。一是社区管理是社会管理的基础。二是社区管理又是社会管理的抓手和切入点。三是基层社区管理的实践创新，为“大民政”的社会管理的制度设计提供富有生命力的经验素材。这是“大民政”的生命力来源之一。

反过来，“大民政”总结众多社区管理和服务体制创新而提炼的较高端社会管理设计，又指导、推进基层社区的进一步实践。这本身就体现了在北京市范围内社区管理与社会管理相结合。这种较大范围社会管理设计与基层的制度创新实践相互促进，对“大民政”的社会管理推进、对基层社区管理进步，都是非常重要的。

跟整个中国经验由中央经验、地方和部门经验、基层社区经验构成一样，中国社会管理经验，也是由这三个层次构成的。在三个层次中，中央经验是中国经验的核心、灵魂和指导。地方和部门经验、基层经验的重要性则在于它们共同构成了“中国经验”、“中国模式”一个个亮点、一个个支点，共同标志着中国特色社会主义这种新型社会主义历程的一个个轨迹点、成长点。这里，“大民政”的社会管理经验，是城市和部门经验的结合，但侧重于部门经验，属于第二个层次；东城区等区县的社区管理经验属于第三个层次的经验。这两个层次的经验，和全国众多的后两个层次的经验一起，对中央的社会管理制度的最高端设计提供富有生命力的经验素材，做出了自己的贡献。

在胡锦涛总书记关于抓好社会管理的 8 点意见中，事实上是将标本兼治的社会管理战略，具体化为社会管理的体制和机制，提出了 9 方面的主要管理机制：党和政府主导的维护群众权益机制、实有人口动态管理机制、基层社会管理和服务体系、网上舆论引导机制、公共安全体系、食品药品安全监管机制、安全生产监管体制、社会治安防控体系、应急管理体制等等。这些都具体地体现了中央关于社会管理的一个总体性的政策思路，全方位地拓展了社会管理制度建设的视野，也勾勒出了中国特色社会主义这种新型社会主义的社会管理体系的框架。

第五，政府主导与多方参与相结合。

“大民政”也在这方面的探索中做出了自己的努力。这就是形成政府、企业和社会机构加强社会建设的合力，推动首都社会福利制度向更高层次发展。

"大民政"的制度设计者们清醒地认识到，随着社会的进步、经济的发展，大力加强社会建设迫在眉睫，社会建设需要切实的方法和手段，要以"大民政"的新鲜理念和科学方法提升社会管理及其创新水平，把保障和改善民生作为加快转变经济发展方式的根本出发点和落脚点，抓好民生工作。这里，政府组织、企业组织和社会组织需要分工合作，各司其职，才能形成社会建设的合力，形成政府主导与多方参与相结合的结构，从而使"党委领导，政府负责，社会协同，公众参与"的管理格局，更加具体化，进一步得到落实。

其一，在"大民政"的管理和服务实践中，特别是在建立适度普惠型社会福利制度的过程中，要重视发挥政府尤其是民政部门的主导作用。政府具有多重身份，它既是政策倡导者和福利观念形成的引导者，也是制度建设者和政策的制定者，同时也是社会福利资源提供的主要承担者，此外政府有能力动员社会各方力量促进适度普惠型社会保障制度的持续发展。我认为，这是对政府管理职能的正确定位。

其二，在"大民政"的管理和服务实践中，特别是在建立适度普惠型社会福利制度的过程中，积极发挥社会组织的作用是必需的。在社会力量中，社会服务机构具有相当重要的地位。社会服务机构是向有需要、处于困境中的人士提供专业服务的机构。因此要大力推动社会服务机构通过筹集社会资源开展社会服务，这与建设世界城市的理念也是相一致的。

其三，依靠"大民政"工作机制充分挖掘、引导和支持企业履行社会责任，通过政策引导企业承担更多的社会责任，尤其是福利责任，使企业在承担起对其成员应尽的福利责任的基础上，能够在社会公益、社会慈善方面有更多作为，对适度普惠型社会福利建设给予有力支持，充分调动社会资源，同样是重要的。

胡锦涛的重要讲话也对政府主导与多方参与相结合做了精辟的论述。他说："切实加强党的领导，强化政府社会管理职能，强化各类企事业单位社会管理和服务职责，引导各类社会组织加强自身建设、增强服务社会能力，支持人民团体参与社会管理和公共服务，发挥群众参与社会管理的基础作用。"[1]这里，党的领导、强化政府社会管理职能，说的是政府

① 胡锦涛：《扎扎实实提高社会管理科学化水平　建设中国特色社会主义社会管理体系——在省部级主要领导干部社会管理及其创新专题研讨班开班式上的讲话》，载《人民日报》，2011－02－20。

一块；强化各类企业单位社会管理和服务职责，说的是企业一块；而各类事业单位、各类社会组织、各人民团体、不同阶层的群众参与，则是社会一块。这三块的社会管理和社会服务的作用都要加强或强化。它们之间不是一块压一块的关系。这就是说，在中国，“国家—社会”两维或“政府—企业—社会”三维是相互合作、有机统一的。它们之间的分歧、矛盾也是按照这样的理念来解决的。下面我们会看到，这是与西方社会把“国家—社会”两维或“政府—企业—社会”三维对立起来是不同的。

第六，科学精神与人文关怀相结合。

社会管理可以说既是科学，又是艺术。作为科学，社会管理要有科学态度，探索客观规律；作为艺术，又要有人文关怀，强调以人为本。缺少哪一个方面，都不是实事求是的。在实践中，“依法行政，有情操作”这八个字，很能反映这样的结合。

“大民政”的科学精神主要表现在制定惠民政策、构建治理体系时，切合实际，把握分寸。合理地掌握“度”，是科学精神在实践中的主要体现。从我们调研得到许多案例来看，“大民政”在合理地掌握“度”上，表现是出色的。

“大民政”的人文关怀主要表现在对关注弱势群体、维护社会弱者正当权益的立场、观点和方法上。我们在调研中，处处感受到“大民政”对老者、弱者、残者的关爱。

胡锦涛的重要讲话，一方面强调“深刻认识和准确把握社会管理规律”，一方面强调“以人为本”①，也是把科学精神和人文关怀紧密结合起来。

总之，“大民政”在调查研究的基础上，努力做到“标本兼治”、“刚柔相济”、社会服务与社会管理相结合、社区管理与社会管理相结合、政府主导与多方参与相结合、科学精神与人文关怀相结合，并把他们贯彻到社会政策中，落实到社会管理的机制体制中。这些都是符合不断提高社会管理科学化水平的要求的。

三、“大民政”——从社会成员无感增长转向有感发展的必由之路

我国经济连续多少年强劲增长，这是世界公认、国内共识的。但是，

① 胡锦涛：《扎扎实实提高社会管理科学化水平　建设中国特色社会主义社会管理体系——在省部级主要领导干部社会管理及其创新专题研讨班开班式上的讲话》，载《人民日报》，2011-02-20。

这种增长与很多老百姓切身利益的关系不是那么直接和明显，没有形成经济增长成果共享的氛围和现实。相反，人们感受到的是：

市场经济陌生人世界中的冷漠无情，
价值观开放多元时代里的分歧纷争，
社会分化加剧情势下公平正义缺失，
社会重心下移情况下民生举步艰难，
滥用自然资源造成的生态环境恶化，
三大部门关系的越位错位缺位虚位。

所有这些都影响居民安居乐业，造成生活幸福感不强，似乎经济增长与己无关。这就是所谓的社会成员的“无感增长”。

“大民政”，特别是适度普惠的福利制度的构建，就是要让全民享受经济增长结果，增加民众的幸福感，特别是让社会弱势群体老者、弱者、残者等能够这样。这样就促使老百姓从与自己关系不大的“无感增长”转到与自己直接相关的“有感发展”。在这个意义上，“大民政”是促进这种转变的有效途径和必由之路。

确实，我们的劳动报酬只占 GDP 的 37.2%，还不到 40%，这与发达国家劳动报酬占 GDP 总量的 60%以上的普遍水平相比，差距太大了，与我们自己 1985 年比，也下降差不多 20 个百分点。这种情况已经引起党和国家的高度重视，在“十二五”规划的主要指标当中，明确了经济增长速度是年均 7%，同时也明确了城乡居民收入增长速度要在 7%以上。把 GDP 的增长与居民收入增长明确挂起钩来，使居民收入增长与 GDP 保持一致，在中国社会，其意义是非常深远的。它雄辩地表明，中国正在大踏步走向以民生为重、为百姓造福的社会。也从一个最重要的方面显示出，中国社会管理的科学化水平的稳步提高：改善民生确实正在一步一步转化为有可操作性的社会管理体制和机制，落实为有可行性的社会政策。“大民政”，特别是适度普惠的福利制度的构建，拉近百姓与增长发展的距离，促进“有感发展”，避免“无感增长”，是符合这种全国性趋势的。

四、“大民政”——夯实世界城市建设基础的北京经验的生动体现

北京规划委员会负责人向社会公布，按照国家实现现代化建设战略目标的总体部署，第一阶段，全面推进首都各项工作，努力在全国率先

基本实现现代化，构建现代国际城市的基本构架；第二阶段，到2020年左右，力争全面实现现代化，确立具有鲜明特色的现代国际城市的地位；第三阶段，到2050年左右，建设成为经济、社会、生态全面协调可持续发展的城市，进入世界城市行列。我们目前的工作是以世界城市为努力目标，建设现代国际城市。

国际城市和世界城市的建设需要现代民政的支撑，在当前，就需要作为现阶段中国特色现代民政的“大民政”的支撑。这是因为，国际城市和世界城市，除了环境、基础设施等等硬件条件外，一个基本条件是各类市民、居民能够安居乐业。这就要求民政工作跳出原有初级民政的范围和框框，拓展工作领域，全面履行好建设、管理和服务社会的职能，统筹民政与卫生、社会保障等的发展，加强社会政策衔接。特别是要调动、整合社会服务力量参与民生和社会建设。通过这样的扩展，建立起与经济发展相适应、相协调的社会建设发展新格局，也通过这样的扩展，使“大民政”增加越来越多的现代民政的含量，并使它们越来越优化。

同时，民政工作还要转变民政工作原有的定位，在优先解决特殊群体、困难群体、优抚群体的民生问题的基础上，给予低保边缘人员、流动人口（他们为首都发展做出了重要贡献）及全体市民更多的关注，建立起适度普惠、水平较高的民生保障体系，实现公共服务的均等化，提高全民社会福祉水平。同时，将社区服务、就业、子女入学等基本公共服务拓展到流动人口，使他们共享首都发展成果。鼓励社会力量兴办社会事业，提供公共服务，满足人民群众尤其是困难人员的服务需求。不解决随着医疗、住房、教育等改革而出现的低保边缘群体、流动人口面临的医疗、住房、教育等等困难，连社会安定、稳定都成问题，还何谈安居乐业？这样的国际城市并不是名副其实的真正现代化的国际城市。因为国际城市、世界城市或全球城市都十分重视民生建设并具有自己发展民生事业的成功经验。当然，发达国家能够做到这一点，其中重要的方面是靠那种越来越巧妙的手段来剥夺发展中国家而实现的。这是我国无法学也不能学的。在当前建设国际城市和世界城市的过程中，北京市的“大民政”理念和措施，有效地起到了更好地弥合社会分歧，化解社会矛盾，控制社会冲突，降低社会风险，增加社会安全，增进社会团结，改善百姓民生的作用。

总之，通过“大民政”的理念和途径，不断探索现代民政，增加和优化现代民政的含量和要素，对建设国际城市、世界城市是十分重要的。我们把这样的“大民政”的理念和途径看作是推动北京国际城市和世界城市建设进程的一种“北京经验”。或者说，“大民政”是夯实世界城市建设基础的“北京经验”的生动体现。

五、“大民政”——促进“国家与社会”新型关系建构的有力抓手

社会建设、社会管理、社会服务，都涉及政府（组织）、市场（组织）、社会（组织）三大部门的关系；也涉及国家与社会的关系。从深层意义上说，社会建设、社会管理也是为了调整三者的关系或两者的关系。

我们已经看到，在“大民政”那里，政府组织、企业组织和社会组织是分工合作，各司其职的；“国家—社会”两维或“政府—企业—社会”三维是相互促进、有机统一的。它们之间的分歧、矛盾也是按照这样的理念来解决的。这是与西方社会把“国家—社会”两维或“政府—企业—社会”三维对立起来是不同的。

在西方的文化和社会语境中可以看出，“国家—社会”的紧张关系既是一种历史的常态也是一个现实的困境。①

在社会学理论中，哈贝马斯的研究是具有代表性的，他对生活世界与系统之间关系所做的分析，也是对“国家—市场—社会”的冲突和对立关系的理论表达。在他看来，生活世界是亲属内部与非亲属内部的活动领域，正直、诚实、相互支持的责任行动得到确立，形成了社会成员的交往与沟通，因而和睦必然是普遍的。伴随生活世界的分化，产生了系统（市场、国家），系统进而与生活世界脱节并对其进行侵夺和殖民化，至使生活世界日渐萎缩。②他认为，这导致了“生活世界与系统之间的整合与平衡问题。正是在这些问题中存在着现代社会的难题与危机”③。

“二战”后西方社会的快速分化成为一种发展趋势，社会生活进一步多样化、多元化和分散化，社会状态也更呈动态性和流变性，社会自身的张力已经达到了前所未有的水平。这一点也在当代西方社会理论和后现代主义理论的话语中得到了充分的印证。特别是后现代主义者，他们强调社会自身的差异性、多元性、裂变性以及无序、冲突和对抗，认为

① 这一部分的思想，参见杨敏：《“国家—社会”的中国理念与“中国经验”的成长——社会资源的优化配置与创新公共服务和更好社会治理》，载《河北学刊》，2011（2）。

② 参见［德］于尔根·哈贝马斯：《交往行动理论》（第二卷），158～258页，重庆，重庆出版社，1994。

③ ［美］乔纳森·特纳：《社会学理论的结构》，247～248页，杭州，浙江人民出版社，1987。

国家以全面性制度生产出强大的行政力量，对社会实施严密的监控、干预和训诫，对社会生活、公共领域和个人事务不断进行侵入和压抑，造成了社会领域的销蚀和颓败，并认为这激发了社会的对抗性行动，他们主张社会应当采取动员、抗争、博弈等各种能动性的行动诉求。上述观点中内含了解释的排斥性：国家、市场为一边，社会则为另一边。因而行动的选择也是排斥性的：要么为市场化张目、为国家立言、对社会侵夺，要么成为创立社会、保卫社会、解放社会的斗士。这样，一个独立于国家并具有抗争和制衡力量的社会，完全能够自主、自治、能动的社会，是解决现代社会一切问题的一剂良药。①

这种观点的代表是美国社会学家布洛维。他把社会与市场、国家截然对立起来，提出“公共社会学拒绝与市场和国家的共谋”②。这种主张，通俗地说，就是让国家（政府）走开，也让市场走开，剩下他那个其功能被极度夸大的“社会”，即他的“公民社会”、“能动社会”。这种主张很激进，但是根本做不到。“社会”无时无刻不是在处理与政府、与市场的关系中实际运行着。上述观点根本不适合中国的社会建设和社区建设。但是现在有人提出要用布洛维的观点来引导中国的社会建设和社区建设。这种观点我叫它是无根的观点。

在中国的社会和文化语境中，“国家—社会”是不同于西方社会的另一种图景。多年来特别是近年来，历史学、人类学、民族学以及国学的大量相关研究，对这一问题提供了更为合理的分析和刻画。如钱穆先生的国史研究，认为对于“社会”的重视是中国的一个悠久传统：“社会一词，亦是外来的新名词，中国古人称社会为‘乡’。乡的观念，在中国一向极受重视。所谓观于乡而知王道之易，就十足透露中国古人对于社会重要性之认识。”③他以“四民社会”来表述中国的特殊性：“我认为中国社会之最特殊处，便是在中国社会中同时有士、农、工、商之四民。”④他认为如果要为中国社会定名，则可称之为“四民社会”。在钱穆看来，“四民社会”之中又以“士”最为特别：“士之一民最为特色。其他社会中，很难找出和它同样的流品”，也因如此，对于理解中国的“国家—社会”关系，“士”这一社会阶层至为关键：“士是社会的主要中心，亦是

① 参见杨敏：《“国家—社会”的中国理念与“中国经验”的成长——社会资源的优化配置与创新公共服务和更好社会治理》，载《河北学刊》，2011（2）。

② ［美］麦克·布洛维：《公共社会学》，59页，北京，社会科学文献出版社，2007。

③ 钱穆：《中国历史研究法》，38～39页，北京，三联书店，2001。

④ 同上书，43～44页。

政府之组成分子。中国向称耕读传家。农村子弟，勤习经书。再经选举或考试，便能踏进政府，参与国事。”他进而从中国历史的大传统来提取“国家—社会”关系的中国模式：“政治与社会常是融合为一的。上下之间，并无大隔阂”，因为“士”正是“结合政治社会使之成为上下一体之核心”[①]。钱穆不仅指出了中国传统上“国家—社会”关系模式的独特性，而且解释了这一模式的独特构成及其核心和机制所在。

钱穆所持的“国家—社会”上下联通的观点，并非独此一家。费孝通先生认为，中央集权的行政制度在中国已有极长的历史，从表面上看来中国以往的政治只有自上而下的一个方向，人民似乎完全是被动的，地方的意见是不被考虑的。他认为“这种统治不太可能维持”，任何政治决不能只在自上而下的单轨上运行，“在一个健全的，能持久的政治必须是上通下达的，来往自如的双轨形式”。他论述了中国的“双轨政治”，指出中国乡村社会存在着“地方自治的民主体制”，非政府的事务是由人民自理的，他将在地方社区里人民因公共需要而自动组成的团体称为“自治单位”，其中，地方代表——乡绅——是“中国政治中极重要的人物”，他们代表民间与官方协商，这一过程形成了由下而上的另一条政治轨道。[②]

当代中外人类学家亦通过中国政治权力机制的研究，指出了地方精英在国家权力与地方社会之间的双向作用，认为在对中国的国家与地方社会进行的研究中，将两者对立起来的二分法思维方式，都有自身的局限性。[③]在关于文化的大传统与小传统的关系方面，当代中国的人类学研究者强调：“在中国的乡村社会研究中，‘国家’的存在是研究者无法回避的核心问题之一。”并认为，乡村庙宇、民间信仰等揭示了“如何在漫长的历史过程中，通过士大夫阶层的关键性中介，‘国家’与‘民间’的长期互动中得以形成和发生变化”。如果只是强调从乡民的感情和立场出发去体验乡村的生活，忘记了与来自大的文化传统的影响的互动，是无从洞察中国乡村社会的实质的。[④]

附带说一点，历史上的中国社会是以家族家庭的形式出现的，不像西方主要是以社会团体的形式出现的。在中国历史上，基层主要是家族

① 钱穆：《中国历史研究法》，44页，北京，三联书店，2001。

② 参见费孝通：《乡土中国与乡土重建》，149～155页，台北，风云时代出版公司，1993。

③ 参见杜赞奇、罗红光：《在国家与地方社会之间》，载《社会学研究》，2001（1）。

④ 参见陈春声：《乡村的故事与国家的历史——以樟林为例兼论传统乡村社会研究的方法问题》，见黄宗智主编：《中国乡村研究》，第二辑，北京，商务印书馆，2003。

家庭的自治，所谓族有族规，家有家法。家族有很多社会功能，如家庭养老，这些一直影响到现在。这就能理解为什么农村每家必须要有男孩。现在北京市提倡孝文化，表扬“孝星”，是有利于发扬我国传统和传统文化中的积极因素的。

将上述讨论进一步向现实聚焦，不难看出，文化和社会语境的具体性是“国家—社会”关系更为深层的变量，在某一文化和社会语境下“国家—社会”关系也许是采取对立和冲突的处理方式，在另一种文化和社会语境中“国家—社会”关系的对立和冲突更多意义上是一种假设或设想。所以，我们应当从文化和社会语境的具体性来把握“国家—社会”对立和冲突关系的现实性。在历史过程和文化比较的视野中，在中国大历史和长时段的进程中，着眼于“国家—社会”关系的传统事实，可以找到更为具体而适当的结论。

不可否认，在国家和社会关系上，新中国也走过弯路，走向了与西方把国家与社会相对立的另外一个极端，即国家与社会合一。大家知道，新中国前 30 年实行的是高度集中的计划经济体制，即由国家集中计划分配、管理各种社会资源和社会机会。那时，资源配置的主体就是国家—政府一家，与国家相对独立的市场和社会几乎是不存在的。那时不仅是政府主导，而且是垄断。在实际生活中，就表现为“政企不分”、“政社不分”、“政事不分”。

改革开放以来，随着社会主义市场经济逐步成为配置社会资源的基本手段，政企、政事、政社逐步区分，三大部门的社会格局逐步形成。提供社会服务的三个起不同作用的基本主体终于出在中国社会中，尽管它们之间的关系尚不平衡。

在现代社会经济制度体系中，政府组织、市场组织、社会组织是三种基本的制度安排。“国家—社会”的新型关系也就体现在对三大部门之间关系的最好选择上。那么，竞争还是合作、对立还是协调？英国经济学家 A. 马歇尔的看法是：“竞争可以是建设性的，也可以是破坏性的：即当建设性的时候，竞争也没有合作那样有利。”“如将竞争与为了公众利益而无私工作的有力的合作对比的话，那么，即使是最好形式的竞争也是相对地有害的。”[1]所以，最好的选择应当是，国家、市场与社会共同构成“合作的三维”，或者说是“政府—企业—社会”的合作三维。

“政府—企业—社会”的合作三维是“国家—社会”新型关系的基本

① ［英］马歇尔著：《经济学原理》，26～27、30 页，北京，商务印书馆，1964。

形态。这里所说的“基本形态”包括组织构架、作用模式和运行机制。首先，政府、企业、社会的各种组织、群体及个人之间能够产生某种框架，使得“国家—社会”的上下联通、融合一体具备结构性条件。其次，政府、企业、社会三大部门应促成制度化的行动方式，使其组织、群体及个人的互动过程能够形成相互促进、制约和规范，以达到预期的合作愿景。第三，政府、企业、社会各个组成部分能够根据能力优势的原则，各自扬长避短，以彼之所长弥补己之所短，这种有效的联动将使良好的合作产生出现实的结果。“大民政”的理论和实践再次证明了这一点。

于中国人民大学社会学理论与方法研究中心

2011 年 5 月 28 日初稿，7 月 1 日修改

社会建设社会管理探索的正确路径*

——用更开阔的视野来分析包括“上城模式”的杭州经验

引言：一种更宽阔的视野

现在全国正在响应中央号召，进行“加强社会建设，创新社会管理”的理念和实践的探索。当代中国的社会建设和社会管理、社区建设和社区管理，正在进入一个新的时期，寻求新的突破。

当代中国是古今中外各种思潮的汇集点、交叉点。这些思潮对我们的社会建设、社会管理、社区建设、社区管理都产生着直接、间接、或大或小的影响。因此，包括社区建设、社区管理在内的社会建设社会管理的路径选择十分重要。路径不对，或者有缺陷，社会建设、社会管理的目标就会出现偏差，就有可能走弯路。

这里，有必要从中央所做的一些安排中来领会一下相关的思路。2011年2月19日，胡锦涛总书记在省部级主要领导干部社会管理及其创新专题研讨班开班式上做了重要讲话。讲话对社会管理社会建设的许多重要问题，包括对社会建设社会管理的正确路径，发表了指导性意见。省部级主要领导干部社会管理及其创新专题研讨班，印发了六个参考材料。我和我的学术团队参与了其中的一些工作。在我看来，这六个材料的安排本身，就从一些侧面体现了社会建设和社会管理、社区建设和社区管理探索的正确路径。这六个材料是：

（1）一些国家和地区的社会管理情况；

（2）我国历史上社会管理的内容和做法；

---

* 本文是郑杭生、杨敏等著《合作共治的“上城模式”——从新型社区治理迈向创新社会管理的“上城经验”》一书的第一章（绪论）。该书2012年6月由吉林人民出版社出版。

（3）当前我国社会管理面临的形势、存在的问题及经验做法；

（4）我国城乡基层群众的实践与创新；

（5）我国社会组织发展与管理；

（6）社区管理 20 例。

那么，这样的安排从哪些侧面反映了社会建设和社会管理探索的路径呢？

第一，参考材料之一“一些国家和地区的社会管理情况”，反映了我们必须和应该借鉴国外，汲取它们的有益经验，即一种“洋为中用”的思路。

第二，参考材料之二“我国历史上社会管理的内容和做法”，反映了我们必须和应该开发传统，参考我国古代管理和建设的有益经验，即一种“古为今用”的思路。

第三，参考材料之三、四、五、六，涉及中国经验的中央、地方和部门、基层社区三个层次的探索，反映了立足现实，从现实出发，提升实践、探索中国道路的思路。

总之，上述六个参考材料反映了社会建设社会管理、社区建设社区管理必须正确处理三种关系，即与国外、特别是与西方的关系，与传统的关系，与现实的关系；还要处理好社会建设社会管理背后的“国家与社会”，“政府、企业和社会”的关系，探索新型的国家与社会关系。这样才能正确总结“中国理念”，概括“中国道路”或“中国模式”。这事实上也是梳理出了几个比较分析的角度。反过来，这些角度，也给我们具体分析的有关实际案例提供了切入点和研究框架。这就是：

第一，中西比较的视角：借鉴国外，跳出国外，洋为中用；

第二，古今比较的视角：开发传统，超越传统，古为今用；

第三，现实比较的视角：立足现实，提炼现实，高于现实；

第四，聚焦国家与社会：总结中国理念，概括“中国道路”。

应该说，这是一种更为宽阔的视野。本书试图用这样的视野，对我和我的学术团队最近在杭州所做的两个层次的实地再调查资料做较为详细的分析。这两个层次分别是：其一，对杭州市城市品质网群所做的再调查；其二，对上城区社区建设社区管理所做的再调查。另外，应当提到，2011 年，我和学术团队已经用上述更为宽阔的视角分析了“北京的大民政的理念和实践”，写出了《“大民政”的理论和实践与“中国经验”的成长——夯实中国特色世界城市基础的“北京经验”》一书。有兴趣的读者可以参考。[1]

一、中西比较的视角：借鉴国外，跳出国外，洋为中用

用世界的眼光看，主要是用中西比较的视角看，可以认为，能够作为我国社会建设社会管理参照系的，主要是美国的自由主义模式、欧洲的福利主义模式，以及参照这两种模式，根据中国历史和现实，正在形成的中国特色社会建设道路。

（一）美国的自由主义模式

在美国，自由主义或多元主义，是占据主导地位的意识形态。在它们看来，社会与国家应该是分立的、保持距离的、甚至对立的。很多美国学者表达了这种观点，其中最激烈的是布洛维。布洛维把社会与市场、国家截然对立起来，提出“公共社会学拒绝与市场和国家的共谋”[2]。这种主张，通俗地说，就是让国家（政府）走开，也让市场走开，剩下他那个作用被极度夸大的“社会”，即他的“公民社会”、“能动社会”。按照这种理论，那么行动的选择只能是：要么为市场化张目、为国家立言、对社会侵夺，要么成为创立社会、保卫社会、解放社会的斗士。这样，一个独立于国家并具有抗争和制衡力量的社会，完全能够自主、自治、能动的社会，是解决现代社会一切问题的一剂良药。这种观点通常也被称为“社会中心论”。这种主张很激进，但是根本做不到。“社会”无时无刻不是在处理与政府、与市场的关系中实际运行着。近年来，布洛维的上述观点在中国社会学界产生了一定影响。在我们看来，这种观点根本不适合中国的社会建设和社区建设，是一种无根的观点，既没有中国学术传统的“根”，也没有中国现实社会的“根”。

美国的自由主义模式，在社会领域，可以说集中表现为“公民社会”模式，而这种模式的主要内容则涉及三个概念：“公民社会”本身、个人自由、公民参与。

关于“公民社会”（civil society）。事实表明，公民社会是一个本身模糊且饱受争议的概念。其翻译就有两种：马克思、恩格斯著作中，一

---

① 参见郑杭生、杨敏等著：《“大民政”的理论和实践与“中国经验”的成长——夯实中国特色世界城市基础的“北京经验”》，北京，中国社会出版社，2011。

② ［美］布洛维：《公共社会学》，59页，北京，社会科学文献出版社，2007。

般译为“市民社会”；当代政治学的文献中大多译为“公民社会”。“公民”的概念，本身就是政治生活的概念，它是与国家和政府不可分割地联系在一起的，是与一系列公民的权利和义务紧密相关的。没有国家、政府，哪有公民？而黑格尔、马克思等所用的“市民社会”中的“市民”，则主要是与社会生活联系在一起的。没有“公民”那样强的政治色彩。因此，说“公民国家”和“市民社会”是更为确切的。“公民国家”和“市民社会”提法是青年学者张康之提出来的。不过这里，我们暂且随俗，还用“公民社会”。

一段时间以来，一些人把西方公民社会描述得非常完美、美妙。这不符合事实。以至于一位在美国学习、生活、工作多年的学者王绍光，写文章提出要对“公民社会”祛魅①。他在调查研究的基础上指出：公民社会可以是国家、家庭以及市场组织以外的任何组织，其中很小很小一部分是近年来人们熟知的所谓“非政府组织”（如环保团体、人权团体等具有倡导性功能的组织）；更大的一部分是“非营利组织”（如非营利的学校、医院、养老院等社会服务组织，医师协会、律师协会、工程师协会之类的专业团体）；还有更大一块是“草根组织”（如读书会、足球俱乐部、气功协会、观鸟协会、集邮协会、钓鱼协会等休闲群体）。这些正式或非正式的组织在家庭、国家、市场以外占据的空间就是“公民社会”。从这个定义，我们可以发现近年来被一些人吹得神乎其神的“公民社会”实际上是个无所不包的大杂烩②。他对时髦的公民社会理论一直持批评态度，早在1991年就写过一篇题为《关于“市民社会”的几点思考》的文章。他对这种理论的批评集中在两个方面：第一，它把公民社会当成一个整体，好像完全不存在阶级差别，各种社团是在完全平等的基础上竞争，这当然是虚妄的假设。第二，它把公民社会看作一块净土，与污泥浊水的国家相对立，似乎好事都是公民社会干的，坏事都是国家干的，这当然也是虚妄的假设。仅仅从这两个假设就可以清楚地看出，公民社会理论的意识形态基因是“自由主义”③。此外，他还从公民社会组织是否有完全的自主性、独立性，从公民社会组织的内部效应和外部效应的关系、从公民社会与民主的关系等方面，破除了一些流行的有关

① 参见王绍光：《“公民社会”祛魅》，载《绿叶》，2009（7）。

② 同上。

③ 同上。

“公民社会”的神话。①

第一，关于“个人自由”。在美国，个人自由和个人成功是被无条件地肯定的。起初，自由意味着政府不干预。这种自由被称为“消极的自由”，好像摆脱政府就是自由（freedom from government）。后来人们认识到，自由是在法律的范围内活动，这就意味着，自由也是离不开政府和国家的。美国的“个人自由”是美国作为移民国家特殊条件下形成的，是我们不能照搬的。因为，既然个人自由和个人成功被无条件地肯定，于是，一切妨害个人自由的事或人就都是敌对方，甚至所有与美国不同的社会和文化都被看作是对自由的潜在威胁。② 这种意识形态，体现在经济上，就是利用美元的世界货币地位，剥削剥夺全世界，尤其是发展中国家；体现在政治上、军事上、文化上，则形成政治霸权、军事霸权、文化霸权等，成为世界不太平的根源。中国的价值观，体现在经济上、政治上、军事上、文化上，表现出中国对和平发展、双赢共赢的追求。现在，美国巨额债务在身，包括“9·11”事件和金融危机等历史过程表明，美国是一个处在衰落过程中的大国，美国模式现在面临着是否可持续的危机。今年九月中旬以来，美国爆发了以“占领华尔街”为口号的社会运动，目前已经蔓延到美国 70 多个城市，这场社会运动明确提出了反对“99%穷人和 1%富人”社会分化，以更加尖锐的形式，反映出美国模式现在面临着是否可持续的危机。

第二，关于“公民参与”。这是我们可以借鉴的。在我们的社会管理格局中，也强调了“公众参与”。美国的公民参与有较长的历史，他们在参与意识的培养、参与方式的更新、参与条件的创造等方面，都有我们可以借鉴的地方。

关键是，在当代中国，美国式的公民社会，能不能成为中国社会建设、社区建设的目标。对这个至关重要的问题，由于这些年来受自由主义宣传的影响，不少人，包括我们的一些学者和干部也不是都清楚的。在我看来，答案是明确的：美国式的公民社会，绝不能成为中国社会建设、社区建设的目标。也就是说，不能把我国三个层次对社会建设、社会管理的探索创新，纳入西方“公民社会”理论框架，我们不能在西方的理论框架中，特别是美国的理论框架中跳舞。因为，美国的公民社会

① 参见王绍光：《“公民社会”祛魅》，载《绿叶》，2009（7）。

② 参见赵汀阳：《十字路口的国家路径选择：美国梦？欧洲梦？还是中国梦?》，载《人民论坛》（政论双周刊），2011（9）（总第 341 期）。

理论和实践，在中国的情况下，是要在“公民社会”名义下培育发展一个与政府抗争的对立的社会，特别是要把作为执政党的领导驱逐出社区，把执政党对社会、社区的领导称之为“一党独裁”、“一党专制”。这是最大的陷阱。一定要警惕和看清这一逻辑。

现在，根据中国的实际情况，在社区等自治组织的治理和自我管理中，表现出一种新的转变，这就是：政府退一步，党委进一步。所谓政府退一步，是指过去社区承担了许多政府职能，现在，社区要依法自治，政府要依法行政，那些不该社区承担的政府职能将由社区工作站或社区服务中心来承担，这表现为“政府退一步”。所谓“党委进一步”，是指执政党的基层组织和党员进一步深入社区，更好发挥核心作用、领导作用、服务群众的作用。这本来是执政党的应有之义。也是我国的最佳选择。西方的公民社会理论，恰恰是反其道而行，把党委领导驱逐出社区，如果把美国式、西方式的“公民社会”作为我们社会建设、社区建设的目标，应该说正是上了他们那一套理论的当。我们绝不能把自己优势当做弱势来抛弃。

这里还涉及对“社区自治”的理解。笔者曾多次强调：自治不是有些人理解的“让政府走开”。自治是一种关系、一种分工、一个过程。[①]就像“自由”不是可以为所欲为，而是在法律的范围内活动，超出法律范围，就要失去自由。

杭州经验表明，中国基层社会绝不是按照美国式的公民社会那一套在运行。譬如，它们把社区党建与居民参与结合起来。一方面，在加强党委领导上，上城区区委、区政府将和谐社区建设纳入重要议事日程，成立由区委书记任主任的区社区建设指导委员会，切实加强对和谐社区建设工作的领导和指导；区人大、区政协充分发挥监督、智囊作用，为和谐社区建设出谋划策，建立区领导、部门与社区的挂钩联系制度，切实做到重心下移、服务下沉。各街道成立相应的领导机构，形成了主要领导负总责、分管领导具体抓、相关领导配合抓的工作合力。而在发挥基层党员的作用上，它们健全党员会客厅、功能性党小组等党建工作模式。另一方面，它们同时搭建社区居民参与的平台，提高自助互助服务水平。通过以网上论坛、网上事务听证、民情恳谈、楼道自治等为主要

① 参见郑杭生：《社区节：一种有效的“社会黏合剂”——宜城街道新探索的社会学解读》，收在《中国特色社会学理论的深化——当代中国社会与中国社会学》（上卷），701页，北京，中国人民大学出版社，2010。

形式的民主决策实践，拓宽民主渠道，保障居民的知情权和监督权。通过推广“邻里值班室”、“湖滨晴雨”、“和事佬协会”等民主自治复合主体实践经验，推进了“社区主导、多元参与、功能融合、四界互动、共建共享”的社区自治复合主体建设。这是它们自己在探索和创新。

这就是说，我们的社会建设、社会管理的探索创新，以我为主，有我们自己的理念、思路，该干什么就干什么，而不是在西方的理论框架中跳舞。识破西方“公民社会的陷阱”，跳出西方理论框架，是为了更好进行社会建设、社会管理，而不是要放慢社会建设的步伐，该发展社会组织还是要发展，该购买服务还是要积极购买，政府该依法行政还是要依法行政，基层党组织、党员个人的作用该加强的还是要加强。

（二）欧洲的福利主义模式

总体来说，欧洲的历史状况，特别是工业革命中无产阶级和资产阶级的尖锐矛盾和斗争及其后果，使资产阶级代表人物，采取两条主要措施，对内采取普遍福利，安抚工人，对外加强对过去的殖民地、现在的发展中国家进行掠夺，把负担转嫁给它们。这就形成了欧洲的福利主义模式。这种模式起源于老牌的德英法这些国家，后来在斯堪的纳维亚国家表现得最为典型。

这一模式包含三大政策体系：普遍福利、混合经济和阶级合作。这些政策体系反映出，在欧洲，国家和社会的关系由于政策的调整，经历了从紧张到相对缓和的过程。这种相对缓和的趋势，与美国公民社会那种国家与社会分离的趋势，形成一定程度的对比。

但是，相对缓和，并不是国家与社会的关系就不紧张了。最近挪威发生的恐怖杀人事件、英国发生的大规模群体事件，均为他们本国的中产阶级成员带头所为。这引起我们对中产阶级社会作用观点的反思。相对缓和，也不妨碍在理论上，不少欧洲学者对国家与社会关系的紧张关系的描述与分析。例如，哈贝马斯对生活世界与系统世界的分析，福柯把社会比做大监狱，等等。这不奇怪，因为在欧洲，在西方的文化和社会语境中，“国家—社会”的紧张关系既是一种历史的常态也是一个现实的困境[①]。

---

① 参见杨敏：《“国家—社会”的中国理念与“中国经验”的成长——社会资源的优化配置与创新公共服务和更好社会治理》，载《河北学刊》，2011（2）。

正如美国模式现在面临着是否可持续的危机一样，欧洲福利主义模式也面临着难以持续的困境。

福利国家一度曾经功勋卓著：这项具有创新性的制度设置在不平等的雇佣结构中添加了调和剂，使社会阶级阶层的紧张关系得到了极大的缓冲，从而稳定了西方资本主义世界的经济和政治体制。与此同时，福利国家在控制社会张力、稳定社会秩序的同时，保证了生产活力和市场繁荣的持续。

然而，20 世纪第二次世界大战后的西方在经济发展、科技创新、社会结构等出现了许多新变化。特别是 20 世纪中期以后，出现经济衰退、贫富分化、社会风险化等等趋势，福利国家曾经有过的盛景已然不在。针对这种情况，吉登斯等人提出了第三条道路，认为必须超越左派与右派——既不能像前者“认国家为答案”，也不能像后者则“把国家当敌人”，调整国家与社会的关系。

更重要的是，欧洲福利主义模式本身包含着的许多不可避免的内在矛盾，也日益暴露。其中一个矛盾就是“所享与所得”的矛盾，也就是“福利的普惠承诺和国家的有限能力”的矛盾①。尽管欧洲（尤其是北欧诸国）的福利制度受到赞许，有时被称为“全民福利”、“人民福利”，在现实中，几乎无限的普救式共享福利并未真正实现过。因为，即便是在经济繁荣的状况下，社会福利支出受到的制约也是刚性的，国家的实际能力总是使福利的真正变现大打折扣，“所享”与“所得”的实际距离难以抹去，这使得“全民福利”、“人民福利”在相当程度上还只是一种期待。相关研究指出，在任何国家，包括英国和北欧国家，全民福利模式也没有完全实现。英国的“全民低保”从来就没有真正地实现过，其相当数量的非缴费型给付都是针对一定的目标群体进行的。即使在北欧三国，许多非缴费型补贴也是家计调查式的。由此可见，在福利政策的实施过程中，有关目标的定位、对象的遴选、福利的给付底线等，不外乎是必需的程序。这也折射出了福利体制总会伴随着某种理想性特征：期待的“所享”与现实的“所得”总是有区别的，而且，即使是“所得”也并非是均等化的。事实上，如果对福利国家的改革进行简化地概括，那么，筛选福利目标群体，收缩福利支出，降低财政压力，进而缓解福利国家的危机，是这一过程脱离不了的题中之义。因此，“权利是有的，

① 关于福利制度的详细分析，见郑杭生和杨敏的著作《“大民政”的理论和实践与“中国经验”的成长——夯实中国特色世界城市基础的“北京经验”》，北京，中国社会出版社，2011。

但救济却经常跟不上"①，这也是一种提醒——"所享"的承诺基于形式化的社会权利，是不可剥夺的；"所得"作为实质性的变现，其有限性也是难以超越的。

不能不提到的是，现在欧洲的高福利制度已难以回头，并与他们的选举民主形成恶性循环，更加剧了"福利的普惠承诺和国家的有限能力"的矛盾，进而发展成政治问题，造成治理危机。有学者指出："对于政治家来说，由于其政治生命基本上来自选民的投票，所以在选举年，一般都会迎合选民的短期需要，许诺给公民更多的福利，更少的税收。结果民情偏左的国家，一般都很容易导致财政赤字。"② 例如，希腊这个国家，55 岁就可以退休并享受很好的退休金。于是，希腊的政治家提出了节约计划，推迟退休年龄，但却遭遇各方面的抵制。法国和英国也是如此。法国实施节约计划，遭遇了罢工。英国实施节约计划，最近遭遇了骚乱。③

欧洲福利主义模式难以持续的另外一个原因是新经济体发展中国家的兴起。这使得欧洲福利主义模式不能像过去那样掠夺发展中国家，把负担转嫁给它们。

我国现阶段在建设有中国特色的社会福利制度过程中，既要改变补缺型社会福利的"小福利"现状，又要吸取福利国家的教训，谨防走福利国家普遍高福利的老路。根据我们的研究，对福利制度一定要有全面的认识和把握。用得好，它是解决社会问题的办法，但如果用得不好，它也会变成引起社会问题的根源。

我国现在正在从补缺型福利模式向适度普惠型福利模式转变。原有补缺型福利模式，是非常典型的、传统的"小福利"制度，它强调的是社会补救功能：在对象上仅限于特殊困难群体；在内容上仅限于满足基本生活；在供给主体上仅限于政府；在供给方式上，将社会福利与社会救助和社会保险并列，排除了后两者的福利属性。这种局限性导致大多数社会成员不在享受社会福利的范围之内。

适度普惠型社会福利是由政府和社会基于本国的经济和社会状况，向全体国民提供的、涵盖其基本生活主要方面的社会福利。适度普惠型

---

① [英] T. H. 马歇尔、安东尼·吉登斯等：《公民身份与社会阶级》，27 页，南京，江苏人民出版社，2008。

② 毛寿龙：《西方治理危机将长期存在》，载《人民论坛》，2011 (18)。

③ 同上。

福利模式是现阶段推进我国社会福利事业发展的必然选择。从非普惠的补缺型的福利模式到适度普惠型的福利模式体现了这一领域现代性、合理性、公平性不断增加、增强的过程。

从欧洲经验中，我们体会到，福利制度的可持续性的原则和机理是适度的永恒性与普惠的适度性。

民生保障和福利关系到社会矛盾的源头治理，是创新社会管理的根本所在。杭州上城区一向重视民生保障和福利事业的发展。2011 年，上城区相关部门和单位再次加大了对民生保障和福利的投入。一是上城区民政局提出了“居家养老服务全覆盖工程”，他们以社会化为导向，信息化为支撑，整合社会养老服务资源，搭建居家养老对象全覆盖平台，为 60 岁以上老人提供个性化、规范化的居家养老上门服务。通过该项目，实现服务对象、服务内容、服务时间、服务途径全覆盖，满足老人个性化的居家养老需求。二是区民政局还实施了“‘333＋X’社区大服务体系建设”项目，整合政府、社区、社会三方力量，依托社区公共服务工作站、居民活动和生活服务设施三类载体，健全公共服务、自助互助服务、便民利民服务三个体系，创新社区服务方式，构建社区大服务格局。三是上城区劳动和社会保障局则以“‘居家就业’工程”为重点，加快居家就业工作的规范化、规模化建设，以实现深化促进就业工作，促进就业政策与产业发展政策的统筹协调，大力扶持网络运营、手工编制、维修、电子商务、文化创意和家庭服务等民生产业，提升居民生活品质，营造与建设“具有国际水准的高品质中心城区”相适应的就业创业环境。他们在这样做时，都注意到了福利的适度普惠性。在有着 13 亿人口的中国，不注意这一点，是不行的。

谈论欧洲的福利制度的可持续性，不得不提到欧洲的社会质量运动。这个运动于 1997 年兴起，主要背景有两个方面：一是针对欧洲福利制度本身的缺陷的；二是针对美国新自由主义在欧洲的影响的。这个运动提出了“社会的欧洲”和“可持续的福利社会”口号，提出了四个原则：社会经济保障、社会凝聚、社会包容、社会赋权。

但是，欧洲的社会质量运动难以挽回福利国家不可持续的命运，因为这个运动并没有消除福利社会的基本矛盾。

应当指出，在美国的自由主义模式中也并非没有福利主义的成分，非常典型的例子如美国多年来在财政上给购房行为免税，在金融上给没有还贷能力的人购买住房提供政府担保，并通过金融工具把风险转移到金融市场，结果引起了次贷危机。同样，欧洲的福利主义模式也并非没有公民社会的背景。只是，在美国模式中，自由主义、公民社会更突出，更能代表美国的特点；而在欧洲模式中，福利主义、调和主义更突出，更能代表欧洲的特点。因此，不能把这两种模式看作是完全不同的。

这两种模式，对中国都有影响，当然，美国模式的影响要大得多。明确了这两种模式的历史作用和根本缺陷，我们才能对正在形成的中国特色道路，更有信心。

二、古今比较的视角：开发传统，超越传统，古为今用

我们对历史上的社会建设和社会管理，必须像胡锦涛总书记指出的“按照去伪存真、去粗取精的要求，努力做到古为今用”。例如，孙本文指出的“不努力于社会建设者，必趋于衰败，努力于社会建设者，必趋于进步”[①]，这个思想就很可贵。

在中国的学术传统中，确实有很多精华的东西。就社会管理思想来说，我认为下面几点尤其值得我们注意。杭州是个历史名城，是古都，有深厚的文化积淀，在利用传统、古为今用方面，自然不会落后。

（一）“求治去乱”是中国传统管理思想的核心观念

正如治乱兴衰是“中国社会思想的主导观念”，是“中国社会思想史和中国社会学的主导思想”一样，“求治去乱”则是中国传统管理思想的核心观念。笔者在多年前就曾提出：“在中国社会思想史上，我们的前辈思想家们或论述社会变迁的轨迹——治乱兴衰，或探讨治世的社会条件及运行机制、达到治世的途径与手段，或表达自己对治世的理想模式的看法，或研究乱世的社会根源、乱世的治理与控制，或说明乱世给人民带来的苦难和危害。”[②]

由于中国学术的“经世致用”传统，中国社会思想史在某种程度上，就是中国社会管理思想史。我们看到，严复把社会学看作一门“研究社会治和乱、兴和衰的原因，揭示社会所以达到治的方法或规律的学问”，事实上也是从社会管理的角度来给社会学下定义的，以致我们也有理由

---

① 孙本文：《社会学原理》（下），246页，北京，商务印书馆，1935。

② 郑杭生：《中国社会学百年轨迹》，载《东南学术》，1999（5）。此文后来收录在《中国特色社会学理论的探索——社会运行论、社会转型论、学科本土论和社会互构论》（上），353、254页，北京，中国人民大学出版社，2005。

说，严复这个有中国风格的社会学定义，同时也是有中国气派的社会管理学的定义。也就是说，社会学和社会管理学一样，都是一门求治去乱的学问。

（二）持续探讨“治乱之由”是中国传统管理思想的突出特点

在中国学术传统中，有影响的学者都非常强调探寻“治乱之由”，即研究治和乱、兴和衰的原因。北宋程颐说过“看史必观治乱之由”[①]，告诉人们，特别是他的弟子，研读历史、观察社会一定要研究治乱之由。用现在的话来说，强调“治乱之由”，也就是突出源头治理，强调治本管理。我们的先贤已经有这样质朴的管理思想，并从多方面做了展开。这就造成了在中国社会思想史上有十分丰富的对治乱原因的探讨。有强调“以民为本”的，如《尚书》指出：“民为邦本，本固则国宁”。有强调治理的物质基础的，如管仲说“仓廪实而知礼节，衣食足而知荣辱”[②]。有强调“兼爱”的，如墨子说：“若使天下兼相爱，国与国不相攻，家与家不相乱，盗贼无有，君臣父子皆能孝慈，若此，则天下治。”[③]有强调孝治天下的，《孝经》认为人行孝不仅家顺，而且国亦将昌平。“五刑之属三千，而罪莫大于不孝。……非孝者无亲，此大乱之道也。”这种微观的家庭伦理准则可以延伸到宏观的君臣关系和臣民关系上，“所谓治国必先齐其家者，其家不可教，而能教人者，无之。故君子不出家，而成教于国。孝者，所以事君也；悌者，所以事长也；慈者，所以使众也。”[④]变“孝”为“忠”，个人只有孝于家、忠于国才能带来社会的和谐和安宁。

（三）强调社会规范在“求治去乱”中所起的重大作用

孔子强调遵守伦理规范：“非礼勿视，非礼勿听，非礼勿言，非礼勿动。”[⑤]韩非子则强调法律规范的作用：“故当今之时，能去私曲就公法者，民安而国治；能去私行行公法者，则兵强而敌弱。”[⑥] 在中国传统社会，官方和民间都十分重视道德教化和道德修养，形成了礼义廉耻、仁和诚信的风尚和传统，形成了“格物、致知、诚意、正心、修身、齐家、治

① 程颐：《遗书》卷二十四，见《二程集》。
② 司马迁在写《史记·货殖列传》时，引用了管仲这句话。
③ 《墨子·兼爱上》。
④ 《礼记·大学》。
⑤ 《论语·颜渊》。
⑥ 《韩非子·有度》。

国、平天下”[①]的社会成员成长路径。

（四）突出社会公平在“求治去乱”中所具有的深层功能

孔子就说过：“丘也闻有国有家者，不患寡而患不均，不患贫而患不安。盖均无贫，和无寡，安无倾。”[②]为政者的威信，取决于是否公平；治理国家的绩效，取决于是否出于公心。没有公平，不出于公心，为政者个人没有威信，国家也治理不好。“不患寡而患不均”长期以来成为中国的思想传统，一直影响到现在。

中国传统的社会治理思想，当然不止这些，还有“顺道”即社会管理要符合客观规律，在公私关系上更看重公，在义利关系上更强调义，主张人际和谐，把“中”视为“天下至理”，等等。

（五）以“现代的成长和传统的被发明”来超越传统

对待传统的管理思想，一方面，我们要进行开发，汲取其精华；一方面又要超越它，不能停留在传统上。这样的路径，用我们社会学术语来说，是通过“现代的成长和传统的被发明”来实现的。这里，传统的被发明，一般是通过“重构”（对传统进行某种改造）和“新构”（对传统进行重新建构）来实现的。例如，就公平正义来说，古代的公平观“不患寡而患不均，不患贫而患不安”，只是一种描述，并没有揭示公平正义的实质，这就需要重构和新构。笔者曾在理论上综合马克思、恩格斯和罗尔斯等人的观点，现实上根据新中国成立以来，特别是改革开放以来的实践，给社会正义下一个更为广泛的社会学定义：社会正义就是社会资源和社会机会配置的公平性和平等性。这里，公平和平等都能表达正义，但它们又是不同程度的正义，正好能够表达社会正义也是有阶段性的。公平就是一种合理的差异，这与平等以同一尺度来衡量形成反差。笔者还提出，社会公平正义有两个维度，即制度安排与百姓认可。

（六）杭州经验对传统的重构和新构

最能体现杭州利用“求治去乱”这一传统，又超出这一传统，从而达到“古为今用”的，是杭州对人民调解制度的再认识，并在实践中加以发展的经验。

---

① 《礼记·大学》。

② 《论语·季氏》。

作为中国传统化解纠纷的重要制度，虽然在 20 世纪 60 年代“文化大革命”期间一度停滞失效，在 90 年代西方法律主义的冲击下一度受到轻视，但是人民调解的独特优势使得它遇到合适的机会就会蓬勃发展起来。除了具有一般非诉讼解决机制“灵活性、程序的简约性和成本的经济性”的普遍优势外，中国的人民调解还具有独特的优势，即它契合群众的文化心态。如有学者指出：“中国民间调解传统植根于中国民众的心理之中，它流传至今，并且越过人类数千年的漫长历史，说明它适应人性的实际，它有自己生存的空间和存在的价值。”① 毕竟，在数千年的传统文化中，“息诉”、“厌讼”、“和为贵”一直是中国社会中的主流精神。人民调解作为应对社会矛盾的“中国经验”，其重要性已经使越来越多的有识之士得以认识。

1. “三规范”、“大调解”、“大普法”

但是，改革开放三十年来，中国社会已经发生了巨大的变化。原有的人民调解工作范围、组织形式、队伍素质等已经不能完全适应新形势的需要。因此，如何在新的社会背景下实践人民调解，就成为摆在基层部门面前的重要问题。杭州上城过去一直重视人民调解，现在碰到了新问题，仍然一如既往，进行持续的探索，创造了许多新的机制，取得了很好的实际效果。2007 年上城望江街道调委会被最高人民法院、司法部授予全国模范调解委员会，湖滨街道调委会被省委省政府授予优秀人民调解委员会，南星街道调委会被市委市政府授予优秀人民调解委员会。上城在人民调解方面即能够做到保持传统优势，又能够有所创新，为维护社会稳定做出了重要贡献。其经验可初步可以概括为：落实“三规范”体系，构建“大调解”机制和开展“大普法”活动三个方面。

所谓“三规范”是指：组织建设的规范化、队伍建设的规范化和保障制度的规范化。通过“三规范”，上城区的人民调解得以顺利推行。

所谓构建“大调解”机制是指，上城区各类调解组织在积极调解婚姻、家庭、邻里、损害赔偿、生产经营等常见、多发性纠纷的基础上，主动介入征地拆迁、环境污染、劳资工伤、物业管理、非法集资、下岗分流、工程欠款以及涉法上访等社会热点、难点纠纷的排查调处，不断将调解触角延伸到产生矛盾纠纷的各个领域，不断创新“大调解”的形式与内容。从而做到“小事不出社区（企业）、大事不出街道（系统）、

① 秦国荣：《人民调解制度的现代意义分析》，载《新疆大学学报》（社会科学版），2002(2)。

矛盾不上交”，有效防止了各类社会矛盾纠纷演变为群体性上访事件或刑事犯罪案件，维护了社会和谐稳定。

所谓开展“大普法”活动，是贯彻“调防结合，预防为主”的人民调解工作的主导理念。这就意味着，人民调解工作应该向前延伸，防微杜渐，在社区纠纷的苗头刚出现时就能及时介入，提前预防更为复杂的纠纷。在这一方面，普法工作显得尤为重要。上城在社区“大普法”活动中的具体做法是：法律“六进”社区，即法律宣传进社区、法律教育进社区、法律机构进社区、法律人才进社区、法律服务进社区、法律援助进社区。

2. “和事佬”、“律师进社区”、“湖滨晴雨工作室”

更可喜的是，近年来，杭州市根据新的情况，不断发展了丰富多彩的基层人民调解形式，如“和事佬”、“律师进社区”、“湖滨晴雨工作室”。

“和事佬”是一种草根式沟通的调解机制，一种有效、快速化解社区矛盾纠纷的人民调解工作新路。下城区社区“和事佬”协会人民调解工作就是在这一探索过程出现的一个典型。2008 年初，第一个以居民自愿参与、自我管理、自我服务为原则的社区基层人民调解民间组织“和事佬”协会在下城区文晖街道打铁关社区成立。至 2009 年 1 月底，下城区 71 个社区已全部建立“和事佬”协会，在册“和事佬”会员达 933 名。社区“和事佬”是居民群众的“家里人”，是最信任的人、最敬重的人，他们能够表达老百姓的正当意愿，并能把政府的“普通话”翻译成百姓的“地方话”。同时，“和事佬”协会满足了社区居民群众依法直接参与管理社会基层公共事务愿望，创造条件让居民群众行使自己的民主权力，是发挥主体作用，解决自己的问题，实现自我服务、自我管理、自我监督和自我教育的新方式和新途径、有效方式和有效途径。2009 年 1 月至 10 月，全区“和事佬”协会共计参与社区公共事务协调 485 起，预防、调解纠纷 654 件，向党委、政府反映社情民意 355 件。“和事佬”已成为一支纠纷调处、社区维稳、信息反映不可或缺的重要队伍，做到了“琐事不出楼道、小事不出社区”，为基层人民调解工作注入了强大活力，发挥出显著作用。目前，“和事佬”人民调解已在杭州市得到了快速发展。

律师进社区。为进一步提高基层组织化解矛盾纠纷和依法治理水平，满足居民群众日益增长的法律服务需求，杭州市委法制办会同市司法局、市律师协会和在杭高校法学院等相关单位，在杭州六个城区率先开展了“律师进社区”活动。“律师进社区”活动并不是一个临时性的活动，而是建立了一种新的调解机制。这表现在，第一，他们在组织构架方面，建立了以律师和法学专家为主体、律师协会牵头负责、司法行政部门指导协调、街道社区支持配合、媒体宣传联动的党政界、行业界、学界、媒体界“四界联动”、“四位一体”的复合主体型互动平台。注重与基层人民调解工作、综治中心工作、“和事佬”协会工作、大学的“法律诊所”有机结合。第二，在社区服务方面，他们规范律师服务行为。由市律师协会负责制订统一的服务规范和服务协议书，报市司法行政部门备案后，以文件形式下发各律师事务所。律师事务所按照辖区对应、统一推荐和双向选择相结合的原则，与相关社区挂钩结对，签订统一的服务协议书。律师事务所派驻社区律师必须经市律师协会资格认证后才可进驻；高校法科学生以社会实践形式进驻“社区律师工作室”，协助律师开展服务工作。第三，在服务内容方面，在社区设立“社区律师工作室”，制定服务章程，公开驻点律师情况，定期为社区单位、居民提供优质、便捷的法律服务。印发律师事务所“服务联系卡”，方便社区居民随时联系律师事务所寻求法律帮助。开通与社区之间的电话或网络专线，接受社区随时的法律咨询和求助。主要服务内容包括，提供法律咨询服务、开展法制宣传教育、参与指导纠纷调解、为社区日常工作提供法律意见、及时传递社情民意。律师进社区工作自 2009 年 12 月 4 日全国第九个法制宣传日举行启动仪式至今，全市 6 个老城区先行试点的 100 家社区的结对律师和大学生志愿者，共接待群众咨询 1 764 人次，提供法律服务 272 次，成功调处邻里、家庭、物业等矛盾纠纷 305 起，解决疑难涉法问题 23 个，受到了群众的普遍欢迎，取得了良好的社会效果。

上城区“湖滨晴雨”工作室是湖滨街道在市区两级党委和相关部门指导下搭建的党委政府、媒体、专家学者、市民群众四界联动的社区民主民生平台。工作室以西湖新十景“湖滨晴雨”来命名，既是对湖滨独特的地理位置和深厚历史文化底蕴、渊源的体现，也蕴涵着“民情晴雨表”的深刻寓意。“湖滨晴雨”工作室整合街道（社区）层面现有的“社情民意信息直报点”、“社会舆论信息直报点”、“草根质监站”、“和事佬”等单项平台资源，采取网上互动与往下恳谈的形式，构建了一条上情下达、下情上报的“绿色通道”。工作室担负着问计于民、收集民意、为民排忧解难的任务，是民主促民生、民主促发展、民主促和谐工作在基层的一个落实范本。正是围绕问计于民、收集民意、为民排忧解难这三大任务和三大工作内容，工作室形成了“1624 晴雨工作法”这就是一室（“湖滨晴雨”工作室）、六站（六个社区民情气象站）、两员（民情预报员和民情观察员）、四报（民情气象一天一报，民生焦点一周一报，民生时政一月一报，民生品质一年一报）。其中，民情预报员由12名专家学者以及政府有关部门领导担任，民情观察员由湖滨街道社区居民、党代表、人大代表、政协委员、单位职工、新杭州人共45人担任。为了落实上述三大任务，工作室还建立了信息报送机制、处理反馈机制、效果评估机制。“湖滨晴雨”工作室成立以来，成效明显，2010年12月25日《杭州日报》头版报道了它的工作开展情况：一年共收集民意500多条，大部分得到了解决。现在，“湖滨晴雨”工作室的经验已经引起全国政界、学界的兴趣和重视。

总之，在社会建设和社会管理、社区建设和社区管理上，坚持开发传统、超越传统、古为今用是非常重要的。

三、现实比较的视角：立足现实，提炼现实，高于现实

（一）立足现实的“现实”的解读

总的来说，立足现实的“现实”，是我国社会转型的现实。这个转型是在一个具有13亿人口、960万平方公里国土、五千年文明的巨型大国中发生的。曹锦清教授用国际比较的眼光指出，这三大要素构成的中国是不能被西方小国理论所解释的。因为一个13亿人面临的社会转型，所遭遇到的问题是其他国家不可比拟的①。研究中国的任何社会现象、社会问题及其他社会议题，离开中国社会转型的无比丰富的实际，无疑会成为“无本之木、无源之水”。

具体到我国社会建设和社会管理领域，立足现实的“现实”则是指，近十年和近五年以来，也就是党的十六大、十七大以来，社会建设和社区建设、社会管理和社区管理创新实践和探索在全国范围铺开，深入发展。近两年来，这一波澜壮阔的创新实践和探索，又呈现出强化加速之势。中央高层在这样做，地方和部门中层在这样做，城乡社区的基层也都在这样做。这三个层次的实践创新和探索，为包括社会学在内的中国社会科学，理论地概括和提炼现实，贡献了取之不尽、用之不竭的活生生的实践经验材料。研究中国的社会建设和社会管理，如果离开中国社会三个层次相互促进的实践创新和探索，同样也会成为“无本之木，无源之水”。

---

① 参见曹锦清：《中国崛起时代的学术立场问题》，见 http：//www. douban. com/group/topic/21012668/。

（二）实地调查研究是提炼现实的前提条件

在三个层次的实践创新和探索中，中央经验是“中国经验”的核心、灵魂和指导。地方经验、基层经验的重要性则在于它们共同构成了“中国经验”的一个个亮点、一个个支点，共同标志着中国特色社会主义这种新型社会主义历程的一个个轨迹点和成长点。

要真正把握中国经验，应当从后两个层次的实地调查做起。在对地方和部门为主的第二个层次的探索中，我们学术团队比较系统地实地调查了杭州的“复合创业主体”或“复合治理”经验、郑州的推进城市现代化“三化两型”经验以及北京的“大民政”理念和实践。在城乡基层为主的第三个层次中，我们比较系统地实地调查了郑州、广州和深圳、杭州的社区建设、社区管理和社区服务的经验。正是以这两个层次的实地调查为依据，笔者分别设计了两套丛书，即“当代中国城市社会发展实地调查研究系列丛书”和“中国特色和谐社区建设系列实地调查研究报告”丛书。

现在，前一系列的丛书已经出版了三卷：

——杭州城市卷（2010）

《“中国经验”的亮丽篇章——社会学视野下“杭州经验”的理论与实践》

——郑州城市卷（2010）

《“三化两型”城市：科学发展与和谐社会建设的具体体现——以郑州实地调查为例的河南特色分析》

——北京部门卷（2011）

《“大民政”的理论和实践与“中国经验”的成长——夯实中国特色世界城市基础的“北京经验”》，该卷主要内容是总结和提炼北京市“大民政”的理念和实践，是城市和部门经验的结合，但侧重于部门经验。

后一系列丛书已经出版了前三卷：

——郑州社区卷（2008）

《和谐社区建设的理论与探索——以郑州市实地调查为例的河南特色分析》

——广州深圳社区卷（2009）

《和谐社区建的理论与实践——以广州深圳实地调查为例的广东特色分析》

——杭州上城社区卷（2010）

《中国特色和谐社区建设“上城模式”实地调查研究——杭州“上城经验”的一种社会学分析》

我和我的学术团队坚持对这两个层次进行实地调查，一是为了在剖析这一个一个案例中，把握各个基层、各个地方和部门各有特点的探索，并对之进行相互比较，从而具体深切了解我们的社会建设和社区建设究竟进展到何种程度，存在何种需要进一步研究的问题。二是为了发扬光大基层社区、地方和部门对社会建设社区建设付出的创新努力、为民谋福祉的艰辛劳动，为解决“燃点多”、“燃点低”的社会矛盾而付出的日夜操劳，使越来越多的人理解，没有他们的创新努力、艰辛劳动，我国社会不可能有现在这样安定的局面，同时也从学理上肯定他们对整个中国经验做出的巨大贡献。三是为了在向地方和基层学习的同时，丰富和验证我们多年来提出的一些有中国特色的社会学理论：社会运行论、社会转型论、社会互构论、实践结构论以及学科本土论，践行我们自己提出的主张：既要有学科发展的前沿意识，又要有深入实际的草根情怀，进一步培养把前沿意识和草根情怀相结合的顶天立地精神。

正是在实地调查中，我们深深感悟到并且概括出，我们的社会建设和社会管理、社区建设和社区管理，都是为了应对国内与社会转型和社会发展有关的六大挑战：第一，在市场经济陌生人的世界建立社会共同体的挑战；第二，在价值观开放多元的时代促进意义共同性的挑战；第三，在社会分化加剧的情势下面落实公平正义的挑战；第四，在社会重心下移的情况下大力改善民生的挑战；第五，在生态环境恶化情况下环境友好资源节约的挑战；第六，在发展主体总体布局上理顺三大部门关系的挑战。这些挑战，成了我们第一次对“上城模式”分析的切入点和分析框架。

同理，也是在包括杭州调查的实地调查中，我们还领会到要实现社会管理科学化必须注意六个结合的观点。“不断提高社会管理科学化水平”，是胡锦涛总书记 2011 年 2 月 19 日在省部级主要领导干部社会管理及其创新专题研讨班开班式上所强调的重要问题之一。什么是社会管理科学化？在我看来，“社会管理科学化”主要就是使我国的社会管理更加实事求是，更加符合社会管理的规律性，更加体现以人为本，并使它们转化为有可操作性的社会管理体制和机制，落实为有可行性的社会政策，从而保证我国社会发展成果真正惠及全体社会成员，造福于民。社会管理科学化，要反对和避免的是在社会管理上形形色色的不实事求是、不符合社会管理规律的观念、做法和倾向。例如，停留在过去的“整治命令”思维，习惯于“政府包打天下”，跳不出充当“灭火队”的角色，只看重硬性行政手段的功效等。这样的观念、做法和倾向，既不能保持与时俱进，也不能落实以人为本，都是不符合事实求是的，不科学的，因而是要避免的。

经过实地调查和分析研究，我们感受到“杭州经验”、“上城模式”，在社会管理上注意六个结合：治标管理与治本管理相结合；刚性管理与柔性管理相结合；社会服务与社会管理相结合；社区管理与社会管理相结合；政府主导与多方参与相结合；科学精神与人文关怀相结合。这六个结合，也回答了现阶段如何提高社会管理科学化水平的问题。这六个结合，又成了我们对北京经验探索的切入点和分析框架。

还是在实地调查中，我和我们学术团队受到多重启发。例如我们认识到，不仅要“立足现实”，而且要“提炼现实”；不仅要“开发传统”，而且要“超越传统”；不仅要“借鉴西方”，而且要“跳出西方”。总之，要善于总结“中国理念”，概括“中国道路”，而这又成了这次研究对上城模式延伸调查的切入点和分析框架。

总之，这几年，我们提出的一些有新意的观点，很大程度上都是得益于实地调查中接触生动的社会实际。

（三）提炼现实与学术立场和理论自觉

那么，如何提炼现实呢？这就涉及曹锦清教授的文章称之为“学术立场”、我称之为“理论自觉”的问题了。曹锦清教授的文章正确地指出：社会科学表面上是一个认识论问题，实际上是立场问题，这里的立场指的是民族的立场。这个立场可以判明当代中国在东西方比较当中、在全球关系当中处于什么样的位置，更决定着我们对未来寄予什么样的希望。

曹锦清教授的文章还指出：近一百年来，尤其是“西学东渐”以来，中国的经验被西方中心的话语贬斥到西方理论的注释里面去了。所有论文的理论都来源于、孕育于西方，而经验材料却来源于中国，中国经验材料成为西方理论证明其正确与否的一个注释。这种情况将会被全盘颠覆过来，西方的理论要成为我们中国经验的参照，作为我们的注释。所以必须以中国为中心，以中国为方法，来解读中国的当下。西方的理论及其概念，凡是可以分析中国经验的，可用则用之，不可用则废之。

曹教授文章的结论是：总之，要尊重中国的经验。对西方规范性的概念（有关价值）要谨慎加以使用，不能说西方的概念都是普世的。把中国的经验变成西方待改造的资料（即按西方的标准来改造），这种情况应该被终止。①

我在论述“理论自觉”时曾指出：中国社会学需要的是对西方社会学的借鉴，并主要根据中国社会发展和社会转型的实际，结合中国社会历史悠久的丰富传统学术资源，进行原创性的或有原创意义的理论创新，而不是在西方社会学理论或社会理论的笼子里跳舞，使自己的理论研究或经验研究成为西方社会学理论或社会理论的一个案例、一个验证。②

我在论述“学术话语权”时还指出：学术话语权与理论自觉度的问题，在当代中国尤其重要。这是因为，包括社会学在内的现代社会科学及其教学机构，基本上都是“西学东渐”的结果。在从鸦片战争正式开始的中国社会的被动转型中，在西学中学的对阵中，主动进攻的西学越来越占优势，最后占了压倒性的优势；被动应战的中学，可以说是节节败退，地盘越来越小。这样在包括社会学在内的现代社会科学的世界格局中，欧美社会科学处在中心地位，垄断了社会科学的学术话语权，中国则处在边陲地位，在学术话语权方面处于被支配的地位。此后，特别是现在，越来越多的中国社会科学专家是学习西方社会科学出身的。上世纪前半期的专家还有深厚的中学基础，他们出国留学回归后，很多成为学贯中西的一代。现在则出现了一代对中学知之甚少、处在文化断层边缘的社会科学专家。他们往往养成一种根深蒂固的“边陲思维”，即对外国理论照抄照搬、亦步亦趋、拔高甚至神化，还自以为站在社会学的前沿，往往习惯于用西方的概念来裁剪中国的社会现实，而不善于用正确的立场观点方法把西方社会科学中的精华用来分析快速转型中的中国社会的实际问题和理论问题，还自以为走在正确的路子上。现在，确实是到了大声疾呼“争取学术话语权，提升理论自觉度”③ 的时候了。

四、聚焦国家与社会：总经“中国理念”，概括“中国道路”

社会建设、社会服务、社会管理，都涉及政府（组织）、市场（组织）、社会（组织）三大部门的关系；也都涉及国家与社会的关系，社会

① 参见曹锦清：《中国崛起时代的学术立场问题》，http://www.douban.com/group/topic/21012668/。

② 参见郑杭生：《促进中国社会学的“理论自觉”》，载《江苏社会科学》，2009（5）。

③ 参见郑杭生：《学术话语权与中国社会学发展》，载《中国社会科学》，2011（2）。

建设、社会管理也都是为了在深层次上理顺三者或两者的关系。

对“国家—社会”关系，东西方的观点不同。这是由于不同的文化和社会中，对于“国家—社会”的关系有明显不同的思考，因而有明显不同的回答。弄清楚这个问题，特别是东西方的不同观点，对保持社会建设、社会服务、社会管理研究的正确方向和健康发展是十分重要的。

（一）国家与社会：历史观点

从历史的维度看，钱穆先生的国史研究，费孝通先生的“双轨政治”，刻画了中国传统社会“国家—社会”的关系。

钱穆先生的国史研究，认为对于“社会”的重视是中国的一个悠久传统：“社会一词，亦是外来的新名词，中国古人称社会为‘乡’。乡的观念，在中国一向极受重视。所谓观于乡而知王道之易，就十足透露中国古人对于社会重要性之认识。”①他进而从中国历史的大传统来提取“国家—社会”关系的中国模式：“政治与社会常是融合为一的。上下之间，并无大隔阂”，因为“士”正是“结合政治社会使之成为上下一体之核心和机制所在”②。钱穆不仅指出了中国传统上“国家—社会”关系模式的独特性，而且解释了这一模式的独特构成及其核心。

费孝通认为，从表面上看来中国以往的政治只有自上而下的一个方向，人民似乎完全是被动的，地方的意见是不考虑的。他认为“这种统治不太可能维持”，任何政治决不能只在自上而下的单轨上运行，“在一个健全的，能持久的政治必须是上通下达的，来往自如的双轨形式。”他论述了中国的“双轨政治”，指出中国乡村社会存在着“地方自治的民主体制”，非政府的事务是由人民自理的，他将在地方社区里人民因公共需要而自动组成的团体称为“自治单位”，其中，地方代表——乡绅——是“中国政治中极重要的人物”，他们代表民间与官方协商，这一过程形成了由下而上的另一条政治轨道。③

当代中外人类学家亦通过中国政治权力机制的研究，指出了地方精英在国家权力与地方社会之间的双向作用，认为在对中国的国家与地方社会进行的研究中，将两者对立起来的二分法思维方式，都有自身的局

① 钱穆：《中国历史研究法》，38～39页，北京，三联书店，2001。

② 同上书，44页。

③ 参见费孝通：《乡土中国与乡土重建》，149～155页，台北，风云时代出版公司，1993。

限性。[①] 在关于文化的大传统与小传统的关系方面，当代中国的人类学研究者强调："在中国的乡村社会研究中，'国家'的存在是研究者无法回避的核心问题之一。"并认为，乡村庙宇、民间信仰等揭示了"如何在漫长的历史过程中，通过士大夫阶层的关键性中介，'国家'与'民间'的长期互动中得以形成和发生变化"。如果只是强调从乡民的感情和立场出发去体验乡村的生活，忘记了与来自大的文化传统的影响的互动，是无从洞察中国乡村社会的实质的。[②]

杨敏教授把中国历史上国家与社会融合一体、上下整合的政治理想，概括为"国家—社会"关系的中国理念。她指出，作为一笔珍贵遗产和深厚资源，这一理念将继续启迪我们的智慧，以应对来自实际的各种挑战。这一过程促成了"中国经验"的持续成长。在"中国经验"以及更多的地方与基层经验中，构建"国家—社会"的新型关系是一个贯穿性的内核。[③]它同样也是我们构建社会管理中国模式的一个贯穿性的内核。

不可否认，在国家和社会关系上，新中国也走过弯路，走向了与西方理论把国家与社会相对立的另外一个极端，即国家与社会合一。新中国前30年实行的是高度集中的计划经济体制，即由国家集中计划分配、管理各种社会资源和社会机会。那时，资源配置的主体就是国家（政府）一家，与国家相对独立的市场和社会几乎是不存在的。那时不仅是政府主导，而且是垄断。在实际生活中，就表现为"政企不分"、"政社不分"、"政事不分"。

在现代社会经济制度体系中，政府组织、市场组织、社会组织是三种基本的制度安排。改革开放以来，随着社会主义市场经济逐步成为配置社会资源的基本手段，政企、政事、政社逐步区分，三大部门的社会格局逐步形成。"政府—企业—社会"的合作三维是"国家—社会"新型关系的基本形态。

这里所说的"基本形态"包括组织构架、作用模式和运行机制。第一，政府、企业、社会的各种组织、群体及个人之间能够产生某种框架，使得"国家—社会"的上下联通、融合一体具备结构性条件。第二，政

① 参见［美］杜赞奇、罗红光：《在国家与地方社会之间》，载《社会学研究》，2001（1）。

② 参见［美］陈春声：《乡村的故事与国家的历史——以樟林为例兼论传统乡村社会研究的方法问题》，载黄宗智主编：《中国乡村研究》第二辑，北京，商务印书馆，2003。

③ 参见杨敏：《"国家—社会"的中国理念与"中国经验"的成长——社会资源的优化配置与创新公共服务和更好社会治理》，载《河北学刊》，2011（2）。

府、企业、社会三大部门应促成制度化的行动方式，使其组织、群体及个人的互动过程能够形成相互促进、制约和规范，以达到预期的合作愿景。第三，政府、企业、社会各个组成部分能够根据能力优势的原则，各自扬长避短，以彼之所长弥补己之所短，这种有效的联动将使良好的合作产生出现实的结果。

（二）国家与社会：杭州经验

在国家—社会的合作关系方面，杭州的复合创业主体提供了特别有说服力的典型经验。我们在实地调查中深深体会到，杭州“社会复合主体”的实践探索，促成了“政府—企业—社会”三大部门在结构上的互动、功能上的互补、机制上的互联。从结构上说，复合创业主体的构成容纳了党政界、知识界、行业企业界、媒体界以及社会组织和市民等；从功能上说，则是使不同部门、组织、群体和个人具有的优势得到协调、整合、偕同和提升，在经济发展、政治民主、文化繁荣、改善民生、环境友好等方方面面发挥作用；从机制上看，是将社会三大部门各自机制的联动，使行政机制、市场机制、社会机制成为一个综合整体，形成了行政性与自发性、市场性与社会性、竞争性与公益性、营利性与非营利性等不同机制之间的相互促进。

更具体地说，杭州的复合创业主体或复合治理，包括“政府—企业—社会”四类合作方式，即：架构式合作、联盟式合作、项目式合作和网群式合作。为了简明起见，我们列表如下①：

表 2—1　杭州复合创业主体各主体间的合作方式

序号	合作模式	内容解释	现实特征	优势	适用性	举例
1	架构式合作	政企社融合式的实体型复合体	实体式	推动力强	较适用于大战略，大投入，大品牌项目	杭州京杭大运河复合体、西泠印社复合体、西湖综合保护工程复合体、西溪湿地复合体

① 参见郑杭生、杨敏、奂平清等：《“中国经验”的亮丽篇章——社会学视野下的“杭州经验”的理论和实践》，353页，北京，中国人民大学出版社，2010年。此表由该书第6章执笔者童潇提供。

续前表

序号	合作模式	内容解释	现实特征	优势	适用性	举例
2	联盟式合作	政学合作虚拟型复合体	虚拟式	宏观把握	适用于确立宏观性、全局面指导	杭州浙大战略合作联盟复合体
3	项目式合作	政企结合以项目为中心的平台型复合体	平台式	灵活性高	适用于选定需要推动扶持的项目	杭州丝绸女装复合主体、茶战略复合体
4	网群式合作	产学研相结合的网络化复合体	焦点式	成本不大	适用于扩展关联性产业	杭州生活网群复合体

同样，前面介绍的上城区“333＋X”社区大服务体系，就是增进“政府—企业—社会”三维合作关系的一种有益模式。在“333＋X”社区大服务体系的架构中，政府、社区、社会作为三大主体，分别依托三大服务体系（公共服务、自助互助服务、便民利民服务），通过三类载体（社区公共服务工作站、居民活动类载体、居民生活服务类载体），向社区居民提供服务项目。这就明确了政府、社区、社会的职责，特别是将社会组织引到社区服务之中，完善了三位一体的社区服务体系。在“333＋X”社区大服务体系的建设过程中，上城区加快了管理型政府向服务型政府的转变。通过“333＋X”体系中三个主体提供的各项服务，居民能够切实感受政府高质量的公共服务水平，感受到居家生活的方便快捷，感受到品质生活和幸福程度的提高。

总之，无论从“政府—企业—社会”的结构互动、功能互补、机制互联看，还是从它们的架构式合作、联盟式合作、项目式合作和网群式合作看，都可以观察到贯穿于其中的“政府—企业—社会”合作三维所表达的“国家—社会”关系新型形式，并看到我国地方和基层是如何通过他们的不懈努力，来破解和理顺在发展主体、管理主体上三大部门之间的关系这一时代挑战的，来构建国家与社会关系上带有自己特点的地方经验和地方模式的。从而也可以看出它们为构建这方面的“中国经验”、“中国道路”所做出的自己的独特贡献。

社会管理与社区治理的“中国经验”*

一

南海历来是改革创新的热土，特别是改革开放以来，南海敢为人先、创新创造，从一个传统农业大县发展成为一个现代化工业强区，开创了全国闻名的“南海模式”。早在1987年，南海就被国务院批准为第一批国家级农村改革试验区。多年来，南海围绕农村发展先行先试、大胆探索，在农村工业化、农村城镇化和土地股份合作制等领域进行了卓有成效的改革，为东部沿海地区乃至全国农村改革探索出了一条新路，并总结了许多宝贵经验。

现在，南海区委、区政府盛情邀请我为“南海综合改革系列丛书·社会建设篇”作总序。我该写点什么呢？经过考虑，我觉得还是应该以学者的眼光，从整个“中国经验”的全局来看南海的综合改革，说明它们针对新问题，进行新探索，对中国经验所做出的贡献。

我曾指出：“中国经验”由中央、地方和部门、基层社区三个层次构成。在三个层次中，中央经验是中国经验的核心、灵魂和指导。地方和部门经验、基层经验的重要性则在于它们共同构成了“中国经验”一个个亮点、一个个支点，共同标志着中国特色社会主义这种新型社会主义历程的一个个轨迹点、成长点。在三个层次中，我们研究的重点是后两个层次。从2006年起，我和我的学术团队在全国多个城市展开了系统的实地调查，形成了“当代中国城市社会发展实地调查研究系列丛书”和“中国特色和谐社区建设系列实地调查研究报告”两套丛书。目前，第一个系列的丛书已经出版了杭州城市卷、郑州城市卷和北京部门卷，还有

---

* 本文是“南海综合改革系列丛书·社会建设篇”的总序，作者是该丛书总主编之一。

这一本南海城乡卷，题为《多元利益诉求统筹兼顾与社会管理创新——来自南海的“中国经验”》。南海区委区政府提议把本书也作为“南海综合改革系列丛书”的一本，由邓伟根书记和我共同作为总主编，同时按照原来的协议仍把本书作为“当代中国城市社会发展实地调查研究系列丛书”的一本。第二个系列的丛书，已经出版了郑州社区卷、广州深圳社区卷、上城社区卷和上城追踪卷。除了以上 8 卷涉及的城市外，我们团队还比较系统地调查了一些地方的城市发展或城乡社区。在这两个系列调查中，社会建设、社会管理和社区治理的内容一直是调查的核心内容之一。在调查中，我们也逐渐领会到了我国社会管理和社区建设的一些规律性的东西。目前，这两个系列的调查还在继续推进当中，我们希望将来能够在这些实地调查的基础上构建出中国特色的社会管理和社区治理理论体系。我们在这些实地调查中，包括在南海的调查中，特别注意当地社会出现的新问题、新趋势。

南海所在的珠江三角洲是中国现代化和社会转型的先行地区，也是与此相关的各种社会矛盾的先发地区。这也造成了包括南海在内的当地干部群众“敢为人先”的精神气质。他们敢于探索各种推进现代化和社会转型的途径、方法和措施，也敢于针对新出现的问题、矛盾和风险来加以解决。我认为南海综合改革中最有价值的是，他们的综合改革是针对新问题、新矛盾、新风险的，因而是能代表中国社会管理和社区治理的新趋势、新特点、新举措的，这就使他们在“中国经验”中占有了非常重要的地位，这对全国来说都有某种普遍的借鉴意义。

二

有多本著作构成了本丛书：《南海潮音——一个学者官员的村居调研手记》、《捍卫基层——南海“政经分离”体制下的村居自治》，还有上面提到的《多元利益诉求统筹兼顾与社会管理创新——来自南海的“中国经验”》，这三本是第一批。接下来还有《微言博行——南海政务微博的实践》、《文化引领——南海区文化改革发展的实践》以及《南海区社会管理创新白皮书（2012）》、《南海区社会管理创新案例集锦》等书。

从这些书的内容中，我们可以明显感受到，南海综合改革具有强烈的针对性。这些改革主要针对社会管理与社区治理中四方面的新问题、新矛盾和新风险来实施。

第一，利益主体和利益诉求日趋多元导致社会矛盾日益复杂，如何统筹兼顾多元利益考验着政府和社会驾驭复杂局面的智慧。

中国社会当前正处在快速转型过程中，经济体制转轨和社会结构转型的相互交织加剧了社会分化的趋势，利益多元化格局鲜明地摆在人们面前。在这种情况下，社会矛盾几乎都涉及不同的利益关系和利益诉求。从“三失”（国有企业的改制重组破产引发的职工下岗失业、农村土地征用造成的农民失地、城市房屋拆迁导致的居民失房）引发的大量社会冲突，到流动人口、弱势群体利益维护问题引起的大量社会矛盾，再到本地人和外地人差别隐藏的诸多社会风险，情况都是如此。南海的特点是乡村比城市富。这里农村股权分红引起的激烈冲突，是过去难以想象的。南海一个区可分红的资金达到几十个亿，已有分红权的那部分人要防止没有分红权的人进来，没有分红权的人要想各种办法进去。他们都抓住了政府的软肋——怕群众上访。没有分红的上访，已有分红的也上访。最突出的表现就是“外嫁女”及其子女问题（原来嫁出去了，现在要回来分红）。除了“外嫁女”，还有对越自卫反击战的老兵、农村中自理粮户籍人员和农转非人员、知青及其子女、高等院校毕业生、“违计人员”等群体，都因为这样那样的原因，失去了村里的户口，被排斥在分红范围外，他们为了讨回自己的分红权，常年上访、甚至发生暴力冲突事件。这样的多元利益格局如何实现统筹兼顾，绝对不是简单的问题。它们严峻地考验着政府和社会驾驭复杂局面的智慧。

第二，群众的权利意识迅速崛起导致政府权威的降低，如何做好新时期的群众工作考验着政府赢得群众信任的能力。

自 20 世纪 70 年代末 80 年代初以来，福柯、利奥塔、布迪厄等一大批社会学家都意识到个体意识在全球范围内的觉醒，对个体性格、个体体验、个体权利的特别强调逐渐成为一个时代的特色。在中国，随着经济社会的发展，特别是市场机制无所不在的渗透，个体意识的崛起也是一个明显的趋势，我们把它概括为“集体化社会”日渐萎缩，“个体化社会”不断兴起。主要表现为：首先，个体的产权意识逐渐增强，特别是在住房问题上，人们通过市场取得的房产权是外人不可侵犯的，同时，人们在取得房产时也取得了要求社区提供相应服务的权利，如果这种服务没有很好的提供就很容易产生纠纷，近年来大量出现的物业纠纷就是这样产生的。其次，人们的环境意识明显增强，甚至可以说进入“社会环境敏感期”[①]，一旦听到政府想上马、但可能对环境有污染的项目就会

---

① 郝洪：《“环境敏感期”的新考题》，载《人民日报》，2012-07-30。

起来维权，甚至用极端的方式强迫政府取消项目，最近的什邡事件和启东事件就是这样的案例。稍早前，还有厦门的 PX 事件、大连的 PX 事件、上海的磁悬浮事件，等等。再次，个体的私人空间与公共空间区分越来越清楚。人与人之间的交往越来越限于公共空间、角色行为的来往。最后，个体的民主参与意识将逐渐增强。总之，随着群众权利意识的迅速崛起，他们对公权力不再是无条件地服从了，动不动就会与政府发生冲突。而在这一次次的冲突中，群众对政府信任度逐渐降低了。甚至出现所谓的“塔西佗陷阱”这样的恶性循环。所谓“塔西佗陷阱”，通俗地讲，就是指当公权力遭遇公信力危机时，无论说真话还是假话，做好事还是坏事，都会被认为是说假话、做坏事。近年来，社会管理领域中类似事件已经屡见不鲜了，政府官员不时有意无意地成为舆论主角。我曾经指出：“现在我们许多干部都觉得治理社会比过去难多了。为什么难了？其中最主要的原因是老百姓信任的缺失。老百姓的信任，是一种非常可贵的社会资源。老百姓信任，即使社会政策考虑不周全，也能弥补，有矛盾也好解决，大矛盾化解为小矛盾，小矛盾化解为和谐相处。反之，如果老百姓不信任，多好的社会政策也难以贯彻，不大的矛盾也难化解，小矛盾甚至被激化为大矛盾。这就是说，鱼水关系好办事，油水关系难办事，水火关系要坏事。所以，现在，重建社会信任的问题，尖锐而迫切地摆在了我们面前。”①

第三，风险社会的特征日益凸显导致社会安全感下降，如何应对各种类型的风险考验着政府和社会应急管理的能力。

对于中国社会来说，“风险社会”的内涵更为复杂：一方面，是来自“当代到处存在的不稳定性”所带来的“人类困境”②，如 SARS、甲型 H1N1 流感那样的新型疾病，不知何时到来的恐怖威胁，全球性的认同危机等；另一方面，则是更大程度上来自中国自身的社会转型带来的“个体安全”问题，包括“现实困境”和“未来威胁”两个方面。“现实困境”是个人生活中已经遇到的实际困难或问题，如贫困、失业、失房、失地，党群、干群、劳资关系的不协调或紧张，社会不公平、社会治安不力等，这些都严重地影响了社会成员的安全感。在当前，“现实困境”在很大程度上主要又集中在收入分配和财富占有问题上。“未来恐惧”是

① 郑杭生：《当前我国社会矛盾的新特点及其正确处理》，载《中国特色社会主义》，2006(4)。

② ［德］齐格蒙特·鲍曼：《流动的现代性》，250 页，上海，上海三联书店，2002。

指可能对个人生活造成的威胁，如个人退休后的生活质量和养老负担，特别是在丧失自理能力后的“介护”如何办。“未来恐惧”还涉及各种不稳定性和不确定性因素被激发所引起的个人安全问题。现在，社会成员对风险的潜在威胁很敏感。譬如，公共突发事件（公共卫生事件、生产事故、食品安全事故、水污染等）造成的恐慌，资源短缺（“电荒”、“煤荒”、“油荒”、“水荒”等）引发的各种紧张现象，公共物品（如教育、银行、通讯、交通、医疗等）的涨价，个人生活中可能发生的非预期性事件（如失业、意外伤害、疾病、残疾）等，这些潜在威胁都有可能降低安全指数，导致社会成员的“预期性焦虑”心态。[①]

所有这些问题也是在南海这样的地区先行出现的。如何应对以上种种社会风险，缓解“人类困境”、“现实困境”、“未来恐惧”等多重压力，给人们足够的安全感，是当前社会管理与社区治理要面临的重大问题。在调查中，我们感受到当地政府和社会的应对能力是比较强的。

第四，信息化、网络化时代的来临导致的双刃剑效应，如何驾驭虚拟社会考验着政府和社会与时俱进创新能力。

“数字化生存”已成为信息时代人类的生活方式和生存状态[②]，网络“从根本上改变了我们出生、生活、学习、工作、生产、消费、梦想、奋斗或是死亡的方式”[③]。因此，曼纽尔·卡斯特（Manuel Castells）将现代社会称为网络社会（the network society）。信息化、网络化的发展趋势完全改变了传统上的时空内涵和形式，在地理限制几乎终结的同时，对时间限制的突破也达到了极致，社会事件更为频繁地从特定时空形式以及组织实体中抽脱出来，社会关系日益与“面对面的互动情势”相分离。这使得当代社会生活更趋向迅速流变、动荡不居。我们在理论上将这种状况描述为“轻盈”、“灵动”、“流畅”，等等。在这种趋势下，社会现象往往是“无形无象无痕”的，一些难以察觉的迹象可以快速扩散蔓延，发展成为重大的社会事件，因而这一过程也更难以预料、捕捉和把握。其所带来的负面效果是，各种失谐因素极易得到激活，形成社会矛

① 参见杨敏、郑杭生：《个体安全：关于风险社会的一种方式及研究对策》，载《思想战线》，2007（7）。

② 参见［美］尼古拉斯·尼葛洛庞帝：《数字化生存》，胡泳等译，海口，海南出版社，1997。该书英文原著出版于1995年。

③ ［美］曼纽尔·卡斯特：《网络社会的崛起》，夏铸九译，28页，北京，社会科学文献出版社，2006。

盾甚至导致社会动荡。① 我们看到，近些年来的群体性事件当中，手机、网络等新技术手段推波助澜作用不可小觑，最近的什邡事件和启东事件，都是在网络的现场直播下发生的。

但是，网络是柄双刃剑，在作为各种思潮汇集点的当今中国社会，在价值观多元开放的时代，在市场经济陌生人的世界，情况更是如此。敢于用、善于用，网络就能对社会生活起到积极的作用，如增进社会凝聚力、社会和谐；不敢用、害怕用、消极防御，不会用、不善用、用的不得法、不得体，它就可能对社会生活起到消极作用，甚至破坏作用，如恶化社会心态，为错误思潮的放大推波助澜等。网络对共产党的执政来说，同样是柄双刃剑。我们的党员干部，特别是基层的党员干部，要是敢于用、善于用，就能把事实真相及时告诉群众，化解许多因为群众不了解情况而引起的误解、矛盾。南海区在区委书记——他是一位敢于用博客、微博，善于用博客、微博的领导——带动下，形成了利用政务微博推动政民互动的良好局面。我们团队调研时，正好碰到在他们辖区发生一件引起全国网民关注的事件。那位书记在自己的博客、微博上说明事件的真实情况，说明区委区政府对待事件的态度以及采取的措施。这就在第一时间发布了真实消息。如果不是这样，那么这个事件就可能在半天时间内在不真实消息基础上迅速发酵，造成难以挽回的恶劣影响。

三

正是在应对以上各种时代挑战和考验过程中，南海开展了丰富多样的社会管理和社区治理实践，较为明显地呈现出以下五种新的发展趋势，可以概括为五化，即体制复合化、方式多元化、手段艺术化、机制科学化、城乡一体化。

第一，合作共治与复合治理：社会管理与社区治理体制的复合化。

体制问题是制约社会管理和社区治理最为根本性的问题，所以各地社会管理和社区治理实践都企图寻求体制上的突破。综观南海近年来的创新实践，一个明显的趋势就是从行政力量的一元化管理或单一部门的碎片化治理转向多元主体的合作共治与复合治理。

我国过去社会管理和社区治理体制的一个根本性缺陷就是政府一家

---

① 参见郑杭生、杨敏：《社会实践结构性巨变的若干新趋势——一种社会学分析的新视角》，载《社会科学》，2006（10）。

独大，市场和社会的力量极为薄弱，甚至缺席，这导致社会管理和社区治理的过度行政化。就社会管理来说，过度行政化使得社会资源配置模式过于单一，导致整个社会的僵化和低效化，而且在社会冲突中把自身置于矛盾的焦点地位、引火烧身。就社区治理来说，过度行政化，不仅影响了社区资源的配置效率，而且与社区居委会自治组织的法律定位背道而驰。所谓合作共治，主要是指在社会管理和社区治理过程中，充分发挥政府、市场、社会三大部门各种组织的优势，使它们形成合力，共同管理社会和社区公共事务。所谓政府管理的"碎片化"（fragmented），是指政府部门内部各类业务间分割、一级政府各部门间分割以及各地方政府间分割的状况。①现代政府必然是基于专业分工原则的科层制模式。但是，过细的职责分工和机构分割又必然导致了政府职责交叉、多头指挥、流程破碎、本位主义、效能低下、无人无责等碎片化等弊病：第一，分工过细导致流程破碎、组织僵化。第二，部门林立导致本位主义、互相推诿、整体效率低下等现象。第三，管理驱动导致服务意识不强、服务效能不高。② 正是基于对这些问题的反思，西方上世纪 90 年代以来兴起了"整体型政府"（holistic government）理念。"整体型政府"是相对于之前所流行的"碎片化政府"（fragmented government）来说的，按照克利斯托弗·波利特（Christoppher Pollit）的经典概括，"整体型政府"的深刻内涵是"排除相互破坏与腐蚀的政策情境，更好地联合使用稀缺资源，促使某一政策领域中不同利益主体团结协作，为公民提供无缝隙而非分离的服务"③。构建"整体型政府"需要从机构、业务流程、信息资源、服务与沟通渠道等方面加以整合。这方面最为典型的例子是南海区的镇（街）综治维稳信访中心。④

第二，类型分化与分类治理：社会管理与社区治理方式的多元化。

综观南海社会管理和社区治理实践，在多元主体合作共治和复合治理的总体原则之下，根据治理对象的类型差异进行分类治理是一个突出

---

① 参见谭海波、蔡立辉：《论"碎片化"政府管理模式及其改革路径——"整体型政府"的分析视角》，载《社会科学》，2010（8）。

② 同上。

③ Christoppher Pollit，"Joined-up Government：a Survey"，p. 135，*Political Studies Review*，2003（1）。

④ 本案例的具体分析参见郑杭生，杨敏，向德平，《多元利益诉求统筹兼顾与社会管理创新——来自南海的"中国经验"》中黄家亮执笔的部分，《利益纠纷化解：情理法交叠的南海基层治理》。

特征。这主要表现在对不同社会组织的分类管理和对不同社区的分类治理上。

我们调查发现，在实际运作中，政府通常将社会组织划分为若干类型，对其进行分类管理。如将社会组织分为公益慈善类、社区服务类、文化体育类、促进就业类和维权类五种类型，对前四种类型的社会组织，尤其是社区民间养老服务机构是通过制定优惠政策鼓励其发展，对维权类组织则重点是规范限制其发展。

由于历史和现实的原因，我国社区的类型非常复杂，不同类型社区之间在人口结构、人际关系、资源结构、文化积淀等方面的差异很大，很难用一种放之四海而皆准的方式来对所有的社区进行治理，因此，分类治理成为社区治理的必然选择。从大的方面，可将我国社区分为城市社区、农村社区、城中村社区、城乡结合部社区等类型。而城市社区又可分为传统式街坊社区（老居民区社区）、单一式单位社区（单位型社区）、演替式边缘社区（村居混杂社区）、新型住宅小区社区等不同类型。农村社区又可分为一村一社区、一村多社区（自然村）等不同类型。当前，社区治理的一个重要任务就是要探索针对不同类型社区的不同治理方式。

我们在调查中感受到，南海在社会管理与社区治理方式的多元化方面，也是先行的。

第三，刚柔并济与情理法兼顾：社会管理与社区治理手段的艺术化。

社会管理作为一种服务、协调、组织、监控的过程和活动，本来就应该是刚性管理与柔性管理相结合的。其中除了监控以刚性管理为主外，服务、协调、组织都是以柔性为主的。[①] 当前，我国社会矛盾空前尖锐，燃点多、燃点低，稍有不慎就可能造成难以控制的局面，因此，要尤其强调刚柔并济。

矛盾纠纷化解是一门艺术。在这一过程要防止两个极端：

其一，无原则地妥协。当前，由于我国自上而下的压力型体制以及维稳问题一票否决制的政绩考核制度等原因，基层官员压力非常大，总是害怕“出事”，尤其害怕越级上访和群体性事件；而老百姓在掌握政府这个“软肋”之后，反而更加偏好通过“闹事”和上访来表达自己的利益诉求；基层政府为了“不出事”往往选择“和稀泥”，甚至无原则地妥协，通过花钱来买“摆平”，即“人民内部矛盾用人民币来解决”，这种

① 参见郑杭生：《不断提高社会管理科学化水平》，载《人民日报》，2011-04-21。

行为取向反过来又鼓励了群众用"闹"的方式来解决问题。于是，基层治理陷入了"大闹大解决、小闹小解决、不闹不解决"的恶性循环。从长远来看，这种花钱买稳定的做法是极不可取的，它直接损害了政府的威信，也恶化了基层的秩序生态。在调查中，我们觉得南海很多干部对此事是有认识的。

其二，粗暴机械地执法。有些地方官员不考虑老百姓的接受程度，强行推行政府的意志，即使是老百姓处于理亏的一方。这种方式也是不可取的，因为它造成了矛盾的激化。正确的做法应该做到情理法兼顾，不仅要合法、而且要合情合理，让老百姓心服口服。一个典型的例子就是南海的"外嫁女"纠纷。按照国家法律，这些"外嫁女"可以选择把户籍保留在娘家，继续从娘家村庄分红，而且，其子女也可以选择户籍随母，从而也享有娘家的分红权；但是，按照我国几千年的文化传统和认知模式，"嫁出去的姑娘泼出去的水"，妇女一旦嫁出村就不再是村里的人了，其在本村所享有的权利和义务都会自动解除，所以她不再享有在本村分红的权利了，更毋庸说其外姓的子女了。对于这些传统习俗，绝大多数群众是认同的，不少"外嫁女"的家人甚至这些"外嫁女"本人也是认同的，而且，在不少村庄，这些习俗还通过村民大会上升为村规民约了。老百姓的传统观念很难一朝一夕就改变，这时候，如果粗暴地按照现代法律来执行的话，成本会非常高，甚至可能激起群体性事件。这就要求，地方政府必须采用更加艺术的手段，更多地运用群众路线的方式、民主的方式、服务的方式，教育、协商、疏导的方式，来化解社会矛盾，做到情理法兼顾。在解决外嫁女问题上，南海的做法是平稳的。

第四，信息化治理与网络化治理：社会管理与社区治理机制的科学化。

随着信息技术、特别是互联网的迅速普及，如何在信息化、网络化时代进行社会管理和社区治理这一问题越来越被提上了议事日程。这实际上是由两个相关的命题所组成的：

其一，如何应对信息化、特别是网络化带来的挑战。对社会管理来说，互联网增加了社会管理的难度，使得社会管理不仅要面对现实世界，还要面对虚拟世界，要面对数以亿计的匿名网民。近几年，随着博客、人人网、微博等网络社交平台的兴起，中国社会已经快速步入"自媒体时代"，每个人都拥有信息发布权和话语权，政府稍有错误就会成为网友嘲弄、责骂的对象。而且，由于网络的匿名性，使得网络上的各种信息、观点鱼龙混杂、泥沙俱下，一旦发生了突发性事件，网络谣言满天飞。

这都增加了社会管理的难度。对于社区治理来说，英国社会学家马丁·阿尔布劳（M. Albrow）所说的“脱域的共同体”（disembeded community）问题[1]，美国社会学家尼葛洛庞帝所说的“数字化生存”或我们经常所说的“网络化生存”带来人际关系的冷漠化，等等，都对社区共同体的治理带来了严峻的挑战。

其二，如何利用信息化、特别是网络化对社会管理和社区治理所带来的机遇。我们常常说信息化使这个世界变得真小，信息化、网络化可以提高资源整合的效率、增加沟通的便捷性。如果应用得当，信息化、网络化能够大大提高社会管理和社区治理的水平。如近年来，全国各地普遍流行“政务微博”——据统计，截至 2012 年 8 月，通过新浪微博认证的各领域政府机构及官员微博已超过 45 000 家，党政机关和领导干部开微博是一个大趋势，这是践行阳光党务、政务，增加政府公信力的一个有效途径，而且还能促使政府问政于民、问需于民、问计于民，使执政理念向执政为民方向转变，成为“网络时代新群众路线”的载体。[2] 正如我们已经指出的，南海在这方面是做得很不错的。

第五，城市治理与乡村治理：社会管理与社区治理的城乡一体化。

长期以来，我国城市和乡村是一种二元分割的格局，二者在社会管理和社区治理体制上都有很大的差异。改革开放以后，我国城乡关系已经发生了巨大变化，总的趋势是朝着城乡一体化方向发展。在社会管理和社区治理方面，这种趋势也比较明显。南海区的农村综合体制改革就是这方面比较典型的例子。[3]

由于集体经济的发达，当前，南海区面临着一种特殊的城乡结构，我们可以将其称为“倒城乡二元结构”，即农村居民比城市居民更加富裕，人们纷纷争夺农村户口——“有车有楼，不如农村有一户口”。而且，由于大量激烈的利益纠纷，使得农村熟人社会发生了异化，出现了“熟人的陌生社会”现象；同时，又由于大量流动人口的涌入和各种利益

---

① 马丁·阿尔布劳认为，在全球化时代，共同体（community）是没有地方性的中心的，它已和地点脱钩，成为“脱域的共同体”。如果想描述在全球化条件下居住在统一区域中人们之间的关系的特点，最好把他们叫作“互不相关的邻里”。参见［英］马丁·阿尔布劳：《全球时代：超越现代性之外的国家与社会》，高湘泽、冯玲译，252 页，北京，商务印书馆，2001。

② 参见无语钟：《政务微博——网络时代的新“群众路线”》，http：//politics. people. com. cn/GB/1026/16392692. html。

③ 对本案例的详细介绍和分析参见郑杭生、杨敏、向德平：《多元利益诉求统筹兼顾与社会管理创新——来自南海的“中国经验”》。

纠纷的博弈，出现了“陌生人的无序世界”现象。面对种种剧烈的利益纠纷，南海区启动了农村综合体制改革，企图探索一条“城乡互动、融合并进”的协调发展之路。近年来，南海区通过“村改居”、股权固化、政经分离、构建农村集体资产交易平台等一系列举措，逐渐将改革推向深入，已经取得了初步的成效。

当然，正如人无完人一样，十全十美的事也是不存在的。可贵的是，南海敢为人先的探索精神将一直坚持下去，不可避免的缺陷将在探索中不断克服，但是我们也要有精神准备，新的不可避免的缺陷也会同新的优点一样同时出现！

“中国经验”的核心*

10年来，社会学界对社会建设和社会管理做了很多探索。用很短的篇幅概括这个历程，很不容易。从理论深化和实践创新相结合的角度，做一简要的回顾和提炼，也许比较合适。

对“社会建设”的新时代内容做了揭示。社会建设是上世纪前半期出现的历史概念，我们党在新世纪初重提社会建设，是因为有了新的时代内容。这就是新时期提出的新任务和新挑战：社会急剧转型提出的多重时代问题和风险。因此，今天我们研究社会建设，主要是要实事求是地揭示它所包含的新的时代内容。

对社会建设的内涵做了新概括。社会建设的定义，可以抓住“社会资源和社会机会合理配置”这一核心，从正向和逆向两个方面来加以把握。从正向说，所谓社会建设，就是要在社会领域不断建立和完善各种能够合理配置社会资源和社会机会的社会结构和社会机制，并相应形成各种能够良性调节社会关系的社会组织和社会力量。从逆向说，社会建设就是根据社会矛盾、社会问题和社会风险的新表现、新特点和新趋势，不断创造和完善正确处理社会矛盾、社会问题和社会风险的新机制、新实体和新主体。

对社会建设的外延做了新的提炼。社会学以整体社会系统与各子系统的关系为根据，引申出了范围不同、大小有异的“社会”：“小社会”或“狭义社会”、“中社会”或“中义社会”、“大社会”或“广义社会”。在社会与它的政治、经济、文化和社会生活各子系统组成的“四分框架”中，这里的社会生活子系统是小社会；在社会及其三大部门（政府组织、企业组织和社会组织）组成的“三分框架”中，这里的社会也是小社会；

* 本文发表于《南方日报》，2012-10-17。发表时标题为《促进公平正义：社会建设的本质》。

而在国家与社会组成的“二分框架”中，这里的社会则是中社会，它既包括作为第三部门的小社会，又包括作为第二部门的市场或企业组织。大社会是与自然界相对，包含各个子系统的整体社会。这三种社会都是与社会建设和社会管理有关的。

明确了民生为重、百姓至上是社会建设的出发点和归宿点。所谓民生问题，用社会学的术语说，就是一个社会的成员，如何从政府、市场和社会获得自己生存和发展的社会资源和社会机会，来支撑自己的物质生活和精神生活的问题。所谓民生为重，就是要把改善民生作为社会建设的重点来抓。

论证了促进实现公平正义是社会建设的本质。在社会学上，社会正义就是指社会资源和社会机会配置的公平性和平等性。这里，公平和平等都能表达正义，但又是不同程度的正义。所谓公平就是一种合理的差异，这与平等以同一尺度来衡量形成反差。社会公平的两个维度：制度安排的公平与百姓认可的公平。社会公平首先指的是一种客观的制度安排的合理性问题。这里，作为制度安排合理性的社会公平，主要体现在社会资源分配和获得的差别是合理的；社会机会对每个社会成员都是自由开放的，可竞争的。这样的安排，使上层永不松懈，中层永不满足，下层永不绝望。其次，社会公平还在主观上体现为百姓的共同认可、认同。这就是社会公平度、公平感的高低问题。社会建设和社会管理都是推进社会公平正义的重要手段和途径。社会建设和社会管理在推进社会资源和社会机会合理配置和分配的同时，也就是在具体地推进和落实社会公平正义，也就是把公平正义落实到我国微观社会制度和宏观社会制度的方方面面。

对如何正确把握社会建设和社会管理的关系进行了研究。科学的社会管理是社会建设框架下的社会管理。这里，要防止社会管理上的两种倾向：一是离开社会建设讲社会管理，只管理，不建设，势必忽视源头治理、忽视服务在管理中的重要性。二是只强调社会管理，把社会管死，容易陷入“一管就死，一放就乱”的历史怪圈。

“中国经验”是中国社会上下结合、共同探索、互动创新的结果。中央经验是“中国经验”的核心、灵魂和指导。地方和部门经验、基层经验的重要性则在于它们共同构成了“中国经验”一个个亮点、一个个支点，共同标志着中国特色社会主义这种新型社会主义历程的一个个轨迹点、成长点。

要不断探索社会建设和社会管理出现的新特点和新趋势。当前，根据我们调查，中国社会管理与社区治理新形势出现了四方面特点：（一）利益主体和利益诉求日趋多元导致社会矛盾日益复杂，如何统筹兼顾多元利益考验着政府和社会驾驭复杂局面的智慧；（二）公众的权利意识迅速提升，如何做好新时期的群众工作考验着政府赢得群众信任的能力；（三）风险社会的特征日益凸显导致社会安全感下降，如何应对各种类型的风险考验着政府和社会应急管理的能力；（四）信息化、网络化时代的来临导致的双刃剑效应，考验着政府和社会如何驾驭虚拟社会、如何与时俱进创新能力。同样，中国社会管理与社区治理新趋势呈现出五方面表现：（一）合作共治与复合治理：社会管理与社区治理体制的复合化；（二）类型分化与分类治理：社会管理与社区治理方式的多元化；（三）刚柔并济与情理法兼顾：社会管理与社区治理手段的艺术化；（四）信息化管理与网络化治理：社会管理与社区治理机制的科学化；（五）城市治理与乡村治理：社会管理与社区治理的城乡一体化。

探索社会建设和社会管理必须遵循正确的学术途径。我们在调查研究的基础上，把这种途径表述为：立足现实，提炼现实；开发传统，超越传统；借鉴国外，跳出国外；创新话语，创造特色。

国家治理、政府治理和社会治理转型中的中山探索*

——多元利益诉求统筹兼顾的实践先行者

约2006年起，我带领的学术团队以“中国经验”和“中国道路”为研究主题，在中国多个城市展开了两个系列的社会实地调查研究——中国城市社区建设研究与中国城市发展研究，这两个系列的社会实地调研蕴含的深远意义不断显现。随着时间的推移和所涉城市地域的扩展，我们的研究领域也在逐渐延伸，从宏观理论研究到中层理论和分支理论研究，研究关注也从理论构建走向了实际应用。从政府到社会和社区，从城市到农村，从市县到乡镇甚至村庄，这一过程的持续构成了理论与实践的往复穿行。

这种研究经历使我们对当代中国社会转型和变迁获得了动态感知，形成了更为鲜活、更为整体的把握。这里特别需要指出的是，从大历史、长时段中孕育的深沉的内生因素，到全球化、中西交汇碰撞中激起的外缘回响，在这种反复碰撞和回应的过程中，我们对中国的悠久历史与错综现实相互交融的复合型视野逐渐成熟，对当代中国社会转型和变迁的认识和判断更具有较为整体的方位感。尤其是，在最近几年的研究中，对当代中国的城乡社会变迁，工业化、城镇化与“三农问题”的关系，城乡社会利益格局的来由、现实及其未来走向等问题，我们的感悟和认知更能反映出其具有历史与现实的一体性。所有这些都有助于增进我们对新的研究对象的思考和分析的合理性。

---

* 本文是郑杭生、殷昭举主编，杨敏副主编的《多元利益诉求时代的包容共享与社会公正：社会建设和社会治理创新的“中山经验”》一书中的第一章，该书于2014年8月由中国人民大学出版社出版。

一、作为实践先行者的中山

(一) 中山的魅力与谜题

2012 年底，由我主持的“中山市社会建设和社会管理创新”研究课题获得立项，这为“中国经验”和“中国道路”的系列研究又增添了一个新的案例。2013 年 4 月，我们启动了该课题的试调查。4 月 7 日到 4 月 10 日，在中山市委政策研究室主持下，中山市委常委殷昭举介绍了中山市经济社会的总体情况。他说，中山市面对的已经不是温饱问题，而是富裕之后的问题，包括民主参与、社会治安等，这些问题都与公共服务体系有关。如犯罪低龄化现象，教育、互联网、新媒体、游戏等都带来了新的挑战，是值得研究的大课题。农村也出现了许多社会问题，如本地人与外来人的冲突等。社工委成立之后，在社会治理方面与政法委建立了联系，前者主要在前端，后者主要在后续。社工委使治理工作的关口前移了、重心下移了。中山市很重视民生保障和公共服务，针对外来人口的社会保障问题，又增设了“新民保”。针对城乡社会的不均衡关系，也重视推进人的城镇化、城乡二元结构的弱化、城乡公共服务和社会保障的均等化等。目前，中山市的城乡收入差距为 1.6∶1，远低于国内其他许多城市。现在是城市内部的差距比较突出。[①] 课题组还与组织部、宣传部、政法委、社工委、市编办、农业局、人事局、民政局、司法局、住建局举行了座谈，并赴小榄镇、南头镇、黄圃镇、人力资源社保局、东区街道花苑社工站开展实地调研。此外，对完美（中国）有限公司中山市总部进行了考察和调研。

2013 年 5 月 20 日到 24 日，课题组在中山市开展了正式调查。中山市委政策研究室主持召开了座谈会，发改局、经贸委、法院、社工委、经信委、组织部、团市委、市红十字会、农业局、流动人口管理办、东区、民政局、人社局、残联等部门介绍了相关情况。在后续的调研中，课题组分为两个小组，分别对中山市的镇区做了实地调查。第一组由江立华教授带队，对火炬开发区、东凤镇、三角镇、阜沙镇、坦洲镇、板芙镇进行了调研；第二组由杨敏教授带队，对石岐区、东升镇、南朗镇、港口镇、沙溪镇、三乡镇进行了调研。5 月 24 日晚，课题组对中山市委

① 参见中山市常委、市委秘书长殷昭举的讲话（摘要），杨敏整理：《社会建设和社会管理的“中山经验”正式调查座谈会纪要》。

政策研究室主任、市委副秘书长黄超做了特别访谈。这位中山市改革开放进程的见证人，长期从事该市的政策研究和制定工作，对这一过程发生的城乡社会变化、财政收入、税源结构、中央与地方的税收分成、农村集体经济的演变和改革、外来人口及其服务和管理，做了非常深入、细致的介绍和剖析，使我们对中山市有了更为具体的把握。

中山，古称香山，最初设县是在南宋时期（1152 年），时称香山县。1925 年为纪念孙中山先生更名为中山县，是中国唯一以伟人名字命名的地级城市。该市位于珠江三角洲中部偏南的西、北江下游出海处，北接广州市番禺区和佛山市顺德区，西邻江门市区、新会区和珠海市斗门区，东南连珠海市，东隔珠江口伶仃洋与深圳市和香港特别行政区相望。中山市也是全国 5 个不设市辖区的地级市之一，现辖 6 个街道、18 个镇。这个坐落在改革开放的最前沿、东部沿海发达地区的美丽城市，亦如中国的其他城市一样，经历了风驰电掣般的快速转型过程，仅仅 30 多年时间，城乡社会就发生了沧桑巨变。如果从形式上看，这座城市的变化与其他城市没有太大的区别：经济体制经过了从计划体制向市场体制的转变，社会结构关系从单位型社会转向了个体化社会，资源配置方式从以往行政管制为主导转变到以市场调节为主导，在治理方面由政府管制为主日益变为多主体参与的社会治理，城乡社会关系则是不断由城乡二元体制走向城乡一体化等。尽管中山市在这一过程中有着自己特别的情节和细节，但故事的整体梗概与东部沿海地区的许多城市应当是基本相似的。

稍稍查阅文献资料可知，中山市获得了多项殊荣：国家历史文化名城、人民满意城市、中国和谐之城、中国十大最具幸福感城市、全国文明城市、全国卫生城市、全国生态市、全国园林城市、全国环保模范城市、中国优秀旅游城市、全国畅通工程模范城市、全国科技进步先进市、全国品牌经济城市、全国质量兴市先进市、全国全民健身样板城市以及教育强市、国家园林城市、联合国人居奖国家环保模范城市、全国双拥模范城市等。然而，不到中山，不识中山。唯有亲到这座城市，才能感受到她的特别之处——简约而个性化的雕琢，优雅恬静同时活力四射，环境秀美却又时尚现代，富裕繁荣依然奋发进取……不过，这还不是她的全部魅力所在。踏上中山，直接目睹的是她的祥和安宁、包容大度以及井然的秩序和条理，还能体味到在这之下奔涌不息的潜流。当一股股热浪迎面袭来时，你能够明白什么叫“热土”。

这就是中山的真正魅力所在——一座散发出磁石一样吸引力的城市，

同时也是激发出诸多谜题的城市。在这个极富动态、变化万千、繁复难控的时期，这个城市是如何做到了这一切的？显然，与以往我们已经进行过的所有实地调查案例相比，中山市有其十分不同的含义。

（二）当代中国社会变迁与治理转型过程的中山

从事社会学研究必然面对复杂纷繁的社会现象和事实，以及由其所表现的一系列不适应和问题及矛盾冲突。从理论层面来看，这类不适应和问题及矛盾冲突不外是社会的反应，无论其反应方式带有怎样的具体性，其内涵往往难以排除某种历史来由和深层因素，这是进行任何思考和对策——如果这些思考和对策讲求合理性、现实性、实效性的话，所必须重视和反复量度的。事实上，上述眼光对于我们的理论研究和实际解释一直具有指导性和框架性的意义。特别是在 2012 到 2013 年的研究中，我们对中国城乡社会变迁形成了带有某种总结意义的看法。

从中国城乡社会变迁的历史看，城市与乡村始终构成了同一进程的两侧。从当代中国城镇化的进程看，城镇化每一阶段的推进必然牵涉到乡村，引发农村、农业和农民的许多方面的实际反应。中国城镇化的许多方面是没有先例的、前所未有的，这一过程导致了许多未曾预料的后果。“三农”问题可以说是城镇化引发的强烈反应。在新型城镇化过程中，必须重新思考“三农”问题，对土地配置、农民出路、粮食体系、农业经营、新农村建设等给予具体回答，并在新的历史方位下推进城乡一体化建设。通过这一过程从根本上解决“三农”问题，形成“新三农”——现代农村、现代农业和汇入现代职业体系的现代农民——发展格局。[①]

上述看法为中国城乡社会变迁过程、城乡关系演变进程的把握，以及对工业化、现代化和城市化及其农村效应的研究和分析，提供了一种历史与现实两者相互汇合而确定的方位感和关联感。这一社会流动的过程形成了一些新群体——农民工群体、城市流动人口、农村留守人群等，也带来了社会治理的新问题，如农村社会管理与治理、农村乡镇政府和基层政权、村民自治和村级选举、乡村社区治理，而城市则有户籍制度、社会权利及社会救助、社会保障和福利的同城差别，也加剧了地区差别、

① 参见郑杭生、杨敏：《走向包容、公平、共享的新型城镇化——城乡社会变迁视野下中国城镇化道路的现实考量》，参见郑杭生主编：《中国人民大学中国社会发展研究报告 2013：走向包容、公平、共享的新型城镇化》，1 页，北京，中国人民大学出版社，2013。

城乡二元差别、同城差别、同社区差别等新的不平衡现象。这就使我们认识到工业化、现代化和城市化以及“三农”问题等诸多领域之间的实际关联，从而将新型城镇化与城乡一体化以及农业产业、农村职业体系和农村社会的现代化放在一个进程中进行思考，通过新型城镇化构建一种“新三农格局”——惟其如此方能真正解决“三农问题”。依循这样的思路中，以往存在于学术研究和实践探索中的各种貌似难以化解的区隔或迷障，就容易穿凿和破解了。

然而，这在很大程度上还是一种学术研究的进路，现实中的实践进路充满了复杂、曲折和迂回，需要系统化的治理智慧、能力和耐心。习近平指出：“国家治理体系和治理能力是一个国家制度和制度执行能力的集中体现。”“国家治理体系和治理能力是一个有机整体，相辅相成，有了好的国家治理体系才能提高治理能力，提高国家治理能力才能充分发挥国家治理体系的效能。”习近平还指出，国家治理体系是在党领导下管理国家的制度体系，包括经济、政治、文化、社会、生态文明和党的建设等各领域体制机制、法律法规安排，是紧密相连、相互协调的制度安排；国家治理能力则是运用国家制度管理社会各方面事务的能力。“要更加注重治理能力建设，增强按制度办事、依法办事意识，善于运用制度和法律治理国家，把各方面制度优势转化为管理国家的效能，提高党科学执政、民主执政、依法执政水平。”① 这是针对当代中国经济和社会发展面临的最新形势，对国家治理体系、制度体系、体制机制和能力建设的全面而系统的阐述。

钱穆认为，制度必须与人事相配合，制度是死的，人事是活的，死的制度绝不能完全配合上活的人事。诚如钱穆所言：“我们若不着重本身人事，专求模仿别人制度，势必追随他们的人事而变，那是何等的愚蠢。”② 他主张：“古今中外一切制度，都必如是。否则一项好制度，若能永远好下去，便将使政治窒息，再不需后代人来努力政治了。惟其一切制度都不会永久好下去，才使我们在政治上要继续努力，永久改进。”③ 无论是国家治理、政府治理还是社会治理，其体制机制、规则设置、制度安排、人事配置等，都必然是一个持续的动态过程。这就要求身在政

① 习近平：《切实把思想统一到党的十八届三中全会精神上来》，新华网，北京，2013-12-31。

② 钱穆：《中国历代政治得失》，1～2页，北京，三联书店，2001。

③ 同上书，35页。

治制度之中的人们，必须继续努力、永久改进，以便跟上和适应这种不断变化的时事和节律。正是在这一探索和创新的过程中，汇成了当代中国的国家治理、政府治理和社会治理的“中国经验”和“中国道路”。

作为现代中国伟大的革命先行者孙中山的故乡，中山的感染力、想象力和创造力与其深厚的历史资源之间有着密不可分的联系。然而，当代中山人并非刻意地以保持一种实践先行者的位置为目标。数十年持续而剧烈的社会变迁，不断激起了社会各个方面的张力，带来了各种不适应、不协调以及矛盾和冲突。在这座城市的农民与市民、本地人与外来人，虽然共同生活却不得不面对着同城差别，这种现实使得多元利益的统筹兼顾诉求以及完善公共服务和创新社会治理，成为了一种共识。这一过程最终成就了一个优雅恬静而活力四射、环境秀美而时尚现代、富裕繁荣而奋发进取的中山。这其中显露的一种不同寻常的思想能力、行动能力、调节能力和掌控能力，是我们面对作为一个研究个案的中山时，最值得予以注意、深思和总结的。

二、治理转型过程中的当代中国

从社会学视角看，在全面改革中，社会领域的制度创新、社会治理的体制改革、社会事业的加快发展、新型工农城乡等社会关系的重塑，不能不占有极其重要的地位。按照十八大三中全会公报，总的看来，社会领域与全面深化改革至少有三方面的密切联系：第一，要全面深化改革，必须在全面推进社会主义经济建设、政治建设、文化建设、生态文明建设的同时，推进社会建设，必须在全面加快发展社会主义市场经济、民主政治、先进文化、生态文明的同时，加快发展和谐社会；第二，要全面深化改革，必须以促进社会公平正义、增进人民福祉为出发点和落脚点，促进共同富裕，坚持社会主义方向，让发展成果更多更公平惠及全体人民；第三，要全面深化改革，必须紧紧围绕更好保障和改善民生、深化社会体制改革，改革收入分配制度，推进社会领域制度创新，推进基本公共服务均等化，加快形成科学有效的社会治理体制，确保社会既充满活力又和谐有序。这些都为中国社会学提出了一个一个新课题。[①]

---

① 参见郑杭生：《社会学在全面深化改革中大有可为——从社会学视角解读十八届三中全会》，载《中国社会科学报》，2013－11－29。

（一）中山治理转型中的五大考量

《中共中央关于全面深化改革若干重大问题的决定》指出，全面深化改革的总目标是完善和发展中国特色社会主义制度，推进国家治理体系和治理能力现代化。必须更加注重改革的系统性、整体性、协同性，加快发展社会主义市场经济、民主政治、先进文化、和谐社会、生态文明，让一切劳动、知识、技术、管理、资本的活力竞相迸发，让一切创造社会财富的源泉充分涌流，让发展成果更多更公平惠及全体人民。在30多年的快速社会变迁过程中，中国社会一直在应对各种问题和挑战，同时也在不断面对许多新问题和新挑战，这一过程始终贯穿着国家治理体系和治理能力的现代化问题。也可以说，这些实际的问题和挑战促使国家、政府和社会持续地推进着自身的治理转型。在此，我们将这类问题和挑战的主要方面做一个简要的概括。

第一，常态化巨型流动社会对治理能力的考量。随着“单位中国”的社会组织结构改革，社会走出了“单位制”，与此同时，个人也重返“社会人”和“个体人”，中国社会进入了空前规模的常态化流动时期。约30年来，中国社会长期处在高位流动的状态下，特别是东部沿海地区如长三角地区和珠三角地区，一直承受着人口流动的巨大压力。巨量的流动人口产生了许多难以预料的实际结果和复杂效应。一方面，流动人口总量与产业集聚及经济总量之间有着明显的相关性，外来人员密集流入的地区因此获得了“人口红利”，经济发展和社会生活水平也相应得到明显的提高。另一方面，东部城镇的人口迅速增加，造成了政府财政、公共资源和社会资源的沉重压力，公共服务的投入严重滞后，社会治理的能力受到制约，加剧了社会问题和社会矛盾。

第二，行为规范体系变化对治理秩序的考量。近几十年来，我国社会结构、社会关系、利益格局等发生了深刻变化。随着计划经济转向市场体制的变化，社会行动方式以及规范秩序体系出现了重新调整。从我国当前社会生活的实际来看，非市场化社会与市场化社会这两种迥然相异的状态兼而有之，社会行动及其规范秩序体系也带有非此非彼、亦此亦彼的模糊特征。非市场化社会的传统制度如风俗、习惯、礼仪、乡规、民约等仍然发挥着重要的调节机制，同时，个人、群体、组织之间的交易和竞争成为普遍现象，于是理性权衡、利益博弈、原则变通成为正常的行为方式。社会矛盾甚至冲突的频繁发作，极大地削弱了行为规范体系的稳定性和有效性，也降低了社会生活的秩序性和人们行为的可控性。

第三，低质城镇化过程对治理职能的考量。随着城镇化的高速推进，我国城乡社会发生了巨大的变化。然而，在很长时间里甚至截至目前，我国城镇化尚未摆脱低质发展阶段。因此，在经济发展、民众生活水平提高的同时，各种负面结果也十分突出。大城市遭遇了许多中国式的城乡病，出现了就业难、交通难、出行难、停车难、上学难、看病难、住房难等城市民生问题，农村的村庄空巢化、留守老人和留守儿童、非常规家庭等现象也令人困扰。除此之外，低质城镇化导致的土地经济、土地财政、地方政府债务等也许是最为严重的问题。地方财政对土地经济及其他初级要素资源的过度依赖，使地方政府的治理职能受到扭曲，在某些地区已经成为了积重难返的治理问题。

第四，城乡社会变迁对治理创新的考量。从许多方面而言，中国城镇化在近现代史上是没有先例的。总的说来，巨大规模民众的参与、巨量财富的聚集、层出不穷的困题，在经济快速发展、城市急速扩张过程中，国民收入和所享福祉的提升不同步，社会公平正义的滞后，这些现象的反差的确令人关注、引人深思。在相当一段时间里，中国似乎乐于依照西方城市化道路来安排自己的未来图景，以为城乡力量的此长彼落是一个历史的必然，只要不断提升城市的主导地位就将促使乡村走上终点。在实践中，这种十分幼稚的想法必然造成城市化率虚高的泡沫，以及伴随而来的“土地城市化”、“半城市化”、“逆城市化”等各种现象。目前，除中国城乡社会结构的二元差别之外，一个城市内部的三元化利益格局以及同城差别等新问题也日益突出。这些难以应对的各种实际问题使我们面对着城乡关系最为复杂的时期，创新治理理念、思路、方法、途径的任务十分紧迫。

第五，“三农”格局之变对治理体制机制的考量。回顾中国城乡社会变迁的历史可以看出，城市与乡村始终构成了同一进程的两侧。从当代中国城市化的进程看，城市化每一阶段的推进必然牵涉到乡村，引发农村、农业和农民的许多方面的实际反应。[①] 我们甚至可以这样说，所谓“三农”问题并非从来就有，也非必然形成，而是工业化、城市化和现代化的产物，或者说是这一过程未曾完全预料的、负面意义的一组产品。所以，确切而完整地说，“三农”问题是工业化、现代化、城市化过程中引发的经济和社会问题。因此，孤立地理解城镇化过程，试图通过实现

---

① 参见杨敏：《新型城镇化过程中“新三农”发展格局的构建》，载《学术论坛》，2013(9)；郑杭生主编：《中国人民大学中国社会发展研究报告2013：走向包容、公平、共享的新型城镇化》，17页，北京，中国人民大学出版社，2013。

一种城市社会来彻底终结农村社会，从而解决“三农”问题是没有任何合理性的幻想。我们认为，唯有在新型城镇化过程中构建一种“新三农”格局才能解决“三农”问题，同时，也唯有构建“新三农”格局才能真正走出新型城镇化道路。

（二）治理转型内涵的社会学理解

当代中国的诸多重大现象都包含着这样一个问题，这就是怎样治理我们面对的这个社会？用社会学的术语也就是怎样促成社会的良性运行、协调发展？事实上，这些年我们以“中国经验”和“中国道路”为研究主题，展开的中国城市社区建设研究与中国城市发展研究，一直在寻求“怎样治理我们的社会?”或者说“怎样促成社会的良性运行、协调发展?”的答案。习近平最近特别讲到：“邓小平同志在1992年提出，再有30年的时间，我们才会在各方面形成一整套更加成熟更加定型的制度。”并指出：“实际上，怎样治理社会主义社会这样全新的社会，在以往的世界社会主义中没有解决得很好。”他还指出：“全面深化改革问题，不是推进一个领域改革，也不是推进几个领域改革，而是推进所有领域改革，就是从国家治理体系和治理能力的总体角度考虑的。”[①] 可以看出，“怎样治理我们的社会?”或者说“怎样促成社会的良性运行、协调发展?”的问题，一直贯穿在30多年的改革过程中，并且也是全面深化改革的一个关键问题。

讲“治理”，不能不涉及“管理”，因为“治理”自身就包含着与“管理”的关系。习近平从全面深化改革的角度阐述了国家治理问题：“国家治理体系和治理能力是一个国家制度和制度执行能力的集中体现。国家治理体系是在党领导下管理国家的制度体系，包括经济、政治、文化、社会、生态文明和党的建设等各领域体制机制、法律法规安排，也就是一整套紧密相连、相互协调的国家制度；国家治理能力则是运用国家制度管理社会各方面事务的能力，包括改革发展稳定、内政外交国防、治党治国治军等各个方面。国家治理体系和治理能力是一个有机整体，相辅相成，有了好的国家治理体系才能提高治理能力，提高国家治理能力才能充分发挥国家治理体系的效能。”[②] 这其中，反复涉及了“治理”与“管理”的关系。

---

① 习近平：《切实把思想统一到党的十八届三中全会精神上来》，新华网，2013-12-31。

② 习近平：《切实把思想统一到党的十八届三中全会精神上来》，新华网，2013-12-31。

我们可以这样理解，治理更具有综合性的、整体性的和全方位的含义，而管理则更多地与专门领域联系在一起，更具有专业化和技术化的含义。在我国历史上，治家、治国，去乱求治、总结治世的经验、梳理乱世的教训，都有很长传统；在现实中，治理是为我们的根本制度服务的。概念的形式是相同的，内容是有本质区别的。这里需要实事求是地具体分析。至于社会管理（social management）一词，过去我们指出过，它在国际社科界并不通用，因为management主要指经济管理，而社会治理则是通用的。但是要注意，过去在中国用社会管理不是用错了，也不是不能用了。因为治理也有管的方面。过去讲社会管理也讲到管理主体的多元性，而且我们讲的是科学化的社会管理。三中全会的公报和决定仍然使用了很多“管理”。例如“优化城市空间结构和管理格局”“推进城市建设管理创新”等等。社会治理也有统治的一面，它是一种高明的统治。总之，治理和管理不能截然割裂，治理和统治也不能决然对立。在这方面，要避免误读三中全会在管理和治理上的总的提法。①

这里，我们对社会治理做进一步的讨论。社会治理（social governance）和善治（good governance）的核心之点，在于由国家力量和社会力量，公共部门与私人部门，政府、社会组织与公民，共同来治理和管理一个社会。关于治理的定义都指出了这一点。这里要注意的是：对同一个概念有两种不同的观点：西方的观点与马克思主义的观点。这与民主、自由、人权概念是一样的。在“公民社会”等概念上，也应该是这样的。西方的治理观点，有他们产生的特殊历史背景、内在逻辑，是他们多年统治和管理经验的总结和提升，是为西方的根本制度服务的。我们的治理观点，必须与我们的根本制度与我们的国体政体联系起来，有我们自己的历史背景和内在逻辑。②

关于社会治理体制机制的改革，三中全会的提法是“创新社会治理体制”。它涉及的内容很丰富。正如三中全会指出的：创新社会治理，必须着眼于维护最广大人民根本利益，最大限度增加和谐因素，增强社会发展活力，提高社会治理水平，维护国家安全，确保人民安居乐业、社会安定有序；要改进社会治理方式，激发社会组织活力，设立国家安全

① 参见郑杭生：《社会学在全面深化改革中大有可为——从社会学视角解读十八届三中全会》，载《中国社会科学报》，2013-11-29。

② 同上。

委员会，完善国家安全体制和国家安全战略，确保国家安全。三中全会用更广阔的视野来看待社会治理体制，把创新有效预防和化解社会矛盾体制，健全公共安全体系等也包括在内，这同样是理念和思路的重大变化。①

三、社会资源配置体制机制的转变与治理转型

按照十八届三中全会的决议，实现发展成果更多更公平惠及全体人民，必须加快社会事业改革，解决好人民最关心最直接最现实的利益问题，更好满足人民需求。要深化教育领域综合改革，健全促进就业创业体制机制，形成合理有序的收入分配格局，建立更加公平可持续的社会保障制度，深化医药卫生体制改革，等等。我认为，推进社会事业改革创新的所有这些举措，最终都绕不开社会资源的合理配置这一实质性问题，这也是治理体制机制建设以及整个治理转型的一个核心问题。

（一）社会资源公平配置：治理转型的根本

所谓“社会资源”，是指一个社会及其社会个体赖以生存和发展所需的人力、财力、物力、机会等生产和生活资料。社会资源是价值性、有限性和主体性的统一，所谓“社会资源配置”则是指上述各种资源在各种不同的使用方向之间的分配。只有选择合理的、高效的社会资源配置方式，才能使有限资源的开发利用达到最佳效果。② 在我看来，社会资源及其合理配置是社会学研究的一个核心命题，涉及社会学有关社会变迁、社会转型、社会发展、社会建设、社区建设以及社会公平正义等研究。我本人对此曾做过多次论述。

> 比如，“社会学的核心命题之一是社会资源和社会机会的合理配置和分配。”“给社会正义下一个更广泛的社会学定义：社会正义就是社会资源和社会机会配置的公平性和平等性。”“‘社会资源和社会机会合理配置’是新中国60年来的社会变迁和社会转型、社会建设和社会发展的‘主线’。”“社会建设的实质是与合理配置社会资源和社会机会这个根本问题联系在一起的。”“社区建设，也跟社会建设

① 参见郑杭生：《社会体制机制改革的新理念新思路》，载《光明日报》，2013-12-11。

② 参见教育部中国特色社会主义理论体系研究中心（郑杭生执笔）：《抓住社会资源和机会公平配置这个关键——党的十八大报告社会建设论述解读》，载《求是》，2013（7）。

一样，又是与合理配置社会资源和社会机会这个根本问题联系在一起的。”①

社会资源的公平合理配置是社会建设的内涵和本质。从正向看，社会建设就是要在社会领域不断建立和完善各种能够合理配置社会资源和社会机会的社会结构和社会机制，并相应地形成各种能够良性调节社会关系的社会组织和社会力量；从逆向说，社会建设就是根据社会矛盾、社会问题和社会风险的新表现、新特点和新趋势，不断创造和完善正确处理社会矛盾、社会问题和社会风险的新机制、新实体和新主体。离开更加公平合理地配置社会资源和社会机会，就不可能真正理解社会建设的本质。②

十八大报告提出，加强社会建设要坚持三个“必须”。一是必须从维护最广大人民根本利益的高度，加快健全基本公共服务体系，加强和创新社会管理，推动社会主义和谐社会建设；二是必须以保障和改善民生为重点，多谋民生之利，多解民生之忧，解决好人民最关心最直接最现实的利益问题，在学有所教、劳有所得、病有所医、老有所养、住有所居上持续取得新进展，努力让人民过上更好生活；三是必须加快推进社会体制改革，围绕构建中国特色社会主义社会管理体系，加快形成党委领导、政府负责、社会协同、公众参与、法治保障的社会管理体制，加快形成政府主导、覆盖城乡、可持续的基本公共服务体系，加快形成政社分开、权责明确、依法自治的现代社会组织体制，加快形成源头治理、动态管理、应急处置相结合的社会管理机制。此外，十八大还再次强调“共同富裕是中国特色社会主义的根本原则”，这实际就是要让社会资源的配置和分配更加合理，让社会发展和社会建设的成果普惠全体人民。

社会资源的公平合理配置是实现社会正义的重要手段。我国社会建设和社会管理的深层目标，是要把公平正义落实到我国宏观制度和微观

---

① 郑杭生：《改革开放30年：中国社会发展和社会转型——一种社会学解读》（2008年12月16日在中国社会科学院学部主席团召开的“改革开放30年国际学术研讨会”上的主题发言）；《学界回眸：新中国60年的社会发展与建设〈导论〉》；《共建共享，把我国社区建设推向新水平》（2009年5月30日在上海潍坊街道举行的中国社会工作协会城区工作委员会主办的“全国首届社区共建共享高层论坛”上的发言）；《关于社会建设的内涵和外延——兼论当前社会建设的时代内容》；《中国人民大学中国社会发展研究报告2008——走向更讲创新的社会：社区建设与制度创新〈总论〉》。载《中国特色社会学理论的深化》（上卷），85、105、118、497、533页，北京，中国人民大学出版社，2009。

② 参见郑杭生：《社会建设：改善民生与公平正义》，载《中国社会科学院院报》，2007-11-15；郑杭生：《抓住改善民生不放，推进和谐社会构建》，载《广东社会科学》，2008（1）。

制度的方方面面。按照社会学的观点，社会正义就是社会资源和社会机会配置的公平性和平等性。公平就是一种合理的差异。社会公平有两个维度：制度安排的公平与百姓认可的公平。首先，作为制度安排合理性的社会公平，主要体现为社会资源分配和获得的差别是合理的，社会机会对每个社会成员都是自由开放的，可竞争的。这样的安排，使上层永不松懈，中层永不满足，下层永不绝望。其次，社会公平还在主观上体现为百姓的共同认可、认同。这就是社会公平度、公平感的高低问题。社会建设和社会管理都是推进社会公平正义的重要手段和途径。十八大报告多处提到维护社会公平正义的问题，提出公平正义是中国特色社会主义的内在要求，明确提出"加紧建设对保障社会公平正义具有重大作用的制度，逐步建立以权利公平、机会平等、规则公平为主要内容的社会公平保障体系，努力营造公平的社会环境，保证人民平等参与、平等发展权力。"这些论述充分表明，公平正义是十八大加强社会管理的重要价值目标，是社会资源配置是否合理的重要衡量标准。在推进社会资源和社会机会合理配置和分配的同时，也就是在具体地推进和落实社会公平正义。

改善民生是社会资源合理配置的关键所在。民生问题是和谐社会建设最根本和最基础的必要条件，同时也是当前社会矛盾多发和凸显的主要根源；民生问题是个人安全和整体社会安全的交叉连接点，同时也是对党执政能力和合法性基础的考验。改善民生，关键在于通过社会建设和社会管理，达到社会资源和社会机会的更加合理的配置。党的十八大报告把教育、就业、居民收入、社会保障、人民健康等直接涉及改善民生的问题作为合理配置社会资源和社会机会特别关注的领域，这正是关键所在。这些方面既涉及解决老百姓的"现实困境"，例如上学难、看病难、就业难、住房难等，又涉及解除他们的"未来焦虑"，例如，养老难，失去自理能力后的养老更难等。如果说，教育、就业创业、收入分配、医药卫生等制度的改革着重是解决"现实困境"的，那么，建立更加公平可持续的社会保障制度，则是着重解决"未来焦虑"的。[1]

譬如，要"努力办好人民满意的教育"，其实质是要在作为民族振兴和社会进步基石的教育领域，真正实现社会资源和社会机会更加合理的

① 参见教育部中国特色社会主义理论体系研究中心（郑杭生执笔）：《抓住社会资源和机会公平配置这个关键——党的十八大报告社会建设论述解读》，载《求是》，2013（7）。

配置。为此，十八大报告针对性地提出，要大力促进教育公平，合理配置教育资源，重点向农村、边远、贫困、民族地区倾斜，让每个孩子都能成为有用之才。又如，要“推动实现更高质量的就业”，其实质是要在作为民生之本的就业领域，努力实现社会资源和社会机会更加合理的配置。为此，要贯彻劳动者自主就业、市场调节就业、政府促进就业和鼓励创业的方针，实施就业优先战略和更加积极的就业政策。健全人力资源市场，完善就业服务体系。健全劳动标准体系和劳动关系协调机制，构建和谐劳动关系。

再如，要“千方百计增加居民收入”，其实质是要在全国人民最关心的收入领域实现社会资源和社会机会更加合理的配置。为此，必须深化收入分配制度改革，努力实现居民收入增长和经济发展同步、劳动报酬增长和劳动生产率提高同步，提高居民收入在国民收入分配中的比重，提高劳动报酬在初次分配中的比重。初次分配和再分配都要兼顾效率和公平，再分配更加注重公平。多渠道增加居民财产性收入。规范收入分配秩序，保护合法收入，增加低收入者收入，调节过高收入，取缔非法收入。

此外，要“统筹推进城乡社会保障体系建设”，其实质是在作为保障人民生活、调节社会分配的一项基本制度的社会保障领域实现社会资源和社会机会更加合理的配置。为此，要坚持全覆盖、保基本、多层次、可持续方针，以增强公平性、适应流动性、保证可持续性为重点，全面建成覆盖城乡居民的社会保障体系。扩大社会保障基金筹资渠道，建立社会保险基金投资运营制度，确保基金安全和保值增值。加强保障性住房建设和管理，满足困难家庭基本需求。

还有，要“提高人民健康水平”，其实质是在作为促进人的全面发展的必然要求的健康领域实现社会资源和社会机会更加合理的配置。为此，要坚持为人民健康服务的方向，坚持预防为主、以农村为重点、中西医并重，按照保基本、强基层、建机制要求，重点推进医疗保障、医疗服务、公共卫生、药品供应、监管体制综合改革，完善国民健康政策，为群众提供安全、有效、方便、价廉的公共卫生和基本医疗服务。①

总之，社会建设、社会公平正义、解决民生问题以及社会事业的改革创新，都全方位地涉及了治理问题，与国家治理、政府治理、社

① 参见教育部中国特色社会主义理论体系研究中心（郑杭生执笔）：《抓住社会资源和机会公平配置这个关键——党的十八大报告社会建设论述解读》，载《求是》，2013（7）。

会治理的重大转变有着密切的关系。当代中国必须对以往带有传统性质的治理体制机制和治理方式途径进行改造，才能形成现代意义的治理格局。

（二）治理转型的焦点："国家—市场—社会"的关系

如上所言，治理转型意味着国家治理、政府治理、社会治理的全方位转型，其中，重塑"国家—市场—社会"的关系是治理转型的一个焦点。我们甚至可以说，治理转型是"国家—市场—社会"关系一种根本上的再造过程。从组织形态上说，"国家—市场—社会"关系表现为"政府组织—市场组织—社会组织"的关系。所以，国家治理、政府治理、社会治理往往就具体涉及政府组织、市场组织和社会组织的关系。

1. 社会资源配置的"三维模式"

在现代市场经济条件下，社会资源的配置主体，是政府组织、市场组织和作为第三部门的社会组织，从而形成社会资源配置的"三维模式"①。这与高度集中的计划经济体制下，社会资源的配置主体实际上只有政府组织一家，是不同的。在我国计划经济体制下，政府组织这个唯一的主体，实际上经历了从"政府是第一推动力"到"政府失灵"的过程。②

在现代社会经济制度体系中，政府组织、市场组织、社会组织是三种基本的制度安排，三个主体在配置社会资源中其不同的作用，并各有其局限：

第一，政府主体主要的责任是制定规则、监管调控、维护秩序，提供公共物品。政府主体在价值理念上应当代表国家利益和社会公共利益，按照维护国家主权和安全、维护社会公共利益的原则来调整社会资源的分配，在市场机制缺损或失灵的情况下，弥补市场功能不足，提供依靠市场机制无法有效供给的公共物品，如环境保护，社会保障，公共安全，公共信息等。但是，政府主体的局限性，譬如，政府擅长于配置"公共物品"，在"私人物品"配置领域有明显的不适应性；习惯采用行政的强制性的命令方式，缺乏平等的柔性机制；适合于达成社会目标的"公共

① 段华治、王荣科：《试论社会资源配置的三维模式——兼论公共管理的社会定位》，载《合肥教育学院学报》，2002（3）。

② 参见黄晓、宾雄意：《政府与市场的作用及其关系研究》，载《大众科技》，2006（1）。

选择”，而不适合于个体目标的“自主选择”，等等。

第二，市场主体的作用主要是在经济领域保障供给、实现交换、创造财富、增进福利。以追求利润最大化的企业为代表的市场主体，具有强烈的谋取经济利益动机，在社会微观层面上有着旺盛的经济活力，按照商品价值规律自发地调整社会资源的分配，使资源向利润率水平高的领域和行业流动。同样，市场主体也有明显的局限性，如：它与政府主体相反，适应于交易与配置“私人物品”；适合于基于私人利益目标的“自主选择”；善于通过平等当事人之间进行资源交易来实现资源配置，但是在涉及多人的情况下，就需要政府的公共谈判和强制性协调，以保证效率。如果完全按照市场主体的利益要求来配置资源，就会出现市场缺陷和“市场失灵”。

第三，民间主体的责任主要是公益性和志愿性的。以非营利性的非政府组织为代表的民间主体，是基于公共道德准则，按照自治互助的方式形成的社区性、社团性的组织。它们的作用主要是体现社会公平和社会监督，保障基本生活秩序，维系和调整日常人际关系，组织社会自治和社会救助。第三部门的兴起，有其必然性，因为，它既能弥补市场失灵，又能弥补政府失灵。但是，“民间主体的产生和发展有很大的自发性和随意性，往往局限于部分社会成员的共同利益，在其内部形成的特殊规则和凝聚力，对外部有着一种天然的排斥作用，一旦扩张到更大的社会空间，可能会导致社会冲突和动荡”①。当然，现在谈论“社会失灵”还为时过早，但是应当有预见性，以便避免夸大社会组织的作用。②

可见社会资源配置的三方面主体在不同的社会领域中有各自的特定作用，有明确的不同分工。所谓“越位”，就是管得太宽，除了管自己领域，还插手别的领域的事。所谓“错位”，就是错误定位、角色错乱、只管别的主体管的领域。“越位”、“错位”，都容易管那种管不了、管不好的事情。所谓“缺位”，就是当管不管，该作为不作为。所谓“虚位”，形式上是主体，实际上不起作用。凡此种种，都使合理的资源配置格局

---

① 段华洽、王荣科：《试论社会资源配置的三维模式——兼论公共管理的社会定位》，载《合肥教育学院学报》，2002（3）。

② 参见郑杭生：《走向更加公平的社会资源配置格局——新中国60年社会发展和建设成就》，见郑杭生主编：《新中国60年·学界回眸——社会学与社会建设卷》，29～30页，北京，北京出版社，2009。

无法形成。①

2. 向地方政府治理转型的聚焦

中国社会改革开放30多年的发展和转型，具有自己鲜明的特色和特点，可以说在全球是独一无二的，用世界上任何现有的发展模式都难以完全解释得通，形成了独特的“中国经验”、“中国模式”。这一过程也是治理转型以及社会资源合理配置的探索过程，可以说“国家—市场—社会”关系的调整和转变一直贯穿其中。在“国家—市场—社会”三维关系中，从实际而言，国家与市场（或政府组织与市场组织）关系的影响远远超过了“国家—社会”以及“市场—社会”的关系。所以，三维关系的调整和转变首先集中在国家与市场（或政府组织与市场组织）之间的关系方面。

在过去30多年中，国家与市场（或政府组织与市场组织）关系的突出特点，简单地可以说是“政府主导”，这是造成政府与市场之间的关系错乱的重要原因。“政府对经济活动的行政干预过多，往往直接介入微观经济活动，充当了市场中一个重要的竞争主体，这是政府越位。政府职能交叉、重叠，职权划分不清，经常出现不该管乱管、该管没人管的混乱现象，这是政府错位。政府公共服务提供不足，甚至在某些公共领域出现了扭曲的‘市场化’现象，这是政府缺位。”② 然而，尽管对政府与市场的关系上存在的弊端已有基本共识，但对于“政府主导”的具体认识和分析还很缺乏。其中很重要的是，忽视了政府本身的一个重要变量，这就是“中央政府”和“地方政府”。我们知道，在实际过程中，这是两个不同的行动主体和责任主体，这两种主体与市场之间的关系显然需要具体甄别。

改革开放以来，政府工作始终以经济建设为中心，并以此形成了中央政府和地方政府的任务聚焦，与此同时，行政手段对经济领域的管理和调节不断弱化，市场机制对资源配置的作用不断增强。几十年来，中央政府持续推行以分权为导向的改革，实行以“简政放权”或“放权让利”，地方政府的权限得以扩大。这一过程持续了20多年，中央政府和地方政府的职能及目标区分也逐渐显化，目前甚至可以说已经形成了很

① 参见郑杭生：《走向更加公平的社会资源配置格局——新中国60年社会发展和建设成就》，见郑杭生主编：《新中国60年·学界回眸——社会学与社会建设卷》，31页，北京，北京出版社，2009。

② 宋晓梧：《“三维市场经济”与地方政府职能界定》，载《人民论坛·学术前沿》，2013（12）下。

大的分野。中央政府主要是强化了宏观调控和顶层设计，在财权、事权、行政权、管理权等方面向地方政府开放了一定的自主权，由此，地方政府与市场的关系出现了很大的变化。

几十年中一个不争的事实是，地方政府长期以GDP增长作为政绩考核的主要指标，不仅干预和介入经济行为，而且直接进行招商引资，地方政府"公司化"了。在有些地方，政府很大程度上不再是"行政政府"，而是"厂商政府"。地方政府的上级对下级的工作指标布置、责任分担就像是分包、承包的过程，以市场化的经营方式来实现行政分权——这种市场化和经营性的运作方式，使得政府基本变相成为了一种市场主体。此外，在地方政府与企业、地方政府与地方政府之间，谈判、博弈、竞争等十分普遍，也表现了这种市场关系的性质。正如有学者指出的："在新的发展阶段，理顺地方政府与市场的关系成为极为迫切的现实问题。继续维持甚至加强地方政府竞争，发展方式转型将难以落实。"① 所以确切地说，现阶段重新调整国家与市场的关系，重点在于改变地方政府与市场的关系。

同时，我们说"国家—市场—社会"三维关系的调整和转变，首先集中在国家与市场（或政府组织与市场组织）的关系，并非不重视"国家—社会"以及"市场—社会"的关系。正是由于在现实中没有对"国家—市场—社会"的关系进行合理的协调，使得社会这个原本可以发挥平衡机制的第三领域被大大弱化，以致国家与市场（或政府组织与市场组织）的关系更为扭曲。所以，要理顺国家与市场（或政府组织与市场组织）的关系，势必也要整理"国家—社会"以及"市场—社会"的关系。我们仍会发现，在转变"国家—社会"及"市场—社会"关系问题上，地方政府依然是最突出的聚集点。由于中国"政府主导"的特点，导致了地方政府普遍比较强势，往往将政府、市场、社会的职能集于一身。一旦政府职能出现了问题，市场和社会也容易受到牵累而陷于困境。

所以，地方政府与社会以及市场与社会的关系需要进一步理顺，以便深化三者之间的交叉与合作。政府与民间交叉的领域主要表现在两个方面，一方面，政府将社会基层管理权逐步转让给社会基层自治组织，但是，政府在指导社会基层自治等方面仍负有责任；另一方面，通过机构改革，将某些原来属于政府系列的组成部门和原来政府全额拨款的事

① 宋晓梧：《"三维市场经济"与地方政府职能界定》，载《人民论坛·学术前沿》，2013（12）下。

业单位，割断其与政府的隶属关系，将其推向社会，进一步强化其专业化服务的社会功能。政府对这方面的管理主要是政策指导和规范管理。市场与社会也有交叉，这主要是民间组织运用市场机制，实行有偿服务，按照企业化运作方式从事的相关业务。民间主体提供的社会有偿服务，对象相对固定，范围相对有限，多以自我服务为主，以保本微利为目标，这与完全由市场主体提供的经营活动和商品服务是不同的。①

（三）地方政府治理转型过程的中山

1. 调整“政府—市场”的关系

中山市坚持不干预和不介入企业行为和经营过程，重视政府管理和服务职能的履行，更多地通过政策方式为企业发展提供良好的经营平台、投资和融资环境以及公平竞争的机会。中山市先后出台了一系列政策，鼓励和扶持民营经济的发展，着重从平等使用生产要素、公平参与市场竞争等方面不断完善民营经济发展的配套政策体系，在市场准入、财税扶持、金融支持、用地保障、人才保障等方面，为民营企业健康发展提供制度保障。此外，中山市为了提升行政效能，对行政审批事项和程序实行了大幅度的精简和压缩。

> 经过大刀阔斧的五轮改革，将行政审批事项从原来的1 404项精简到349项，减幅达75%。简政强镇下放172项审批事项及1 300多项处罚权，大大提高了行政服务效率。同时大力推进协同审批，以市重点建设项目协同办公系统为突破口，实现“一个窗口进出、部门网上审批”的协同审批模式，审批时限提速30%以上。建立行政服务在线平台监察系统，对行政审批各环节实行实时监控、预警纠错和绩效评估，规范了权力运行，为全市民营经济发展打造了高效透明的政务环境。②

在金融支持方面，中山市采取了较大力度的改革，包括引进商业银行，简化审批流程，促进商业银行设立中小企业融资专门机构，为中小民营企业量身定做融资新产品。中山市还积极推进城乡金融服务的一体化，发展镇村金融。中山市的村镇银行在注册资本金、存贷款业务规模

① 参见郑杭生：《走向更加公平的社会资源配置格局——新中国60年社会发展和建设成就》，见郑杭生主编：《新中国60年·学界回眸——社会学与社会建设卷》，33页，北京，北京出版社，2009。

② 中共中山市委政策研究室：《关于促进我市民营经济发展的调研报告》，2013-03-22。

等方面，都位居全国村镇银行前列。同时，不断拓宽中小企业融资渠道，并采取允许股权出质、股权出资，鼓励发展信用担保公司、融资性担保公司等措施，切实帮助解决创业融资难问题。这些改革措施促进了“政府—市场”关系不断趋向合理。

2. 理顺“政府—社会”的关系

在当代中国，面对阶层分化、利益多元的新形势，传统社会管理单向度封闭式的老办法已经很难奏效，只有把服务对象引入到治理体系之中，形成政府、市场、社会和个人多元共治的体制机制，才能激发群众的“公民感”，增强社会的协同性，推动和谐发展。这也是一种“参与式管理——搭建多元共治的实现途径”。

在这方面，中山市积极探索一种参与式治理的新型体制机制，譬如农村社区建设的“2＋8＋N”模式。其中的“2”就是设立两个服务机构——社区建设协调委员会和社区服务中心，成员包括村干部、辖区企事业单位、物业管理公司、居民代表，还特别吸纳了各村“两委”或村代表推荐的优秀异地务工人员作为各村委会特别委员。“8”代表社区服务中心实体化建设，内设环卫监督、农技服务、文体活动、治安警务、计生卫生、法律服务、志愿服务、公益服务“8”个站（室）。“N”是发挥不同社区组织的功能，提高它们参与管理的话语权。另一方面，以团委、妇联、工会等群团组织为主导，加快枢纽型社会组织建设，形成了青年社区学院、妇女儿童社会组织孵化基地、以市职工服务类社会组织联合会为统筹的1＋N社会组织体系等一批品牌项目。同时，推进行业协会商会“去行政化”，推广专业社工服务，建立社工和志愿者的多元联动模式，激励新老中山人主动参与城市建设发展。①

3. 协调“市场—社会”的关系

按照传统的观念，市场和社会处在资源配置的两端，分别表达了对资源配置的两种不同原则。市场的要求是效率，一笔资源的投入、产出与收益或回报要相匹配，成本必须严格控制和尽可能降低。社会的诉求则是公平，公平不是没有差别，而是要求差别的合理性，如果某种差别是一个群体或社会成员基本认可和接受的，这种差别就是合理的差别。在以往，效率与公平被视为是彼此矛盾的，是很难相互协调的。

近年来，市场与社会的关系正在发生很大的变化，无论是政府、企

① 参见中共广东省委政策研究室经济处、中共中山市委政策研究室联合课题组：《转型升级，向着均衡发展迈进——中山市的探索与成效》，8～9页，2012年12月。

业还是社会组织和个人，都对两者的结合与合作给予越来越多的关注和肯定。相关研究认为，“目前，全球范围内的社会发展正处在一个新的探索阶段，主要在两个方面酝酿突破：一是针对社会问题，通过各种途径和平台，在交流和碰撞中形成新的理念和方法，参加交流和碰撞的部门包括非营利组织、企业、政府、专家学者、职业服务供给商、创效评估人员等；二是在传统的金融体制内，植入社会和环境效果评价，引导私人资本进入社会和环境领域，产生了诸如社会创效证券、小额贷款、小额保险等新的金融产品和组织形式。”① 在这种趋势下，由市场与社会构成的混合型新概念——“社会市场”、“社会企业”、“社会合作经营”等等，也日益进入人们的视野。

在市场与社会的关系方面，中山市也以实践先行者的精神，积极探索这一领域的创新。市委和政府采取了一系列政策举措，促进市场组织与社会组织的合作，推动社会企业的形成和发展。

譬如，2012 年 8 月，成立了“中山市社会企业孵化中心”，并在全市培育孵化了 5 家社会企业；与原深圳市体改委主任徐景安教授合作，积极推进慈善爱心店综合改造计划；与香港中山青年协会、澳门中山青年协会合作开展“鲲鹏展翅”创业计划，投入 300 万元扶持资金，以社会企业方式运作，在全国率先开展专门面向外来务工青年创业融资租赁服务。并将在今后着力发展 3 种类型的社会企业：一是培育以提供就业为价值取向的就业型社会企业，如专门为下岗工人提供再就业机会的众联清洁有限公司等；二是培育以弱势群体关怀为核心价值的服务型社会企业，如中（山）港澳携手推进的、专门为外来务工青年创业提供融资租赁的“鲲鹏展翅”创业计划；三是发展以践行现代公益理念为主导的综合型社会企业，如慈善爱心店、五桂山“耕读心园”农场等。

为了推动社会企业的发展，中山市还积极推动慈善爱心店的专业化、规模化，重视做好社会企业的展示、对接、评估、宣传工作，努力将慈善爱心店打造为珠江西岸社会企业标杆。

在社会企业的建设方面，中山市还重视对青年、包括外来务工青年创业的扶持。根据广东省共青团以中山市作为枢纽型社会组织综合改革试验区的工作规划，借鉴 2006 年诺贝尔和平奖获得者尤努斯的格莱珉银行模式，尝试面向外来务工青年提供小额贷款服务。由团市委牵头，会

① 丁元竹：《全球视野下的社会创新“工程学”——兼论产业革命与公共精神的兴起》，载《人民论坛·学术前沿》，2013 (7) 上。

同市社工委、市民政局、市政府金融工作局、中山银监分局，成立“中山市社会企业孵化中心”，通过以点带面的方式，探索成立扶持青年就业创业的社会企业，在支持本地青年创业的基础上向外来务工青年群体延伸，并探索推进各类社会企业的成立和发展。按照规划设计，条件成熟的镇区和部门要先行先试，开创适合自身特点的社会企业。2012 年以浙江商会、香港中山青年协会作为试点推动社会企业建设，至 2015 年各镇区都要建有社会企业。①

对于改变市场与社会的传统关系，企业家参与社会事务也是一个不可忽视的方面。在政府组织、企业组织和社会组织三方关系中，企业是重要的一方。企业参与社会事务的，对于改善市场与社会的关系能够发挥积极的作用，对于“政府组织—企业组织—社会组织”的合作关系以及建立“国家—市场—社会”的新型关系，具有特别重要的意义。多年来，中山市注意引导企业家参与到社会事务中来，促进企业开展就业创业、社会救助和福利、义工和志愿活动、公益慈善活动。在教育、文化、体育、医疗卫生、环境保护、扶贫等领域，以及向社区居民、流动人口以及残疾人、老年人和困难群体提供服务等方面，中山市的一些著名企业做出了突出的贡献。譬如，慈善事业是中山市的一大品牌，已经成为该市的一个形象标志，企业家的参与是慈善事业发展的重要力量。

中山雅居乐地产及其大股东陈氏兄弟一直积极推动并参与各类社会公益事务，致力履行良好企业公民的责任。2008 年 1 月，雅居乐捐款 3 000 万元人民币，成立“‘雅居乐’中华文化传承工程专项基金”；2 月，又向南方受灾地区捐款逾千万元人民币。汶川地震发生后，雅居乐连同大股东陈氏兄弟共向四川灾区捐款 1.5 亿港元和 500 万元人民币。12 月，雅居乐地产董事局副主席陈卓贤个人捐资 1 000 万元人民币，委托广东省侨心慈善基金会设立“陈戈平教育基金”。在助学方面，雅居乐向国务院侨办华文教育基金共捐资 3 000 万，向中山市三乡镇桂山中学捐资 1 000 万。

马来西亚华裔古润金先生及其完美公司，是中山华侨参与慈善事业的一个典范。古润金先生及其企业的慈善行为受到其个人成长经历以及其企业发展经营理念的双重影响。作为中山人的后代，古润金从小从父母的口中了解了革命先驱者孙中山先生的事迹，先生“天下为公”的博

① 参见《广东省共青团枢纽型社会组织综合改革试验区（中山）建设总体方案》（2012—2015 年）。

爱胸襟深深打动了他，由此培养了他对人生价值的孜孜追求和一颗慈爱众生的心。少时的古润金也曾经面临失学的危险，后来到一所慈善人士捐建的中学读书，免去了学费负担，学业才得以顺利完成。这些个人的成长经历为事业成功后的古润金慈善行为起到推动作用。古润金先后也正是用中国传统的“取之社会，用之社会”的慈善理念经营公司。

完美（中国）有限公司是马来西亚完美资源有限公司于1994年在广东省中山市投资设立的侨资企业。在不到20年的时间里，完美公司从几百平方米的小厂发展到拥有三十家分公司、设立五家国际经营机构的直销巨头，与其运用了“中国理念”的“慈善经营”战略是分不开的。每年在中山的“慈善万人行”中都捐资100万，在万人行20周年时更捐资120万。2010年中山市慈善总会成立，完美公司更是捐资1 000万，公司董事长古润金先生被聘请为中山市慈善总会“永远荣誉会长”。在大陆投资经商的十九年间，古润金参与和捐助了180多个社会公益、慈善、红十字事业项目，范围涉及希望工程、拥军爱国、抗洪救灾、母亲水窖、健康快车、医疗救助、敬老爱幼、体育卫生、文化文艺等多个领域，各类捐款金额逾3亿人民币。在中国慈善排行榜中，古润金先生在2006、2008年度获得“十大慈善家”的荣誉。2008至2011年度连续四年荣获“中华慈善奖”。2009年获得“广东省首届十大慈善人物”称号。

中山市的企业在慈善文化氛围的影响下，十分注重回馈社会，捐助慈善项目。在这种参与社会事务的过程中，企业也改变了自身，包括企业经营理念、企业文化、企业形象、企业社会责任感等。这也对企业与社会的关系形成了积极的引导，最终都会在市场与社会的关系上体现出来。

企业参与社会事务也促进了中山市社会组织的发展。譬如，中山市红十字会是该市最早的慈善组织，成立于1988年。成立之后的红十字会就接手组织第二届“慈善万人行”活动，发动市民捐款，秉承“人道、博爱、奉献”的精神，把善款用到社会各个需要的领域，在中山市民心中形成了良好的形象。伴随着“慈善万人行”的活动发展，红十字会逐渐建立自己的组织网络体系。到1997年为止，中山市红十字会在全市24个镇区都成立了镇（区）红十字会及其红十字服务总队。除此之外，红十字会开始逐步健全农村红十字基层组织网络，在村一级建立红十字组织与红十字会义工队。截至2008年年底，全市已有一半的村社区组建农村红十字会员小组和义工队。爱兰基金会（以下简称“基金会”）成立于2007年4月，是挂靠在中山市慈善总会名下的专项基金，该基金会的资金来源于上海山珀公司。山珀公司董事会每年从公司利润中提取一定的比例捐给爱兰基金会，每年的经费大约为 100 万元左右。根据山珀公司的要求，目前基金会的资金主要用于救助学生、残疾儿童、受灾人群和老人四类群体。

总之，从相当意义上说，30 多年来中国城乡社会变迁也是一个治理转型的过程，包括国家治理、政府治理、社会治理的转变，这一过程显然涉及“国家—市场—社会”的关系。由于中国“政府主导”的特点，治理转型过程的政府因素备受关注。与此同时，政府自身的一个变量可能被忽视，这就是“中央政府”和“地方政府”的区分。在实际过程中，这是两个不同的行动主体和责任主体，两者与市场及社会之间的关系显然需要具体甄别。数十年中，中央政府的持续放权与地方政府的持续扩权，使“政府主导”中的地方政府因素更为突出，地方政府的强势成为一种较普遍的现象，将政府、市场、社会的职能集于一身，正是这种强势政府的一个特点。

因此，重塑“国家—市场—社会”的关系，地方政府依然是最为突出的聚集点。同样道理，在国家治理、政府治理、社会治理的转变中，地方政府的治理转型是非常重要的、甚至根本性的转变。基于整个社会体系的治理转型视角，对中山市政府的行政行为和治理过程进行分析，特别是对其如何调整“政府—市场”关系、理顺“政府—社会”关系、协调“市场—社会”关系进行剖析，可以为地方政府的治理现代化提供一个有益的范例。

社会记忆与乡村的再发现*

——华北侯村的调查

社会记忆是乡村存在与流变的历程记载，构成其文化的精神脉络和灵魂核心，是乡村在历史嬗变过程中，从村民的共同生活体验逐渐形成的价值观念与思想形态，由此形塑了支配村民行动的思维方式与价值取向，是乡村共同体的黏合剂与文化遗产。

通过社会记忆系统，乡土社会的过去得以重构，这也是乡土文明的根系与精神基因，塑造了使乡村绵延不绝的内聚力。社会记忆系统形塑的“集体意识”，是支配农民的“行动地图”与象征体系，也是乡村秩序结构再生产的思想关键。社会记忆弥散乡村的各个领域，凝结成一种风气。社会记忆系统不是抽象化合物，而是凝结于信仰习俗、家庭宗族、礼俗人情、乡规村约等制度范畴，存在于乡村的各种仪式与身体实践中，通过影响村民思想观念和行为方式发挥维系乡村秩序结构基础性规则作用。

从结构角度看，乡村社会记忆是多面向的动态复合系统，渗透在经济、文化和制度等系统中；从功能角度看，乡村社会记忆具有塑造社会

---

* 与张雅鹏合作，刊登在《社会学评论》，2015（1）。发表时的摘要如下：

乡村社会正以前所未有的方式发生着结构性变迁，这种变迁发生在经济、政治、文化、社会关系等诸多领域，在速度、广度和深度层面均呈现前所未有之势。乡村社会变迁具有两重性和复杂性，即社会优化与社会弊病并生、社会进步与社会代价共存、社会协调与社会失衡同在。双重性与复杂性的特点深刻体现了乡土社会传统记忆力量的时代沉浮。社会互构论认为，正是通过社会记忆，乡村的过去、现在和未来呈现一个连续推进的过程。了解社会记忆对于重新认识当前的乡土社会具有深刻的理论与现实意义。

张雅鹏，教育部重点研究基地中国人民大学社会学理论与方法研究中心 2014 级博士研究生。

心态、文化规约、社会认同和行为规制等功能意义。

社会记忆概念作为研究工具并非社会学首提，真正使其走进社会学视域的是法国学者莫里斯·哈布瓦赫（Maurice Halbwachs）。他突破以往社会记忆的生物学视角，创造性并系统性地阐述富有社会色彩的“集体记忆”命题，从此该理论器皿便在经验领域得到积极响应，并逐渐实践与拓展。目前国内学界主要把社会记忆应用于种族认同领域。本文尝试以华北侯村（学术化名）为例，阐述乡土社会记忆的沉浮变型。

一、集体记忆：使乡村社会成为可能

侯村位于华北中部平原，田地多为盐碱地改造。从地理区位看，侯村邻近乡政府所在地，距县城约 4 千米，离市中心 80 千米左右。村东一条水泥路连接省道。从自然环境看，为温带季风气候，没有地表径流，农作物一年两熟，以玉米和小麦为主。从人口性别分布看，全村共计 241 户，970 人，其中男性 629 人，女性 341 人。从产业结构看，单一化农业，以种植业为主导，没有现代工业。当地多数村户收入来源以外出务工和粮食收入为主。从侯村历史发展看，其当前社会形态折射农村正在经历的社会转型之境遇。在这样的环境中，乡土社会记忆体系、价值理念、生产与生活方式等社会变量进入转型变车道。

农村是认识我国社会的一扇“窗户”，而社会记忆则是这扇窗口的中轴。“作为记忆本身，我们可能会注意到，我们对现在的体验在很大程度上取决于我们有关过去的知识。”①

（一）集体记忆是什么？

哈布瓦赫在其代表作《论集体记忆》中对此做出了清晰性解释与阐明。第一，记忆既是个人的，在同样程度上也是集体的；第二，记忆并非对过去的简单回忆，而是一种重构行为；第三，记忆不是把我们带回过去，而是相反，把过去带到现在，它根据当前的要求生产意义；第四，集体记忆需要一定的物质载体，比如神龛、塑像、纪念碑等，这些事物组成了记忆场。② 可见，集体记忆是特定时空的产物。总之，集体记忆具

---

① ［美］保罗·康纳顿：《社会如何记忆·导言》，2 页，上海，上海人民出版社，2000。

② 参见［英］约翰·斯道雷：《记忆与欲望的耦合——英国文化研究中的文化与权力》，140～143 页，广西，广西师范大学出版社，2007。

有超个体性、建构性、历史性与物质性等特点。

社会记忆的超个体性与建构性说明其具有塑造社会结构的功能，而历史性与物质性意味着社会记忆具有转型的本性。

（二）集体记忆与乡土社会

“社会如何是可能的?”德国学者盖奥尔格·西美尔（Georg Simmel）对康德的“自然如何可能”的命题深入思考后，作出论断，“是一些先验条件……只有通过意识的过程才能得到，意识的过程根据一定的规则，使处于某些特定形式之中的一个单一的要素的智力的存在，同另一个单一的要素的智力的存在发生关系”①。显然，他把社会的形成起源止步在先验意识层面。虽然他没有就此拓展意识的社会起源，但可以推论出，意识来源于社会化的集体记忆。基于相似的思考，乡村社会如何可能?沿袭这种思路，可以做出研判的是，社会记忆塑造了乡村共同体，并通过制度媒介保障其秩序体系的再生产。

法国实证主义社会学者涂尔干在其代表作《社会学方法的准则》一书中鲜明提出社会学的关注对象即为社会制度，正是这些制度建构了社会秩序。制度的很多要素在社会记忆中的习惯和风俗中产生。在马克思的视域中，人是一切社会关系的总和。然而复杂社会关系之所以能够形成与延续，与社会记忆的存在休戚相关。很难想象，没有社会记忆，社会网络何以可能?韦伯深刻剖析资本主义发展的条件，背后恰恰潜藏着新教伦理和惯例（习俗）的社会记忆，前者契合了资本主义的形成与壮大，后者在维护社会正当性秩序的保障体系中，发生着重要作用。

不仅如此，记忆的社会意义还在于它整合了个体与群体的关系。“人是作为某种社会环境的组成部分而生活着的，他通过社会记忆和展望的纽带而与这种环境联系在一起。”② 汉斯·J·马尔科维奇（Hans J. Markowitsch）援引埃瓦尔德·赫林（Ewald Hering）的话：记忆把无数单个现象连成整体。要不是物质吸引力把我们的躯体凝聚在一起，我们的躯体早就分裂成无数原子了；同样，要是没有社会记忆的凝聚力，我们的意识也早就分崩离析了。③ 个体与社会关系的互构，在社会记忆体系中

---

① ［德］盖奥尔格·西美尔：《社会学——关于社会化形式的研究》，19页，北京，华夏出版社，2002。

② ［德］卡尔·雅斯贝斯：《时代的精神状况》，11页，上海，上海译文出版社，2005。

③ 参见［德］哈拉尔德·韦尔策：《社会记忆：历史、回忆、传承》，159页，北京，北京大学出版社，2007。

互相彰显，“个体是通过把自己置于群体的位置来实现的，但也可以确信，群体的记忆是通过个体记忆来实现的，并且在个体记忆之中体现自身”①。

概言之，社会记忆以一种集体意识的方式，通过制度媒介、关系网络塑造了具象的现实社会，是个体与社会互构关系的纽带。社会记忆不仅沟通个人与社会，而且本身具有的历史性清晰地展示乡土世界的过去、现在和将来。它投向将来，并构成现在的在场，就是“时间性的修辞学”②。嵌在乡土社会中的集体记忆，通过风俗民约整合了乡村秩序运行的框架，从而把分散的个体村民与家庭建构为“差序格局”型共同体。

（三）社会记忆与乡土秩序

“任何社会秩序下的参与者必须有一个共同的记忆。”③ 社会记忆从意识层面形塑乡土秩序，其中认同维度是重要的内容。“集体记忆是活跃的过去，能够形成我们的认同。”④ 在我们的文本语境中，认同尤指村民个人对乡土社会传统秩序规则的归属与接受。同时，这也是村民对社会记忆的诠释与重构过程。

社会记忆是历史积淀的产物，通过一系列共享的意义框架，使不同个体的身份与地位在乡村社会关系结构中得到评价与认可。在侯村访谈期间，我们捕捉到一个很耐人寻味的画面：有一天我们在村街上巧遇张迁和左冀（文本中所提及村民姓名均为学术化名）对话全过程。二人开始相遇时，张迁直呼左冀的名字。村民见面打招呼，本是件很普通的事情，但匪夷所思的是，从面貌判断，左冀比张迁年长。但是左冀貌似没有觉察任何无礼，习以为常地做出了应答。让我们好奇的是张迁为何没有表现出“尊老”态度呢？这岂不是对传统尊老爱幼观的挑战？后来我们得知，其实两人伦理关系并非我们所预判的那样，而是张迁在村里的辈分高于左冀。这个例子说明记忆规则在乡土社会具有存在性与深入性。可见，这套结构化与制度性的社会记忆称谓体系，在当前巨变期乡村社会依然占据一定的空间，并被村民所认可与使用。

---

① ［法］莫里斯·哈布瓦赫：《论集体记忆》，71页，上海，上海人民出版社，2002。

② ［法］雅克·德里达：《多义的记忆——为保罗·德曼而作》，67页，北京，中央编译出版社，1999。

③ ［美］保罗·康纳顿：《社会如何记忆·导言》，3页，上海，上海人民出版社，2000。

④ ［美］杰弗瑞·奥利克，乔伊斯·罗宾斯：《社会记忆研究：从集体记忆到记忆实践的历史社会学》，载《思想战线》，2011（3）。

二、社会记忆存在与演变

社会记忆的保存形式多样。美国史学家爱德华·希尔斯（Edward Shils）指出，物质器物、宗教知识、科学著作、文学作品等都渗透着传统社会记忆的踪迹。[①] 美国学者丹尼尔·贝尔（Daniel Bell）则是以宗教为例，突出其建构社会的历史传承意义。他指出，宗教通过多种仪式彰显社会记忆的存在，“提供跟过去的连续性……巩固了几乎西方历史文化的根基”[②]。社会记忆的意义在于维系社会结构的持续性，在美国社会学家保罗·康纳顿（Paul Connerton）看来，以往的社会理论恰巧忽视了这一点。由此出发，他不惜大量笔墨解读行动对社会记忆结构的关键影响，其中，至关重要的就是仪式与身体。[③]

（一）社会记忆载体之仪式

仪式激发群体成员的内化集体性与认同感，这样能够把不同社会主体凝聚起来，支配他们的社会行为。文化人类学研究表明，仪式和仪式化对于集体的建构、维系及变迁非常重要。[④] 仪式弥散在社会空间的各个角落，根据参与主体的差异，可以分为不同性质的类别，具体包括过渡型、周期型、交际型、庆祝型等等。

1. 仪式之沿存

援引康纳顿所言：“如果有什么社会记忆的话，那我就要辩论说，我们可能会在纪念仪式上找到它。”[⑤] 仪式对于社会记忆的传播与保存具有特殊的价值，这种特殊性在于通过仪式能够培育并激发个体潜伏的集体意识，这种仪式可能是在场或缺场的，但本质在于通过符号将个体内生性的群性意识爆发出来，法国学者让·鲍德里亚（Jean Baudrillard）称之为“符号世界”。这种符号仪式具有集体意志再生产能力，传播正能量的积极信号，具有极强的控制力与影响力。“因为我们的思想与行动都受

① 参见［美］爱德华·希尔斯：《论传统》，69～169页，上海，上海人民出版社，2009。

② ［美］丹尼尔·贝尔：《资本主义的文化矛盾》，167页，南京，江苏人民出版社，2012。

③ 参见［美］保罗·康纳顿：《社会如何记忆·导言》，40页，上海，上海人民出版社，2000。

④ 参见［德］克里斯托弗·乌尔夫：《社会的形成》，96页，广州，广东教育出版社，2012。

⑤ ［美］保罗·康纳顿：《社会如何记忆·导言》，5页，上海，上海人民出版社，2000。

到符合和符码的影响。”[①] 仪式对于共同体的延续具有重要生活意义，有助于群体心态的塑造，在建构凝聚力与向心力方面发挥不可替代的作用。[②] 不仅如此，仪式的必要性还在于它能加强个体与社会之间的互构，通过仪式活动，激发个体的存在感和社会的延续性。[③]

在侯村社会，传统的很多仪式虽然保留着，但被访村民均反映“这些仪式们都淡化很多了”。不可否认的是，这些变化昭示着传统社会记忆仪式的变迁。

2. 仪式之变迁

“机构、组织和仪式只有不断改变自身，才能实现它们的任务。它们倾向于根据变化的条件调整自己的内容与形式。只有当仪式做到这一点，它才能完成任务。否则仪式只能僵化，变得毫无意义，并必须被革新。”[④]

德国学者克里斯托弗·乌尔夫（C. Wulf）上述阐述清晰表明，社会记忆的生命力在于仪式框架与时俱进，只有保持与社会其他的系统结构适应，才能保持社会秩序的连续性。如前文所述，社会记忆具有特定时空性特点。这种特性表明记忆的地方性与普遍性相结合，也表示着变迁的可能。在侯村调研期间，村民普遍感慨地反映传统年俗性的东西丢了很多，人心变得复杂了，浮动了，人情味弱了，对钱越来越看重。村民张宝接受我们的访谈时，很坦率地说道：“现在就是金钱社会，有钱走遍天下，没钱别人就看不起你。”在他看来，现在判断身份地位的重要尺度之一就是在城里买房与否，买房了仿佛社会地位高一等，不过他又说：“其实，在县城买房与自己建房的成本都差不了多少的，也许是时兴吧。”据粗略统计，目前侯村有近 1/4 村户已迁居到当地县城，而且多数被访年轻村民有安家县城的愿景。有被访村民回应说，进城住楼房代表一种成功，是“有本事、有出息、有能力”的象征。金钱的功能延伸为衡量社会地位高低的重要参考。安土重迁的社会记忆观念在不断边缘化与弱化，仿佛“一切固定的东西都烟消云散了”。

---

① ［美］乔治·瑞泽尔：《后现代社会理论（影印版）》，93 页，北京，北京大学出版社，2004。

② 参见唐靖：《仪式文化对群体心态的影响作用》，载《中国农业大学学报》（社会科学版），2008（4）。

③ 参见［法］爱弥尔·涂尔干：《宗教生活的基本形式》，475 页，北京，商务印书馆，2011。

④ ［德］克里斯托弗·乌尔夫：《社会的形成》，X 页，广州，广东教育出版社，2012。

（二）载体之身体

除上文提及的仪式之外，康纳顿认为社会记忆的构成还包括身体，这两种形式的合力缔造社会记忆的传授行为，保证了社会记忆的传递性。身体型社会记忆包括体化实践与刻写实践。前者侧重在场的惯习行为，后者强调信息记载手段与信息捕捉行为。为了清楚表达两种形式的差异，他列举了生活案例。比如两个人之间的见面微笑或者招呼就是体化实践，而那些印刷、录音带、计算机等就是刻写实践。①

在熟人社会的中国乡村，体化社会记忆行动司空见惯。见面招呼是生活的必然，无需任何的解释与辩解。不过与城市相比，在当前乡土的语境中，更具风俗化特点的是在对话交流语境中讲究辈分之别，就像上文提及的张迁与左翼见面的案例就是典型。随着岁月的流迁，侯村的语言也在悄然改变，个别村民谈话时偶尔也会夹杂几句普通话。一个很有意思的现象是，在侯村调查时发现，当地称谓语系在发生着变动。比如家庭环境中，对父母的称呼从传统的“爹与娘”嬗变为现代的“爸与妈”。

农业是农村的核心领域，是传统农民生活与生存的资本来源。因此，身体化之记忆在乡土社会中，表现最为突出的是在农业生产境遇中，随着农业技术的升级改造，极大改变乡民的劳动的社会记忆。以夏收小麦为例，从上世纪90年代开始，侯村掀开了农业机械化序幕，现代农业器具开始进入村民的农业生产领域中，从无到有，从小到大，从简单型到复杂型，这也是侯村农业活动去劳动力化过程，并处于不断加速状态。与村民访谈获知，现在侯村的夏收作业完成也就“两三天的事”，在几年前还需要“一个礼拜”，更早些年需要“小半个月”，更麻烦的是需要“几家人互相帮忙完成”，而且收获时“越来越清闲，省时省力很多了”。有的村民干脆从田间收获后直接拉到粮食收购站，就地变现，这在以前是“不可思议的事”。农机具的推广使得侯村农业对劳动力需求不断弱化，于是村中那些富裕年轻劳动力逐渐走出去，加入“流动人口”群体。这样，传统夏收家庭之间合作的必要性逐步解体，加速了家庭独立化趋势，乡土社会记忆发生现代性转型。同时，村民对土地记忆的依赖与情感呈现代际性式微趋势。年轻村民情愿外出务工，也不愿在家务农。去

---

① 参见［美］保罗·康纳顿：《社会如何记忆·导言》，91页，上海，上海人民出版社，2000。

年，该村响应政府土地规模经营政策，在具体落实过程中，乏有村民表示反对，也并未出现村委会预期的村民抗议与不满情形，反而是村民普遍支持。村民张齐陈述说："种地太不划算了，种一年地不如在外打一个月工挣钱多。"据了解，事实上，早在前几年，侯村已出现弃荒或季节性弃荒现象。

三、社会记忆转型：现实回应与适应性调整

社会记忆具有路径依赖性，但受到现代因素的冲击，合法性受到严重挑战。即"习俗"并不是永恒不变的，因为即使在"传统"社会，生活也并非永恒不变。[①] 于是它会以适应性方式扬弃性地保存与传承，即社会记忆转型。

既然社会记忆具有维系乡土秩序的基础性价值，那么为什么会出现转型呢？从记忆本身审视，第一，从本质看，社会记忆是文化的观念性存在物，只有符合现实因素才能继续存在，因此，社会记忆转型表达了对现实的观念回应，正如哈布瓦赫所说："今天的观念符合集体的经验……这些经验至少也是更加强大"[②]。第二，从生成机制看，社会记忆是一定时空的形塑的历史产物。因此，只有社会记忆自身不断发展才能保持自有的活力与延续。社会互构论认为："一切变革都在促使'过去'对'未来'的支配力归于瓦解，新的时代感引导着以往实践机制的改造……期待通过'过去'来应对未来注定是徒劳的。"[③] 英国当代学者吉登斯（Anthony Giddens）指出："现代性是一种后传统的秩序，但在这种秩序下，作为秩序保证的传统和习惯并没有被理性知识的必然性所代替。"[④] 法国学者雅克·勒高夫（Jacques Le Goff）援引安德烈·勒鲁瓦-古朗（Leroi-Gourhan）的话，就是"自现代人起，构建一个社会记忆成为了人类社会在演化过程中要解决的诸多问题中的首要问题"[⑤]。记忆转型是社会内省性与反思性的调整。

---

① 参见［英］E·霍布斯鲍姆、T·兰格：《传统的发明》，3页，南京，译林出版社，2004。

② ［法］莫里斯·哈布瓦赫：《论集体记忆》，305页，上海，上海人民出版社，2002。

③ 郑杭生、杨敏：《社会互构论：世界眼光下的中国特色社会学理论体系的新探索》，430页，北京，中国人民大学出版社，2010。

④ ［英］安东尼·吉登斯：《现代性与自我认同》，3页，北京，三联书店，1998。

⑤ ［法］雅克·勒高夫：《历史与记忆》，111页，北京，中国人民大学出版社，2010。

总之，社会记忆具有历史的选择性与不可逆性，难以原原本本坚守不移，甚至回归过去。对于社会记忆转型，哈布瓦赫写道："某种记忆的遗忘或者变形，是不同时期社会变迁的结果，依靠环境和时点，社会以不同方式再现它的过去。"① 如本文导言所说，社会记忆本身潜伏着动态的属性，它并非一种静止的和固定性的抽象物。在侯村调研期间，调查者入户时留意了被访村民家中的对联。其中，给人印象最深刻的对联的横批就是"辞旧迎新"。在村民的潜意识中，这也表达了对生活不断改善与提升的渴望。

根据社会记忆转型的力量来源，可将其分为内在因素与外在因素。这些因素并非以均力改变着社会记忆，而是以交互存在的方式发挥着合力作用。

（一）社会记忆转型外力因素

外力因素包括科技、资本、教育、媒体、政策以及这些因素的交叉综合等。

第一，科技。科技元素对于乡土社会记忆的重要影响不言而喻，这是因为科技是第一生产力，而生产力的变迁对村民心态与农村的意识形态的改变是根本性的。社会形态在生产与生活方式方面都发生共变。对村民而言，他们也在逐步从传统人转变到现代人。研究表明，科技会带来价值观念体系的变化。② 在西美尔看来，"大多数的现代人在他们生命的大部分时间里都必须把赚钱作为首要的追求目标，由此他们产生了这样的想法，认为生活中所有幸福和所有满足，都与拥有一定数量的金钱紧密地联系在一起。在内心中，金钱从一种纯粹的手段和前提条件成长为最终的目的。"③ 这与村民张宝所表达的生活观图景很是接近。美国学者英格尔斯（Alex Inkeles）指出，"任何社会控制体系是否有效取决于其成员身上是否具有相应的心理特性"④。心理境遇和价值观的嬗变导致既有乡土社会记忆的秩序性效力日趋弱化，难以固守旧有之全貌。在前文的讨论中，可以看出农业设备技术的进步对乡土意识观念的革命性的影响。无论乡土仪式还是身体实践层面都在发生前所未有之转型。

---

① ［法］莫里斯·哈布瓦赫：《论集体记忆》，289页，上海，上海人民出版社，2002。

② 参见司马云杰：《科学技术发展与价值观念更新》，载《社会学研究》，1989（1）。

③ ［德］西美尔：《金钱、性别、现代生活风格》，10页，上海，学林出版社，2000。

④ ［美］艾利克斯·英格尔斯：《国民性：心理——社会的视角》，67页，北京，社会科学文献出版社，2012。

第二，资本。在农村市场化过程中，资本逻辑与社会记忆逻辑发生了抵牾。前者以经济效益为本，以理性为核心，以竞争与效率为导向。后者则以秩序为旨趣，追求整体之和谐有序。然而，在工业化与全球化背景下，资本与社会记忆的博弈中，前者占了上风，成了社会行为的支配主导原则。“在竞争机制的左右下，经济利益成为个人、群体甚至整个社会去行动的最重要的驱动力。这样，现代社会体系逐渐服从于竞争原则和资本无限积累的市场化经济过程。”① 市场经济时代的到来，资本逻辑的渗透效应更是显性化，由此可能给乡土社会记忆带来负面的消解后果。“把农村硬性地掩入市场经济的轨道，不仅不能使农村获得快速的发展，反而可能会适得其反，甚至可能引起农村社会的过度反应，引起严重的社会问题。”②

资本与科技的媾和加剧社会记忆的嬗变，并深刻嵌入村民的个体中。“资本要不断增殖，就要不断革新，不断采用新技术，而且愈来愈取决于通过技术赢得价值增长……在资本逻辑及科学文化驱动下的生成、变革和演进，是繁荣与萧条、富裕与贫困、文明与野蛮、自由全面发展与异化畸形并存的状态。”③

第三，教育。村民外出务工和安家外迁，加剧了侯村儿童与青年群体的流失。这些群体脱离乡土环境，接受现代文明教育与熏染，因此对乡土社会记忆的认知逐渐淡化。“童年决定了人们将会成为怎样的人，并且决定了他们会对价值和事件有怎样的反应。”④ 美国社会学家刘易斯·科瑟（Lewis A. Coser）在《论集体记忆》一书的导论中援引了霍华德·舒曼（Howard Schuman）和杰奎琳·斯科特（Jacqueline Scott）的研究成果，这两位学者一致判断“青春期的社会记忆和成年早期的社会记忆比起人们后来经历中的社会记忆来说，具有更强烈、更普遍深入的影响”⑤。由此不难理解当前新生代农民工对城市生活方式的向往与追求。研究表明，随迁子女群体中存在乡土社会记忆模糊化现象。⑥

---

① 郑杭生、杨敏：《社会互构论：世界眼光下的中国特色社会学理论体系的新探索》，416页，北京，中国人民大学出版社，2010。

② 包巧英、黄立志：《试论社会主义市场经济对农村社会的影响》，载《重庆科技学院学报》（社会科学版），2010（9）。

③ 顾智明：《“人的世界历史性存在”与人的实践自觉》，载《中国社会科学》，2009（2）。

④ ［美］史蒂文·瓦戈：《社会变迁》，59页，北京，北京大学出版社，2007。

⑤ ［法］莫里斯·哈布瓦赫：《论集体记忆》，51页，上海，上海人民出版社，2002。

⑥ 参见赵翠兰：《精神追寻：农民工子女的语言与自我认同》，南京师范大学博士论文，2011级。

此外，媒体、政策等要素也在不同程度上改变着乡土社会记忆。篇幅所限，不再一一详细展开。

（二）社会记忆转型内力因素

内力因素是指乡土社会自身内部存在的影响变量，其中最关键的变量就是人口结构，具体包括年龄构成、教育程度、性别构成、单位家庭人口规模、精英群体等等。

第一，年龄构成。哈布瓦赫认为老年群体发挥保存社会记忆的社会性功能，这是“因为在生活了很长时间之后，老人阅历丰富，而且拥有许多的记忆……社会通过赋予老人保存过去痕迹的功能，鼓励老人把凡是自己可能仍拥有的精神能量都贡献出来，用以进行回忆”①。但是，在侯村社会，多数年轻人常年在外务工，并且相当比例在县城居住，农闲时往往只有“空巢老人”据守在家，代际互动频度与深度较少，于是乡土社会记忆的传递发生代际断裂，社会记忆转型成为时代的必然。

第二，文化程度。随着村民文化水平的代际提高，他们对传统的社会记忆的合法性与有效性越发质疑与冷落。传统性仪式活动不断简化，在实践中不断求新。

第三，家庭小型化。在侯村获悉，核心家庭已经是家庭类型的主导模式，子女成家后多独立门户（院）。同时，家庭成员的地位重心从老人过渡到孩子，老人的家庭权威受到削弱，基本上从支配角色转换为辅助角色。“随着城市化和工业化，家庭的部分教育、生产、生活功能转向专业机构，老年人的传统角色出现剥离，而且伴随现代化而来的社会结构的变化和经济地位的变化，似乎也很明显地削弱了对老年人的尊重。”②老人群体地位的下降，意味传统社会记忆的削弱化，昭示乡土记忆转型成为客观的必然。

第四，村中精英。这部分群体由于具有较多的资源与声望，在一定程度上导引乡土的发展方向。他们往往与外界接触较多，视野相对开拓，其生活方式、价值观念更具现场性与现实性示范作用。

---

① ［法］莫里斯·哈布瓦赫：《论集体记忆》，85页，上海，上海人民出版社，2002。

② 仲南：《现代化进程中老人地位的变迁》，载《世界经济与政治论坛》，1990（6）。

四、结语

一个人，如果丧失社会记忆就失去自我；一个社会，如果丧失社会记忆就没有发展与进步。社会记忆转型见证了乡土社会“固态”向“液态”的大转型风貌。这种转型以遗忘或者再生产方式策略展现出来。

社会记忆不是亘古不变的，不仅有源自外部性力量的冲击，也是内生逻辑使然，表现在遗忘与转型两种层面。“社会往往要消除可能导致个体彼此分离和群体互相疏远的记忆，这也是为什么调整记忆使之适应社会均衡条件的变化，社会在每个时期都要以这种方式重整记忆的原因。”① 即记忆转型是乡土社会自我革新的选择性策略。只有这样才能使共同体成为现实的可能。

传统乡土记忆框架建立在农业社会结构之中。随着农村现代化的发展，社会记忆要想生存下去，必然产生适应时代文明的新内涵与新形式（仪式），即社会记忆的蜕变与转型。如此，传统社会记忆的活力才能不断增加，促进乡村秩序的良性运作。社会记忆并不意味着对过去的全盘接受，固步自封，而是批判性继承与发展，就像汤一介先生所倡导的“反本开新”。这需要立足于乡村社会记忆的群众根基——村民的认可与接受，这样才能保障社会记忆在实践中的再生产与绵延，否则就像无根之花——只能作为回顾性符号存在。这种转型需要国家层面参与，就像阿根廷学者弗朗西斯科·德利奇（Francisco Delich）所言：

> 国家承担起记忆与遗忘的责任：它的记忆正如国家本身，是理性和选择性的。另一方面，社会根据特定的价值观，最重要的是当这些价值观成为主流时，在与这些价值观的实用关系中去记忆和遗忘。②

真正的社会记忆③并未在转型中消失，而是在不断生成与发明。

---

① ［法］莫里斯·哈布瓦赫：《论集体记忆》，304页，上海，上海人民出版社，2002。

② ［阿］弗朗西斯科·德利奇：《记忆与遗忘的社会建构》，载《国外社会科学》，2007(4)。

③ 需要交代的是，对于记忆概念的理解学界莫衷一是，本文从社会功能层面释义，因此提及的社会记忆与集体记忆，如无特殊说明，均表达相同意思。

第三部分

重新认识

一、社会学史

把握交融趋势，推进学科发展*

——论当代中国社会学、人类学和民俗学的关系

改革开放后，中国社会学得以恢复重建，人类学、民俗学也得到更为广阔的发展空间。中国社会与文化的快速转型，为社会学、人类学和民俗学拓展解释视角和深化自己的研究提供了丰富的素材。三门学科在重建和发展过程中，对中国经验及社会文化转型作出了各具特色的理论诠释，同时彼此又相互渗透、相互结合，形成了尤为密切的关系。在新的时期，如何深化学科间的相互交融、相互促进，如何推进学科的进一步发展，是各个学科在学科建设和理论研究中需要反思和不断总结的问题。本文将围绕社会学、人类学和民俗学之间的关系，探讨学科发展所面临的学科理论与方法交融、学科理论自觉和学科理论提升与进一步发展等问题。

一、社会学、人类学和民俗学的学科特点及交融趋势

作为现代社会科学中的一门学科，社会学最早诞生于欧洲。在欧洲社会学传统中，社会学主要研究社会结构和社会运动变化规律，尤其是

---

* 本文由郑杭生与陆益龙合作写成，发表在《温州大学学报》，2010（5）。发表时的摘要如下：

社会学、人类学和民俗学具有各自的学科理论传统和特有方法，但它们之间的交叉和交融趋势已越来越明显和突出。在新的时期，要推进学科的进一步发展，三者都面临着理论自觉的重任。实现理论自觉，要求这三门学科都要对当今世界性的“人类困境”和本土性的“六大挑战”进行理论探索，同时也需要各学科“开风气、育人才”，以促进学科的主体性地位，形成中国特色的社会学、人类学和民俗学理论及各自的学派。中国社会学、人类学和民俗学之间有着相互分工和密切合作的优良传统，继续加深学科之间的交融和贯通，对促进三门学科进一步发展及理论提升有着重要意义。

工业社会的结构特征及社会问题。所以说，“社会学是现代社会的产物”，“是关于现代社会良性运行和协调发展的条件和机制的综合性的具体社会科学”①。

西方人类学有古典人类学和现代人类学之别，现代人类学主要关注人类社会与文化的结构、功能及意义。在欧洲如英国，人类学也就是社会人类学，在美国一般叫文化人类学。由此可见，欧洲的人类学传统更偏重于探究人类社会的结构与功能，以及文化的进化问题，而美国人类学更偏重于对文化意义的阐释。从传统上看，与社会学相比，社会与文化人类学大体有三个特点：

第一，它以异民族、异社会、异文化为自己的研究客体，用西方的术语说，即是以“非西方的或未工业化的社会”为对象。确实，社会人类学一度被认为是关于“未开化的”、“原始的”土著群体的研究。

第二，社会人类学十分强调实地工作，强调参与观察，强调掌握异民族语言，而且实地工作或参与观察的时间不能太短，起码为期一年，以便能够亲眼看到一年中各个季节性活动。

第三，人类学家一般地说是研究者，而不是变革者，很少试图去影响或引导社会的变迁。他们往往把维持所研究社会的原状作为可取的目标。

由上可见，在西方社会科学体系中，社会学与人类学虽然都研究人类社会与文化，但两者有着重要分野，这种分野可以概括为“文野之分”，也就是社会学的研究对象是文明社会，而人类学的对象则是所谓的野蛮未开化的社会或叫初民社会（primitive society）。然而，费孝通的人类学研究为西方人类学和社会学打破彼此隔阂开了先河。

费孝通的《江村经济》作为社会人类学的著作，对该学科传统的突破主要在于：（1）它没有拘泥于异民族，而是用社会人类学来研究自己熟悉的本民族，并把功能方法从原始社会推广到文明社会。如果说马林诺斯基（Malinowski）提出了人类学必须“离开对所谓未开化状态的研究，而应该进入对世界上为数众多的、在经济和政治上占重要地位的民族的较先进文化的研究”②，那么《江村经济》则是非常出色地实践了这一要求。（2）它改变了社会人类学者以往那种好

① 郑杭生：《中国特色社会理论的探索》，第1卷，20页，北京，中国人民大学出版社，2005。

② 费孝通：《江村经济》，15页，北京，商务印书馆，2001。

古、猎奇和不切实际的单纯研究者的学究面貌，而树立了一种力图根据实际情况进行社会改革的爱国主义变革者的新形象。《江村经济》从第一章“前言”到第十六章“结论”，都在谈论“对社会制度的成功的变革”，谈论建立“一个崭新的中国”，并联系这一点来谈论社会人类学以至整个社会科学的作用：

“如果要组织有效果的行动并达到预期的目的，必须对社会制度的功能进行细致的分析，而且要同它们意欲满足的需要结合起来分析，也要同它们的运转所依赖的其他制度联系起来分析，以达到对情况的适当的阐述。这就是社会科学工作者的工作。所以社会科学应该在指导文化变迁中起重要的作用。”① 费老的这种要求变革的爱国主义立场，是他批评国民党政府、后来又与中国共产党合作的思想基础。这些突破以及其他贡献，使《江村经济》获得了国际声誉。当然，对这本五十年前的早期著作，费老自己也指出，“总觉得有许多不能惬意之处”。为了“补足早年的不足”，打算编写一本《江村五十年》。这体现了费老孜孜不倦的追求精神。

民俗学的特点在于关注民间社会、民间文化及民众生活，而社会学更多地关注工业化和城市化过程中的社会运行和社会发展问题，所以民俗学与社会学在研究对象和研究方法上有显著的差异。这种差异最明显的是在两个方面：一个方面是，就目前情况来说，社会学的研究对象重点在城市，民俗学的研究对象重点在乡村。但是社会学也包括、事实上也有许多对农村社会的研究，民俗学也不排斥对现代都市的研究，近年来就有一种呼声较高的关于“都市民俗学”的倡导及实践。另一个方面就是“古代学”还是“现代学”的问题。社会学无疑主要是一种“现代学”或“当代学”。而民俗学的研究对象和观察问题的角度更多地放在古代，但是又不能说民俗学是一门“古代学”，因为它也要研究现代存在的文化现象，从现代生活中采集资料，只不过它这样做时，是把现实中的文化现象看作是历史上传承下来的，是联系古代状况来看现代，或者由现代状况来追溯古代。由于民俗学经常把眼光放在“传统的”、“古旧的”方面，所以它很容易被看做“古代学”。对此，钟敬文先生曾明确地给予纠正：“我们的民俗研究，如果从材料起就都取自古代文献，那就不是现代学而是古代学了，是属于历史学范畴的学问了。所以我们要讲清楚，

① 费孝通：《江村经济》，22页，北京，商务印书馆，2001。

民俗学的研究是现代学，它研究的资料主要是从现代社会中采集来的。”①同样作为“现代学”，民俗学与社会学看问题的角度也是不一样的。可以说民俗学的“现代学”是“着眼于传统、民间的现代学”。从根本上讲，民俗文化也是一种社会文化，民俗生活也是一种社会生活。在探讨当代民俗文化现象时，特别是当代社会的民俗文化变迁问题时，民俗学与社会学就有许多交叉、融合之处。

至于民俗学与人类学的关系，这是一个老问题了。民俗学可以说脱胎于人类学，联系极为密切，两者又有各自的特点和可以说清楚的学科分界。一直到现在，这两个学科还是联系与合作得十分紧密的，这里就不赘言了。

在促进一个学科的学科建设和发展时，人们会强调各个学科的边界和特点，强调学科各自的理论传统和特有方法，但是，不难看到，社会学、人类学和民俗学之间，学科交叉和交融的趋势也越来越明显、越来越突出。尤其是这三门学科在当代中国的发展过程中，相互之间的交融和贯通之处越来越多，也正是在这种学科交融发展中，形成了“中国特色的”社会学、人类学和民俗学理论及学术传统。

二、社会学、人类学和民俗学的学科理论自觉

社会学、人类学和民俗学在中国可以说已经有了长足的发展和进步，但同时我们也需要清醒地认识到，三个学科都面临着“理论自觉”的艰巨任务。那么，中国社会学的“理论自觉”及其使命、目标是什么呢？这种“理论自觉”的艰巨性、重要性表现在什么地方呢？根据费老关于“文化自觉”论述的精神，结合我国实际，在我们看来，可以这样来表达。

第一，中国社会学的“理论自觉”，是指从事社会学教学研究的人对其所教学和研究的社会学理论有“自知之明”，其含义也应该包括对自身理论和他人理论的反思，对自身的反思往往有助于理解中外不同理论之间的关系。

第二，中国社会学的“理论自觉”也具有自己的双重使命，即，一要努力创造自己的有中国风格的理论，二要正确地对待其他各种理论，特别是外来的理论。对文化自觉或理论自觉来说，这两方面缺一不可。

① 钟敬文：《钟敬文文集：民俗学院》，73页，合肥，安徽教育出版社，1994。

第三，中国社会学的“理论自觉”同样也要把握两个自主，即加强自己在理论转型中的自主能力，并取得社会学学科为适应新情况而进行的理论选择、理论创造的自主地位。这两个自主所要求的自主性，对文化自觉和理论自觉来说，都是具有根本性质的。

第四，中国社会学“理论自觉”的艰巨性主要表现在，它不能不是一个思想解放的过程，即，从西方强势社会学理论和社会理论中解放出来，正确定位自己的过程。

第五，中国社会学“理论自觉”的重要性体现在，它也是当今时代的要求，是当前形势提出的急迫问题，只有遵循“实事求是的精神”才能达到。这里“实事求是的精神”，就是费老所说的，既不是要“复旧”，也不主张“全盘西化”或“全盘他化”，也即，既要避免对自己文化的国粹主义，也要避免虚无主义。同样，中国社会学既不能看轻自己、抬高他人，也不能反过来看高自己、看轻别人，特别不能只承认外国人的理论是理论，不认可中国人的理论也是理论。

由上可知，“理论自觉”是一个具有广泛内容的概念。既然如此，那么，“理论自觉”中首要的自觉是什么？这就不能不涉及一个非常根本的问题：我们究竟需要什么样的中国社会学，或者说，中国社会学把什么样的社会学作为自己追求的目标，是世界眼光、中国气派兼具的中国社会学，还是西方社会学某种理论的中国版？我们的目标是世界眼光、中国气派兼具的中国社会学，而不是西方社会学某种理论的中国版；是中国社会学界对自己的理论反思，也是对别人的理论反思的结果；是对自己所教学、所研究的社会学理论和社会理论的自知之明——这是“理论自觉”的主要内容，是“理论自觉”的首要自觉。

目前，中国人类学的发展更需要解决“理论自觉”问题。就现状而言，人类学“理论自觉”有两个基本目标：一是解决学科研究及理论的边缘化问题，或者说对西方话语中心的依赖问题；二是寻找构建学科理论的突破口和路径。边缘化问题有客观因素的作用，主观意识的影响也不容忽视。必须承认，西方人类学有较悠久的发展历史，理论与方法的积累自然较深，影响范围相对较广。我们在发展人类学时，了解和把握西方人类学的理论动向非常必要，但如果把人类学理论研究等同于跟风，大量地依赖于西方学术话语，就无形中丧失了学科的主体性，这是学科“理论自觉”意识缺失的集中体现。所以，人类学的“理论自觉”首先需要做到的是不要崇拜和迷信西方理论，而是将其仅仅作为一种参照系而已。其次，要提升中国人类学的话语地位，必须找到一个重要的突破口和发展路径，构建起中国特色的人类学理论体系。中国特色的人类学理论体系的建构，关键之处可能就在于如何充分地利用本土资源和自身的理论创造力。利用本土资源首先要真正扎根到中国社会的土壤里，像费老那样，通过对中国基层社会的深入研究，建构起对中国社会与文化加以理解和解释的独特理论。此外，理论创造氛围和创造力的提升也非常重要。仅有本土资料或本土经验是不够的，必须在经验基础上创造自己的理论解释体系，才能形成有自己特色的人类学理论，才能在世界人类学中有自己的学术话语。

中国民俗学面临类似的“理论自觉”问题，正如钟敬文先生所说：“到现在为止，在中国现代民俗学史上，研究中国民俗文化的学者，在世界上知名的，往往都是外国学者，但也不能老是几个外国人的名字，中国民俗学者自己要争气，不过要有充足的理论知识储备，要有中国学问的底子，知道中国古人有自己的那么一套，还要能吃透它，在分析和表达的方法上也达到了较高的修养，才能够说出自己的话。”[①] 钟老所提到的“说出自己的话”，就是要在吃透中国社会与文化的基础上，创建出自己的民俗学理论体系，形成自己的一些学派。钟老晚年有一篇重要的论文，题目就是《建立中国民俗学学派论纲》[②]，说：“中国的民俗学研究要从本民族文化的具体情况出发，进行符合民族民俗文化特点的学科理论和方法论的建设。”他晚年关于“建立中国民俗学派”的倡导在民俗学界影响很大。

民俗学的“理论自觉”还需要解决一个关系问题，那就是如何把民俗研究与民俗学理论研究更好地结合起来。目前，在中国民俗学界，要么是纯民俗研究，主要描述一些民俗事象，要么是纯理论研究，主要评介西方的一些文化理论和民俗学理论，而有民俗学理论导向的本土民俗现象和民俗文化研究相对较少。只有本土经验，而无学科理论范式，难以和别人形成交流对话的平台；而只是一味地跟随别人的理论，就更无交流对话的内容和载体。

总而言之，“理论自觉”对于当代中国社会学、人类学和民俗学的发展来说，意义非常重大，甚至可以说到了至关重要的时期。无论是社会

① 钟敬文：《中国民俗史》，18页，北京，人民出版社，2008。

② 钟敬文：《建立中国民俗学学派论纲》，载《广西民族学院学报》（哲学社会科学版），2000（1）。后来在此文基础上出版了钟敬文：《建立中国民俗学派》，哈尔滨，黑龙江教育出版社，1999。

学，还是人类学、民俗学，不能一提理论就是西方理论。中国社会学、人类学和民俗学者要有自己的理论抱负，不断增强自己的“理论自觉”意识，提升自己的理论创造的信心和决心，不断探索有中国特色的社会学、人类学和民俗学理论。

三、时代挑战与学科理论提升

既然中国社会学、人类学和民俗学“理论自觉”的重要性、目标和主要内容已经明确，那么就需要着重讨论实现“理论自觉”的途径问题。关于三学科实现“理论自觉”的路径问题，我们认为以下几个方面是学科“理论自觉”所要面对的共性问题。

第一，对“两类挑战”做出自己的理论概括。这里所说的“两类挑战”是指世界性的“人类困境”和本土性的“六大挑战”。世界性的“人类困境”主要指“当代到处存在的不稳定性”，也就是现代风险。“人类困境”有多种表现形式，例如新型疾病、恐怖威胁、全球性的文明认同危机、由美国次贷危机引发的全球金融危机、全球变暖引起的生态危机，等等。今后还会出现人们尚难以想象的、形形色色的新“人类困境”。

本土性“六大挑战”主要指与中国社会建设、社会发展、社会转型紧密相连的特殊挑战：（1）在市场经济条件下的陌生人世界建立社会共同体的挑战；（2）在价值观开放多元的时代促进意义共同性的挑战；（3）在社会分化加剧的情势下落实公平正义的挑战；（4）在社会重心下移的情况下大力改善民生的挑战；（5）在生态恶化情况下实现环境友好资源节约的挑战；（6）在发展主体总体布局上理顺三大部门关系的挑战。这些挑战无疑是更经常、更具有基础意义的。

“理论自觉”的根本途径是立足现实。在当前要立足国内外的现实，就要直面影响国际社会和中国社会生活最大的上述世界性的“人类困境”和本土性“六大挑战”，用正确的立场观点方法去调查、研究、概括、总结，这样才会形成有新意、有原创意义的社会学理论和社会理论，才能避免种种“无根”的理论，才能真正做到“理论自觉”。

第二，对传统资源做出自己的理论开发。我国的传统学术资源源远流长，十分丰富。从社会学学科的角度出发，我们把我国的传统学术资源分为前后相连的两大类：一类是中国社会学产生前的，属于中国社会思想史的范围；一类是中国社会学产生后的，属于中国社会学史的范围。因此，写好这两门史的教科书，把中国历史上不同于欧美的社会思想、社会学理论等理论内容真正开发出来，非常重要。我们历来主张，我国社会学系的学生必须要学这两门史，否则，对自己国家这方面可资开发的宝贵资源都一无所知，或者知之甚少，一味学欧美的东西，就很难期待他有什么“理论自觉”。

在中国社会思想史上，先秦的社会思想非常重要，其中春秋战国时期诸子百家的社会思想尤其重要；在中国社会学史上，我们的先辈社会思想家、社会学家们提出、创造了不少社会学理论，这些理论为社会学中国化做出了贡献，包含着不同于西方的理论成分，我们应当实事求是地对这些理论做出梳理，把其中所包含的、属于中国的理论内容开发出来，完成“理论自觉”的使命。

第三，对西方学说做出自己的理论借鉴。对西方学说做出理论借鉴，主要是指中国社会学要自觉学习、借鉴欧美强势社会学的精华和适用之处，使自己能够用世界的眼光，从整个人类实践的高度来解释中国社会和建构中国的社会学理论，从而使自己真正成为世界社会学不可缺少的一支，逐步培养和提高同国际社会学界平等对话的能力和实力，并在改变学科和学术的话语权一直由西方垄断的局面方面做出中国社会学家自己的贡献。

当前，对西方学说做出自己的理论借鉴，我们认为主要注意四点：

首先，对西方理论的普适性要有正确的理解。世界上没有纯粹的普适性或普遍性，只有与特殊性相联系的普适性或普遍性。西方理论是概括西方社会实际、适合西方社会产生的。因此，它同样是普适性与特殊性的统一。这一点是社会学需要本土化、中国化的理论根据，也是正确的理论借鉴的依据。任何把统一双方截然对立起来，一方坚持纯粹的普适性，一方坚持纯粹的特殊性，这样的争论，不会有任何积极的结果。

其次，要进一步强化社会学、人类学和民俗学的本土化。第二次世界大战后欧美社会学尤其是美国社会学一直居于社会学世界格局的中心，成为强势社会学，垄断着世界社会学的学术圈，且具有文化霸权的倾向。在人类学和民俗学界，欧美的理论的话语霸权也同样存在。要打破这种学术垄断和文化霸权状态，中国社会学、人类学和民俗学界必须强化社会学、人类学和民俗学的本土化，形成具有本土特色的社会学、人类学和民俗学理论方法或流派，提高在世界社会学、人类学和民俗学界的地位，改变学术上对欧美社会学的依赖关系。这是一个思想解放的过程。没有这样的思想解放，正确的理论借鉴不可能实现。

再次，对西方理论要有分析、识别的能力。例如对布洛维的“社会学马克思主义”是不是真正的马克思主义，就需要做实事求是的分析、识别工作。对西方一些人类学、人类学理论，也需要进行必要的反思，摈弃其中的西方霸权主义、殖民主义以及西方文化中心主义的糟粕。

最后，要打破西方的学术话语垄断权，就要创造自己的理论、自己的概念、自己的术语。中国社会学需要越来越多像“差序格局”、“社会运行”、“社会互构”这样由中国社会学家提出、具有中国特色的术语。

第四，对“中国经验”做出自己的理论提升。全球独一无二的“中国经验”、“中国模式”是中国社会上下结合、共同探索、互动创新的结果，其中三个层次的相互推进十分明显：既有中央“自上而下”的推进，又有基层“自下而上”的推动，还有各个地方、各个部门连接上下的促进。这三个层次，通过理论创新、制度创新、价值重塑、共同创作、不断完善，融合成具有独特气派、独特风格、又有某种普遍意义的“中国经验”。

在“自上而下”方面，中国特色社会主义是一种前所未有的创新的社会主义。以人为本，全面、协调、可持续发展的科学发展观，构建民主法治、公平正义、诚信友爱、充满活力、安定有序、人与自然和谐相处的社会主义和谐社会，社会和谐被确定为社会主义的本质，改善民生问题被确定为社会建设的重点，公平正义被确定为社会建设的目标，就是几个标志性里程碑。

在“自下而上”方面，随着中国社会重心日益下移，全国范围的社区建设和社会主义新农村建设正在蓬勃开展。我们在全国各地的调查和考察表明，中国城乡基层社会，通过制度创新，正在把社会公平正义落实到我国微观制度的方方面面。

连接“自上而下”和“自下而上”经验的，是各个“地方经验”。在对当今中国城市社会建设展开的实地考察中，我们先后领略了“武汉经验”、“广州经验”、“深圳经验”、“郑州经验”等，2008年又有幸与“杭州经验”相遇。

在三个层次中，中央经验是“中国经验”的核心、灵魂和指导。地方经验、基层经验的重要性则在于它们共同构成了“中国经验”一个个亮点、一个个支点，共同标志着中国特色社会主义这种新型社会主义历程的一个个轨迹点、成长点。中国社会学有义务对整个“中国经验”、对不同层次的“中国经验”进行调查研究，做出自己的符合实际的理论概括，以提升自己的理论品质、学术水平，在这一方面完成“理论自觉”的使命，使自己的理论成为与中国社会发展、中华民族复兴、中国人民生活品质提高密切相关、因而具有生命力的常青理论。

学科“理论自觉”和理论提升除了以上四条共同路径之外，各学科还需要结合各自的理论传统和发展现状，创造和不断完善学科理论创新和理论提升的保障机制。在现代学术制度下，学科的理论提升需要各学科的学术组织和学术共同体增强“理论自觉”的意识，积极支持并为学科的理论创新，尤其是学派的形成创造条件或提供必要的保障，也就是要“开风气、育人才”①。

“开风气”就是要不断为中国社会学、人类学和民俗学学科建设和理论发展引入新风气。学术共同体或组织中，要有良性的学术争鸣机制，积极鼓励理论争鸣和学派的成长，要为学科理论的繁荣和提升开拓有益的氛围。上世纪二三十年代，社会学前辈吴文藻先生针对大学人文社会科学普遍用外语上课的怪象，提出了“社会学中国化”，这并非出于他个人对某种学术风格的好恶，而是着眼于学科的发展。我们对当前中国社会学界包括不少学生对西方社会学理论特别是新布达佩斯学派和布洛维社会学理论的过度迷信现象进行批评②，真正目的也是为了揭示这些理论脱离中国实际的本质，为本土学科理论的发展开创新风气。倡导“社会学中国化”，就是要为社会学开创一个有益的、新的风气，就是要为中国社会学争取自己的地位。正是在这种不断开拓、进取的学术风气作用下，社会学中国学派在世界社会学界获得了自己应有的地位。

“育人才”就是要培养既有创新又能传承学科理论建设的人才。学科理论的创造和理论提升既需要依靠人才的不懈努力，也依靠人才去代代相传，形成自己的理论学派。为提升学科理论“育人才”，关键在于要培养懂得中国社会实际的人才，也就是植根于“中国土壤”的人才。对于人文社会科学学科来说，如果脱离本国的社会实际和社会实践，那些理论就相当于“无根的”理论，它们不能从社会实际中吸取营养，因而也不会长久。更重要的是，那些“无根的”学术由于主体性的缺乏，在世界学术话语体系中也会丧失主体地位而始终处于边缘状态。目前，一些大学或学术共同体在追求国际性的时候，轻视了学术主体性的重要性，从而误导学者和学生对西方理论及范式的盲从和依赖，这种风气对提高学界的理论创造力以及提升学科的主体地位都是不利的。

---

① 费孝通：《从实求知录》，9 页，北京，北京大学出版社，1998。

② 参见郑杭生：《改革开放 30 年：社会发展理论与社会转型理论》，载《中国社会科学》，2009 (2)。

总之，强调社会学、人类学和民俗学的学术共同体和组织要“开风气，育人才”，就是要树立联系中国社会实际的学术风气和人才培养模式，这是当前各个学科增强“理论自觉”意识、不断促进理论创新、提升各个学科的主体地位的重要保障。在新的世纪里，通过一代代学人自觉的努力，中国社会学、人类学和民俗学的理论应该而且完全能够在世界学术体系中占有重要的一席。

四、学科间的合作与学科发展

学科的边界是人们为便于学科间的分工而设置的，合理的社会分工有助于效率的提高，所以，进行必要的学科分工，目的在于更加有效地促进学科发展。但是，应该看到，学科边界的设置是人为的，因而是弹性的而非固定的。再者，学科间的分工最终目的是为了合作而非隔离。正是不同分工学科的共同合作与努力，才能促进科学的不断进步和发展。

社会学、人类学和民俗学之间，由于在研究对象方面有着较多相通之处，因而它们之间的关系更为密切。无论社会学，还是人类学或民俗学，所要研究的都离不开个人、社会以及人们在社会中创造的文化。由此可见，社会学、人类学和民俗学之间有着更加亲近的“亲缘关系”。

社会学与人类学两学科在现代中国学术史有着密切合作的历史传统。在上世纪三十年代，吴文藻先生就为燕京大学社会学系请进功能主义人类学家拉德克利夫·布朗（Radcliffe Brown）讲授社区调查方法和社区研究，而且还选派学生到英美学习社会与文化人类学。抗战时期，吴先生极力鼓励学生到边疆民族地区进行社区研究。由此形成了社会学与民族学和人类学的很好的结合。

中国社会学与人类学之间的交叉、合作，其实是中国社会实际的需要。某种意义上说，这是与中国实际相结合的一种自然结果。在有些学者看来，社会学与人类学之间过分亲密，导致学科边界模糊，以致影响学科发展。这种逻辑其实并不完全成立，因为学科发展的关键要看它能否有效解释社会实际问题，而不是为了区分是什么学科。如果这样，那就本末倒置了。中国社会实际与西方社会毕竟存在较大差异。中国有广阔的农村天地，那里又生活着有着悠久文化传统的各民族人民。所以，完全照搬西方在工业化和城市化背景下形成的社会学理论和方法，显然不能满足研究中国社会实际的需要。而人类学的田野调查和社区研究方式，对理解和认识中国社会及文化的逻辑和变迁机制则非常有效。

同样，对于中国人类学来说，其发展路径不可能沿袭西方传统，因为西方人类学毕竟与殖民主义历史有着微妙关系。所以，人类学在中国的发展和运用，必须与中国社会实际结合起来，必须在现实社会中去拓展自己的研究领域。在对当代中国社会实际进行人类学研究时，就需要借鉴和结合中国社会学的一些理论和方法，这样才能相互贯通、相互促进。

社会学与民俗学是两门密切关联的学科，二者在历史渊源、学术传统、研究对象以及理论和方法等方面，存在许多交叉。在过去，就已经有不少社会学者和民俗学者合作进行研究，像吴文藻、费孝通、钟敬文等前辈学者，把存活于乡间街巷的民俗文化作为极有价值的研究对象。这种学术研究其实是国际、国内社会学界、社会人类学界的一种深厚学术传统。今后，社会学和民俗学这两门学科应该而且必须携手并进。可以期待，不久的将来会有一门中国特色的交叉科学——民俗社会学或社会民俗学出现，它应被看作是社会学或民俗学的一个分支学科。

在当今现代化和经济全球化的背景下，民间与正统、传统与现代、民族文化与经济全球化等一系列关系问题变得越来越突出、越来越重要。增进对这些问题的认识和理解，不仅决定着我们对待社会与文化发展的态度，而且关系到社会与文化发展的路径选择和实践。这就要求我们在选择社会与文化发展战略之前，需要有审慎的思考和理性的认识。如今，中国社会正处在快速转型时期，如何保护、开发和利用民间的、民族的和传统的文化资源，是需要进行认真思考和认识的。

对这一问题的思考和研究，不仅是民俗学、民间文化学的任务，也是社会学的重大课题。民族的、民间的或民俗的文化事象并非孤立地存在，而是生长在社会生活的沃土之上；同样，社会也并非是空洞的概念，而是由活生生的人及他们的文化活动建构起来的。由此可见，民俗学的对象与社会学的对象是相互交叉、互为一体的，因而民俗学与社会学两门学科的研究也应该相互交叉、相互合作。学科交叉与合作能使各自的研究更为充实、全面。譬如，民俗学研究在解读民间故事的时候，如果能运用社会学的背景知识，那么，分析内容或许更加深刻、全面；同样，社会学在探讨社会结构与变迁时，如果能以一些具体的社会与文化事象为切入点，从具体实在的社会与文化现实中去归纳，那样，社会理论就会更为充实、更具说服力。

从科学研究活动的内在规律来看，人类许多重大的科学发现和理论创新常常是学科交叉与合作的结晶。相近学科之间的交叉与合作能够产生创新的优势：首先，交叉与合作能够拓宽研究者视野和研究领域；其次，交叉与合作将会促进各学科之间方法论的相互借鉴和创新；最后，学科之间的沟通与圆融，有利于理论创造和领悟力达到理想境界。

学科之间的沟通和融合是学术发展的重要策略，但要实现这一目标，需要学术界的共同努力。为此，它要求解决这样几个主要问题：第一，要排除影响沟通与合作的非学术性障碍，如门户之见、宗派之争。第二，创造百花齐放、百家争鸣、兼容并包的学术氛围，鼓励和促进多样性的学术风格和多元的研究方法。第三，建立多种交流与合作机制，为各种形式的学科交流与合作提供平台和机会。第四，要正确对待学科边界，鼓励学科间理论和方法的相互借鉴、相互融会贯通。

进入21世纪，中国社会与文化的转型和发展将进入重要战略机遇期，这也为中国社会学、人类学和民俗学的发展提供了难得的发展机遇，各学科如能抓住机遇，进一步加强“理论自觉”，进一步加强学科间的交融与合作，不断推进自主理论创新，提升学科理论水平，就会形成具有中国特色的社会学、人类学和民俗学理论，就会提高自己在世界学术话语体系中的话语权。

《中国特色社会学理论的深化——“实践结构论”的提出与“理论自觉”的轨迹》自序*

一

时间过得真快！2005 年 3 月由中国人民大学出版社出版的“郑杭生社会学学术历程”三卷本[①]，至今已经问世 4 年多了。三卷本所收集的文章截至 2003 年，至今也 6 年了。从 2004 年初到 2009 年底这 6 年中，笔者独立写作、与学术团队成员合作写作的文章，也已达到 80 万字左右了——与前三卷每一卷的分量差不多。中国人民大学出版社的策划者们，及时提醒我该出第四卷了。这样我就开始整理能够表明这 6 年社会学历程的文章，进行归类，并定名为《中国特色社会学理论的深化——“实践结构论”的提出与“理论自觉”的轨迹》。

促使我在着手这一工作的最重要的因素是：2009 年是新中国成立 60 周年，改革开放 30 周年，中国社会学恢复重建 30 周年。作为与共和国、与改革开放、与中国社会学共命运、同呼吸、齐成长的学者，以此向共和国、向改革开放、向中国社会学献礼，是很合适的。

此外，前三卷出版时，正是我 70 周岁前夕，当时开了一个题为“中国特色社会学——历史·现状·未来”的学术研讨会，以此作为那一段

---

* 本文是为“郑杭生社会学学术历程之四”《中国特色社会学理论的深化——“实践结构论”的提出与“理论自觉”的轨迹》（上、下）所写的序言。该书 2010 年 7 月由中国人民大学出版社出版。

① 卷一、卷二、卷三的书名分别是：《中国特色社会学理论的探索——社会运行论、社会转型论、学科本土论、社会互构论》、《中国特色社会学理论的应用——当代中国社会的热点问题》、《中国特色社会学理论的拓展——当代中国社会学的前沿问题》。

24年左右学术历程的记录和小结；四卷明年——2010年问世时，正当我75岁前夕，我想也同样可以作为这一段6年学术历程的记录和小结，也是我进入社会学30周年的记录和小结。

本书定名为《中国特色社会学理论的深化——“实践结构论”的提出与“理论自觉”的轨迹》，强调了“深化”、“实践结构论”、“理论自觉”。

所谓“深化”，是相对于前三卷来说的，就是说，无论从理论内容来看，还是就深层理念、前沿意识、草根精神、世界眼光、本土特质、理论自觉来说，第四卷都有不同程度的深化。可以说，“深化”集中体现在“实践结构论”、“理论自觉”上。而且，其中“理论自觉”是一根可以把其他“深化”串起来的线索。

“实践结构论”的提出，集中表现了理论内容本身的深化。21世纪以来，我们越来越感悟到当代社会实践发生的结构性巨变及其具有的两股巨大力量——现代性全球化的长波进程的力量和本土社会转型的特殊脉动的力量，当今世界每一项重大的动态变化毫无例外地都包含着这两股力量的共同作用。我们将这种对实践的感悟加以理论提炼，形成了“实践结构性巨变”的概念，并把研究这种结构性巨变及其两维效应的理论称为“实践结构的社会学理论及其两维视野和双侧分析”，简称“实践结构论”。

“实践结构论”表明了理论与实践的互构。一方面，实践的结构性巨变一直在自我积累，并且越来越向学术和思想领域产生强有力的折射，向理论界和学术界提出了诸多前所未有的理论问题。另一方面，不仅实践问题大量地转变为理论问题，而且理论问题也大量地进入到了实践领域之中，通过不同观点的讨论、争辩和反思，给实践以适应时代变化的新的理念、新的思路和出路。所有这些都使我们确信，现有的社会学理论已经再次获得了新的推进力量。对实践结构的社会学理论的新探索，也是在这种力量的推进下进行的，它标志着我们在社会学理论方面转入了一个新的领域，即是说，在以前提出的四个社会学理论——社会运行论、社会转型论、学科本土论、社会互构论的基础上，我们的探索又迈出了新的步伐。当然，我们对“实践结构论”的探索还是初步的，它还不像前四论那样成型和系统，后续的工作还在进行。因此，我们使用了“‘实践结构论’的提出”这样的用语。

“理论自觉”概念的提出，受到费孝通先生“文化自觉”的启发，但同时“理论自觉”又有与“文化自觉”不完全相同的特殊性。综合“理论自觉”的各个要素，可以把“理论自觉”简要地规定为对社会学理论或社会理论进行“建设性的反思”。“理论自觉”范畴一经形成和提出，就有这样那样的方法论意义，其中之一就是既为回顾，又为瞻望，也为观察中国社会学的成熟度提供新的概念工具、新的理论视角。

回想起来，应该如实地说，我的“理论自觉”并不是从现在才开始的，如果追溯起来，大约可以从 20 世纪 80 年代初在英国进修时算起，一直持续到现在，只是当时还没有形成“理论自觉”的新概念，还没有意识到可以用这个新概念来梳理自己的以至中国社会学界的学术历程。在这个意义上，现在可以说是进入了“理论自觉”轨迹上的新起点、新境界，即“理论自觉”的意识更明确、更强烈，实行更主动、更坚实，并进入了对“理论自觉”本身的思考和研究。

为了说明这一点，这里有必要联系学界的情况，简要地回顾一下笔者自己经历的“理论自觉”的轨迹。

二

总起来说，社会运行论、社会转型论、学科本土论、社会互构论、实践结构论等的提出和论证，其实都是“理论自觉”的一个一个的轨迹点、支撑点。这些理论都是运用世界的学术眼光，立足中国的社会现实，开发中国的传统学术资源，借鉴国外的社会学理论前沿，对自己进行反思，对别人加以审视，从而提炼自己特色的结果。其中有几点需要着重加以强调。

（一）对马克思主义社会学两种类型的探讨

我的社会学理论自觉，最初集中表现在 20 世纪 80 年初，即差不多 30 年前开始的对马克思主义社会学两种类型的探讨上。这个探讨与社会运行论的形成密切相关。当时我提出，马克思主义社会学对资本主义社会是革命批判型的社会学，对自己建立起来的社会主义社会则是维护建设型的社会学。这一划分，为社会运行论——“社会学是关于社会良性运行和协调发展的条件和机制的综合性具体科学”——争得了学术的和现实的立足空间。这是因为，上述观点纠正了对马克思主义社会学简单化的理解，即片面地认为马克思主义社会学只讲斗争，不讲和谐，只讲革命，不讲建设。肯定了在我们自己建立起来的社会主义社会中，马克思主义社会学，或者以马克思主义为指导的社会学，主要是维护建设型的，那就为以研究良性运行和协调发展规律为己任的社会学争得了地盘。如果马克思主义社会学，或者以马克思主义为指导的社会学，还是像新中国成立前一样是革命批判型的，那么就很显然，以研究良性运行和协调发展、以研究社会和谐为己任的社会学就很难拥有相应的地位。

现在看来，把马克思主义社会学的第二种形态叫做“维护建设型形态”的社会学，不如把它叫做“建设反思型形态”的社会学来得好。因为“建设反思型形态”能够更好地既体现它继承了第一种形态——“革命批判型形态”的精神，其中的“反思性”与“革命批判性”相通，又表明了它在新形势下的发展，即在新社会把重点转移到“建设性”上。这能减少因为“维护建设型”中“维护”这个词而引起的种种误解。因此，我要郑重声明：马克思主义社会学对资本主义社会是“革命批判型”的社会学，对我们自己建立起来的社会主义社会是“建设反思型”的社会学。

上述观点之所以说是一种“理论自觉”，是因为它既是对从马克思开始的马克思主义社会学进行建设性反思的结果，又是对从孔德开始的西方社会学进行建设性反思的结论。在旧中国，同样存在这两大系的社会学。新中国建立后，随着从革命到执政的转变，从推翻旧世界到建设新社会的转换，这两大系社会学都面临各自的转型：中国马克思主义社会学要从革命批判型形态转换为建设反思型形态；各种非马克思主义的社会学要从实际上维护旧社会转变为维护新社会。可惜的是，由于种种原因，不仅这两个转型的任务没有被提出来，社会学作为学科反而被取消了27年之久，造成种种有形无形的重大损失，直到1979年在邓小平的主导和强调下才得以恢复重建。

这种对马克思主义社会学的“理论自觉”，其影响不限于社会学，对正确对待整个马克思主义也可以提供某种启示。

新中国建立后，随着从革命到执政的转变，从推翻旧世界到建设新社会的转换，中国马克思主义应该把重点从以革命批判地破坏旧世界，转移到以建设反思的精神来建设新世界。毛泽东在新中国成立前夕召开的七届二中全会上已经提出了这个问题，指出：“我们不但善于破坏一个旧世界，我们还将善于建设一个新世界。”① 可惜的是，这一宝贵的思想没有得到很好贯彻。新中国成立后的历史表明，我们取得的成绩，都与正确处理破坏旧世界与建设新世界、推翻旧制度与建构新制度的关系紧密相连，而我们的失误则与没有正确处理这个问题有关。在很长时间内，

① 《毛泽东选集》，2版，第4卷，1439页，北京，人民出版社，1991。

特别是“文化大革命”中，“以阶级斗争为纲”，用推翻旧世界的方式来建设新世界，造成了极其严重的后果。

真正落实毛泽东上述宝贵思想的是邓小平理论、“三个代表”重要思想以及科学发展观等重大战略思想。它们都在理论上和实践上探讨着如何实现“善于建设一个新世界”，从而把马克思主义中国化一步一步推向前进。无论是邓小平提出的“什么叫社会主义”、“怎么样建设和发展社会主义”的问题，无论是“三个代表”重要思想提出的建设什么样的党、怎样建设党的问题，也无论是科学发展观提出并创造性回答的实现什么样的发展、怎样发展的问题，都与“善于建设一个新世界”，即善于建设中国特色社会主义这一新型社会主义紧密相连，都是探索这一总问题答案中的一个一个轨迹点。正是在这样的马克思主义指引下，一个崭新的中国出现在世界、屹立在东方。在这个意义上，从社会学视角看，我们也可把这样的马克思主义看作是继承并发展了“革命批判型”的“建设反思型”的马克思主义。当然这个过程并没有完结，在制度创新、价值重塑、阶级阶层等课题上，在官民矛盾、党群矛盾、劳资矛盾等问题上，我们仍面临多重挑战和风险。在这些问题上，如果发生重大失误，就会引起这样那样的社会不稳，甚至动荡。

总之，在取得革命胜利后，执政的条件下，必须有一种既继承“革命批判型”又发展“革命批判型”的“建设反思型”的中国化马克思主义。

关于上述这些问题，笔者在收入本书的《社会实践结构性巨变时代的马克思主义社会学》① 等文章中作了较为系统的论述。

（二）对“价值中立”的具体分析

如果说，上述对马克思主义社会学两种形态的探讨，属于“理论自觉”中对自己的理论的反思，那么，对“价值中立”的具体分析，则属于“理论自觉”中对西方社会学中一个影响深远的重要方法论原则的批判性审视。在 20 世纪整个 80 年代到 90 年代初，由于种种原因，“价值中立”被说成是金科玉律，被看做是判断懂不懂社会学的一个标准。在那种情况下，对它提出异议，是颇受质疑的，是要有点勇气的。当年，在一些答复文章中，我批评了“价值中立”的悖论：一方面坚持价值中

---

① 本文由郑杭生与杨敏合作写成，杨敏为第一作者，发表在《社会科学研究》，2007（2）。

立——不应有任何价值观，同时又坚持一种地地道道的价值观——“价值中立”的价值观。谁只要坚持“价值中立”，谁就无法摆脱这个悖论。[①] 后来，我说过这样一段小结性的话：“价值中立”作为一种来源于实证主义的科学观，是一个在总体上包含根本缺陷但又有局部合理性的西方社会学方法论原则，是一个在国外学术界有严重分歧、毁誉参半、仍难一致的争论问题，是一个在本质上与马克思主义相左但又有部分一致的理论命题，因此，对它极有必要采取具体分析的态度，既不能全盘肯定，把它夸大为我国社会科学的普遍的方法论原则，也不能全盘否定，将它说得一无是处，连它包含的合理因素也否认了。“价值中立”总体上的根本缺陷是指，它把科学与价值截然割裂，排斥一切价值的客观主义、实证主义倾向，这使它在认识功能和价值功能统一的社会科学中成为不可能实际遵循的东西，也使它陷入了不可摆脱的自我矛盾；局部合理性是指，它包含强调客观性和科学性的合理因素，但这种合理性是以推向极端的形式存在的。[②] 这应该看作是中国社会学从西方强势社会学中解放出来这一过程和趋势的重要一步，也就是“理论自觉”过程和趋势的重要一步。

对这一问题，笔者在收入本书的一些文章中作了较为系统的论述。

（三）对与前沿意识相结合的草根精神的提倡

这些年，我越来越认识到，中国社会学要取得实质性的进展，有两个方面特别重要：第一是站在国际社会学的前沿，把握社会学理论、方法，历史研究方面的新成果、新趋势；第二是深入到我国社会快速转型的实践，特别是在社会重心下移的今天，深入到基层的社区建设的实际，把握住制度创新的脉络。这就是说，当代中国社会学要取得实质性的发展，必须有一种“顶天立地”的精神。这里“顶天”，就是要追求前沿，要有世界眼光；“立地”，就是要深入基层，要有草根精神。“顶天立地”，就是要把追求前沿与深入基层结合起来，把世界眼光与草根精神结合起来。

草根精神的培育和实现主要是跟社会学的实地调查分不开的。笔者根据“中国经验”由三个层次——中央、地方和基层构成和相互推进的

① 参见郑杭生：《关于我的社会学定义——序董驹翔主编的〈社会学〉·答我的一些批评者》，载《社会科学研究》，1991（4），又载《社会学研究》，1991（5）。此文后被收入《中国特色社会学理论的探索》，北京，中国人民大学出版社，2005。

② 参见郑杭生：《究竟如何看待“价值中立”?》，载《社会科学研究》，2000（1）。此文后被收入《中国特色社会学理论的探索》。

社会事实，相应于地方层次和基层层次，分别设计了两个系列的实地调查研究丛书，把我们团队依据调查研究成果概括总结的后两个层次的“中国经验”表达出来。第一个系列是由我担任总主编的“中国特色和谐社区建设系列调查研究报告”丛书，这套丛书目前已经出版：郑州卷，书名是《和谐社区建设的理论与探索——以郑州市实地调查为例的河南特色分析》[①]；广州深圳卷，书名是《和谐社区建设的理论与实践——以广州深圳实地调查为例的广东特色分析》[②]；第三本是以上城区为代表的杭州卷，书名为《中国特色和谐社区建设“上城模式”实地调查研究——杭州“上城经验”的一种社会学分析》[③]。第二个系列是“当代中国城市社会发展实地调查研究系列丛书”，也是由我担任总主编。其中第一本书已于去年年底完成，书名为《“中国经验”的亮丽篇章——社会学视野下“杭州经验”的理论与实践》[④]。第二本书名为《“三化两型”城市：科学发展与和谐社会建设的具体体现——以郑州实地调查为例的河南特色分析》[⑤]。

在中央、地方、基层三个层次中，中央经验是中国经验的核心、灵魂和指导。地方经验、基层经验的重要性则在于它们共同构成了“中国经验”一个个亮点、一个个支点，共同标志着中国特色社会主义这种新型社会主义历程的一个个轨迹点、成长点。

笔者设计的上述两个系列，代表了对后两个层次的社会学探讨和解读。我们通过调查，具体考察我国东中西部一些有代表性的地方和基层已经做过的和正在做的事情，分析他们取得的进展，他们碰到的问题，他们获得的领悟，他们产生的困惑，为进行比较提供事实基础，没有这种深入基层的草根精神，无从进行“特色分析”。我们在考察中，体会到各个地方、各个基层的做法，探索的深度、广度，探索的自觉性，都有差别，但他们都在探索和创新；体会到我国社会能够在快速转型中、在改革发展中长期保持稳定，是与他们付出的劳动分不开的。我接触了不少领导、社区工作者、城乡社区居民，与他们共享制度创新成功的喜悦，共同梳理其中的问题和教训，受到了极为深刻的教育，也为自己的社会学研究汲取了许多新鲜的养料。调查组的团队，基本上由我在读的和少

① 该书由郑杭生、杨敏主编，党建读物出版社 2008 年出版。

② 该书由郑杭生主编，段华明、杨敏副主编，党建读物出版社 2009 年出版。

③ 该书由郑杭生主编，杨敏、黄家亮副主编，世界图书出版公司 2010 年出版。

④ 该书由郑杭生、杨敏、奂平清等著，中国人民大学出版社 2010 年出版。

⑤ 该书由赵君、杨敏等著，世界图书出版公司 2010 年出版。

量已经参加工作的博士生组成。他们参加调研活动后，感到收获很大，了解了实际，进一步理解了中国基层是如何实际运行的，也改变了过去一些不切实际的想法，在不少方面矫正了自己的立场、观点、方法，获得了反思自己、审视西方的新的立足点。我也把这些实地调查中的某些成果，介绍到一些国际会议上去。①

这种与前沿意识相结合、深入基层的草根精神，是“理论自觉”的现实基础。

（四）对改革开放30年的社会学反思和总结

2008年是改革开放30周年，笔者接受中国社会科学出版社的委托，组织全国社会学界中的一些相关的高水平的学者参与，主持了《中国社会学30年》的编写。笔者还撰写了不少总结改革开放30年来中国社会和中国社会学发展的文章——它们均被收入本书。这提供了对一系列有关中国社会学发展全局的重大问题集中地进行建设性反思的机会，从而把“理论自觉”提到了一个新的高度。这一系列有关中国社会学发展全局的重大问题，主要涉及对科学性与价值性、经验性与理论性、建设性与批判性、传统性与现代性、本土性与国际性的正确把握，这种正确把握是中国社会学日趋成熟的标志。

2009年是新中国成立60周年，我在7月21日“中国社会学会2009年西安学术年会”上所做的主题报告《促进中国社会学的“理论自觉”——我们需要什么样的中国社会学?》中，对“理论自觉”本身做了探讨。这可以说是对“理论自觉”的某种自觉。“理论自觉”在一般性上说是对“文化自觉”的继承，在特殊性上说又是对“文化自觉”的发展。后来《江苏社会科学》2009年第5期全文发表了该文。《光明日报》2009年10月20日又摘要地发表了该文。

《甘肃社会科学》2009年第5期发表了一篇题为《中国特色社会学理论的探索之路——在建国六十周年之际访著名社会学家、中国人民大学郑杭生教授》的文章，这是我的博士生童潇应杂志社的邀请，对我进行的学术采访，我回答了他提出的问题。其中最后一部分也谈到了“理论自觉”的问题。

① 如笔者应邀参加2008年11月7日至9日在康奈尔大学举行的“美国华人社科人文教授协会”（ASPSS）第14次国际年会“全球化时代现实的挑战”，做了题为《中国大陆社区建设的一些基本问题——对北京广州郑州武汉实地调查的社会学分析》的主题报告。

（五）社会互构论与“理论自觉”的彼此推动

“郑杭生社会学学术历程之一”中的“社会互构论”那一部分包含的12篇文章，仅仅是社会互构论全书14章中前4章的内容——这4章带有总论的性质。后10章涉及的广泛内容，直到2010年初出版题为《社会互构论：世界眼光下的中国特色社会学理论的新探索——当代中国“个人与社会关系研究”》的全书，才得以发表。可以认为，此书所论证的社会互构论是“理论自觉”的结果，而整个写作过程则是理论自觉不断增强的过程。应当说，社会互构论是中国社会学“理论自觉”的标志性理论之一，此书是中国社会学“理论自觉”的标志性著作之一。此书集中了我们多年的理论探讨和理论积累。它是有世界眼光的，又是有本土特质的；是有前沿意识的，又是有草根精神的；是强调科学精神的，又是坚持人文关怀的；对西方理论是借鉴的，同时又是反思的，不是盲目的。此书提供的“社会互构论”相对完整的全貌，有利于读者在阅读研究过程中，对此做出自己的判断。同时，此书提供的“社会互构论”相对完整的全貌，也有利于解答那些因为不了解全貌而提出的疑问，例如，社会互构论如何看待群体、组织这些个人和社会之间的范畴，如何看待国家和社会的关系，等等。这些问题此书都有专门的论述。

《社会互构论》一书是国家社会科学基金“十五”重点课题(01ASH002)。国家社科基金在2007年9月发布的成果鉴定等级公告中，该项目被评为“优秀”，并在同时公布的《国家社会科学基金项目成果验收情况报告》中指出：《社会互构论：世界眼光下的中国特色社会学理论的新探索》这项成果由中国人民大学郑杭生教授主持完成，属社会学重点项目，共49.3万字。该成果提出了“社会互构论”这一新的具有中国特色的社会学理论，它以个人与社会的关系为研究主题，通过对当代中国个人与社会关系问题的具体研究，探讨了我国社会转型加速期人们的生活方式、社会关系结构和组织模式的转换和变迁，揭示和阐述了这一总体过程和重大现象的本质。鉴定专家认为这项成果对我国社会学理论建构具有开创性和里程碑意义。我们很看重鉴定专家——鉴定专家是由国家社科基金独立聘请和组织的——对这一成果的评价和肯定，同时也非常感谢他们的认可和鼓励。这可以看做是对我和我们学术团队“理论自觉”的认可和鼓励。

本书收入了一些进一步发挥社会互构论的文章，多数是运用社会互构论的理论和视角，研究不同社会问题的文章。

（六）对西方社会学理论整合困境的超越

从历史与现实的发展脉络来看，西方社会学的理论整合可谓是一个旷日持久的难题，同时，似乎也是一个挥之不去的情结。从当代理论整合的各种尝试来看，比较著名的有吉登斯的结构二重性论、布迪厄的关系主义和场域—惯习理论、埃利亚斯历史还原的进程性研究，等等。不可否认，这些理论成果皆包含着丰富的创见与启发性。尤其是，一种辩证化的理论观点共识较之先前的各执一词显示出当代所取得的某种进步。但是，从上述代表人物的观点仍然可以清楚地看到，当代西方社会学的理论整合再现了其一贯的困境。这就是它们陷入了“消解”的误区、抽象的二元以及空洞的起点。

总的来说，自古典时期以来，自由主义的意识形态影响深刻地决定了西方社会学理论的基调与走向，具有绝对意义的自由信条不仅为理论的发展自我设限，从而导致抽象的二元对立以及形而上学的自我循环，并且化为一种抽象空洞的逻辑起点，持续地导致理论根本上的匮乏与无力。当代的“消解”逆动客观上又再现了同样的逻辑及刷新了固有的对立。真正的超越之途，从根本上说就是回到事情本身，也就是回到现实的个人与社会关系本身。对于限于困境中的西方社会学理论传统而言，回到事情本身，首要的就是卸下虚假的意识形态价值预设与信条，使丰富立体的“个人与社会”及其生动的关系过程，真正映入其原本被蒙蔽了的视野，二元困境也才能随之得到破解。这也正是“社会互构论”的一个重要方面。

在这个问题上，“社会互构论”的理论自觉主要表现在：通过对“消解”思维的反思，对二元矛盾及其全面辩证关系的承认，以及采取个人与社会的关系问题的表达形式，社会互构论从根本上走出了西方社会学传统理路下的形而上学循环。具体来说，一方面，反对消解和承认二元及其辩证关系本身就已经破除了种种片面与极端观点的人为对立，特别是，以此也就取消了原先争论不休的二元之中何者优先的本体论问题本身，也就抽去了原本形而上学得以循环的核心。换句话说，走出形而上学性的问题与思维也就走出了形而上学。另一方面，不仅走出了形而上学，通过个人与社会的关系表达的正名，同时也端正了理论发展的轨道，也即将理论的视野重新定位于现实的个人与社会的关系及其过程，从而使得社会学从原先的形而上学问题转向了面对真正的现实本身。这里才是社会学理论与思维真正的逻辑出发点与不竭的知识增长点。社会学理论崭新的发展道路与前途，正如马克思的一句经典名言所指明的：“在思辨终止的地方，在现实生活面前，正是描述人们实践活动和实际发展过程的真正的实证科学开始的地方。”①

对于这一点，我们在《当代西方社会学理论整合困境透析》一文中作了具体分析。

（七）对一些理论误导的学术剖析

前些年，新布达佩斯学派“狭义转型论”的影响在中国社会学界呈扩大之势，以至形成了新布达佩斯学派的中国版观点，从而出现了自社会学恢复重建以来最为严峻的一场分歧。这一分歧，即广义转型论与狭义转型论、“社会转型论”与“转型社会学”之间的分歧，关系到两种根本不同的社会学观点和理念的分野：中国社会转型是像绝大多数中国社会学家和社会学工作者所主张的，是中国的社会生活和组织模式即社会实践结构不断从传统走向现代、走向更加现代和更新现代的变迁过程，还是像新布达佩斯学派及其中国版所主张的，社会转型是前社会主义国家（包括东欧、苏联以及中国、越南等）向资本主义的转变，中国社会转型是“自下而上”地由现代社会主义向现代资本主义的过渡。尽管新布达佩斯学派及其中国版的观点充满了强烈的意识形态性，非常政治化，但是我们把重点放在学理上进行学术剖析。为此，我们写了两篇长文，论证了新布达佩斯学派及其中国版的狭义转型论不仅在意识形态上有许多误导，而且在学术的主要方面也是站不住脚的。这两篇文章也收入本书中。

上述文章也提到了布洛维是如何与新布达佩斯学派异曲同工的。我一直不认为布洛维是一个马克思主义者，他的“社会学马克思主义”与其说是马克思主义，不如说是马克思主义旗号下的自由主义。在他看来，马克思主义、社会主义是与市场经济截然对立的，两者在内容上是不可以融合的。所以他认为，马克思主义、社会主义对市场经济是天然否定和拒斥的。这样一来，我们就走进了一个“二选一”的过程：要么选择马克思主义、社会主义，要么则选择市场经济、资本主义。按照这样一种逻辑，一个社会主义国家中如果存在不同经济成分，实行了市场经济及相应的生产、管理、组织技术，就应当被视为资本主义。这正是自由主义、新自由主义的逻辑。这实质上与上述新布达佩斯学派的“后共产主义国家”、“国家资本主义”有很大的相似性，就是认为市场改革就是

① 《马克思恩格斯选集》，2 版，第 1 卷，73 页，北京，人民出版社，1995。

要走一条资本主义的发展道路。对此，正像我说过的，我们在上述文章中做过较为系统的剖析。

布洛维的“社会学马克思主义”还认为在经典马克思主义著作中“社会”的概念是缺失的。这是他另一个重要论点。这个论点同样是片面的，不符合事实的。正是马克思的《资本论》一开始就从别人只看到物与物的关系的地方，揭示出了人与人的社会关系。正是马克思给“社会”下了迄今为止最科学的定义：社会不是别的，是一切社会关系的总和。此后的各种社会定义，包括“公民社会”或“市民社会”（对 civil society 的不同翻译）的定义在内，都不得不这样那样地回到这一定义。我前些年在论述什么是人权时，曾指出，马克思主义创始人在剖析资产阶级人权理论时曾指出，人权就是“权利的最一般的形式”①，就是“市民社会的成员的权利”②。马克思、恩格斯这里所说的人权无疑是指资本主义社会的人权，即他们指出的“市民社会”的人权，并且对这种人权是反对的，但他们提出的人权观念却有普遍意义。恩格斯在分析资产阶级和无产阶级的平等要求时，更明确地概括了人权的普遍含义：人权就是“一切人，或至少是一个国家的一切公民，或一个社会的一切成员，都应当有平等的政治地位和社会地位”③。恩格斯在分析无产阶级的平等观念时指出：“无产阶级抓住了资产阶级的话柄：平等应当不仅是表面的，不仅在国家的领域中实行，它还应当是实际的，还应当在社会的、经济的领域中实行。”④ 这里恩格斯明显把社会与国家和经济区分开来了。当然，马恩在当时的情况下还不可能对“公民社会”做出系统的研究。但无论如何，不能说在马克思、恩格斯的著作里“社会”概念或“公民社会”的概念是“缺失”的。

现在有一种把布洛维抬得很高的倾向，甚至提出要用布洛维的社会学马克思主义来“引导”中国的社会建设，这离中国社会的实际实在是太远了，不能不说这是一种无根的观点。现在还有一种对“公民社会”缺乏分析的盲目崇拜，把它说得神乎其神。这些人应该认真看看王绍光教授今年发表的题为《“公民社会”祛魅》的文章。该文对“公民社会”做了有根有据、具体透彻的分析，指出，“公民社会”这个“成为好多人

① 《马克思恩格斯全集》，中文1版，第3版，228页，北京，人民出版社，1960。

② 《马克思恩格斯全集》，中文1版，第1卷，437页，北京，人民出版社，1956。

③ 《马克思恩格斯选集》，2版，第3卷，444页，北京，人民出版社，1995。

④ 同上书，448页。

用以根本改造当前社会的旗帜”，“实际上是个无所不包的大杂烩”。这篇文章还重申了他1991年在《关于“市民社会”的几点思考》一文中的观点：“公民社会中有贫民窟与花园别墅，有血与泪，有剑与火。把它描绘成宁静、和平的去处，不是出于无知便是出于欺骗”，指出“公民社会理论的意识形态基因是‘自由主义’”①。

对新布达佩斯学派、对所谓“社会学马克思主义”的学术剖析所表现的“理论自觉”，并不表明我们对它们完全否定，正如我多次指出的，我们对“布达佩斯学派”或“新布达佩斯学派”采取分析的态度，并不一概否定。他们的观点中有值得我们参考、借鉴的东西。但是他们企图把西方“三权分立”的那一套宪政和价值观也搬到中国来，这是不可能做到的，也是我们坚决不能同意的。对所谓“社会学马克思主义”，我们也采取同样的态度。

对新布达佩斯学派、对所谓“社会学马克思主义”的学术剖析也表明，在反思自己、审视别人的“理论自觉”方面，确实还有许多艰巨的工作要做。

(八) 学术话语权与理论自觉

打破西方的“学术话语”垄断权，创造自己的理论、自己的概念、自己的术语，这是理论自觉的实质性内容。

毋庸讳言，中国社会学在其发展过程中，存在过一种我称之为“边陲思维”的东西，现在也不能说没有了，只是影响缩小了。我曾多次说道：那种对欧美社会学照抄照搬、亦步亦趋还自以为站在学术前沿，而对本国社会学及其历史则采取看不起甚至虚无主义态度的“边陲思维”，是没有出息的，也是阻碍社会学中国化健康发展的。②

这方面的例子很多，例如，后现代提倡“个人述说”，反对“宏大叙事”的极端观点，就影响到、影响过我们的一些学者和学生。他们盲目以为所谓“个人述说”似乎不言而喻地“正确”，而所谓“宏大叙事”则好像百分之百地“错误”。他们看到一些必要的宏观分析，往往以不屑的神情说出一句口头禅：“这不过是宏大叙事而已！”意在表明那种宏观分析是多么落后于时代，多么不合时宜，岂不知他们自己身在错中不知错，

---

① 王绍光：《“公民社会”祛魅》，载《绿叶》，2009 (7)。

② 参见《社会学中国化的几个问题》，载《学海》，2000 (6)，后收入《中国特色社会学理论的探索》。

十分可悲地把谬误当做了真理！事实上，把微观与宏观、微观理论与宏观理论，也就是“个人述说”与“宏大叙事”人为地截然对立起来，是很片面的、缺乏辩证思维的。

“个人述说”，只要涉及背景，就不能不涉及“宏大叙事”，如“在全球化时代”、“在社会转型期”等，就是最典型的“宏大叙事”。同样，“个人述说”，只要运用了概念，就不能不涉及“宏大叙事”，因为概念本身就是“宏大”的、“宏观”的。一个概念是概括无数同类现象共同本质的结果，因此它的内涵和外延都是无限的。像“人”这个概念，它不仅涉及现在的人，还涉及过去的人、将来的人，其他星球上可能的人。它不可能是纯粹的“个人述说”，而是与“宏大叙事”这样那样联系在一起的。当谁说“我是一个普通的人”时，他不能不涉及“我”、“普通”、“人”这三个“宏大”的概念。世界上找不到一个人能脱离各种背景、不使用概念而进行所谓的“个人述说”。如果有，那真是奇迹了。现在该是认清这种盲目性、幼稚病的时候了。

这也从反面告诉我们，缺乏理论自觉，就有可能陷入某种西方的“话语陷阱”而不能自拔，也就更谈不上创造自己的理论、自己的概念、自己的术语了。

读者可以发现，收入本书的一些文章，对类似上面的一些属于“边陲思维”的内容也进行了剖析。

（九）学术争鸣、时代精神与理论自觉

前些年，福山退出美国新保守主义阵营，引起很大震动。他在为自己转变立场辩护时，曾说了这样一段话：“现在，如果你是任何一类政治思想家，而你还没有向你曾经最亲密的朋友发起过一场大规模的指责，或者还没有被他们作为批判的靶子，那么这个时代的精神在某种意义上，也许已经与你擦肩而过了。”我们不去评论他退出的本身，但是他涉及争鸣与时代精神的关系的观点，是有一些道理的。

如果把这个观点引申到社会学界，我想把这个意思改成这样：一个社会学家，如果没有得到同一学派的学者的审视质疑，没有受到不同学派学者的批驳反诘，那么时代精神在某种意义上，也许已经与他擦肩而过了。确实是这样，一种引不起任何争议的作品，或者一种没有任何争议的东西，只能是平平淡淡甚至平平庸庸的，是远离时代精神、体现不了时代精神的。这是因为学术争论最能集中体现时代精神的论题，最能调动人们的反思鉴别能力，因而也最能促进人们的理论自觉。

从这个观点中也能引申出，学术争鸣双方都对学术发展做出了自己的贡献。我想我对我所答复的质疑者一直是坚持这样做的。例如：在《关于我的社会学定义——序董驹翔主编的〈社会学〉·答我的一些批评者》一文中，我曾指出："如果说肯定性的评论给我以鼓舞，那么否定性的评论则促使我进一步思考。因此对这一类评论我也怀有某种程度的谢意，当然也深感极有必要对其中包含的一些误解，特别是一些原则性分歧加以澄清。"再如，在《也谈社会学基本问题——兼答对我的社会学观点的某些批评》一文中，我这样说过："和过去一样，我欢迎这样的学术批评和讨论。我一贯主张，在学术问题上可以争论得面红耳赤，但这不应影响学者之间的友谊，因为这是两个不同的领域——学术领域和非学术领域。如果在学术讨论和批评中掺进种种非学术因素，或者因为学术观点不同而影响学者之间原有的友谊，在我看来，都不能认为是适当的。"①

我也一向主张中国学术界"多一点学派，少一点宗派"。学派要靠正常的学术争鸣来促进。学派应该是从不同的方面抓住和体现时代的精神，这是学派的灵魂、学派的生命，否则所谓"学派"就只是徒具形式而无实际内容的空壳。真正的学派是理论自觉的高层次形式——理论自觉成为一个学术共同体的共识。

60 年前，毛泽东主席说的"中国人民从此站起来了"，是一种有历史转折意义的庄严宣告，60 年后，国庆盛典表明"中国人民从此站起来了"，真正成为名副其实的现实。我们社会学界也要通过"理论自觉"，在国际社会学界真正站起来，彻底改变某种自愧不如、矮人一等的自卑感，以及某些潜移默化、不知不觉养成的移植式的习惯，真正做一个既有世界眼光又有中国气派的中国社会学的中国社会学学者。

三

在第四卷出版之际，我想仍然有必要说明我和我的学术团队的关系。

正像过去的情况那样，这本以我的名字命名的学术文集，无疑主要是我这些年来进行社会学研究和教学、工作、思考的成果。收在本书中的大部分文章是我独立写成的。

但是，本书同时也包含着这些年来形成的、以我为学术带头人的学

① 本文发表在《社会学研究》，2001（3），后收入《中国特色社会学理论的探索》。

术团队的集体成果。尽管这个学术团队的组成及成分如今已经发生了许多变化。例如，李强教授、张建明教授、刘精明教授等已经离开中国人民大学高就了；李路路、郭星华、刘少杰、洪大用、李迎生、夏建中、陈劲松、陆益龙、冯仕政、奂平清等在校的教授、副教授，都程度不等地开辟了自己的学术领域，他们之中不少人成了全国知名的学者、相应领域中的学术带头人。由于诸如此类的原因，尽管我们还这样那样地保持着学术联系，但具体地合作写文章的机会则极大地减少了，甚至没有了。我们之间的合作主要表现在共同著书上，如在我主编的《中国人民大学中国社会发展研究报告》中分担独立写作的一章，又如共同致力于把我们的理论研究成果运用到本科和研究生的教学上，转化为教学成果，在这方面，我们的学术团队已经获得好几届北京市教学成果一等奖、国家教学成果二等奖。还有就是在我们社会学理论与方法研究中心召开的各种国际国内学术讨论会上，各自独立发表学术文章，等等。多年来的事实证明，这个学术团队是勤奋的，因而是出有新意的成果的。在这里，所谓“述而不作”没有什么市场。“述而不作”也许当年孔子行——那时他有众多的弟子给他记录成书，但是今天不行——今天很难找到这样的弟子了。而且，自称学问本事很大，但没有事实证明，谁能相信？更重要的，学问、思想、理论是需要不断提炼、感悟的，只有结合实际多思、多写才能进行这样的提炼和感悟。

收入本书的合作文章的合作者，大多数是新人，多数是我的博士后、博士生、访问学者，如江立华、程琥、胡翼鹏、龚长宇、杨敏、陈秀峰、何珊君、汪雁、潘鸿雁、王道勇、费菲、黄家亮、童潇、姚德薇、李棉管、彭莉莉、韩洪涛、谢建社等。他们中间，江立华、杨敏毕业后早已成为知名的教授。江立华教授，除了收入本书的《论中国古代个人与社会关系的思想》一文，我们还合作主编了《中国社会思想史新编》这本研究生教材，已经出版。收入本书的《〈中国社会思想史新编〉绪论》，对此有较为详细的说明。与我合写文章最多、合作时间最长的是杨敏教授。这是因为她从博士生开始，就一直跟我合作做课题，包括纵向的国家社科基金课题、教育部课题和不少来自地方基层的横向课题。我们合作最大的成果是社会互构论和实践结构论。收入本书的关于实践结构论的多篇系列文章，就是这种合作的结果。这里还要特别提到胡翼鹏博士。他从 2006 年起在我这里做了两年博士后研究，现在是武汉大学社会学系的教师。入站前，我们就商量好，要把中国社会固有的社会运行思想作为新的视角来整理有关的历史资料，并把它作为主线贯穿在中国社会思想史的始末。先秦的社会思想是中国各种思想的源头，是中国社会思想中最难写出特色的。胡翼鹏博士很好地完成了先秦部分的研究。我们合作的方式是先讨论整个提纲、每篇提纲后，他写初稿，由我修改定稿，这样先后发表了现在收入本书的八篇文章。

有的博士后、博士生，没有直接写合作文章，但是他们跟我参加了各地、各基层的实际调查，如杨发祥、张兆曙、李伟梁、陈玉生、汪萍、陈云、童志峰、刘小流、魏智慧、饶旭鹏、胡宝荣、童潇、方劲、熊凤水、陈文超、雷茜、刘燕舞等。他们分别参加了“中国特色和谐社区建设系列调查研究报告”丛书中郑州卷、广州深圳卷、杭州卷的分报告写作，有的还交叉参加了“当代中国城市社会发展实地调查研究系列丛书”中杭州卷、郑州卷的分报告写作。

这里没有提到的我的一些博士生，张永华、刘仲翔、仓理新、章东辉、王晓蓓、孙志祥、杨政、周翔、罗英豪、张笑会、徐晓军、蔡志海、张继涛、王勇、杨生勇、陶双宾、彭惠青、汪远忠、曾永泉、沈新坤、程启军、王洪伟、王程、张小山、喻芒清、符平、吴娅丹、高玉玲、张扬，他们都在不同的方面参加了合作。例如，刘仲翔参加了由我主编的《学界回眸：新中国 60 年的社会发展与建设》的写作，承担了其中的两章；汪远忠参加了《中国社会思想史新编》近代篇四章初稿的写作。

这里，我无法一一说明这些合作者在上述五论中起的作用，我只能像上次的序言所说的那样说：读者可以看到，在社会运行论、社会转型论、学科本土论、社会互构论、实践结构论的探索、应用、拓展、深化中，学术团队的各个成员都或多或少、这样那样地作出了自己的贡献。对此我首先要对他们表示感谢。在这本文集中，凡是合作的文章，都将在脚注中对合作者加以说明。同时，每篇文章的脚注还将说明文章发表的报刊、时间以及其他需要说明的问题。

本书得以顺利出版，还要感谢中国人民大学出版社的周蔚华总编辑、策划者潘宇编审，以及责任编辑李颜，感谢他们付出的辛勤劳动及多方努力。

四

上次出版三卷本时，我附上了三十二幅有关中国特色社会学理论的题词，与和我一起工作的学术群体的同仁、有志于社会学探索的后来者共勉。这次出版，我又新拟了十幅，附在这里，给感兴趣者共赏共勉。

关于中国特色社会学理论的十幅题词

中国特色社会学的科学人文观

科学精神　求真务实　人文关怀　减代增进

中国特色社会学的顶天立地观

踏遍中国　草根立地　超越本土　前沿顶天

中国特色社会学的学派创新观

综合创新　话语有权　建设学派　走向世界

中国特色社会学的现代传统观

现代成长　旨寄造福　传统发明　意促认同

中国特色社会学的建设反思观

着重建设　不忘反思　强调和谐　永记公正

中国特色社会学的两种现代观

新型现代　扬弃旧式　科学发展　超越初级

中国特色社会学的新型社会观

崭新社会　艰难成长　古老文明　价值重现

中国特色社会学的时代精神观

志同质疑　道异反诘　时代精神　擦肩不过

中国特色社会学的理论自觉观

反思自己　审视他人　摆脱束缚　理论自觉

中国特色社会学的五个主要论

运行转型　本土互构　实践结构　五论渐显

鄭杭生

2009 年 12 月 1 日于中国人民大学

社会学理论与方法研究中心

当代中国社会学近期的几个热点问题*

今年是费孝通先生和林耀华先生100周年诞辰。中央民族大学民族学与社会学学院计划举办一系列的纪念活动，其中之一就是举办社会学系列讲座。承包智明教授的好意，邀请我为这个讲座开个头。作为第一讲的讲演者，我既感到很荣幸，又感到责任很重大。经过考虑，结合国内外的情况，我确定了这样一个题目——“当代中国社会学近期的几个热点问题”，主要涉及这样四个方面，它们都值得我们再认识、再研究、再探索和再审视。这就是：

一、费孝通先生对当代中国社会学所做贡献再认识

二、中国模式或中国经验与当代中国社会学再研究

三、民生为重的社会建设与当代中国社会学再探索

四、社会学马克思主义还是社会学自由主义再审视

我写出了文章初稿，今天由于时间关系，我将概要地讲。

一、费孝通先生对当代中国社会学所做贡献再认识

关于费先生对中国社会学的贡献，我在2006年发表的《对中国社会学的巨大贡献——纪念费孝通先生从事学术研究70周年》① 一文中，概括为三个方面，这就是：第一，他对中国早期社会学所作的贡献，突出地表现在成绩卓著的社会学中国化上；第二，对中国社会学恢复重建所作的贡献，突出地表现在无人可以替代的历史作用上；第三，对中国社会学发展和拓展所作的贡献，突出地表现在振聋发聩的对社会学性质的

---

* 本文是为费孝通先生和林耀华先生100周年诞辰，2010年3月12日在中央民族大学民族学与社会学学院举办的纪念活动系列讲座第一讲的演讲稿。

① 该文发表在《江苏社会科学》，2006（1）。

新思考上。这里所说的“再认识”，是指我们对费先生所做的贡献，特别是他后期对中国社会学发展和拓展所作的贡献，认识得还不充分、不到位、不深刻，还需要进一步提高认识，这也包括我本人在内。我今天在这里讲这个问题，并不是说，我已经认识得很够了，而是想表明愿意和大家共勉，一起进行再认识。正是本着这种精神，我想指出下面三点。

第一，社会学是科学性和人文性之综合的提倡。

费孝通先生逝世前两年提出的社会学传统界限扩展论[①]，是继他提出“差序格局”论、小城镇理论、中华民族的多元一体论等中国特色社会学、社会人类学理论之后，提出的另一个有重大意义的理论。

在社会学传统界限扩展论中，费老在肯定“社会学是具有‘科学’和‘人文’双重性格的科学”的大前提下指出：社会学的价值，不仅仅在于这种由科学性决定的“工具性”，“社会学的人文性，决定了社会学应该投放一定的精力，研究一些关于‘人’、‘群体’、‘社会’、‘文化’、‘历史’等基本问题，为社会学的学科建设奠定一个更为坚实的认识基础。”

关于社会学传统界限扩展论的重大意义，我着重指出过两点。首先，它可以看作是费老回应世界社会学反思、重建的潮流，做出的一种具有鲜明中国特色的贡献。费老的这种思考，实际上是在提倡、在引导我们要用既对立又统一的辩证观点来看待和处理过去截然对立的东西，其中，科学主义型社会学和人文主义型社会学的截然对立、互相不容，争来斗去，就是其中突出的、基本的一种。费老肯定“社会学是具有‘科学’和‘人文’双重性格的科学”，实际上是把这种僵化的对立融化了。保持“科学”与“人文”适当的平衡，相互借鉴，对一个国家社会学的繁荣是非常重要的。

一个时期以来出现的世界社会学中心从美国向欧洲回归转移的趋势，归根结底与美国社会学科学与人文失衡、经验研究与理论研究失衡有关。美国社会学多年来出不了大社会学家，不像欧洲那样大社会学家群星灿烂，基本原因之一是美国社会学界的主流坚持一种比较偏执的认识，即社会学似乎仅仅是“科学”的，从而这样那样地忽视、忽略社会学的人文性。美国社会学过分“实证”了。这是值得我们思考的。在我看来，我国不少社会学者，包括本来就少得可怜的一些社会学主要杂志，也在

① 这一理论集中表达在费孝通《试谈扩展社会学的传统界限》一文中，载《北京大学学报》（哲学社会科学版），2003（3）。

很大程度上正在重蹈美国社会学这种“过分实证”而忽视、忽略人文的覆辙。这样做的恶果会越来越突出。费老看到了这个问题，及时提出了这个问题，我们再不能充耳不闻了。

其次，费老的观点，在把社会学当作经验科学、以某种新面目出现的实证社会学实际上占主流地位的中国社会学界，具有振聋发聩的作用。一些人不了解，过去费老针对当时的情况强调科学性和实证风格，是有时代的理由的，现在又针对新的情况强调了社会学的人文性，更是有的放矢。因此，把费老误解为仅仅是科学主义的、实证风格的，是很片面的。费老提出的观点正在迫使这些人进行重新思考。随着和谐社会和科学发展观的提出，费老的观点会越来越显示出它的重要性。

现在，费老提出社会学是科学性和人文性的综合的观点，已经接近10年了，在费老100周年诞辰之时，最好的纪念是认真贯彻他的高瞻远瞩的观点、理论和学说。

第二，中国气派文化文明观的提出。

我们都知道费老在《重建社会学与人类学的回顾和体会》等文章中说过的著名的四句话：“各美其美，美人之美，美美与共，天下大同。”我们都觉得这四句话说得简练、说得漂亮、对得工整。但是，我们不见得都能体会其中的深意。在我看来，这四句话，实际上提出了一种有中国气派的、符合时代精神的、切实可行的文化文明观。他告诉我们应该如何去对待、处理不同文化、不同文明之间的关系。这个问题，随着现代性全球化趋势不可阻挡的扩展推进，随着我国综合实力的增强、影响扩大，显得越来越重要。

首先，说它有中国气派是指它表达了与西方不同的文化文明观念。西方的理念，更强调的是文明的冲突和斗争，强调不同文明之间的势不两立，有你无我，说到底是要防止其他文明的兴起发达，维持西方特别是美国的文化文明霸权地位，避免其他文化文明对其霸权地位的挑战。2008年底去世的美国著名学者塞缪尔·亨廷顿（Samuel Huntington）在1996年出版的一本书，书名就叫《文明的冲突与世界秩序的重建》。该书主要探讨由文明冲突引发的世界性的文明认同危机及其影响和应对。此书可以看做较为集中地表述了西方特别是美国的文化文明观。

费老的“各美其美，美人之美，美美与共，天下大同”则贯穿了和谐和对话、双赢和互利。这里，“各美其美”，是不同的文化文明，都要各自尊重、珍爱自己的文化文明中的优秀、精华之处，既不能自暴自弃，也不能自我膨胀；“美人之美”，是要看到、借鉴其他文化文明的优秀、精华之处，既不能照抄照搬，也不能拒之门外；“美美与共”，是不同文化文明在清楚相互差别的基础上，即“和而不同”的基础上，相互学习、相互沟通，取长补短，多赢互利，从而达到文化文明的认同，并经由文化文明的认同，最后达到“天下大同”这种世界性的认同。用费老自己的话来说就是：我们“首先要认识自己的文化，理解所接触到的多种文化，才有条件在这个正在形成中的多元文化的世界里确立自己的位置，经过自主的适应，和其他文化一起，取长补短，建立一个有共同认可的基本秩序和一套与各种文化能和平共处、各抒所长、联手发展的共处条件”。

其次，说它符合时代精神是指它体现了一种与现时代的主要特征契合的新型文化文明观。就我国来看，我们的社会正经历着中国自走向现代以来最为深刻的变化。以旧式现代性为基础的人和自然、人和社会的关系趋于瓦解，个人与社会的相互依赖超过了以往任何时期，其中也包括个人对文化的相互依赖、国内不同文化之间的相互依赖。“从世界范围看，在和平与发展的主题下，多极化和多元化趋势日益增强，强弱悬殊、支配屈从不是社会生活过程的主导机制，相反，协商对话、平等互惠、强弱双赢才是现时代的主要特征”①，这也同样适用于文化和文明。费老“各美其美，美人之美，美美与共，天下大同”的观点和理念，正是鲜明地表达了反对强弱悬殊、支配屈从、唯我独尊、强加于人的文化文明霸权主义观念，也即旧式文化文明观，而提倡相互尊重、协商对话、平等互惠、强弱双赢的新型文化文明观，从而体现了我们时代的精神和价值。应当说，“各美其美，美人之美，美美与共，天下大同”所表达的新型文化文明观，是费老的“文化自觉”的重要方面。

最后，说它切实可行，是指费老“各美其美，美人之美，美美与共，天下大同”的观点同时也是一种解决问题的方法，是入情入理的，具有很强的可接受性，不同文化文明的人们都可以心悦诚服地加以接纳。它与那种以势压人、倚强凌弱、蛮不讲理的压服，很不一样。在压服下，只能是无可奈何地、被迫地、心不甘情不愿地加以接受，因而是不能持久的。可以说，“各美其美，美人之美，美美与共，天下大同”的观点和方法，作为一种正确解决、处理不同文化、不同文明之间的关系问题的办法，几乎是无可替代的。

第三，文化自觉对理论自觉的启示。

① 郑杭生、杨敏：《社会互构论：中国特色社会学理论的新探索》，载《马克思主义与现实》，2003（4）。

“文化自觉”是费先生在1997年正式提出的。此后费先生多次论述“文化自觉”，不断强调“文化自觉”。可以说，“文化自觉”是费老在最后差不多十年时间中所念念不忘的论题。在费老的多篇文章[①]中，有一段关于“文化自觉”总结性的、多次提到的话，特别值得好好领会：

> “文化自觉”指生活在一定文化中的人对其文化有“自知之明”，明白它的来历、形成过程、所具有的特色和它的发展趋向，不带任何“文化回归”的意思，不是要“复旧”，同时也不主张“全盘西化”或“全盘他化”。自知之明是为了加强对文化转型的自主能力，取得决定适应新环境、新时代对文化选择的自主地位。文化自觉是一个艰巨的过程……（费孝通《对文化的历史性和社会性的思考》）

在我看来，费老的这段论述，集中指出了探讨“文化自觉”不可或缺的几个主要方面，即“文化自觉”的内涵、它的使命、它的目标、它的艰巨性、它的重要性以及达到“文化自觉”的途径。这些对中国社会学的“理论自觉”提供了多重启发。因为，“理论自觉”同样也有自己的内涵、使命、目标、艰巨性、重要性以及达到“理论自觉”的途径。正是在费老的启发下，我相应地对中国社会学的理论自觉做了五点说明[②]：第一，中国社会学的“理论自觉”指从事社会学教学研究的人对其所教学和研究的社会学理论有“自知之明”，包括对自身理论和他人理论的反思，对自身的反思往往有助于理解中外不同理论之间的关系。第二，中国社会学的“理论自觉”也具有自己的双重使命，即一要努力创造自己的有中国风格的理论，二要正确地对待其他各种理论，特别是外来的理论。第三，中国社会学的“理论自觉”同样也要达到两个目标、把握两个自主，即加强自己在理论转型中的自主能力，并取得社会学学科为适应新情况而进行的理论选择、理论创造的自主地位。这两个自主所要求的自主性，对文化自觉和理论自觉来说，都是具有根本性质的。第四，中国社会学的“理论自觉”也不能不是一个思想解放的艰巨过程，即从西方强势社会学理论和社会理论中解放出来、正确定位自己、加强自主性的过程。如果没有自主性，只有边陲性，没有自己可美的东西，只有别人可美的东西，那就做不到“各美其美”，那就只剩下单纯的“美人之

---

① 如：《对文化的历史性和社会性的思考》、《关于“文化自觉”的一些自白》、《重建社会学与人类学的回顾和体会》等。

② 详见郑杭生：《促进中国社会学的“理论自觉”——我们需要什么样的中国社会学?》，载《江苏社会科学》，2009（5）。该文《新华文摘》2009年24期全文转载。

美”，为他人做嫁衣裳了。第五，中国社会学的“理论自觉”也是当今时代的要求，是当前形势提出的急迫问题，也只有遵循“实证的态度，实事求是的精神”才能达到，既不能看轻自己，抬高他人，也不能反过来，看高自己，看轻别人，特别不能只承认外国人的理论是理论，不认可中国人的理论也是理论。

可以说，没有费老对于“文化自觉”的论述，我们对“理论自觉”的探讨也不可能这样系统。当然，理论自觉与文化自觉相比，除了上述一般性，还有自己的特殊性，因为理论是文化的系统化形态，是对文化现象提炼、概括，理论自觉不能不有自己的特殊内容、特殊表现和特殊要求。我们尝试着做了这一工作①，但是即使在我们着重说明中国社会学“理论自觉”的特殊性时，我们也没有忘记费老对我们的启示。因为一般性和特殊性是不能截然分开的。

二、中国模式或中国经验与当代中国社会学再研究

当前，“中国模式”或“中国经验”，成了包括社会学在内的学术界、理论界的热点之一，关于这个问题发表了不少不同观点争鸣的文章，例如，究竟能不能提“中国模式”就有截然相反的意见。我本人也发表了一些文章，其中比较系统的是《社会学视野下的“中国经验”》一文②。那么，研究“中国经验”或“中国模式”究竟对中国社会学有什么作用呢？这是我要着重加以说明的。不过首先我想还是简要地说说我对于争鸣意见的看法。

第一，“中国模式”可以提而且必须提。

要确定一个概念能不能提，主要应把握以下几点：第一，从这个概念所反映的客观事物和过程存在不存在看。如果不存在，那么这个概念就是虚假概念或虚幻概念，当然根本不能提。第二，从使用这个概念的作用上看，是利大于弊，还是弊大于利。如果是弊大于利，那就要慎用。第三，从概念被接受程度上看，是易被接受还是不易被接受，如果被接受度很低，那也要慎用。第四，从概念使用的比较研究方面看，如果说

① 详见郑杭生：《促进中国社会学的“理论自觉”——我们需要什么样的中国社会学?》，载《江苏社会科学》，2009（5）。

② 2009年12月3日《光明日报》以两个版面的篇幅刊登了笔者2009年10月24日在国家图书馆所作的同名讲演。

别人能用，而主张我们不能用，那就要用充分的理由来加以说明。

我们就按照这些方面稍加分析。首先，所谓“中国模式”或“中国经验”，简要地说，是当代中国自改革开放以来在社会经济发展方面比较突出的特点和过程所构成的特定类型。[①] 模式都有一定的规律性和示范性。它来源于对中国所做事情、所走道路的总结，反过来又指导自己进一步的实践，并对别人的实践具有一定的参考意义。毫无疑问，这是活生生的事实，是确确实实存在的。因为，中国社会改革开放 30 年的发展和转型，已经显示出自己鲜明的特色和特点，显示出在全球的独一无二性，用世界上任何现有的发展模式都难以完全解释得通，因而形成与众不同的“中国模式”、“中国经验”。这种模式和经验，既区别于众多的资本主义发展模式和经验，但是利用了它们一切先进的东西，也区别于过去那些失败的社会主义模式，但是汲取了它们的经验教训。因此，它是一种新型的社会主义发展模式和经验，也即中国特色社会主义的发展模式和经验。这一点，从根本上决定了我们可以而且必须使用“中国模式”这个反映当代中国实际情况和过程的真实概念。

其次，“中国模式”这样的概念具有简明性、鲜明性。用“中国模式”概括中国特色社会主义这种新型社会主义发展模式，十分简洁，非常鲜明，有利于扩大自己的影响，必须说是利大于弊的。

再次，“中国模式”这样的概念还具有通用性，“模式”这个概念是国内外使用率很高的概念之一。“中国模式”可以说是利用了这一优势，具有极大的易接受性，有利于促进国际对话。

最后，现在世界上有那么多发展模式，例如在当今文献中，出现频率较高的有“北欧模式”、“拉美模式”、“东亚模式”和“中国模式”（在国外多为“北京共识”）等，还有各种各样其他模式，诸如习惯上被称为“自由主义模式”的英美等资本主义社会发展模式，被称为“苏东模式”的原苏联、东欧国家的单一公有制的计划经济发展模式等等，为什么我们不能把我国独特的发展模式叫做“中国模式”呢？这是否有点自觉不自觉地矮化自己的嫌疑呢？

反对者认为提“中国模式”，就把它固定化了。主观动机固然不错，但是理由是似是而非的。不错，“中国模式”还处于变动之中，因为“中国模式”本身并不是一个固定的事物，而是一个发展的过程，经历过并且正经历着由不甚成熟，到比较成熟，再到更加成熟的过程，而且这个

① 参见郑杭生：《社会学视野下的“中国经验”》，载《光明日报》，2009-12-03。

过程永远不会完结。把它看固定了，那是看问题的思想方法不够辩证。如果认为“中国模式”还处于变动之中，因此不能使用“中国模式”，那我们只能得出这样两点结论：一是当今世界没有任何模式，因为我们今天学术界和媒体所说的各种模式均处在变动、发展之中，都面临着挑战；二是如果只有完全定型的才能称为“模式”，那等于说“模式”必定是僵化的，这显然是不对的。①

第二，研究中国模式或中国经验是中国社会学立足现实的有效切入点。

“中国模式”并不是空洞的概括，而是有实实在在内容的，是有自身的结构和层次的。笔者曾经在不同场合指出，“中国模式”、“中国经验”是中国社会上下结合、共同探索、互动创新的结果，其中三个层次的相互推进十分明显：既有中央“自上而下”的推进，又有基层“自下而上”的推动，还有各个地方、各个部门连接上下的促进。这三个层次，通过理论创新、制度创新、价值重塑、共同创作、不断完善，融合成既有独特气派、独特风格，又有某种普遍意义的“中国模式”或“中国经验”。

在“自上而下”方面，中国特色社会主义是一种前所未有的创新性的社会主义。党的十六大以来，特别是以胡锦涛为总书记的党中央掌舵以来，一直到他所做的十七大报告，都越来越明显地表现出这种趋势。以人为本，全面、协调、可持续发展的科学发展观的提出，构建民主法治、公平正义、诚信友爱、充满活力、安定有序、人与自然和谐相处的社会主义和谐社会的问世，社会和谐被确定为社会主义的本质，改善民生问题被确定为社会建设的重点，公平正义被确定为社会建设的目标，就是几个标志性的里程碑。

在“自下而上”方面，随着中国社会重心日益下移，全国范围的城市社区建设和社会主义新农村建设，正在蓬勃开展。我们在全国各地的调查和考察表明，中国城乡基层社会，正在用建设性的反思批判精神，通过制度创新，把社会公平正义落实到我国微观制度的方方面面。无论在制度安排的公平方面，还是百姓认可的公平方面，无论在合理地配置社会资源和社会机会、重点解决民生问题上，还是在解决突出的社会问题、高发的社会矛盾和社会风险上，无论在使全体人民受益方面，还是在让弱势群体共享社会发展成果方面，无论在减少居委会的行政性、增加自治性，还是在培育和健康发展社区组织与建立社区服务体系方面，

① 参见秦宣：《“中国模式”之概念辨析》，载《前线》，2010（2）。

都在逐步取得进展。

连接“自上而下”和“自下而上”经验的，是各个“地方经验”。在对当今中国城市社会建设展开的实地考察中，我们先后领略了“武汉经验”、“广州经验”、“深圳经验”、“郑州经验”等，2008年又有幸与“杭州经验”相遇。杭州根据第一轮发展主要用土地、廉价劳动力、矿物资源、环境代价等初级资源的局限和缺陷，提出了“复合社会创业主体”这一新概念和新模式，并在实践中取得了很多成功。2009年，又一次与“郑州经验”相遇，他们提出的把郑州建设成“三化两型”的国际大都市，标志着我国中部的崛起。

在三个层次中，中央经验是中国经验的核心、灵魂和指导。地方经验、基层经验的重要性则在于它们共同构成了“中国经验”、“中国模式”的一个个亮点、一个个支点，共同标志着中国特色社会主义这种新型社会主义历程的一个个轨迹点、成长点。

现在发达国家越来越多的一流学者都在程度不同地研究“中国模式”，越来越多的发展中国家正在思考和参考“中国模式”。他们正在做出自己的解释。中国社会学更有义务对整个中国经验、对不同层次的中国经验，进行调查研究，做出自己的符合实际的理论概括，以提升自己的理论品质，在这一方面完成理论自觉的使命，使自己的理论成为与中国社会发展、中华民族复兴息息相关，与中国人民生活品质提高密切联系，因而具有生命力的理论。中国社会学只有直面中国自身的发展实践，从中获取灵感、吸取营养，才能获得具有持久生命力的理论成果。这就是近年来我们一直致力于通过实地调查开展各个层面“中国经验”的探究的原因。我们深深觉得，研究中国模式或中国经验是中国社会学立足现实的有效切入点。

正是根据“中国模式”三个层次的框架，笔者在前几年就设计了两套丛书，即“中国特色和谐社区建设系列实地调查研究报告”丛书，“当代中国城市社会发展实地调查研究系列丛书”，其创意就在于表达第三个层次社区建设经验和第二个层次城市发展经验在中国模式中的基础性和重要地位。

现在，前一系列丛书已经出版了前三卷：即《和谐社区建设的理论与实践——以郑州市实地调查为例的河南特色分析》（郑杭生、杨敏主编，党建读物出版社，2008年）和《和谐社区建设的理论与实践——以广州深圳实地调查为例的广东特色分析》（郑杭生主编，段华明、杨敏副主编，党建读物出版社，2009年），第三本《中国特色和谐社区建设

"上城模式"实地调查研究——杭州"上城经验"的一种社会学分析》(郑杭生主编，杨敏、黄家亮副主编，世界图书出版公司，2010年)。后一系列丛书已经出版了两卷：一卷是《"中国经验"的亮丽篇章——社会学视野下"杭州经验"的理论与实践》(郑杭生主编，杨敏、奂平清副主编，中国人民大学出版社，2010年)。另一卷就是《"三化两型"城市：科学发展与和谐社会建设的具体体现——以郑州实地调查为例的河南特色分析》(郑杭生总主编，赵君、杨敏等著，世界图书出版公司，2010年)。

第三，实地调查地方层次和社区层次是将前沿意识与草根精神结合的关键。

笔者也多次强调：中国社会学要取得实质性的进展，有两条特别重要：第一是站在国际社会学的前沿，把握社会学理论、方法、历史研究方面的新成果、新趋势；第二是深入到我国社会快速转型的实践，特别是在社会重心下移的今天，深入到基层的社区建设的实际，把握住制度创新的脉络。这就是说，当代中国社会学要取得实质性的发展必须有一种"顶天立地"的精神。这里"顶天"，就是要追求前沿，要有世界眼光；"立地"，就是要深入基层，要有草根精神。顶天立地，就是要把追求前沿与深入基层结合起来，把世界眼光与草根精神结合起来。

那么如何把两者结合起来呢？在我看来，对地方层次和社区层次进行较为系统的有一定规模的实地调查，是将前沿意识与草根精神结合的关键。这是因为，一方面，进行实地调查，就要深入到城市发展、社区建设的实际中，具体考察所调查的城市、社区已经做过的和正在做的事情，分析他们取得的进展、他们碰到的问题、他们获得的领悟，以及他们产生的困惑；就要接触不少领导、社区工作者、城乡社区居民，与他们共享制度创新成功的喜悦，共同梳理其中的问题和教训。这就需要草根精神，本身也体现草根精神。另一方面，进行实地调查，要有先进的理念、广阔的视野、科学的方法，即要有前沿意识，才能真正开动自己的脑子，善于发现问题、提出问题、分析问题。这就是说，实地调查本身需要前沿意识和草根精神的结合，也促进这种结合。

在学理上说，社区建设研究、城市发展研究，实际上是一种比较研究，一种"特色分析"。这种研究，一方面，并不是也不能是单纯就所研究的城市、社区来论这些城市和社区，而是要有全国的眼光、世界的眼光，也即前沿意识，同其他各地的城市、社区进行比较中来分析这些地方。没有这种全国眼光、世界眼光所体现的前沿意识，无法进行"特色分析”，无法显示各自的特色。同时，另一方面，又要深入到社区建设和城市发展的实际中，收集经验材料，为进行比较提供事实基础，没有这种深入基层和地方的草根精神，也无从进行“特色分析”。特色不是一种纯粹的文字演绎，而是一种根据事实的理论反映。

这种前沿意识与草根精神相结合的实地调查，也成为培养博士生从实际出发的能力、理论联系实际的素质的生动课堂。因为实地调查的团队主要由我在校的博士生、博士后，同时也吸收已经毕业的部分博士生和博士后——他们有的已经成为本领域的学术带头人——参加。他们感到参加不参加实地调查大不一样。这些实地调查给他们的社会学研究提供了许多新鲜的养料，使他们学会如何与不同的层次的居民打交道、进行沟通，亲身体会到我们的地方和基层是如何实际运行的，帮助他们树立建设性反思批判的理念和思维方式，从而改变过去从书本出发、坐而论道、惯于清谈、惯于指责的习气。

当然，“中国模式”、“中国经验”是一个争议很多的领域。当代中国是各种思潮的交汇点。不同的思潮对“中国模式”、“中国经验”的看法和理解也不同。在这种背景下，进行实地调查，从实际出发，不被各种错误的思潮所误导是尤其重要的。

三、民生为重的社会建设与当代中国社会学再探索

要谈论以改善民生为重点的社会建设与中国社会学的关系，必须对中国社会的基本状况有一个符合客观实际的判断。在社会学中，成为热点的一个问题是：中国社会结构是否断裂，中国是不是一个“断裂社会”？这个问题已经争论很长时间了。最近，陆学艺研究员写了一篇文章，题目很直截了当，就叫《中国的社会结构断裂了吗?》[①]，又重新为这个热点问题增加了一把火。

第一，中国社会是否断裂的问题。

大家知道，“断裂社会”曾经是影响不小的一种观点，从 2003 年到 2006 年出了三本书，被称为“断裂社会”三部曲[②]。不可否认，用“断

① 载《北京日报》，2010-03-01。

② 有三本书对这一观点进行论证。它们是：《断裂——20 世纪 90 年代以来的中国社会》（社会科学文献出版社，2003 年）；《失衡——断裂社会的运作逻辑》（社会科学文献出版社，2004 年）；《博弈——断裂社会的利益冲突与和谐》（社会科学文献出版社，2006 年），被称为“断裂社会”三部曲。

裂”来概括当代中国社会是很能吸引人们眼球的，是能极大提高网上博客的点击率的。“断裂社会”，乍一听，似乎很有道理，但是深入分析，则是似是而非的。也就是说，从学术上看是经不起推敲和质疑的。因为，用“断裂”来概括中国社会，是不合逻辑的，不符实际的，以偏概全的，非建设性的。

首先，不合逻辑在于：一个社会如果真是断裂了，那也就不成其为社会了。在这个意义上，“断裂社会”一词本身就是一个逻辑悖论。

其次，不符实际在于：中国社会实际上并没有断裂，我们取得的巨大成就见证着中国社会的非断裂性。中国社会结构分化、一些阶层被边缘化，无疑是事实，但它们所能证明的并不是断裂，而恰恰是中国社会的动态连续性，因为只有在整体中、在连续中，才能分化，才能边缘化。

再次，以偏概全在于，中国社会有两面，即社会优化与社会弊病并生、社会进步与社会代价共存、社会协调与社会失衡同在、充满希望与饱含痛苦相伴，把一个方面说成是全部，把中国社会叫做“失衡的社会”不能不是以偏概全。

最后，非建设性在于，字里行间惯于贬低中国社会，美化美国社会。对中国社会，制造“不可治理性”、矛盾的“不可解决性”等话语。这就像医生看病，不是增强病人的信心，而是不断向病人表示，你的病不可治，那还要你医生干什么?

早在2003年我应邀为《断裂》写简评时，对“断裂社会”就有保留，认为至少表达很不确切，因此我的简评着重强调的是“注意‘80年代’和‘90年代’的差异”[①]。这篇简评收在我的学术历程第三卷上。后来，越来越觉得“断裂社会”是其狭义社会转型论的重要组成部分，不仅仅是表达的问题。2007年我在一些文章中指出了这一点：

> 我们都知道一些简单的道理：只要勇于创新、做实事，就难免会有这样那样的缺点或缺陷，这一点无论对于国家政府、组织、群体、个人，都是一个通则；在现实的社会生活中，无论哪一种社会体制、制度、规范都处在一种有待完善的过程，这也是一个通则。不懂得这个简单的道理，就会把社会的不公正、弊端、问题、矛盾等非基本事实说成是基本事实，就看不到（或不想看到）这些问题必然会随着实践过程的推进而得到解决，甚至会刻意扩展、放大非

① 郑杭生：《中国特色社会学理论的拓展》，715页，北京，中国人民大学出版社，2005。

基本事实，把社会出现的不公正、弊端、问题、矛盾说成是不可解决的，用新闻的笔调而不是严肃的学术语言制造“问题化社会”、“断裂社会”等话语，来论证中国向着资本主义演变，把社会主义初级阶段中国社会的基本过程与局部现象混为一谈，把局部现象说成是基本过程。①

陆学艺研究员的文章鲜明地指出：“现在有社会学家认为，当代中国的价值观出现断裂，更重要的是社会阶层断裂了，特别是在 1998 年以后，整个社会固化了。”对这种观点，陆研究员首先指出它是不符合实际的，认为“表面看起来中国社会已经定型了，联盟、垄断、基层的人起不来，老板为富不仁……但仅仅根据这些还远不能判断中国社会就此定型”。陆研究员的主要论据是：“中国社会上下流动的速度正在加快，从社会底层流到中层的人员，估计每年有七八百万人，即每年基本上增加 700 万到 800 万的中产阶层。这个数字是有统计数据为依据的。”

其次，陆研究员指出要看到我国社会好的变化，学者不能脱离实际，他说：“我们这代人都是从折腾年代过来的，这 30 年没有折腾了。你看，农村在变，城市在变，都在往好的方向变，而且变化很快。今年你家盖楼，明年我家盖房，即使是再穷的地方也在变。有很多学者说现在农村是日渐凋敝，这是相比城市来说的。相比改革开放的巨大成绩来说，农村变化的速度的确慢了一些，但相比 30 年前的吃不饱穿不暖，已经是变化很多了。所以，我们一些学者要经常到农村、到工厂、到工人家里去看看，看看它们的变化”。

最后，陆研究员给出了他对我们社会的总的估计，其中包含着如何看问题的思想方法，指出：“总体来说，中国现在正处在一个比较不错的时代，这 30 年中国是在大步前进的。当然，中国需要解决的问题还有很多，但总得有个先后次序之分，不可能一下子全解决，很多问题的解决是水到渠成的事情。我们举个例子，在上世纪 80 年代的时候，我们就提出农民负担太重。喊了多少年也没大动作，但 2005 年不就解决了嘛?!现在农民种田国家还给补贴。……所以现在发展中碰到的很多问题，很难说用什么法子来解决的，有些是自然而然的过程，只要走对了路，不合理的东西到时候就会得到解决。”

中国社会究竟是不是一个“断裂社会”、“失衡社会”、“问题化社

① 郑杭生、杨敏：《中国社会转型的实质——新布达佩斯学派中国版的剖析》，载《中国社会科学内刊》，2007 (2)。

会”、“不可治理性社会”，不是一个小问题，而是涉及要不要进行社会建设、如何进行社会建设、是否以建设性批判态度对待社会建设的大问题。

第二，社会建设、改善民生都关系社会资源合理配置问题。

要真正理解社会建设、改善民生的内涵，都离不开社会资源合理配置问题。

首先，什么是社会建设？所谓社会建设，从正向说，就是要在社会领域或社会发展领域建立起各种能够合理配置社会资源和社会机会的社会结构和社会机制，并相应地形成各种能够良性调节社会关系的社会组织和社会力量；从逆向说，就是不断地研究社会矛盾、社会问题和社会风险的新表现、新特点和新趋势，创造正确处理社会矛盾、社会问题和社会风险的新机制、新实体和新主体，通过这样的新机制、新实体和新主体，更好地弥合分歧，化解矛盾，控制冲突，降低风险，增加安全，增进团结，改善民生。

其次，什么是民生问题？所谓民生问题，通俗地说，就是老百姓遇到的与衣食住行、生老病死等日常生活相关的问题，也可以说是老百姓过日子所遇到的种种问题。用社会学的术语说，就是一个社会的成员，如何从政府、市场和社会获得自己生存和发展的社会资源和社会机会，来支撑自己的物质生活和精神生活的问题。在我国社会快速转期，随着工业化、城市化、信息化、市场化的推进，社会分化加剧，出现了新的贫困问题，形成了生活困难的社会群体——社会学称之为社会弱势群体。他们为我国的社会进步付出了主要代价，但是他们的生活改善不多，甚至更加困难。他们是上学难、看病难、住房难等民生困难的主要承受者。当前我国社会成员，特别是弱势群体的不安全感，主要产生于两个方面：“现实困境”，即个人生活中已经遇到的实际困难或问题，和“未来威胁”，即可能对个人生活造成的威胁或风险。这两方面都与社会成员的切身利益有关，都与民生问题有关。前者导致“现实性的烦躁”，后者引发“预期性的焦虑”。它们都会构成人们的后顾之忧，严重影响社会成员的安全感，降低社会安全指数。民生问题不仅是个人安全和整体社会安全的连接点，而且是和谐社会建设最基础的必要条件，是社会矛盾多发凸显最基本的根源，是对共产党执政能力的考验，是对它合法性基础的培育。

总之，离开社会资源合理配置，我们就不能真正理解以改善民生为重点的社会建设。

第三，当代中国社会学要紧紧抓住社会资源合理配置，推进社会建设。

如果说，经济学着重研究经济资源，那么，社会学着重研究社会资源。如果说经济学更着重研究资源配置的效率问题，那么，社会学更着重研究资源配置的公平问题。因此，两门学科是互补的。但是，在发展中国家，经济学和社会学在不同的时期，发挥的社会作用是不同的，因而受到重视的程度也是不同的。发展中国家一般是先发展经济后建设社会，因而先重视经济学，忽视社会学。到经济发展到一定程度，积累起来的社会问题、社会矛盾日益突出，特别是进入社会矛盾的高发期多发期，人们越来越认识到非经济的社会因素对经济发展的制约，认识到非经济的社会因素对社会发展的重要性时，社会建设的问题被提出来，社会学的发展因而也进入了自己的黄金时期，越来越成为一门显学。从这个学科发展的大趋势来看，当代中国社会学是前途无量的。我们一定要看清这个学科发展的大趋势。

社会学的核心命题之一是社会资源和社会机会的合理配置和分配。社会学学科的许多基本范畴，如社会正义、社会资本、阶层阶级等，都要用社会资源的配置或获取来定义。现在提出一些重要概念，如我们在上面看到的，社会建设、民生问题等，也不例外。“社会学作为研究社会良性运行和协调发展的条件和机制的综合性具体科学”，其社会良性运行和协调发展归根到底离不开社会资源和社会机会的合理配置和获取。抓住更合理地配置社会资源和社会机会这一核心观点，对我们理解社会结构的变化同样也是重要的。

例如，什么是公平正义？笔者曾在理论上综合马克思、恩格斯和罗尔斯等人的观点，现实上根据新中国成立以来，特别是改革开放以来的实践，给社会正义下一个更为广泛的社会学定义：社会正义就是社会资源和社会机会配置的公平性和平等性。这里，公平和平等都能表达正义，但又是不同程度的正义，正好能够表达社会正义也是有阶段性的。笔者还提出，社会公平正义有两个维度，即制度安排与百姓认可。社会公平首先指的是一种客观的制度安排的合理性问题。这里，作为制度安排合理性的社会公平，主要体现在社会资源分配和获得的差别是合理的；社会机会对每个社会成员都是自由开放的、可竞争的。社会学上以职业为主要标志的阶层或分层则要求这样来安排：使上层永不松懈，中层永不满足，下层永不绝望，从而使作为绝望的派生物的种种消极后果，如自杀、“人肉炸弹”等概率大大降低。每个阶层的成员都可以根据自己的情况、通过自己的努力，找到改变自己地位和命运的机会。社会公平还在主观上体现为百姓的共同认可、认同。这就是社会公平度、公平感的高低问题。这种社会公平度、公平感，在社会学上是可以通过社会指标体系来加以衡量的。同时，我们也可以从经验上体会到，多数老百姓不认可、不认同的东西，是不公平的。如果老百姓的不认同感、不公平感发展到相对剥夺感，就会对社会稳定和社会和谐产生极不利的影响。老百姓认可度低的种种制度，肯定是有毛病的。这是推动制度创新的最直接、最重要的动力。

社会建设，正是抓住社会资源和社会机会的合理配置，从正向逆向两个方面来促进社会和谐和社会公平正义的。

当代中国社会学要紧紧抓住社会资源合理配置，从各个方面推进社会建设，并在推进社会建设中发展自己的学科，使全社会进一步认识到社会学的重要性。

四、社会学马克思主义还是社会学自由主义再审视

近十年中，美国社会学家、加州大学伯克利分校社会学教授布洛维（Michael Burawoy）提出了“社会学马克思主义”（Sociological Marxism）。他认为，独立的马克思主义和独立的社会学都是不尽完善的，只有把马克思主义与社会学相结合，马克思主义和社会学才有出路。布洛维的这些观点在社会学界产生了重要影响。在我国，对布洛维的“社会学马克思主义”存在不同的看法。一些学者认为布洛维是一个“马克思主义者”或者说是“社会学的马克思主义者”[①]，认为他“发展了马克思主义关于社会革命的理论”[②]。在我与杨敏教授合写的一篇文章中，指出布洛维是如何与新布达佩斯学派异曲同工的。如何评价布洛维的“社会学马克思主义”，于是也成为我国社会学界一个持续时间不短的学术热点。

第一，布洛维在马克思主义旗号下宣扬自由主义。

笔者一直不认为布洛维是一个马克思主义者，他的“社会学马克思主义”与其说是马克思主义，不如说是马克思主义旗号下的自由主义。

① 闻翔：《社会学的公共关怀与道德担当——评介麦克布洛维的〈公共社会学〉》，载《社会学研究》，2008（1）。

② 梁萌：《在生产体制中发现工人阶级的未来——读布洛维劳动过程理论三部曲之一〈辉煌的过去〉》，载《社会学研究》，2007（1）。

他的自由主义观点首先突出地表现在马克思主义、社会主义与市场经济关系上。他对马克思主义的发展与市场化过程的关系作了如此分析：历史上出现过三次市场化浪潮，第一波市场化发生在第一次世界大战前，这一时期的马克思主义处于古典阶段，主要关注于由经济发展所决定的历史规律，布洛维把这一时期马克思的社会构想称为“乌托邦社会主义”。第二波市场化发生在20世纪20—70年代，这一时期马克思主义关注的领域是国家在经济与社会发展中的作用，布洛维称之为“国家社会主义”。第三波市场化从70年代中期至今，是全球化的市场化，布洛维称这一时期的马克思主义关注于公民社会及其运动，是“社会学的马克思主义”，并把当代社会主义称为“社会性的社会主义”[①]。在他看来，马克思主义、社会主义是与市场经济截然对立的，两者在内容上是不可以融合的。所以他认为，马克思主义、社会主义对市场经济是天然否定和拒斥的。这样一来，我们就走进了一个“二选一”的过程：要么选择马克思主义、社会主义，要么选择市场经济、资本主义。按照这样一种逻辑，一个社会主义国家中如果存在不同经济成分，实行了市场经济及相应的生产、管理、组织技术，就应当被视为是资本主义。这正是自由主义、新自由主义的逻辑。这实质上与新布达佩斯学派的“后共产主义国家”、“国家资本主义”有很大的相似性，就是认为市场改革就是要走一条资本主义的发展道路。

其次，他的自由主义观点还突出体现在社会三大部门的关系上。他把社会与市场、国家截然对立起来，提出“公共社会学拒绝与市场和国家的共谋”[②]。这种主张，通俗地说，就是让国家（政府）走开，也让市场走开，剩下他那个万能的“社会”，即他的“公民社会”、“能动社会”。这种主张很激进，但是根本做不到的。“社会”无时无刻不是在处理与政府、与市场的关系中实际运行着。

最后，布洛维把他的“社会学马克思主义”与历史唯物论对立起来。他指出，社会学马克思主义摈弃了历史唯物主义——每种生产方式的运作规律和生产方式间的线性更替，而以在一个世界经济体中，多种形式的资本主义和新兴的社会主义的共存来替代这些规律。[③]一种“摈弃了历

---

① ［美］布洛维：《转型时代的马克思主义》，见 http：//www. sociologybar. com/index. asp? xAction=xReadNews&NewsID=3625，2006-10-25。

② ［美］布洛维：《公共社会学》，59页，北京，社会科学文献出版社，2007。

③ 参见上书，225页。

史唯物主义”的所谓“社会学马克思主义”不可能是真马克思主义，而只可能是打着马克思主义旗号的别的什么主义，就布洛维情况来说，就是社会学的自由主义。

第二，布洛维所谓在经典马克思主义著作中“社会”概念缺失的观点。

布洛维的“社会学马克思主义”还认为在经典马克思主义著作中“社会”的概念是缺失的。这是他另一个重要论点。这个论点同样是片面的、不符合事实的。正是马克思的《资本论》一开始就从别人只看到物与物的关系的地方，揭示出人与人的社会关系。正是马克思给“社会”下了迄今为止最科学的定义：社会不是别的，是一切社会关系的总和。此后的各种社会定义，包括“公民社会”或“市民社会”（对 civil society 的不同翻译）的定义在内，都不得不这样那样地回到这一定义。我前些年在论述什么是人权时，曾指出，马克思主义创始人在剖析资产阶级人权理论时曾指出，人权就是“权利的最一般的形式”①，就是“市民社会的成员的权利”②。马、恩这里所说的人权无疑是指资本主义社会的人权，即他们指出的“市民社会”的人权，并且对这种人权是反对的，但他们提出的人权观念却有普遍意义。恩格斯在分析资产阶级和无产阶级的平等要求时，更明确地概括了人权的普遍含义：人权就是“一切人，或至少是一个国家的一切公民，或一个社会的一切成员，都应当有平等的社会地位和政治地位”③。恩格斯在分析无产阶级的平等观念时指出，“无产阶级抓住了资产阶级的话柄，平等应当不仅是表面的，不仅在国家的领域中实行，它还应当是实际的，还应当在社会的、经济的领域中实行。”④这里恩格斯明显把社会与国家和经济区分开来了。当然，马、恩在当时的情况下还不可能对“公民社会”做出系统的研究。但无论如何不能说，在马、恩的著作里“社会”概念或“公民社会”的概念是“缺失”的。

第三，对布洛维提倡的“公民社会”很需要祛魅。

现在有一种把布洛维抬得很高的倾向，甚至提出要用布洛维的社会学马克思主义来“引导”中国的社会建设，这离中国社会的实际实在是

① 《马克思恩格斯全集》中文2版，第3卷，228页，北京，人民出版社，1995。

② 《马克思恩格斯全集》中文2版，第1卷，437页，北京，人民出版社，2002。

③ 《马克思恩格斯选集》2版，第3卷，444页，北京，人民出版社，1995。

④ 同上书，448页。

太远了，不能不说这是一种无根的观点。现在还有一种对“公民社会”缺乏分析的盲目崇拜，把它说得神乎其神。这些人应该认真看看王绍光教授今年发表的题为《“公民社会”祛魅》的文章。该文对“公民社会”做了有根有据、具体透彻的分析，指出，“公民社会”这个“成为好多人用以根本改造当前社会的旗帜”，“实际上是个无所不包的大杂烩”。这篇文章还重申了他1991年在《关于“市民社会”的几点思考》一文中的观点：“公民社会中有贫民窟与花园别墅，有血与泪，有剑与火。把它描绘成宁静、和平的去处，不是出于无知便是出于欺骗”，指出“公民社会理论的意识形态基因是‘自由主义’”①。

应当指出，布洛维的这种观点，有更大的迷幻性和隐藏性。因为，它挂着马克思主义的大旗。它以对马克思主义的误识来遮掩对当代发展着的马克思主义的排斥；它将社会主义的旧观念奉为至尊信条，而拒绝社会主义不断自我更新和完善的事实；它固化片面的、僵化的、早已被抛弃了的社会主义旧模式，否定正在成长的新型社会主义的实践。不仅如此，它还借用社会对弱势群体的关切，对经济市场化过程中社会公正的强力呼吁，把进步过程中必然发展的代价归结为社会主义的失败，并以此作为进行社会动员的理由，力图打造出一个反制度的阶级或群体（往往以所谓“工人阶级”来混淆视听），甚至不惜撒播、推助、激化社会不和谐因素，背离了社会学“增促社会进步，减缩发展代价”的深层理念。这实质上，也是非常有害的。

第四，既要避免被布洛维误导又要避免全盘否定布洛维。

对所谓“社会学马克思主义”学术剖析所表现的“理论自觉”，也和对新布达佩斯学派的学术剖析一样，并不表明我们对它们完全否定，正如我多次指出的，我们对“布达佩斯学派”或“新布达佩斯学派”采取分析的态度，并不一概否定。他们的观点中有值得我们参考、借鉴的东西。但是他们企图把西方“三权分立”的那一套宪政和价值观，也搬到中国来，这是不可能做到的，也是我们坚决不能同意的。对所谓“社会学马克思主义”，我们也采取同样的态度。

① 王绍光：《“公民社会”祛魅》，载《绿叶》，2009（7）。

林耀华先生对当代中国人类学所做贡献再认识*

——在林耀华先生一百周年诞辰纪念会上的讲话

今天，2010 年 3 月 27 日，是林耀华先生的百年诞辰。我们怀着崇敬的心情在这里隆重集会，缅怀这位享有国际声誉的著名人类学家、民族学家、社会学家和教育家。尽管他已经离开我们近 10 年了，但他留给我们的宝贵的学术遗产，仍是我们取之不尽的精神财富。我认为，林先生对中国人类学、民族学和社会学做出的巨大贡献，有必要在他百年诞辰之际加以再认识。这里所说的“再认识”，是指我们对林先生所做的贡献，认识得还不充分、不到位、不深刻，还需要进一步提高认识。

林耀华先生是中国人类学民族学在中国发生发展的重要开拓者。他的《金翼》和《凉山彝家》是两本最有代表性的力作。其中，《金翼》已成为国际人类学重大主题——中国汉人宗族社会研究的奠基作品之一，延续至今；《金翼》同时也成了现代中国社会学家族与社会网络研究的基本国情依据之一。同样，《凉山彝家》也早已被公认为现代彝族研究的开创性著作，其对彝族文化与社会的双重观察，提示了现代中国多民族发

---

* 本文是 2010 年 3 月 27 日在中国人民大学举行的林耀华先生百年诞辰学术纪念大会上的演讲，后来刊登在《广西民族大学学报》（哲学社会科学版），2010（2）。发表时的摘要如下：

2010 年 3 月 27 日为中国著名人类学民族学家林耀华先生百年诞辰。为了更好地纪念先生的人品与学术，本刊特别刊发郑杭生先生在纪念大会上的讲话《林耀华先生对当代中国人类学所作贡献再认识》，林先生大弟子庄孔韶教授的讲话《“把种子埋在土里”》，以及林先生女儿林宗锦、弟子潘守永搜集整理的《林耀华学术行年简谱与主要著作目录》。这些作品不仅较好地梳理了先生的学术历程和学术成就，而且展示了先生身后的学术团队与学术精神，具有激励后学、启迪来者之功用。

在准备此文时，中国人民大学人类学研究所副教授张有春提供了必要的资料，特此致谢。

展急需加以区域观照和整体性协调的重要意义。

这两大著作，分别代表着林先生的两大学术成就和学术贡献。这就是汉人社会研究和西南少数民族研究。

第一，汉人社会是林先生早期学术生涯的主要领域。先生在闽东乡镇汉人家庭长大，念过私塾，目睹农夫在田间插秧耕作，围观闽江的龙舟赛，参加过拜祖仪式，长期在民俗生活中耳濡目染，直到赴省城和出国深造为止。上世纪20年代，先生就读于燕京大学社会学系，师从吴文藻先生，接受社会学、人类学训练。1936年，他利用从闽东田野调查得来的资料完成硕士论文《义序的宗族研究》，驾轻就熟地将私塾国学知识、乡村民俗事象与社会学理论视角熔为一炉，分析了中国宗族社会的结构功能，引起学界的重视。1937年，先生到哈佛大学转攻人类学，接受系统的跨文化研究训练。1940年获博士学位后，先生利用余暇，根据他在闽东家乡的生活经历，以及1936—1937年之间做的两次田野工作，写成小说体著作《金翼》，并在国外发表。《金翼》、《义序的宗族研究》两本书成为汉人社会研究的学术经典，在国际人类学界占有重要的地位，至今仍是国内外人类学课堂教学的必读书目、中国乡村人类学的延续性主题，产生了持久的学术影响。

第二，西南少数民族研究特别是对彝族的研究，可以说是对汉人社会研究的自然而然的学术延伸和扩展。林先生自1937年到哈佛大学转攻人类学后，接受了系统的跨文化研究训练，少数民族开始成为其学术兴趣点之一。其博士论文《贵州苗民》(1940) 广征博引，精确考证了贵州苗民52支系的分布，简略描述了各支系的饮食、服饰等习俗，是林先生西南少数民族研究的试笔之作。1941年抗日战争期间，先生放弃哈佛大学教职，年底辗转昆明，加入燕京、云南两大学田野工作站。半年后被吴文藻先生派到成都燕大，从李安宅先生手中接掌社会学系。此后，先生连续几年暑假考察凉山彝族、康北藏族和川康北界嘉戎藏族，先后完成了《凉山彝家》(1947)、《四土嘉戎》等重要著作。由于时局骤变，解放前夕《四土嘉戎》书稿交付上海商务印书馆出版时失踪，我们只能从连载于1945年《流星》月刊的《康北藏民的社会状况》一文及《川康嘉戎的家族与婚姻》等文章间接领略该书的学术风貌，这是非常可惜的。而《凉山彝家》则成为中国民族学的经典之作，受到国内外学者的高度评价。林先生对彝族的研究可以说是锲而不舍，新中国成立后，一有机会就对凉山进行实地考察。1975年“文革”后期，林先生二上凉山，写成《凉山彝族今昔》长文。到了1984年，74岁的先生为指导研究生实习而三上凉山，回京后写成《三上凉山——探索凉山彝族现代化中的新课题》一文，分析了彝族传统文化与现代化互动的现状并提出建议。20世纪90年代初，先生委托出身凉山彝家的博士生潘蛟四上凉山进行调查，师徒据调查材料合写成《半个世纪以来凉山彝家的巨变》，对1956年以来彝族社会发展作了系统深刻的描述和分析。1995年，《凉山彝家的巨变》出版，与《凉山彝家》一起构成凉山彝族社会文化变迁的宏大画卷。

林先生的贡献当然不仅仅是上述两个方面。下面几点也必须提到。

第三，民族识别是一种很复杂的研究。1953年8—10月，先生受中央民族事务委员会派遣，率队到黑龙江和内蒙古，对达斡尔人进行民族识别。经过深入调查研究，先生主导写成报告，确认达斡尔人在历史上虽与蒙古族同源，但经过长期历史发展已经形成不同的特点与认同意识，宜于识别为单一民族。1954年，中央确认这一意见，达斡尔族成为我国的民族之一；1954年5—10月，先生再度受命率队到云南，对彝、壮、傣、哈尼等族的不同支系进行识别。调查组在缜密工作的基础上完成研究报告，除确定了一些群体的彝、白、傣、苗、哈尼等族属外，还对68个具有不同称谓的族体进行了正名或归并。

第四，少数民族历史调查。1956年后，先生工作重点转向少数民族高等教育和对外（苏联）学术交流，但仍积极参与民族学应用研究。1958年，先生承担中国少数民族社会历史调查任务并担任云南组负责人之一，后又曾为主持中国少数民族社会形态研究奔走各地，直到“文化大革命”爆发才戛然而止。

第五，还要指出的是，林耀华先生本人既是人类学民族学的学术泰斗，也同时是一位值得称道的教育家和学术播种人。改革开放以后，林先生积极推动民族学人类学发展，在学科建设、教学改革和确定研究专题等方面都有实实在在的设想和安排，为日后他的弟子们的整体学术发展奠定了牢固的基础。现在我们清楚地看到，在中国学术界，林耀华先生的学术代际传人与专题研究线索相当明了。例如，我校人类学研究所庄孔韶教授20余年间继承了林耀华先生的宗族乡村研究等主题，加上再传弟子，已经有全国各地十余人活跃在这一专题领域。这一学派从90年代初就开始做新的研究性布点，从中国南部和东南部转向华北，扩大到中国西北、西南、东北等十一个省区做田野工作，以家族宗族社会为出发点，同时或转而展开多视角认知中国社会的探索方式，他们采纳专著和弟子团队专题合集的方法，已经完成和正在完成一批批重要学术成果。

他们学理上相互影响，又各具特色，这和同一师门弟子与朋友之间在研究生课程内外常年交流（这次又云集北京为新论集定稿）与交往关系颇大。林耀华先生这一学派的新人，还在最近十年，在关于民族识别的专业人类学遗产基础之上，推动了中国区域社会的文化多样性观察，探索人群行为背后的文化意义，并在公共卫生和文化遗产保护等应用性主题方面获得新时期的新成果。我想，我们从林耀华先生治学一生的经历可以看到，中国的学术传承实践有多么重要，大学教育与学术研究事业需要有精细的计划、一批批深思熟虑的学者和扎实的研究工作，这样才能使中国学术站在国际前沿，林先生卓有成效的一生就是我们的榜样。

林耀华先生的一生，发展人类学民族学理论，借鉴国外思想做中国本土的文化观察与解说，以及重视“经世致用”的现代应用人类学观照，的确属于当今人文社会研究大师的整体性兼修才能，百年一遇，为后人格外称道。

所有这些，使我们这样年纪的后辈受益不浅，我更希望比我们这一代年轻、更年轻的后辈、后学，不断对林先生对当代中国人类学所做的贡献，进行再认识，以便温故知新，常学常新，使得在新的百年中，中国人类学能够出现青出于蓝而胜于蓝、继承这一学术传统又超出这一传统的学术大师。

在我看来，我们今天在这里隆重纪念林耀华先生百年诞辰的重要意义也正在于此。

这里，我还要附带说一下，我个人有幸在十几年前有过向林耀华先生当面讨教的机会。这就是 1997 年 1 月 6 日至 20 日在昆明成功举办的“国家教委第二期中国社会文化人类学高级研讨班”上，在会议的空隙，由庄孔韶和胡鸿保两位教授陪同，一起拜见林先生，林先生询问了当年中国社会学发展的情况，谈到他对中国人类学和社会学发展的一些看法，表达了他对中国人类学和社会学加强合作的前景，我们受益匪浅。我们还留下了一组向林先生当面讨教的珍贵照片。其中的一幅，已经发表在 2005 年出版的“郑杭生社会学学术历程之三”《中国特色社会学理论的拓展——当代中国社会学的前沿问题》上。这是我个人在纪念林耀华先生百年诞辰时认为值得回忆的。

谢谢各位！

值得庆祝的30年，值得纪念的100年*

——在中国社会科学院社会学研究所成立30周年暨费孝通先生百年诞辰纪念大会上的致辞

今年是中国社会科学院社会学研究所建所30周年，值得我们庆祝；今年也是费孝通先生100周年诞辰，值得我们纪念。因为这两件事情对当代中国社会学的发展都有标志性意义；而且这两件事情又因为费孝通先生曾是社会学研究所的首任所长而很自然而然地联系在一起。今天，在这个隆重庄重的集会上，我愿意简要地说一说为什么值得庆祝和纪念，以代表我个人，也在某种程度上代表中国社会学界，特别是全国高校社会学界，表示对社会学研究所的衷心祝贺和对费孝通先生的深切怀念。

一、值得庆祝的30年

关于社会学研究所对当代中国社会学的标志性意义，在我看来，主要可以从两方面来看。

第一，中国社科院社会学研究所的成立，是中国社会学恢复重建的重要标志性事件之一。中国社会学界公认，1979年3月18日宣告成立的、以费孝通为第一任会长的中国社会学研究会，1980年1月18日批准成立的、以费孝通为第一任所长的中国社会科学院社会学研究所，共同成为中国社会学学科恢复重建的重要标志。这已经载入史册。现在流行的几个版本的中国社会学史的专著或高校教科书，包括我和李迎生编著的《中国社会学史新编》，都包含和表达了这样的意思。

---

* 本文是2010年4月27日在中国社会科学院社会学研究所成立30周年暨费孝通先生百年诞辰纪念大会上的致辞。

第二，更重要的是，中国社科院社会学研究所成立以来30年的发展所取得的成果，成为中国社会学发展的一个重要的标志性的成果。择其要者如：

● 建所以来，经过几代社会学工作者的努力，已经成为在中国社会学界学科门类比较齐全、人员规模最大的社会学研究机构。

● 承担了多项国家、院所级重点课题，取得了一大批重要研究成果。

● 人才队伍建设长足发展，学科建设、机构设置逐步完善。

● 对外学术交流不断取得新进展。

● 刊物、连续出版物的出版迈上新台阶。

● 科研基本设施建设为学术研究提供新平台。

● 中国社会学会的学术活动健康蓬勃发展。

这些成果使社会学研究所获得了良好的社会声望。其集中表现就是2005年2月21日，社会学研究所李培林、景天魁研究员（其时分别担任社会学研究所党委书记、所长）为中共中央政治局第二十次集体学习做关于“努力构建社会主义和谐社会”的理论和实践问题的讲解，胡锦涛在会后对他们说：“现在提出建设和谐社会，是社会学发展的一个很好的时机，也可以说是社会学的春天吧！你们应当更加深入地进行对社会结构和利益关系的调查研究，加强对社会建设和社会管理思想的研究”。另外一个集中表现是，陆学艺研究员发起包括我在内的一些社会科学界的学者集体向胡锦涛致信，建议在新形势下加强对社会学学科的扶持，以适应构建社会主义和谐社会的迫切需要。2008年7月19日胡锦涛总书记在来信上作出批示：“专家们来信提出的问题，须深入研究。要从人才培养入手，逐步扩大社会学研究队伍，推动社会学发展，为构建社会主义和谐社会服务。”这是自改革开放初期邓小平同志批示恢复重建社会学之后，党和国家的最高领导人第一次专门为社会学的发展给予指示。这两个重要活动和事件都推动了中国社会学的发展，扩大了自己的影响和声望。

二、值得纪念的100年

关于费孝通先生百年诞辰的标志性意义，主要表现在他在中国社会学发展不同阶段的贡献上。我在费先生去世次年，即2006年发表的《对中国社会学的巨大贡献——纪念费孝通先生从事学术研究70周年》[①] 一

---

① 该文发表在《江苏社会科学》，2006（1）。

文中，概括为三个方面，这就是：第一，他对中国早期社会学所作的贡献，突出地表现在成绩卓著的社会学中国化上；第二，对中国社会学恢复重建所作的贡献，突出地表现在无人可以替代的历史作用上；第三，对中国社会学发展和拓展所作的贡献，突出地表现在振聋发聩的对社会学性质的新思考上。最近，我写了一篇题为《费孝通先生对当代中国社会学所做贡献再认识》的纪念文章。这里所说的“再认识”，是指我们对费先生所做的贡献，特别是他后期对中国社会学发展和拓展所作的贡献，认识得还不充分、不到位、不深刻，还需要进一步提高认识，这也包括我本人在内。我提出这个问题，并不是说，我已经认识得很够了，而是想表明愿意和大家共勉，一起进行再认识。正是本着这种精神，我想着重指出下面三点：

- 费老对社会学是科学性和人文性之综合的提倡。
- 中国气派的新型文化文明观的提出。
- 文化自觉对理论自觉的启示。

这些我将在下午“纪念费孝通先生 100 周年诞辰讨论会”上加以展开。

现在，费老提出社会学是科学性和人文性的综合的观点，已经接近 10 年了，在费老 100 周年诞辰之时，最好的纪念是认真贯彻他的高瞻远瞩的观点、理论和学说。

上面三点，并没有穷尽费老后期对中国社会学发展和拓展所作的贡献，它是我体会到的几个主要之点。但即使是这几点，也使我们这样年纪的后辈受益不浅，我更希望比我们这一代年轻、更年轻的后辈、后学，不断对费老对当代中国社会学所做的贡献，进行再认识，以便温故知新，常学常新。使得在新的百年中，中国社会学能够出现或几个青出于蓝而胜于蓝、继承这一学术传统又超出这一传统的学术大师。

在中国社会学 2010 年哈尔滨学术年会上的致辞*

接到中国社会学会的通知，在开幕式上我有 10 分钟的致辞。为节约时间，我就不说客套话了。

今年年会的主题是“中国道路和社会发展”，我想围绕这个很好的主题简要地说说三个相互联系的意思。

第一，讲“中国道路”，避不开“中国模式”的问题。我认为“中国模式”可以讲，必须讲，应该理直气壮地讲，因为这有充分理由。相反，主张不能提“中国模式”的理由，却是似是而非的。首先中国模式是一个真实的概念，它反映的是当代中国自改革开放以来在社会经济发展方面比较突出的特点和过程所构成的特定类型。它已经显示出在全球的独一无二性，用世界上任何现有的发展模式都难以完全解释得通。其次，“中国模式”这样的概念具有简明性、鲜明性、通用性，易于理解，有利于扩大自己的影响，有利于促进国际对话。“模式”这个概念是国内外使用率很高的概念之一。“中国模式”可以说是利用了这一优势。最后，现在世界上有那么多发展模式，例如在当今文献中，出现频率较高的有“北欧模式”、“拉美模式”、“东亚模式”等，还有各种各样其他模式，诸如习惯上被称为“自由主义模式”的英美等资本主义社会发展模式，被称为“苏东模式”的原苏联、东欧国家的单一公有制的计划经济发展模式等等，为什么我们不能把我国独特的发展模式叫做“中国模式”呢？这是否有点自觉不自觉地矮化自己的嫌疑呢？反对者认为提“中国模式”，就会把它固定化了。把它看固定了，并不是模式本身的问题，那是看模式的思想方法问题。本来，“中国模式”本身并不是一个固定的事

---

* 本文是 2010 年 7 月 24 日在中国社会学 2010 年学术年会上的致辞。

物，而是一个发展的过程，经历过并且正经历着由不甚成熟，到比较成熟，再到更加成熟的过程，而且这个过程永远不会完结。我们中国社会学界担负着为中国模式、中国经验做理论提升、完善的使命。

第二，讲“社会发展”，从社会学的视角看，我认为在当前着重要强调两点。

首先要强调“协调发展”，特别要强调社会结构与经济结构的协调发展，纠正社会结构与经济结构失衡。这是我们社会学的强项。我们在刚刚召开的海拉尔学术会议上明确了中国社会转型的基本问题和主要矛盾是社会结构滞后于经济结构，陆学艺教授经过研究提出，社会结构落后于经济结构有 15 年。我们现在看到的种种社会问题，都是社会结构落后于经济结构很多年的形形色色的表现。可以说，社会结构滞后于经济结构，这是我们现在所有社会问题的根源。

其次，必须抓住根本，即社会资源和社会机会的合理配置问题。

改革开放以来，我国社会经历了社会资源和社会机会配置格局的历史性变化，即从过去社会资源配置和管理的“一维模式”到“三维模式”的转变。

在新中国前 30 年的“一维模式”下，资源配置和社会管理的主体就是国家—政府一家，与国家相对独立的市场和社会几乎是不存在的。在实际生活中，就表现为“政企不分”、“政社不分”、“政事不分”。这种资源配置的格局，同时也是我国社会管理的体制。

在“三维模式”这种现代社会经济制度体系中，政府组织、市场组织、社会组织是三种基本的制度安排。在现阶段的中国社会，政府和市场显现出更具基本性，社会组织还不大、不强、不成熟，其基本性有一个培育成长过程，其被人们认识也有一个很长的过程。这除了表明我们的三维模式还没有完全形成之外，其实也是我国社会结构滞后于政治结构，尤其是滞后于经济结构的集中表现之一。

社会学的核心命题之一是社会资源和社会机会的合理配置和分配。社会学学科的许多基本范畴，如社会正义、社会资本、阶层阶级等，都要用社会资源的配置或获取来定义。现在提出一些重要概念，如社会建设、民生问题等，也不例外。抓住更合理地配置社会资源和社会机会这一核心观点，对我们正确理解社会建设和社会管理同样也是重要的。

总之，社会学在研究社会发展、社会建设时必须紧紧抓住社会资源和社会机会的合理配置问题，从理论和制度建设上做出自己的努力。

第三，中国社会学的“理论自觉”必须深化。中国道路和社会发展着重讲的是客观方面。我们中国社会学如何应对、如何理论创新？这就要把中国社会学的理论自觉切切实实引向深化。中国社会学的理论自觉，关键是学界自主性问题，背后是民族自信心的问题。现在也出现了一些可喜的变化。

例如，就对别人反思来看，现在对西方社会学理论的整个话语气氛变了，能够用平等的借鉴的观点来看了。不把自己看矮了也不把人家神化了，不把人家看成是天然地对的了。这种改变是好的，对中国社会学来说，是非常重要的。

就对自己的自知之明来看，对自己的学术自信心提高了，自知之明度提高了。自觉到我们自己有好东西。

我要补充和强调的是，费老的十六个字“各美其美，美人之美，美美与共，天下大同”提出了一种新型的文化文明观。这是处理我们自己的文化文明与西方文化文明，其中包括中西社会学理论关系的准则。我强调我们必须有自己的可美的东西。没有自己可美的东西，还是为别人做嫁衣裳。我们对外国的文化文明、社会学理论都要避免两个极端：全盘肯定和全盘否定。我们要的是借鉴。我体会到，在中国走极端，无论哪个极端，其结果都是不好的。

现在，我认为还要进一步深入理解中国社会学“理论自觉”的重要性和迫切性，还有很多事情要做。

我们首先要认识，理论自觉是提高中国社会学理论地位的有效途径，即它是中国社会学在世界社会学格局中由边陲走向中心的必由之路，改变话语权状况的必要条件，增强自主创新力的必要前提。其次，我们还要认识，理论自觉是提升中国社会学理论内涵的内在要求，因为只有理论自觉才能实现中国社会学的元理论的转向、实现本理论的创新、实现分理论的开拓。最后，理论自觉还是形成社会学中国理论学派的巨大动力，因为只有理论自觉，才能推动学派核心理念的提炼，促进核心团队的凝聚，推进学派氛围的形成。

总之，只有这样，中国社会学界才能在为我国社会发展、社会建设、社会转型做出贡献的同时，真正提高与国际社会学界平等对话的实力和能力，改变学术话语权为西方社会学垄断的状况。这是中国社会学界光荣的历史责任！

谢谢各位！

从科学性和人文性结合的角度来把握韦伯的学术思想*

很高兴应谢寿光的邀请，参加“韦伯与当代中国社会转型”论坛与《新教伦理与资本主义精神》新书发布会，并且应邀做一个简要的发言。

记得20年前，1990年7月，我与马戎、华青等教授一起到联邦德国，参加沃尔夫冈（Wolfgang Zapf）教授主持的在巴德洪堡召开的“韦伯与中国现代化”国际讨论会，当时名单上有苏国勋，但实际上他没有参加。当时，我和朱晓权合作，写过一篇长文《韦伯社会学类型的建立及其对认识转型社会的启发意义》，作为递交给这次国际会议的论文。后来这篇论文收在2005年出版的“郑杭生社会学学术历程之一”上。现在看起来，《韦伯社会学类型的建立及其对认识转型社会的启发意义》，好像是为这个论坛写的文章。此后我只是在各种相关的文章中提到韦伯的社会学思想。

今天参加这个会，一是对老苏主持的新版《新教伦理与资本主义精神》的重新翻译和出版表示衷心的热烈的祝贺！我相信经过各位译者的努力，新版书在信、达、雅方面一定会达到一个新的高度。二是想说一说理解韦伯学术思想一个关键点的体会。

大家知道，韦伯的学术遗产、社会学思想十分丰富，研究什么问题，都很难完全离开韦伯。例如研究传统与现代的关系，就离不开韦伯。我在《现代性过程中的传统和现代》一文分析类型学方法时说过，这种类型学方法，在涂尔干那里主要表现为分析社会结构层次的范式，而在韦伯那里则进一步扩大为分析个体行动（互动）、社会结构和文化符号诸层次上的范式。韦伯把行动分为四种类型——目标合理的行动、价值合理

* 本文是2010年8月4日参加“韦伯与当代中国社会转型”论坛与《新教伦理与资本主义精神》新书发布会的发言。

的行动、激情的行动、传统的行动，并认为，在传统社会中，占主导地位的是传统的和激情的这两种非理性的行动，在工业社会中，占主导地位的则是目标合理的和价值合理的行动。其中，在韦伯看来，又只有目标合理的行动才是真正合理的行动。韦伯认为，这种目标合理的行动的作用日益加强，范围日益扩大的过程就是“合理化”的过程。这一点特别突出地表现在用合理的科层制来管理经济和国家上。所谓科层制，就是分级分部门分职责的管理制度。科层制的治理与“科层制的管理就是通过知识来统治，它的特殊合理性就在于此”。韦伯对权威类型或支配类型——传统型、魅力（Charisma）型和法理型——所做的分类中，更明显地表示了在结构分析上的传统和现代两种理想类型。韦伯正是通过这一步骤，最终确立了“传统—现代”的社会类型分析框架，而它一直是后来社会发展和社会现代化研究的原型。《现代性过程中的传统和现代》一文，被收在最近出版的“郑杭生社会学学术历程之四”上下两册的下卷中。

又如，我们在研究“个人和社会关系”这一既是社会学的元问题又是社会学的基本问题的时候，也不时地回到韦伯的思想。这里所谓元问题是指“个人和社会关系”的逻辑方面，而基本问题则是“个人和社会关系”与经验现实的联系方面。现在，我和杨敏教授合著的专著《社会互构论：世界眼光下的中国特色社会学理论的新探索——当代中国“个人与社会关系研究”》已经正式出版。它是我们多次回到韦伯思想的见证。

我今天要着重强调说的一点是：理解韦伯学术思想一个关键点的体会。这就是只有从科学性和人文性结合的角度才能真正理解和把握韦伯的学术思想，有时看起来甚至矛盾的思想。这方面最典型的例子是韦伯关于价值中立和价值相关的分析。

“价值中立”的思想是在韦伯那里系统化的，但并非始于韦伯。在他以前的以孔德、斯宾塞为代表的实证主义思想家那里，在与他差不多同时期的涂尔干那里，都有这样的思想。他们认为，社会文化现象和自然现象是同质的，可以把自然科学方法移植到社会科学中去，因而社会科学家应该同自然科学家一样，只是描述客观事实，寻求客观规律，只说“是什么”，只作“事实判断”或“实然判断”，而不掺杂自身的好恶，不包含价值因素，不说“应该是什么”，不作“价值判断”或“应然判断”。这种研究方法的巨大历史意义在于把社会科学从神学和思辨形而上学下解放出来。但这种方法的致命弱点则是将社会科学和自然科学等量齐观，混淆它们之间应有的界限，并用客观主义排除了社会科学的一个不可或缺的核心内容——价值的合理的应有的地位。以文德尔班（Windelband）和李凯尔特（Rickert）为代表的新康德主义者或德国历史学派，明确地把自然科学和社会科学从对象、方法、目的上区分开来，把事实和价值、价值联系和价值判断区分开来，认为自然科学是价值无涉的领域，而社会科学则是价值的领域，从而肯定了社会历史研究不能摆脱价值，纠正了实证主义的片面性。这一点对社会科学方法论来说，也是有重大历史意义的。但是他们对价值的解释却陷入了主观主义、相对主义和非理性主义，认为价值的意义决定于主体的情感、意志，认为历史无规律，人们只能靠伦理的、审美的体验来把握过去的历史事件，只能从自己的理想观点出发来估评过去的价值。①事实上，“价值立场不是研究者的主观随意性，它有自己的客观前提”，“这个前提就是上述的实践关系，即价值关系”；“社会学研究者的价值立场是客观的社会物质关系的反映”②。

韦伯既反对实证主义把价值完全逐出科学之外的观点，也反对德国历史学派把价值伦理化、主观化的倾向。他认为，社会科学必须涉及价值，与价值相关，同时社会科学家却不能由此而作出有应然指向的价值判断。换言之，价值中立要求免于作价值判断，但却不能免于价值相关或价值参照。可以说，在韦伯的社会科学方法论中，价值相关与价值中立具有同等重要的作用。与实证主义者和新康德主义者相比，韦伯在处理科学和价值的关系上进了一步。总之，价值中立的思想，特别是韦伯系统化了的价值中立论，在使社会科学成为科学的历史上所起的作用，是应当肯定的。

这里，价值中立包含着强调客观性、科学性的合理因素，而价值相关包含着强调人文性的合理因素。如果不从科学性与人文性相结合的视角，来看价值中立和价值相关这对似乎相互矛盾的范畴，我们就会无法真正把握韦伯关于价值中立和价值相关所要表达的思想。

同样，要真正理解《新教伦理与资本主义精神》，也离不开科学性与人文性相结合的视角。这本书一方面强调资本主义发展是一种“合理化”的过程，就像我在上面所说，韦伯认为，这种目标合理的行动的作用日

① 详见周蔚华：《价值中立论批判》，载《中国人民大学学报》，1991（3）。我以前的学生、现在的同事周蔚华教授在此文中，对有关“价值中立”的历史、内容、积极意义和消极意义等，作了较为详尽和我认为是正确的分析。1991年7月我们曾合作写过一篇有关分析“价值中立”的文章，遗憾的是因故未用。

② 侯钧生：《价值立场与社会学知识的客观性》，载《社会学研究》，1995（6）。

益加强，范围日益扩大的过程就是“合理化”的过程，这事实上是强调了这一过程的科学性。另一方面又强调新教伦理这样一种特殊的文化、特殊的人文精神和人文性，对西欧资本主义发展所起的促进作用。这是用单纯的科学性和单纯的人文性都无法加以把握的。

大家看看，我说的这一点有没有一点道理。

谢谢谢寿光，谢谢苏国勋，谢谢各位。

费孝通先生对当代中国社会学所做贡献再认识*

今年是费孝通先生100周年诞辰。关于费先生对中国社会学的贡献，我在费先生去世次年，即2006年发表的《对中国社会学的巨大贡献——纪念费孝通先生从事学术研究70周年》① 一文中，概括为三个方面，这就是：第一，他对中国早期社会学所作的贡献，突出地表现在成绩卓著的社会学中国化上；第二，对中国社会学恢复重建所作的贡献，突出地表现在无人可以替代的历史作用上；第三，对中国社会学发展和拓展所作的贡献，突出地表现在振聋发聩的对社会学性质的新思考上。这里所说的"再认识"，是指我们对费先生所做的贡献，特别是他后期对中国社会学发展和拓展所作的贡献，认识得还不充分、不到位、不深刻，还需要进一步提高认识，这也包括我本人在内。我提出这个问题，并不是说，我已经认识得很够了，而是想表明愿意和大家共勉，一起进行再认识。正是本着这种精神，我想着重指出下面三点。

一、社会学是科学性和人文性之综合的提倡

费孝通先生逝世前几年正式提出的社会学传统界限扩展论②，是继他提出"差序格局"论、小城镇理论、中华民族的多元一体论等有中国特色社会学、社会人类学理论之后，提出的另一个有重大意义的理论。

---

* 本文是在中国社科院纪念费孝通先生100周年诞辰讨论会上的发言，后刊登在《中国社会科学报》，2010-05-12，发表时稍作修改。

① 该文发表在《江苏社会科学》，2006（1）。

② 这一理论集中表达在费孝通《试谈扩展社会学的传统界限》一文中，载《北京大学学报》（哲学社会科学版），2003（3）。

在社会学传统界限扩展论中，费老在肯定“社会学是具有‘科学’和‘人文’双重性格的科学”的大前提下指出：社会学的价值，不仅仅在于这种由科学性决定的“工具性”，“社会学的人文性，决定了社会学应该投放一定的精力，研究一些关于‘人’、‘群体’、‘社会’、‘文化’、‘历史’等基本问题，为社会学的学科建设奠定一个更为坚实的认识基础。”

关于社会学传统界限扩展论的重大意义，我曾着重指出过两点。首先，它可以看作是费老回应世界社会学反思、重建的潮流，做出的一种具有鲜明中国特色的贡献。费老的这种思考，实际上是在提倡、在引导我们要用既对立又统一的辩证观点来看待和处理过去截然对立的东西，其中，科学主义型社会学和人文主义型社会学的截然对立、互相不容，争来斗去，就是其中突出的、基本的一种。费老肯定“社会学是具有‘科学’和‘人文’双重性格的科学”，实际上是把这种僵化的对立融化了。保持“科学”与“人文”适当的平衡，相互借鉴，对一个国家社会学的繁荣是非常重要的。

一个时期以来出现的世界社会学中心从美国向欧洲回归转移的趋势，归根结底是与美国社会学科学与人文失衡、经验研究与理论研究失衡有关。美国社会学多年来出不了大社会学家，不像欧洲那样大社会学家群星灿烂，基本原因之一是美国社会学界的主流坚持一种比较偏执的认识，即社会学似乎仅仅是“科学”的，从而这样那样地忽视社会学的人文性。美国社会学过分“实证”了。这是值得我们思考的。在我看来，我国不少社会学者，也在很大程度上重蹈着美国社会学这种“过分实证”而忽视人文的路径。这样做的恶果会越来越突出。费老看到了这个问题，及时提出了这个问题，我们再不能充耳不闻了。

其次，费老的观点，在把社会学当作经验科学、以某种新面目出现的实证社会学实际上占主流地位的中国社会学界，具有振聋发聩的作用。一些人不了解，过去费老针对当时的情况强调科学性和实证风格，是有时代的理由的，现在又针对新的情况强调了社会学的人文性，更是有的放矢。因此，把费老误解为仅仅是科学主义的、实证风格的，是很片面的。费老提出的观点正在迫使这些人进行重新思考。随着和谐社会和科学发展观的提出，费老的观点会越来越显示出它的重要性。

现在，费老提出社会学是科学性和人文性的综合的观点，已经接近10年了，在费老100周年诞辰之时，最好的纪念是认真贯彻他的高瞻远瞩的观点、理论和学说。

二、中国气派新型文化文明观的提出

我们都知道费老在《重建社会学与人类学的回顾和体会》等文章中说过的著名的四句话："各美其美，美人之美，美美与共，天下大同。"我们都觉得这四句话说得简练、说得漂亮、对得工整。但是，我们不见得都能体会其中的深意。在我看来，这四句话，实际上提出了一种有中国气派的、符合时代精神的、切实可行的文化文明观。它告诉我们应该如何去对待、处理不同文化、不同文明之间的关系。这个问题，随着现代性全球化趋势不可阻挡的扩展推进，随着我国综合实力的增强、影响扩大，显得越来越重要。

首先，说它有中国气派是指，它表达了与西方不同的文化文明观念。西方的理念，更强调的是文明的冲突和斗争，强调不同文明之间的势不两立，有你无我，说到底是要防止其他文明的兴起发达，维持西方特别是美国的文化文明霸权地位，避免其他文化文明对其霸权地位的挑战。2008年底去世的美国著名学者塞缪尔·亨廷顿，在1996年出版了一本书，书名就叫《文明的冲突与世界秩序的重建》。该书主要探讨由文明冲突引发的世界性的文明认同危机及其影响和应对。此书可以看做较为集中地表述了西方特别是美国的文化文明观。

费老的"各美其美，美人之美，美美与共，天下大同"则贯穿了和谐和对话、双赢和互利。这里，"各美其美"，是不同的文化文明，都要各自尊重、珍爱自己的文化文明中的优秀、精华之处，既不能自暴自弃，也不能自我膨胀；"美人之美"，是要看到、借鉴其他文化文明的优秀、精华之处，既不能照抄照搬，也不能拒之门外；"美美与共"，是不同文化文明在清楚相互差别的基础上，即"和而不同"的基础上，相互学习、相互沟通，取长补短，多赢互利，从而达到文化文明的认同，并经由文化文明的认同，最后达到"天下大同"这种世界性的认同。用费老自己的话来说就是：我们"首先要认识自己的文化，理解所接触到的多种文化，才有条件在这个正在形成中的多元文化的世界里确立自己的位置，经过自主的适应，和其他文化一起，取长补短，建立一个有共同认可的基本秩序和一套与各种文化能和平共处、各抒所长、联手发展的共处条件"。

其次，说它符合时代精神是指，它体现了一种与现时代的主要特征契合的新型文化文明观。就我国来看，我们的社会正经历着中国自走向现代以来最为深刻的变化。以旧式现代性为基础的人和自然、人和社会的关系趋于瓦解，个人与社会的相互依赖超过了以往任何时期，其中也包括个人对文化的相互依赖、国内不同文化之间的相互依赖。“从世界范围看，在和平与发展的主题下，多极化和多元化趋势日益增强，强弱悬殊、支配屈从不是社会生活过程的主导机制，相反，协商对话、平等互惠、强弱双赢才是现时代的主要特征”[①]，这也同样适用于文化和文明。费老“各美其美，美人之美，美美与共，天下大同”的观点和理念，正是鲜明地表达了反对强弱悬殊、支配屈从、唯我独尊、强加于人的文化文明霸权主义观念，也即旧式文化文明观，而提倡相互尊重、协商对话、平等互惠、强弱双赢的新型文化文明观，从而体现了我们时代的精神和价值。应当说，“各美其美，美人之美，美美与共，天下大同”所表达的新型文化文明观，是费老的“文化自觉”的重要方面。

最后，说它切实可行，是指费老“各美其美，美人之美，美美与共，天下大同”的观点，同时也是一种解决问题方法，是入情入理的，具有很强的可接受性，不同文化文明的人们都可以心悦诚服地加以接纳。它与那种以势压人、倚强凌弱、蛮不讲理的压服，很不一样。在压服下，只能是无可奈何地、被迫地、心不甘情不愿地加以接受，因而是不能持久的。可以说，“各美其美，美人之美，美美与共，天下大同”的观点和方法，作为一种正确解决、处理不同文化、不同文明之间的关系问题的办法，几乎是无可替代的。

三、文化自觉对理论自觉的启示

“文化自觉”是费先生在 1997 年正式提出的。此后费先生多次论述“文化自觉”，不断强调“文化自觉”。可以说，“文化自觉”是费老在最后差不多十年时间中所念念不忘的论题。在费老的多篇文章[②]中，有一段关于“文化自觉”总结性的、多次提到的话，特别值得好好领会：

> “文化自觉”指生活在一定文化中的人对其文化有“自知之明”，明白它的来历、形成过程、所具有的特色和它的发展趋向，不带任何“文化回归”的意思，不是要“复旧”，同时也不主张“全盘西化”

---

① 郑杭生、杨敏：《社会互构论：中国特色社会学理论的新探索》，载《马克思主义与现实》，2003 (4)。

② 如：《对文化的历史性和社会性的思考》、《关于“文化自觉”的一些自白》、《重建社会学与人类学的回顾和体会》等。

或“全盘他化”。自知之明是为了加强对文化转型的自主能力，取得决定适应新环境、新时代对文化选择的自主地位。文化自觉是一个艰巨的过程……（费孝通《对文化的历史性和社会性的思考》）

在我看来，费老的这段论述，集中指出了探讨“文化自觉”不可或缺的五个主要方面，即“文化自觉”的内涵、它的使命、它的目标、它的艰巨性、它的重要性以及达到“文化自觉”的途径。这些对中国社会学的“理论自觉”提供了多重启发。因为，“理论自觉”同样也有自己的内涵、使命、目标、自己的艰巨性、重要性以及达到“理论自觉”的途径。正是在费老的启发下，我相应地对中国社会学的理论自觉做了五点说明[①]：第一，中国社会学的“理论自觉”指从事社会学教学研究的人对其所教学和研究的社会学理论有“自知之明”，包括对自身理论和他人理论的反思，对自身的反思往往有助于理解中外不同理论之间的关系。第二，中国社会学的“理论自觉”也具有自己的双重使命，即一要努力创造自己的有中国风格的理论，二要正确地对待其他各种理论，特别是外来的理论。第三，中国社会学的“理论自觉”同样也要达到两个目标、把握两个自主，即加强自己在理论转型中的自主能力，并取得社会学学科为适应新情况而进行的理论选择、理论创造的自主地位。这两个自主所要求的自主性，对文化自觉和理论自觉来说，都是具有根本性质的。第四，中国社会学的“理论自觉”也不能不是一个思想解放的艰巨过程，即从西方强势社会学理论和社会理论中解放出来、正确定位自己、加强自主性的过程。如果没有自主性，只有边陲性，没有自己可美的东西，只有别人可美的东西，那就做不到“各美其美”，那就只剩下单纯的“美人之美”，为他人做嫁衣裳了。第五，中国社会学的“理论自觉”也是当今时代的要求，是当前形势提出的急迫问题，也只有遵循“实证的态度，实事求是的精神”才能达到，既不能看轻自己，抬高他人，也不能反过来，看高自己，看轻别人，特别不能只承认外国人的理论是理论，不认可中国人的理论也是理论。

可以说，没有费老对于“文化自觉”的论述，我们对“理论自觉”的探讨也不可能这样系统。当然，理论自觉与文化自觉相比，除了上述一般性，还有自己的特殊性，因为理论是文化的系统化形态，是对文化现象的提炼、概括，理论自觉不能不有自己的特殊内容、特殊表现和特

① 详见郑杭生：《促进中国社会学的“理论自觉”——我们需要什么样的中国社会学?》，载《江苏社会科学》，2009（5）。该文《新华文摘》2009年24期全文转载。

殊要求。我们尝试着做了这一工作[①]，但是即使在我们着重说明中国社会学"理论自觉"的特殊性时，我们也没有忘记费老对我们的启示。因为一般性和特殊性是不能截然分开的。

上面三点，并没有穷尽费老后期对中国社会学发展和拓展所作的贡献，它是我体会到的几个主要之点。但即使是这几点，也使我们这样年纪的后辈受益不浅，我更希望比我们这一代年轻、更年轻的后辈、后学，不断对费老对当代中国社会学所做的贡献，进行再认识，以便温故知新，常学常新，使得在新的百年中，中国社会学能够出现青出于蓝而胜于蓝、继承这一学术传统又超出这一传统的学术大师。

---

① 详见郑杭生：《促进中国社会学的"理论自觉"——我们需要什么样的中国社会学?》，载《江苏社会科学》，2009 (5)。该文《新华文摘》2009 年 24 期全文转载。

丰碑　轨迹　时代*

——在北京大学社会学学科重建三十周年暨费孝通百年诞辰纪念会上的致辞

感谢北京大学社会学系主任谢立中教授盛情邀请我参加这个会议。首先我向北京大学社会学学科重建三十周年暨费孝通百年诞辰纪念会的召开，表示最衷心、最热烈的祝贺！北京大学社会学系经过三十年的努力，已经成为全国社会学的重镇，为中国社会学发展做出了自己应有的贡献。我预祝它在今后做出更大的贡献！关于费孝通先生百年诞辰，我已经在先前召开的纪念会上分别讲过几次话，并在杂志和报纸上发表了《费孝通先生对当代中国社会学所做贡献再认识》的纪念文章。今天，谢教授给我一点不多的时间，要我做一个简短的致辞。在这隆重的场合，我愿意就纪念费先生百年诞辰表达三层意思。这就是费孝通先生代表中国社会学的一座学术丰碑、一条学术轨迹、一个学术时代。

一、一座学术丰碑

无论从对社会学学科本身的学术贡献而言，还是从对社会学学科的推进作用来说，费先生都代表中国社会学的一座学术丰碑。

就对社会学学科本身的学术贡献而言，费先生对社会学中国化的身体力行，对学术话语权的孜孜追求，对一系列学术术语的创新创造，如“乡土社会”、“差序格局”、“中华民族多元一体”、“小城镇、大问题”、“文化自觉”等等，现在都成为了中国社会学界的集体记忆，成了我们宝

* 本文是 2010 年 11 月 3 日在北京大学社会学学科重建三十周年暨费孝通百年诞辰纪念会上的发言稿。

贵的学术资源。他的《江村经济》对社会人类学“文野之别”的界限的相对化，把原来以“初民社会”、“野蛮社会”为对象的研究推广到对“农业社会”、“文明社会”的研究。他的“各美其美，美人之美，美美与共，天下大同”所表达的一种新型的文化文明观，将对今后国内和国外的文化交流、文明对话产生越来越深远的影响。他提出的社会学具有科学和人文两重性质的“社会学界限扩展论”极大冲击了实证主义的唯科学主义的社会学，给中国社会学今后的发展指出了正确的方向。

就对社会学学科的推进作用而说，特别是对中国社会学恢复和重建来说，他和雷洁琼先生一道，起到了无可替代的作用。尽管中国社会学的恢复重建，从国内国外的发展来看，是不可避免的趋势，但是，对抓住这个趋势并起决定性作用的邓小平同志，对在实现这一趋势中起过重要作用的费先生、雷先生，我们中国社会学界始终怀有感恩之心。

二、一条学术轨迹

丰碑是比较静态的概念，如果动态地看，那么，费先生还代表一条中国社会学界值得遵循的学术轨迹。这就是“立足现实，开发传统，借鉴国外，创造特色”。

就立足现实来说，费先生一生都把现实的中国社会作为立足点、出发点和归宿点。费先生继承了中国社会学为现实服务的优良传统，一生都在追求强国富民，从不搞那种单纯的“为学术而学术”的社会学。他说：“我们这一辈人朝思暮想的就是如何使中国强盛起来，富裕起来，壮大起来。”① 他把“志在富民”看作是“知恩图报”②，即社会学对中国社会的回报。他特别注意实地调查考察，一生都在“行行复行行”之中。他出的一本书，书名就是《从实求知录》，用他自己的话来说，这表明了他的一切从实际出发的科学态度③。

就开发传统来说，他的一篇文章的题目《继承优秀文化传统，注入新的时代精神》，很好地表达了“开发传统”的主旨。费老是这样说的也是这样做的。费先生的《中华民族的多元一体格局》这篇文章非常突出地表明了这一点。这个重要的概念和命题——它现在仍然是我国民族工

① 费孝通：《费孝通论文化与文化自觉》，160页，北京，群言出版社，2005。

② 同上书，276页。

③ 参见上书，276页。

作框架和指导——正是继承我国的优秀历史文化传统，注入新的时代精神的结果。从中我们可以看出，这一格局与我国历史上的社会运行思想——去乱求治，有着不可分割的联系：我国只有实现建立多元一体格局和机制的目标，才能达到去乱达治，达到良性运行。

就借鉴国外来说，费老注意中外比较研究，例如他在论证"差序格局"时，用中国乡土社会是一圈一圈水纹向外推出去，而西方社会的团体结构，则就像一捆一捆的柴，生动地描述了中西社会结构的不同特点。

就创造特色来说，正是在立足现实、开发传统、借鉴国外的基础上，即在正确处理社会学与中国社会现实、与中国学术传统特别是中国历来的社会思想、与外国社会学和社会思想这三对关系中，费先生实现了自己的理论创新。

三、一个学术时代

无论从费先生的学术贡献、学术影响来说，还是从他的学术道路、培养人才来看，费先生都构成了一个学术时代。

我们中国社会学界，要珍视他留给我们的由学术丰碑、学术轨迹、学术时代构成的学术遗产，这是一份非常珍贵的学术遗产。与此同时，现在学者们也越来越认识到，存在一个如何对待费先生的学术遗产的问题。由于费老经历了中国社会的不同时期，他的学术遗产，也有不同的意义和价值，需要我们具体分析。

应当看到，由于中国社会的急剧变迁，现在中国早不是上世纪 30—40 年代费老那时的"乡土社会"了。"乡"和"土"都发生了深刻的变化。费老自己也在反思。如果现在还用那样的乡土观念来剪裁当今的现实，无疑是不行的。这里我们要学习的并不是那些关于当时社会现象的具体论断，而是它的精神实质，费先生观察问题的理念、方法。

更应看到的是，费老是个与时俱进的学者，后来他根据当代中国的实际情况，在对过去反思的情况下，提出了一些表现新的理论的新的学术话语，这些恐怕是我们认识不够的问题，特别是他提出的社会学具有科学和人文两重性质的"社会学界限扩展论"、新型文化文明观等更需要我们充分地加以再认识。

我个人认为，费老 85 岁，即 1995 年后，写的那些回顾反思文章，尤其值得我们重视。这是他一生经验的总结，毕生智慧的结晶，对我们后学来说，具有很强的启发意义。

总之，根据新的实践来开发这座丰碑，继续这条轨迹，领会那个时代，传承和发展这份珍贵遗产，是对费先生最好的纪念、最大的尊重。我们，特别是中国社会学的希望和未来——我们的青年学子、青年教师，需要踩着费先生这位学术巨人的肩膀，继续攀登，继续开拓！我想这也是我们今天聚集在一起，隆重纪念费先生百年诞辰的主要意义之所在。谢谢各位！

“边疆发展中国论坛2010”第一组“发展理念专题”的交流发言*

第一组是“发展理念专题”，三个单元共有31位学者发言。

31位学者，围绕边疆发展，尤其是跨越式发展，从不同方面加以展开，涉及现实的层面和历史的层面，涉及边疆治理、边疆安全、边疆扶贫、民族关系发展的大趋势、民族文化、民族心理、生态移民、跨境民族、非物质文化遗产的保护、援藏援疆的成就和问题的思考等等，内容非常丰富。发言的水平、评议的水平都很高，给人很多启发。我个人听了整整三个单元，学到很多东西，非常有收获。这里，在短短10分钟里，要把大家发表的观点反映出来，极不容易。我只能概要地讲五点。

一、边疆发展和安全与整个国家的安危息息相关，必须充分重视

这方面，林超民教授的论文《云南：活动的边疆》给了我们很多启示。他用历史事实说明：云南在中国历史上有极为重要的战略地位，关乎国家统一大局。西方把云南视为东南亚的一部分，把云南当作侵略中国的滩头阵地。我们则把云南视为与东南亚、南亚交往的枢纽，战略发展的桥头堡。西方，尤其是美国已经注意到这一地区是包围中国，对中国实行经济、文化渗透的基地，企图卷土重来。我们应该趁西方势力在20世纪下半叶退出东南亚，还没有来得及重整旗鼓之际，迅速在这里建立藩篱，使云南恢复历史上堂奥（腹地）的地位。汪晖教授在评议中，引用当年康有为的话说：中国的危机是从边疆开始的。这更加深我们的上述认识。

---

* 本文是2010年10月23日参加由中央民族大学主办的“边疆发展中国论坛2010”主持第一组“发展理念专题”的汇报发言。

着重从历史层面来总结边疆问题的还有：袁剑博士《清代中国的“边疆性”及其现代意义》、关凯副教授的《让民族成为政治工具——反思清帝国的跨文明统治》。

二、在边疆实现发展和跨越式发展的路径和需要关注的问题

大多数发言，集中在如何在边疆实现发展和跨越式发展上。

方铁教授认为，我国边疆民族地区面临新中国成立以来又一次难得的发展机遇。为此，他结合云南边疆的实践，提出需要处理好发展与稳定、省区腹地与沿边地区、输血机制与造血机制等八个方面的关系。

纳日碧力戈教授向我们阐释了为了真正实现发展必须坚持一种基于生态的“发展、保持和恢复”的辩证观和理念。

徐杰舜教授针对中国边疆发展政策的短视化，只管眼前，不顾长远，只讲战术，不抓战略，甚至造成中国民族政策南辕北辙的情况，提出要从整体、从宏观、从战略上研究中国边疆的发展，必须把中国边疆的发展放在中国民族关系发展大趋势的视野中去思考。

范可教授的论文《现行的观念与实际的困难——略论边疆发展与民族关系》提出，如果决策者在思路上没法摆脱“边疆”与“内地”、“中心”与“边缘”、“主体民族”与“少数民族”的两分法模式，那么，在具体的政策执行过程中事与愿违的后果将会不断地发生。从长远的维度来看，唯有在认知上最终消除上述根深蒂固二元对立的分类，所谓的“边疆问题”才能得到根本性的解决。

石奕龙教授在《边疆民族地区加快发展中的诸问题》一文中提出，兴边富民行动与边疆加快发展尤应注重因地制宜，切勿一刀切，也不应完全搬用东部的发展例子。尤其应该与生态环境的保护密切结合，特别需要关注切实让民族地区的少数民族获得利益与实惠。

李秀莲教授的论文《边疆地区跨越式发展与民族心理的承受力》提出，研究边疆地区跨越式发展必须关注民族心理的承受力，也就是说，要根据不同的民族心理承受力采取不同的跨越式发展方案。

杨培德研究员《从主体性与主体间性视角反思发展话语——以贵州少数民族地区发展为例》一文，以贵州少数民族地区发展为案例，用人学中的主体性与主体间性视角，反思发展话语由于忽视人在发展中的主体性与主体间性而使发展偏离人的全面发展目标。本文还就贵州少数民族地区发展存在的问题提出转变发展方式的看法。

马曼丽教授的文章《西北边疆长治久安跨越式发展亟须推行的三大变革》、尹绍亭教授的文章《关于边疆发展的几个视角》、力提甫·托乎提教授《建议成立维吾尔族优秀分子智囊团，为国家决策献计献策》、崔延虎教授的《边疆多民族和谐社会构建：民间参与与协商》、色音教授关于生态移民、赵旭东教授关于边疆贫困是辅助模式的创新等等文章，也都是论述如何在边疆实现发展和跨越式发展的。

三、文化沟通文化自觉在边疆实现发展和跨越式发展中的作用

不少发言论述了这方面的问题。

阿布都哈德副教授的论文《文化互译、文化自觉与社会救助关于中国民族问题的一些思考》，从主体人类学的视角提出，极有必要认识少数民族与汉族相互之间的深层次文化“精读”的迫切性，以此减少因文化误读而引起的偏见与冲突，另外，少数民族社会自身通过文化“自觉”认真审视自己的文化命运与前途，探寻一条与主流文化相互和谐并进的适应之路，第三，加强少数民族社会的社会工作，尽量解决社会问题，降低社会危机。通过这三个层面的结合，为国家的长治久安奠定基础。

杨福泉研究员的论文《呼唤更为整合和互补的当代中华文化精神及其教育》提出，当代中华民族要构建56个民族团结和谐的社会，要建构和谐稳定的边疆可持续发展，就应该呼唤一种更具整合性和互补性的当代中华文化精神和国民教育，要避免当前一浪高过一浪的“国学热”的负面作用，避免片面地以“汉学”和“汉文化”来代表中华民族文化的弊端。在大中小学传授中华民族传统文化，应该重新走一条新的路，一条创新的路子，即不要局限在只从汉学的典籍诸如四书五经里挑好文章，不要老是囿限在传统的一些汉学典籍里来谈论和界定“中国传统文化”！应该从各个民族的传统智慧、丰富多样的典籍中汲取营养，重新创造和熔铸出我们当代新的中华民族文明和中华民族精神。

巴莫曲布嫫研究员的《非物质文化遗产保护的临界点——跨界民族关系与“申遗”的叙事策略》一文，根据作者近年来参与我国及联合国教科文组织“非遗”领域的实际工作经历，从具体的操作策略上讨论“申遗”与跨界民族关系和国家文化安全等问题，阐释从“共享遗产”到“共同遗产”的概念化实践，说明重构“跨界”叙事及其行动定位与意义生成的多种可能性，以回应非物质文化遗产保护与边疆发展的急迫问题，为地方、国家和国际层面的保护行动与政策制定提供智力与智慧。

贾仲益教授的《费孝通学术思想对思考边疆民族问题的启示》提出，费孝通先生提出的“中华民族多元一体格局”理论，是我们“理解中华民族结构全局的钥匙”。他分别从当前政治建设、经济建设、文化建设、社会建设中论证“一体”和“多元”如何辩证地统一。例如在文化建设方面，是各民族、各地区原乡文化的传承弘扬如何能与“先进文化”、“主流文化”建设共存共荣、相得益彰。社会建设方面，是如何总结、诠释和谐社会的基本原理、深刻内涵，为摆脱“维稳”困境提供理论指导。费先生提出的“和而不同”、“文化自觉”、“美美与共”的思想，则是推进“多元一体”走向坚定的实践层面的认知前提。

潘守永教授的《“边疆地区”博物馆发展：历史、现实、未来》，也是论述博物馆这种文化在边疆实现发展和跨越式发展中的作用的。一个国家和地区的博物馆发展水平是衡量这个国家和地区经济发达程度、社会文明化程度和城市化水平的重要标志和重要窗口。在边疆，这种情况也不例外。

四、关于援藏、援疆的成就和问题的思考

靳薇教授《项目援助西藏的成就及存在的问题》一文，在充分肯定以前中央政府和各对口支援省市对西藏进行大规模的项目援助的基础上，发现传统援助方式的消极作用在西藏也有所体现，不仅造成低效和浪费，减弱经济发展和创新变革的动力，而且产生了援助依赖。对西藏的特殊性研究认识不足，将内地的社会经济发展模式全盘移植到西藏，导致西藏产生了对中央财政、项目投资的制度性依赖。援助依赖不利于西藏自身能力的成长，不利于形成积极进取的民族自尊，亦不利于国家安全及和谐社会的构建。

她的建议是：制定援助法律；建立专门协调机构；建立财政约束制度；积极探索“西藏发展模式”；加大人力资本投资；政府退出竞争性生产领域，促进民间投资和民间资本积累；落实科学发展观，重视内源型发展，让西藏民众成为发展的参与者和成果的共享者。

郑毅博士研究生的论文是《法制背景下的对口援疆——以府际关系为视角》。今年，规模最大的一轮对口援疆工作已经全面启动。其核心是中东部 19 个经济较发达的省市分别结对援助新疆 12 个地（州）市的 82 个县（市）和新疆生产建设兵团的 12 个师，以财物援助、包干到户的方式进行针对性的支援。作者提出一个新的视角——对口援疆的法制基础，

以实现法制框架下的对口援疆。

五、关于注重民族地区人类学研究的方法

王铭铭教授在《民族地区人类学研究的方法与课题》的发言中提出，人类学有一个其他社会科学没有的优点，即，它给予不同的地区性知识体系“地区性真理”（即，相对于知识的来源地而言更接近“真理”的东西）的位子，也就是说，尽管这门学科有其通用的关怀与方法，但它还代表一个坚信“地区性真理”才是“真理”的认识态度。对于民族地区研究，这个观点尤其重要。他的发言提出在民族研究中存在的三个问题和不足：对“土著”民族的世界性意义的思考不够；只用政治经济学视角来思考民族问题；没有用历史的眼光来审视我们自己的大制度。总之，要研究各种具有普遍意义的文明如何共存，不要把自己变成“他者”。

上面这些就是第一组发言概况。

《社会学概论》教材的鲜明特色*

2010年7月13日，胡锦涛同志在全国教育工作会议上发表讲话指出“强国必先强教”，“要全面提高高等教育质量，提高人才培养、科学研究、社会服务整体水平”，“要把育人为本作为教育工作的根本要求，加强理想信念教育和道德教育，把社会主义核心价值体系融入国民教育全过程，深入推动中国特色社会主义理论体系进教材、进课堂、进头脑，引导学生形成正确的世界观、人生观、价值观”。2010年7月29日发布的《国家中长期教育改革和发展规划纲要（2010—2020年）》明确提出要“适应经济社会发展和科技进步的要求，推进课程改革，加强教材建设，建立健全教材质量监管制度”，“积极参与马克思主义理论研究和建设工程。深入实施‘高等学校哲学社会科学繁荣计划’”。当此之际，由教育部组织编写的马克思主义理论研究和建设工程第一批重点教材之一——《社会学概论》，在历经6年精雕细琢之后，终于面世，对于加强和改进当前社会学教学，培养社会学专业人才来说，无疑具有十分重要的意义。

《社会学概论》全书约30万字，分为导论、社会学研究方法、个人与社会、社会网络与社会群体、社会组织、社会制度、阶级阶层与社会流动、社区与城市化、社会发展与社会公正、社会建设与和谐社会10个部分，系统地介绍了社会学这门学科及其主要的知识内容。大体上，该书具有四个鲜明的特色。

一、一部高扬马克思主义理论伟大旗帜的教材

2004年4月27—28日，实施马克思主义理论研究和建设工程工作会

---

* 本文由洪大用起草，郑杭生修改。后来以《特色鲜明　内容精练——〈社会学概论〉简析》为标题，刊登于《中国人民大学学报》，2011（6）。发表时文字做了一些改动。

议召开，胡锦涛同志在接见会议代表时指出：高扬马克思主义理论的伟大旗帜，用马克思主义中国化的最新成果武装全党、教育人民，用发展着的马克思主义指导新的实践，并在实践中不断丰富和发展马克思主义，是实施工程的战略目标。而建设具有时代特征的马克思主义理论的学科体系，编写充分反映毛泽东思想、邓小平理论和“三个代表”重要思想的哲学、政治经济学和科学社会主义的马克思主义基础理论教材和政治学、社会学、法学、史学、新闻学、文学等哲学社会科学重点学科教材，正是实施工程的重要内容。

为了贯彻中央指示和工程精神，社会学教材编写组认真学习胡锦涛同志、李长春同志的讲话，组织全国社会学界开展深入研究和讨论。讨论的焦点是马克思主义和马克思主义社会学的关系、马克思主义社会学和西方社会学的关系、马克思主义中国化的成果与中国社会学的关系、中国社会主义建设的生动实践与中国社会学的关系。讨论的结果是：我们要做一项开创性工作，高扬马克思主义理论的伟大旗帜，编写一本以发展着的马克思主义为指导的全新的社会学教材。编写这样的教材不仅是迫切需要的，而且也是可以通过努力完成的。

为此，社会学教材编写组非常强调对马克思主义及其中国化最新成果的学习和研究。一方面积极参加中央有关部门组织的学习、研讨和交流活动，另一方面还自觉加强对马克思主义经典著作、毛泽东思想、邓小平理论和“三个代表”重要思想的学习和研究，努力分清哪些是必须长期坚持的马克思主义基本原理，哪些是需要结合新的实际加以丰富发展的理论判断，哪些是必须破除的对马克思主义的教条式的理解，哪些是必须澄清的附加在马克思主义名下的错误观点，注重用科学的态度对待马克思主义。特别是，社会学教材编写组组织人员系统地研究并出版了《马克思主义社会学史》（2006），很好地概括了马克思主义社会学的基本演化线索，不同时期或不同流派的理论视角、基本观点和研究方式，以及马克思主义社会学的价值取向和理论追求，为编写教材提供了重要参考。

在教材的编写过程中，编写组投入极大的精力，重点研究了以马克思主义为指导的社会学的内涵，同时要求每位成员都要围绕写作内容，认真梳理：（1）马列主义、毛泽东思想、邓小平理论、“三个代表”重要思想在该领域的有关阐述和指导作用；（2）国外社会学在该领域的研究进展与缺陷；（3）国内社会学在该领域的研究进展与不足；（4）中国特色社会主义建设与改革实践及其对于该领域的启示。由此，在全书各个章节中都体现反思与建构，体现出以马克思主义的立场、观点和方法为指导，以全新的方式展开社会学的内容。

该教材在认真研究社会学的产生、发展和理论流派的基础上，深刻揭示了西方社会学与旧中国社会学的固有局限，明确指出马克思主义为社会学奠定了科学的理论基础和方法论原则，不仅使社会学最终成为一门真正的科学，而且保证了社会学持续发展的活力。教材总结了马克思主义社会学的特点：坚持实践的原则、坚持科学的分析视角、坚持辩证的思维方式、坚持研究方式的批判性、坚持理论视野的开放性。

特别是，教材深入分析了中国化马克思主义中的社会学思想，指出毛泽东思想中关于中国近代社会性质的分析、关于旧中国阶级阶层的分析、关于改造旧中国社会的思考、关于如何建设社会主义的探索、关于动员组织群众的讨论以及关于社会调查的实践，不仅与旧中国社会学的局限性形成鲜明对比，而且对于建设科学的中国社会学具有重要的指导意义。教材还指出，中国特色社会主义理论体系中也蕴涵着丰富的社会学思想，涉及社会建设的各个方面，涵盖社会学的各个领域。例如，中国特色社会主义理论深刻阐明了社会主义本质，为解决社会问题、推动社会发展提供了理论基础；深刻阐明了社会主义初级阶段特征，为认识现阶段的社会现象、分析和解决社会问题提供了根本依据；深刻阐明了正确处理改革发展稳定关系的思想，为协调社会关系、解决社会矛盾提供了重要遵循；深刻阐明了坚持以人为本、维护最广大人民根本利益的思想，为实现社会公平正义、保障和改善民生确立了根本要求；深刻阐明了走文明发展道路的思想，为促进人与自然、人与社会、人与人和谐发展指明了现实途径；深刻阐明了城乡协调发展的思想，为促进农村社会建设、解决城市化进程中的社会问题提供了理论指导；深刻阐明了构建社会主义和谐社会的思想，为明确中国特色社会主义总体布局、把社会建设放在更加突出的地位提供了理论依据。

在教材的各个章节中，作者都特别注意研究和介绍马克思主义的立场、观点和方法，并以此为基础，对各章内容进行科学的补充、反思并展开批判性的介绍，充分体现了创新的努力。比如说，传统上介绍社会学研究方法时，对于马克思主义社会研究的基本观点和方法论原则以及马克思主义社会调查的历史与特色等介绍不足，本教材大大充实了这方面的内容，并对西方社会学的社会研究方法进行了反思和批判，改变了过去过分偏重西方社会学研究方法的倾向。又如，本教材对传统意义上的“社会化”概念也进行了新的反思，认为社会化的起点不是所谓的

“自然人”，而是现实的人，社会化的过程也伴随着个性化的过程。在讨论社会的基础时，教材突出强调社会的物质生产活动是社会存在和运行的决定性基础，而非泛泛地介绍人口、资源、环境与文化。在讨论社会制度的形成和发展时，传统上过于偏重一些西方学者的观点，本教材则明确指出马克思主义科学地揭示了社会制度存在的基础与本质。在讨论阶级阶层时，本教材仔细介绍了马克思主义的观点及其与西方社会学观点的区别，充分肯定了马克思主义阶级阶层理论的科学性。与此同时，本教材也对马克思主义阶级阶层理论持一种发展的观点，正确看待马克思主义的普遍原理与个别论断，根据中国特色社会主义建设的实践，认真总结了中国化马克思主义对阶级阶层理论的新贡献。在教材的其他章节中，例如对社会群体、社会组织、社会发展、社会公正、城乡关系、社会建设等内容的介绍，也都坚持贯穿了马克思主义的指导。

二、一部最大程度凝聚了广泛共识的教材

首先，编写《社会学概论》教材的组织工作就体现了最大程度凝聚共识的意图。中央层面设置了工程专家咨询委员会，集中了理论界的众多权威专家，下设办公室进行工作协调。

社会学教材编写组的组成体现了权威与包容相结合、老中青相结合、教学研究单位与实际工作部门相结合的原则，来自中国人民大学、中国社会科学院、北京大学、清华大学、南京大学、复旦大学、中央财经大学、民政部、人力资源与社会保障部、共青团中央、全国妇联、全国总工会等单位的著名专家和领导担任编写组首席专家和主要成员，在教育部的具体组织下开展教材编写工作。编写组在最初制定的《工作方案》中明确提出确定写作提纲之前，要广泛听取国内社会学界的意见，要吸收国外专家学者的意见，要与实际工作部门多接触，最大程度地凝聚各界共识，编写出既有中国特色又包容社会学合理知识的马克思主义社会学教材。

其次，在教材编写过程中，围绕教材编写思路、编写大纲、编写内容和教材修改，召开了大量的不同层次、不同范围和不同规模的会议，广泛征求了全国社会学界、工程咨询委员会、实际工作部门的意见和建议，先后搜集具体意见 1 100 多条，归纳总结修改建议 500 余条。

据不完全统计，编写组组织召开或参与各种相关会议近 50 次，其中 20 次会议都是集中研讨教材提纲和教材内容，有 10 次会议是最为重要

的。例如，2004年4月27—28日，中央召开了实施马克思主义理论研究和建设工程工作会议，明确了工程宗旨、内容和要求，组建了教材编写组；2004年11月5—8日，教育部高等学校社会学学科教学指导委员会在杭州召开会议，集中研讨了实施马克思主义理论研究和建设工程的有关问题，全国社会学系/社会工作系系主任参加了会议；2005年1月21日—24日，编写组在北京召开“实施马克思主义理论研究和建设工程，编写社会学基础教材学术研讨会”，专门就“社会学概论”教材的一级、二级目录进行研讨。中宣部、教育部有关领导，编写组主要成员和来自全国近30所高校社会学系/社会工作系的“社会学概论”课程主讲教师出席了会议；2005年3月12日—13日，编写组在北京召开“《社会学概论》三级提纲研讨会”，编写组主要成员和来自北京大学、中国人民大学、复旦大学、南开大学等社会学系的专家学者出席了会议。确定编写提纲初稿后，经工程咨询委员会3次审议，又广泛征求意见，在2005年12月经中央领导同志批准同意。从2006年1月开始，课题组根据批准的提纲开展教材编写工作，并于2008年1月形成教材送审稿。工程咨询委员会分别于2008年3月、2009年8月、2010年1月和6月对送审稿进行了三次集中审议和一次书面审议。根据审议意见，编写组多次组织了集中修改，累计修订13稿才最终付印。

特别是，在教材编写过程中，中央有关部门还组织编写组成员与国外学者开展对话和交流，赴国内各地考察，与地方政府、学校、科研机构的领导和专家交流，并有针对性地组织专家学者到不同类型的国家和地区考察，与国外政府官员、智库学者、研究人员以及其他各界人士开展交流和对话，拓展学术视野。

再次，编写组从一开始就非常强调要正确处理好继承与创新的关系，要认真开展调查研究，坚持编写教材与深化研究并重，最大程度地反映出社会学学科的合理内容。

编写组认为，社会学自诞生以来已经有170多年历史，这门学科传入中国也有100多年历史。一代又一代社会学工作者为这门学科奠定了坚实的基础，贡献了真知灼见。我们编写社会学教材，首先要讲继承，也就是批判地继承社会学的合理知识。为此，编写组展开了对社会学经典文献的研究、对中国社会学史的研究、对当代中国社会学发展的研究，先后出版了《社会学原著导读》（2007）、《中国社会学的发端与扩展》（2007）、《中国社会学30年（1978—2008）》（2008）等著作，为教材编写奠定了坚实的知识基础。

特别是，在教材编写之初，编写组就拟订了“社会学概论教学情况调研提纲”，面向全国30多个社会学系开展调研。调研内容包括：面向哪些专业、哪些层次的学生开设“社会学概论”课程？在面向本系社会学或社会工作专业学生开课时，使用什么教材？为什么选择上述教材？实际课堂教学的主要内容与教学方式有哪些？学生对于教材的反映如何？学生学习该课程后的体会如何？对于教材修订的具体意见是什么？等等。通过调查，编写组直接掌握了社会学概论教学的状况和需求，理解了教师和学生对于教材内容与形式的期待。与此同时，为了比较国内外教材中存在的分歧与共识，编写组还组织专门人员，在近200种国内外同类教材中选择了具有权威性、代表性和普及性的24种（其中国内14种，国外10种），就其基本内容、编写逻辑、优点缺点等等开展了深入研究。

最终，我们发现大多数教材对于社会学的理解都强调了社会学的综合性、整体性，强调了社会学对于社会结构和社会过程的系统研究，并且大多数教材包含了社会、文化、社会化、社会互动、社会群体、家庭、社会组织、社区、社会分层与社会流动、社会制度、社会问题、社会控制与越轨、社会变迁、社会现代化等内容，内容组织遵循着从微观到宏观的逻辑顺序。正是在此基础上，本教材认为社会学是从综合性、整体性视角，系统研究社会结构和社会过程，深入揭示社会运行和发展规律的社会科学。教材最终确定的编写内容和内容安排在突出创新的同时，也充分尊重和采纳了既存的共识。

三、一部鲜明地反映了中国特色的教材

实施马克思主义理论研究和建设工程，编写哲学社会科学重点教材，中央要求：把重大理论和现实问题的研究贯穿于工程始终，要贴近实际、贴近生活、贴近群众，大力推进理论创新；要努力推出符合时代和实践要求、满足人民群众理论需要、经得起历史和实践检验的传世之作。社会学教材编写组从一开始就明确提出要在认真研究社会学发展、继承社会学合理知识的基础上，坚持以发展着的马克思主义为指导，面向中国特色社会主义建设的生动实践，结合中国文化传统与中国人的独特视野，编写出具有中国特色、中国气派、中国风格的社会学教材，积极推进社会学的中国化。

本教材的中国特色首先体现在坚持以发展着的马克思主义为指导，特别是以马克思主义中国化的最新成果为指导。正如前文所述，本教材

是一部高扬马克思主义理论伟大旗帜的教材。教材基于马克思主义的立场、观点和方法，赋予了社会学作为一门真正的科学的内涵，指出中国化的马克思主义社会学在中国革命、建设和改革过程中发挥了十分重要的作用，是中国哲学社会科学体系的重要组成部分，充分肯定了社会学的学科地位。教材深入总结分析了毛泽东思想和中国特色社会主义理论体系中的社会学思想，为推进社会学中国化、建设中国特色的社会学奠定了重要的理论基础，也为发展传统的社会学理论作出了重要贡献。不仅如此，教材在此方面的努力还有助于克服传统上的一种错误倾向，即将马克思主义及其中国化的最新成果与社会学知识割裂开来，甚至对立起来的倾向。一些人不认为马克思主义及其中国化的最新成果包含了丰富的社会学思想，不愿意对这些思想开展深入研究，也不愿意在课堂教学中认真阐述这些思想的内涵，错误地将这些方面的研究和宣传看成是强化意识形态、是搞政治。事实上，这样一种错误倾向不仅严重限制了社会学的真正的科学性，而且也严重妨碍着社会学扎根中国，不利于中国社会学的健康发展和充分发挥其应有的作用。

其次，本教材的中国特色还体现在直面中国特色社会主义建设的生动实践，注重使用中国社会的鲜活材料，注重概括中国社会实践的理论贡献上。中国社会学教材缺乏对于中国社会实践的密切关注是说不过去的，事实上也不利于社会学的普及和发展。在某种意义上，中国版的社会学教材应该是以理解中国社会并推动中国社会建设为导向的社会学教材。本教材不仅在阐述社会调查、社会化、社会群体、社会组织、社会制度、社会分层、社区、城市化、社会发展等一般概念和理论时非常注意理论联系实际，列举中国的经验材料以帮助读者理解，而且对中国社会矛盾处理、社会组织管理、阶级阶层结构协调、城乡社区建设、统筹城乡发展、促进社会公正、推动科学发展、改进社会管理、建设和谐社会以及开展社会调查等重要实践进行了理论提炼和概括，贡献了一些新的概念和观点，丰富了社会学的知识体系。这些工作是建设中国社会学理论框架和知识体系的重要基础。

再次，本教材的中国特色体现在教材编写者并不回避中国社会实践中的重大理论与现实问题。在教材的有关章节中，作者们联系实际对一些现实问题进行了科学分析，并努力提出正确的认识和处理方法。例如，如何看待和处理中国社会发展中的社会矛盾和冲突？如何看待和处理中国社会阶级阶层结构的变化？如何看待和应对中国城乡关系的变化？如何推动社会主义和谐社会建设？等等。不仅如此，教材还在第八章中专门设置了第二节，讨论中国社会发展中的一些具体社会问题，例如人口问题、贫困问题、生态环境问题、犯罪问题、网络问题、科技问题、突发公共事件问题，等等，阐述了认识和处理这些社会问题的基本路径。

最后，本教材的中国特色体现在编写者积极探索和建构中国社会学的理论框架上。本教材大体遵循着从微观到宏观的编写逻辑，最后一章落脚在“社会建设与和谐社会”。这样一种框架设计，一方面体现了社会学这门学科的价值追求，事实上批判了西方社会学的“价值中立”取向，主张社会学不仅要研究社会，而且要改造社会、建设社会，最终是要促进人的福利增长和社会进步。在此，社会学的一些知识性内容，例如社会结构、社会运行、社会发展、社会转型、定量研究、定性研究、社会化、社会群体、社会组织、阶级阶层、社区、社会公正、社会政策、社会管理、社会建设等，都是我们开展社会研究和社会建设的重要工具。另一方面，这样的结构安排也体现了社会学者对当下中国社会进程的关怀与回应，顺应了中国社会实践对于社会学的呼唤。教材清晰地阐述了建设社会主义和谐社会的背景和意义、目标和任务、途径和过程，指出构建社会主义和谐社会是一个不断减少不和谐因素、不断增加和谐因素，从而不断提高社会和谐程度的动态历史过程。

四、一部明确指出了学习社会学的方法的教材

在很多教材中都讲到了社会学的研究方法，但是很少有教材明确告诉读者如何学习社会学。本教材则在导论的第四节设置专目明确阐述了学习社会学的基本方法。

教材指出：学好社会学，首先要学习好马克思主义基本理论，努力掌握马克思主义立场、观点和方法，掌握马克思主义关于社会学的思想，特别是中国特色社会主义理论体系的社会学思想。同时要扎实掌握社会学专业的基本理论、专业知识和研究方法，打牢专业根底。由于社会学是一门实践性、时代性很强的学科，学好这门课程，还要注意把握以下三个方面要求。

一是要把理论学习与深入实践结合起来。社会学是一门以研究社会运行和发展为主要内容的社会科学，具有强烈的实践性。离开火热的社会实践，是难以学好社会学的。社会学者既是专业人员，又生活在社会中，是普通社会成员的一分子，我们在研究社会的同时，也有意无意地参与改造社会的进程，影响我们的研究对象。由此，我们学习社会学，

一方面是在课堂上学，跟老师学，从书本中学，扎实掌握社会学基本知识、基本理论、基本观点，掌握社会学的专业思维模式、社会研究方法以及概念话语体系，丰富间接经验；另一方面是在实践中学，通过深入社会、观察社会、体验社会来了解社会，增进直接经验，获得丰富生动的社会感受，检验课堂上的理论学习，促进直接经验与间接经验的结合，在实践中不断深化对社会学理论的认识。中国特色社会主义实践是新时期我国最大的社会实践，是学习社会知识的最好课堂。只有在完成好课堂学习的同时，深入实践，紧密联系改革开放的实际，联系国家的发展实际，才能更好地认清当代中国的国情，认识自己的时代使命，找到自己的用武之地。我们在学习社会学的过程中，要将理论学习和深入实践有机结合起来，学会读现实社会这本无字之书，这样不仅有利于真正科学地认识社会，也有利于更好地发展社会学，发挥社会学的社会服务功能。

二是要把专业学习与政策法律学习结合起来。党的路线方针政策，来源于实践又指导实践，是关于中国社会主义经济建设、政治建设、文化建设、社会建设系统化的思想认识，是所有哲学社会科学工作者进行科学研究的重要依据。党中央关于社会建设的思想理论和方针政策，为社会学研究提供了直接的理论指导。学习社会学，要养成学习党的路线方针政策和国家立法的习惯，特别要认真学习领会党中央关于社会建设的一系列重要思想和方针政策，了解这些思想政策产生的时代背景、科学内涵、实践要求。只有这样，才能从我国经济社会发展全局上认识和把握社会问题，正确认识社会建设与其他各项建设之间的关系，了解当前社会建设中存在的突出矛盾和问题，进一步明确我国社会建设理论和实践的发展方向。

三是要把了解中国与了解世界结合起来。当今世界，经济全球化深入推进，各种文明之间的对话、交流不断加深，哲学社会科学的发展越来越离不开学术交流，特别是国内外哲学社会科学之间的交流。当前，国外社会学发展很快，新的理论和流派层出不穷，对研究分析中国社会现状、解决中国社会问题提供了重要参考。因此学习社会学不仅要立足本土，还要有世界眼光，密切关注世界社会学的发展，跟踪世界社会学前沿，充分借鉴和吸收国外社会学中的合理成分。但是，这种学习借鉴绝不能照抄照搬，而是要以马克思主义为指导，立足中国，立足实践，真正做到科学分析、积极借鉴、洋为中用、推陈出新，把我国马克思主义社会学不断推向前进。

整体上看，本教材虽然在系统地贯彻马克思主义指导、全面地介绍社会学知识体系、更好地联系中国社会实践、更加通俗地表述社会学的概念和理论、更加生动活泼地呈现教材内容等等方面，都还存在一些不足，有待于不断改进和完善，但是，本教材最大程度地凝聚了各方面的共识，正确处理了继承与创新的关系，充分体现了马克思主义中国化的最新成果，体现了中国特色社会主义实践的最新进展，体现了学科发展的前沿和中国特色，仍然是迄今为止对本科教学最有价值的，最具科学性、权威性的教材，初步达到了当初编写一部高质量的社会学基础教材的目标。

在“2010·中华十大财智人物”颁奖典礼上的讲话*

获得“2010·中华十大财智人物”三个系列奖的30位获奖者，你们都是对提升中华民族经济硬实力和文化软实力做出各自贡献的杰出人物，这里我代表推选委员会，对大家取得的成就表示最衷心的祝贺！

今天大家能够站在这里领奖，是经过无数艰辛、投入、付出的结果。你们的奋斗、坚持、迎难而上，值得我们学习。从你们的成功中，我们看到了一种“三P精神”。这里“三P”，指Patience（忍耐）、Persistence（坚持）、Permanence（永久）。所谓“三P精神”是指，首先要忍耐，但一次几次忍耐是不够的，所以要坚持，要有长心；同理，一次几次坚持也是不够的，还要坚持再坚持，坚持到底，直到永久，要有恒心。简言之，“三P精神”就是忍耐、坚持到永久，耐心、长心加恒心的结合。

从你们的成功中，我们还看到了一种科学精神与人文关怀结合的力量。科学精神体现在实事求是、从实际出发、根据新情况研究不同领域的新趋势，决定自己的经营策略。你们的成功，说明了一个道理：理念决定思路，思路决定出路！人文关怀体现在社会责任感、积极回报社会、多做善事等方面。

我希望大家在不同的行业、不同的岗位上，继续为增强中华民族经济硬实力和文化软实力做出更大的成绩和贡献。在增强文化软实力中，我想特别强调把握住话语权的问题。在话语权中，还要特别注意规则的制定权。它是把握话语权、提升软实力，并把软实力转化为硬实力的关键因素。

我就简要地讲这几点。再次谢谢各位！

---

* 本文是2010年12月19日出席在钓鱼台国宾馆举行的“2010·中华十大财智人物”颁奖典礼上的讲话。在此是第一次发表。

努力编写面向中国社会实际的社会学教材*

编写一部以马克思主义为指导，体现中国特色社会主义理论和实践的社会学基础教材，帮助学生运用马克思主义社会学观点观察和研究当代中国的社会问题，并为进一步学好社会学其他专业课程打下基础，这是中央对马克思主义理论研究和建设工程提出的重要要求，也是组织编写新版《社会学概论》教材的基本目的。按照这样的要求，马克思主义理论研究和建设工程《社会学概论》教材坚持联系当今中国的社会实际，坚持用发展着的马克思主义分析、评价、整合社会学知识体系，努力创建符合中国国情、具有中国特色的社会学知识体系。在编写过程中，课题组先后在全国30多所高校的社会学系开展调研，对近200种国内外同类教材进行比较研究，多次召开不同层次、不同范围和不同规模的研讨会，广泛征求全国社会学界、实际工作部门的意见和建议。马克思主义理论研究和建设工程办公室还组织了各学科专家征求意见。可以说，这部《社会学概论》教材，凝聚了中央领导同志、社会学界专家学者和许多部门、研究机构专家学者的智慧和心血，具有这样几个突出特点。

---

* 本文由郑杭生与洪大用合作写成，发表在《光明日报》，2010－12－27。发表时《光明日报》编者按如下：

马克思主义理论研究和建设工程是中央组织实施的重大思想理论建设工程。工程的一项重要任务就是组织编写一批充分反映马克思主义中国化最新成果、充分反映中国特色社会主义丰富实践、充分反映各学科领域研究进展的哲学社会科学专业基础教材。在中央领导同志的关心指导下，在中宣部、教育部等主管单位的精心组织下，在哲学社会科学界许多专家学者和社会各界的积极支持下，各教材编写课题组坚持高标准、严要求，呕心沥血，精雕细琢，经过6年的艰苦努力，首批9种重点骨干教材已经全部编写完成，经中央审定出版并陆续在全国高校投入使用。本报今天起陆续刊发《社会学概论》、《法理学》、《科学社会主义概论》、《政治学概论》、《文学理论》、《史学概论》、《新闻学概论》教材编写课题组撰写的介绍文章。

一是坚持以马克思主义特别是发展着的马克思主义为指导。这部教材的各个章节都特别注意研究和介绍马克思主义的立场、观点和方法，并以此分析社会现象，研究社会问题，进而展开科学的反思、批判和建构，表明马克思主义为中国社会学奠定了科学的理论基础和方法论原则，不仅使社会学最终成为一门科学，而且保证了社会学持续发展的活力。教材深入分析了中国化马克思主义中的社会学思想，指出毛泽东思想中关于中国近代社会性质的分析、关于旧中国阶级阶层的分析、关于改造旧中国社会的思考、关于如何建设社会主义的探索、关于动员组织群众的讨论以及关于社会调查的实践，不仅与旧中国社会学的局限性形成鲜明对比，而且对于建设科学的中国社会学具有重要的指导意义。教材还指出，中国特色社会主义理论体系中也蕴含着丰富的社会学思想，涉及社会建设的各个方面，涵盖社会学的各个领域，对中国的社会学发展具有重要指导意义。比如，中国特色社会主义理论体系深刻阐明了社会主义本质，为解决社会问题、推动社会发展提供了理论基础；深刻阐明了社会主义初级阶段的基本特征，为认识现阶段的社会现象、分析和解决社会问题提供了根本依据；深刻阐明了正确处理改革发展稳定关系的思想，为协调社会关系、解决社会矛盾提供了重要遵循；深刻阐明了坚持以人为本、维护最广大人民根本利益的思想，为实现社会公平正义、保障和改善民生确立了根本要求；深刻阐明了走文明发展道路的思想，为促进人与自然、人与社会、人与人和谐发展指明了现实途径；深刻阐明了城乡协调发展的思想，为促进农村社会建设、解决城市化进程中的社会问题提供了理论指导；深刻阐明了构建社会主义和谐社会的思想，为明确中国特色社会主义总体布局、把社会建设放在更加突出的地位提供了理论依据；等等。同时，坚持用马克思主义的视角对西方社会学的理论和实践进行辩证分析，既指出其本质性缺陷，又注意借鉴吸收其合理性内容，进而总结和丰富中国化马克思主义的社会学思想。

二是彰显鲜明的中国特色。毫无疑问，中国社会学必须根植于中国土壤，才能有源源不断的养料，才能保持旺盛的生命力。这部教材立足于建设中国特色社会主义的生动实践，不回避实践中的现实问题，注重运用鲜活材料阐述基本理论，注重概括社会的实践经验丰富社会学理论。教材在阐述社会调查、社会化、社会群体、社会组织、社会制度、社会分层、社区、城市化、社会发展等一般概念和理论时，注意列举中国的经验材料说明问题；对社会矛盾处理、社会组织管理、阶级阶层结构协调、城乡社区建设、统筹城乡发展、促进社会公正、改进社会管理等重要实践进行理论提炼和概括，形成一些新的概念和观点，丰富了社会学的知识体系。教材对一些重要的现实问题进行了科学分析，并努力提出正确的认识和处理办法。比如，如何看待和处理中国社会发展中的社会矛盾和冲突，如何看待和处理中国社会阶级阶层结构的变化，如何看待和应对中国城乡关系的变化，如何推动社会主义和谐社会建设，等等。不仅如此，教材还专设一节，讨论中国社会发展中的一些具体社会问题，如人口问题、贫困问题、生态环境问题、犯罪问题、网络问题、科技问题、突发公共事件问题等，并运用马克思主义社会学知识阐明认识和处理这些社会问题的基本路径，使这部教材具有丰富的中国元素。

三是探索和建构新的理论框架。这部教材遵循从微观到宏观的编写逻辑，最后一章落脚在“社会建设与和谐社会”。这种框架设计体现了社会学这门学科的实践性特点，即不仅要研究社会，而且要为改造社会、建设社会作贡献，最终促进人的福利增长和社会进步。按照这样的框架设计，一方面，社会学重要的知识性内容，如社会结构、社会运行、社会发展、社会转型、定量研究、定性研究、社会化、社会群体、社会组织、阶级阶层、社区、社会公正、社会政策、社会管理、社会建设等，得到了重点介绍，强调这些内容都是开展社会研究和社会建设的重要工具；另一方面，注重把社会学基础知识、基本理论同社会建设的具体实践有机结合起来，把理论分析与系统总结介绍我国社会建设的基本经验和方法结合起来，自觉关注当前中国的社会进程，积极回应中国社会实践对社会学的呼唤。教材清晰地阐述了建设社会主义和谐社会的背景和意义、目标和任务、途径和过程，强调社会学在建设社会主义和谐社会中具有广阔的研究舞台，广大社会学学者和学习社会学专业的学生应该勇敢地担当起历史责任，为促进社会和谐发挥应有的作用。

四是反映社会学研究的最新成果。一部大学教材，如果缺乏对前沿问题的感知能力，缺乏对发展趋势的前瞻视野，那么它的影响力是极为有限的。鉴于此，这部教材在研究和修改过程中始终坚持对新问题、新理论的敏感力。例如，系统介绍了中国化马克思主义中的社会学思想与方法、中国社会建设的最新研究进展、对于社会矛盾与冲突的最新研究和处理经验等。在关于我国社会化的起点、社会的基础、社会网络分析、社会制度分析、社会阶级阶层分析、主要社会问题、社会发展中的社会公正研究、中国城乡关系等方面，也吸收了社会学研究的最新成果。一些重要数据、案例，尽可能使用最新材料。另外，为了帮助学生更好地学习这部教材，掌握社会学基础知识，本书还有针对性地增加了如何学习社会学的内容，明确指出了学习社会学的基本方法。例如，学好社会学，必须学好马克思主义基本理论，努力掌握马克思主义立场、观点和方法，掌握马克思主义关于社会学的思想，把理论学习与深入实践结合起来，把专业学习与政策法律学习结合起来，把了解中国与了解世界结合起来，扎实掌握社会学的基本理论、基本方法和基础知识，打牢专业根底。希望这些提示能引导学生迅速了解社会学的前沿领域，更快更好地自觉开展社会学研究。

当然，由于课题组水平和视野的局限，这部教材也还存在许多不足，我们真诚希望广大教师、学生和读者多提宝贵意见，以便在教材修订中不断改进。

2010年社会学的发展回顾与反思*

2010年是中国社会学发展中取得丰硕成果、不平凡的一年。在2010年举办的许多学术活动和发表的论著中，社会学者们结合中国社会快速转型的历史和现实，面对国内外的种种挑战和学科建设的种种问题，提出了一系列有影响的观点，限于篇幅，这里只能介绍分析几种。

费孝通对社会学贡献的再认识

2010年是费孝通先生百年诞辰，国内外多所高校和研究所举行了学术研讨活动。在北京大学和伦敦经济学院举行的纪念活动中，郑杭生在主旨发言中指出，无论从对社会学学科本身的学术贡献而言，还是从对社会学学科的推进作用而说，费先生都代表中国社会学的一座学术丰碑。如果动态地看，那么，费先生还代表一条中国社会学界值得遵循的学术轨迹。这就是"立足现实，开发传统，借鉴国外，创造特色"。再从费先生的学术成就、影响、培养人才来看，费先生构成了一个学术时代。同时他也代表社会学中西交流的一座学术桥梁。现在学者们也越来越认识到，存在一个如何对待费先生的学术遗产的问题。由于费先生经历了中国社会的不同时期，他的学术遗产，也有不同的意义和价值，需要我们具体分析。费老是个与时俱进的学者，后来他根据当代中国的实际情况，在对过去反思的情况下，提出了一些表现新的理论的新的学术话语，对这些恐怕是我们认识不够的问题，特别是他提出的社会学具有科学和人文两重性质的"社会学界限扩展论"、"各美其美，美人之美，美美与共，天下大同"所表达的新型文化文明观等更需要我们充分地加以再认识。

---

* 本文与奂平清合作完成。本文系《中国社会科学报》第151期20版"社会学"文章之一。刊登于《中国社会科学报》，2010-12-28。

费老85岁，即1995年后，写的那些回顾反思文章，尤其值得我们重视。这是他一生经验的总结、毕生智慧的结晶，对我们后学来说，具有很强的启发意义。

理论自觉——中国社会学走向世界学术格局中心的必由之路

受到费孝通文化自觉的启发，郑杭生明确提出了“理论自觉”概念和命题，得到了许多学者的共鸣与认同。在2010年的相关会议中，如“社会转型与中国社会学理论自觉”研讨会、中国社会学2010年学术年会、第九届人类学高级论坛等，理论自觉得到进一步深化。有报刊在报道中说，中国社会学已经进入到了一个强调“理论自觉”的新阶段。郑杭生指出，理论自觉是提高中国社会学理论地位的有效途径，是提升中国社会学理论内涵的内在要求，也是形成社会学中国理论学派的巨大动力。中国社会学应该充分利用中国社会历史性变迁的巨大舞台和现实性宝贵资源，提炼和创造自己的概念、命题和理论，形成自己的学术话语，为世界社会学增添中国社会学者自己的创造。中国社会与文化的转型和发展，为中国社会学、人类学、民俗学等学科的发展提供了难得的发展机遇，各学科如能抓住机遇，进一步加强理论自觉，加强学科间的交融与合作，不断推进自主理论创新，提升学科理论水平，形成具有中国特色的社会学、人类学和民俗学理论，就会提高自己在世界学术话语体系中的话语权。

社会结构滞后经济结构约15年——社会建设重在调整社会结构

2010年初，陆学艺主编的《当代中国社会结构》新书出版。该书指出，当前中国经济高速发展，社会结构正在发生前所未有的深刻变化，社会矛盾和问题正在凸显，城乡差距不断扩大、内需难以扩大等重大问题难以有效解决，其根本原因是社会结构和经济结构发展不平衡。据课题组测算，中国现在的社会结构滞后于经济结构大约15年。当代中国的经济结构已经达到工业化的中期水平，但社会结构还处于工业化初期阶段，这是当前中国最大的结构性矛盾。如果不及时调整社会结构，那么中国经济社会中的许多问题将不能从根本上得以解决。陆学艺还建议，国家应该组建一个社会建设工作委员会，对整个社会建设进行宏观协调统筹、规划、组织、调控，使各项社会建设工作有序有效进行；应该把社会建设从中国特色社会主义事业总体布局四位一体排序中的第四，改排为第二，即社会主义现代化事业实践运行的逻辑应该排为经济建设、社会建设、政治建设、文化建设，提高社会建设在国家发展战略中的地位，有利于调动全国广大干部和群众参加社会建设的积极性；此外，应该在每年召开的经济工作会议前后召开一次社会建设工作会议，或者两个会合并召开，更名为经济社会工作会议。

民族政策的"政治化"与民族"二元结构"

2008年拉萨"3·14"事件和2009年乌鲁木齐"7·5"事件后，民族问题引起更多社会学者的关注。马戎提出中国在民族政策问题上应吸取中国历史中的宝贵经验，并借鉴美国、印度、苏联等处理族群关系的策略与经验教训，以民族问题"文化化"取代"政治化"的新思路，培养和强化民族—国民意识，逐步淡化族群意识。马戎还提出，与中国社会存在"城乡二元结构"一样，中国社会还存在另一类"二元结构"，即在许多领域中存在汉族公民与"少数民族"公民之间的系统性制度化区隔。这种二元区隔表现在行政区划的民族区隔、教育体系（学科设置、学校制度）中的民族区隔、民族研究的学科区隔、政府工作业务的民族区隔，以及媒体和文化娱乐中的民族区隔等各个方面。这种普遍存在的民族区隔，在另外一个维度上把中国社会一分为二，这不仅在深层上冲击了中华民族认同意识的构建，也带来了当前两部分国民交往中一系列值得关注的各种社会矛盾、利益冲突和文化隔膜，对和谐社会建设非常不利，必须引起全社会的高度重视。中国存在的最大社会问题是民族关系问题，中国今后面临的最大威胁是国家分裂。在当今世界，民族或族群仍是政治动员和利益诉求的重要手段。在当前中国社会快速现代化转型的阶段，努力消除民族之间的各种二元结构区隔，促进各民族之间在经济、政治、社会、文化和心理层面的整合，强化国家认同，是构建平等、团结、互助、和谐的社会主义民族关系的重要任务，也是构建社会主义和谐社会的重要方面。

理性化与感性化相结合促进意识形态安全与和谐社会建设

刘少杰在其承担的"政治意识形态安全与意识形态现代化的社会学分析"课题的阶段成果中指出，中国社会学应当借鉴西方社会学重视意识形态研究的学术传统，对中国社会各种层面的意识形态问题做出应有的回答，要有费孝通所主张的“文化自觉”的态度，注重对中国传统思想文化资源的研究，尤其是在当代文化视觉化和中国传统文化持续传承的背景下，重视感性意识形态的现实意义就更为突出。当前中国各种社会矛盾突出，化解社会矛盾、构建和谐社会必须加强制度建设，但我们在社会管理体制等方面的制度建设，往往仅仅专注于组织化、理性化的正式制度建设，而忽视支配基层社会成员的思想观念和行为的习惯、习俗和惯例等非正式的感性制度。应当兼顾制度建设的理性化和感性化，并努力实现二者的融合，只有把那些针对不同目标、追求不同利益、坚持不同准则的理性化制度，同那些在指向目标、追求利益和行为准则等方面都具有模糊性的感性制度联系起来，在社会成员的生活意识中实现二者的结合，才能使理性化制度由逻辑条文变成现实的能够真实规定人们行为的规则。

以战略思维构建中国特色社会保障制度体系

郑功成在《中国社会保障改革与未来发展》一文中，基于战略思考对于中国社会保障制度发展之路做了深入探索。他指出，社会保障作为各国重要的基本制度安排，由维护稳定、保障民生的工具转变为维护公平正义、实现合理共享的财富分配机制，是一条不可逆转的发展规律。中国社会保障改革与发展之路，就是要在尊重这一制度的客观规律与中国国情的基础上，构建有中国特色的社会保障制度，最终将人民引入一个安全、平等、自由、尊严的福利社会。中国的社会保障制度建设已经进入十分关键的时期，特别需要战略思维，需要从国家层面对整个社会保障体系进行顶层设计，之后才是各项具体的社会保障制度的建立与完善。我国社会保障制度的战略目标，应当是从弥补制度缺失、构建覆盖城乡居民的社会保障体系入手，不断缩小城乡之间、地区之间、群体之间的差距，积极稳妥、循序渐进地推进社会保障制度沿着公平、普惠、可持续的方向发展，在解除人民生活后顾之忧的同时，不断提高人民的生活质量并增进人民的幸福感，切实维护个人的自由、平等与尊严，最终迈向中国特色社会主义福利社会。这一目标任务将通过三个阶段来完成。第一阶段（2008—2012）：构建覆盖城乡居民的基本保障制度，为全面建设社会保障制度奠定坚实的基础；第二阶段（2013—2020）：实现社会保障制度全面定型、稳定发展；第三阶段（2021—本世纪中叶）：社会保障由基本保障型向生活质量型转化，成为合理分配财富的基本制度保障。

超越直觉经验：农村社会学理论创新之路

陆益龙在《超越直觉经验：农村社会学理论创新之路》一文中，对中国农村研究存在的突出问题做了深入的总结与反思，认为当前中国社会学在农村研究方面虽有量的增长，但学科建设并无实质进步。农村研究中主要问题一是“问题取向”的研究，二是经验研究的过密化与理论范式的缺乏。“问题取向”的研究有将农村预设为“问题”社会之倾向，其研究和表述有可能会建构和夸大乡村社会的“问题”，而且，过多的“问题”（problems）研究，而非“问题”（questions）探究，会在一定程度上限制农村社会学的视野，仅仅关注问题与对策而缺乏系统的理论支撑和科学系统的研究，反而给农村发展制造新的麻烦。经验研究的过密化与理论范式的缺失主要表现为研究过于依赖直觉经验，经验研究缺乏必要的理论导向，只是简单重复一般化农村调查，调查方法缺乏科学系统性。中国农村社会学理论的创新，关键在于要将农村社会研究回归到社会学范式之中，加强理论导向的经验研究，超越直觉经验方法的局限，勇于探索农村社会快速转型过程中的“大问题”。所谓“大问题”，一是指相对于一般经验问题的重要理论问题，二是指社会学范式中的基本问题，如结构与变迁、分层与流动、群体与组织、制度与文化等方面的基本问题。要避免沉迷于对琐碎“小问题”的纠缠，不断提高农村社会学理论创造能力，以达到促进农村社会学理论大发展的目标。超越直觉经验方法的局限，加强理论导向的经验研究，不仅有利于中国农村社会学学科的发展，也有助于系统、深入地把握当代中国社会变迁的趋势与本质，进而推动城乡社会建设和“三农”问题的真正解决。

《新世纪中国社会学（2006—2010）——“十一五”回顾与“十二五”瞻望》后记*

2010年1月30日，根据全国社科规划领导小组的决定，全国社科规划办公室下达了进行每五年一次的学科调查任务，以便为拟定“国家哲学社会科学‘十二五’研究规划”做准备。我有幸负责其中的社会学学科的调查项目。本书就是这一项目的成果。它是继前两本调查报告《跨世纪中国社会学》（1996—2000）和《新世纪中国社会学》（2001—2005）的第三本。它们从一些重要方面代表了中国社会学这十五年的进展，是研究这一段中国社会学史不可忽视的参考资料和依据。

本书由总报告和18章构成。总报告就是整个社会学学科调查报告；18章就是社会学18个重要的分支社会学的分报告。

按规定，总报告必须在2010年6月底交给全国社科规划办公室，这是硬任务，是完成下达的社会学学科调查项目的标志。从内容上看，总报告一方面要以各分报告为基础，另一方面又要进行独立的文献检索和调查。总报告基本上是这样做的。不无遗憾的是，由于一些分报告没有按期交稿，造成总报告无法加以参考并对之进行概括，因而不能不在一定意义上影响了总报告的相对完整性，也不能不在某种程度上延误了本书的早日出版。

这一次，各分报告的写作，也和上两次一样，主要是为了发挥国家社会科学基金社会学学科规划和评审组全体成员的集体力量，改变以往“八五”、“九五”进行类似的工作时没有真正调动其他成员的积极性、基

---

* 本文是郑杭生主编的《新世纪中国社会学（2006—2010）——“十一五”回顾与“十二五”瞻望》的后记。该书2011年8月由中国人民大学出版社出版。

本上由组长跳单人舞的不利状况。关键是要创造一种机制，于是想到了让评审组的各位成员写分报告的主意，因为各位成员都是社会学各个相关领域或分支领域的专家。上两次，特别是第一次，在征得了两位副组长陆学艺和王思斌的同意后，根据规划办文件的统一要求，我起草了《关于编写社会学学科调研报告的总报告与分报告的实施意见》，并在讨论时获得了大家的赞同。如果有读者对该实施意见感兴趣，可以在前两本调查报告《跨世纪中国社会学》（1996—2000）和《新世纪中国社会学》（2001—2005）的附录中查阅。从本书出版看来，这种可以称作“分报告责任制”的机制是有某些优点的。

读者可以发现，在本书的主要作者中出现了不少新的面孔，这是由于 2009 年在国家社会科学基金社会学学科规划和评审组调整中，增加了 24 名新的成员。毛丹、风笑天、田毅鹏、关信平、刘少杰、张李玺、杨敏、林聚任是新增的成员，除风笑天外，他们是本书的新的主要作者。此前风笑天曾是外聘专家。潘允康也是外聘专家，是第二次了。

需要说明的是，社会学的分支学科众多，我们这里涉及的只是中国社会学中一些基本的分支，且与评审组成员的着重研究的领域有关。我们充分意识到这种相对完整性所包含的缺陷。

这里，我要衷心感谢我的各位同行——国家社会科学基金社会学学科规划和评审组各位成员——的大力支持和竭诚合作，感谢外聘专家和其他所有参与本书写作和作出贡献的学者。

这里，我还要特别感谢我的学术助手奂平清、黄家亮为本报告所做的基础性工作，以及为全书所做的许多技术性、文字性工作。

郑杭生

2011 年 2 月 12 日

中国人民大学社会学理论与方法研究中心

社会学社会工作本科教育要坚持的正确思路*

——在 2011 年社会学学科教指委与社会学系主任联席会议上的主题报告

各位委员，各位系主任，各位领导，各位朋友，各位来宾：

大家好！

2011 年教指委与社会学系主任联席会议今天在美丽的河海大学隆重开幕了！这里，我首先要代表教学指导委员会和与会的全体系主任，向为会议成功召开做出贡献的河海大学社会学系及他们的工作人员所付出的辛勤劳动，表示最诚挚、最衷心的感谢！

我们教学指导委员会自成立以来，一直有务实的优良传统。例如在 1999 年的西安会议、2000 年的威海会议上，我们分别制定了社会学、社会工作的主要课程，写出了这些课程的指导纲要，十多年来，对社会学教学的规范化起了很好的作用。

这次会议我们将深入讨论的几个议题：社会学、社会工作的教材建设规划；本科专业介绍；本科专业目录，待会李路路秘书长，将要做详细的说明。

这几个议题，都涉及社会学、社会工作本科教学的教学体系、教材体系、课程体系，以及要把我们的社会学学生培养成什么人的问题，它的影响是极其深远的，我们必须高度重视。

我今天主要要说、要强调的是，我们教指委和系主任一定要独立自

---

* 本文是 2011 年 10 月 15 日在 2011 年社会学学科教指委与社会学系主任联席会议上所做的主题报告。

主地建设符合中国国情，同时又有世界眼光的社会学本科教学的教学体系、教材体系、课程体系，把我们的学生培养成方向正确、品德高尚、学问扎实、身体健康的社会学者、社会工作者。这就又一次把我们的思路选择问题，提到了日程上来。这个问题，现在在价值多元化的情势下，显得更加突出。

最近我在梳理我们社会建设、社会管理的学术路径时，说了这样的意思：

当代中国是古今中外各种思潮的汇集点、交叉点。它们都不能不这样那样地对我们的社会建设社会管理、社区建设社区管理，产生直接间接、或大或小的影响。因此，包括社区建设社区管理在内的社会建设社会管理的路径选择十分重要。路径不对，或者有缺陷，社会建设社会管理目标就会出现偏差，就有可能走弯路。

我想这同样适合我们的社会学、社会工作本科教学的教学体系、教材体系、课程体系，以及要把我们的社会学学生培养成什么人的问题。

在今年2月19日省部级主要领导干部社会管理及创新专题研讨班上，印发了六个参考材料。我和我的学术团队参加了其中的一些工作。在我看来，这六个材料的安排本身，就从一些侧面体现了社会建设社会管理、社区建设社区管理探索的正确路径。这六个材料是：

一、一些国家和地区社会管理情况

二、我国历史上社会管理的内容和做法

三、当前我国社会管理面临的形势、存在问题及经验做法

四、我国城乡基层群众的实践与创新

五、我国社会组织发展与管理

六、社区管理20例

那么，这样的安排从哪些侧面反映了社会建设社会管理探索的路径呢？

第一，参考材料之一："一些国家和地区社会管理情况"，反映了我们必须和应该借鉴国外，汲取它们有益经验，即一种"洋为中用"的思路；

第二，参考材料之二："我国历史上社会管理的内容和做法"，反映了我们必须和应该开发传统，参考我国古代管理和建设的有益经验，即一种"古为今用"的思路；

第三，参考材料之三、四、五、六，涉及中国经验的中央、地方和部门、基层社区三个层次的探索，反映了立足现实，从现实出发，提升

实践、探索中国道路的思路。

总之，上述六个参考材料反映了社会建设社会管理，社区建设社区管理必须正确处理三种关系：与国外，特别是与西方的关系，与传统的关系，与现实的关系；还要处理好社会建设社会管理背后的“国家与社会”、“政府、企业和社会”的关系，探索新型的国家与社会关系。这样才能正确总结“中国理念”，概括“中国道路”或“中国模式”。这事实上也是梳理出了几个比较分析的角度。反过来，这些角度，也给我们具体分析有关实际案例提供了切入点和研究框架。这就是：

一、中西比较的视角：借鉴国外，跳出国外，洋为中用

二、古今比较的视角：开发传统，超越传统，古为今用

三、现实比较的视角：立足现实，提炼现实，高于现实

四、聚焦国家与社会：总结中国理念，概括“中国道路”

应该说，这是一种更为宽阔的视野，我衷心希望，我们社会学教指委和系主任在这些根本问题上达成一定的共识，努力在社会学、社会工作本科教学的教学体系、教材体系、课程体系，以及要把我们的社会学学生培养成什么人的问题上，运用这些视野和切入点分析面临的课题，从而真正独立自主地建设既符合中国国情同时又有世界眼光的社会学本科教学的教学体系、教材体系、课程体系，把我们的学生培养成方向正确、品德高尚、学问扎实、身体健康的社会学者、社会工作者。

我预祝这次会议取得丰硕的成果，圆满成功！

谢谢各位！

孙本文先生对早期中国社会学巨大贡献的再认识*

关于孙本文的学术思想，我国内地、港澳台地区和日本的一些学者都做过不少研究。1999年我与李迎生合作在《江苏社会科学》上发表过专题研究论文，2000年我在与李迎生合作的《中国社会学史新编》一书中有过较为深入和全面的介绍。当时我们着重对孙本文构建的社会学理论体系、对社会问题的研究及社会心理学研究等进行了较为具体的分析。[①] 本文想从更宏观一些的角度来审视孙本文的学术思想和学术活动，我想说明的主要观点是，从总体上讲，作为中国早期社会学的领军人物，孙本文在中国早期社会学发展中所发挥的作用是难以替代的，他对中国社会学发展的贡献巨大而深远，至今仍有许多方面值得当代中国社会学

---

* 本文是作者2012年5月19日在南京大学"孙本文与中国社会学"学术研讨会上的主题报告。在本文开头，我必须感谢我的学术助手和合作者、中国人民大学社会学理论与方法研究中心兼职副研究员王道勇博士，他在我们进行的多次讨论中，提出了一些给人启发的观点，他收集了丰富的相关资料，使本文得以在很短的时间内完成。无疑，本文若有不当和错误之处，概由我负责。

此文发表在《华中师范大学学报》(人文社会科学版)，2013(1)。发表时的摘要如下：

孙本文先生是中国早期社会学的领军人物，在中国早期社会学的发展中发挥着难以替代的作用。这主要表现在三个方面：一是孙本文建立了一个综合性的社会学理论体系，是早期中国社会学理论研究最高成就的代表性人物，他身上体现出来的理论自觉意识尤其值得珍惜；二是孙本文通过界定社会学研究对象、推进社会学本土化和彰显社会学的应用价值，积极为社会学立法，是新中国成立前推进中国社会学学科发展壮大的代表性人物；三是孙本文身上体现出了中国社会学者报国为民、增促社会进步、有学派无宗派以及勤奋治学的精神，是体现中国社会学学科精神的代表性人物。所有这些都值得今天的中国社会学界学习借鉴。

① 参见郑杭生、李迎生：《中国社会学史新编》，117～133页，北京，高等教育出版社，2000；郑杭生、李迎生：《中国早期社会学综合学派的集大成者——孙本文的社会学探索》，载《江苏社会科学》，1999(6)。

界学习借鉴。孙本文难以替代的学术地位主要体现在以下三个方面：一是构建出综合性的理论体系，是中国早期社会学理论研究最高成就的代表性人物；二是多方为社会学立法，是推动中国早期社会学学科发展的代表性人物；三是一生致力于推动社会发展进步，是体现中国社会学学科精神的代表性人物。

这里应当说明的是，近年来为纪念费孝通先生从事学术研究 70 周年和诞辰 100 周年，我就费老对中国社会学所做的巨大贡献进行了较多的讨论。费老的很多学术著作在新中国成立前就已经问世，但由于新中国成立时他还属于中青年学者（39 岁），所以客观地讲，他那无人可以替代的历史地位主要是在新中国成立之后尤其是中国社会学恢复重建过程中奠定的。今天回过头来看比费老年长一辈的老一代社会学家，我们应当承认，作为中国早期社会学的名门正宗，孙本文先生是当时中国社会学界的领军人物，他与吴文藻先生等人一起，为早期中国社会学的发展繁荣做出了卓越的贡献。这样看问题可能是更符合历史实际的。这也是“再认识”的一个内容。

一、构建综合性的理论体系，代表早期社会学理论研究的最高成就

在《中国社会学史新编》一书中我们提出，综合学派是中国早期社会学的正统，综合学派的社会学探索代表了中国早期社会学理论研究的最高成就，其影响甚至延续到中国社会学恢复与重建以后。孙本文先生是早期中国社会学综合学派的集大成者，从他 1916 年在北大哲学门学习社会学课程算起，他在新中国成立前的 33 年时间里对中国社会学理论体系的探讨逐步深入，代表着中国早期社会学理论研究的最高成就。

孙本文以“社会行为”为起点，在构建理论体系的方法论方面有所创新。一些人认为，孙本文深受美国社会心理学传统的影响，过于强调文化和心理因素的作用，他以“社会行为”为社会学的研究对象，具有明显的心理学派的倾向。实际上我以为这种观点值得商榷，如果从社会学方法论角度来考虑的话可以会有一些新的认识。

作为一种工具理论，社会学方法论主要是探讨与学科体系和基本假设有关的一般原理问题，即指导社会研究的原则、逻辑基础以及学科的研究程序和研究方法等，一定的社会学理论背后都有其构建的方法论基础。我们以为，无论是早期强调文化因素，还是后来强调社会心理因素，都只是孙本文进行社会学研究的一个逻辑起点，其目标并不是简单地围

绕当代社会学意义上的社会行为概念徘徊不前，而是想借由社会行为这一切入点来展现他对社会整体的认识，来构架他的整个社会学理论体系。

具体理由有三：其一，孙本文认为，社会学是一门普通性的综合学科。孙本文借鉴孔德等人的科学分类法，把科学划分为物质科学、生物科学与社会科学。他又把社会科学分为普通的与特殊的两类，认为社会学研究社会的共通现象与共同原理，所以是一种普通的科学。既然社会学是研究普通和共通现象的，那么它的研究对象就不会局限于当代意义上的社会行为层面。

其二，孙本文所讲的"社会行为"实际上是对社会整体的一种统称，比我们今天社会学所说的社会行为概念的范围宽泛得多。孙本文认为，所谓社会行为，就是人与人之间所表现的相互关联的行为，即社会生活和社会现象中所表现出的共通现象和共同规律。① 实际上也确是这样，孙本文在研究过程中不仅仅是探讨当代社会学意义上的社会行为，他"重视文化，同时也重视心理因素，而且亦不蔑视其他如地境及生物因素"②，以他为代表的综合学派"要点在于认识社会的整体性及其各种因素的复杂性，并欲确立社会学的体系"③。

其三，孙本文从社会行为角度出发，形成了完整的认识和分析社会现象的研究方法。孙本文在《社会学的观点》（1945）一文中提出：在研究社会行为的过程中，社会学者要运用多种视角来研究社会：要用社会整体的观点，从整个社会的角度来观察社会；要用社会结合的观点，把社会看成人与人的结合；要用社会有机的观点，视个人与社会是一个有机的关系；要用社会演进的观点，把社会看作是变动的而不是静止的，要用历史的发展的观点来分析社会。④

由上可以看出，孙本文在研究方法论上有他独到之处，他主张全面地、动态与静态研究相结合地、综合地考察人类的社会行为。正因为如此，孙本文自认既非文化学派，也非心理学派，而"属于综合派之林"⑤。

孙本文从综合的视角出发，构建起较为健全的社会学理论体系。正是在上述这种方法论的基础上，孙本文以社会行为作为研究对象，在

① 参见刘洪英：《孙本文对社会学中国化的贡献》，载《徐州师范大学学报》，1998（2）。

② 孙本文：《当代中国社会学》，下册，246页，北京，胜利出版公司，1948。

③ 孙本文：《社会学的观点》，载《社会建设》，1945（3）。

④ 参见上书。

⑤ 孙本文：《当代中国社会学》，下册，242页，北京，胜利出版公司，1948。

《社会学ABC》（1928）、《社会学原理》（1935）、《社会学体系发凡》（1945）等论著中，建构出了一个完整的社会学理论体系。有关这方面的内容我在以前的论著中重点进行了分析，这里不再详述。

简单地说就是，孙本文从社会行为出发，提出有关社会行为的五类问题，即社会行为形成的因素（文化、心理、生理、地理等社会因素）、社会行为表现的过程（远离或接近等社会过程问题）、社会行为表现的机构问题（基本的或复合的社会机构问题）、社会行为表现的功能（或社会控制问题）、社会行为变迁的内容与方向（或社会变迁问题）。[①] 从上述五类问题出发，孙本文展开了他的整个社会学理论体系，从而把当代社会学的主要研究内容都囊括在内。

从今天看来，孙本文所构建的理论体系确有它的不足之处。如，在解释对社会行为的影响要素时，排斥了物质生活状况、经济地位等的影响，使得其社会学体系的理论基础较为薄弱。正因为如此，费老认为，孙本文的社会学体系，带有"用西洋传来的科学方法和已有的社会学理论去观察与分析中国现实"[②] 的印记。但从当时的历史条件来看，孙本文无论是在构建理论的方法论，还是在元理论和本理论的系统化方面都把中国社会学理论研究大大地向前推进了一步。

孙本文并没有完全摆脱西方社会学理论体系的束缚，但我们不应过于苛责前人，因为当时的中国社会学仍处于幼年时期，进行理论创新时可以参考的前人成果几乎是一片空白。即使到21世纪的今天，中国社会学也不敢说完全摆脱了西方社会学理论思维框架和方法论的影响。如今，我们还能看到仍然有一些社会学者为能够追踪到西方社会学的最新成果而洋洋得意，并且不顾实际地把它套用到中国的实践中，至于得出的结论到底在多大程度上能够解释中国现实，对中国社会发展有多大的启示作用，则似乎不在他们的视野之内，甚至不管不问。这是一种缺乏理论自觉的重要表现。

我一直强调中国社会学者要有理论自觉：要对自身理论和他人理论进行反思；要努力创造自己的有中国风格的理论，同时要正确地对待其他各种理论，特别是外来的理论；要加强自己在理论转型中的自主能力，并取得社会学学科为适应新情况而进行的理论选择、理论创造的自主地

① 详见郑杭生、李迎生：《中国早期社会学综合学派的集大成者——孙本文的社会学探索》，载《江苏社会科学》，1999（6）。

② 费孝通：《中国社会学的成长》，载《社会学研究》，1984（7）。

位；中国社会学要不断进行思想解放，从西方强势社会学理论和社会理论中解放出来、正确定位自己、加强自主性。如果从理论自觉性角度来看，六七十年前孙本文的理论自觉意识之强，是当代很多社会学者所无法望其项背的。

今天我们学习孙本文先生的社会学理论，不仅要学习他的理论内容，更要学习他在理论创新过程中所体现出来的那种强烈的理论自觉意识。因为理论内容总有陈旧和不适用之时，而理论自觉精神则能够帮助我们不断更新理论内容，创新理论学说。强烈的理论自觉会推动中国社会学者不断尝试对“中国经验”进行理论提升、对“传统资源”进行理论开发、对“西方学说”进行理论借鉴、对“学术话语”进行理论创新，通过“立足现实，高于现实；开发传统，超越传统；借鉴国外，跳出国外；以我为主，创造特色”，逐步推动中国社会学走向社会学世界格局的中心。

二、多方为社会学立法，对早期社会学学科发展发挥了关键性作用

我们说孙本文是中国早期社会学的领军人物，一个重要原因就是孙本文不仅仅是一个在社会学基本理论及其应用方面卓有建树的社会学家，他更是新中国成立前推动整个中国社会学学科不断繁荣发展的核心人物。作为一门新兴的社会科学，社会学必须向国家、民众和学术界论证清楚社会学的存在有其合法性，从而为学科发展赢得必要的空间。

这种合法性辩护具体表现为两个方面：一方面，向其他学科展现自身元问题、基本问题和研究对象的独特之处，从而在学科竞争中逐步巩固地位，这是社会学存在合法性的理论根源；另一方面，向国家和民众说清社会学与现实社会的契合性，这是社会学存在合法性的现实根源。与社会学基本理论为社会实践“立法”不同，这种合法性辩护是社会学元理论的一部分，它实际上是在为社会学“立法”，为学科的未来发展赢得新的、更为宽广的空间。在为社会学立法方面，孙本文做了大量工作，进一步巩固了他在中国早期社会学界难以替代的地位。

界定社会学的研究对象，使社会学能够屹立于社会科学之林。孙本文以广义上的社会行为为社会学的研究对象，主张社会学是对人类社会普通和共同规律的一种认识，这是它跟其他社会科学如法学、经济学、政治学区别分开的基本标准。孙本文还认为，社会心理学是社会学最重要的一个部门，它的研究对象是个人在社会中的行为，或社会中个人的

行为[1]，它跟专门研究社会行为的社会学的分工非常明确，这就进一步让社会学的研究对象边界变得更加清晰。尽管对于孙本文所说的社会学研究对象，至今仍然有很多异议，但当时的社会学家大多长年埋首于具体社会问题研究，极少有人对社会学研究对象进行讨论，所以孙本文的这种通过析清研究对象来为社会学赢得发展空间的努力，说明他有很强的学科领导者胸怀，有推进学科发展的长远眼光。

促进社会学的本土化，使社会学能够独立于西方社会学而发展。孙本文清楚地认识到，如果中国社会学仅仅是邯郸学步，对西方社会学亦步亦趋，那么最终的结果必然是东施效颦，贻笑大方，成为西方社会学在中国的翻版，甚至是西方利益在中国的代言人。因此，孙本文大力提倡社会学的本土化，推进中国社会学与中国社会相结合，让社会学成为真正的中国学科之一。譬如，在《当代中国社会学》一书的结束语部分，孙本文分别从理论社会学和应用社会学两个方面，详细阐述了社会学中国化要着重做的工作。如，在建立中国的理论社会学方面，要整理中国旧籍中固有的社会史料，实地研究中国社会的特性，系统编辑社会学基本用书；在建立中国的应用社会学方面，要详细研究中国社会问题，加紧探讨中国社会事业（社会工作）与社会行政，切实研究中国社会建设方案。

彰显社会学的应用价值，为社会学在政府和民众中赢得合法性。孙本文非常关注和研究重大的现实社会问题，以体现社会学的应用价值。他"希望今后社会学者能根据社会学理论与本国社会事业，创建一种适合于中国社会需要的应用社会学，藉以促进国家民族的向上发展"[2]。为此，孙本文对当时政府和民众面临的主要社会问题如人口问题、家庭问题、贫困问题都进行了深入研究，引起政府和民众的关注；其中尤其突出的是，他结合当时中国社会现实，大力提倡进行社会建设，并且对社会建设进行了深入分析研究。譬如，他在再版过 11 次的《社会学原理》一书中单辟"社会建设与社会指导"一节对社会建设问题进行讨论，撰写关于"社会建设"的专题文章，主持以"战后社会建设问题"为会议主题的中国社会学社年会（1943），联合中国社会学社和社会部合办《社会建设》月刊（1944）。另外，他还具体研究中国社会建设具体方案，认为社会学者应当从社会组织、社会福利、社会服务及社会运动方面，详

① 参见孙本文：《当代中国社会学》，下册，242－243 页，北京，胜利出版公司，1948。

② 同上书，286 页。

细探讨当前及今后全国的需要，审慎拟定各种改革方案。所有这些在当时都产生了很大的社会影响，让政府与民众认识到了社会学存在的必要性和重要性。其中的一些观点甚至对于今天的社会建设都有较强的借鉴意义。

正是凭借众多中国社会学者的共同努力，中国早期社会学在世界社会学界曾经占有很重要的地位。中国被誉为“生气勃勃的社会学活动的中心”。在第二次世界大战前，除了北美和西欧之外，在思想质量上，中国是“世界上最繁荣的社会学所在地”。这是国际社会学界对中国早期社会学的一种承认。1941 年，国民政府确定了包括所有文理学科在内的首批 30 名教育部部聘教授名单，孙本文先生作为社会学界唯一的代表获此殊荣，同时获聘的文史哲学科代表还有吴宓、陈寅恪、徐悲鸿、汤用彤、冯友兰等人，这是当时的政府、学界和民众对中国社会学学科的一种承认。总之，中国早期社会学成为西欧北美之外世界社会学的第三极，在中国学术界获得一席之地，以及赢得政府和民众的承认，所有这些都为新中国成立前中国社会学的发展赢得了巨大的空间。可以说，在为社会学立法方面，孙本文先生功不可没，甚至可以说是居功至伟。

三、致力于推动社会发展进步，集中体现了中国社会学的学科精神

任何一个学科都有它独特的学科精神，都有它的核心理念。我一直倡导社会学要以“增促社会进步，减缩社会代价”为深层理念，这就是本人对当代中国社会学学科精神的一种概括和总结。孙本文在美国先后取得了硕士、博士学位并且进行了博士后研究工作，是当时中国为数极少的学贯东西的精英。但回顾孙本文学成回国后的数十年工作经历，我们可以在孙本文身上深深地感到那一代知识分子所独有的精神气质。孙本文数十年间一直以学者身份，致力于推动中国社会的发展进步，较为全面地体现了中国社会学学科精神。

报国为民精神。孙本文留洋之际，正是旧中国长期处于积贫积弱境地而无力自拔之时，所以孙本文是心怀报国为民的大志去“向西方寻求真理”的，“盖正当民族生存危疑震撼之秋，……则社会学与有责焉者矣”①。学成后他不为西方优裕生活条件所诱惑，毅然决然地回到贫穷苦难的祖国；他一生坚持学术研究不动摇，在 1952 年社会学学科被取消，

① 转引自孙世光：《我的父亲孙本文》，社会学视野网，2007-03-24。

他被迫转向其他学科后，仍然坚持研究人口问题，孜孜不倦地教书育人。他身上表现出来的强烈的振兴中华的爱国精神、对真理的追求精神以及自强不息的奋斗精神，都值得我们今天拿来激励和引导青年社会学学子。

增促社会进步精神。正是由于心怀报国为民之志，孙本文从事社会学研究，并不仅仅是为学术而学术，他身上体现了强烈的推动社会发展进步的经世致用精神。他在《二十年来的中国社会学社》一文中就直接提出，中国社会学者要努力“促进国家民族的向上发展”，“进一步发展中国社会学，为民族作出贡献，并在国际社会学界取得一席地位”[①]。正因为坚持理论联系实际，孙本文先生的“问题”意识非常强烈。譬如，在社会建设方面，他在《关于社会建设的几个基本问题》（1936）一文开篇就提出：“近年社会建设的呼声已渐渐引人注意。但社会建设的对象，究竟若何？其范围若何？社会建设的目的何在？其标准如何？社会建设的途径及步骤又若何？社会建设的计划是否可以全部实现？其困难若何？”孙本文先生说：社会建设的目的就在于充实增进社会生活的内容，使全社会及各个人均得到健全而圆满的生活，并向上发展，社会学者应当为此不懈努力，“我们不能因社会现象的难以完全控制而却步，我们正应加倍努力，以期消除控制的障碍，而实现社会建设全部的计划。这是从事社会建设者应有的态度。”[②] 为此他提议，社会建设需要人才、资源、组织和机构四大基本要素，要从法令、教育和宣导三个方面进行具体建设。[③] 孙本文的这种经世致用精神与我后来所提的社会学要有“增促社会进步，减缩社会代价”理念异曲同工，它应当是中国社会学学科精神的精髓所在。

有学派无宗派精神。孙本文先生是当时中国社会学正统的综合学派的代表，是民国时期名副其实的学术权威。但从孙本文身上我们看到的却是他提倡学术上的平等争鸣，提倡有学派无宗派的基本理念。当时，他不仅延请大量不同观点的中外社会学家到中央大学任教，还与潘光旦先生在《文化与社会》、上海《社会科学杂志》、《社会学刊》等学术期刊上，进行了多次友好的学术争鸣，引起很多社会学者参与讨论，一时传为学术界的佳话。今天的中国社会学也应当提倡这种有学派无宗派的精神。我一直强调在学术上要平等争鸣，不要把学派庸俗化为宗派，那种

---

① 孙世光：《我的父亲孙本文》，社会学视野网，2007-03-24。

② 孙本文：《关于社会建设的几个基本问题》，载《社会学刊》，1936（1）。

③ 参见上文。

认为“不跟我一起跳舞的人都是我的敌人”的狭隘观念是千万要不得的。所以我以为，这种有学派无宗派的精神也应当是中国社会学学科精神的基本内容之一。

勤奋治学精神。孙本文身上还体现了一种敬业勤奋的学者治学精神，这也应当成为中国社会学学科精神的一个组成部分。孙本文一生勤于笔耕，著作等身。据不完全统计，新中国成立前，他共出版普通社会学著作 25 种，主编著作 5 部，发表学术论文近 80 篇；另外他还翻译了 14 种世界社会学名著，其中译自美国的 6 种、英国的 2 种、法国的 1 种、日本的 5 种。为此，韩明谟教授曾经在《中国社会学史》中总结说，孙本文是新中国成立前我国社会学界最有影响、著书最多的社会学者。在当时的中国，战乱纷争不休，学者长年颠沛流离，研究工作条件异常艰苦，要取得如此丰厚的学术成果，需要付出的代价远非现在的人们所能想象。而且值得一提的是，孙本文先生是当时中国的名人，美国出版的《世界名人录》（1948）和《中国手册》（1947）都有他的简传，他还曾经出任国民政府教育部高等教育司司长和中央大学校务维持委员会主任等职。但他对这些身外之物都看得很淡，他在《自传》中写道：“我是以社会学为专攻的学问，而以教育为我终生的事业。”① 那种身为社会学教师和研究者的自豪之感溢于言表，至今仍然让人感慨颇多。

① 转引自孙世光：《我的父亲孙本文》，社会学视野网，2007-03-24。

二、外国理论

欧洲福利主义模式可持续性问题的启示*

小引

福利制度是社会建设、社会管理的治本方面，需要深入研究。在这方面，欧洲福利主义模式可持续问题，可以给我们不少启示。中国学者在研究类似这样的问题时，一般遵循“借鉴国外，跳出国外，洋为中用”的学术路径。

欧洲福利主义模式，是欧洲历史发展的产物，逐步形成了三大政策体系：普遍福利、混合经济和阶级合作。这种模式起源于最早工业化的英德法这些国家，后来在斯堪的纳维亚国家表现得最为典型。这些政策体系反映出，在欧洲“国家和社会”的关系由于政策的调整，经历了从紧张到相对缓和的过程。

欧洲福利主义模式的可持续性问题

福利国家一度曾经功勋卓著：这项具有创新性的制度设置在不平等的雇佣结构中添加了调和剂，使社会阶级阶层的紧张关系得到了极大的缓冲，从而稳定了西方资本主义世界的经济和政治体制。与此同时，福利国家在控制社会张力、稳定社会秩序的同时，保证了生产活力和市场繁荣的持续。

然而，上世纪第二次世界大战后的西方在经济发展、科技创新、社

---

* 本文发表于《行政管理改革》，2012（1）。发表时文字做了一些改动，摘要如下：

欧洲福利主义模式是欧洲历史发展的产物，逐步形成三大政策体系：一是普遍福利，二是混合经济，三是阶级合作。这种模式起源于工业化的英、德、法三国，后来在斯堪的纳维亚国家发展得最为突出，其政策调整经历了紧张到相对缓和的过程。福利制度是社会建设的重要内容，欧洲福利主义模式的可持续性给我们不少启示。

会结构等方面出现了许多新变化。特别是20世纪中期以后，出现经济衰退、贫富分化、社会风险化等趋势，福利国家曾经有过的盛景已然不在。针对这种情况，吉登斯等人提出了第三条道路，认为必须超越左派与右派——既不能像前者“认国家为答案”，也不能像后者“把国家当敌人”——调整国家与社会的关系。

更重要的是，欧洲福利主义模式本身包含的许多不可避免的内在矛盾也日益暴露。其中一个矛盾就是“所享与所得”的矛盾，也就是“福利的普惠承诺和国家的有限能力”的矛盾①。尽管欧洲（尤其是北欧诸国）的福利制度受到赞许，有时被称为“全民福利”、“人民福利”，但在现实中，几乎无限的普救式共享福利并未真正实现过。因为，即便是在经济繁荣的状况下，社会福利支出受到的制约也是刚性的，国家的实际能力总是使福利的真正变现不得不大打折扣，“所享”与“所得”的实际距离难以抹去，这使得“全民福利”、“人民福利”相当程度上还是一个期待。相关研究指出，在任何国家包括英国和北欧国家，全民福利模式也没有完全实现。英国的“全民低保”从来就没有真正地实现过，其相当的非缴费型给付都是针对一定的目标群体进行的。即使在北欧三国，许多非缴费型补贴也是家计调查式的。这也折射出了福利体制总会伴随着某种理想性特征：期待的“所享”与现实的“所得”总是有区别的，而且，即使是“所得”也并非是均等化的。因此，正如马歇尔指出的：“权利是有的，但救济却经常跟不上。”② 这表明：“所享”的承诺基于形式化的社会权利，是不可剥夺的；“所得”作为实质性的变现，其有限性也是难以超越的。

不能不提到的是，现在欧洲的高福利制度已难以回头，并与其选举民主形成恶性循环，更加剧了上述“福利的普惠承诺和国家的有限能力”的矛盾，进而发展成政治问题，造成治理危机。有学者指出：“对于政治家来说，由于其政治生命基本上来自选民的投票，所以在选举年，一般都会迎合选民的短期需要，许诺给公民更多的福利、更少的税收。结果民情偏左的国家，一般都很容易导致财政赤字。”③ 例如，希腊这个国家，55岁就可以退休并享受很好的退休金。于是，希腊的政治家提出了

① 关于福利制度的详细分析，见郑杭生、杨敏：《“大民政”的理论和实践与“中国经验”的成长——夯实中国特色世界城市基础的“北京经验”》，北京，中国社会出版社，2011。

② ［英］T. H. 马歇尔、安东尼·吉登斯等：《公民身份与社会阶级》，27页，南京，江苏人民出版社，2008。

③ 毛寿龙：《西方治理危机将长期存在》，载《人民论坛》，2011（18）。

节约计划，推迟退休年龄，但却遭遇各方面的抵制。法国和英国也是如此。法国实施节约计划，遭遇了罢工。英国实施节约计划，最近遭遇了骚乱。①

欧洲福利主义模式难以持续的再一个原因是新经济体发展中国家兴起。这使得欧洲福利主义模式不能像过去那样掠夺发展中国家，把负担转嫁给它们。

谈论欧洲的福利制度的可持续性，不能不提到欧洲的社会质量运动。这个运动1997年兴起，主要背景是两个方面：一是针对欧洲福利制度本身的缺陷的；二是针对美国新自由主义在欧洲的影响的。这个运动提出了“社会的欧洲”、“可持续的福利社会”口号；提出了四个原则：社会经济保障、社会凝聚、社会包容、社会赋权。但是，欧洲的社会质量运动难以挽回福利国家不可持续的命运，因为这个运动并没有消除福利社会的基本矛盾。欧债危机的爆发，是最近的例证。

欧洲福利主义模式的可持续性问题的启示

启示一：对福利制度一定要有全面的认识和把握。我国现阶段在建设有中国特色的社会福利制度过程中，既要改变补缺型社会福利的“小福利”现状，又要吸取福利国家的教训，谨防走福利国家普遍高福利的老路。根据我们的研究，对福利制度一定要有全面的认识和把握。用得好，它是解决社会问题的办法；但如果用得不好，它也会变成引起社会问题的根源。福利制度是一柄双刃剑，使用要慎之又慎。

启示二：对福利制度一定要不断追问是否可以持续。对已经实施、将要实施的福利制度都要这样。富裕引起的矛盾，并不比贫穷引起的矛盾来得少。我们在广东佛山南海的调查，证实了这一点。

启示三：对“所得”和“所享”要不断进行平衡。不能把社会对福利的期待和胃口吊得太高。我国现在正从补缺型福利模式向适度普惠型转变。适度普惠型社会福利是由政府和社会基于本国的经济和社会状况，向全体国民提供的、涵盖其基本生活主要方面的社会福利。适度普惠型福利模式是现阶段推进我国社会福利事业发展的必然选择。从非普惠的补缺型的福利模式到适度普惠型福利模式，表示了这一领域现代性、合理性、公平性不断增加、增强的过程。

① 参见毛寿龙：《西方治理危机将长期存在》，载《人民论坛》，2011（18）。

启示四：对福利制度的可持续性的原则和机理要不断进行探索。从欧洲经验教训中，我们体会到，福利制度的可持续性的原则和机理可以概括为：适度的永恒性与普惠的适度性。

总之，所有这些启示，对我们建立有中国特色福利制度有重要参考价值。

道德空间的拆除与重建*

——鲍曼后现代道德社会学思想探析

如果说“解构”是后现代理论的主旨，那么齐格蒙特·鲍曼（Zygmunt Bauman）则是后现代阵营中的一位叛逆者，他总能在后现代的“瓦砾场”上看到希望和契机，进而指点重构社会秩序之迷津。正如他的传记作者丹尼斯·史密斯所言：“他的著作精彩地描绘了人类在过去几个世纪以来穿越现代性的艰苦历程，同时，他也描绘了当现代性转向后现代之时，一个正在形成的新世界的生动景象。”① 其中对道德空间的透视无疑是浓墨重彩的一笔，他不仅揭开了后现代栖息地上的人们摆脱现代性的伦理羁绊，拆除道德空间，走向后现代“无伦理的道德”境遇的纱幕，也清楚地洞悉了后现代道德之本相，重建道德空间，进而重构了他的后现代道德社会学。

一、道德空间

道德空间是社会空间的构成要素，是通过“感觉到的假定的责任的

---

* 与龚长宇合作，本人为第二作者。该文刊登在《河北学刊》，2014（1）。发表时的摘要如下：

鲍曼是继涂尔干之后道德社会学研究的一位里程碑式人物，道德空间是其后现代道德社会学理论的重要范畴。一方面他看到了现代社会道德空间被拆除的事实，源于人为建造的认知、美学和道德三个空间的矛盾与冲突、理性化模式使得人类的道德本性让位于遵守规则、知识分子由立法者变为阐释者致使道德权威旁落，由此造成了伦理时代走向终结；同时，他也意识到“返魅”带来了重新面对人类道德能力的机会，对他者负责、走向无伦理的道德自治才是重建后现代道德空间的基础。

龚长宇，苏州大学教授，教育部重点研究基地中国人民大学社会学理论与方法研究中心2000级博士生。

① ［英］丹尼斯·史密斯：《后现代的寓言家——鲍曼传》，南京，江苏人民出版社，2002。

不平均分配建构起来的"[1]。道德空间不同于客观的物理空间，是"非客观的"、"人造的"。道德空间的概念包含了三种规定。

第一，道德空间的客体是我们为之存在的"他者"，道德责任是建造道德空间的唯一资源。鲍曼认为"伦理学先于本体论……道德关系先于存在"[2]，本体论是没有道德的领域，道德是对存在的一种超越。道德自我通过与他者面对面的共存来实现。"他者"是一张"面孔"，这个面孔是赤裸裸的、不设防的。"他者"是一种权威，会通过我并对我发出命令，是我赋予他下命令的权力，而我是为他者的，我愿意听从命令，我为他者承担责任，而且这种责任的承担是那样的天经地义、自然而然、没有条件，也不需要任何理由。

第二，道德空间配置了"亲密和匿名"、"陌生和熟悉"以及"封闭和开放"等不同状态。道德空间按照与他者关系的经久度和强度，形成一个"亲密—匿名"的排列系统，在亲密的一极，与他者熟悉、亲近，道德责任强度高，处于上手模式（可控制）。离亲近的一极越远，变成陌生人的他者越多，陌生人的陌生感精确地讲"意味着我们被错过的感觉，不知道怎样行动、期待什么和因而导致的对约会的不情愿"[3]。陌生人会令人产生不同程度的"蛋白质恐惧症"[4]。在匿名的一极，一个真正匿名的他者是在道德空间之外的，这样的他者只能是一个潜在的道德客体。道德责任强度低，处于不可控的状态。

第三，道德空间与认知的、美学的空间既泾渭分明又相互交叠，三者都是人为创造的，其相互作用的过程和产品共同构成社会空间。认知空间是"通过知识的获得和分配在智力上被建构的；美学空间是通过由好奇引导的关注和对经验强度的探索在情感上进行划分的"[5]。认知空间的客体是我们"与之共存"的他者，遵循理性、求真原则；美学空间的客体是作为审美存在的他者，遵循娱乐和审美原则；道德空间的客体是我们"为之存在"的他者，遵循非理性、至善原则。在后现代进程中，三个空间曾经建立起来的稳固的衔接分割崩溃了，取而代之的是三个空间的冲突与不和谐的全面爆发。

---

① ［英］鲍曼：《后现代伦理学》，172页，南京，江苏人民出版社，2003。

② 同上书，83页。

③ 同上书，176页。

④ 鲍曼建议把由陌生人的存在——那些未加定义的、未被决定的他者，既不是邻居也不是外人，然而潜在的两者都是——引起的令人困惑的、矛盾的情感描述为"蛋白质恐惧症"。

⑤ ［英］鲍曼：《后现代伦理学》，172页，南京，江苏人民出版社，2003。

二、道德空间的拆除：伦理时代的终结

现代堪称为“伦理的时代”，道德思想和现代性的实践一直被一种信念所激励，这种信念就是相信一种无矛盾的、非先验的伦理学法典存在的可能性。强制性的无限责任、戒律和绝对义务筑就了铜墙铁壁般的道德空间；伦理的现代方法是以用政治实践中强制性的、标准的规则和在理论上进行绝对、普遍和根本性的哲学追问以对道德挑战的反应。也就是说现代伦理思潮与现代立法实践相结合，在普遍性和根本性相似的状况下找到了道德问题的根本解决途径。在立法实践中，普遍性代表着主权所及的领土范围内一套毫不例外的法律规则，法律的根本性则代表了国家的强制力，现代国家是为一种整治性、传教性和劝诱性的势力诞生的，这一势力努力要使被统治的全体民众得到改造从而进入有序的社会，它给予伦理规范的遵守以明确的合法性和热切的期望。现代性的世界被感知为有序的、确定的、可控的和安全的。然而，随着“现代性正在走向失败”（对现代社会的评价，鲍曼的思想态度是有明确转向的，在他的视野中，直到20世纪80年代中期以前，现代性都一直是一个令人钦羡并值得为之奋斗的理想，但是到80年代后期则做出了“现代性正在走向失败”的结论），铜墙铁壁般的道德空间被拆除了，伦理的时代终结了，主要原因在于三个方面。

首先，三个空间的矛盾与冲突，弱化了道德空间。人为建造的认知空间、美学空间和道德空间三者之间的矛盾无处不在，占据了生活世界的各个角落，总体说来，“认知分隔的空间和美学分隔的空间对道德空间都不热情相待。”① 认知空间强调理性与客观性，它创造了距离；而道德空间遵循的是善良意志，往往会侵蚀规则的至上性和距离的客观性；美学空间遵循娱乐和审美原则，新颖、令人惊奇甚至神秘和恐怖是该空间得以维系的力量，道德原则、立场和责任却是一种持久的沉淀物，这种持久相对于美学空间的流动与漂移来说恰是格格不入的，甚至可以说娱乐价值在原则上就是道德责任的敌人，反过来道德责任也是娱乐价值的敌人。当然，“敌人”偶尔也可以和平相处，甚至可以互相协作、互相支援并使对方重新振作起来，但是只有其中一方付出放弃的代价才可能实现协作。道德空间的主体道德人不能打破二元矛盾，只能学会与之共存

① ［英］鲍曼：《后现代伦理学》，212页，南京，江苏人民出版社，2003。

并对其结果承担责任。可见，做一个道德人并不是一件轻松的事。如何缓解道德人的这种压力，有人尝试着用“市场”和“国家”作为道德代理人的办法来面对，拿市场来说，只要每一个人服务于自己的利益，看不见的手就会为每个人服务，看得见的道德代理人就可以无所事事、安然入眠了。就国家而言，提供援助是国家的责任，决定必需品和贫穷的相对重要性也是国家的责任，这样国家对于道德心有同样的催眠作用，道德主体也可以被安置去休息了。这样看来，道德主体似乎真的可以从市场和国家这两个道德代理人那里解放出来，但是其道德警惕和道德能力却越发变得迟钝了。

而且，随着现代市场成为社会运行不可或缺的主要维持机制，国家的作用已经被简化为运用政治手段服务于市场，市场的作用推动了社会成员的极端个体化，而且是消费的个体，作为消费个体的渴望就是占有越来越多的商品和服务，“人格自律、自我认识、真诚生活、人格完善，这些个体的需要都被彻底地转化为占有并消费由市场提供的商品的需求。”[①] 但是欲望的缓解只是短时间的，作为消费者的欲望是无止境的，于是一方面产生了个人对于匮乏的担心、焦虑与痛苦，另一方面无法被引入私人消费的人性需求如人格自律或自我认同被搁置或者被压抑。可见，现代国家和现代市场并不能治愈道德人的孤独、压抑和矛盾，也无力阻止道德空间被弱化甚至被拆除的命运。

其次，理性化模式使得人类的道德本性让位于遵守规则。理性化无疑是现代社会的一个核心特质，在肯定理性化所带来的诸多社会福祉的同时，鲍曼从大屠杀案件中洞悉了理性化之于道德空间拆除的内在机理。大屠杀是在现代理性社会，在人类文明和人类文化高度发展的阶段酝酿和执行的，为什么会发生这样的恐怖事件？人们自然会联想到纳粹及其追随者的道德败坏、普通德国人的道德冷漠、犹太人自身的道德麻木等等，其实这只是表象。鲍曼则在这些表象背后寻找到了更深刻的原因，他认为，“当人的本性（厌憎杀戮、不倾向于暴力、害怕负罪感、害怕对不道德行为负责）遭遇到文明的产物当中最备受珍视的实际效率，即遭遇到其技术、选择的理性标准、思想和行动服从于经济与效能的倾向的时候，就暴露出了它的不足与脆弱。”[②] 意即人类本性中的善良意志无力

① ［英］鲍曼：《立法者与阐释——论现代性、后现代性与知识分子》，253页，上海，上海人民出版社，2000。

② ［英］鲍曼：《现代性与大屠杀》，18页，南京，译林出版社，2002。

抵御现代文明中的技术、理性和效率。在一个理性的时代，恰恰是理性化的管理与集权化的政治权力合谋进行种族灭绝。现代官僚制度的理性化模式，其对于效率的追求是那样的机械刻板，而在道德上又是那样的盲目甚至如马克斯·韦伯所言“完全无视人的因素”。当官僚制统治集团使他们的指示以理性示人时，现代性处境中的人们便丧失了按照道德、善良意志来行事的人类本性，而被迫地去遵守游戏规则。同样是在理性的指导下，一些犹太人与警察、纳粹当局合作，本可以进行抵抗的犹太人眼看着自己的同类被一批批拉出去屠杀，而另一部分却在安静地期盼自己可以幸免于难。因此，现代文明的成果才是大屠杀这一惨绝人寰的行为的必要条件，现代文明化的理性世界让大屠杀变得可以想象并且成为现实。可见“大屠杀是对现代社会具有的潜在可能性进行的一次罕见而又重要并且可靠的检验”①，同时也是对现代社会道德空间被拆除的合理探源。

最后，知识分子由立法者变为阐释者，致使道德权威性旁落。现代社会高扬着“知识就是力量”的旗帜前行。开始，知识的核心作用，使得科学家、政治家、哲学家、艺术家走到一起并相互合作，知识分子的角色承载了一种特殊的权利和责任，即“他们超越了各种不同的帮派利益和世俗的宗派主义，以理性代言人的名义，向全体国民说话”②。作为理性代言人，哲学家、教育家和传教士进行伦理立法，创造了个人主义的、契约论的、功利主义的、道德教育的、宗教的等等伦理学，知识分子被赋予了唯一的正确性和道德权威性。同时，借助于“全景式监狱”的创新设计，为权力实施的便利性和有效性提供支持，监视本身就是对社会秩序的控制和维护，专家无疑扮演着“监视者”的角色。可见，权力和知识二者之间的关系变得尤为密切，一方面权力需要知识，另一方面知识赋予权力以合法性和有效性，拥有知识就是拥有权力。牧人式的权力是直接面对臣民，是使每一个臣民精神完善的权力运作方式；思想改造式的权力谋求的是臣民对于权力本身所具有的权威性的认同。教会的这两种权力方式其目的都在于形成并维持信仰的优越地位，也包括被制度化了的信仰代言人的优越地位。国家的这两种权力方式不仅要征服臣民的精神，而且要向一切威胁其统治的潜在力量宣战。知识与权力的

① ［英］鲍曼：《现代性与大屠杀》，16页，南京，译林出版社，2002。

② ［英］鲍曼：《立法者与阐释者——论现代性、后现代性与知识分子》，27页，上海，上海人民出版社，2000。

结合，无论以“牧人式的权力”（pastoral power）还是“改造思想式的权力”（proselytizing power）的形式存在，在基督教精神统治的时代都曾发展到极致。在现代权力结构中，这两种权力形式摆脱了教会体系，根据国家意志借助于法律被重新配置，国家及其委任的专家无论采取哪种权力方式，其目的都是既要征服臣民的精神，同时也要反抗一切可能的威胁，监督、帮助其臣民趋利避害，形成认同。权力与知识的结盟，就是确定性的基础，而且是知识分子生活世界形成的决定性力量。而此时，知识分子所承担的角色便是鲍曼所谓的“立法者的意象”。现代伦理思潮与知识分子的立法实践相结合，在普遍性和根本性一致的状态下寻求社会问题的解决。由法律所代表的国家的强制力本身就是一种伦理的道德律令，它强迫人们遵守伦理规范，并将其视为一种责任，由此人们的道德行为也成了一种他律的理性行为。

到 19 世纪末 20 世纪初，西欧以及深受西欧影响的其他地区的文化精英们的自信与自负达到了顶点，但他们作为历史变迁最重要和最有力的发言人的角色被动摇了。因为欧洲在退缩，曾经作为其独特标志的价值威望一落千丈，其现代性规划失败了：现代社会发展的成就与代价形影相随；预想中理性王国实现的进程正在放缓；被启蒙的人们的权力在日益增大；浮士德类型的人自豪于他们的权力和卓越；面对这样的危机，知识分子的悲观取代了自负，弗洛伊德意向下的人们精神压抑；齐美尔哀叹“非普遍性的知识分子”的降生；知识分子的悲观和防范态度恰是欧洲文明危机的直接表现。知识分子“已经不再适合作为立法者存在于当今社会”①。用立法者意象描绘的知识分子的传统职能集体旁落，“阐释者意象就是最佳的描绘”②。现代社会，是阿兰·图雷纳（Alain Touraine）所说的“丧失历史动力的时代”，也是尤尔根·哈贝马斯所说的“合法性危机”的时代，无论何种表达，都说明“那种作为知识分子生活方式之正当性基础的雄心壮志已不复存在，寻求哲学家忠告并以开明君主自许的人也不复存在了”③。

阐释者角色的主要职能在于“以某种共同体传统为基础形成解释性话语”、“促进自主性的共同参与者之间的交往”、“防止交往活动中发生

---

① [英] 鲍曼：《立法者阐释者——论现代性、后现代性与知识分子》，163 页，上海，上海人民出版社，2000。

② 同上书，166 页

③ 同上书，196 页。

意义的曲解”、“深入到相异之知识系统中，维持两个相异传统之间的微妙平衡”① 等。相对于立法者而言，阐释者几乎没有什么特别的权力，尤其是将他们的解释施加于共同体成员的权力。正是知识分子角色和地位的变化，展示了西方文化发展的困境，知识分子不能再为道德立法，道德标准可望而不可即，道德的权威性失落了，只有哲学家还在努力支撑并绝望地营造着只有他们自己的共同体。过去曾有一个可以信赖的权威，这种权威比我们更强大且必须遵守，它能够为人们选择的适当性作些担保，帮助人们分担一些为道德选择所负的责任，但是，现在权威已经被质疑，人们不再相信任何权威。这就是“后现代道德危机最强烈的、最广为人知的实践方面”②。正是这种道德权威的失落，使人们感到孤独、被遗弃和无助。也正是这种道德的不确定状态，使人们找不到或者说没有完全令人满意的安全出口。

道德空间的拆除，伦理时代的终结并不等同于道德的终结。鲍曼相信我们正进入一个新的时代，“就像现代作为伦理的时代进入历史一样，即将到来的后现代将被记录为道德的时代”③。所谓道德的时代并不是比追寻原则和提倡普遍性的时代必定能创造更多的善、更少的恶，也不是使道德生活更加容易，少一些强制多一些弹性；仅仅能在这样一种意义上称后现代是一个道德的时代，即“由于解除禁锢——紧紧地包裹并模糊了道德自身和道德责任的现实的伦理的乌云的消散——现在，当道德问题从人类的生活经历中出现时，当它们在一切不可挽救并且无法更改的矛盾情绪中面对道德本身时，我们有可能而且必然在它们裸露的真相中直接面对道德的问题”④。后现代时期的民众必须直接面对他们的道德自治，也必须直面他们的道德责任，重建道德空间，这是道德自身极度痛苦的根源，也是道德自身从未面临过的机遇。

三、道德空间的重建：无伦理的道德自治

在鲍曼看来，后现代并不是仅仅当现代性终结或者逐渐消退时作为现代性的替代物意义上时间的延展；也不是当后现代盛行以后致使现代

① ［英］鲍曼：《立法者阐释者——论现代性、后现代性与知识分子》，6页，上海，上海人民出版社，2000。

② ［英］鲍曼：《后现代伦理学》，24页，南京，江苏人民出版社，2003。

③ ［英］鲍曼：《生活在碎片中——论后现代道德》，34页，上海，学林出版社，2002。

④ 同上书，41页。

的观点成为不可能的彻底否定，而是在结论或者预示形式方面暗示意义上的伸延和建构。现代性规划和企望的破碎，社会化调整以及社会公众个体行为一致化幻觉的消褪，使人们能比以往更加清楚地洞悉道德的本相。后现代新图景的变化，已经或者正在唤醒人们对道德、道德生活的纯正理解。

首先是重新面对人类的道德能力。后现代社会使人们逃离了伦理学法典的权威性、确定性的樊篱，给人们带来了前所未有的道德选择的多元化与自由，但同时，也把人们抛入了前所未有的不确定状态。一方面是道德理论的困境，另一方面是道德实践的模糊性，这条路的尽头矗立着的是被矛盾着的道德要求、选择和期盼质询着的现代个体，个体已无处可逃，必须面对这样的现实。按照艾伦·沃尔夫（Alan Wolf）的观点，“我们必须作为我们自己的道德代理人去行动。”[①] 这也是在现代国家和现代市场作为道德代理人却无力治愈道德人的孤独和无助，无力阻滞道德空间被拆除的命运之后的必然选择。把道德从人为创设的伦理规范的框架中释放出来，意味着将道德重新个人化。正是个人道德，使伦理协商和共识成为可能。道德重新个人化意味着使“伦理进程从终结线回归到出发点”[②]。即自由地承认它的非理性，它是其自身必要的、充足的理由。

后现代带来了这个世界的“返魅”——对祛魅的反抗。一方面，未完成的现代工程依据理性之石，创造了世界的繁荣，但并未带来道德的进步，正义往往以胜败为基础，对大屠杀、对越南战争的反思，并没有诉诸道德良心的痛悔。由认知、美学和道德三个要素构成的社会空间一直存续着冲突与不和谐。二战以来，随着苏联解体，东欧剧变，柏林墙倒塌，对社会空间的控制和身份的需求变得越发激烈，以至于有预谋地建构一些类似于滕尼斯模式的共同体，但是实际上，这种共同体“注定是一种在地方性上不稳固，因而侵略好战、不容异己的共同体”[③]。共同体只是一种短暂的存在状态，共同行动并不遵循共享的利益，相反，共同行动就是要分割、分有全部的利益。因此，为了捍卫人类自身使其能够远离残酷的命运（这一直是现代工程的承诺），由谁来担负社会空间化的责任，是认知的空间还是美学的空间都不重要了，“假如有什么显得重

① ［英］鲍曼：《后现代伦理学》，36 页，南京，江苏人民出版社，2003。

② 同上书，40 页。

③ 同上书，275 页。

要的话，那就是道德能力的救赎和人类空间的重新道德化”[①]。

另一方面，“返魅”带来了坦率地面对“人类道德能力”的机会。在后现代栖息地，流浪者和观光客是后现代模式的隐喻，它们的共同公式是“身体上的亲近，精神上的疏远”[②]。理想状态下的后现代人更应该是一个观光客，既身临其境又置身事外，物质上亲近，精神上疏远，“冷淡、孤独的自由——预先免除了所有约定俗成的责任。在理想状态下，道德良心已经被喂下了一片确定无疑的安眠药。”[③] 观光客们自由地生活在自己的美学空间中，并总能原谅自己对道德空间的遗忘。鲍曼认为，自我、道德良心作为一种积极的道德载体在高度现代性的体制中被麻痹和弱化了。但是在雄心勃勃的现代计划的尽头，道德危机依旧存在，观光客不可避免要面对各种道德冲突和道德困境，借用埃德加·爱伦·坡（Edgar Allan Poe）的故事中因跳进木桶而获救的渔夫的启迪，便是去探寻作为人类道德最后的退隐之所的“木桶”。鲍曼认为，这个木桶便是处于休眠状态的道德良知，是“道德冲动的最终推动力和道德责任的根基——仅仅是被麻醉了而不是被切除了”[④]。道德良知可能处于休眠状态，可能保持沉默，但是它始终在那里，并且随时可以被唤醒。抓住这样的机会，道德最后仍有兴盛起来的可能。鲍曼认为，一定是“社会成员的道德能力——而不是其他方式，使社会、社会的持续存在和社会幸福成为可能”[⑤]。正是这种具有实践性和动态性的道德能力使人们组成社会，维持生存和创造幸福。

其次，个体道德就是对“他者”负责。道德的原初场景，在“存在之前”首次遇到了“他者”，这种相遇不过意味着不能言说、不能编码、无限的和无条件的我的责任。道德的原初场景是面对面的领域，是亲密的、道德团体的领域，它是道德自我的摇篮和发源地。

后现代伦理学将会是这样一种伦理学：“它重新将他者作为邻居、手、脑的亲密之物接纳回道德自我坚硬的中心，从计算出的利益废墟上返回到它被逐出之地；是这样一种伦理学，它恢复了亲近独立的道德意义；是这样一种伦理学，在道德自我形成过程中，它将他者作为至关重

① ［英］鲍曼：《后现代伦理学》，281页，南京，江苏人民出版社，2003。
② 同上书，284页。
③ 同上书，286页。
④ 同上书，293页。
⑤ 同上书，36页。

要的人物进行重新铸造。”[①] 那么该如何铸造他者这一重要人物呢？从社会空间与道德空间的意义上看，从前现代时期继承下来的道德无疑是亲近行为道德。在亲近状态中，他者是确立我的责任基础的权威，而现在所有的重要行为都是疏远性的，尤其体现在陌生人的关系中。现代社会生活中，陌生人是无处不在，不能去除的，同时陌生人也是一种必不可少的生活条件，而且陌生人的存在总会不同程度地引起令人困惑、矛盾等情感即“蛋白质恐惧症”。这样，陌生的他者如今变成了一种力量，一种超出我的自由周围划界的埋伏的力量。当然，这种社会空间距离的取消还不能与对道德距离的取消相提并论；但是对空间距离的取消应当与对道德距离的取消相匹配。问题是如果在根本上匹配的话应当怎样做？这里必须面对和解决的就是责任问题，这个责任就是指“对我们既不能看到也不了解但是在我们行为多元的、或近或远的、当下或者将来的结果中确实重要的责任”[②]。这样，我们行为的伦理意义就到达了一个空前的高度，但是必须有一只指引行为的很长的道德之手。

不论追寻中的道德将会是其他什么样子，首要的、最重的一点就是，它必须是一种自我限制的伦理学，不管是在亲近距离之内还是在亲近距离之外。与陌生人相处，无论作为社会空间的管理者，还是普通人，都必须学会转换这种蛋白质恐惧症，用包容的心态努力将陌生人同化成邻居。同时他者的脆弱也会不断唤醒隐藏在自己身上的道德自我，努力去承担对他者的责任。道德责任是“本我第一位的实在，是社会之起点而非社会产品”[③]。道德责任是一个与理智相反的神秘事物，它没有根基，没有原因，也没有决定因素。作为个体，在道德上要为我的无知负责——“当想象开始行动或者忍住行动时，我在道德上以同样的方式、在同样的程度上为我的想象负责，为将想象延伸出界限负责。”[④] 未来的伦理学应当被对恐惧的探索所引导，探索恐惧在其顺序上隶属于不确定性原则：对于危险和不断积累的危险探索来说，“首先迫切需要的是维持和预防的伦理学而不是进步和完善的伦理学”[⑤]。作为集体，不确定性一直是道德选择的有效范围。在这一方面，伦理学的后现代情境并不是新

① ［英］鲍曼：《后现代伦理学》，98页，南京，江苏人民出版社，2003。

② 同上书，256页。

③ 同上书，16页。

④ 同上书，259页。

⑤ ［英］鲍曼：《立法者与阐释者——论现代性、后现代性与知识分子》，260页，上海，上海人民出版社，2000。

的。真正新的东西目的是堵住现代性的暴行。在后现代伦理学中，他者将是道德生活的守门人。向自我回归是一条无限漫长的道路，对他者负责就依赖于个体的道德良知。

最后，“道德不能被普遍化”①。“道德不能被普遍化”是直接针对“道德普遍主义”的说法的。鲍曼认为，“道德普遍主义”或者“道德普遍化”的观点其实质在于压制个体道德冲动，克服个体道德多样性和差异性，极力引导个体道德能力通向某一社会设定目标的政治共同体的企图。而真正普遍性的道德是难以捉摸的，而这又不等于承认道德相对主义或道德虚无主义。道德普遍主义基于对人之本质或人之本性的“普遍性”假设，无论是麦金泰尔（Maclntyre）的“不受妨碍之自我”还是迈克尔·奥克肖特（Michael Oakeshott）的“被置于某种境遇的自我”，都无法超越由国家或国家认可的机构所确立的道德权威，如国家法律之公正，国家规定的公民模式等等。

规则可以是普遍化的，但是道德却是要由个体来承担的，道德主体的道德不具备能够使其普遍化的特性，这些特性主要包括：其一，道德不具有目的性和被保障性。如果道德是普遍的，那么就必须具备这样两种属性，目的性和被保障性体现的是理性立场，有目的并且自我保全、自我保存，使个体或团体得以永恒。道德行为就是达到此目的的手段，正因为这合理性，人们才选择道德行为。那如果相反，没有目的不能保全的行为就不是道德行为吗？其二，道德不具有互惠性。如果道德是普遍的，那么必须具有互惠的特点，互惠可能是即刻的也可能是延迟的，可能是特殊或者一般性的，莫斯（Marcel Mauss）笔下的“礼物”，强调的就是“公平与平等是赠送礼物恰当和成功的尺度”。赠送礼物之前就假定了互惠，礼物赠送以后使接受者成了道德义务的载体。即便是一种没有时间限定的广义的互惠，可能与无私的慷慨非常相似，但其实也寄希望于得到一些报答。所有对互惠的期望都与动机紧密相连，只要是这种情况，那么就与道德的根源不同。其三，道德不具有签约性。如果道德是普遍化的，那么要有签约的特点。签约是在行动之前，对参加者履行义务的约定。参加约定有一个明确的目的，即保证各自的利益。在签约关系中，义务受到了严格的限制，如果没有履行约定的义务就会受到约定的惩罚。上述目的性、互惠性和签约性三个特点暗示了行为的可靠性和理性立场，按照马克斯·韦伯对理性主义的解释，那么这样的行为

① ［英］鲍曼：《后现代伦理学》，14页，南京，江苏人民出版社，2003。

“在理论上是普遍的，在实践上是可以普遍化的”[①]。然而道德不具备上述这些特点，作为一个道德的人，无疑是孤独的，但是作为一个社会人却一直与他人共在。而且超越于普遍化的概念、标准和规则，道德人按照自己的道德冲动去行动，又是自由的。

在鲍曼看来，这几条规定既是后现代道德空间之建构的主要基础，也是对后现代道德本相之洞察；这些观点既是对现代道德强调的“理性化”、“普遍性”、“确定性”的否定，也是对现代伦理学中伦理对道德、法典对道德自我、他治对自治的替代的否定。当然，鲍曼也清楚地意识到，进行后现代道德探索，并不能找到一种极具确定性和权威性的伦理学法典，但是，对道德先验性、个体性、道德责任的理解和铺陈，却可以重新建构起非伦理的道德空间。

① ［英］鲍曼：《后现代伦理学》，69页，南京，江苏人民出版社，2003。

我国社会建设社会管理的参照系及其启示*

——一种中西比较的视角

在中西关系的学术层面上，理论自觉或正确的学术立场主要是两个方面。第一，必须学习和借鉴国外。为什么？因为不学习和借鉴西方，就会脱离人类文明大道，就不可能高质量地完成中国的现代化历程。第二，又必须跳出西方的理论框架，跳出以西方为中心的话语体系。这两者缺一不可。这也就是我概括的"借鉴国外，跳出国外"的主要含义。

各国社会生活既有共同的方面，又有不同的方面，社会管理也不例外。西方发达国家在社会管理的现代性转型中，建立了与他们国情相适应的社会管理体制机制和社会政策体系，在这方面积累了丰富的社会管理经验，值得我们认真借鉴。2011 年初，有关的课题组把国外社会管理的基本经验，概括为如下八个方面：一是重视制度建设，改善社会治理；二是强调人文关怀，突出公民参与；三是提倡政府与民间的合作互动；四是法律与道德并重；五是致力于效率与公平的平衡；六是强调政府投入和社会参与的结合；七是重视管理的专业化和精细化；八是重视应用现代科技手段。这些经验与中国社会管理的做法有许多共同之处。例如，在重视制度建设、改善社会治理方面，中西方国家都重视源头治理，即通过确立社会规范、提高社会诚信、建立社会保障，从这些源头上来进行治理。但另一方面，中西方国家有不同的特点，因此又不能对西方的经验照抄照搬而要正确借鉴。由于本文题名的性质，本文更强调中西方社会建设社会管理的特殊性。只有理解了各自的特点，才能更

* 本文刊登在《国家行政学院学报》，2011（6）。

好借鉴。

一、美国的自由主义模式

在美国，自由主义或多元主义，是占据主导地位的意识形态。在它们看来，社会与国家应该是分立的、保持距离的，甚至对立的。很多美国学者表达了这种观点，其中最激烈的是布洛维。布洛维把社会与市场、国家截然对立起来，提出“公共社会学拒绝与市场和国家共谋”①。这种主张，通俗地说，就是让国家（政府）走开，也让市场走开，剩下他那个作用被极度夸大的“社会”，即他的“公民社会”、“能动社会”。按照这种理论，那么行动的选择只能是：要么为市场化张目、为国家立言、对社会侵夺，要么成为创立社会、保卫社会、解放社会的斗士。这样，一个独立于国家并具有抗争和制衡力量的社会，完全能够自主、自治、能动的社会，是解决现代社会一切问题的一剂良药。这种观点通常也被称为“社会中心论”。这种主张很激进，但是根本做不到。“社会”无时无刻不是在处理与政府、与市场的关系中实际运行着。近年来，上述观点在中国社会学界产生了一定影响。在我们看来，这种观点根本不适合中国的社会建设和社区建设，是一种无根的观点，既没有中国学术传统的“根”，也没有中国现实社会的“根”。

美国的自由主义模式，在社会领域，可以说集中表现为“公民社会”模式，而这种模式的主要内容则涉及三个概念：“公民社会”本身、个人自由、公民参与。

关于“公民社会”。事实表明，公民社会是一个本身模糊且饱受争议的概念。翻译就有两种：马克思、恩格斯著作中，一般译为“市民社会”；当代政治学的文献中大多译为“公民社会”。“公民”的概念，本身就是政治生活的概念，它是与国家和政府不可分割地联系在一起的，是与一系列公民的权利和义务紧密相关的。没有国家、政府，哪有公民？而黑格尔、马克思等所用的“市民社会”中的“市民”，则主要是与社会生活联系在一起的，没有“公民”那样强的政治色彩。因此，说“公民国家”和“市民社会”是更为确切的。“公民国家”和“市民社会”提法是青年学者张康之提出来的。不过这里，我们暂且随俗，还用“公民社会”。

① ［美］布洛维：《公共社会学》，59页，北京，社会科学文献出版社，2007。

一段时间以来，一些人把西方公民社会描述的非常完美、美妙。这不符合事实。以至于一位在美国学习、生活、工作多年的学者王绍光，写文章提出要对“公民社会”祛魅[①]。他在调查研究的基础上指出：公民社会可以是国家、家庭以及市场组织以外的任何组织，其中很小很小一部分是近年来人们熟知的所谓“非政府组织”（如环保团体、人权团体等具有倡导性功能的组织），更大的一部分是“非营利组织”（如非营利的学校、医院、养老院等社会服务组织，医师协会、律师协会、工程师协会之类的专业团体），还有更大一块是“草根组织”（如读书会、足球俱乐部、气功协会、观鸟协会、集邮协会、钓鱼协会等休闲群体）。这些正式或非正式的组织在家庭、国家、市场以外占据的空间就是“公民社会”。从这个定义，我们可以发现近年来被一些人吹得神乎其神的“公民社会”实际上是个无所不包的大杂烩。[②] 他还指出了公民社会与自由主义的关系。对时髦的公民社会理论，他一直持批评态度，早在1991年就写过一篇题为《关于“市民社会”的几点思考》的文章。[③] 他对这种理论的批评集中在两个方面：第一，它把公民社会当成一个整体，好像完全不存在阶级差别，各种社团是在完全平等的基础上竞争，这当然是虚妄的假设。第二，它把公民社会看作一块净土，与污泥浊水的国家相对立，似乎好事都是公民社会干的，坏事都是国家干的，这当然也是虚妄的假设。仅仅从这两个假设就可以清楚地看出，公民社会理论的意识形态基因是“自由主义”。[④] 此外，他还从公民社会组织是否有完全的自主性、独立性，从公民社会组织的内部效应和外部效应的关系，从公民社会与民主的关系等方面，破除了一些流行的有关“公民社会”的神话。[⑤]

在我看来，使用“民间社会”这个术语，来表达狭义社会和中义社会是更加确切和符合中国传统的。根据社会与其子系统的关系，我们对“社会”的外延作了新的提炼：整体社会系统与各子系统的关系，可以有多种表述，最常见的是四分框架或四分法、三分框架或三分法、二分框架或二分法。所谓“四分法”，即社会与它的政治、经济、文化和社会生活各子系统的关系；所谓“三分法”，指社会及其三大部门（政府组织、

① 参见王绍光：《“公民社会”祛魅》，载《绿叶》，2009（7）。

② 参见上文。

③ 参见王绍光：《关于“市民社会”的几点思考》，载《二十一世纪》（香港），1991（12）。

④ 参见上文。

⑤ 参见上文。

企业组织和社会组织）的基本划分等；所谓“二分法”，指国家与社会的关系。正是从这些关系中，引申出了范围不同、大小有异的“社会”：“小社会”或“狭义社会”、“中社会”或“中义社会”（狭义社会＋市场）、“大社会”或“广义社会”或整体社会。

关于“个人自由”。在美国，个人自由和个人成功被无条件地肯定。起初，自由意味着政府不干预。这种自由被称为“消极的自由”，好像摆脱政府就是自由（freedom from government）。后来人们认识到，自由是在法律的范围内活动，这就意味着，自由也是离不开政府和国家的。美国的“个人自由”是在美国作为移民国家特殊条件下形成的，是我们不能照搬的。因为，既然个人自由和个人成功被无条件地肯定，于是，一切妨害个人自由的事或人就都是敌对方，甚至所有与美国不同的社会和文化都被看作是对自由的潜在威胁。[①]这种意识形态，体现在经济上，就是利用美元的世界货币地位，剥削剥夺全世界，尤其是发展中国家；体现在政治上、军事上、文化上，则形成政治霸权、军事霸权、文化霸权等，成为世界不太平的根源。中国的价值观，体现在经济上、政治上、军事上、文化上，表现出中国对和平发展、双赢共赢的追求。现在，美国巨额债务在身，包括“9·11”事件和金融危机等历史过程表明，美国是一个处在衰落过程中的大国，美国模式现在面临着是否可持续的危机。

关于公民参与。这是我们可以借鉴的。在我们的社会管理格局中，也强调了“公众参与”。美国的公民参与有较长的历史，他们在参与意识的培养、参与方式的更新、参与条件的创造等方面，都有我们可以借鉴的地方。

关键是，在当代中国，美国式的公民社会，能不能成为中国社会建设、社区建设的目标。对这个至关重要的问题，由于这些年来受自由主义宣传的影响，不少人，包括我们的一些学者和干部也不是都清楚的。在我看来，答案是明确的。这就是美国式的公民社会，绝不能成为中国社会建设、社区建设的目标。也就是说，不能把我国三个层次对社会建设、社会管理的探索创新，纳入西方“公民社会”理论框架，不能在西方的理论框架中，特别是美国的理论框架中跳舞。因为，美国的公民社会理论和实践，在中国的情况下，是要在“公民社会”名义下培育发展一个与政府抗争的对立的社会，特别是要把作为执政党的领导驱逐出社

---

① 参见赵汀阳：《十字路口的国家路径选择：美国梦？欧洲梦？还是中国梦？》，载《人民论坛》，2011（18）。

区，把执政党对社会、社区的领导称为“一党独裁”、“一党专制”。这是最大的陷阱。一定要警惕和看清这一逻辑。

现在，根据中国的实际情况，在社区等自治组织的治理和自我管理中，表现出一种新的转变，这就是：政府退一步，党委进一步。所谓政府退一步，是指过去社区承担了许多政府职能，现在，社区要依法自治，政府要依法行政，那些不该社区承担的政府职能将由社区工作站或社区服务中心来承担，这表现为“政府退一步”。所谓“党委进一步”，是指执政党的基层组织和党员进一步深入社区，更好发挥核心作用、领导作用、服务群众的作用。这本来是执政党的应有之义，也是我国的最佳选择。西方的公民社会理论，恰恰是反其道而行，把党委领导驱逐出社区。如果把美国式、西方式“公民社会”作为我们社会建设、社区建设的目标，应该说正是上了他们那一套理论的当。我们绝不能把自己的优势当做弱势来抛弃。

这里还涉及对“社区自治”的理解。笔者曾多次强调：自治不是有些人理解的“让政府走开”。自治是一种关系、一种分工、一个过程。[①]就像“自由”不是可以为所欲为，而是在法律的范围内活动，超出法律范围，就要失去自由。

杭州经验表明，中国基层社会绝不是按照美国式的公民社会那一套在运行。譬如，他们把社区党建与居民参与结合起来。一方面，在加强党委领导上，上城区区委、区政府将和谐社区建设纳入重要议事日程，成立由区委书记任主任的社区建设指导委员会，切实加强对和谐社区建设工作的领导和指导；区人大、区政协充分发挥监督、智囊作用，为和谐社区建设出谋划策。建立区领导、部门与社区的挂钩联系制度，切实做到重心下移、服务下沉。各街道成立相应的领导机构，形成了主要领导负总责、分管领导具体抓、相关领导配合抓的工作合力。而在发挥基层党员的作用上，他们健全党员会客厅、功能性党小组等党建工作模式。另一方面，他们同时搭建社区居民参与的平台，提高自助互助服务水平。通过以网上论坛、网上事务听证、民情恳谈、楼道自治等为主要形式的民主决策实践，拓宽民主渠道，保障居民的知情权和监督权。通过推广“邻里值班室”、“湖滨晴雨”、“和事佬协会”等民主自治复合主体实践经

① 参见郑杭生：《社区节：一种有效的“社会黏合剂”——宜城街道新探索的社会学解读》，见郑杭生：《中国特色社会学理论的深化——“实践结构”的提出与“理论自觉”的轨迹》（上卷），北京，中国人民大学出版社，2010。

验，推进了“社区主导、多元参与、功能融合、四界互动、共建共享”的社区自治复合主体建设。这是他们自己在创新探索。

这就是说，我们的社会建设、社会管理的探索创新，以我为主，有我们自己理念、思路，该干什么就干什么，只是不在西方的理论框架中跳舞。识破西方“公民社会的陷阱”，跳出西方理论框架，是为了更好进行社会建设、社会管理，而不是要放慢社会建设的步伐，该发展社会组织还是要发展，该购买服务还是要积极购买，政府该依法行政还是要依法行政，基层党组织、党员个人的作用该加强的还是要加强。

二、欧洲的福利主义模式

总体来说，欧洲的历史状况，特别是工业革命中无产阶级和资产阶级的尖锐矛盾和斗争及其后果，使资产阶级代表人物，采取两条主要措施，对内采取普遍福利，安抚工人，对外加强对过去的殖民地、现在的发展中国家的掠夺，把负担转嫁给它们。这就形成了欧洲的福利主义模式。这种模式起源于老牌的德英法这些国家，后来在斯堪的纳维亚国家表现得最为典型。

这一模式包含三大政策体系：普遍福利、混合经济和阶级合作。这些政策体系反映出，在欧洲国家和社会的关系由于政策的调整，经历了从紧张到相对缓和的过程。这种相对缓和趋势，与美国公民社会那种国家与社会分离的趋势，形成一定程度的对比。

但是，相对缓和，并不是国家与社会的关系就不紧张了。最近挪威发生的恐怖杀人事件、英国发生的大规模群体事件，均为其本国的中产阶级成员带头所为。这引起我们对关于中产阶级社会作用以往观点的反思。同时，相对缓和，也不妨碍在理论上，不少欧洲学者还是或多或少体现了国家与社会的紧张关系。例如，哈贝马斯对生活世界与系统世界的分析，福柯把社会比做大监狱等。这不奇怪，因为在欧洲，在西方的文化和社会语境中，“国家—社会”的紧张关系既是一种历史的常态也是一个现实的困境。[①]

正如美国模式现在面临着是否可持续的危机一样，欧洲福利主义模式也面临着难以持续的困境。

---

① 参见杨敏：《“国家—社会”的中国理念与“中国经验”的成长——社会资源的优化配置及公共服务与社会治理的创新》，载《河北学刊》，2011（2）。

福利国家一度曾经功勋卓著：这项具有创新性的制度设置在不平等的雇佣结构中添加了调和剂，使社会阶级阶层的紧张关系得到了极大的缓冲，从而稳定了西方资本主义世界的经济和政治体制。与此同时，福利国家在控制社会张力、稳定社会秩序的同时，保证了生产活力和市场繁荣的持续。

然而，上世纪第二次世界大战后的西方在经济发展、科技创新、社会结构等方面出现了许多新变化。特别是 20 世纪中期以后，经济衰退、贫富分化、社会风险化等等趋势，使福利国家曾经有过的盛景已然不在。针对这种情况，吉登斯等人提出了第三条道路，认为必须超越左派与右派——既不能像前者"认国家为答案"，也不能像后者"把国家当敌人"，而应调整国家与社会的关系。

更重要的是，欧洲福利主义模式本身包含着的许多不可避免的内在矛盾也日益暴露。其中一个矛盾就是"所享与所得"的矛盾，也就是"福利的普惠承诺和国家的有限能力"的矛盾。①尽管欧洲（尤其是北欧诸国）的福利制度受到赞许，有时被称为"全民福利"、"人民福利"，但在现实中，几乎无限的普救式共享福利并未真正实现过。因为，即便是在经济繁荣的状况下，社会福利支出受到的制约也是刚性的，国家的实际能力总是使福利的真正变现不得不大打折扣，"所享"与"所得"的实际距离难以抹去，这使得"全民福利"、"人民福利"相当程度上还是一个期待。相关研究指出，在任何国家包括英国和北欧国家，全民福利模式也没有完全实现。英国的"全民低保"从来就没有真正地实现过，其相当的非缴费型给付都是针对一定的目标群体进行的。即使在北欧三国，许多非缴费型补贴也是家计调查式的。由此可见，在福利政策的实施过程中，有关目标的定位、对象的遴选、福利的给付底线等，不外是必需的程序。这也折射出了福利体制总会伴随着某种理想性特征：期待的"所享"与现实的"所得"总是有区别的，而且，即使是"所得"也并非是均等化的。事实上，如果对福利国家的改革进行简化的概括，那么，筛选福利目标群体，收缩福利支出，降低财政压力，进而缓解福利国家的危机，是这一过程脱离不了的题中之义。因此，"权利是有的，但救济

① 关于福利制度的详细分析，见郑杭生、杨敏：《"大民政"的理论和实践与"中国经验"的成长——夯实中国特色世界城市基础的"北京经验"》，北京，中国社会出版社，2011。

却经常跟不上”[1]，也是一种提醒——“所享”的承诺基于形式化的社会权利，是不可剥夺的；“所得”作为实质性的变现，其有限性也难以超越。

不能不提到的是，现在欧洲的高福利制度已难以回头，并与他们的选举民主形成恶性循环，更加剧了上述“福利的普惠承诺和国家的有限能力”的矛盾，进而发展成政治问题，造成治理危机。有学者指出：“对于政治家来说，由于其政治生命基本上来自选民的投票，所以在选举年，一般都会迎合选民的短期需要，许诺给公民更多的福利，更少的税收。结果民情偏左的国家，一般都很容易导致财政赤字。”[2]例如，希腊这个国家，55 岁就可以退休并享受很好的退休金。于是，希腊的政治家提出了节约计划，推迟退休年龄，但却遭遇各方面的抵制。法国和英国也是如此。法国实施节约计划，遭遇了罢工。英国实施节约计划，最近遭遇了骚乱。[3]

欧洲福利主义模式难以持续的再一个原因是新经济体发展中国家兴起。这使得欧洲福利主义模式不能像过去那样掠夺发展中国家，把负担转嫁给它们。

我国现阶段在建设有中国特色的社会福利制度过程中，既要改变补缺型社会福利的“小福利”现状，又要吸取福利国家的教训，谨防走福利国家普遍高福利的老路。根据我们的研究，对福利制度一定要有全面的认识和把握。用得好，它是解决社会问题的办法；但如果用得不好，它也会变成引起社会问题的根源。

我国现在正在从补缺型福利模式向适度普惠型转变。原有补缺型福利模式，是非常典型的、传统的“小福利”制度，它强调的是社会补救功能：在对象上仅限于特殊困难群体；在内容上仅限于满足基本生活；在供给主体上仅限于政府；在供给方式上，将社会福利与社会救助和社会保险并列，排除了后两者的福利属性。这种局限性导致大多数社会成员不在享受社会福利之列。

适度普惠型社会福利是由政府和社会基于本国的经济和社会状况，向全体国民提供的、涵盖其基本生活主要方面的社会福利。适度普惠型

---

① ［英］T. H. 马歇尔、安东尼·吉登斯等：《公民身份与社会阶级》，27 页，南京，江苏人民出版社，2008。

② 毛寿龙：《西方治理危机将长期存在》，载《人民论坛》，2011（18）。

③ 参见上文。

福利模式是现阶段推进我国社会福利事业发展的必然选择。从非普惠的补缺型福利模式，到适度普惠型福利模式，表现了这一领域现代性、合理性、公平性的不断增加、增强的过程。

从欧洲经验中，我们体会到，福利制度的可持续性的原则和机理：适度的永恒性与普惠的适度性。

民生保障和福利关系到社会矛盾的源头治理，是创新社会管理的根本所在。杭州上城区一向重视民生保障和福利事业的发展。2011 年，上城区相关部门和单位再次加大了对民生保障和福利的投入。一是上城区民政局提出了“居家养老服务全覆盖工程”，他们以社会化为导向，信息化为支撑，整合社会养老服务资源，搭建居家养老对象全覆盖平台，为 60 岁以上老人提供个性化、规范化的居家养老上门服务。通过该项目，实现服务对象、服务内容、服务时间、服务途径全覆盖，满足老人个性化的居家养老需求。二是区民政局还实施了“‘333＋X’社区大服务体系建设”项目，整合政府、社区、社会三方力量，依托社区公共服务工作站、居民活动和生活服务设施三类载体，健全公共服务、自助互助服务、便民利民服务三个体系，创新社区服务方式，构建社区大服务格局。三是上城区人民资源和社会保障局以“‘居家就业’工程”为重点，加快居家就业工作的规范化、规模化建设，以实现促进就业工作、促进就业政策与产业发展政策的统筹协调，大力扶持网络运营、手工编织、维修、电子商务、文化创意和家庭服务等民生产业，提升居民生活品质，营造与建设“具有国际水准的高品质中心城区”相适应的就业创业环境。他们在这样做时，都注意到了福利的适度普惠性。在有 13 亿人口的中国，不注意这一点，是更不行的。

应当指出，在美国的自由主义模式中也并非没有福利主义的成分，如美国多年来在财政上给购房行为免税，在金融上给没有还贷能力的人购买住房提供政府担保，并通过金融工具把风险转移到金融市场，结果引起了次贷危机，就非常典型。同样，欧洲的福利主义模式也并非没有公民社会的背景。只是，在美国模式中，自由主义、公民社会更突出，更能代表美国的特点，而在欧洲模式中，福利主义、调和主义更突出，更能代表欧洲的特点，因此，不能把这两种模式看作是完全不同的。

这两种模式，对中国都有影响，当然，美国模式的影响要大得多。明确了这两种模式的历史作用和根本缺陷，我们才能对正在形成的中国特色道路，更有信心。

三、国家与社会

社会与国家关系在当代中国的互构*

——社会建设的一种新视野

在我国社会转型加速期，社会与国家的关系是一个重大的理论问题和实践问题。我国社会学关于社会转型研究的重大议题，如收入分配差距扩大与极化现象、社会利益结构的调整、社会分层与社会流动、政治民主化和社会法制化、组织变革与单位制演变、社会信任危机与社会资本流失、社区重建、城市化与非农化、农村民主选举和村民自治，以及社会保障制度的改革与完善、社会弱势群体的制度性保障，等等，无不涉及社会与国家的关系。显然，社会转型本身就是社会与国家的关系的调整和转变过程。这一过程，在社会互构论看来，就是一种"社会形塑国家，国家也形塑社会"的两者交互建塑过程。正是这一过程，既更新、构建了社会，也更新、构建了国家。这样的过程，在我们看来，既是社会建设——广义的和狭义的社会建设——的过程，也是社会建设发挥自己调节作用的过程。

---

* 本文是郑杭生2009年11月21日下午在"北京市社科联2009年学术前沿论坛社会学学术前沿分论坛"上的主题发言。文中所述的社会与国家互构的理论，出自郑杭生和杨敏合著的《社会互构论：世界眼光下的中国特色社会学理论的新探索——当代中国"个人与社会关系研究"》一书的第十二章，该书于2010年3月由中国人民大学出版社出版。该文后来以郑杭生为第一作者，杨敏为第二作者，刊登在《南京社会科学》，2010（1）。发表时的摘要如下：

本文首先指出，在社会与国家关系中的"社会"是一种利益共同体，既包括狭义的社会，又包括市场，"国家"则是对社会作出政治安排的权力系统，并着重对社会与国家两者互构的法理机制和解释机制，做了简要论述。接着，本文第二部分和第三部分，分别对我国社会转型加速期的法理机制和解释机制的变化和新情况做了分析。指出：如果要实现"权"归于国家，那么就必须确保"利"归于社会。指出：制度性行动与非制度性行动的互构关系进入了一个新的时期，原有的制度性行动规则面临巨大挑战。本文第四部分指出，社会建设主要可以从更加合理地配置社会资源、更加有效地化解社会矛盾两个方面调节社会与国家的关系。

一、社会、国家及其互构机制

那么，什么是社会，什么是国家？

马克思指出，“我们面前”有“两种权力”：一种是财产权力，也就是所有者的权力；另一种是政治权力，即国家的权力[①]。这里的所有者权力与政治权力，分别表现了社会与国家的根本性特征。社会是各个财产所有者的权益的集合体或利益的共同体，国家则是对个人及其群体的权益做出政治性安排的权力系统。我们把作为利益共同体的社会与作为权力系统的国家，简要地概括为“社会喻于利，国家喻于权”。在社会互构论的视野中，社会与国家是两种相互关联，又互有区别的人类生存共同体。两种具有自主意志的行动体，代表了两种不同的集体整合方式，体现了两种不同的社会资源和社会机会配置的方式。

应当说明，在社会与国家“二分框架”中的“社会”，其外延既不是那种与自然界相对，包括经济、政治、思想文化、社会生活各个子系统的广义的“大社会”，也不是那种在政府组织、市场组织、社会组织的“三分框架”中的狭义的“小社会”，而是与国家相对而言，既包括市场又包括狭义社会的“中社会”。这里，市场和狭义社会两者也都是权益的集合体或利益的共同体。市场是营利组织，毫无疑问是利益的共同体。社会组织尽管是非营利组织，但同样有自己的权益，同样可以经营，不过它的经营目的不是为了利润，而是为了使做好事的本钱保值增值。这二者同样是在国家这一权力系统的政治安排下进行合法活动的。摆脱国家，“让政府走开”是不可能的。上述二分框架和三分框架并无哪个先进、哪个落后的差异和对立，只是根据所要分析问题的需要，选择哪个分析框架更加合适而已。

在明确“社会”和“国家”含义的基础上，我们就可以进一步讨论社会与国家究竟是如何相互契合、相互建构的。在我们看来，这两者的契合和互构主要是通过两个机制——法理机制和解释机制实现的。

（一）社会与国家互构的法理机制

利益共同体与权力系统，或者说“社会喻于利，国家喻于权”，不仅体现了社会与国家的标志性界分，而且蕴含了两者相互胶着、彼此构建

① 参见《马克思恩格斯全集》，中文1版，第4卷，330页，北京，人民出版社，1958。

的基础。正是在这里，可以引导出利益共同体与权力系统交互构建的法理机制。

一方面，在现代法治社会中，国家以法律的名义向社会利益做出承诺，政治权力运用的目的在于达成社会中所有成员的集体利益，因而政府所做的一切必须是社会成员普遍期望实现的。这样的国家才能体现社会的公共意志，才能获得"众望所归"的合法性权力。而公共意志、"众望所归"的实质是社会成员对社会普遍利益认同的形式。这种公共意志既是社会成员对社会生活进行共同参与的重要基础，也是现代国家政治及其权力运作的实践依托。

另一方面，不同的社会主体（如个人、群体、局部社会）总有其特殊利益，并以特殊意志表现出来。符合社会普遍利益的特殊利益，以及与公共意志相一致的特殊意志，才能得到公共认可，才能进入一种政治安排之中，而被社会的法律秩序体系视为是有效的。就是说，只有得到公共认可的特殊利益及要求才具有合理性，并可能获得合法性。正是这种特殊利益的合理化与合法化过程，既确定了社会成员的自由度，也包含了法制规范的强制性。在现实中，特殊利益常常与社会的普遍利益形成矛盾和冲突，个体成员的意志也往往会违背公共意志（这在实质上也违背了其自我的根本利益）。在此情形中，只能是特殊利益服从社会普遍利益，必要时甚至要通过诉诸强制手段来保证这一点。按照卢梭的说法就是，有时人类必须"被迫去自由"。显然，以合理的政治安排和法制体系容纳个体成员的特殊利益，促成和维护其与社会普遍利益的协调，是现代国家和政府的一项职责。

所谓社会与国家互构的法理机制，是指规定社会与国家在其中各起何种作用的一个法理框架。这一共同的法理框架内含了利益的合理性与权力的有效性：既制约国家权力，也监护社会利益；既限制国家，同时也确认它的权力的尊严性；国家使损害社会和他人利益的行为受到制裁，疏导和抑制公民利益间的相互冲突，同时也确定权力的限度，避免政治和公共机构对公民正当利益的妨碍。显然，利益共同体与权力国家之间的相互契合是社会与国家的互构关系的一个基点。

同时，权力的合法性与利益的合理性本身是包含争议的，也是通过争议的过程所达成的某种结果。这也表明，利益共同体与权力国家的互构是在实践中不断调整和推进的。

（二）社会与国家互构的解释机制

我们面对着两类行动方式：一类是社会主体自觉设计的政治安排，另一类是从生活中自发生长出来的经验习性。它们显示出不同的结构质性，前者是制度性行动，处于社会的表层结构，后者则是非制度性行动，处于社会的深层结构。非制度性行动与制度性行动是人类行动过程相依不离的两个侧面，对社会生活发挥着不同的功能。但是社会的表层结构经常与深层结构发生疏离，形成社会行动方式的裂痕。

从政治安排的制度性行动与社会中的非制度性行动的关系角度，我们可以引申出社会与国家互构的"解释机制"，这就是在国家的制度性行动合法性和程序正当性的前提下，在社会成员利益要求的合理性前提下，建立政府与社会、官方与民间之间的相互解释的沟通渠道。这种解释机制是双向的，即政府与社会、官方与民间双方互为解释的主体和客体，互相阐释各自的合法性或合理性依据。解释是对话的、相互讨个"说法"的过程，实际上是就某种行动方式（制度性的或非制度性的）寻求共识，由这种共识来引导出特定行动方式是"正当的做法"的共同感受。这显然将缩小国家与社会的距离，化解公共领域与私有领域的隔离，从而缓和或消除由这些距离、隔离而产生的各种不协调甚至冲突。

国家、政府对自己所做出的政治安排、社会对自己的种种利益诉求进行解释是非常必要的。

第一，人类禀赋中存在着一些普遍弱点，而且人们容易为自己的经验、智慧、眼界和实践所局限。当自我的特殊利益受到妨碍时，有时会与自己参与其中的公共意志形成矛盾甚至某种冲突。国家、政府对政治安排的解释有助于使社会成员对"公共蛋糕"的"公共性"意义，形成多种具体的但又不失为正当的理解。而社会对于各种利益诉求的合理解释，则使国家、政府的公共政策更有包容性、兼顾性、重点性。

第二，由于当今社会生活的多元化特征，即使不同社会主体的特殊利益在客观上存在着一致性，也需要在主观上认识到这种一致性，因而完全有必要进行解释，阐明彼此利益的相互重叠，使得彼此了解"公共蛋糕"的共同拥有。在一些情形下，利益重叠是已经存在一种客观事实，但是这一事实有待进一步凸显、被感知和被体验；在另一些情形下，利益重叠要经过集体的构建，需要参与者在特殊利益的分歧中建立和发展共有利益。解释机制能够促成社会与国家建立更为有效的互构。

第三，在现时代，社会中的非制度性政治行动的发生使"政治"的概念扩大了，出现了一种"社会生活的政治"观念，政治不再局限于政治体系本身，政治行动不再简单等同于国家行为。因为，个人、群体、组织在日常生活、市场和自治性社会场所的非制度性行动常常游离于传统国家政治和体系政治的制度范畴之外，这一点从现实的个人关系、阶层关系、群体关系、劳动关系、干群关系中大量表现出来。正是这类非制度性行动造成的政治后果，大大丰富了政治本身的含义和内容。传统上从体系政治或制度性政治的角度来理解或圈定的政治范域正在被现实情况所突破。在这种情况下，社会与国家之间的相互解释，显得越来越重要。

明确了社会、国家及其互构机制的理论要点，我们就可以分析社会与国家在我国社会转型加速期的情况了。

二、社会转型加速期利益共同体与权力系统的互构

历经改革开放以来 30 年的巨变，我国单一的全民所有制转变为以公有制为主体的多种所有制并存，计划经济体制转变为市场经济体制，以市场机制取代了以往的行政强制模式，在产权方面实行了改革和重构等等，这些社会转变，造成了社会成员的分化与丛化，造就了社会利益主体的多元并立、利益结构的多样形质。总之，个体、集体、社会整体和国家，以及群体、组织、行业、部门等等都经历了深刻的变化。在社会主体性状高度复杂的现代社会中，各社会行动主体间的差异愈大，相互间的权益统筹和互补要求愈盛，对于社会生活的合作性和组织性方式的需要也就愈强烈。

社会的巨变，不能不促进社会的权益观念和国家的权力理念发生变化，也不能不对利益共同体与权力系统的互构提出新的要求。

一方面，在利益共同体的社会中，追求个人利益，甚至利益的最大化，成为社会成员、社会群体的重要价值目标。与此同时，社会主体间的利益关系的统筹协调、重组和再造，是这一利益共同体正在经历的现实过程。这种社会的现实需求规定了我国当代的政治共同体——国家、政府和政党——的重要责任和职能。从理论上说，现代政治共同体正是适应这种社会主体高度复杂的行动关联状况以及相互间的协作需求而产生的。显然，国家、政府、政党必须真正具备普遍性和公共性的权力品格，才能超越任何特定社会势力集团的狭隘权力和利益观念，担当起组织、协调、平衡、统筹和维护社会中各个成员的利益的责任。

另一方面，作为具有最高权威的政治共同体，国家各个方面的品

格——自我意志、权力理念和管理能力——呈现出普遍化和公共化的发展趋向。就国家权力品格的普遍性和公共性趋势而言，其最基本的底线在于，如果要实现“权”归于国家，那么就必须确保“利”归于社会——这是“权”对于“利”承诺的基本责任。换言之，权力国家必须防范甚至杜绝自身的各种个人的或机构的“与民争利”、“与社会分利”行为。在当代中国社会中，这一点是许多制度性缺陷和社会不公正的根源所在。

在这些方面，社会学界已经作了许多研究。如行政官僚与市场精英的勾连，公共行业垄断产生的问题，市场竞争和价格机制的扭曲，等等。还有许多现实问题——社会的教育、就业机会、市民权利、社会福利和保障以及社会弱势群体——也是社会与国家之间关系的反映或表现。例如，关于社会弱势群体就是一个与国家的权力、制度安排密切相关的社会现象。罗尔斯在论述差别原则时曾经多次提到社会中的“最不利者”、“最少受惠者”，他指出：“自由和权力是由主要制度的规范确定的，收入和财富的分配也是由它们调节的。”①罗尔斯后来还曾经这样提问：社会中的“最不利者”，他们是谁，以及是如何被挑选出来的?②在罗尔斯的论述和提问方式中，社会的“最不利者”被视为了一种政治过程，是一个制度选择和安排的结果。

社会的权利诉求与国家的权威品质是社会与国家关系的两个基本方面。在社会转型加速期，促成和完善社会利益共同体与权力国家的法理机制，对于促进社会与国家的互构关系是一个重要的问题。

三、转型加速期制度性行动与非制度性行动的互构

在当代，制度性行动与非制度性行动的关系进入了一个新的时期。

首先，全球化趋势对传统上国家间遵循的制度性规则造成了强烈的冲击。全球化浪潮极大地带动了各国和各地区社会的开放，促成了形形色色的行动主体在经济和政治舞台上一展身手——跨国公司与国家的同盟变得扑朔迷离，因为前者是依据利润原则而不是对国家的忠诚来灵活地选择和转移生产基地；资本从国界的束缚下“解套”，并在相当程度上

① ［美］约翰·罗尔斯：《正义论》，93页，北京，中国社会科学出版社，1998。

② 参见［美］约翰·罗尔斯：《作为公平的正义——新正义论》，93页，上海，上海三联书店，2002。

摆脱了与劳动的“契约”，彻底实现了几个世纪以来对其“自由”的渴望；各种私有化实体（个人的或集体的）在金融、期货、股票、地产业的“套利”活动，隐伏下了潜在的金融风暴；还有各种各样的解放的呼声——妇女解放、动物权利、绿色组织、地区自治要求、和平反战运动，等等。与此同时，保护主义抬头，出现许多对于开放的阻碍或推迟的行动——各国对自己的农业的保护政策，对本国的服务业垄断性经营的支持，对他国工业品的关税政策，对他国纺织品实行配额制，以及对他国产品的反倾销诉讼，等等。

这种情形对我国社会转型带来了复杂的效应。国家相应加强了自我改革的力度，促使社会转型的快速发展——农村经济、政治和文化政策上实行的一系列变革，进一步撕开了原有的制度性行动方式的裂口；农民大规模进入集镇和城市务工经商，对城乡区隔、身份制、单位制、户籍制造成了新的震撼；新型发展观和资源节约型经济、环境友好型社会的战略在敦促旧的经济增长模式、产业和产品结构、劳动体制的转变；社会职业的流动进一步加快，劳动市场更加不稳定，个人的、小型化的、自雇职业的涌现，为就业岗位的不足提供了替代品；社会福利和保障体系也在推进改革和建构……所有这些都使得社会的共同利益、共识和认同、行动的共有性或一致性经受着新的考验。

当代正是这样一个传统的制度性行动规则面临挑战的时期，也是一个充满刺激、需要冒险的过程，因为，在什么情形下应当捍卫既有的制度，什么情形下应当同情甚至默许非制度行动，选择歧视还是无歧视、采取干预还是反干预、运用制裁还是反制裁，构成了一种高度复杂的智力游戏。从更为实质的意义上说，这是对既有的制度性权利/义务体系的考量，对现有社会秩序体系的考量，也就是对现实政治的考量。显然，这些为当代中国社会学提供了现实的、重大的、经验性题材。

社会互构论从世界范围和现代性之全球化阶段的视野、从“社会互构”的理论视角，来看待转型加速期制度性行动和非制度性行动的各种新现象，并对制度性行动和非制度性行动的互构关系过程进行研究、分析和阐释。针对世界的、国家间的、国内政治领域的现实变化，我们倡导一种更为宽阔、更具包容性的政治视野、姿态和方略，“社会生活的政治”和“解释机制”。我们以为，这样将有利于化解社会的表层结构与深层结构的隔阂、公共政治领域与私有生活领域的疏离、制度性政治安排与非制度性行动的渐行渐远的趋势，将使我国社会对利益诉求的政治安排更富有成效。

四、社会建设在调整社会与国家关系上的作用

什么是社会建设？社会建设，正如本文第一作者多次指出的那样，可以从正向和逆向两个方面来加以把握。从正向说，所谓社会建设，就是要在社会领域或社会发展领域不断建立和完善各种能够合理配置社会资源和社会机会的社会结构和社会机制，并相应地形成各种能够良性调节社会关系的社会组织和社会力量；从逆向说，就是根据社会矛盾、社会问题和社会风险的新表现、新特点和新趋势，创造正确处理社会矛盾、社会问题和社会风险的新机制、新实体和新主体。通过这样的新机制、新实体和新主体，更好地弥合分歧，化解矛盾，控制冲突，降低风险，增加安全，增进团结，改善民生。①

这样的社会建设，也可以从正向和逆向两个方面来调节社会与国家的关系，即更加合理地配置社会资源，更加有效地化解社会矛盾。

（一）更加合理地配置社会资源对社会与国家关系的调节

这一点特别体现在社会建设要以改善民生为重点上。所谓民生问题，用社会学的术语说，就是一个社会的成员，如何从政府、市场和社会获得自己生存和发展的社会资源和社会机会，来支撑自己的物质生活和精神生活的问题。改善民生要达到的目标，就是十七大报告提出的让社会成员“学有所教、劳有所得、病有所医、老有所养、住有所居”。这表明我们的社会资源和社会机会的配置的重点，从原来倾向于经济建设转变为倾向于改善民生。很清楚，这样的社会建设，把国家对个人及其群体权益所做的政治性安排具体化了，也把社会民间的合理利益诉求具体化了。

对代表国家的政府来说，为了实现上述改善民生的目标，必须着力转变职能，即按照党的十七届二中全会的要求，“建设服务政府、责任政府、法治政府和廉洁政府”。其中关键是：（1）由管制型政府向服务型政府转变，由政府本位、官本位向社会本位、民本位体制转变，切实加强

---

① 这一关于社会建设的内涵或定义，由郑杭生第一次正式发表在中国社会学会2007年长沙年会的开幕辞《中国社会学的重大历史责任》中，后以《社会建设：改善民生与公平正义》为题，发表在《中国社会科学院院报》，2007-11-15，并以《抓住改善民生不放，推进和谐社会构建》为题，发表在《广东社会科学》，2008（1）。

社会管理公共服务职能。（2）由过去的建设财政向公共财政转变，努力做到2006年党的十六届六中全会首次提出的要求，即完善公共财政制度，逐步实现基本公共服务均等化，更加合理地配置公共产品。（3）服务型政府的行政职能的本质是服务，关键是实现政企、政事、政社分开，政府不越位、不错位、不缺位。凡是公民、法人和其他组织能够自主解决的，市场竞争机制能够调节的，行业组织或者中介组织通过自律能够解决的事项，除法律、法规另有规定外，不再实施行政管理。（4）在面向全国各个地区的基础上，进一步将公共资源的配置向农村基层尤其是欠发达地区的农村倾斜；在兼顾全体社会成员的同时，着重保障困难群体、特殊群体和优抚群体三个群体的基本生活权益。这是平衡不同群体利益关系、维护社会公平、促进不同收入阶层和谐共处、构建社会主义和谐社会的民心工程。

对各类社会组织来说，通过国家、政府营造的社会参与氛围、提供的社会参与平台、不断完善的社会参与机制，在发展社会事业上，敢于面对“政府购买服务”、“民办公助”、“公办民营”的挑战，做出自己应有的贡献，把自己培育成真正合格的社会发展主体。

可以说，社会建设就是要促进作为利益共同体的社会和作为权力系统的国家两者双赢互利。

（二）更加有效地化解社会矛盾对社会与国家关系的调节

现在我国社会进入了不协调因素的活跃期和社会矛盾的多发期，进入社会结构深刻变动、社会矛盾最易激化的高风险期。以维权与侵权形式表现出来的矛盾尤其突出，它既表现了国家与社会的矛盾，如官民矛盾、干群矛盾、党群矛盾等，也表现了社会内部的矛盾，如劳资矛盾、强弱矛盾等。种种矛盾把公平正义的问题推到了社会舞台的前台。

现在治理社会比过去难多了。最主要的原因，在我看来，是老百姓信任的缺失，形成老百姓信任的真空，老百姓不相信你真是在为他谋利益，不相信你能够为他谋利益。老百姓的信任，是一种非常可贵的社会资源。老百姓信任，即使社会政策考虑不周全，也能弥补；反之，如果老百姓不信任，最好的社会政策也难以贯彻。所以，现在重建社会信任的问题，尖锐而迫切地摆在了我们的面前。党中央看到了这个问题，胡锦涛多次强调的“权为民所用、情为民所系、利为民所谋”，正是为了解决这个问题。我们要与老百姓保持鱼水关系，而不能是油水关系，更不能是水火关系。关键是我们的干部要从利益关系中跳出来。不能既当运动员又当裁判员，既是经营者又是管理者，不能与民争利，不能与社会分利。

以改善民生为重点的社会建设，正是通过制度安排的社会公平来促进百姓认可的社会公平，来化解、缓解社会与国家的矛盾。十七大报告中提出的加快推进以改善民生为重点的社会建设的六大任务，实际上既是六大方面的惠民决定，又是六大领域的社会公平。这六大公平就是：

● 教育公平：教育是民族振兴的基石，教育公平是社会公平的重要基础。

● 就业公平：建立统一规范的人力资源市场，形成城乡劳动者公平就业的制度。

● 分配公平：初次分配和再分配都要处理好效率和公平的关系，再分配更加注重公平。

● 保障公平：加快建立覆盖城乡居民的社会保障体系，保障人民基本生活。

● 医疗公平：坚持公共医疗卫生的公益性质，坚持预防为主、以农村为重点。

● 参与公平：健全党委领导、政府负责、社会协同、公众参与的社会管理格局。

上述六大社会公平，主要涉及的是制度安排的公平。但是随着这些惠民决定和措施的贯彻落实，定会绝大地拉近党和政府与人民群众的距离，也即社会与国家的距离，定会使人民群众在得到实惠的同时增加安全感、信任感、公平感，从而极大地增强百姓认可的公平，从而增进社会与国家的良性互构。

社会资源和社会机会配置格局的变化：从“一维模式”向“三维模式”的转型*

——一种社会学的分析视角

这一讲本来是“当代中国社会变迁”这门全校选修课的第一讲。这是负责该课程的郭星华教授为我安排的，他要我为这个课程开个头。我考虑了一下如何讲。这是因为“当代中国社会变迁”是一个很广泛的题目，涉及我们社会生活的方方面面，可以从不同方面切入。最后我决定给大家讲讲“社会资源和社会机会配置格局的变化”这个题目。这是因为：

第一，这个问题在现实社会中很重要，涉及社会生活的根本。我们每个人的生活都离不开社会资源和社会机会。能上大学就是得到了一种对一生来说很关键、很稀缺的社会资源和社会机会，大家要好好珍惜。现在还有不少你们的同龄人，由于社会资源和社会机会分配格局的问题，特别是教育资源、教育机会配置的缺陷，还上不了大学，还无法获得这种宝贵的稀缺的社会资源和社会机会。

第二，这个问题在学术理论中也很重要，给我们提供一种从根本上理解社会变化的视野和方法论。用这样的视野来看当代中国社会各方面的变化，就能看到你过去感觉到，但没有真正理解的方面，能够解除你的许多困惑。例如，户口本的颜色的区别——农村户口是蓝本，城镇户口是红本，非常典型地表明了城乡二元结构下社会资源在城乡不同的配

---

* 本文是2010年9月8日为中国人民大学2010—2011学年第一学期开设的全校选修课学科通识系列公开讲座的讲稿。

置，表明了城乡的巨大差别。

关于“社会资源和社会机会配置格局的变化”这个题目，我想通过三个问题来展开。

一、社会生活最重要的东西和社会学的核心命题

（一）社会生活最重要的东西

（1）什么是“社会资源”？我在一本书中下过这样的定义①：所谓“社会资源”，其内涵是指一个社会及其个人赖以生存和发展所需的人力、财力、物力、机会等生产和生活资料。社会资源的外延，按不同划分标准，可分为可再生资源和不可再生资源、人力资源和非人力资源、经济资源和非经济资源、物质资源和非物质资源，即硬资源和“软”资源等。例如，“人力资本”就是一种非物质资源或“软”资源。人们还经常按不同领域来划分广义的社会资源，于是又有了政治资源、经济资源、文化资源、社会生活资源等。人们还按照公私关系，把社会资源分为“公共物品”和“私人物品”②。从性质上看，社会资源都是价值性、有限性和主体性的统一。

（2）什么是“社会资源配置”？所谓“社会资源配置”是指上述各种资源在各种不同的使用方向之间的分配。社会资源配置，大体可分为合理的和非合理的配置、有效的和非有效的配置、低效的和高效的配置。只有选择合理的、有效的、高效的社会资源配置方式，才能使有限资源的开发利用达到最佳效果。现在社会资源和社会机会的配置，逐步向农村倾斜，就是资源配置合理化过程的开始。

（3）为什么说社会资源和社会机会是社会生活最重要的东西？通俗地说，是因为整个社会生活、我们每个人的生活都离不开社会资源和社会机会，离开他就会寸步难行。人们在日常生活公共化的趋势和潮流中

---

① 参见郑杭生主编：《新中国60年·学界回眸：社会学与社会建设卷》，北京，人民出版社，2009。

② “公共物品”（public goods）指具有外在性、共享性、垄断性的资源，如国防、公安系统、公共道路、环境保护以及制度规则等。“私人物品”（private goods）则指具有独立性、排他性、竞争性的资源，这类资源在数量上占绝对优势。但现实生活中存在大量兼有公共物品性质和私人物品性质的资源，如自来水、电力、教育、卫生、信息服务等。它们既有公共物品的经营垄断性又有私人物品的消费排他性。参见陈振明主编：《公共管理学》，224页，北京，中国人民大学出版社，1999。

都体会到，有钱的日子真好过，没有钱的日子真难过。手机话费不够的例子最明显。从社会学的角度看，社会资源和社会机会是社会结构最本质的东西。城乡结构、阶级阶层结构、职业结构等等，都是由于社会资源和社会机会的配置的差异形成的。例如，什么是阶层？回答是社会阶层的核心内容是社会资源和社会机会在不同社会群体中的分配方式或配置方式的差异。社会学研究表明，合理的社会结构能够促进社会资源和社会机会的合理配置。反过来说也是如此，社会资源社会机会的合理配置也能促进合理的社会结构的形成。

（二）社会学的核心命题之一

社会资源和社会机会的合理配置和分配是社会学的一个核心命题。社会学学科的许多基本范畴，如社会正义、社会资本、阶层阶级等，都要用社会资源的配置或获取来定义。现在提出一些重要概念，如社会建设、民生问题等，也不例外。“社会学作为研究社会良性运行和协调发展的条件和机制的综合性具体科学”，其社会良性运行和协调发展归根到底离不开社会资源和社会机会的合理配置和获取。抓住更合理地配置社会资源和社会机会这一核心观点，对我们理解社会变迁、社会发展、社会转型同样也是重要的。这里举几个例子。

（1）什么是阶层？回答是社会阶层的核心内容是社会资源和社会机会在不同社会群体中的分配方式或配置方式的差异形成的。

（2）什么是社会正义？笔者曾在理论上综合马克思、恩格斯和罗尔斯等人的观点，现实上根据新中国成立以来，特别是改革开放以来的实践，给社会正义下一个更为广泛的社会学定义：社会正义就是社会资源和社会机会配置的公平性和平等性。这里，公平和平等都能表达正义，但又是不同程度的正义，正好能够表达社会正义也是有阶段性的。什么是公平？公平就是“合理的差别”。它与平等不同。平等是以相同的标准来衡量不同的人。笔者还提出，社会公平正义有两个维度，即制度安排与百姓认可。

社会公平首先指的是一种客观的制度安排的合理性问题。这里，作为制度安排合理性的社会公平，主要体现在社会资源分配和获得的差别是合理的；社会机会对每个社会成员都是自由开放的、可竞争的。社会学上以职业为主要标志的阶层或分层则要求这样来安排：使上层永不松懈，中层永不满足，下层永不绝望，从而使作为绝望的派生物的种种消极后果，如自杀、“人肉炸弹”等概率大大降低。每个阶层的成员都可以根据自己的情况，通过自己的努力，找到改变自己地位和命运的机会。

社会公平还在主观上体现为百姓的共同认可、认同。这就是社会公平度、公平感的高低问题。这种社会公平度、公平感，在社会学上是可以通过社会指标体系来加以衡量的。同时，我们也可以从经验上体会到，多数老百姓不认可、不认同的东西，是不公平的。如果老百姓的不认同感、不公平感发展到相对剥夺感，就会对社会稳定和社会和谐产生极不利的影响。老百姓认可度低的种种制度，肯定是有毛病的。这是推动制度创新的最直接、最重要的动力。百姓认可的公平正义，是上述意义共同性的最主要部分。

(3) 什么是社会建设？所谓社会建设，从正向说，就是要在社会领域或社会发展领域建立起各种能够合理配置社会资源和社会机会的社会结构和社会机制，并相应地形成各种能够良性调节社会关系的社会组织和社会力量；从逆向说，就是不断地研究社会矛盾、社会问题和社会风险的新表现、新特点和新趋势，创造正确处理社会矛盾、社会问题和社会风险的新机制、新实体和新主体，通过这样的新机制、新实体和新主体，更好地弥合分歧，化解矛盾，控制冲突，降低风险，增加安全，增进团结，改善民生。

社会建设，正是抓住社会资源和社会机会的合理配置，从正向逆向两个方面来促进合理的社会结构的建立和社会和谐的。

(4) 所谓民生问题，通俗地说，就是老百姓遇到的与衣食住行、生老病死等日常生活相关的问题，也可以说是老百姓过日子所遇到的种种问题。用社会学的术语说，就是一个社会的成员，如何从政府、市场和社会获得自己生存和发展的社会资源和社会机会，来支撑自己的物质生活和精神生活的问题。

（三）抓住社会变迁本质内容

简要地小结一下。

(1) 我国当代的社会变迁，是以社会结构转型和经济体制转轨的方式推进的。从1978年以来，中国的社会转型进入了一个新的阶段，具有了以往不曾具有的特点。其中一个最明显的特点，就是在经济体制改革的带动下，社会结构转型和经济体制转轨两者同时并进，相互交叉，形成相互推动的趋势。用世界的眼光看，这在其他发展中国家的现代化过程中是很少见的。这里，社会结构，主要是指一个社会中社会地位及其相互关系的制度化和模式化的体系。社会结构转型就是不同的地位体系从传统型向现代型的转型；经济体制转轨则指的是从高度集中的计划经济体制向市场经济体制转换。

（2）上述两个转换包含着不尽相同的传统和现代关系的内容，不能把它们完全等同起来。它们至少有三方面不同①：

第一，由于种种条件的限制，社会结构从传统型向现代型的转型不可能在一个短时期内完成，而是一项贯穿于整个现代化过程的长期任务。而体制转轨并不是社会结构转型的全部内容，与整体的现代化过程相比较，体制转轨应当在一个相对来说不是太长的时距中完成，这是降低改革成本所必需的。

第二，中国的社会结构确实是从一种传统型结构向现代型结构的转型，而相对于结构转型来说，中国的体制转轨并非是从一种传统体制向一种现代体制的过渡，而是从一种缺乏效率的现代体制向另一种更有效率的现代体制转变。把这种有弱点的现代体制，也叫做传统体制，是不符合事实的，至少是不确切的。这里的“传统”已不是与“现代”相对的那种有确切含义的“传统”了，而只是与“现在”相对的通常所说的“过去”或“原有”两字的含义了。

第三，两个转换的同时并进，一方面形成相互推动的趋势，另一方面也相互制约，造成结构冲突和体制摩擦交织在一起，增加了改革和发展的难度。

（3）无论是社会结构转型，还是经济体制转轨，都不可能不这样那样地、直接间接地涉及社会资源和社会机会的配置和分配的问题。在当代中国研究社会变迁问题，避不开这个问题，可以说，有意无意离开这个问题，就不能真正抓住当代中国社会变迁的本质。社会结构转型和经济体制转轨两者同时并进一个最显著的后果是与“行政制”密切结合的“单位制”的弱化，“单位人”向“社会人”、“社区人”的转变。这些转变不是别的，正是社会资源和社会机会的配置和分配的机制的变化。下面我们就具体地看看这种变化。

二、与计划经济体制相适应的社会资源配置格局

大家知道，新中国前30年实行的是高度集中的计划经济体制，即由

① 参见笔者为《中国人民大学社会发展报告（1994—1995）——从传统向现代快速转型中的中国社会》写的前言，这本40万字的系列学术报告由笔者主编，1996年4月由中国人民大学出版社出版。

国家集中计划分配、管理各种社会资源和社会机会。那时，资源配置的主体就是国家—政府一家，与国家相对独立的市场和社会几乎是不存在的。在实际生活中，就表现为“政企不分”、“政社不分”、“政事不分”。

那么，这个体制是如何具体运作的呢？也即国家如何把各种社会资源分配给作为国家延伸的各类社会组织，各类社会组织又如何把不同的社会资源分配给自己的社会成员呢？这就不能不涉及前 30 年新中国实行的三项重要的“次级制度”：单位制、行政制和身份制。

所谓“次级制度”是指从属于基本制度，又为落实贯彻基本制度服务的具体制度。在新中国前 30 年，单位制、行政制和身份制就是这种为贯彻落实社会主义基本制度服务的具体制度。

(一)“单位制”与“行政制”

所谓“单位制”，主要是指由国家集中计划、管理的各种社会资源，是通过各种形式的“单位”进行实际运作和操作的。这里所说的“单位”，是社会组织的一种特殊形式，实际上是国家组织的外延产物，其功能和活动方式、范围都是国家分配的结果。①

中国主要有这样几类单位：

首先是单位化程度最高的党政机关、全民所有制企事业单位。它们作为国家组织及其附属物，既受到国家全面直接的控制，也受到国家组织全面而直接的保障。

其次是城镇集体所有制企事业单位。它们依照国家计划的分类也由国家“归口”管理。与全民所有制单位相比较，它们在形式上具有相对的“自主权”。但是，在全民单位占绝对优势并控制大部分重要社会资源的状况下，这种“自主权”不过是对国家不完全保障的一种弥补。

第三是农村各类集体经济单位。过去“政社合一”的人民公社在受到许多行政控制的同时，除了因重大灾害等可享受国家救济外，主要是“自负盈亏”。因而在国家若干直接强制之外（如统购统收、统购统销等)，享有较多的“自主权”。它的单位化程度最低，一般称为“不完全单位”。但是，在绝大多数资源由国家直接控制并从农村调往城镇的情况下，可供农村单位自主支配的社会资源已经不多。

除了上述三类“单位”，当时还有一部分社会成员是无单位或几乎无单位的，如城镇中的个体工商户等，但数量极为有限。

---

① 参见路风：《单位：一个特殊的社会组织形式》，载《社会科学战线》，1989（1)。

当社会普遍单位化时，社会资源也随着单位化了。个人占有资源，至少是大量的、重要的资源已成为不可能。国家通过各种机关，经济、教育、科研、文化等单位，直接控制了绝大部分重要社会资源和社会机会。各种单位的职能是运用这些资源，进行“生产”，并向国家交回“产品”，再由国家计划分配。单位很像国家这个大工厂中的车间、班组。作为社会成员的个人，只有进入某一单位，将个人单位化，才有可能分享某些社会资源，才具有占用国家控制的社会资源的合法权利。不仅收入、声望以及诸如住房等社会福利保障要依赖单位，而且，社会成员外出打工、结婚离婚、参与社会事务乃至出差旅行，也需要单位的介绍信为其身份和行为的合法性作出担保。任何个人或单位，如果脱离国家的计划，自主活动和谋取资源，一般不具有制度上或声望上的合法性。

那么，国家又根据什么标准把不同数量和质量的社会资源分配给不同的单位呢？这就是行政制要解决的问题。

所谓“行政制”，是指每个单位都是有行政级别的，如省部军级、厅司师级、县处团级、乡镇科级等。社会资源正是按照行政级别分配给各个单位的。不同行政级别的单位享受相应的待遇，包括能看到相应级别的文件。除了单位有行政级别，工作在每个单位的干部也有相应的行政级别。中国社会的行政级别是很彻底的。

在新中国前 30 年，社会成员个人获得何种社会资源以及获得资源的多寡，能够定为何种行政级别，又与身份制有关。

（二）“身份制”

所谓“身份制”，是指新中国前 30 年中国社会的成员具有很强的身份属性。每个成年社会成员至少有这样四种身份：

阶级身份。新中国建立后不久，即在全国农村实行土地改革，按照占有生产资料的状况、有无剥削及剥削的程度划分了地主、富农、中农、贫农、雇农等阶级成分；1954—1956 年，在城市也参照此标准及个人职业，划定了革命干部、革命军人、工人、店员、资产阶级、工商业兼地主、小业主、手工业者、职员、自由职业、高级职员、城市贫民、摊贩等阶级成分。这样就分别在城乡解决了依靠谁、团结谁、打击谁的问题，并在此基础上形成了中国城乡社会的政治与阶级结构。直到 1978 年，阶级成分对中国社会成员的入学、入党、参军、就业、通婚及职务晋升等地位改变过程，也就是对个人从国家和社会获得何种社会资源和社会机会，都有着非常重要的甚至决定性的影响。这种做法人为地加剧了社会内部的张力。在“文化大革命”中，这种做法更被推向了极端。1979 年开始，中国政府接受“文化大革命”的惨痛教训，实行一系列新的政策，如在农村给地主、富农分子“摘掉帽子”，在城市宣布原工商业者已经成为社会主义社会中的劳动者等，阶级身份体系便逐渐归于消失。应当说，阶级身份是废除得最彻底的。这既解放了城乡大批劳动力；又使“以阶级斗争为纲”失去了社会基础，意义是十分重大的。

户籍身份。从 1958 年开始，中国户籍制度严格地将城镇户口与农村户口加以明确区分。这个制度极大地强化了中国社会的城乡二元结构，极大地限制了社会流动。有一个名词，叫“农转非”，也就是农村户口转为非农村户口的意思。但这对个人是极其困难的。改革开放以来，随着与之配套的制度，如人民公社制、粮油分配票证制等的弱化以至解体和废除，户籍身份对社会流动的限制作用大为减弱。但今天由于户籍制度的“惯性”，户籍身份对进城农民工提升社会地位，仍然是一种障碍。

就业身份。在计划经济体制下，城市社会成员按其就业性质，被划分为干部和工人。在体制上，这两部分人分别由两个部门管理：干部由人事部管理；而工人则由劳动部管理。这种身份地位的分配一旦完成，个人就很难加以改变。还有一个名词，叫“工转干”，也就是由工人身份转向干部身份。但这是很困难的。现在由于资源配置的市场化、公务员的招聘制度等一系列改革，原有的干部、工人身份，正逐步演变成真正的职业身份系列。但是这个过程将是很长的。

所有制身份。改革开放前，中国社会主要存在两种所有制形式，即全民所有制和城镇集体所有制。两种所有制内的职工（包括干部与工人）在工资、劳保福利和社会地位上都有重大的差别。因此，一个在全民所有制企业的女职工，一般不会“下嫁给”集体所有制的男职工；而集体所有制企业的女职工，则一般地会追求或“上嫁给”全民所有制的男职工。改革开放以来，多种经济成分的存在与发展，使人们对企业的评价更加重视其经济效益的高低。全民所有制和集体所有制企业的效益，往往发生倒转。区分所有制身份的意义已经大为降低。

总之，改革开放前，中国社会管理体制和资源配置的最大特色是那种与“行政制”紧密结合、什么都管的“单位制”——国家按照行政级别，把各种资源分配给作为自己延伸的不同单位，各单位然后按照行政级别和社会身份把资源和机会再分配给对自己有极强依赖性的本单位成员个人。改革开放后，原有的单位逐步转变为功能单一的利益主体，工厂就是工厂，学校就是学校，不再承担更多的社会事务；大量新形成的单位，也越来越采取“非单位”的管理体制，它们仅仅是工作场所，不再是什么都管的“单位”，相应地，越来越多的社会成员也从对本单位有极强依赖性的“单位人”变成自主性越来越强的“社会人”、“社区人”。这是巨大的社会变化。

三、与市场经济相适应的社会资源配置格局

在现代市场经济条件下，社会资源的配置主体，是政府组织、市场组织和作为第三部门的社会组织，从而形成社会资源配置的“三维模式”。[①] 这与高度集中的计划经济体制下，社会资源的配置主体实际上只有政府组织一家，是不同的。

在我国计划经济体制下，政府组织这个唯一的主体，实际上经历了从“政府是第一推动力”到“政府失灵”的过程。[②]

所谓“政府是第一推动力”，是指曾包揽一切经济事务、社会事务的政府，在新中国成立之初我国经济基础薄弱、经济发展动力不足的情况下，在短时间内积聚了大量的人力、物力进行大生产，迅速建立起现代化工业体系，促进了经济的突飞猛进，实现经济的腾飞。这样，全能型的政府成为推动发展的“第一推动力”。

所谓“政府失灵”，是指全职全能的政府对企业生产活动的干预，影响了企业生产的积极性，割断了企业与市场的天然联系。同时，这种权力过大的政府，导致机构重叠庞大，滋生官僚主义，助长种种不正之风。这些都阻碍市场对资源的优化配置，并表明政府推动的效率和利益是递减的。这种种失灵，无疑是造成新中国成立30多年来商品严重短缺、人民生活长期得不到改善的体制原因。

正是这种从“政府是第一推动力”到“政府失灵”过程，使人们越来越认识到从过去高度集中的计划经济体制转变为社会主义市场经济、从往昔社会资源配置的“一维模式”转变为“三维模式”的必要性。

（一）三个主体在配置社会资源中的作用是不同的

在“三维模式”这种现代社会经济制度体系中，政府组织、市场组

① 参见段华治、王荣科：《试论社会资源配置的三维模式——兼论公共管理的社会定位》，载《合肥教育学院学报》，2002（3）。

② 参见黄晓、宾雄意：《政府与市场的作用及其关系研究》，载《大众科技》，2006（1）。

织、社会组织是三种基本的制度安排。在现阶段的中国社会，政府和市场显现出更具基本性，社会组织还不大、不强、不成熟，其基本性有一个培育成长过程，其被人们认识也有一个很长的过程。

三个主体在配置社会资源中起着不同的作用，并各有其局限。

第一，政府主体主要的责任是制定规则、监管调控、维护秩序、提供公共物品。政府主体，在价值理念上应当代表国家利益和社会公共利益，按照维护国家主权和安全、维护社会公共利益的原则来调整社会资源的分配，在市场机制缺损或失灵的情况下，弥补市场功能不足，提供依靠市场机制无法有效供给的公共物品，如环境保护、社会保障、公共安全、公共信息等。

但是，政府主体也有明显的局限性，如：从交易对象看，政府适应于交易与配置“公共物品”，却不适应交易与配置“私人物品”；从交易方式看，政府一般用强制性的命令服从关系在当事人之间进行交易，实现资源的配置，而不善于通过平等关系在当事人之间进行资源交易来实现资源配置，这既能在某些方面实现交易成本的降低和规模效应，又能产生另外的交易成本和效益的损失；从交易目标看，政府适合于一种基于社会福利目标的“公共选择”，而不适合于基于私人利益目标的“自主选择”。[①]如果政府主体涉及后一方面，就会出现“政府失灵”。

第二，市场主体的作用主要是在经济领域保障供给、实现交换、创造财富、增进福利。以追求利润最大化的企业为代表的市场主体，具有强烈的谋取经济利益动机，在社会微观层面上有着旺盛的经济活力，按照商品价值规律自发地调整社会资源的分配，使资源向利润率水平高的领域和行业流动。

同样，市场主体也有明显的局限性，如：它与政府主体相反，适应于交易与配置“私人物品”；适合于基于私人利益目标的“自主选择”；善于通过平等关系在当事人之间进行资源交易来实现资源配置，但是在涉及多人的情况下，就需要政府的公共谈判和强制性协调，以保证效率。从这些方面看，如果完全按照市场主体的利益要求来配置资源，就会出现市场缺陷和“市场失灵”。

第三，民间主体的责任主要是公益性和志愿性的。以非营利性的非政府组织为代表的民间主体，是基于公共道德准则，按照自治互助的方式形成的社区性、社团性的组织。它们的作用主要是体现社会公平和社

---

① 参见陈振明主编：《公共管理学》，224～225页，北京，中国人民大学出版社，1999。

会监督，保障基本生活秩序，维系和调整日常人际关系，组织社会自治和社会救助。一般来说，作为第一部门的政府主体、作为第二部门的市场主体不容易受到忽视，最容易受到忽视的是作为第三部门的民间主体。但是第三部门的兴起，有其必然性，因为，它既能弥补市场失灵，又能弥补政府失灵。相对于政府行政运行，它的运行方式能够降低社会管理的成本；相对于市场调节，它的调节方式更能够保证社会公益的目标。同时，它既能减少政府成为社会矛盾的焦点的概率，又能较好处理市场不能或无力处理的问题和矛盾，特别是与民生问题有关的问题和矛盾，就更是如此。社会主体主要是从事非强制非等级和非营利趋向的社会公益性活动，由为社会奉献的道德力量所驱动。当然，第三部门也能经营，但它经营的目的不是为了利润，而是为了使做好事的本钱能够保值、增值。因此，第三部门或非营利组织的是否发育已被联合国作为一个国家和地区社会资本高低的主要判断依据。

但是，民间主体的产生和发展有很大的自发性和随意性，往往局限于部分社会成员的共同利益，在其内部形成的特殊规则和凝聚力，对外部有着一种天然的排斥作用，一旦扩张到更大的社会空间，可能会导致社会冲突和动荡。[①]当然，现在谈论“社会失灵”还为时过早，但是应当有预见性，以便避免夸大社会组织的作用。

可见社会资源配置的三方面主体在不同的社会领域中起有各自的特定作用，有着明确的不同分工。所谓“越位”，就是管得太宽，除了管自己领域，还插手别的领域的事。所谓“错位”，就是错误定位，角色错乱，只管别的主体管的领域。“越位”、“错位”都容易管那种管不了、管不好的事情。所谓“缺位”，就是当管不管，该作为不作为。所谓“虚位”，形式上是主体，实际上不起作用。凡此种种，都使合理的资源配置格局无法形成。

（二）资源配置的三维模式及三维之间的交叉关系

关于社会资源配置的三维模式，国内外学者都有不少研究。

首先，在国外的研究中，美国威斯康星大学教授埃里克·欧林·赖特（Erik Olin Wright），2007年4月曾在中国人民大学做了题为《真实

① 参见段华洽、王荣科：《试论社会资源配置的三维模式——兼论公共管理的社会定位》，载《合肥教育学院学报》，2002（3）。

乌托邦的设想》① 的学术讲演，用国家权力、经济权力、社会权力这三维来解释资本主义、国家主义、社会主义三种不同经济结构、三种不同社会资源分配方式内外部的差异，他给出的总图如图 3—1 所示：

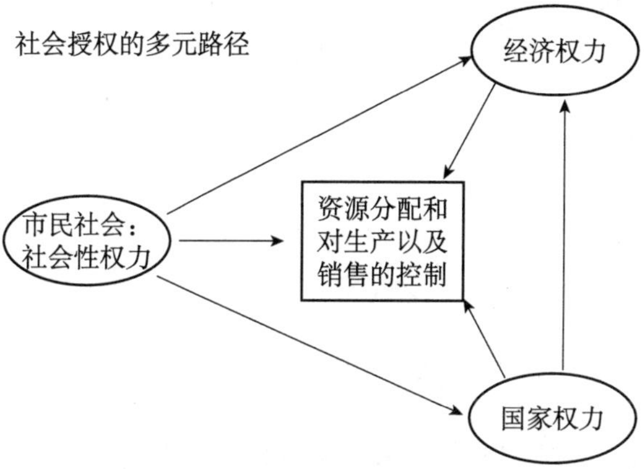

图 3—1 社会资源分配方式内外部的差异

其中，资本主义是这样一种经济结构，在此生产手段由私人掌握，这样不同目的的资源分配和使用听由经济权力的运行来完成，投资和生产的控制是资本所有者经济权力控制的结果。

国家主义是这样一种经济结构，在此生产手段由国家控制，这样不同目的的资源分配和使用听由国家权力的运行来完成，政府通过一些国家机器和机制控制生产和投资过程。

社会主义是这样一种经济结构，在此生产手段是“社会性所有”的，这样不同目的的资源分配和使用听由一种所谓“社会权力”的运行来完成。社会权力是这样一种权力，它根源于在文明社会动员人们协作和联合的能力。在社会主义中，投资和生产的控制通过不同的社会授权机制来组织。

他指出，真实的经济体制是复杂的，混杂了资本主义、国家主义、社会主义。当资本主义占主导地位时，我们称其为“资本主义”。因此，社会主义的可能性围绕扩大和深化混合体中社会主义的因素而增加。他将这一问题称作社会授权的路径问题。

我们并不完全同意赖特的观点，但是从上图中可以看到，三个主体

① 《真实乌托邦的设想》(*Envisioning Real Utopias*)，该书已在 2009 年 7 月用英文出版。在其序言中作者曾提到在中国人民大学讲学之事。

的三种权力（三个椭圆）都是围绕社会资源配置（方块）的，六条线表示不同的联系。还可以看到，三维模式的运用是很广泛的。这都是有启发的。

其次，在国内的研究中，社会资源配置的三维模式通常可以用相互交叉的三个圆面来表示，每一圆面分别代表政府、市场和社会三主体各自所起作用的领域和范围，各个圆面的交叉部分则是二者或三者共同起作用的领域和范围（见图 3—2）。

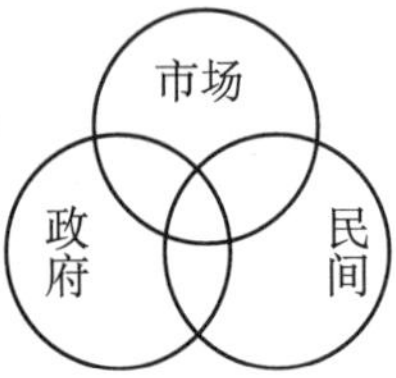

图 3—2 社会资源配置三维模式

这个问题的系统论述，是段华洽、王荣科两位学者给出的。[①] 他们在七年前就有这样的看法，并能结合中国实际加以论述，很不容易。这里将几个要点简要转述如下：

第一，政府和市场交叉的领域，主要是政府原来管理和经营的经济领域。由于政府直接经营的效率较低，管理成本很高，社会资源的利用率低下，必然要引入市场主体参与经营管理。但这不等于完全放开，国家仍要采取一定措施，以保证应有的经营规模和社会效益，把握投资方向和投资规模。

第二，政府与民间交叉的领域，主要表现在两个方面：一方面，政府将社会基层管理权逐步转让给社会基层自治组织，但是，政府在指导社会基层自治等方面仍负有责任；另一方面，通过机构改革，将某些原来属于政府系列的组成部门，和原来政府全额拨款的事业单位，割断其与政府的隶属关系，推向社会，进一步强化其专业化服务的社会功能。政府对这方面的管理主要是政策指导和规范管理。

第三，市场与社会也有交叉，这主要是民间组织运用市场机制，实行有偿服务，按照企业化运作方式从事的相关业务。民间主体提供的社会有偿服务，对象相对固定，范围相对有限，多以自我服务为主，以保

① 参见段华洽、王荣科：《试论社会资源配置的三维模式——兼论公共管理的社会定位》，载《合肥教育学院学报》，2002（3）。

本微利为目标，这与完全由市场主体提供的经营活动和商品服务是不同的。

第四，三个圆面交叉的部分也处在不断变动之中。这种变动的方向主要是：政府的“领地”逐步缩小，作用逐渐淡化；市场主体的力量在不断成长壮大；民间主体也逐渐发育壮大。他们认为，社会资源配置的三维模式的内在结构关系变化的总方向是小政府、大市场和大社会。当然，在这个问题上，学界的观点还是有争论的，例如对“小政府，大社会”的提法，并不是全都认同的。

（三）简短的小结：中国三维模式的特点

我们已经看到，在三维模式中，三个主体各有各的特殊作用；三个主体之间又有不同的交叉关系。这些告诉我们：

第一，要实事求是地看待三个主体各自的特殊作用，既不能人为地抬高某一个，也不能人为地贬低另一个。在这一方面，无论外国和中国，人们都很容易贬低政府，抬高市场和社会。美国前总统里根曾经说过一句非常典型的话：“政府不是问题的答案，而是问题的根源。”还有一种很典型的观点：政府是消极的，市场是积极的。国内有人把“公民社会”说得神乎其神，以至于像王绍光这样的学者认为有必要给“公民社会”祛魅了。有人甚至提出要以布洛维的“公民社会”来“引导”中国的社会建设。这离中国的实际实在太远了。

第二，应如实看到政府、市场、社会是相互补充、相互促进的，而不是相互否定、截然对立的，不能人为地把它们割裂开来。因此那种在市场经济中、在社区建设中“让政府走开”的观点，是不可取的。把社会自治理解为“让政府走开”，是对自治的一种误解。按我的理解，自治可以用三句话来表达：自治是一种关系，自治是一种分工，自治是一个过程。自治并不是想干什么就干什么，就像自由是在法律范围中活动，而不是为所欲为，为所欲为马上就不自由。自治是一种关系，一种分工说的是正确处理政府、市场和社会的关系，正确处理三者合理分工，三者谁也不能走开，谁也离不开谁。处理三者的关系，其中也包括处理党的领导与居民自治的关系。自治是一个过程，是说自治性的增加是逐步的，而不是一蹴而就的。现在中国的基层自治还是一种党政主导下、促进下的自治。中国基层的自治，跳不过这个阶段，尤其在开始阶段，自治需要政府来启动、来搭台。只有在这个过程中，社区才能不断提高自己的自治度，逐步形成基层的自治体系。

第三，对市场经济要有正确的理解。我们把市场经济体制与社会主义基本制度紧密结合，利用市场机制刺激私有部门的经济活力，提高资源配置效率，促进经济增长，最终实现的是共同富裕。所以这里的市场是一种工具，是一种手段。正如有的学者指出的，“市场机制是要借助和利用的工具，也是需要监管的对象”[①]。政府与市场关系的本质是在公共利益的导向下，由政府过滤市场机制中自发的盲目性或者其他消极因素。

这些也是在三维模式中，我们不同于西方理论的地方。

应当指出，我国的社会资源配置的三维模式，时间还不长，远远没有达到完善。我们的政府体系、市场体系、社会体系还都不完善；它们之间的关系还没有形成良性互动，今后还要不断探索。

① 刘金程：《中国公共管理中政府与市场的关系》，载《人民论坛》，2009（11）。

社会学领域自由主义思潮的突出表现

自由主义思潮，特别是新自由主义思潮，由于历史和现实的原因，对我国哲学社会科学各个学科都很有影响，中国社会学也不例外。因此，应对的一个基础措施就是分学科对自由主义在自己学科的影响做实事求是的梳理。

从2007年开始，我和我的学术团队就对社会学领域中的自由主义思潮进行了一些梳理。在文献整理基础上，考虑到不同色彩自由主义流派对中国社会学影响的大小，特别是对中国社会学健康发展的影响程度，我们觉得两种旗号的新自由主义尤其值得引起注意：一种是新布达佩斯学派推行的政治性自由主义，另一种就是布洛维在马克思主义旗号下宣扬的社会性自由主义。

新布达佩斯学派推行的政治性自由主义

20世纪90年代前后，即苏联解体、东欧剧变前后，由于外国，特别是美国等西方学者加入到对于匈牙利的改革和转制的研究中来，因而形成了一种新的学术趋向。这已经远远超出原来布达佩斯学派的范围。因此，我们更愿意把上述新的趋势叫做“新布达佩斯学派”。新布达佩斯学派的代表人物主要有：塞勒尼（I. Szelenyi）[①]、伊亚尔（G. Eyal）、唐恩斯利（E. Townsley）等人。他们中有人把“共产主义的衰落”视为一个“发给社会学家的请柬”。他们秉承西方政治意识形态的原则，分析这些国家的社会变化，总结其转变成为“资本主义新成员”的路径，打造所谓“没有资本家的资本主义”的经验，其中不少人由于这类研究项目而在西方世界获得了学术上的较高声望。他们的主要观点集中在对什么

---

① 通常译为泽林尼。

是社会转型、中国转型向哪里转的解释上。

新布达佩斯学派主张，社会转型是由社会主义向资本主义的转变过程，从而把社会转型局限在一个十分狭隘的历史过程、地缘空间、社会制度的范围内，也把社会转型研究变为对某一社会体制和政治意识形态如何成为唯一赢家的论证。由于此学派在社会转型问题上这种狭隘的单维的向度，我们把这种观点称为狭义转型论。新布达佩斯学派还研究这些国家从前社会主义或前共产主义向资本主义转型的新轨迹及新类型：如中欧的匈牙利是依靠外国资本（跨国公司）的推助，俄罗斯和东欧是通过政治上的最高代理人“自上而下”来推行资本主义，而越南的资本主义路径则表现出“自下而上”，等等。在新布达佩斯学派对于社会转型的狭义解释中，还预含了一个假设：由传统向现代转变的古典议题已经过时了，由现代（社会主义）向现代（资本主义）的转变成了所谓新的研究议题。

在新布达佩斯学派的推动下，对中国的“资本主义新成员”身份进行论证成了国际学术界一个比较时髦的议题。在中国国内，有人接过了伊亚尔、塞勒尼、唐恩斯利等人的“启示”，以中国、苏联、东欧国家等社会主义国家“过去几十年的共产主义实验以及所正在经历的历史性转型作为社会学的一个学术资源宝库”，从中搜寻“当代社会学以及社会科学的新的灵感和动力”①。这样新布达佩斯学派中国版终于浮出了水面。

我们跟新布达佩斯学派及其中国版的根本分歧集中在：怎样看待社会转型及中国社会转型，中国社会学与社会转型研究的关系，特别是当代中国社会转型的实质究竟是新的资本主义还是新型社会主义，等等。我们认为，中国特色的社会主义是一种新型的社会主义。它既不同于以往那种苏联模式的僵化的社会主义，也不同于那种极易陷入危机的资本主义，而是一种能够正确处理效率与公平关系的社会主义，一种成长中的、不断发展壮大的社会主义。

为了廓清这些分歧，我们在《中国社会转型的实质：新型社会主义的成长——新布达佩斯学派中国版的学术剖析》和《新布达佩斯学派狭义转型论的重大理论缺陷》两文中，作了较为系统的学术剖析。前一篇文章先发表在《中国社会科学内刊》2007年第2期上，后一篇文章先以摘要的形式发表在《红旗文稿》2008年第3期上，《新华文摘》2008年第12期加以转载。在2009年第2期发表在《中国社会科学》上的《改

① 孙立平：《社会转型：发展社会学的新议题》，载《社会学研究》，2005（1）。

革开放三十年：社会发展理论和社会转型理论》一文中，也分析了两种转型论在上述问题上的重大分歧。在其他一些文章中，还做了一些零星的廓清工作。这些工作应该说是有成效的。它们使得一些在中国社会学界推广自由主义的措施，甚至想在大学开设关于新布达佩斯学派的课程、将其体制化的企图，不得不知难而退。

马克思主义旗号下的社会性自由主义

近十多年中，美国社会学家、加州大学伯克利分校社会学教授布洛维（M. Burawoy）提出了“社会学马克思主义”（Sociological Marxism）。布洛维的观点在中国社会学界产生了不小的影响。事实上，这是布洛维在马克思主义旗号下宣扬自由主义。

首先，布洛维的自由主义观点突出地表现在马克思主义、社会主义与市场经济的关系上。他对马克思主义的发展与市场化过程的关系作了如此分析：历史上出现过三次市场化浪潮，第一波市场化发生在第一次世界大战前，这一时期的马克思主义处于古典阶段，主要关注由经济发展所决定的历史规律，布洛维把这一时期马克思的社会构想称为“乌托邦社会主义”。第二波市场化发生在20世纪20—70年代，这一时期马克思主义关注的领域是国家在经济与社会发展中的作用，布洛维称之为“国家社会主义”。第三波市场化从20世纪70年代中期至今，是全球化的市场化，布洛维称这一时期的马克思主义关注公民社会及其运动，是“社会学的马克思主义”，并把当代社会主义称为“社会性的社会主义”①。在他看来，马克思主义、社会主义是与市场经济截然对立的，两者在内容上是不可以融合的。所以他认为，马克思主义、社会主义对市场经济是天然否定和拒斥的。这样一来，我们就走进了一个“二选一”的过程：要么选择马克思主义、社会主义，要么则选择市场经济、资本主义。按照这样一种逻辑，一个社会主义国家中如果存在不同经济成分，实行了市场经济及相应的生产、管理、组织技术，就应当被视为是资本主义。这正是自由主义、新自由主义的逻辑。实质上，这与新布达佩斯学派的“后共产主义国家”、“国家资本主义”有很大的相似性，就是认为市场改革就是要走一条资本主义的发展道路。

---

① ［美］布洛维：《转型时代的马克思主义》，见 http：//www. sociologybar. com/index. asp？ xAction＝xReadNews&NewsID＝3625，2006－10－25。

其次，布洛维的自由主义观点还突出地体现在社会、市场、国家三者的关系上。他把社会与市场、国家截然对立起来，提出他的“公共社会学拒绝与市场和国家的共谋”①。这种主张，通俗地说，就是让国家（政府）走开，也让市场走开，剩下他那个作用被极度夸大的“社会”，即他的“公民社会”、“能动社会”。这种主张很激进，但是根本做不到。“社会”无时无刻不是在处理与政府、与市场的关系中实际运行着。

再次，布洛维把他的“社会学马克思主义”与历史唯物论对立起来。他指出，社会学马克思主义摈弃了历史唯物主义——即每种生产方式的运作规律和生产方式间的线性更替——而是以在一个世界经济体中，多种形式的资本主义和新兴的社会主义的共存来替代这些规律。②一种“摈弃了历史唯物主义”的所谓“社会学马克思主义”不可能是真马克思主义，而只可能是打着马克思主义旗号的别的什么主义，就布洛维情况来说，就是社会学的自由主义。

最后，对布洛维提倡的“公民社会”很需要祛魅。现在有一种把布洛维抬得很高的倾向，甚至提出要用布洛维的社会学马克思主义来“引导”中国的社会建设，这离中国社会的实际实在是太远了，不能不说这是一种无根的观点。现在还有一种对“公民社会”缺乏分析的盲目崇拜，把它说得神乎其神。这些人应该认真看看王绍光教授2009年发表的题为《“公民社会”祛魅》的文章。该文对“公民社会”做了有根有据、具体透彻的分析，指出，“公民社会”这个“成为好多人用以根本改造当前社会的旗帜”，“实际上是个无所不包的大杂烩”。这篇文章还重申了他1991年在《关于“市民社会”的几点思考》一文中的观点：“公民社会中有贫民窟与花园别墅，有血与泪，有剑与火。把它描绘成宁静、和平的去处，不是出于无知便是出于欺骗”，指出“公民社会理论的意识形态基因是‘自由主义’”③。

应当指出，布洛维的这种观点，有更大的迷幻性和隐藏性。因为，它挂着马克思主义的大旗。它以对马克思主义的误识来遮掩对当代发展着的马克思主义的排斥；它将社会主义的旧观念奉为至尊信条，而拒绝社会主义不断自我更新和完善的事实；它固化片面的、僵化的、早已被

① ［美］布洛维：《社会学和社会的命运》，载《公共社会学》，59页，北京，社会科学文献出版社，2007。

② 参见［美］布洛维：《走向社会学马克思主义——安东尼·葛兰西和卡尔·波兰尼的互补合一》，载《公共社会学》，225页，北京，社会科学文献出版社，2007。

③ 王绍光：《“公民社会”祛魅》，载《绿叶》，2009（7）。

抛弃了的社会主义旧模式，否定正在成长的新型社会主义的实践。不仅如此，它还借用社会对弱势群体的关切，对经济市场化过程中社会公正的强力呼吁，把进步过程中必然发展的代价归结为社会主义的失败，并以此作为进行社会动员的理由，力图打造出一个反制度的阶级或群体（往往以所谓“工人阶级”来混淆视听），甚至不惜撒播、推助、激化社会不和谐因素，背离了社会学“增促社会进步，减缩发展代价”的深层理念。实质上，这也是非常有害的。

第四部分

铺路搭桥

一、致辞

在第三届中国环境社会学学术研讨会开幕式上的致辞*

尊敬的宋敏副校长，各位同仁，上午好！

第三届中国环境社会学学术研讨会在中央民族大学顺利举办，这是一件大事，一件好事。我代表中国社会学会表示热烈祝贺，对承办单位中央民族大学表示衷心感谢！

我说这次会议是一件大事，因为它标志着中国环境社会学学术交流的制度化。记得第一届是在中国人民大学举办的，那是 2006 年。第二届由河海大学举办，是在 2009 年。这两次会议我都参加了。转眼已经过去三年，经过大家的共同努力，特别是智明同志的辛苦，第三届终于顺利举办了。万事开头难，有了这三次，往后就会越来越规范。定期召开的学术研讨会对于一个学科的健康成长非常重要，希望大家继续努力。我说这次会议是一件好事，因为办会是非常辛苦的，要投入很多的精力、人力、财力和物力，中央民族大学的领导和社会学系同仁为这次会议付出很多，希望大家珍惜会议机会，充分交流，多多支持和参与，众人拾柴火焰高。

新世纪以来，中国社会学的发展面临着空前的机遇和挑战。在社会学的春天里，中国社会学围绕中国现代化实践中的重大理论和现实问题，始终保持清醒的头脑，开展了广泛的研究，在推进中国社会建设、创新社会管理模式、发展社会学学科方面作出了重要贡献。这当中，也包括环境社会学者的贡献。中国现代化发展到今天，已经无法回避环境议题，继续关注环境问题的社会原因和社会影响，对于推进生态文明建设，促进可持续发展，繁荣社会学学科，都有着重要意义。

---

* 2012 年 6 月 23 日在第三届中国环境社会学学术研讨会开幕式上的致辞。

2008年，经过中国社会学会的协调和洪大用等同志的努力，中国社会学会人口与环境社会学研究委员会正式确立了新的发展方向，并在2009年的中国社会学会年会上，正式更名为环境社会学专业委员会。三年来，这个专业委员会在凝聚全国环境社会学者，共同推动环境社会学学科建设、科学研究、人才培养和国际交流等方面，都作出了一些实质性的贡献。期望各位同仁精诚合作，献计献策，共同努力，继续把这个平台搭好，为环境社会学的进一步发展作出更多贡献。

一个学科的发展需要有广泛的调查研究，以便获得丰富的经验支撑。但是，加强理论与方法研究，保持充分的理论自觉，对于学科建设、科学研究、人才培养和国际交流，都是至关重要的。我在上次的会议上就讲到理论自觉的问题，最近，理论自觉不仅成为学界的共识，而且受到中央的高度重视。

在刚刚召开的马克思主义理论研究和建设工程工作会议上，李长春同志有个重要讲话。他在讲话中强调指出："如何在学习借鉴人类文明成果的基础上，用中国的理论研究和话语体系解读中国实践、中国道路，不断概括出理论联系实际的、科学的、开放融通的新概念、新范畴、新表述，打造具有中国特色、中国风格、中国气派的哲学社会科学学术话语体系，是理论界和学术界面临的重大而紧迫的时代课题。这就迫切需要我们以高度的理论自觉和理论自信，及时总结党领导人民创造的新鲜经验，不断深化对经济社会发展的规律性认识，不断升华中国特色社会主义实践成果、理论成果、制度成果，不断赋予中国特色社会主义鲜明的实践特色、民族特色和时代特色"，不能"一味盲目地简单套用西方的范畴、理念和结论，用西方话语来解释中国丰富独特的发展实践，削中国实践之足、适西方理论之履"。中央这样强调高度的理论自觉和理论自信，值得我们好好体会。我想这段话的意义是极其深刻的，对于整个中国社会学的教学和研究具有重要的指导意义，当然，对于中国环境社会学的发展也具有重要指导意义。我希望大家深入领会，一方面要高度重视开展科学的调查研究，另一方面更要在中国经验的基础上认真进行理论总结和分析，努力创造能够充分解释和预测中国环境保护实践的、具有中国特色的环境社会学理论。

我相信，由于会议承办方的精心准备和大家的共同努力，本次会议一定能够取得圆满成功。衷心祝愿中国环境社会学的明天会更好！

谢谢大家！

深刻认识“南海社会管理创新经验”的意义*

——在南海区与华中师大共建社会管理创新博士后研究基地签约仪式上的讲话

尊敬的邓伟根书记，黄永林副校长，各位领导：

非常高兴今天能够参加这里举行的两个重要的签约仪式：一个是南海区与华中师范大学共建的社会管理创新博士后研究基地签约仪式，另一个是中国人民大学、华中师范大学、中央财经大学与南海区社会管理创新合作项目的签约仪式。社会管理创新合作项目的全名叫：社会管理科学化的新探索——以佛山市南海区创新基层组织社会管理的实地调研为例。刚才黄校长着重讲了华中师范大学与南海区共建社会管理创新博士后研究基地签约的意义。我就着重说一点南海区社会管理创新合作项目签约的意义。

目前在全国范围内，无论是中央、地方还是基层，都在探索和创新社会建设和社会管理的理念、思路和出路，加速我国社会管理的科学化过程。各个地方和基层的创新性探索，也是形成有自己特点的实践过程。从我们在全国不同城市和地区进行的实地调查和研究来看，这种过程很大程度上是以“区”为单位进行的。一定意义上可以说，区与区之间已经开始了谁发展更快、谁做得更好的比较和竞争。南海区在加强和创新基层组织社会管理方面的一系列新思路，反映了对于社会管理科学化这一历史性、战略性课题的深入思考和重新探索，无论在理论上还是实践

---

* 2011年7月9日在广东省佛山市南海区与华中师范大学社会学院共建社会管理创新博士后研究基地签约仪式上的讲话。

上，都具有重要的和深远的意义。

从理论意义上看，南海区对基层社会管理科学化进行的思考和探索，对于“中国经验”和“中国道路”的研究具有十分重要的学术价值。在中央、地方和部门、基层这三个层次中，中央经验是中国经验的核心、灵魂和指导。地方经验和部门经验、基层经验的重要性则在于它们共同构成了“中国经验”的一个个亮点、一个个支点，共同标志着中国特色社会主义这种新型社会主义历程的一个个轨迹点、成长点。南海区的探索初显了“南海理念”和“南海实践”的形貌，为“南海经验”的形成奠定了重要基础。我们期待，对南海区的研究能够为“中国经验”增添一个来自基层的典型案例，并从一个新的角度展现“中国经验”的丰富内涵。

就现实意义来说，南海区的基层组织社会管理城乡一体的创新和社会管理科学化的过程，能够在全国类似的地方发挥示范作用。提高社会管理的科学化水平，六个方面的结合十分重要——治标管理与治本管理相结合，刚性管理与柔性管理相结合，社会服务与社会管理相结合，社区管理与社会管理相结合，政府主导与多方参与相结合，科学精神与人文关怀相结合。推进以上六方面的结合，既涉及如何进一步解放思想、明确理念、开阔思路、完善制度，也涉及一系列非常具体的、操作化的、可行的政策、规范和措施，这些都需要在实践过程中做进一步的研究和评估。本项目的研究将对此作出相应的理论提升和理论支撑。

作为项目主要负责人，我在这里表个态，我愿意代表课题组全体成员，在签约后，一定像已经出版的两套丛书的 6 本著作一样，高质量地完成任务；一定在实地调查的基础上，深入实践，深入基层，好好向地方学习，发挥我们的所长，把南海社会管理创新的经验总结好、提炼好。

我预祝我们的合作愉快、成功，使全国政界、学界更好更多地了解“南海经验”！

"全球化、信息化、网络化与中国经济社会变迁学术研讨会"讲话稿*

各位代表：

大家早上好！很高兴在这漫山红叶的季节和各位同道相聚在这著名的赏红名地，欢迎各位的到来。

我们这次学术研讨会的主题，是"全球化、信息化、网络化与中国经济社会变迁"。这样的研讨会议题，既有对现实社会变迁与社会问题的深刻关注，又有着对未来发展模式和发展趋势的高瞻远瞩。早在古典社会学理论研究阶段，马克思、韦伯、涂尔干、齐美尔等社会学大师就开始表现出对全球化及其衍生结果的兴趣，关注人类社会的整体发展。到了当代，随着信息化和网络化技术结构普遍推广，全球化程度加深，实现了世界范围内的交往互动。到今天，这些现象带来的理论和实践意义已经非比寻常。今天我们关注这样的议题进行经济社会学和网络社会学研究，可以说是一项意义重大而深远的事业。

中国社会学发展面临着一系列课题、挑战和选择。我常常在思考的其中的一个根本问题是，我们究竟需要什么样的中国社会学，或者说，中国社会学把什么样的社会学作为自己追求的目标：是世界眼光中国气派兼具的中国社会学，还是西方社会学某种理论的中国版？我想，我们需要认识到我们的目标是世界眼光中国气派兼具的中国社会学，而不是西方社会学某种理论的中国版，是中国社会学界对自己的理论的反思，也是对别人的理论的反思的结果，是对自己所教学所研究的社会学理论和社会理论的自知之明。这是我常提到的"理论自觉"的主要内容。

如何促进中国社会学的理论自觉，除了要对世界性的"人类困境"

---

* 2011 年 11 月 5 日在中国人民大学社会学理论与方法研究中心与中国社会学会理论社会学专业委员会举办的"全球化、信息化、网络化与中国经济社会变迁学术研讨会"上的讲话。

和本土性“六大挑战”做出自己的理论概括、对“中国经验”做出自己的提升之外，还要对“传统资源”做出自己的理论开发，把中国历史上不同于欧美的社会思想、社会学理论等理论内容真正开发出来。除了上述这几点，同样重要的是要注意学习、借鉴欧美强势社会学的精华和适用之处，使自己能够用世界的眼光，从整个人类实践的高度来解释中国社会和建构中国的社会学理论，从而使自己真正成为世界社会学不可缺少的一支，逐步培养和提高同国际社会学界平等对话的能力和实力，并在改变学科和学术的话语权一直由西方垄断的局面方面做出中国社会学家自己的贡献。

今天我们所涉及的议题，正是向上述方向努力的有益尝试。对于人类重大进程的关注是社会学的传统，今天的议题，时代性和现实性十分鲜明。如今，人们常说的一句话就是，人类社会已经进入网络化时代，我们的生活已经和网络分不开了。中国的网络化进程可谓发展神速，相关的媒体介质也以很快的速度普及，中国互联网络信息中心的报告显示，截至 2010 年 6 月底，中国网民的规模已经达到 4.2 亿，手机网民达 2.77 亿，人们的网络化行为也渗透到社会生活各种层面。从中国经济社会变迁中，可以清楚地看到，在这个进程中，信息化是手段，网络化是形态，全球化是不可避免的趋势。因此，对信息化、网络化及其巨大社会作用的研究，就显得非常的迫切，十分合乎时宜。

中国在过去的几十年里克服了重重困难，取得了举世瞩目的伟大成就，不论是国民生活水平，还是国家综合实力，都有了大幅度的提升，我国的国际影响力也在不断扩大。同时，我们也一直清醒地知道，我国面临的各种挑战和问题还很多，也很严峻。随着我国经济的快速增长，社会发展滞后的问题越来越突出。将经济发展同社会关系优化、市场经济繁荣同社会秩序稳定、物质财富增长同文化健康发展等联系起来，同重大现实问题紧密联系起来，在推进社会良性互动的追求中开展具有中国特色的经济社会学研究，无疑具有广阔的发展前途。互联网的兴起大大便利了人们的生活，同时，许多新的社会问题也随之产生。它带来的信息便利使得社会矛盾更多地暴露，也容易使矛盾在短时间内积聚巨大的力量，在网络社会情境下构建社会主义和谐社会成为一项重要议题。而以往的理论面对新的环境的挑战，也面临着缺乏解释力的困境甚至危机，需要有很多的改进。在座各位选择从新的视角推进经济社会学和网络社会学研究，是很必要的，值得继续钻研下去。

在我们致力于提升相关领域研究的时候，应开放思路，增强理论创造力和创新性。因此，创造理论氛围好、思想可以碰撞的平台显得十分重要。信息化等通信技术的结构性介入改变了原有的交往及相互关系，改变了人类社会的生存和实践方式和社会结构的形态。每一个参与者不再是单纯的主体或客体，不再是信息的发送者或是接受者，而是互为主体性的交往者。这样的改变创造出一个具有高度信息化特征的交往互动社会，也就是全球交互式网络社会。全球化、网络化和信息化，通过无数具体事件和链条，最终对中国的经济社会结构产生影响，这个过程或者说机制非常的复杂，众多现象也非常有吸引力，相关研究领域宽广，潜力巨大。此次研讨会大家可以就相关议题互相交流，开阔眼界，更是创造了一个很好的研究氛围，提供了一个交流和碰撞思想的平台。

在理论自觉的前提下，针对这样重要的议题进行研究，我有两点期望。一方面是本土化期望。中国学术走向世界，必须有自己的理论前提和学术体系，适合西方社会概括出来的那些话语，并不都适合中国的实际情况。我们在对西方社会学借鉴的同时，要根据中国社会发展和社会转型的实际，结合中国社会历史悠久的丰富传统学术资源，进行原创性的或有原创意义的理论创新，而不是在西方社会学理论或社会理论的笼子里跳舞，使自己的理论研究或经验研究成为西方社会学理论或社会理论的一个案例、一个验证。中国社会学应当以宽容的理论胸怀、广阔的理论视野、崭新的理论观念、深邃的理论思维，进行理论和实证结合的研究，走出一条既不同于美国社会学，又不同于欧洲社会学，但又吸取欧美社会学各自强势的学术路子。

在我们能够以足够本土化的研究方式进行研究和创新时，还要意识到，社会学研究作为一项特殊的职业活动，应发现社会结构内在的规律性及其独特性并上升到“理论的”高度，这是我的另一个期望。在对其他国家社会学的重新审视和反思中，我们看到，美国社会学长期陷入了一种“强势社会学中的实证主义困境”，理论研究和实证研究失去了平衡，制约了美国大社会学家的产生。中国社会学理论研究与经验如今也出现了失衡的情况。我们应该时刻提醒自己，但凡成为社会生活中心任务或重大问题的现象，都不是仅凭实地考察和经验描述就能说清楚的。社会学必须将经验研究提升到理论思维的层面上，经济社会学和网络社会学研究不仅要面向现实，而且还要形成新的思想理论。

尽管此次研讨会由于我们的研究内容大多比较新，达到这样的目标还需要更多的积淀，但大家相聚一堂，互相交流促进，定能推动经济社会学和网络社会学生成本土化系统理论的进程。中国社会学更有义务对整个中国经验、对不同层次的中国经验，进行调查研究，做出自己的符合实际的理论概括，以提升自己的理论品质，在这一方面完成理论自觉的使命，使自己的理论成为与中国社会发展、中华民族复兴息息相关，因而具有生命力的理论。中国社会学界担负着理论创新的责任，我们在座的各位就有可能是创造者，而不仅仅是外国理论的贩卖者或纷繁现象的描述者。

我相信，通过本次会议的深入讨论和广泛交流，大家会有很多收获。通过日后对这些问题不断的深入研究，我们对全球化、信息化、网络化等议题的社会学研究将能提供更具科学性、前瞻性和可操作性的理论支持及政策建议。最后，预祝本次研讨会取得圆满成功。谢谢大家！

感谢人民大学！感谢社会学界！*

——在“郑杭生教授从教 50 周年学术研讨会暨北京郑杭生社会发展基金会成立大会”上的致谢辞

程天权书记、陈雨露校长，

各位领导，各位学界同行，各位媒体嘉宾，

各位企业界热心公益事业的嘉宾，各位基金会的同仁，

各位来宾，各位同学：

今天，我非常高兴，也十分感动！在我从教 50 周年之际，我一辈子没有离开过的中国人民大学，我所在的社会与人口学院、社会学系、社会学理论与方法研究中心，以及刚成立的北京郑杭生社会发展基金会，为我举办了如此隆重的“从教 50 周年学术研讨会暨北京郑杭生社会发展基金会成立大会”，并且有那么多我尊敬的领导、同行、同仁、嘉宾、学生，有那么多老朋友、新朋友，在百忙中光临，前来祝贺，真正是群贤毕至，四壁生辉，令人非常激动！应该说，今天，2012 年 2 月 29 日，这个难得的日子，是我 76 年的岁月中，最大的日子，最值得珍惜的日子，也是激励我和社会运行学派更好地沿着“立足现实，高于现实；开发传统，超越传统；借鉴国外，跳出国外；以我为主，创造特色”的学术路径，探索不止，攀登不息，奋斗不停的一种巨大的动力！

回顾在人民大学度过的 55 个年头，最初 5 年是做学生，后 50 年至今是做教师，我要感谢的对象很多。例如，要感谢我们的时代，我们每个人，除了父母给了肉身的我，毫无例外都是时代的产物，是时代加上每个人的主体性，造就了我之所以为我，造就了你我他的异同和特质。

---

* 2012 年 2 月 29 日在“郑杭生教授从教 50 周年学术研讨会暨北京郑杭生社会发展基金会成立大会”上的致谢辞。

对中国社会学来说，没有这个快速转型的时代，就不会有中国风格的社会学，也不会有社会运行学派这样有中国特色的学派。又如，我对我们国家和党总有一种感恩之心，我从上初中以来，一直享受减免费和人民助学金，后来通过考试到英国进修两年多，也是享受国家的公费，在我内心总有一种根深蒂固的观念，是党和国家，是人民培养了我，这不是一种抽象的观念，而是人生实际经历的一种感受。又如要感谢自己的家庭和家人的支持，还要感谢老师的提携、朋友的帮助等等。这些都是很重要的，但它们不是我今天要说的重点。

我今天首先要着重感谢的是我的母校中国人民大学。是人民大学培养了我、成就了我。我 1956 年在上海市上海中学高中毕业，因为成绩优秀被保送到中国人民大学，作为哲学系首批五年制本科生入学。1961 年毕业时，由于肖前教授的力主，留在他主持的人大哲学研究所，从事教学和研究工作。正是在这里，我由实习助教到助教，到讲师，到副教授，到教授，到现在的一级教授。也是人民大学给我提供了成长的机遇和平台。人民大学复校后，推荐我通过考试到英国进修社会学和现代西方哲学。当我 1983 年底回国后不久，委托我在哲学系建立现代西方哲学教研室并任主任，稍后，经教育部批准成立了人大社会学研究所，学校任命我为第一任所长，1987 年成立社会学系，任命我为第一任系主任，不久，我还被任命为人民大学副校长。学校还推荐我担任一些重要的学术职务，如国家社科基金评审组成员和组长、国务院学位委员会政治学社会学民族学评审组成员和召集人、教育部全国社会学教学指导委员会主任委员等。学校支持成立社会学理论与方法研究中心，申报成功而成为教育部百所重点研究基地之一，任命我为该基地主任。没有学校提供的这样好的平台，我不可能做到今天这个样子。

这里，我还要提到作为人民大学重要组成部分的人民大学出版社，我的几乎所有重要的著作都是在这里出版的。从 20 世纪 80 年代刚成立人大社会学所就重印李景汉先生的《定县概况调查》，后来出版我的《社会学对象问题新探》，直到出版我的《社会学学术历程》四卷五册精装本，等等。没有人大出版社领导的远见和重视，着眼于学术效益和社会效益，这是不可能的。

今天的会议充分显示了人民大学领导对我这样的老教师的高度重视。程天权书记、陈雨露校长，还有马俊杰副书记三位校领导都在百忙中出席。雨露校长讲话中对我的学术贡献和学科贡献做了很高的评价。我想这不仅是对我个人的重视，更是对人民大学社会学学科的重视。这在高校以至全国社会学界一定会起到很好的作用。我特别感动的是，雨露校长用“如虎添翼”这个成语，把人大社会学学科比作一只虎，说学校要为这只虎添上双翼，使它跑得更好、更快！还表示学校要为社会学学科创办社会学的学术杂志出面进行协调。创办社会学的学术杂志是我近10年为之奋斗的目标之一，是我的一个心愿，现在看来，这个心愿也要快实现了。人大社会学学科又将增加一个新的学术平台。我们一定不辜负学校领导对社会学学科的厚望！

今天我还要着重感谢的是我们社会学界。多年来我受到社会学界前辈如费老（费孝通）、雷老（雷洁琼）的关爱。例如，1981年在陪同费老去英国的飞机上，聆听了他关于社会学发展“五脏六腑”的教诲。费老还为我们重点基地题名，书写了“中国人民大学社会学理论与方法研究中心”这些刚劲有力的大字。雷老曾担任北京市社会学学会会长多年，此后一直是名誉会长。我也有幸担任北京市社会学学会会长多年，每年要向她汇报工作，受教诲机会不少。雷老在我们中心成立时，还专门发来了亲笔签名的贺信，对我们提出了殷切的希望。同辈的陆学艺教授同我在全国社会学会、国家社科基金评审组等，都有多年的共事合作关系，有多年的友谊。这些年，我也从不同年龄段的后辈学者身上，特别是李强、宋林飞等学者身上学到很多东西。学界的良性互动，不管是对我的观点赞同的还是批评的都促使我进一步思考。没有学界的互动，这一切也是不可设想的。今天有社会学界这么多知名学者出席，他们不仅对我表示祝贺，还对我的观点从不同方面进行评述。这些都是十分可贵的。

在这里我还要感谢北京市民政局吴世民局长派出他的代表谢延智副局长到会宣布我们社会发展基金会的成立，感谢我们基金会的主管单位北京市社科联史秋秋书记到会祝贺和提出希望，感谢资助我们基金会的有公益心和社会责任感的企业界，以及为筹备这次会议做出贡献的全院全系的志愿者们。

我的致谢就到这里。再一次衷心感谢各位！

中国人类学发展的重要契机*

——在"二十一世纪人类学讲坛"的开讲仪式上的致辞

今天，我感到很荣幸，中国人民大学社会与人口学院人类学研究所所长赵旭东教授邀请我参加，并请我讲几句话，我想用几分钟时间，简要地讲这么三个意思。

第一，希望"二十一世纪人类学讲坛"既成为人类学在人大也成为人类学在中国发展的新契机。

今天是"二十一世纪人类学讲坛"的第一讲，也是中国人类学面对一个快速文化转型的世界进行自我反思、理论重构的重要开始。这里有来自全国各地多个人类学教学研究机构的同仁参与其中，给中国人类学跨地域的交流提供了很好的平台。中国人民大学的人类学研究所成立于2002年，到今年也正好十个年头了，希望这个讲坛的成功举办不仅成为人民大学人类学发展的一个新的契机，也成为中国人类学进一步发展的新的契机，以共同增进各人类学机构间的交流与合作，对人类学的前沿问题进行理论总结和广泛探讨，促进良好学术氛围和学术团队的形成，为人类学在中国的进一步发展起到应有的更大的作用。承蒙赵旭东教授的再三邀请，邀请我为"二十一世纪人类学讲坛"活动题名（展示题名）。应当申明，我不是书法专家、书法名人，字写得不怎么好，只是一个书法爱好者，至多也只是一个"名人书法"，写得不好，凑合着看，请大家谅解。它没有别的作用，只是一种记录。

第二，更好发挥人类学在探索文化快速转型上的学科优势和研究专长。

---

* 2012年4月17日在中国人民大学人类学研究所举办的"二十一世纪人类学讲坛"的开讲仪式上的致辞。

文化，一直是人类学研究中的核心概念。什么是文化，文化包括什么，文化又在个人与社会的互动中起到什么作用？文化在人类学研究方面的独特意义，使得人类学家在面对快速文化转型以及中西方文化更加大规模和大范围内的交流和碰撞中具有很多其他学科所不具备的优势。在国内，对文化重建、道德重建、传统重建等问题的讨论也一直占据着重要的位置，因此在立足学科特色的基础上人类学也应在社会热点问题中扮演越来越重要的角色。借助本次论坛，对文化内涵和外延的重新理解与思考无疑对推进人类学在中国的发展以及确立学科优势有着重要的作用。

第三，把握文化自觉、理论自觉，推进社会学和人类学的共同发展。

“理论自觉”是我为推进中国社会学发展多次提到的一个重要概念和范畴。它对人类学的发展应该也有同样的借鉴意义。因为只有通过对自身学科进行不断的建设性反思才能增强我们的自主创新能力，强化我们的学术主体性，增进中国学界在世界学术格局中的话语权，并不断由世界学术边陲走向学术中心。历史上，人类学的西方中心也是与世界政治经济体系的格局密切相关的。西方人类学具备很多对非西方社会研究的优势、便利的资料积累以及权力倾斜。但是，随着我国经济的持续发展、国力的增强，包括海外投资的逐渐增多、海外影响力的不断加大，这一体系正在发生剧烈变化。除了东西方文化互动的增多，“东”和“西”的概念也在不断变化，旧式的东西不平等关系和结构在不断瓦解，新型的趋向平等的中西关系正在不断建构，而且中国与“非西方社会”的交流也在增多；除了人类学研究对象的日益多元化，人类学家的实践也出现了很多新的趋势；除了世界范围内的人类学家开始研究中国，中国人类学也在走向世界。正是在这一背景下，中国人类学面对文化转型的反思才更加显得迫在眉睫。而且，我相信，经过近些年来的积累，中国人类学已经具备了相当数量的研究和思考成果，因此总结和交流也显得尤为重要。总之，沿着“文化自觉”、“理论自觉”的学术轨迹、研究途径，人类学在中国社会大有可为，它的学科地位的逐步提高、它的丰硕成果的引人瞩目、它在世界学术格局中的学术作用的日益提高，都是可以期待的。

最后祝“二十一世纪人类学讲坛”活动圆满成功！祝庄孔韶教授的第一讲圆满成功！谢谢。

《感受社会学》一书出版座谈会上的发言*

我们很高兴，由市委宣传部组织、北京出版社出版的《感受社会学》一书，作为“领导干部半日读”系列丛书（第二辑）之一，正式出版了。由我、杨敏教授、王道勇博士合作的这本书，采用问答体，把我们要表达的社会学基本知识和其他相关内容压缩在 80 个问题中，让领导干部在半天内能够对社会学有个基本的也是初步的了解。这当然不是一个轻松的任务。

本书定名为《感受社会学》，是想让读者在五个方面对社会学有所感受。第一，对社会学一些最基本的问题有所了解、有所感受。这就是第一部分“初识社会学”15 问的内容。第二，对世界社会学的发展简史有所了解、有所感受。这就是第二部分“社会学的发展历程”13 问的内容。第三，对中国社会学的发展简史有所了解、有所感受。这就是第三部分“中国社会学的发展”16 问的内容。第四，对社会学历史形成的范畴、主要概念有所了解、有所感受。这就是第四部分“社会学的具体研究内容”30 问的主要内容。第五，对学习社会学的重大意义有所了解、有所感受。这就是第五部分“社会学对我国经济社会发展的意义”6 问的内容。写这样的深入浅出的文章，有时比写学术论文还要有难度。

在写作和修改这五大块 80 问时，我们遵循的是这样的路径：立足现实，提炼现实；开发传统，超越传统；借鉴国外，跳出国外；正确总结“中国理念”，探索“中国道路”。我们试图简要阐释的是这样的社会学，即世界眼光中国气派兼具的中国社会学，而不是西方社会学某种理论的中国版。这样的社会学是与我国的社会建设和社会管理的创新实践紧密

---

* 2012 年 5 月 10 日在北京市委宣传部、北京出版社召开的“领导干部半日读”系列丛书的《感受社会学》一书出版发行会议上的发言。

联系在一起的。同时，通过上述这五大块 80 问，我们也试图使读者对世界社会学和中国社会学的全貌、对马克思主义社会学与西方社会学的区别、中国化马克思主义中的丰富的社会学思想、对成熟的社会学知识、对社会学知识的功能，有一个简要而较为全面的把握。我希望读者这样来理解《感受社会学》一书，可能会有更多的收获。

当然也必须指出《感受社会学》毕竟是一个简明的通俗读本，要进一步提高、更深入的把握，还需要从最基础的东西出发，学习更多的东西，特别是要选择一些社会学的原著、名著，也就是社会学经典著作来读才行。

借这个机会，我还要特别指出几点。

首先，我要感谢我的合作者杨敏教授和王道勇副研究员付出的艰辛劳动。为了行文风格的连贯，我们商量决定，由王道勇先写出全文初稿。他在一个月的时间内完成了任务，期间的辛苦可想而知。杨敏教授根据自己的学识，做了初步修改，使本书增色不少。杨敏教授还提出《感受社会学》这个书名比之《社会学 ABC》或《通俗社会学》更有亲切感，能够拉近读者和作者之间的距离。

其次，由于时间的紧迫、水平的限制，本书的缺陷不可避免。我们衷心希望各位领导干部批评指正。

再次，我们还要感谢出版社的工作，特别是责任编辑邹丹付出的劳动，她在编辑过程中给我们提出了许多问题。《感受社会学》也是与北京出版社共同合作的结果。

最后，我还要说，市委宣传部组织“领导干部半日读”系列丛书是一件功德无量的事情，不仅领导干部受益，能在最短的时间内，对学科的基本问题有一个初步的了解和感受，而且也使写作者进一步提炼了思想，锻炼了深入浅出的写作能力。希望这个工作进一步开展下去。

做一个“顶天立地”的人大人！*

今天，6月29日，对中国人民大学来说，是一个值得纪念的日子。陈雨露校长提倡的“千人百村”大型实地社会调查项目，经过大约半年时间的准备，从今天开始就要正式实施了，我们人大千名学子加上我们带队的青年教师、青年学者，就要分赴一百个村庄，走上社会调查的第一线。在这里，我首先要衷心祝贺大家得到了这样好的实践机会，并衷心希望大家在艰苦的实地调查中获得圆满成功！

这个大型项目的准备，应该说从去年12月5日就开始了。那天，到任不久的陈雨露校长，到我家看望了我。我们谈了很多问题，围绕的中心议题就是学生社会实践活动能力培养，不断传承和发扬人民大学理论联系实际、实事求是的优良传统。正是在谈话中，陈雨露校长明确提出了“千人百村”大型实地社会调查项目的设想，聘请我担任这一项目的总顾问，要我“先帮着总的考虑考虑”。我非常高兴地接受了新校长布置的任务。我很快找了我过去的学生、也是现在我们社会学理论与方法研究中心的副主任陆益龙教授，做我的总顾问助手，进行了课题的总体设计，还起草了“千人百村”社会调查问卷。我校团委以及有关部处，对总体设计进行了各个方面的完善。

我所以很高兴地接受校长布置的任务，是因为他的想法很对、很有远见，也是因为他的想法与我一直在社会学界、社会学系提倡的东西非常契合。我一直认为，研究社会学的学子、学者一定要有两个方面的基本素养，一方面是要有学科的前沿意识，掌握本学科最新的理论、方法、发展趋势等，另一方面又要有草根情怀，深入基层，对我国基层社会的实际运行情况有真实的了解。把这两方面结合起来，就是一种“顶天立

---

* 2012年6月29日在中国人民大学“千人百村”大学生大型实地社会调查实践活动出发仪式上的讲话。

地”的精神。这里“顶天”就是站在学科前沿，有前沿意识；“立地”就是深入基层，有草根情怀。对一个真正的社会学者、社会研究者来说，这两者是缺一不可的。缺乏前沿意识的草根情怀，往往是狭隘的；而缺乏草根情怀的前沿意识，则往往是无根的。正如陈雨露校长在谈话中指出的：人大的学生来自城市的占绝大多数，现在的学生中了解社会基础问题的比较少，怎么加强在校生包括青年教师的社会调研是一个重要的问题。“千人百村”大型实地社会调查项目，围绕社会发展、社会管理的重要方面，深入基层，进行实地社会调查，就是弥补这方面缺陷，培养草根情怀的有效途径，通过它，树立正确的立场、观点、方法，养成从实际出发、实事求是的习惯。

草根情怀，说说好说，真正实行并不容易。我希望大家下去之后，一定要与当地的群众打成一片，虚心向他们学习，端正自己的态度；一定要多观察，多思考，从社会现象中看到这些现象中包含的本质方面，学会用建设性的反思批判精神来看待现实，学会分析实际情况这门大学问；一定要学会克服困难，应对在学校没有碰到过的情况；我们同学之间，一定要相互团结，相互关心，相互学习，依靠集体，多向老师请教。我相信，人大的学生本来素质就不错，一定会在实地调查中发挥自己的主动性、创造性，度过难得的、充实的这一段时间，达到思想、实地调查、身体健康、安全多丰收！

有了草根情怀，再加上自觉培养自己的前沿意识，我们就会成为一个“顶天立地”的人大人。我真诚希望我们每一个调查者都成为一个“顶天立地”的人大人，将来成为顶天立地的社会栋梁！

谢谢各位！

郑杭生

中国人民大学一级教授

“千人百村”项目总顾问

2012年6月29日

开创农村社会学研究的新局面*

各位同仁：

下午好！

由华中农业大学文法学院钟涨宝教授和中国人民大学社会学理论与方法研究中心陆益龙教授主持、华中农业大学文法学院和中国人民大学社会学理论与方法研究中心联合主办的“2012 年农村社会学论坛”顺利召开，在此我表示热烈的祝贺！

中国社会学的一个重要传统和特色就是对农村社会及其发展的关注和研究。早在社会学传入中国并在中国传播和发展的历程中，众多社会学前辈们，如吴文藻、李景汉、言心哲、杨开道、陈翰生、费孝通、林耀华、李安宅、晏阳初、梁漱溟、陶行知等，都曾从不同角度探寻着中国农村建设和发展之路。

如今，中国正经历着快速社会转型，中国农村正发生着深刻而巨大的社会变迁，与此同时，“三农”问题依然是发展中的重大问题。可以说，近几十年，将是中国发展的重要战略机遇期，因而也是中国农村社会学研究与发展的黄金时期。中国农村发展的特色经验，亟待农村社会学者去调查了解，去进行理论总结。

前几年，我提出中国社会学要有“理论自觉”，现在这一理念不仅得到了学界的广泛认同，而且也形成了广泛的社会共识。对于中国农村社会学研究者来说，我认为更需要加强理论自觉意识。在这里，自觉包含三层意义：一是研究中国农村，要从本土和本国经验出发，也就是我曾说过的“立地”，即农村社会学研究要有草根精神；二是中国农村社会学研究要在总结中国农村基层经验的基础上创建自己的理论、自己的学派，要在国际社会学界提升自己的话语权，这就是我提倡的“顶天”，即站在

* 2012 年 7 月 14 日在中国社会学 2012 年学术年会“2012 年农村社会学论坛”上的致辞。

国际社会学的理论前沿，与别人进行平等的理论对话；三是中国农村社会学者要自信和自强。关于中国农村研究，中国学者的声音是不可替代的，中国学者的理解也是最深刻、最可信的。但学界也存在这样一种不容忽视的现象，就是迷信西方社会学理论。有不少学人把西方学者用来解释中国农村的空洞框架视为“理论法宝”，而对本土学者的研究视而不见。这一现象在一定程度上反映了我们的社会学者还不够自信、还缺乏自强意识。我相信通过像我们今天这样的论坛，将会促进中国农村社会学者之间的广泛交流，增强理论自觉意识。

进入新世纪，随着新农村建设战略的推进，中国农村发展将进入一个崭新阶段。这对农村社会学来说，是一个重要发展机遇期。所以，广大农村社会学者需要抓住这个机遇，共同努力，开创中国农村社会学研究的新局面。

前不久，我们中国人民大学正式启动了“千人百村”大学生农村社会调查实践活动。我们设计此项活动，一方面是为了让大学生深入基层、了解基层并在基层得到锻炼，另一方面就是要加强对农村基层社会的科学研究。

伴随着现代化和快速城镇化，未来几年或几十年内，将可能有大量农村走向终结或发生巨大变迁。所以，农村社会学研究需要抓住这个关键时期，记录和保留下一些农村地区的快速转型的过程，这些研究不仅具有重要的理论意义，而且将会有重要的历史价值。中国农村社会学者如果能抓住这一重要发展机遇，深入农村基层、运用系统科学方法，就能在农村社会学研究领域大有作为，就能为提升中国社会学的话语权作出贡献。

最后，预祝本次农村社会学论坛取得圆满成功！

谢谢！

加强社会企业研究，推进公益事业发展*

——在“社会企业与农村扶贫开发”论坛上的致辞

各位同仁：

上午好！

华中师范大学举办的中国社会学会2012年学术年会“社会企业与农村扶贫开发”论坛今天顺利召开，我首先代表中国社会学会致以热烈祝贺！就我所知，这是中国社会学学术年会第一次开设有关社会企业的专门论坛。下面，我简要地谈四点意见：第一，社会企业在我国的发展前景非常广阔。第二，社会学界能够为社会企业的研究和发展做出突出贡献。第三，我国的社会企业研究要加强理论自觉。第四，社会企业本土化经验的提炼意义重大。

一、社会企业在我国的发展前景非常广阔

社会企业强调以企业的经营管理方式促进公益事业的发展，希望将企业的高效率和非营利组织的公益目标相结合，涉及的是当代社会的一个难题。

在西方社会，社会企业研究的兴起与“福利国家”面临的挑战和危机密切相关。在我国，社会企业的研究和实践近几年来得到特别重视。这既是回应市场经济快速发展过程中各种社会问题的迫切需要，也是探索中国特色社会管理和经济发展道路的必然结果。

中国是一个社会主义国家，市场经济的发展归根结底要服务于社会公益，服务于全体人民的需要。社会企业在这方面大有作为！

---

* 2012年7月15日在中国社会学2012年学术年会“社会企业与农村扶贫开发”论坛上的致辞。

二、社会学界能够为社会企业的研究和发展做出突出贡献

社会学是研究社会良性运行和协调发展的条件与机制的一门科学，具有深厚的理论传统、独特的学科视角和系统的研究方法。社会企业作为一种新型组织形态，将资源高效配置问题纳入社会良性运行和协调发展的框架中加以审视，力图使经济规律服务于社会发展需要，使经济子系统融入到整个社会系统的运行之中，本质上属于社会学研究的范畴。社会学界有能力、也有责任以本学科关于中国社会的大量研究成果为依托，对我国社会企业发展的社会基础、具体模式、发展条件和支持政策等展开深入研究，促进社会企业的快速、健康发展。

三、我国的社会企业研究要加强理论自觉

前几年，我提出中国社会学要有“理论自觉”，现在这一理念不仅得到学界的广泛认同，而且也形成了广泛的社会共识。对于从事社会企业研究的社会学者来说，加强理论自觉主要包括三层意义：一是研究社会企业，要从本土和本国经验出发。社会企业起源于西方社会由福利国家向新自由主义的转型。根据西方社会转型现实，西方学者对社会企业做了较为深入和系统的研究。中国的社会现实与西方社会是不完全相同的。社会企业在中国的兴起，既有全球化推动的外部因素，也有国内社会发展实践的内在要求。相关研究要立足于中国的现实，立足于中国社会发展、社会建设以及扶贫开发的内在需要，即要做到“立地”。二是社会企业研究要在总结中国社会企业实践经验的基础上创建自己的理论、自己的学派，要在国际社会企业研究中提升自己的话语权，这就是我提倡的“顶天”，即站在国际社会企业研究的理论前沿，与别人进行平等的理论对话。三是在社会企业研究中需要自信和自强。社会企业最先兴起于西方，西方学界对于社会企业作了较为丰富而深入的探索和研究。这容易使学界存在这样一种不容忽视的现象，这就是迷信西方社会企业相关理论。有些学者把西方学者用来解释西方社会企业的理论框架视为“理论法宝”，而对本土学者的研究视而不见。这一现象在一定程度上反映了我们的学者还不够自信、还缺乏自强意识。我相信通过像我们今天这样的论坛，将会促进中国社会企业学者、实践者之间的广泛交流和对话，增强理论自觉意识。

四、社会企业本土化经验的提炼意义重大

2011年，中共中央、国务院颁布实施《中国农村扶贫开发纲要（2011—2020）》，明确提出到2020年，要稳定实现扶贫对象不愁吃、不愁穿，保障其义务教育、基本医疗和住房；要实现贫困地区农民人均纯收入增长幅度高于全国平均水平、基本公共服务主要领域指标接近全国平均水平；要扭转发展差距扩大趋势。实现这个目标，除了政府要加大政策和资金扶持力度外，还需要各种社会力量的广泛参与。社会企业以其独特的优势，必将成为推动我国农村扶贫开发事业的重要力量。社会企业本土化经验的总结和提炼，不仅具有重要的理论意义，而且具有重要的现实意义。学术界如果能够抓住这一重要机遇，运用社会学理论与方法，对社会企业展开系统而深入的研究，一定能够增强社会学服务于中国社会发展实践的能力。

我就讲这些，最后预祝“社会企业与农村扶贫开发”论坛取得圆满成功！

谢谢大家！

方向、品德、学问、健康*

——给全校 2013 级新生的讲话

各位新同学：

大家好！

我是中国人民大学 1956 级的学生，比大家早 57 年进入这所中国共产党亲手创建的著名大学。1961 年我完成哲学系五年制本科学习后毕业留校工作，中间除了去五七干校劳动锻炼三年（1969—1972）、去英国大学留学两年（1981—1983），一直在人大当老师。我把这戏称为："我一辈子嫁给了人民大学！"

今天我很高兴受学校领导委托，代表人民大学的教师，向大家表示祝贺，祝贺大家进入这所有鲜明特点、在中国社会起着十分重要作用的名校！人大的办学宗旨、培养目标都很明确。办学宗旨是"立学为民、治学报国"，人才培养目标是"国民表率、社会栋梁"。办学宗旨和培养目标跟我们每个同学都有密切的关系，最主要的就是告诉我们每位同学，作为人大学生、作为人大人，应该如何从根本上定位自己。学校是"立学为民、治学报国"，我们每个人大学生应该是"求学为民，治学报国"；我们对社会主义祖国、对我们社会应起的作用是做"国民表率、社会栋梁"。这些应该是我们的根本定位、我们的基本立场。如果我们每个学生都这样了，我们每个人不仅成了才，同时也为人民大学增了光。

为了更好实现上述办学宗旨、培养目标，今天我愿意借这个难得的机会，根据自己在人大将近六十年的经历，赠送大家四句话——"方向正确、品德高尚、学问扎实、身体健康"，供大家在成才的道路上参考。

---

* 2013 年 9 月 11 日下午在中国人民大学 2013—2014 学年开学典礼上，作为教师代表发表致辞。

什么是“方向正确”？这主要是指政治方向、学术方向正确。在政治方向、学术方向中，根据我的体会，有两点特别重要：第一要把祖国的国家利益放在第一位，第二要关注社会弱势群体。

国家利益的问题，之所以重要，是因为我感到在这点上出了问题，一个人本事再大，也干不成什么事情了。这方面教训很多。有的人很聪明，但是在这个根本问题上，走了邪路，弄得有国难归，有家难回。

社会弱势群体的问题，关系到社会能否良性运行、协调发展，关系到社会的公平正义能否真正落实。我们学人文社会科学的，既要有严格的科学精神，又要有深厚的人文关怀，要把关心和改善弱势群体的处境，作为自己的社会责任。

什么是“品德高尚”？这主要体现在人与人的关系上。在学校，最主要是如何对父母、家人，对师长、同学、后学，要培养自己的爱心、善心、感恩之心，尊老爱幼，关心别人。要有合作精神、团队精神，要学会忍让。关键是不能以自我为中心，只管自己的利益，只想占便宜，久而久之会弄得人见人厌。最近，我提倡善的四种境界：向善之心，从善之意，行善之举，至善之境。

什么是“学问扎实”？影响做学问的因素很多。首先，最主要的是要有正确的学术道路或路径或方法，这就是“立足现实，提炼现实；开发传统，超越传统；借鉴西方，跳出西方；创新话语，创造特色”。这是我们社会科学前辈踏出来的轨迹和道路。用它们来总结中国理念，概括中国道路；用它们来研究社会科学的理论或某些问题。这还涉及“理论自觉”的问题；西方的、国外的东西一定要借鉴，但不要在西方理论的笼子里跳舞，从而养成一种边陲思维的习惯。有边陲思维，就决定一个人在学问上不会有大出息。再次，要尽可能掌握一手材料。这就要进行调查研究，就要接地气，要有草根精神。我们把前沿意识和草根精神结合起来，叫做“顶天立地”的境界。再次，要勤于看书。中西优秀的书一定要多看。最后，要有好的学术视角。

什么是“身体健康”？健康的重要性大家都知道，前面三方面都很好，但是健康不佳，各方面都会受到影响。健康的重要性一般人知道是知道，但是要记住，贵在坚持。

谢谢各位！

天时地利人和*

——在华中师范大学社会学院建系20周年建院5周年庆祝大会上的致辞

尊敬的马敏书记，黄永林副校长，
各位来宾，各位系友，各位院友，
各位老师，
亲爱的同学们：

你们好！

我很高兴参加今天的华中师范大学社会学院建系20周年建院5周年庆祝大会。对这个题目，我想补充的一点是，似乎还应该加上一个“庆祝华中师大社会学系获得博士点10周年”。获得博士点，对华中师大社会学科的发展是一个很关键的节点。在华师博士点获得的过程中，当时的学校领导包括谷士文校长、李以章副校长、马敏副校长、蔡旭副校长、逄广洲副校长，还有好多领导，很有远见，动员了全校力量加以支持，当时也得到了整个社会学界，包括在座的不少嘉宾的大力支持。大家都记得，在2002年5月26日—27日华师举行了一个重要的学术研讨会议，即“当代中国社会分化与政策选择”。当时我作为华师大特聘教授、社会学系名誉系主任，有幸主持了这个学术研讨会的开幕式。当时的夏玉珍书记、江立华系主任，还有校办宋淑慧、刘宝卿做了很多工作。这个研讨会，邀请了全国社会学界的主要人物参加。根据我的日记，在开幕式上，首先是谷校长致欢迎辞。接着，李守信、李以章、陆学艺、刘中荣、郝立新、刘世定、李路路、江立华致辞。应该说，这个会议的学术水平是很高的，大家可以查一查当年的论文集。有了这个全国性的学术会议，

---

* 2013年9月30日在华中师范大学社会学院建系20周年建院5周年庆祝大会上的致辞。

全国社会学界了解了华中师范大学社会学科的情况，才有可能在第二年的评审中，华中师大社会学得到了博士点，获得招收博士生的权利。所以，我要在这里，感谢全国社会学界的大力支持，感谢校领导的远见卓识。

这里我还要澄清的一点是，华中师大社会学系招收博士生是从2002年开始的，不是像这次发的纪念册中所说的是2006年才开始的。根据我的日记，2002年4月15日上午，有三个当年考我博士生的考生徐晓军、蔡志海、陈秀峰面试，我临时出了三个题，看看他们的应对能力。试题一：谈谈你对弱势群体的看法，着重谈谈为什么要关注社会弱势群体。试题二：谈谈你对社会阶层的看法，着重谈谈社会学从什么视角来看待阶层问题。试题三：谈谈你对个人与社会关系的看法，着重谈谈社会快速转型期此种关系发生的主要变化。蔡志海抽中第一题，得了85分；陈秀峰抽中第三题，得了80分；徐晓军抽中第二题，得了90分。当时的问题是，只有一个名额，必须排出队来。这个问题是我通过有关渠道争取到三个博士生的名额。我想这一点，华中师大校领导是知道的。

当时华中师大社会学系还没有博士点，怎么可能招博士生呢？在学校的支持下，我们采取了“借鸡下蛋”的办法。这里我要感谢徐勇教授的大力支持。据我的日记，2002年9月28日晚，华中师大社会学系与华中师大科社所的所长徐勇、肖书记、陈副所长和李会滨老师进行了沟通。社会学系参加的有我、江立华、夏玉珍和万仁德。沟通的气氛很好。徐、李等一再表示我们招博士生是对华中师大的支持。徐勇说了博士生以一级学科管理，我讲了我们的课程设置等，此外我重点表达了五个意思：第一，表示感谢他们的大力支持，这是他们作为华中师大的强势学科支持校内的弱势学科。第二，社会学系“借鸡下蛋”，目标是为社会学系培养人才，这在校领导和社科所以及我都是有共识的，心照不宣的，所以关系挂靠在他们那里，博士生的学籍、政治思想主要由他们来管，学术业务方面由社会学系来管，我到华中师大是带社会学的，而不是带政治学的。第三，入学考试，考试科目和由谁出题要作某些改变：不考由他们出题的政治学，而是考由我们出题的政治社会学。这样学生愿意来考，我作为导师也名正言顺。第四，作为回报，我们不占或尽量少占他们的资源；明年的博士生名额，我们自己再争取；他们要办本科专业，我们可以帮忙。第五，今后要精诚合作，相互支持。

所以，在华中师大社会学纪念册中，第一届招生应该是2002年。第一届博士生应该是徐晓军、蔡志海、陈秀峰三人。第二届才是张兆曙。

把陈秀峰放在2007届肯定是不符合事实的。看来历史是容易被忘记的，但是，历史是不能忘记的！

在今天这个庆祝会上，我还想讲一讲，如何办好一个学院。我认为最主要的是要天时地利人和。

现在天时很好。社会转型的现实、社会风险的现实、集体意识构成的“社会事实”的现实，中国经验三个层次的丰富多彩的探索，为我们提供了前所未有的历史性巨大舞台和现实性宝贵资源，为我们创造自己的理论、自己的学术话语，为世界社会学增添我们中国社会学者自己的创造，提供了宝贵的条件，也为我们办好社会学院提供了有利条件，就看你会不会利用，是不是视而不见，丧失宝贵的时机。

现在地利也很好。武汉地区是中国社会学集中之地之一。武大、华科、华师、华农、中南民大等都有社会学专业，这为合作、交流，办出自己的特色提供了难得的机会。就看自己的领导者推行什么样的方针，是以邻为壑、光想占别人的便宜，还是真诚合作、优势互补，对于地利也有一个会不会使用，善不善使用的问题。

最关键的还是人和问题。事实证明，内部的人和出问题，一个院、一个系是办不好的。我们看到，一个系由于内斗，可以面临崩溃，一个好好的系、一个好好的院可以一蹶不振。这里关键是院里的领导。处事是否公平，资源分配是否合理，进人是否遵循民主程序，教师合理的意见是否真正采纳，是否让矛盾积累，由小到大，还是及时化解，进行协调。一个系、一个院，有一个好的领导集体，是一个系、一个院的福气，大家都受益，否则，就有可能受损。公平有两个维度，一个是制度安排的公平，一个是百姓认可的公平。如果这两方面的公平出问题，就必然会在人和问题上显现出来。

华中师大社会学科在20年办系过程中、10年办博士点的过程中、5年办社会学院的过程中，大家做出了努力，取得了一定的成绩，但是我们也必须考虑我们在天时地利人和方面存在的问题，以便更上一层楼，为中国社会学的发展做出更大的贡献。这是我对华中师大社会学院的期待。

谢谢各位！

中国社会学关键性的重镇之一*

——祝贺南京大学社会学系重建25周年社会学院建院5周年

五年前，即2008年10月24日南京大学社会学系重建20周年庆典暨“中国社会与中国研究”、“社会质量与社会建设”两个国际学术研讨会召开，我有幸应邀参加了开幕式，发表了题为《中国社会学的重镇之一——祝贺南京大学社会学系成立20周年华诞》致辞，这个致辞已经收在《中国特色社会学理论的深化——“实践结构论”的提出与“理论自觉”的轨迹》的下册中。五年后的今天，我也有幸受邀参加“南京大学社会学院建院五周年庆典暨中国女社会学家论坛”。这要感谢周晓虹院长。

今天，既是南京大学社会学系成立25周年，又是社会学院建院五周年，可谓双喜临门，应该说是大好的日子、大喜的日子。这五年，是南京大学社会学学科大发展的时期。经过这五年，我个人感觉，说南京大学社会学院是中国社会学的重镇之一已经不够了，应该说它是中国社会学关键性的重镇之一。现在，南大社会学院无论在硬件还是软件建设方面，在国内国际上的影响，都让人羡慕。南京大学社会学院呈现在人们面前的是一片欣欣向荣、努力向上的气氛和景象。它通过自己的社会学研究、教学、人才培养、各类学术活动、对外交流，通过自己的各种出版物、各种成果，通过自己的网站，通过自己不少学术带头人的辛勤的劳动和出色的展示，表明自己无愧于“中国社会学关键性的重镇之一”的称号，也表明它为中国社会学的健康发展作出了自己重要的贡献。对此我要对南京大学社会学院，对社会学院的领导和各位师生，表示最衷心的祝贺！

---

* 2013年10月26日在南京大学社会学系重建25周年社会学院建院5周年庆祝大会上的致辞。

一个学院的发展主要看它的内涵。我在今年7月中国社会学会2013年贵阳学术年会的开幕式上发表了题为《再评判、再认识、再提炼——中国社会学在“理论自觉”阶段的基本功》的致辞。这里三个“再”代表中国社会学必须面对的三种基本关系：中西关系，今古关系，理实关系——理论与现实、理论与实践的关系，也是我们的每个社会学院系的教学和科研必然涉及、不能回避的问题。正确处理这三种关系，说说容易，实际做到难度不小，而且这是一个没有止境的过程。在这些方面，社会学界还有许多工作要做，还有不少“边陲思维”需要逐步消除。南京大学社会学系、社会学院，从其悠久的社会学和心理学学脉来看，是这三种关系交汇的地方，处理好这三种必须面对的关系，尤其重要。南京大学社会学院在这些方面做了很多努力。例如对孙本文前辈的学术资源及其对中国社会学的贡献的重视和开发，孙本文论坛的建立等。又如，它们对中国社会与中国社会学研究的重视，有专门的出版物和定期不定期的国内国际学术会议等作为支撑。再如，经过25年的发展，它们在社会学理论和方法、应用社会学、社会心理学、人类学、人口学、社会工作与社会福利、社会管理与社会政策等七大领域形成了自己的优势和特色。所有这些，都体现了它们在理论自觉方面，在正确处理中西关系、今古关系、理实关系三大关系方面的不懈努力，取得了丰硕的成果。一个社会学系、院，如果没有自己的特色和优势，没有自己的创造，只会重复外国社会学家的东西，那在世界学术之林中是站不住脚的，也是得不到国际社会学界尊重的。

我还想说一点，历史是容易被忘记的，但是历史是不能忘记的。这对一个国家来说是这样，对一个院系来说也是这样。为什么大家都重视系庆、院庆，这就是要用院系发展的历史，来表明自己成长的轨迹，来表明自己的特质，来凝聚自己的人心，历史是最好的教师。我们后人都是沿着前人的轨迹前进，又留下自己贡献的过程。这就是传承和创新的逻辑。南京大学社会学系社会学院的简介表明，它们的前人留下了什么，它们的发展和创造是什么。这个轨迹对我们每个人都会有启示，我们都不应该忘记。

南京大学社会学系，作为中国社会学关键性的重镇之一，在过去的25年中，特别是过去的5年中，取得了丰硕的成果，为中国社会学做出了重要贡献，我们能够期待，今后南京大学社会学院，将会在原有的基础上，发挥既有的优势，取得更大的成绩，作出更大的贡献！预祝首届“中国女社会学家论坛”成功！取得丰硕成果！

谢谢！

迎接亚洲的时代*

——在第四届东亚环境社会学国际学术研讨会开幕式上的致辞

尊敬的各位来宾、各位同仁：

早上好！

非常荣幸受邀参加第四届东亚环境社会学国际学术研讨会。刚才各位领导都发表了很精彩的致辞。在此，我谨代表会议主办方之一中国人民大学，也代表中国社会学会及其下属的环境社会学专业委员会，向第四届东亚环境社会学国际学术研讨会的顺利召开，表示诚挚的祝贺，并预祝接下来3天的会议研讨和交流取得丰硕的成果！

据我所知，2007年中国人民大学主办的中国环境社会学国际学术研讨会，是促成这个系列会议的重要契机，当时有很多来自日本、韩国和中国台湾地区的环境社会学者参加了会议，表达了进一步开展彼此之间学术交流的愿望。在日本环境社会学界和法政大学同仁的积极推动下，2008年在日本举办了首届东亚环境社会学国际学术研讨会，之后在中国台湾地区、韩国又举办了两届。本届会议在中国举办，是中国环境社会学加速发展的新机遇，也是中外学者对话交流的大好机会。

新世纪以来，中国环境社会学取得了长足进展，环境社会学的学术共同体日益成熟，研究队伍不断壮大，研究水平不断提高，人才培养取得良好成绩，国际交流也日趋活跃。目前，环境社会学专业委员会已经是中国社会学会下属的重要二级学会，凝聚了近百名会员。该委员会推动实施了国内学术交流的制度化，已经召开三届学术研讨会，明年第四

---

* 2013年11月2日在南京河海大学举行的第四届东亚环境社会学国际学术研讨会开幕式上的致辞。

届将在中国海洋大学召开。委员会组织编辑了“中国环境社会学”年刊，目前已经出版2册，今后将与中国环境社会学学术研讨会同步，定期编辑出版。委员会还在中国人民大学社会学理论与方法研究中心的支持下，建设了“中国环境社会学网”，现已正式投入运行。委员会也积极参与中国人民大学主持的“中国综合社会调查项目”，积累了多个年份的全国抽样的调查数据。目前，中国环境社会学已经出现了一些重要的学术研究平台，例如中国人民大学社会学系、河海大学社会学系、中央民族大学社会学系、中国海洋大学社会学系、南京大学社会学系、中南大学社会学系、厦门大学社会学系，等等。这些机构围绕环境社会学理论与方法、公众环境意识和行为、水污染与健康、草原生态保护、海洋开发与保护等重要主题，已经发表了一些具有重要影响的学术成果，为推动中国环境社会学的健康发展打下了很好的基础。

中国环境社会学的快速发展有着良好的学术环境和社会环境。中国社会学界对于社会学的理解和定义并不排斥对于环境因素的关注和研究。我曾经把社会学定义为“研究现代社会良性运行和协调发展的条件与机制的综合性具体社会科学”，其中，地理环境和资源因素是社会运行的重要条件。事实上，我的学生洪大用教授开展环境社会学研究也是受此启发，是对我的社会运行理论的丰富和发展。现在，环境因素已经是中国社会学界关注的重要议题之一，中国社会学会已经举办过以生态文明建设为主题的全国性学术年会。学会的各位领导都对环境社会学的学科建设、组织建设给予了大力支持并抱有殷切期待。另一方面，中国高速发展的现实，也使得生态环境问题日益凸显，引起了中国政府的高度重视。从全球范围看，中国政府推动环境保护与世界环境保护进程几乎是一致的。但是，由于中国是一个发展中国家，经济基础很薄弱，环境保护长期投入不足，欠账较多，以至环境质量持续衰退。进入新世纪以来，中国政府更深刻地认识到了生态环境问题的严峻性，已经大幅度增加了投入，加强了环境保护工作，提出了“环境友好型、资源节约型”社会的建设目标，并在中共十七大报告中上升到了推进整体性的生态文明建设的高度。去年召开的中共十八大进一步指出要把生态文明建设放在突出地位，融入经济建设、政治建设、文化建设、社会建设各方面和全过程，努力建设美丽中国，实现中华民族永续发展。中国政府发展战略的转变和工作重点的调整，无疑给环境社会学研究开辟了广阔的空间，增添了巨大的动力。可以说，中国环境社会学的发展正面临着前所未有的大好机遇。

在此，我衷心期望中国环境社会学者这支年轻队伍，抢抓机遇、抓好机遇，把握好时代脉搏和主要矛盾，刻苦努力，认真研究，加强交流，在回应并参与解决重大现实问题的过程中磨炼自己、提升自己，成就自己的事业，同时也促进中国环境社会学的快速发展，并为中国社会学乃至世界社会学事业作出重要贡献。我也衷心期望与会的各位国际朋友，积极关心支持中国环境社会学，积极参与研究和解决中国环境问题。类似这个会议的定期学术会议制度就是一个很好的交流沟通平台。在条件许可的情况下，各方还可以探讨加强人员互访、学生互派以及开展合作研究，不断丰富充实国际交流合作的形式与内容。

各位同仁，当今世界正处在大发展、大转变的过程中。种种迹象表明，亚洲的和平崛起已经是不可阻挡的世界潮流，21 世纪应该是亚洲的世纪，是亚洲更加积极地参与全球发展、为世界作出新的贡献的世纪。在社会经济快速发展的基础上，亚洲的文化学术也应有更大的发展，应该在国际文化学术界占有更重要的位置，具有更大的和更为积极的影响力。我相信，由于文化上的亲和性，由于地域的共同利益，由于曾经具有的相似的发展境遇和发展经历，亚洲的文化学术交流发出共同的声音是可能的，而加强我们内部的沟通和交流则是加快我们彼此之间达成共识的必经之路。我期望亚洲内部的文化学术交流更加活跃，更加具有实质性内容。当然，我们也欢迎关心亚洲、关心东亚的其他人士积极加入我们的交流，我们亚洲国家、地区之间的交流是开放的、面向全球的。

最后，我再次预祝本届会议取得圆满成功，祝各位国际同仁中国之行顺利，祝大家身心健康、工作愉快！

Embracing the Era of Asia*

——The Opening Speech of the 4th East Asia Environmental Sociology International Conference

Dear Delegates, Colleagues and Friends,

Good morning!

I am honored to be invited to the 4th East Asia Environmental Sociol-

* The opening speech of the 4th East Asia Environmental Sociology International Conference, in Nanjing, Hehai University, on November 2, 2013.

ogy International Conference. Our leaders have delivered impressive speeches just now. On behalf of Renmin University, one of the hosts, then the Chinese Sociology Association and its Environmental Sociology Committee, I am delighted to express sincere congratulations to the opening of the Conference and hope to advance the studies of environmental sociology during the next three days.

As I know, the International Conference on Chinese Environmental Sociology, organized by Renmin University in 2007, was an important juncture in the initiation of this series of conferences. At that time, a lot of environmental sociologists from Japan, Korea and China Taiwan joined the conference and expressed their hope of further academic exchange. With the kind help of Japanese academia of environmental sociology and colleagues from Hosei University, the first East Asia Environmental Sociology International Conference was organized in Japan in 2008. The next two conferences were held in China Taiwan and Korea. Organizing the forth one in China is a new opportunity for Chinese environmental sociology to boost its development and for scholars from China and foreign countries to start dialogues.

In the new era, Chinese environmental sociology has undergone rapid development with a more mature academic community, a stronger research team, better education, a higher quality of research and more frequent international interactions. At the moment, the Environmental Sociology Committee is an important sub-association under the Chinese Sociology Association, and has gathered around a hundred members. Our Committee has institutionalized academic exchange in China. It has already organized three academic conferences, and the fourth one will be organized in China Ocean University next year. The Committee has its own journal, called "China Environmental Sociology" and has published two volumes so far. This journal will be edited and published regularly in the future, accompanying the conferences. With the support of the Sociology Theory and Methodology Research Center of Renmin University, the Committee has set up the "Network of China Environmental Sociology", which has been already put into service now. The Committee has also actively participated in the "Chinese General Social Survey Project", held by Renmin University and collected years of national sampling data. Currently, several important academic platforms appear in China's environmental sociology, including the Sociology Department of Renmin University, Hehai University, Minzu University, Ocean University, Nanjing University, Central South University and Xiamen University, and so on. These institutes address the theories and methodologies of environmental sociology; public environmental awareness and behavior; pollution and health; protection of grassland ecology; and development and protection of ocean. They have published a number of influential academic works, setting a strong foundation for the development of Chinese environmental sociology.

There is an excellent academic and social environment for the rapid development of Chinese environmental sociology. From the perspective of Chinese sociologists, sociology does not exclude attention and research into environmental factors. I have once defined sociology as "the integrated specific social science of researching mechanisms and conditions for benign operation and coordinative development of a modern society" in which geographical surroundings and resources are important conditions for the operation of a society. Actually, this idea has inspired my students, Professor Hong Dayong, to work on environmental sociology, which can be seen as an enrichment of my social operation theory. Currently, environmental factor has become one of the important topics in Chinese Sociology. The annual national academic conference organized by the Chinese Sociology Association has also chosen ecological civilization construction as the theme. The leaders from the Association have given great support and placed high hope in the academic and organizational establishment of Chinese environmental Sociology. On the other hand, the increasingly emerging environmental problems, resulting from the high-speed developmental reality, has drawn governmental attentions. From a global perspective, the environmental protection process promoted by the Chinese government is coincident with the global ones. Nonetheless, since China is still a developing country with a frail economic foundation, it lacks long-term investment in environmental protection and hence its environmental quality is degrading continuously. In the new century, the

Chinese government deeply realizes the seriousness of its ecological and environmental problem. In order to strengthen protection, in addition to increasing investment, it sets the goal of "Environment-friendly and resource-efficient model" in building society and emphasized the overall construction of ecological civilization in the report to the 17th National Congress of the Communist Party of China. At the 18th National Congress last year, the Chinese government further addressed the outstanding position of ecological civilization, by integrating it into the entire process of economic, political, cultural and social construction, for a beautiful China and the sustainability of the nation. The new focus and adjustments in national strategy has paved the way for environmental sociology. In other words, Chinese environmental sociology is facing a great new opportunity.

My heartfelt wish here is that Chinese environmental sociologists, this young team, could grasp this opportunity well, enrich their own careers by responding to and solving major realistic problems, at the same time contribute to the development of China's and world's environmental sociology through hard work, serious research and fruitful exchange. I also wish that all friends here at the conference could continue to support Chinese environmental sociology and continue to contribute to China's environmental solution. Regular conferences like this are excellent platforms for us to discuss further exchange programs and joint research projects to enrich international cooperation.

My colleagues and friends, the world is undergoing a great development and huge change. Every circumstance shows that the peaceful rise of Asia is an unstoppable global trend.

The 21st century is the century of Asia, in which Asia should actively participate and contribute to global development. Based on the rapid growth of economy, Asian academia should have faster development, should rank higher in international academia and should have greater influence. I believe, due to cultural affinity, mutual interest and similar background and history, academia in Asia could raise a collective voice and hence should intensify communication and exchange between us. I hope academic exchange within Asia would be more active and more concrete. Of course, we welcome friends who have an interest in Asia and East Asia to join us. The exchange within Asian countries and regions is open to the world.

Finally, I hope that this conference is a great success and that every friend here has a fruitful stay in China. I wish good health and happiness to everyone.

“新型城镇化与农村社会发展”学术研讨会开幕式致辞*

尊敬的各位来宾、各位同仁：

大家早上好！

非常高兴受邀参加由中国社会学会和华中农业大学联合主办的“新型城镇化与农村社会发展”学术研讨会。在此，我向研讨会的顺利召开表示诚挚的祝贺，并预祝会议研讨取得丰硕的成果！

这次会议的召开可以说是适逢其时、适得其地、切中命脉。

一是适逢我们党十八届三中全会胜利闭幕之时。这次全会发布的《中共中央关于全面深化改革若干重大问题的决定》，意味着我国将进入社会转型的关键时期。20 世纪 90 年代我曾说过“中国社会的社会转型加速期，将延续到 21 世纪的 10 年代至 30 年代”。如今这一时期伴随着新三中全会的决定而到来。未来 10 年到 20 年，将是中国社会能否成功转型的关键时期。从城乡关系的角度看，城镇化将是其中重要的一环，十八届三中全会《决定》中明确提出要“健全城乡发展一体化体制机制”，“坚持走中国特色新型城镇化道路”。因此未来的 10 年到 20 年将是城乡从对立走向融合，实现农村现代转型的关键时期。所以说，这次研讨会的召开，选了一个好时机。

二是适得华中农业大学这块风水宝地。如果说武汉地区是中国社会学研究的重镇之一，那么华中农业大学可以说是研究农村社会学的中心之一。我是非常关注华农社会学的发展的，近几年专程来此少说也不下十次，每次来都能看到新的进步和发展，去年欣闻华农社会学建成了湖北省人文社科重点基地“农村社会建设与管理研究中心”，这种单独由社

* 2013 年 12 月 1 日在中国社会学会与华中农业大学举办的“新型城镇化与农村社会发展”学术研讨会开幕式上的致辞。

会学学科建成的省级以上的基地，在全国社会学界也为数不多；今年又喜听华农社会学成功申报湖北省重点学科，可谓是成绩斐然、蒸蒸日上。对此，我们这些作为社会学界承前启后的一代社会学家，倍感高兴，在这里也向华中农业大学校领导对社会学学科发展的支持表示敬意！所以说，这次研讨会的召开，选了一个好地方。

三是切中时代发展的主旋律。结合中国社会发展的壮阔实践，大尺度地回溯中国城乡社会发生的沧桑巨变，我们可以清楚地看到中国社会独有的、相互交织的两条宏脉：一条是城乡关系发展的脉络，即中国社会经历了从“最初城乡一体合治”到“近现代城乡二元分立”再到“当代城乡一体化”的发展进程；另一条是城乡利益体系演变的脉络，即城乡利益体系中的“身份—权利—待遇”演变逻辑，展现了从“城乡同构体系”到“城乡差别体系”再到“同城差别体系”的转变。

这两条宏脉告诉我们，当前中国提倡的城镇化建设不是要重回过去的“以地为本”、“城乡分割”、“同城有别”的“无感增长”发展模式，而是要建立“以人为本”、“城乡统筹”、“城乡一体化”的“有感发展”新路径和新理念。这种城镇化的“新”主要是两个方面：第一，这是一种以人为本的城镇化而不是以土地为本的城镇化；第二，这是一种建设新型城乡关系、城乡双赢互利的城镇化，而不是城市这样那样剥夺农村的城镇化。

如果从更加广阔的视野来看的话，旧式城镇化和新型城镇化分别植根于旧式现代性和新型现代性的逻辑之中。在旧式城镇化阶段，虽然社会获得了快速的发展，但也存在诸多问题，如前面所说的城乡差别、同城差别、农村“空心化”、环境恶化等，它具有不可持续性；而新型城镇化则要求“以人为本”，改变传统的城乡结构关系，重构城乡的利益格局，构建包容、公平、共享的“身份—权利—待遇”体系，从而与新型现代性的发展理念相契合。因此，如何通过新型城镇化发展理念消解旧式城镇化发展弊端，统筹城乡一体化进程，重塑农村发展活力就摆在了时代发展的面前。这既是一个具有现实紧迫性的重大实践性问题，也是一个具有理论挑战性的重大学术性问题。从而，这次会议以“新型城镇化与农村社会发展”为研讨内容，是切中时代发展命脉的好主题。

各位同仁，当今世界正处在大发展、大转变的过程中，党的十八届三中全会也明确地界定当前中国社会处于改革攻坚期、改革深化期。伴随新型城镇化的提出和不断推进，中国农村的未来必将产生巨大的变迁。社会学的研究者要抓住这个机遇、利用好这次机会，在增强自身理论自觉意识的基础之上，运用系统科学的方法并扎根农村基层，定能在农村社会学的研究领域有所作为，为创造具有时代价值和深远意义的中国社会学理论增添活力。

最后，我再次预祝本次会议取得圆满成功！祝中国农村社会学的未来更加繁荣！

谢谢！

世界郑氏宗亲2013年荥阳祭祖大典暨河南省郑文化研究院揭牌仪式上的致辞*

尊敬的各位嘉宾、郑氏宗亲、朋友们：

大家好！

今天在河南省郑文化研究院挂牌之际，我很高兴有机会和来自海内外的郑氏宗亲在此欢聚，我代表研究院全体同仁向参加仪式的所有嘉宾、朋友们表示诚挚的感谢！

郑氏家族历经了近三千年的风雨变迁，涌现过无数的英雄豪杰，这是我们中华民族共有的宝贵遗产，更是我们郑氏要传承的优良传统。适逢当今盛世，我们更要很好地把这种精神文化继承和发扬光大。我们的国家正处于改革开放的大好时期，党和政府高度重视各个领域的文化建设，我坚信河南省郑文化研究院的成立，会让我们的郑文化研究步入良性运行的轨道。

研究院今后的工作会面临很多挑战和机会，我希望通过研究院对郑文化更深层次的研究与探讨，潜移默化地在精神上让郑氏后人以及更多的国人理解郑文化的真正内涵和特点，让郑文化在社会发展中更好发挥正能量的作用！今后研究院的工作肯定会有很多和大家沟通的机会，愿我们通过郑文化研究，发扬先祖优秀业绩所包含的科学精神和人文关怀，进一步加强在科学文化、技术和经贸事业等领域的交流，为更好推动中华文化的发展，为中华民族的复兴和繁荣强大，作出我们的积极贡献。

谢谢大家！

---

* 2013年12月3日在荥阳举行的世界郑氏宗亲2013年荥阳祭祖大典暨河南省郑文化研究院揭牌仪式上的致辞。

用中国学术话语阐释小康社会目标*

——在"全面建设小康社会系列丛书"新书发布会上的讲话

"全面建设小康社会系列丛书"是由我和崔耀中副部长共同担任主编的国内第一套系统梳理小康社会建设的研究性丛书。该套丛书涉及全面建设小康社会若干重要问题，是对党的十八大精神中有关全面建设小康社会的进一步解读和深入探讨。这套丛书，对政治、经济、文化、社会四个维度十个方面的重要问题，用我们中国学术话语进行了深入浅出的解读，表达了中国人对小康社会的理解和实现中国梦的家国情怀。在这个意义上，我们可以说，这是一套接地气的系列丛书，既接现实中国的地气，又接历史中国的地气，还接中国立场观点的地气，更接中国学术话语的地气。

今天在这个隆重的发布会上，我想从学术的角度强调几点。

第一是它的时代意义。

全面建设小康社会是党的十六大提出的重大战略任务，党的十七大又提出了更加明确具体的要求，进一步深化了对全面建设小康社会的认识，党的十八大强调要根据我国经济社会发展实际，在十六大、十七大确立的全面建设小康社会目标的基础上努力实现新的要求。

当前我国正处于社会急剧转型时期，政治、经济、社会、文化各系统都面临巨大的机遇和挑战。全面建设小康社会是我国在新世纪新阶段的中心任务，是党的百年战略目标，具有重要的时代意义。对这一项重大的时代课题，进行多学科的学术研究，做出系统梳理、反思和解读，

---

* 2014年4月9日在"深入学习宣传贯彻党的十八大精神主题出版重点出版物　全面建设小康社会系列丛书"新书发布会上的发言。

同样具有重要的时代意义。它是应对新时期提出的新任务和新挑战，应对社会急剧转型提出的多重时代问题和风险的必然要求；是发扬知识界尤其是人文社会科学界高度关注中国实践、中国经验及中国道路的自觉行为；将为人民福祉与社会发展提供知识解读，为建设中国特色社会主义提供知识源泉，为中华民族伟大复兴提供智力支持。

第二是它的理论价值。

该套丛书的出版体现了高度的理论自觉与理论自信。

多年来，我一直倡导学术研究一定要遵循“立足现实，提炼现实；开发传统，超越传统；借鉴国外，跳出国外；创新话语，创造特色”的学术道路，要有“前沿意识与草根情怀”相结合的“顶天立地”的治学境界。全面建设小康社会系列丛书关注鲜活的中国模式、中国经验、中国道路、中国精神。中国社会转型，为我们提供了前所未有的巨大历史性舞台和现实性资源。全面建设小康社会的实践，在中国这样一个有着五千年不间断的历史、十三亿人口、九百六十万平方公里国土的巨型社会主义大国展开，不能不显示出自己鲜明的特色和特点，显示出它在全球的独一无二性，显示出一种与众不同的“中国模式”、“中国经验”。对此进行研究，才能真正创新我们的学术话语、体现我们的学术特色，真正弘扬中国精神，跳出对西方文化的依附，摆脱在世界学术格局中的边陲地位，从而体现出一种高度的理论自觉和理论自信，体现出一种高贵的理论品质和理论素养，同时也反过来推动我国经济社会全面发展，为建设中国特色社会主义贡献力量。

第三是它的现实特色。

党的十八大报告提出，要确保到 2020 年实现全面建成小康社会的宏伟目标。这对知识界提出了一项紧迫而重大的任务，如何实现这一宏伟目标，如何在经济社会发展的各方面推动实现这一目标，具体的制度建设、政策建议、现实道路就显得尤为重要。全面建设小康社会系列丛书不但对全面建设小康社会进行概念解读和学理阐述，更在现实层面上提出诸多可行性建议与政策建议，在科学发展、民主决策、教育公平、幸福社会、和谐公正、包容共享、法治中国、公平正义、和平发展、文化复兴十个重大维度提出了合理化建议与现实通路，为中央决策提供智力支持，为全面实现小康社会提供智力支持和政策建议，这是这套丛书的现实特色。本套丛书的作者，都是活跃在各个学科前沿，既有很高的理论水平，又熟悉各个层次实践探索的学者，他们有实力做到接现实中国的地气、接历史中国的地气、接中国立场观点的地气、接中国学术话语的地气，因此他们的探索研究是有底气的。

我相信，这样一套接中国地气的丛书，一定会在中国社会发挥自己的正能量，对增促中国社会的进步，减缩中国社会发展的代价，推动中国社会的良性运行和协调发展，发挥自己一点绵薄的作用！

谢谢各位！

“学术之都”的三个基本维度*

建设“学术之都”我认为首先是理念问题，理念决定思路，思路决定出路。

我在这里特别想介绍一本书——《中国大时局 2014》，作者是高连奎，它纠正了我的很多观念。比如在康熙之时，中国在学术上有过一段非常辉煌的时期。那段时期，有一个东学西渐的过程，其中最突出的事情就是西方文艺复兴的基本观念是由中国传过去的。

西方曾历经一千五百年的宗教黑暗统治，这一千五百年有一个全知全能的上帝，但是中国孔夫子说“敬鬼神而远之”。我们的神也是自然神，没有真正全知全能的神，比如有土地就有一个土地庙，有城市就有一个城隍庙，下雨有雨神，打雷有雷公，甚至家里还有一个灶王爷等等。这个观念传入到西方给启蒙思想家极大启发，原来世界上可以没有全知全能的上帝。那时，相对先进的观念，加上中华大地繁荣的经济，发达的生产力，形成那时候西方言必称中国。

那时候中国是真正的“学术之都”，在理念上、思想上，解决了西方一个重大问题。所以我觉得关于“学术之都”的历史回顾一定要注意到这一点，而不能只说中国一百年来受到西方的影响。

当然，我们新的人文社会科学基本上是学习了西方的体系。20 世纪一二十年代、三四十年代出国留学的中国学者还有比较坚实的传统文化基础，因此出现了一批“学贯中西”的大师级学者，但是现在出国留学的基本上都是在西方知识体系教育下成长的，真正要摆脱西方思想的影响不太容易。

我认为建设“学术之都”第一个要处理好的关系就是中西关系。第

---

* 2014 年 5 月 31 日在清华大学社会科学学院举办的“建设北京学术之都”研讨会上的发言。

二个要处理好的关系是古今关系。我们有很长的历史文化传统，春秋战国时期形成的各个思想、学术流派是中国迄今为止的各种思想的源泉。第三个关系是理论和现实的关系。上述三个关系是建设学术之都的三个维度。关键在于要推出中国自己的东西，中国是如此之大，各个地方又有如此丰富多彩的文化，可以把北京看作中国的一个缩影，概括和发掘自己特有的东西，并且与国外进行对比。现在在中国的任何研究，按照我的看法都是一种比较研究，总是要放到世界格局当中才能看清楚。

总之，我们的历史文化、我们自己的东西是最核心的。有一句话是："越是民族的就越是世界的，越是传统的就越是世界的。"我们应看重自己的传统，看重自己现有的东西，同时对其进行很好的提炼。

推动社会学学科的校际合作*

——在2014年"中国社会发展高层论坛"闭幕式上的致辞

尊敬的各位来宾、各位社会学同行和参会学者、各位媒体朋友，
女士们、先生们：

大家好！

短短的但是紧张的一天半高层论坛很快过去了，我们三个单元12个分论坛，都圆满地完成了任务。加上我们同样紧凑的青年论坛一天两个单元，也圆满地完成了任务，这些青年学者后来两天参加了高层论坛，聆听了各位社会学大家的发言。期间，会议还穿插了有关学术期刊编辑茶话会，也开得很好。总之，我们开了一个成功的高水平的学术会议，发表了那么多论文，以文会友，进行了卓有成效的交流，还有相互切磋，相互争鸣，增加了学者之间的友谊。大家感到会议有学术含量、都有这样那样的启发和收获。

这次会议，在西北民族大学和中国人民大学两校领导的高度重视和大力支持下，达成了两校社会学合作的意向。西北民族大学校长赵德安亲自提议，由中国人民大学社会学理论与方法研究中心与西北民族大学民族学和社会学学院共建北京—兰州两地定期交流的社会学一级学科工作坊，把两校的社会学合作以制度化的方式固定下来。这个建议，得到中国人民大学党委常务副书记的积极响应，达成了意向，责成文化院长和我进行落实。这是一个很大的收获，应该看作是这次两校合办两个论

* 2014年8月25日在中国人民大学社会学理论与方法研究中心、西北民族大学民族学与社会学学院、北京郑杭生社会发展基金会联合举办的"中国社会发展高层论坛"（2014）闭幕式上的致辞。

坛的一个重要成果。参会的各位学者和青年学者都是这一事情的见证者。我们确实感到很高兴。推动社会学学科的校际合作，应该说也是我们中心每年轮流与不同高校合作举办学术会议的目的之一。

听了主题发言，以及和一些学者底下聊天，我在这里还想强调一下去年讲过的一个意思：在现在复杂的国际国内形势下，在我国社会面临种种挑战和风险下，我们中国社会学如何为中国社会发展的大局服务，是一个有社会责任心的社会学者、社会学家必须考虑的问题，不可回避的问题。在这一方面，我认为如何定位，如何确定自己的学术途径十分重要。

在如何定位上，作为处在社会激烈变化转型期、各种思潮汇集地、各种负面现象多发期、思想混乱期的中国社会学者，是容易走两个极端的，但是极端是不能走的；是容易忘记一些主要历史的，但是历史是不能忘记的；是容易丧失主体性的，但是主体性是不能丧失的。

是左是右任人说，不左不右行我路，我还是我。

正确处理中西、古今、理实三种关系。

借鉴国外，跳出国外；开发传统，超越传统；立足现实，提炼现实；创新话语，创造特色。

多做善事，善的四种境界：向善之心，从善之意，行善之举，至善之境。

我们感到高兴的是，这个论坛得到社会学界的重视，成为社会学界的一个高质量的重要的学术会议，每次都有重量级的著名社会学家应邀光临高层论坛，提供高质量的学术论文，所有这些都是对这个高层论坛的大力支持，没有这样的支持，高层论坛就不可能越办越好，越来越有吸引力。

这次会议的两个论坛，特别是青年论坛，还有一个特点是，有多名有慈善心、有社会责任感而又有实力的企业家参加，有兰州的浙商会与我们接触，还有与在兰州的人大校友会富有成果的交流。我们没有想到，我们基金会受到这么多方面的关心关照。例如，一个实质性的收获是，即将开始的三年34个博士生项目、30个硕士生项目、90篇青年学者论文的评奖费用，已经有了着落。这也是我们非常感谢的。

最后，请允许我代表中国人民大学社会学理论与方法研究中心，向各位对“2014中国社会发展高层论坛”作出学术贡献的代表，表示最衷心的欢迎！向为本届论坛顺利召开作出贡献的承办单位西北民族大学民族学和社会学学院、中国人民大学社会学理论与方法研究中心、北京郑杭生社会发展基金会，向协办单位中国人民大学出版社、《社会学评论》编辑部、《社会建设》编辑部的负责人和全体工作人员再次表示最诚挚的感谢！

预祝大家在本领域取得更大的成就。

再次谢谢各位！

二、采访

社会管理与社会建设：历史、战略、未来*

——著名社会学家、中国人民大学一级教授郑杭生先生访谈

童潇：郑老，您好！非常感谢您能接受我代表《社会科学家》杂志的访谈。我这次访谈想围绕“社会管理”和“社会建设”的主题展开。应当说，自 2004 年中央较为完整地提出并阐述“建设社会主义和谐社会”的概念以来，关于社会管理、社会建设的问题就被置于越来越重要的位置。特别是今年胡锦涛总书记 2011 年 2 月 19 日在中央党校出席

---

* 本文是童潇对郑杭生的一篇访谈。发表在《社会科学家》，2012（1）。发表时的作者介绍如下：

郑杭生（1936— ），浙江乐清人，出生于浙江杭州，成长于浙江余姚。现为中国社会学会名誉会长，教育部社会科学委员会委员，教育部社会学学科指导委员会主任委员，国家社会科学基金社会学评审组组长，中央马克思主义理论研究和建设工程社会学首席专家，中国人民大学社会学理论与方法研究中心主任、社会学一级教授、博士生导师；兼任华中师范大学社会学院名誉院长。曾任中国人民大学副校长，国务院学位委员会政治学、社会学、民族学组召集人，中国社会学会会长。郑杭生教授在社会学理论上建树颇多，先后提出了“社会运行论”、“社会转型论”、“社会学本土论”、“社会互构论”等四论。这四论被认为是“在世界上提出了具有东方学术品格的中国人自己的原创性社会学理论”，他和他的学术团队在社会学界被称为是东方“社会运行学派”，他本人被认为是“中国特色社会学理论的开拓者”之一。有学者认为，他的社会学理论标志着“中国特色社会学在世界社会学格局中的兴起”。

童潇（1981— ），江苏苏州人，硕士毕业于上海大学社会学系，现为华东政法大学社会学系讲师、中国人民大学社会学理论与方法研究中心博士研究生。

“省部级主要领导干部社会管理及其创新专题研讨班开班式”，专门就社会管理做了重要讲话，指出“社会管理说到底是对人的管理和服务”，“社会管理要搞好，必须加快推进以保障和改善民生为重点的社会建设”，并就当前要重点抓好的社会管理工作提出8点意见。郑老，您能否从社会学和社会发展的角度为我们解读一下这里面所透露出的有关信息。

郑杭生：好的。非常高兴能有机会和《社会科学家》的读者和广大学友共同来探讨社会管理和社会建设。关于你提的这个问题，我想说两点。第一点是，从学理上看，社会建设并不是一个全新的概念，而是一个历史概念。例如，政治家孙中山先生在《建国方略》（《孙文学说》、《实来计划》、《民权初步》三本书的合称，写于1917年至1920年）中就曾明确提出过“社会建设”，并把“社会建设”看作是一种提高四万万同胞素质、把他们团结起来的途径。同样，在上世纪30年代，社会学家孙本文出版了以《社会建设》命名的杂志。既然这样，我们今后研究的重点，应当放在揭示社会建设的新的时代内容上。新的时代内容主要包括：新的时代提出了新的任务和新的挑战；较之于上世纪前期的社会建设，现在社会建设影响力的无可比拟；社会建设的本质内涵得到了明确揭示；它与民生为重、为民谋利、落实公平正义的联系得到清楚宣示；它与社会管理、社会服务的关系得到系统展开，等等。这次由党中央总书记专门以社会管理为主题而单独就这一问题系统地发表讲话，这在新中国成立以来还是第一次。它传达了这样的信息，我国的最高领导层、决策层越来越认识到，加强社会管理和社会建设对我国社会发展的重要和紧迫，推动社会管理和社会建设的创新实践将是当前和今后一个时期内我国社会发展的一项重大任务。

第二点是，把社会管理和社会建设放置到重要位置。一方面，是对我国“矛盾凸显期”的应对。改革开放以来，我们国家实行的是以经济建设为中心的发展战略和发展模式，在这种战略和模式下，虽然也有社会建设和社会管理，但主要依附于经济建设。在以经济建设为中心和经济不发达的背景下，社会管理和社会建设，要处理的问题比较少，工作也相对简单。现在随着我国的进一步发展，原先不曾出现的社会问题，或者很少出现的社会问题，像人口流动增加、环境资源承载加重、财富资源配置不公等等问题，经过多年积累，爆发了出来，把我国推进到了“矛盾凸显期”。在这种情况下，管理新增社会事务，更好维护公民基本权益，加强对社会秩序的干预等等任务，就迫切地摆在了面前，提上了日程。

另一方面，社会管理和社会建设本身，也必须与时俱进，包括社会治理理念的更新、手段的创新等。新中国建国以后，我们主要是依靠“单位管理社会”、“单位办社会”的社会管理和社会建设方式。在城市，通过全民所有制、集体所有制单位来搞社会管理和建设；在农村则是通过人民公社来贯彻实施。伴随着国有企业转制、私营企业成长，农村人民公社解体，越来越多新经济、新社会组织的产生，互联网成为社会格局中的一股重要力量，个人个性不断张扬，党和国家要实现新时期对社会的驾驭，必须要进行社会管理和建设的手段创新，如增加政府公共服务支出，以社区作为一种管理和服务供给的单位，以信息化创新作为管理工具，等等。所有这些，都要求我们社会管理和社会建设要更加实事求是，“以人为本”，把科学精神和人文关怀结合起来，使我们的社会管理既能维护社会秩序，又能促进社会活力，使我们的社会成为一个有序与活力兼具的社会。

童潇：郑老，您可否从中国社会大转型的角度，回顾一下我国社会建设、社会管理以及和谐社会理论发展的历程？

郑杭生：好的。就和谐社会理论来说，最早可以追溯到胡锦涛同志在贵州担任省委书记之时。1988 年 1 月，胡锦涛同志到毕节考察，有感于当时贵州毕节的社会发展、社会建设及社会管理存在很多问题，如人口超生、生态脆弱、人民生活贫困等，他提出了一个设想，那就是把毕节办成一个生态试验区，探索走一条人与自然和谐相处、经济社会可持续发展的道路，并为当地社会发展确定了“生态建设、扶贫开发、人口控制”三大主题。1988 年 4 月，在胡锦涛同志邀请下，八大民主党派前往贵州智力支边，时年 6 月，经胡锦涛同志努力，国务院正式批准了“贵州省毕节地区开发扶贫、生态建设试验区”，这是和谐社会理念的萌芽，因此，贵州同志说，和谐社会是在贵州提出来的。[①]

在中央文件中，从和谐社会到社会建设、社会管理，其概念演进也有一个历程。2004 年以前，党的文件中也有有关“社会”与“和谐”的提法，比如说十六大报告中有“社会更加和谐”。但是，对社会建设、社会管理还没有单独的表述。最先完整提出和谐社会概念的是 2004 年党的十六届四中全会《中共中央关于加强党的执政能力建设的决定》。这份文件把“提高构建社会主义和谐社会的能力”专门作为第七部分，这是中央文件中第一次以一定篇幅章节对和谐社会内容所作的单独阐述。之后，

① 参见秦文：《胡锦涛 17 年前在贵州进行可持续发展试验》，载《新京报》，2005－03－12。

2005年2月19日，在中央举办的省部级干部专题研讨班上，胡锦涛同志系统提出了和谐社会的概念，指出了和谐社会是“民主法治、公平正义、诚信友爱、充满活力、安定有序、人与自然和谐相处”的社会。2006年10月，党的十六届六中全会又发表了《中共中央关于构建社会主义和谐社会若干重大问题的决定》，这是专门以社会建设为主题发的一份完整的文件，成为我国和谐社会建设的纲领。2007年10月，党的十七大，进一步在和谐社会的背景下，提出“加快推进以改善民生为重点的社会建设”，具体论及社会建设所涉及的教育、就业、收入分配、社会保障、医疗卫生、社会管理六个主要方面。今年胡锦涛同志的“2·19”讲话，全面论述了社会管理，并提出了社会管理格局设计，维护群众权益机制，流动人口和特殊人群管理服务，公共安全体系，基层社会管理和服务体系，非公有制经济社会组织管理，信息网络管理，思想道德建设等八个方面的任务。紧接着，今年5月30日，胡锦涛同志主持政治局会议，进一步研究加强和创新社会管理问题，提出了社会管理“以人为本、服务为先，多方参与、共同治理，关口前移、源头治理，统筹兼顾、协商协调，依法管理、综合施策，科学管理、提高效能”的原则。

应当说，和谐社会理论不断深化，与我们国家的大转型有着重要的关联。我以前曾经说过，中国社会的转型有两条主线：第一条是从计划经济转向市场经济的经济转轨；第二条是从传统型社会转向现代型的社会转型。随着市场经济逐步建立，第一条主线正在逐渐完成，这意味着由传统型向现代型社会转型的第二条主线将被置于更为重要的位置。我们的转型也将进入一个新的阶段。一是要从原来的单线式的经济型转轨转向以经济社会共同发展的复合型的转型转变；二是随着社会转型向深水区迈入，要求转型所关注的内容更为精细，更能够“瞄准”社会实际。和谐社会理论的提出标志着我国社会转型地位的进一步突出，而社会建设和社会管理的提出则使和谐社会的理念、理论进一步深化，有了加以落实的路径和手段。这表明，有关和谐社会、社会建设、社会管理的理论推进，有一个理论形态递进和理论结构丰满的过程。与此同时，也相应地提出了社会管理的手段应当科学化、丰富化、多样化、高效化、精细化的要求。

童潇：从当前短期和中长期看，您认为，我国社会建设和社会管理的重点应当放在哪里，应当赋予社会建设和社会管理哪些具体任务？

郑杭生：这一点，胡锦涛总书记的“2·19”讲话，谈得比较完整，这是我们当前一段时期，及今后很长一段时期所要把握的重点。我这里再从学理角度再谈一谈涉及社会管理、社会政策调整，或者说是落实胡锦涛同志社会管理讲话方向的几个问题。

一是，要使财政结构向民生和公共服务倾斜。刚才已经谈到，党和政府在社会建设和社会管理中有领导和负责的责任，而要领导好，负责好，进行必要的投入是绕不开的。但是，由于社会建设并不是经济建设，经济建设和经济管理投了钱以后会带来直接的、显性的回报，而社会建设的投资回报则来得隐性，因此，这就有一个向民生投入的动力问题，我曾经说过，财政的钱是留不住的，不是花在这里，就是花在那里，最值得的是花在普通百姓身上。要防止这些钱被少数人不合理地或不合法地拿走，造成两极分化，更要防止这些钱这样那样地被外国人吸走，变成外国人的各种福利。因此，这就要求建构一个向民生倾斜的财政结构。从国外的情况来看，企业才是经济投入的主体，只有在经济低迷时，才进行政府投入以拉动经济的增长，但是，我国一些地方政府则由于地方竞争的压力，在某种程度上陷入了经济增长率的“军备竞赛”，形成了经济投资的饥渴症，这是很不正常的。我们要切实转变政府职能，让政府以更多的投入转向社会建设和社会管理，转向“民生投入”，推动社会的发展，实现民众福祉的增长。当然，也要注意，这里的民生投入是相对性的，不是一个绝对数，这是因为现在的民生投入，主要还是靠财政，但财力是有约束的，否则必然带来的是大幅加税，再说各地民生情况也不一样，因此这是一个在既定约束下如何做好文章，特别是地方文章的问题。目前最要做的是能在有限财力下去“惠底层”。

二是，在资源配置上要重心下移和三大部门平衡。这中间，所谓重心下移就是要把基层的积极性给调动起来，我一直说，社会创新要注重“草根精神”，为什么会有“草根精神”？原因在于基层具备创新的土壤，它往往直接面对社会生活实际，社会现实会逼着它把理论与实践相结合。重心下移就是要向地方基层放权，在不违反大政方针前提下，要给地方创新以相应保护、鼓励、称颂和实际支持。而所谓三大部门间协调，则是指要在国家、社会、市场间有所协调，不能形成强国家，强市场，弱社会，小社会。我们说，国家有公权力，往往是强势的；企业有经济实力，因此也是强势的；社会也有声誉，认同，但是它讲究的是公益性，既没有政府那样的权威，也没有市场那样的力量，则往往是弱势的。这就要求国家和企业多重视一些社会，国家要有社会责任，用公权力的干预，通过税收、税前减免、转移支付等工具支持社会。企业也要有社会责任，通过无偿捐赠、创办基金会，建立社会企业去支持社会，这一点尤其重要。引导公权力的作用方向，使之能有效管理，支持好第三部门的发展，去吸聚“逐利”资本对公益的“逐益”，以实现资源配置上的平衡。

三是，在矛盾协调上向源头管理倾斜。社会矛盾管理是社会管理的重要环节。我走了全国很多地方，客观地讲，现在有相当一些地方之所以社会矛盾多发频发，一个重要的原因是一些地方性政策出台还没有把社会稳定风险给考虑进来。主要体现在有些地方官员好心办一些事，或者下决心想办一些事，但由于没有考虑社会矛盾，不仅没有达成愿望，而且引火上身；还有一些官员推出社会政策没有考虑时机，最后使得新政策成为了社会矛盾爆发的导火索。而一旦这些社会矛盾蔓延，群众依法维权或进京上访，却又成了信访、政法和基层社区干部的责任。而问题在于信访、政法和基层社区由于没有事权，根本无法从源头上解决矛盾，只能暂时性地把矛盾压制下去，最后是钱花了很多，但却更失信于民。因此，新时期，把矛盾消解在源头十分重要。在这个意义上看，一定要有社会稳定风险（或社会影响）评估的机制。在出台公共决策之前，应当把决策交给第三方来进行社会影响评估，或者交给信访、政法、基层社区部门或政策研究室、政府研究中心来评估。大型项目，牵涉社会矛盾项目必须要经过评估才能“上马”，当然交给第三方评估更好。

四是，在体制设计上应建立专司社会管理的有关部门。社会建设和社会管理有一个事权的问题，这就涉及一个体制、机制的问题，必须要由有关部门拿出公权力来进行管理，该管的事一定要管起来。在体制建设方面，应当说，目前一些地方已对此进行了探索，北京成立了市社会建设工作办公室，你们上海也成立了上海市社会工作党委、上海市社会建设领导小组办公室。但一些同志反映，稳定的事由政法委、综治委管，社会保险的事由人保局管，社会救助、福利、社团、社工有民政局管，精神文明有文明办管，就是志愿者也有文明办、团市委管，社建办没事做，只能搞搞调研。这就有个悖论，一方面，很多需要进行社会管理的事没有人管；另一方面，却有机构确实似乎没有事情可以做。这就要求体制机制创新，整合并增加现有社会管理、社会建设的职能，可操作的方案一是把社建委建构成为一个类似于发改委这样的有关社会建设和社会管理的宏观性协调部门，或者把发改委社会司的有关职能拿出来，单独组建；二则是把社建委与像民政局、人口计生委、文明办等有关部门合并，建立社会管理的大部制，采用综合管理、综合执法的方式，既处理日常事务，又以应对全局性、突发性的问题。当然，这还可以进一步讨论。

童潇：现在我们把社会建设和社会管理放置在了一个更为突出的位置，这是否意味着我们国家的发展战略转型？新时期，我们又如何处理好社会建设与经济建设、政治建设、文化建设之间的关系？

郑杭生：可以在一定程度上这样认为。以往我们国家的现代化建设，主要是一种赶超战略，赶超什么？主要是经济上的赶超，现在看来，光有经济是不够的，“不能经济一条腿长，而社会一条腿短”。社会保障的完善，社会投资的增长，社会秩序的维护，基层社会和社会团体的发育，与经济建设同样重要。一方面，只有社会成员有良好的社会保障，有稳定的经济收入，他才敢于消费，作为经济增长马车的消费才能真正被启动起来；另一方面，也只有稳定的环境，程序正义的存在，市场经济才能找到其安身的场所，才能建立真正的市场经济。因此，不能只有经济，而没有社会。社会建设和社会管理应当成为一种国家战略。值得注意的是，总理代表国务院在今年两会上所做的“十二五”报告里，没有提“以经济建设为中心”，而是专门突出地讲，“要加强和创新社会管理，加快建立健全维护群众权益机制、行政决策风险评估和纠错机制，加强信访、人民调解、行政调解工作，拓宽社情民意表达渠道，切实解决乱占耕地、违法拆迁等群众反映强烈的问题”。“十二五”规划直接关系着我国未来五年发展的方向性问题，这是一个信号。而中央提出不以 GDP 作为地方考核的唯一标准，也是一个信号。这些表明我国发展战略的重心正在一定程度上进行转移。

我这里之所以提“在一定程度上”，这是因为我们也不能把社会管理和社会建设极端化。我一直强调做任何事情都不能去极端。虽然，我们社会学界一直强调要加强社会建设和社会管理，但是，客观地说，我国还是世界上最大的发展中国家，生产力毕竟才是一个国家发展的最终决定力量。国外有人说，2016 年（也有一说是 2039 年）中国经济总量将超过美国成为世界上最大的经济体。即使这样，我们也要看到我国有很大的人口基数。因此，也还必须注重经济增长和经济发展。经济落后了，社会建设的钱（至少是财政投入，事实上还包括企业社会责任）也会出现问题。现在是经济这条腿长，社会这条腿短。使两者平衡的方法是让社会这条腿要跟上，并且提高经济质量，而不能简单采取放慢经济发展速度这种方式。处理政治建设和文化建设也是一样的。当前中央强调要对改革有“顶层设计”，意思讲的就是，要搞配套改革，各项改革之间要齐头并进。在顶层上有宏观把握，让各种改革措施之间形成合力，而不是互相抵消，互为掣肘。

童潇： 您在上个世纪 80 年代就曾提出，社会学是研究社会良性运行与协调发展条件和机制的一门学问，并提出社会学的根本任务在于“增促社会进步，减缩发展代价”。您认为，在一个更讲社会建设和社会管理的时代，社会学应当为建设社会主义和谐社会做哪些贡献？

郑杭生： 我在上世纪 80 年代提出，社会学是一门研究社会良性运行与协调发展条件及机制的综合性具体社会科学。我提出的这个社会学定义有两个要点：一是把社会学与社会运行联系起来，以往认为，社会学是一门剩余学科，我的定义里，强调了社会学的综合性，这种综合性的主线在于社会运行；二是，把社会学与价值追求联系在一起，以往要么认为社会学是价值中立的，认为社会学要对价值判断“祛魅”，要么认为社会学价值不中立，是改良性的为资本主义服务的学科。上述社会学定义表明社会学是有内在的价值追求的，并且其价值在于是让社会走向良性运行，能“增促社会进步，减缩发展代价”。这也就表明了社会学具有参与社会建设、社会管理的责任；既然社会学研究的对象是社会良性运行和协调发展的条件和机制，那么社会学本身也就应当具备参与社会建设和社会管理的水平和能力。

从上世纪 80 年代开始，我国启动经济体制改革，经济学家在其中发挥了重要作用，大量经济学家参与到了我国经济政策的设计论证，像我国的农村改革、股份制改革、市场经济改革里都有经济学家的身影。而当前，社会建设和社会管理被置于更为突出的位置，可以相信，以后社会学家也将有更多的机会去介入我国的社会大发展、大战略的顶层设计，将有机会为社会发展作出更多的贡献。但是，我想要说的是，社会学家准备好了吗？社会学家在学术工具上准备好了吗？社会学家在责任担当上准备好了吗？我曾经对中国社会学的研究路径提出了四句话：“立足现实，开发传统，借鉴国外，创造特色”，这里，我想进一步讲，在新时期，我们既要“立足现实”，也要“提炼现实”；既要“开发传统”，更要“超越传统”；既要“借鉴国外”，更应“跳出国外”；从而正确总结“中国理念”，科学概括“中国经验”或“中国模式”。当代中国不断发展，中国社会是各种各样思潮的汇集点，遵循这一研究路径，尤为重要。

记得金融危机来临时，国内外在抱怨说：经济学是好的，事情都是让经济学家搞坏的。我衷心希望以后，中国社会学家能对中国社会管理、社会建设起良好的引导作用，不要以后大家说，社会学是好的，中国社会管理、社会建设的事情，都让社会学家搞坏了。社会学和社会学家既要有参与社会建设、社会管理的雄心大志，但也要自省自身的不足，对社会运行有敬畏之心，对干预社会所会产生的正负功能有清晰的认识，可以说是任重而道远！我特别希望包括你在内的青年学者，能朝这个方向努力，用自己的“理论自觉”去参与社会建设和社会管理的伟大实践！

民生为重　百姓至上*

——访著名社会学家郑杭生教授

《中国社会科学报》："十二五"规划提出了加强社会建设的目标。请问，社会建设的重要方面包括哪些，它们给社会学提供了什么样的机遇，社会学如何在加强社会建设中发挥作用？

郑杭生：不久前，党的十七届五中全会通过的《中共中央关于制定国民经济和社会发展第十二个五年规划的建议》（以下简称《建议》），把社会建设提高到战略高度，可以说是我们党执政为民理念的又一次升华。《建议》单独设第八节，并以"加强社会建设，建立健全基本公共服务体系"为题，从就业、分配、保障、医疗、人口、社会管理六个方面，分别对改善民生为重点的社会建设进行了全面系统阐述，这是前所未有的。《建议》不仅为进一步推进民生保障和福利事业，也为增强与社会建设关系最为密切的社会学的学科地位和发挥其社会作用，指明了发展方向，拓展了发展空间，提供了发展机遇，提出了更高标准和要求。

具体说来，社会学首先要为社会建设提供理论支撑。这包括社会学要论证"社会建设"在新的时代背景下具有新的时代内容，其基本理念是"民生为重，百姓至上"，它的本质核心是更为合理地配置社会资源和社会机会。这个"更为合理"，通俗地说，就是要把本国老百姓辛苦赚到的钱更多地真正地用到本国老百姓身上，防止这些钱被少数人不合理地

---

* 本文系《中国社会科学报》第152期6版"特别策划　展望新五年（上）社会与教育"文章之一，由记者褚国飞采访。载《中国社会科学报》，2010-12-30。发表时提要如下：

> 要把本国老百姓辛苦赚到的钱更多地真正地用到本国老百姓身上，防止这些钱被少数人不合理地或不合法地拿走，造成两极分化，更要防止这些钱这样那样被外国人吸走，变成外国人的各种福利。
>
> 财政的钱是留不住的，不是花在这，就是花在那，最值得的是花在普通百姓身上。

或不合法地拿走，造成两极分化，更要防止这些钱这样那样被外国人吸走，变成外国人的各种福利。

其次，社会学还要发挥社会调查研究方法的优势，对社会快速转型和发展中的重大社会变化、社会趋势、社会问题多方面、多层次、多形式地进行调查研究，为制定适合国情、社情、民情的社会政策提供实际的根据。

《中国社会科学报》：中国特色社会主义作为新型社会主义，其重要的推进手段是不断的制度创新。面对一个快速转型的中国当代社会，社会学如何才能积极参与社会制度创新，推动社会进步？

郑杭生：社会主义制度最本质的特征是与社会结构紧密联系的制度性的公平正义。我曾经给社会公正下过社会学的定义：所谓“社会公正”就是社会资源和社会机会配置与分配的公平性和平等性。这里，公平和平等是不同程度的正义，正好能够表达社会正义也是有阶段性的。所谓公平就是合理的差异。社会公平有两个维度，一是制度安排，一是百姓认可。中国特色社会主义作为一种新型的社会主义，就是要通过制度创新不断把公平正义落实到各个方面，从而创造更合理的制度安排，得到百姓进一步认可。

在社会建设中，如何落实公平正义是“中国经验”、“中国模式”最核心的经验，它可以从多方面加以探讨。如发展方式上，我们经历了从初级发展转变到科学发展；实现方式上，经济体制转轨与社会结构转型齐头并进；管理方式上，加强社会服务和社会管理创新；推进方式上，上中下三个层次共同探索、相互推动；等等。中国社会学在这些方面都能发挥作用。

例如，“中国模式”是有实实在在内容的，是有自身结构和层次的。笔者曾在不同场合指出，“中国模式”、“中国经验”是中国社会上下结合、共同探索、互动创新的结果，其中三个层次的相互推进十分明显：既有中央“自上而下”的推进，又有基层“自下而上”的推动，还有各个地方、各个部门连接上下的促进。正是根据这三个层次的框架，笔者在前几年就设计了“中国特色和谐社区建设系列实地调查研究报告”丛书和“当代中国城市社会发展实地调查研究系列丛书”，其创意就在于表达第三个层次社区建设经验和第二个层次城市发展及部门改革经验在中国模式中的基础性和重要地位。现在“社区系列”已出了三卷，“城市发展系列”已出了两卷。我们根据实地调查，对基层、地方的制度创新、价值重塑进行理论的提炼，在这两个层次上充实了“中国模式”。在新的五年中，我们将继续坚持这样做下去。

《中国社会科学报》： 刚才听说您和您的团队正在为北京市民政部门做一个新的课题，从社会学视角总结北京市正在大力推进的“大民政”经验，形成一些新的概念。能否对此透露一二？

郑杭生： 是的。我们承担的课题为“大民政”的理论和实践与普惠民生之路——夯实世界城市基础的“北京经验”，它属于上述三个层次的第二个层次中的中国经验，是与地方经验并行的部门经验，并且是第一个有关部门经验的课题。

随着我们对“大民政”理念和实践，特别是它给北京市城乡居民带来的众多民生实惠之理解的日益深入，我和我的学术团队受到很大教育。从总体上看，我们越来越体会到，北京大民政的理念，就是一种“民生为重，百姓至上”的理念；北京大民政的实践，就是一种“民生为重，百姓至上”的实践。从福利方面看，大民政是一种跳出过去补缺型小民政，实现适度普惠的民生福利的民政。大民政开启了首都大民生、大福利之门，为北京市迈向国际城市、世界城市夯实了基础，也为推动中国社会迈向中国特色社会主义福利社会作出了自己的贡献；它还能推动经济的发展。这是一种大得民心的理念和实践，应了“理念决定思路，思路决定出路”的箴言。

正是在大民政理念和实践的启示下，我们提出了“倒逼效应”概念。民生福利要有投入，而且投入很大。然而，财政的钱是留不住的，不是花在这，就是花在那，最值得的是花在普通百姓身上。因此，我们并不怀疑大民政的承受能力，提倡通过大幅度增加民生福利来“倒逼”，迫使政府减少那些与民生无关或关系不大的开支。从现在多发凸显的社会矛盾看，从燃点多、燃点低的社会问题看，根源就在经济发展的成果落实不到老百姓的民生福利上，应该说，这是最大的脱离群众。现在确实有些干部舍不得把钱花在普通百姓身上。这已经发展为政治问题。单靠强力的手段来维稳，这只是治标，成本很高，收效甚微，甚至造成越维稳、群发事件越多的困境。增加民生福利，增加老百姓尤其是低收入群体、弱势群体的收入，这才是新的治本的思路，是有效得多的办法。我体会，这是为什么十七届五中全会强调“努力提高居民收入在国民收入分配中的比重，提高劳动报酬在初次分配中的比重”的道理。我们的劳动报酬只占 GDP 的 37.2%，这与发达国家占 60%以上相比差距太大，与我们自己 1985 年比，也下降了近 20 个百分点。因此，北京大民政这种“倒逼效应”，对我们改变原有理念、思路具有革命性意义。

事实上，北京大民政两年多来实践的成效也证明了这一点。享受到大民政惠民政策的百姓们喊出了“共产党好”的心声。

北京市能做的，别的地方也能做。各地可以根据自己的具体情况制定适合自己的具体标准，这件事情对各地来说，可以说是“非不能也，是不为也”。我觉得这件事，北京市带了一个很好的头。

作为社会学者，能够提炼这样丰富的部门经验，见证如此深刻的变革，是我们的荣幸，更是我们的责任。

《中国社会科学报》：最后请您概要地谈谈“十二五”期间，中国社会将会有什么主要进步，中国社会学将会取得什么主要进展？

郑杭生：在“十二五”期间，由于作为系统工程的社会建设的展开，从社会学视角看，中国社会预期会取得以下主要进步。

第一，“民生为重，百姓至上”的理念将得到极大普及，深入人心，进而在多方面落实为民生福利的实惠、转化为推进基本公共服务均等化的成果，民生将得到较大幅度的提高。因而党群关系、官民关系将得到不同程度的改善。

第二，社会福利制度将得到进一步推进。软性、治本的维稳效果将进一步显现。

第三，中低层群体的收入将得到较大幅度提高。这将进一步扩大消费，拉动内需，促进经济的良性发展，特别是民生经济的发展。

第四，中低层的社会参与积极性将会增强。这是改善民生与促进民主参与的双赢互利。

第五，社会发展的主要主体“政府—企业—社会”的合作三维将得到进一步加强和推进。这种合作三维是“国家—社会”新型关系中上下联通、左右协调的基本形态，继承和发展了历史上“国家—社会”关系的中国理念，即在中国本土的社会和文化语境中，既表达两者融合一体的政治理想，也蕴涵了重视社会与民生的悠久传统。这在未来五年中将会得到明鉴。

在“十二五”期间，中国社会学预期取得的主要进展可以从理论和实践两方面加以分析。

首先，在“理论自觉”基础上，中国社会学在学科地位、理论内涵和理论学派方面都将取得令人印象深刻的进展。一是中国社会学的学科地位将有较大提高。这表现在中国社会学在世界社会学格局中由边陲走向中心的步伐加快、掌握社会学学术话语权的能力增强、自主创新素质提高。二是中国社会学的理论内涵将有较大丰富。这表现在中国社会学将加快元理论的转向、本理论的创新、分理论的开拓的步伐。三是中国社会学的理论学派将有较大发展。这表现在学派核心理念的提炼、核心团队的凝聚、学派氛围的形成等方面。社会学的中国理论学派是中国社会学的支撑点。这样的学派越多，表明中国社会学的力量越雄厚、水平越高超，越有生命力和创造力。“多一点学派，少一点宗派”的目标将逐步得到实现。

其次，在实践上，中国社会学为社会建设服务的能力将进一步增强，随着资料的日积月累、方法的创造更新、理论的日趋成熟、交流的日益增多，为制定适合国情、社情、民情的社会政策提供有根有据的论证和符合实际的建议。

总之，在“十二五”期间，中国社会学将会在前辈开创的“立足现实、开发传统、借鉴国外、创造特色”轨迹上，走得更好、更快、更稳、更成熟。

郑杭生自述*

摘要：郑杭生（1936— ），浙江杭州人。著名社会学家，中国人民大学社会与人口学院教授，中国人民大学首批一级教授。本文回顾了他的成长、求学经历，在中国人民大学求学、任教，特别是创建中国人民大学社会学学科的情况，以及担任中国人民大学副校长时分管国际交流、职称评定等重要工作的情况。

年少求学经历

现在，我介绍自己时，说三句话，人们很容易就记住我了。第一句话是“我姓郑，生在杭州，所以叫郑杭生”，这是说的我是哪里人。第二句话是“远看五十几，近看六十几，仔细一看七十几”，这是说的我的年龄。第三句话是说我“蒙受了不白之冤”。2010 年胡锦涛总书记来视察中国人民大学的时候，我们一群老教授聚在一块儿等待接见，戴逸老师看了我一会儿，问：“杭生啊，你这个头发染过没有啊?”我说：“戴老师，我这个头发是爹妈给的，‘原生态’的，从来没有染过。”他沉吟了一会儿，说：“杭生啊，你蒙受了‘不白之冤’了!”现在，这三句话已经成为我的标志了，我自我介绍的时候不用多说，光是这三句话就让大家牢牢地记住我了。

就我的经历来说，我的祖籍是浙江温州乐清。乐清现在有 120 万人口，差不多有 40 万在外地，关于乐清有一句名言：“有车轮的地方就有乐清人，没有车轮的地方也有乐清人。”现在乐清人在北京还有同乡会、商会，他们有的还聘我做顾问。

---

* 本次采访时间为 2012 年 3 月 13 日，由中国人民大学校史研究室负责采访、录音整理并结合郑杭生教授本人提供的材料进行编辑。

我父亲是个农民，后来自学了一段时间，到杭州高等法院做了书记，这个书记其实就是“记录员”。我 1936 年在杭州出生，1937 年抗日战争爆发时我还不满两岁。接着我们全家逃到浙江余姚。那时候浙江有三北：姚北、慈北、宁北，我父亲和我哥哥就到了姚北。一开始他们在沙田区工作，后来又搬到城里，随后又到了南部四明山区的梁弄镇。

在南部四明山区，有一些让我印象很深的事情。我记得那时候吃的东西都没有油水，经常吃竹笋，而竹笋是吸油的，所以吃了之后更难受。另外小孩子得寄生虫病的也很多。与此同时，战争也严重影响了我们的生活。日本飞机经常来轰炸，我们离很远就能看到炸弹投下来。到沦陷区去的时候，因为我年纪小，挑夫一根扁担两个筐，一个筐放着行李，一个筐放我，过关的时候日本人不问青红皂白就殴打挑夫。这些事情都深深刻在我脑海里。

我的小学和初中时代是在余姚度过的。开始余姚县城阳明镇这个小城，以姚江为界，分为江南城和江北城两部分。我家住在江南城的学弄里，进去就是以前的孔庙，那里有个第二小学。1944 年，我开始在那里读书。1950 年，我考入了地处城北很有名的余姚县立中学念初中。也许是男孩子，智力开发得晚，我初一的时候还是比较调皮的，不过爱好文艺，自己偷着看《三国演义》等书籍。到初二的时候，我就知道用功了。那时候初中有代数、几何课，我基本上不用专门做题，其他的同学来问我题目该怎么做，我一边给他们解答，一边把我自己的题也做了。在这一时期，我的兴趣爱好比较广泛，在我的启蒙老师张斌的耐心指导下，学习了一些钢琴练习曲，并且担任校合唱队指挥，这些都为我后来的发展打下了一定的文化修养基础。1951 年的时候，我在《文汇报》上发表征文《我爱姚中》的小文章，这是我第一次在报刊上发表作品。初中毕业的时候，我获得了“品学兼优奖”，从此自己的信心也增强了。

我 1953 年初中毕业。中国的户籍制度开始严格实行是在 1958 年，所以那时还能自由选择外省的学校。我有个哥哥在上海，所以毕业后我有三个选择：考杭州高级中学、宁波中学或者上海中学。上海中学原来叫“江苏省立一中”，解放之后改称“上海市上海中学”，这是一所非常好的学校，淘汰率很高，上海人一听到是上海中学的学生就肃然起敬。在自信心的驱使下，我决定报考上海中学。决定之后，我就出发了。先乘小火轮沿着姚江到宁波，再乘大火轮到上海。到上海之后，我哥哥问我：“你考什么中学?”我说：“上海中学。”那一年有八千人报考，只录取四百个，我哥哥打量了我半天说：“你行吗?”我说：“试试吧。”结果我考了第一百五十三名，被录取了。可以说，在我的学习生涯中，考高中是最难的，因为后来我上人民大学是保送的。

上海中学实行住宿制，只有礼拜六下午可以回家。虽然我家离学校不算太远，但为了争取更多的学习时间，我一般周末都在学校，并不是每个星期都回家。那时候上中的教学质量很高，教我们的那一批老师后来都到大学教书了。因为知道学习机会难得，所以我学习特别努力。我们小地方的孩子到了上海，除了外语差一点，其他的像数学、语文、历史这些科目的成绩都是相当不错的，过了半年我就差不多又是全班第一了。上中每年都有作文比赛，我的参选文章得到了一等奖。因为学习成绩和各方面表现都不错，我还被评为“三好学生”和“优秀团员”。当然，在上海中学也有一些烦心的事情，比如学习普通话。我们这些外地人普通话说不好，上海人老笑我们浙江人说话，不过那样的环境对我学普通话很有帮助，普通话在我以后的学习和工作中发挥了很大的作用。

早年在中国人民大学求学、工作以及参加政治运动的经历

1956 年我高三毕业，中国人民大学那时有提前招生权，在全国统考前招生。我的成绩符合条件，所以没有参加全国统考，被保送进入了人民大学。在选择志愿时，我那时还什么都不懂，看到哲学系的介绍说哲学“是自然科学和社会科学的综合”。我想自己这两者都喜欢，于是就报了哲学系。那时候，进哲学系比进其他系难，学制是五年。在入学前的那个暑假，我读了艾思奇的《大众哲学》，觉得挺有意思，所以选择哲学也符合我当时的个人兴趣。

进入人大哲学系后，我开始系统学习马克思主义哲学。那一年人大第一次招高中应届毕业生，以前都是招调干生。当时人大哲学系一共招了大约二百人，分成七个班，都是各地比较优秀的学生。在五年的学习期间，我研读了不少马克思主义哲学的经典著作，听了不少校内外名师的讲课。当时《人民大学周报》还让我做通讯员，我给周报写了很多东西。此外，我还和经济系的谭宗伯一起创作了一首名为《毛主席描花人民绣》的歌曲，作为《人民公社大合唱》的第六曲，通过广播电台广播，在当时流传还挺广。

自从 1956 年到人民大学之后，直到现在，我几乎就没有离开过人大，算是一辈子“嫁”给了人大。在人大当学生这些年，我觉得最有收获的一点就是遇到了一大批名师，他们给了我很多指点，我也从他们身

上学到很多东西。比如当时我们哲学系的系主任何思敬，他是一位非常著名的法学家、哲学家，在延安的时候还担任过毛主席的法律顾问，还精通德语和英语。我们系的萧前老师更是我的恩师。1961 年上半年，我即将本科毕业，当时正在选择到哪里去工作。我曾想自己家庭出身不是太好，又有走“白专道路”之嫌，争取了多少年入党还没有如愿（我直到后来到湘潭农村参加一年“四清”运动后才于 1966 年初加入中国共产党），所有这些不利的政治条件，使我觉得留在人大可以说是一种根本不敢想的奢望，只能选择到那种自认为我还能去的地方。我曾想到去南昌，一位年龄比我大很多的姐姐在那里。我也跟许多同学一样，报名到祖国最需要的边疆去，但我心里很怀疑自己在政治上是否合格。

直到 1961 年的 6 月底左右，正当我为自己的前途反复猜想之时，组织上通知我，我被留在当时萧前老师主持的人大哲学研究所。这个出乎意料的消息让我感动不已，久久难以平静。我后来才知道，把我留在人大是萧前老师力主的结果。在我报到后不久，萧前老师——当时我们尊称他为“萧公”，比我大 12 岁——找我谈话，谈到留我做他的助手之一的理由，主要是他觉得我对马列经典著作比较熟悉，外语较好，文笔可以，人还勤奋，为人不错等，给了我很多鼓励，也解除了我多年藏在心里的压抑感。我对萧前老师非常感激，前几年在萧公病逝后我还专门写过一篇纪念文章《怀念恩师萧公》。应当说，留在人大，给我提供了很好的起点、难得的机遇，是我人生道路、学术发展上最关键的一步。

留校后，我的学术研究与教学活动主要是在哲学领域。1961 年到 1962 年期间，萧前、吴传奇、关锋、陈先达老师主讲“辩证逻辑”，我担任他们四位老师的助教，先后为哲学系本科五年级和研究班三年级辅导。第二年我开始讲这门课，第三年独立开课，后来还到北大去讲这门课，受众是哲学系本科五年级。可以说，本科毕业就当教师，并且很快能独立支撑一个课堂，这种情况还是很少的。教学工作之余，我也在努力撰写文章、翻译著作。1963 年 5 月 3 日，《光明日报》“哲学副刊”发表了我的一篇学术论文《从抽象到具体的方法首先是建立范畴体系的正确方法》，这是我对当时学术界关于“从抽象到具体方法”的争论发表的自己的一点见解。1965 年，苏联哲学家柯普宁的《作为逻辑的辩证法》一书作为译著正式出版，我承担了其中大部分的翻译工作。

当然，那时候各种政治运动接连不断。1964 年，人民大学组织师生分三路参加“四清”运动，即农村社会主义教育运动。我所在的这一路被分配到湖南湘潭的四清工作团中。在那里待了一年。团长是谭震林。

这个团规格很高，谭震林当时是中央政治局委员、国务院副总理，我们叫他“谭教授”。以前有一个说法是“湖广熟，天下足”，但一到湖南，我就感到与浙江的差距实在太大。湖南当时不仅穷，而且因为“大炼钢铁”，把当地的生态环境破坏了，当地群众生活很苦。我们作为工作队员生活也很艰苦，伙食非常差。不过参加这次运动也很锻炼人，学会了吃辣椒。

后来“文化大革命”开始了，学校里“人大三红”和“新人大”两派争斗得很厉害。我那时是属于保郭影秋这一派的，我和另外几个同志还组织了一个战斗队，主要负责宣传工作。我是个做什么事情都很专注的人，对方喇叭一广播，我听几句话就知道是什么意思了，于是就开始写应对的稿子。广播一停，我们的喇叭就开始广播，反驳对方的观点。在这段时期，我练就了听广播快速写稿子的本事，但因为写稿子，晚上睡得太少，后来把身体弄坏了。军宣队进校那天，在人大原文化广场集会，站起来，在太阳下晕倒了。

之后我和人大大部分老师一样，去了江西余江人大的“五七”干校，在那里当了三年石匠。当时需要我们自己打石头，自己盖房子。采石头既是气力活，也是个技术活，七八斤重的锤子，一天要打万把下。有时锤子没有打在钎子上，而是打在大拇指上，我的大拇指盖一共掉过三次。每次打到大拇指上，要钻心疼好几天，特别是第一天晚上。打石头先是采毛石。即开出四边都是两米宽、二十公分高的大石头。这样先要在四边打一条二十公分深、八公分宽的沟。这个工作完成了，然后需要在大石头正中间打一个直径三十公分、深二十公分的圆洞，在圆洞底部打进去四个楔子，并在四个楔子上面的几个点轻轻地、均匀地敲，慢慢把一块石板掀起来。如果用力不均匀，厚薄不均，这块石头就废了。一块石板掀起来之后把它切割成大概二十五块，这个叫“毛石”，还得再加工，之后就可以当砖使。一开始我们加工起来不是很熟练，后来就非常熟练了，一眼就能看出平不平，这是我们最后的产品“加工石”，就可以上墙了。我们这些住在“水晶宫”的“打石连”战士，还需要帮助村民干农活，因为我们都是小辈，这种劳动的事情我们都得参加，所以我们戏称自己是“常委”。比如采茶的时候去支援采茶，插秧的时候去支援插秧。夏天先“抢收”，后“抢种”，这样的“双抢”我们都得参加。

过去人大都是隔系如隔山，从来不接触。去干校的时候打破了这个隔膜，各个系的都混在一起了，所以我在那里认识了很多人，像经济系的胡钧、卫兴华、吴易风，党史系的许征帆，新闻系的郑超然等。在干校的时候，还有好几位教师意外死亡的。像担任过教务长的铁华游泳的时候淹死了，还有经济系一位教授项冲，他是从美国回来的一个经济学家，结果安排让他放牛，住在牛棚里，反差太大，他接受不了，喝敌敌畏自杀了。还有一些人使用电锯的时候不小心把手指削掉了等等。

从干校回来之后，整个哲学系被分配到北师大。这是郭影秋同志高瞻远瞩的想法，一个系的教师干部按建制成块进行分配，恢复的时候就能成建制地回来，我们把这叫做“批发”。从1972年到1977年，我在北师大待了大约五年，这期间我的教学和科研工作逐步恢复，并且常常在各类报刊上发表文章。那时我主要讲授马克思恩格斯的哲学著作和毛主席的哲学著作，面向北师大哲学进修班、社会科学院研究生院、复校后的人大哲学本科生和研究生系统地开设了“反杜林论”这一课程，同时负责编写《〈反杜林论〉哲学编解说》一书，该书1979年以校内用书的形式出版。此外，我还带着北师大历史系的学生去清河卫戍区学军。

粉碎“四人帮”之后，我集中力量从哲学的角度揭露、分析、批判“四人帮”散布的种种谬论，做了不少在理论上拨乱反正的工作。我在国内主要报刊发表了近20篇文章，如《“四人帮”彻底背叛了我们党的一贯思想原则》、《论形而上学猖獗》等，其中发表在1977年《红旗》杂志第7期的《批判折中主义，还是攻击两点论》一文，先后被翻译成英、法、德等多种文字，在《北京周报》第48期予以转载。由于这些作品，我在全国的知名度极大地提高了，还被戏称为人大几大“秀才”或“才子”之一。

与此同时，我还积极参加关于“实践是检验真理的唯一标准”的讨论，发表了《为真理而斗争》、《立实践标准，破主观标准》等文章。1979年到1980年期间，针对当时长期困扰我国理论界的“阶级”属性问题，我曾与李秀林合作在《人民日报》提出划分阶级只能是经济的标准，对“阶级是一个广泛的社会范畴”提出了质疑。1978年，人民出版社出版了我和李秀林、吴树青合著的《论〈十大关系〉中的唯物辩证法》。1979年，北京出版社出版了我独著的《本质、现象、假象》。可以说，在这一阶段，我的所有文章和著作都贯穿一条主线，那就是把唯物论和辩证法结合起来。而到了这一阶段的后期，我的兴趣部分转移到了社会学和现代西方哲学上面，开始参加当时在北京举行的、由费孝通先生主持的社会学“月谈会”，并与人合作翻译了《现代资产阶级理论社会学批判》一书，1981年由中国人民大学出版社出版。

留学归国后创建现代西方哲学教研室和社会学研究所

根据邓小平同志1979年恢复派遣留学生的指示，人民大学从那时起开始陆续向不同国家选派学者留学。当时有一个以访问学者身份前往英国进修哲学的名额，主要方向是分析哲学，我那时已经45岁，应该说不年轻了，但是我觉得时不我待，应当出去看一看，于是通过各种考试，取得了资格。说来也巧，我本来预定的是去英国伦敦大学所属的哲学系进修分析哲学的，后来他们要求交学费，而布里斯托大学社会学系免收学费，于是我就通过使馆转到了布里斯托大学专攻社会学，他们还给了我一个副研究员的头衔。这样，我就阴差阳错地走上了研究社会学的道路。

去英国前后，还有两个小插曲。第一个小插曲是1981年11月8日去英国的时候，有关方面和家属委托我在路上照顾费孝通教授，这使我有幸当面聆听到费老许多关于恢复和重建新中国社会学的想法，和费老的交谈，给了我许多直接的启发和启示。第二个小插曲是时任哲学系主任、伦理学家罗国杰教授写信给我，说当时人民大学哲学系当务之急是现代西方哲学而不是社会学，他的好意提醒，又使我在进修社会学的过程中，不得不将哲学放在重要的位置。这样，我在布里斯托大学就一边进修社会学，一边进修分析哲学。

在布里斯托大学进修期间，我认识了钱伯斯博士，他是英国人，对中国问题很有兴趣，但中文比较差。我们两个人关系挺好，每个星期三在酒吧见面，他教我英国的东西，我教他中国的东西，一直保持着很好的联系。后来他当了外交官，是英国驻香港的商务专员。另外，我也在《光明日报》和香港《大公报》上发表过几篇文章，比如《从伦敦几处纪念地看马克思和他的学说》等。

可以说，英国留学是我的一个学术分水岭，这以前我主要是教马克思主义经典著作，当时在哲学界虽小有名气，但只能算是小打小闹。1983年底，从英国回来之后，我的研究方向发生了转变，主要研究社会学。当时受学校之托，我分别筹建了哲学系现代西方哲学教研室和人民大学社会学研究所。

还在英国留学的时候，罗国杰教授写信给我，希望我回来能够开设现代西方哲学方面的课程，所以我重新买书，研究现代西方哲学，同时开始筹划成立现代西方哲学教研室。回国后，1984年3月12日，我被正式任命为现代西方哲学教研室主任。教研室建立初期，我们确立了进人原则：眼观六路，博采众长，避免近亲繁殖。根据这一原则，我们先后从南开大学、北京大学、南京大学、武汉大学等院校引进了一些“现代西方哲学”专业毕业的硕士生和博士生，同时也在人大哲学专业和西方哲学的硕士生中挑选了一些合适的人才，使教研室的教师人数迅速增加到七人。但后来由于三人出国未归、一人考上社会科学院博士研究生，人数又逐步减少了。

“招兵买马”的同时，我们也正式开课了。1984—1985学年第一学期，教研室给哲学专业本科四年级（1981级）系统地开设了“现代西方哲学”课程，我主要负责讲授绪论和科学主义思潮部分，包括逻辑实证主义、科学哲学和语言哲学等，一共30多学时。这门课程得到了学生的好评，于是从此以后就作为哲学专业的必修课固定下来，并且课程内容不断丰富和充实。后来，随着我们教学和科研的深入，很快又在校、系两级开设了“存在主义”、“萨特与存在主义”、“西方马克思主义”、“分析哲学”、“解释学”等选修课。这些课程的开设，引起了同学们的普遍关注，很受他们欢迎，特别是其中一些选修课，如“存在主义”，选修人数多达100余人，经常座无虚席。这不仅活跃了学生的思想，同时也促进了我们对这门课程的教学与研究。

除了开设专业课和选修课，我们还开设了一些讲座。1984年九、十月间，《教学与研究》编辑部的哲学编辑李冠英同志邀请我主持面向全国高等学校的“当代西方哲学思潮评论讲座”，并在《教学与研究》上分9期刊登由我校现代西方哲学教研室共同编写的8篇文章。这一系列讲座既扩大了我校现代西方哲学在全国的影响，同时也为我们编写现代西方哲学的教科书作了准备。后来，我们与《教学与研究》编辑部合作，在上述讲座的基础上，我主编出版了《当代西方哲学思潮概要》一书。1988年2月，我和魏金声主编的《现代西方哲学主要流派》也正式出版。

在社会学领域，我也牵头组建了中国人民大学社会学研究所。这个研究所是1984年9月经教育部批准成立的，我担任所长，当时只有我一个人。于是，我紧锣密鼓地开始招兵买马，组建工作班子，于1986年建立了社会学硕士点，并开始招生。对我来说，社会学真是白手起家，一步步建立了硕士点、博士点，进而建立了重点学科，并且在一级学科里排名全国第一。

总的来说，我从英国回来后最主要的就是建立了这两个研究机构，并且在此基础上开展现代西方哲学以及社会学的教学和研究。而在学生的培养方面，从1985年到1992年，我先后培养了五届分析哲学硕士研究生和七届社会学硕士研究生。北京市委副秘书长张建明就是我校社会学第一批硕士生。1994年，时为统战部副部长的刘延东同志也是在我这里取得了社会学硕士学位的。从1987年到1992年，在我的主持下，社会学系还先后招收了六届本科生。

在此期间，因为学术研究的关系，我还与胡绳同志相识。从英国回来之后，我先是于1985年7月29日在《光明日报》发表了《马克思主义社会学的两种形态》，随后又在《社会学研究》1986年第1期创刊号上发了一篇《社会学对象问题新探》，当时该刊主编张琢曾给我打来电话，说此文受到了时任中国社科院院长胡绳的好评，后来胡绳还通过我校领导李文海教授向我转达了他的看法。此后他在家中接见了我，主要就我提出的马克思主义社会学的两种形态以及社会学对象的两个观点交换了意见。他认为，我的观点，特别是马克思主义社会学的两种形态的观点，解决了社会学领域一个多年没有解决的问题。我主要指出马克思主义社会学对资本主义社会是批判的、革命的，而对社会主义社会是维护的、建设性的；不能把马克思主义理解为只有批判，没有建设，就此我对马克思主义社会学提出了新的定义。此外，1986年的时候，第三期《红旗》发表了我的《正确看待西方哲学》文章，胡绳看后也很赞赏。

在社会学领域取得丰硕成果

80年代后期，我的主要精力放在了社会学研究领域。关于社会学，我主要建立了两个平台。

一个平台就是社会学研究所和社会学系，社会学的博士点、重点学科、博士后流动站，凡是体制内的资源我们都争取到了。我很感谢人民大学给我提供了很多条件和机会，社会学界也让我担任了很多重要职务，如国务院学位委员会第三、四、五届政治学社会学学科评议组成员和召集人、国家社科基金社会学学科评审组组长、中英奖学金评审委员会委员、教育部高等学校社会学学科教学指导委员会主任委员、中国社会学会会长、北京市社会科学界联合会副主席、北京市社会学学会会长等等。

在社会学的发展方面，我在人民大学创建了我们自己的学派，即社会运行学派。我先后提出了几个理论：社会运行论、社会转型论、学科本土论，还有社会互构论，每一个理论都有相关著作予以支撑。社会运行学派就是以我的学术理论为基础建立的。我们后来编了一本书，名字叫《社会运行学派成长历程》，副题是《郑杭生社会学思想述评文章选》，这本书将 1984 年以来别人发表的对我的学术评论文章整合在一起。社会运行学派直到现在还很有影响，特别是出版了“郑杭生社会学学术历程”这四卷五本书之后，在学界的影响进一步扩大。现在很多人都在对社会运行学派的有关理论进行研究，并且很多博士生还用学派的观点来分析现实问题，比如用“社会互构论”的观点分析自杀的类型、贫困的原因以及社会发展中方方面面的问题等。以前分析问题都强调社会原因或者个人原因，我们从“互构”的角度来分析问题，也就是说“社会塑造了个人，个人也在塑造着社会”，这就抓住了关键问题。现在我们正在筹办一份杂志，这样能更好地宣传学派的观点，扩大学派的影响。

我在社会学领域建立的另外一个平台就是培养人的平台。在创建学派的同时，我还培养了一些很不错的学生，他们有的从政，有的搞学术研究，在所在的领域都取得了相当的成就。像山东大学党委书记李守信、刚才提到的北京市委副秘书长张建明、国务院发展研究中心社会发展部部长葛延风，这些都是我的学生。我的学生从事学术研究的就更多了。现在担任人民大学教务处处长的洪大用是其中比较优秀的一位，他得过 2001 年全国优秀博士学位论文奖，这篇论文迄今为止还是社会学界唯一的一篇全国优秀博士学位论文。另外一个学生黄家亮获得了 2011 年全国优秀博士学位论文提名奖，现在我们学校社会学系的李路路、郭星华、陆益龙都是我的博士生。为了学术思想的传承，我觉得在人才培养方面还应该投入更多的精力，加大工作力度。

除了培养社会学的研究和实践人才，在这一阶段我也开始着手撰写关于社会学对象问题的专著，并且开始组织编写《社会学概论新修》等教材。随着社会学研究的不断深入，我先后参加了意大利、美国、秘鲁、日本、韩国等多个国家举办的一系列国际学术活动，发表演讲和学术论文，在国际社会科学界也有了一定的知名度。

可以说，近二三十年来虽然我逐渐把重点从哲学学科转移到社会学学科，但直到现在，我仍然感觉自己受益于哲学。我想我之所以能够在社会学领域取得一些学术成就，与我曾经系统地受过马克思主义哲学和西方哲学训练不无关系。哲学看待问题的视角，透视思想的深度，以及对待各种思潮的态度，所提出的方法论都会潜移默化地影响一个学者的学术视野和学术洞察力。就我自己来说，我的社会学思想在许多方面就受到了哲学思想的影响，比如萧前老师的哲学思想就对我的社会学研究很有启益。我认为，哲学和社会学之间的关系是不可分割的，社会学作为一门综合性具体学科，永远需要哲学的指导，也确实需要从哲学中汲取灵感、分析框架和方法论。当然，社会学作为一门学科，与哲学也有一定的区别，它更是一门实证性或经验性的理论科学，能够证实和证伪。在这么多年的教学生涯中，我一直要求自己开设的课程既要有哲学的深刻性，又要有社会学的现实感。马克思主义学院为博士研究生开设“马克思主义前沿课程”，我依然是其中的授课教师之一。

担任副校长期间分管国际交流、职称评定工作的情况

我从 1987 年开始担任中国人民大学的副校长，直到 1997 年，前后一共十年时间。我长期分管外事等工作，在这十年间，我觉得我给人民大学做的最重要的一件事情就是跟英国文化委员会合作。当时英国驻华使馆的文化参赞叫杰姆斯，我跟他接触多了比较熟悉之后，有一次我就带着一种批评的口吻跟他说：“你们英国人就是眼光短浅，你们老是支持办语言学校，然而跟一个大国的联系，语言只是一种工具，政治、国际关系、经济、社会、环境这些才是主要学科。而且你们大部分注意力都只是放在南方，北京才是中国的政治文化中心，你们应该也支持北京高校的发展，并且不仅仅是语言类的学校。”我还告诉他说，我们人民大学乐意保持与美国和欧洲交流的平衡，我们也希望欧洲能有自己的影响。他非常赞同我的观点，回去研究之后，他告诉我：“我们好好合作吧!”

就这样，英国文化委员会每年给人民大学三万英镑，人民大学可以每年从五个学科中每个学科派出两个人到英国留学，持续三年。我觉得这件事情对人民大学起到了很重要的作用，使得人民大学同英国爱丁堡大学、伦敦政治经济学院、威尔士大学等五所高校建立了联系。此后，人大国际政治学、环境学、社会学等学科先后派出教师去相应高校留学，三年下来，每个学科至少派出了六七位教师，这样总共派出了大约四十人去英国留学，现在这些人都是各学科的骨干力量。人民大学后来还建立了英国研究中心，在这个基础上又扩大为欧洲研究中心。那段时期人民大学跟英国高校的交流比较密切，英国大学的校长会也在人民大学召开。除此之外，还有不少其他的外事活动。

在我担任副校长期间，还分管过四届职称评定工作，从 1990 年到 1993 年，我经手提的教授将近二百人。那时候职称评定是一项很棘手的工作，而且一次没有凑足四十个教授的名额是很难评职称的。我分管这

项工作以后增加了几个规矩。一是在评职称的时间上，本来以前是年底评，那时在我的建议下提前到六月底评，因为国内许多政策都在上半年实施，这样对教师有利，这个规矩也一直保持到现在。另外一个规矩是关于评职称前我见不见人的问题，我说谁都可以来见我，但来见我的时候只许说自己够资格，不能说别人不够资格，这样就不会耽搁太长时间。还有一个规矩是关于送礼的问题，我明确提出可以送书但绝不能送别的，有了这一条规矩，也解脱了我自己。

在评职称过程中，我在黄达校长他们的支持下还处理了两件事情。一件是我让人事处做了一项调查，就是从国外留学得到博士学位回来的新中国成立初期是教授的而现在不是教授的人有多少，结果这样的人不到十个。另外一件是我让人事处调查一下解放初期是教授但现在不是教授的有多少，结果也是差不多有十个。这两部分人虽然人数不多，但影响不小，他们怨言很多，所以我就打算把这个问题解决了。我向黄达等校领导汇报了我的想法，他们都支持我，于是我就请这些同志来开会，我跟他们说："我现在可以先给你们一个教授的头衔，但我没有权力给你们加工资，过一段时间如果碰到机会就能把工资解决了，你们愿意接受就签个字，如果觉得这跟工资不挂钩，不想要也可以。"当然他们都接受了。结果过了一段时间，他们的工资也都涨了，这样他们就都没有意见了，也都说人大不错了。这其实是很重要的，因为他们都挺有社会影响的，把这个问题解决了，既能维护人大的声誉，也符合党的政策，对人大产生了一些积极的作用。

现在回过头来看，虽然分管评职称这个工作很棘手，但在我担任副校长的这十年里，把这项工作制度化了，并且每年都评，有些老师今年评不上，明年还有机会，所以整个职称评定工作基本上还是比较平稳的。总体上我觉得，自己在这十年的任职期间，还是做了一些实实在在、对人民大学发展有益的事情。

丰富多彩的业余生活

我平时喜欢喝点酒，但我会"科学喝酒"，而不酗酒。我总结了"科学喝酒"的四条原则：一是总量控制不超量，二是小步快跑慢慢品，三是心情愉快不皱眉，四是让每一个酒分子都起到作用。我觉得慢慢喝酒是一种享受，中国的酒文化太深远了，喝酒也是文化继承的一种表现。实际对我们中国古代的先人来说，一生主要是两件事情，一是喝酒，二是造坟。古代铸造的青铜器大多是酒器，或者为酒器服务的东西；同时，有点身份的人都热衷给自己造坟。可以说，酒和坟这两样东西都蕴含着深厚的文化，也为我们留下了很多文化上的东西。

此外，我从小就喜欢体育运动。我打太极拳、太极剑打了很多年，复校后，参加过一个打太极拳、太极剑的团队，在李德印老师指导下，得过北京市太极拳比赛的团体奖项，还在北京得过“太极剑集体冠军”。我也喜欢登山，过去是逢山必登，逢塔必爬，而且必须爬到顶。有一年去河南开封，那个开封塔很高，但我很快就爬上去了。还有一次到安徽出差，我专门抽出时间去爬天柱山，第二天，陪我爬山的年轻同志下楼都感到有些困难了。

对于音乐，我也有一定的兴趣。在我读初中的时候，跟着我的音乐启蒙老师张斌一起抄乐谱，在这个过程中学到了一些音乐方面的知识。那时候学校每天早晨要升国旗唱国歌，在这个仪式上，我负责指挥。指挥也很不容易，我练习了很长时间，但第一次指挥的时候还是很紧张，站在台上脚都有点抖，后来慢慢就习惯了。那时候我也就十二三岁，后来才觉得这种锻炼很必要，起码提升了我的胆量。虽然我能指挥，但是我觉得自己的嗓音并不太好，所以我基本不唱，主要搞乐器，我们这一代人，主要对苏联歌曲很感兴趣，觉得听起来很悠扬，现在的流行音乐就不怎么欣赏得来了。

有时候人家问我是怎么保健的，其实我真的没有好好保健，我就告诉他两句话：“胡作非为”、“肆无忌惮”。到我这个年纪还喝那么多酒，可不就是“胡作非为、肆无忌惮”？当然，真正说到保健的问题，我觉得有两句话挺有道理，一句是“一个人太关心自己的健康就不健康了”，还有一句是“世界上的人百分之九十以上都是让医生治死的”。说到底，就是要保持身心的健康，这才是真正的保健。

如果要总结我为人处世的原则，应该就是做事认认真真、实事求是，为人严于律己、宽以待人。我曾先后两次提出自己的座右铭，一是“求学与为人并重”，“求学”要求自己勤快、谦虚、创新，“为人”力求做到律己、助人、大度；二是“方向要正确，人品要高尚，学问要扎实，身体要健康”。我也愿意把我的这两条座右铭拿出来与大家共勉。

人物简介：

郑杭生（1936.09—　）浙江杭州出生，乐清人。中共党员。教授。社会学家。

郑杭生1961年于中国人民大学哲学系五年制哲学专业毕业后留校任教，曾任哲学教研室负责人、现代西方哲学教研室主任、中国人民大学社会学研究所所长、社会学系主任。1987年9月至1997年4月任中国人民大学副校长。1991年被授予国家有突出贡献专家荣誉奖。2009年获评中国人民大学首批一级教授。现任中国人民大学教授、博士生导师，教育部人文社会科学重点研究基地中国人民大学社会学理论与方法研究中心主任。曾兼任中国社会学会会长、北京市社会学会会长、国务院学位委员会政治学社会学学科评议组召集人。现兼任国家哲学社会科学基金社会学学科规划和评审组组长、教育部社会学学科教学指导委员会主任委员、教育部社科委员、中国社会学会名誉会长等职务。

郑杭生1981年至1983年公派到英国布里斯托大学进修社会学和现代西方哲学。作为学术带头人，分别于1984年、1987年主持创建中国人民大学社会学研究所和社会学系。在担任副校长期间，他主要分管学校外事工作，也曾分管科研、图书馆工作，1990年至1993年连续四年分管职称评审工作。

郑杭生在学术方面，主要从事理论社会学及其应用研究，其作品多次获国家级和省部级奖。社会学方面的主要代表作有《社会学对象问题新探》、《社会运行论导论》、《转型中的中国社会和中国社会的转型》、《中国社会学史新编》（中英文版）、《二十世纪中国的社会学本土化》、《社会学概论新修》（第一、二、三版）（主编），以及由中国人民大学出版社出版的“郑杭生社会学学术历程”四卷精装本（《中国特色社会学理论的探索——社会运行论、社会转型论、学科本土论、社会互构论》、《中国特色社会学理论的应用——当代中国社会的热点问题》、《中国特色社会学理论的拓展——当代中国社会学的前沿问题》和《中国特色社会学理论的深化——“实践结构论”的提出与“理论自觉”的轨迹》）等。曾赴美国杜克大学、哈佛大学、英国伦敦政治经济学院、日本立命馆大学、澳大利亚悉尼科技大学、加拿大麦基尔大学、韩国庆熙大学、香港中文大学等十多个国家和地区的大学讲学或访问。

社会建设与社会管理中的理论深化与实践创新*

——访中国人民大学郑杭生教授

当今社会建设的影响力是过去所不可比拟的，中国共产党第十八次全国代表大会的召开更是将社会建设与社会管理推到一个更为重要的关口。正是在应对现今众多的实际挑战中，曾经作为历史概念的社会建设，如今成为与十三亿人命运息息相关的现实概念。结合十八大报告，解读社会建设与社会管理的时代内容，在把握当前社会现实背景下，探索如何进一步深化、推进社会建设与社会管理在理论与实践中的发展进程，这既是备受关注的热点，也是政府与社会治理在现阶段亟须探讨的重点。本刊就当前中国的社会建设与社会管理有关问题专访了中国社会学会名誉会长、中国人民大学一级教授郑杭生先生。

一、新时代、新内涵、新要求

徐晓军　彭扬帆（以下简称▲）：郑老师您好，非常感谢您能接受

---

* 本文是徐晓军、彭扬帆对郑杭生的一篇访谈。发表在《社会主义研究》，2013（4）。发表时的作者介绍如下：

【名家名片】郑杭生（1936—　），男，浙江乐清人。中国社会学会名誉会长，教育部社会科学委员会委员，教育部社会学学科教学指导委员会主任委员，国家社会科学基金社会学评审组组长，中央马克思主义理论研究和建设工程社会学首席专家，中国人民大学社会理论与方法研究中心主任、社会学一级教授、博士生导师；兼任华中师范大学社会学院名誉院长。曾任中国人民大学副校长、国务院学位委员会政治学、社会学、民族学组召集人，中国社会学会会长。

本刊特约记者：徐晓军（1975—　），男，湖北黄陂人，华中师范大学社会学院教授，博士，主要从事边缘人群社会融入研究；彭扬帆（1989—　），女，湖北红安人，华中师范大学社会学院2011级硕士研究生。

《社会主义研究》杂志对您的采访。我们知道，社会建设与社会管理的历史概念由来已久，早在上世纪前半期孙中山就曾提出社会建设这一概念。中国共产党在新世纪初再提社会建设，赋予其新的内涵和时代内容。您认为在新的历史条件下，我们党再次提出社会建设与社会管理的概念，其主要考量是什么？

郑杭生（以下简称●）：中国社会改革开放 30 多年的发展和转型具有鲜明的特色和特点，在社会建设与社会管理的理论实践中形成自己独特的“中国经验”，若想用很短的篇幅来概括学术界在社会建设与社会管理方面的探索和研究并不容易。在此，我主要从理论深化和实践创新相结合的角度，来对这个问题做简要的提炼与论述。我们今天研究社会建设，首先是要实事求是地揭示它所包含的新的时代内容。

改革开放以来，我们国家实行的是以经济建设为中心的发展战略和发展模式，在这种战略和模式下，虽然也有社会建设与社会管理，但主要依附于经济建设。在以经济建设为中心和经济不发达的背景下，社会管理和社会建设，要处理的问题比较少，工作也相对简单。现在随着我国的进一步发展，原先不曾出现的社会问题，或者很少出现的社会问题，像人口流动增加、环境资源承载加重、财富资源配置不公等问题，经过多年积累，爆发出来了，把我国推进到了“矛盾凸显期”。在这种情况下，管理新增社会事务，更好维护公民基本权益，加强对社会秩序的干预等任务，就迫切地摆在了面前，提上了日程。

总的说来，社会建设的提出，和科学发展观与构建和谐社会的提出一样，是我们党积极应对我国进入社会矛盾、不协调因素多发期的客观形势，直接面对传统风险和新型风险等不安全因素活跃期的社会现实，自觉适应世界从旧式现代性向新型现代性转变的国际潮流，深刻总结新中国成立以来特别是“文化大革命”中用破坏旧世界的思路和方法来建设新世界的经验教训，深入参考我国优秀文化中人伦和谐、天人协调的精华思想，认真汲取包括社会学在内的哲学社会科学关于社会协调发展的积极成果，做出的理论和实践创新。它是中国执政党和政府高层治理国家、治理社会的根本战略观念的转变，是社会发展和建设理论的新的探索。

▲在党的十八大报告中，将社会建设与社会管理方面的工作提到了前所未有的高度，单独用一个大的部分来阐述相关的内容。相比十七大报告中提出的“要加快推进以改进民生为重点的社会建设”，十八大报告第一次鲜明提出“构建中国特色社会主义社会管理体系”的重要战略思

想，对于社会建设的思路更加清晰、社会管理的任务更加明确、创新管理的要求也更为迫切。您的理论研究也一直与现实社会发展的脉络紧紧相连。请您谈谈党的十八大报告对社会建设与社会管理工作提出了哪些新的要求？

●在有关社会管理的各种讨论中，大家最为担心的是，当我们强调社会管理时，容易把社会管死，从而又陷入我国社会管理中“一管就死，一放就乱”的“历史怪圈”。这就尖锐地提出了如何使我们的社会有序与活力兼具的问题。十八大报告提出，加强社会建设要坚持三个“必须”。第一，必须从维护最广大人民根本利益的高度，加快健全基本公共服务体系，加强创新社会管理，推动社会主义和谐社会建设。第二，必须以保障和改善民生为重点。提高人民物质文化生活水平，是改革开放和社会主义现代化建设的根本目的。要多谋民生之利，多解民生之忧，解决好人民最关心最直接最现实的利益问题，在学有所教、劳有所得、病有所医、老有所养、住有所居上持续取得新进展，努力让人民过上更好生活。第三，必须加快推进社会体制改革。要围绕构建中国特色社会主义社会管理体系，加快形成党委领导、政府负责、社会协同、公众参与、法治保障的社会管理体制，加快形成政府主导、覆盖城乡、可持续的基本公共服务体系，加快形成政社分开、权责明确、依法自治的现代社会组织体制，加快形成源头治理、动态管理、应急处置相结合的社会管理机制。这三个“必须”指明了加强社会建设的重大作用、根本目的和基本途径。

▲随着改革的进一步深化，我国经济连续多年强劲增长，但现在存在这样一种现象，即经济的快速增长与很多老百姓切身利益的关系不是那么直接和明显，似乎经济增长与己无关，造成幸福感不强，影响居民安居乐业，这也就是您所说的社会成员的“无感增长”，这种社会心态，既影响社会活力，又影响社会有序运行。这也意味着当前中国社会建设和社会管理正在进入一个新的时期，社会建设和社会管理正在寻求新的突破，从“无感增长”向“有感发展”转变。您如何解读十八大报告中有关社会建设与社会管理走向“有感发展”的内容呢？

●结合十八大报告内容，我认为其中的三个“必须”，很好地回答了如何推促当代社会从“无感增长”迈向“有感发展”，即指明了加强社会建设的重大作用、根本目的和基本途径。

一是更加注重民生问题。作为能够合理配置社会资源和社会机会的社会结构和社会机制，以及相应的社会组织和社会力量，它们与老百姓的日常生活、与民生问题联系最密切、最直接。例如，作为社会建设重要内容的公共服务，随着现代化的进展，越来越成为老百姓生活不可离开、不可或缺的东西，这是从正向说的。从逆向说，作为正确处理社会矛盾、社会问题和社会风险的新机制、新实体和新主体，能够更好、更有效地处理民生问题，以及与其相关的种种问题，社会建设与人民幸福安康息息相关。十八大报告中提出加强社会建设的六个具体任务：努力办好人民满意的教育，推动实现更高质量的就业，千方百计增加居民收入，统筹推进城乡社会保障体系建设，提高人民健康水平，加强和创新社会管理。这六个任务，指出了合理配置社会资源和社会机会要特别关注的领域，也就是社会建设前述内涵的主要外延和所指。同时，这也是大力改善民生的关键领域。报告还首次提出，城乡居民人均收入十年翻番，这是一个意义深远的宣告，它意味着中国人创造的财富要成为本国人的福利，就要大量减少流向外国、成为外国人福利的那一部分。在作为保障人民生活、调节社会分配的一项基本制度的社会保障领域，要实现社会资源和社会机会的合理配置，就要坚持全覆盖、保基本、多层次、可持续方针，以增强公平性、适应流动性、保证可持续性为重点，全面建成覆盖城乡居民的社会保障体系。扩大社会保障基金筹资渠道，建立社会保险基金投资运营制度，确保基金安全和保值增值。加强保障性住房建设和管理，满足困难家庭基本需求。在作为促进人的全面发展的必然要求的健康领域，要实现社会资源和社会机会的合理配置，就要坚持为人民健康服务的方向，坚持预防为主、以农村为重点、中西医并重，按照保基本、强基层、建机制要求，重点推进医疗保障、医疗服务、公共卫生、药品供应、监管体制综合改革，完善国民健康政策，为群众提供安全、有效、方便、价廉的公共卫生和基本医疗服务。离开这些关键领域的社会资源和社会机会的合理配置，加强社会建设，改善人民生活，就会成为一句空话。这些都是非常艰巨的任务，要克服很多困难，破除很多障碍，做出很多努力，付出很多代价。

二是促进社会公平正义。社会建设既是推进社会公平正义落实的有效途径和重要力量，反过来说，社会公平正义落实不落实又是社会建设成效如何、成功不成功的衡量器和试金石。这是因为社会建设的过程，就是制度创新的过程，既包括宏观的社会制度的创新，也包括微观的社区制度的创新。通过制度创新推进和落实公平正义，这是社会建设的应有之义和重要性所在，而落实的程度和效果，反过来成为对社会建设成效的实际检验。在社会学上，社会正义就是指社会资源和社会机会配置的公平性和平等性。这里，公平和平等都能表达正义，但又是不同程度的正义。社会公平首先指的是一种客观的制度安排的合理性问题。这里，作为制度安排合理性的社会公平，主要体现在社会资源分配和获得的差别是合理的；社会机会对每个成员都是自由开放的，可竞争的。这样的安排，使上层永不松懈，中层永不满足，下层永不绝望。其次，社会公平还在主观上体现为百姓的共同认可、认同。这就是社会公平度、公平感的高低问题。社会建设和社会管理都是推进社会公平正义的重要手段和途径，它在推进社会资源和社会机会合理配置和分配的同时，也就是在具体地推进和落实社会公平正义，也就是把公平正义落实到我国微观社会制度和宏观社会制度的方方面面。报告多处提到维护社会公平正义的问题，提出公平正义是中国特色社会主义的内在要求，“加紧建设对保障社会公平正义具有重大作用的制度，逐步建立以权力公平、机会公平、规则公平为主要内容的社会公平保障体系，努力营造公平的社会环境，保证人们平等参与、平等发展权利”。

三是加强社会体制改革与创新管理。党的十八大报告围绕人民群众最关心最直接的现实问题进行了深化改革的科学规划与战略部署。其中，社会体制改革将成为未来五到十年中国改革发展和创新驱动的关键点。社会体制改革是当前中国整体改革的重要组成部分，是继经济体制改革之后的一场新的“社会进步运动”，其意义在于它将既承接经济体制改革的深化和完善，又为政治体制改革创造更为良好的社会环境和条件，因而在当前改革发展中具有特别突出的作用和地位。社会体制改革将是最大的“改革红利”。必须加快推进社会体制改革，围绕构建中国特色社会主义社会管理体系，加快形成党委领导、政府负责、社会协同、公众参与、法治保障的社会管理体制，加快形成政府主导、覆盖城乡、可持续的基本公共服务体系，加快形成政社分开、权责明确、依法自治的现代社会组织体制，加快形成源头治理、动态管理、应急处置相结合的社会管理机制。调整国家、市场和社会三大部门的关系。十八大报告关于三大部门关系的表述集中体现在“中国特色社会主义社会管理体系”所包含的四个组成部门上。第一部分是加快形成党委领导、政府负责、社会协同、公众参与、法治保障的社会管理体制。其中新增加了“法治保障”这四个字，强调社会管理必须依法行使，不能超越法律。这里的党委领导、政府负责、法治保障着重讲的是政府组织；社会协同中的社会，既包含狭义的小社会，又包括作为第二部门的市场组织，是一个中义的社会。社会体制是社会建设的宏观架构，是资源和机会配置的体系化规制，社会体制渗透到社会建设的方方面面，是关于权利平等、社会公正的顶层设计。社会体制的改革和完善是当前社会建设的关键。其他三个部分也无不涉及三大部门的关系。加强社会建设和创新社会管理，是要在深层次上理顺三大部门的关系，构建新型的三大部门关系，既避免它们各自的失灵——政府失灵、市场失灵以及可能的社会失灵，也避免它们关系上的越位、错位、缺位和虚位。

二、新问题、新风险、新挑战

▲我们知道在社会转型和经济转轨的大形势下，现代社会中利益主体与诉求的多元化趋势，加上信息化、网络化时代的来临，导致各种新问题新矛盾层出不穷。社会管理和社区治理体制改革是一项非常复杂的系统工程，涉及经济社会建设的方方面面。知己知彼，方能百战不殆。想全面应对各种新旧问题，就要为当前社会建设与社会管理“把脉”，也就是说，需要充分了解当前社会建设与社会管理的现实背景特点。在您看来，当前中国社会管理与社区治理面对的新形势有哪些特点?

●我国的社会管理和社区治理是在整个社会的现代性变迁这一大背景下开展的，是针对社会现代性变迁所带来的危机和挑战而提出的。我认为当今中国社会正在发生着的一系列结构巨变，是现代性全球之旅的长波进程和本土社会转型的特殊脉动这两股力量交织扭结而产生的现实结果。因此，分析时必须同时关照全球视野与本土特质这两个维度。从这种视野来看，当前中国社会管理与社区治理正面临极其复杂的社会背景和新问题、新矛盾和新风险，突出表现在四个方面。

一是利益主体和利益诉求日趋多元导致社会矛盾日益复杂，如何统筹兼顾多元利益考验着政府和社会驾驭复杂局面的智慧。从全球视野来看，一般地说，当人均 GDP 进入 1 000 美元～3 000 美元时期，各国社会都会面对不协调因素的活跃期和社会矛盾的多发期，这也是社会矛盾最易激化和恶化的高风险期。这一时期的不协调因素和社会矛盾主要表现为利益集团之间的利益矛盾和利益冲突。从本土特质来看，中国社会当前正处在快速转型过程中，经济体制转轨和社会结构转型的相互交织加剧了社会分化的趋势，在这种情况下，我国的社会矛盾几乎都涉及不同的利益关系和利益诉求。我国当前多元化的社会利益格局下，存在着各主体利益诉求内容的异质性和多样性、诉求行动的动态性和不确定性、诉求方式的竞争性和博弈性。这样的多元利益格局如何实现统筹兼顾，绝对不是简单的问题。

二是公众的权利意识迅速提升，如何做好新时期的群众工作考验着政府赢得群众信任的能力。习近平同志强调“群众工作是社会管理基础性经常性根本性工作”、密切联系群众是我们党最大的优势。然而，当前群众工作的难度已经大大提高了。从全球视野来看，自 20 世纪 70 年代末 80 年代初以来，福柯、利奥塔等一大批社会学家都意识到以个体意识为特征的“后现代社会”的来临。从本土特质来看，在中国，随着经济社会的发展，特别是市场机制无所不在的渗透，个体意识的崛起也是一个明显的趋势。随着群众权利意识的迅速崛起，他们对公权力不再是无条件地服从了，动不动就会与政府发生冲突。我曾说过：“现在我们许多干部都觉得治理社会比过去难多了。为什么难了？其中最主要的原因是老百姓信任的缺失。老百姓的信任，是一种非常可贵的社会资源。老百姓信任，即使社会政策考虑不周全，也能弥补，有矛盾也好解决，大矛盾化解为小矛盾，小矛盾化解为和谐相处；反之如果老百姓不信任，最好的社会政策也难以贯彻，不大的矛盾也难化解，小矛盾甚至被激化为大矛盾。这就是说，鱼水关系好办事，油水关系难办事，水火关系要坏事。所以，现在重建社会信任的问题，尖锐而迫切地摆在了我们面前。”

三是风险社会的特征日益凸显导致社会安全感下降，如何应对各种类型的风险考验着政府和社会应急管理的能力。从全球视野来看，随着经济的发展和高科技的应用，现代社会必然是充满风险的社会。而从本土特质来看，对于中国社会来说，风险社会的内涵更为复杂：一方面是来自当代到处存在的不稳定性所带来的人类困境；另一方面则是来自中国自身的社会转型带来的个体安全问题，包括现实困境和未来威胁两个方面。

在当前，“现实困境”在很大程度上主要又集中在收入分配和财富占有问题上。“未来恐惧”是指可能对个人生活造成的威胁。目前我国社会处在剧烈变迁的时期，各种不稳定性和不确定性因素容易被激发，社会成员对风险的潜在威胁也很敏感。譬如，公共突发事件造成的恐慌，资源短缺引发的各种紧张现象，公共物品的涨价，个人生活中可能发生的非预期性事件，以及个人退休后的生活质量和养老负担等，这些潜在威胁都有可能降低安全指数，导致社会成员的“预期性焦虑”。如何应对以上种种社会风险，缓解“人类困境”、“现实困境”、“未来恐惧”等多重压力，给人们足够的安全感，是我国社会管理与社区治理要面临的重大问题。

四是信息化网络化时代的来临导致的双刃剑效应，考验着政府和社会如何驾驭虚拟社会如何与时俱进的创新能力。在信息化、网络化的趋势下，社会现象往往是“无形无象无痕”的，一些难以察觉的迹象可以快速扩散蔓延，发展成为重大的社会事件，因而这一过程也更难以预料、捕捉和把握。其所带来的负面效果是，各种失谐因素极易得到激活，形成社会矛盾甚至导致社会动荡。目前，我国的微博用户已达 3 亿，网民高达 5 亿。网络使个人领域社会化，私人领域公开化，甚至使隐私领域公众化，一旦有违背规则违背公德的事件被曝光上网，就会触发网络上敏感而兴奋的神经，经过网络媒体的裂变式互动传播就会在极短的时间内发送至每一个网络终端，形成网络社会现场围观，并很快造成失控局面。总的来说，信息化、网络化是一把“双刃剑”。在作为各种思潮汇集点的当今中国社会，在价值观多元开放的时代，在市场经济陌生人的世界，这种双刃剑效应更是如此。敢于用善于用，网络就能对社会生活起到积极的作用；不敢用、害怕用、消极防御，不会用、不善用或用得不得法、不得体，它就可能对社会生活起到消极作用，甚至破坏作用。

▲从 2006 年开始，您就相继在全国十多个城市展开了深入系统的调查，社会管理和社区治理的内容一直是您调查的核心内容之一。我也有幸在 2011 年夏天与您一同前往杭州进行实地调研，在调查中，对我国社会管理与社区建设中一些规律性的东西有了更多的领会。您指出当前我国社会管理和社区治理面临四个方面的新形势，各地围绕破解这些新形势下开展社会管理和社区治理创新的难题，进行了大量各具特色的实践。可以说在实践创新中显示出我国社会管理与社区治理的新趋势，您觉得当前的新趋势主要包括哪些方面的内容?

●正是在应对以上各种时代挑战和考验过程中，各地开展了丰富多样的社会管理实践，较为明显地呈现出五方面趋势，可以概括为“五化”，即体制复合化、方式多元化、手段艺术化、机制科学化、城乡一体化。

一是合作共治与复合治理：社会管理与社区治理体制的复合化。体制问题是制约社会管理和社区治理最为根本性的问题，所以各地社会管理和社区治理实践都企图寻求体制上的突破。综观各地近年来的创新实践，一个明显的趋势就是从行政力量的一元化管理或单一部门的碎片化治理转向多元主体的合作共治与复合治理。我国过去社会管理和社区治理体制的一个根本性缺陷就是政府一家独大，市场和社会的力量极为薄弱，甚至缺席，这导致社会管理和社区治理的过度行政化。就社会管理来说，过度行政化使得社会资源配置模式过于单一，导致整个社会的僵化和低效化，而且在社会冲突中把自身置于矛盾的焦点地位。就社区治理来说，过度行政化，不仅影响了社区资源的配置效率，而且与社区居委会自治组织的法律定位背道而驰。兴起于西方 20 世纪 90 年代的“整体型政府”理念，是相对于之前所流行的“碎片化政府”而来，其深刻内涵是“排除相互破坏与腐蚀的政策情境，更好地联合使用稀缺资源，促使某一政策领域中不同利益主体团结协作，为公民提供无缝隙而非分离的服务”。构建“整体型政府”需要从机构、业务流程、信息资源、服务与沟通渠道等方面加以整合。

二是类型分化与分类治理：社会管理与社区治理方式的多元化。我们调查发现，在实际运作中，政府通常将社会组织划分为若干类型，对其进行分类管理。如深圳市将社会组织分为公益慈善类、社区服务类、文化体育类、促进就业类和维权类五种类型，对前四种类型的社会组织，尤其是社区民间养老服务机构是通过制定优惠政策鼓励其发展，对维权类组织则重点是规范限制其发展。另一方面，由于历史和现实的原因，我国社区的类型非常复杂，不同类型社区之间在人口结构、人际关系、资源结构、文化积淀等方面的差异很大，很难用一种放之四海而皆准的方式来对所有的社区进行治理，更不用说把西方社区的治理模式简单移植过来。因此，分类治理成为我国社区治理的必然选择。当前，我国社区治理的一个重要任务就是要探索针对不同类型社区的不同治理方式。

三是刚柔并济与情理法兼顾：社会管理与社区治理手段的艺术化。社会管理作为一种服务、协调、组织、监控的过程和活动，本来就应该是刚性管理与柔性管理相结合的。其中除了监控以刚性管理为主外，服务协调组织都是以柔性为主的。当前，我国社会矛盾空前尖锐，燃点多、燃点低，稍有不慎就可能造成难以控制的局面，因此，要尤其强调刚柔并济。

四是信息化管理与网络化治理：社会管理与社区治理机制的科学化。在信息技术特别是互联网在中国社会迅速普及的背景下，如何在信息化网络化时代进行社会管理和社区治理这一问题愈显关键。第一，如何应对信息化特别是网络化带来的挑战。对社会管理来说，互联网增加了社会管理的难度，不仅要面对现实世界，还要面对虚拟世界及数以亿计的匿名网民。近几年，随着博客、微博等网络社交平台的兴起，中国社会已经快速步入自媒体时代，每个人都拥有信息发布权和话语权，政府稍有错误就会成为网友嘲弄、责骂的对象。而且，网络的匿名性增加了社会管理的难度。第二，如何利用信息化特别是网络化提高资源整合的效率，增加沟通的便捷性。如近年来，全国各地普遍流行“政务微博”。据统计，截至2012年8月，通过新浪微博认证的各领域政府机构及官员微博已超过45 000家，党政机关和领导干部开微博是一个大趋势，这是践行阳光党务政务，增加政府公信力的一个有效途径，而且还能促使政府问政于民、问需于民、问计于民，使执政理念向执政为民方向转变，成为网络时代新群众路线的载体。

五是城市治理与乡村治理：社会管理与社区治理的城乡一体化。长期以来，我国城市和乡村是一种二元分割的格局，二者在社会管理和社区治理体制上都有很大的差异。改革开放以后，我国城乡关系已经发生了巨大变化，总的趋势是朝着城乡一体化方向发展。在社会管理和社区治理方面，这种趋势也比较明显。虽然，在法律意义上，村庄和城市社区都属于基层自治组织。但实际上，长期以来，我国城市和农村在基层管理体制上有很大区别。随着农村社区建设的推进，如何创新农村社区管理体制已成为迫在眉睫的难题。比如北京市的“村庄社区化管理”试验，为农村社会管理体制的改革找到了突破口，这一管理模式最初是在治安管理创新中提出来的。农村大量流动人口的出现，使得既有的治安管理模式已远远不能适应现实的需要。如何进行管理模式的创新，以实现有效的社区管理，成了至关重要的难题。要理顺各主体之间的各种复杂关系，建立起能够最大限度激发社会活力、消解社会矛盾的农村基层管理体制，还任重而道远。

▲您在前面廓清了现代社会建设与社会管理的特有面貌，我们清晰地认识到当前中国社会在转型期多重矛盾交错影响的这一基本前提，随之而来的是各种新问题、新挑战和新矛盾的出现。那么，在社会建设与社会管理的新特点与新趋势下，您对中国社会在发展中面临的种种挑战有何看法？

●我们的学术团队曾对郑州、广州和深圳、杭州的社区建设、社区管理和社区服务的经验进行了比较系统的实地调查，在此基础上发现并概括出我国社会建设和社会管理、社区建设和社区管理应对国内社会转型和国际社会发展的六大挑战。

一是在市场经济陌生人的世界，建立社会共同体的挑战。社会结构转型不可避免地造成社会流动加快和社会分化加剧，经济体制转轨则不可阻挡地引发人际关系疏松、传统联系减弱——所有这些都从各个方面促进市场经济下陌生人世界的形成。“熟人社会”的分量渐次减少，“生人世界”的成分快速增长。于是，新的社会整合的需要、新的社会团结的需要、新的人际和谐的期待，越来越摆在社会和人们面前，陌生人的世界需要新的连接和整合，否则社会将成为畸形的社会。社会建设和社区建设，正是为了在一个市场经济的陌生人世界里，构筑人际关系和谐的互助合作的新的社会共同体，这个社会共同体，在宏观上叫做和谐社会，在微观上叫做和谐社区。在一个市场经济的陌生人世界里，构筑人际关系和谐的互助合作的新的社会共同体，这是时代提出的新课题，通过制度创新破解这个难题，也是我们必须面对的挑战。

二是在价值观开放多元的时代，促进意义共同性的挑战。社会建设和社区建设不仅要在市场经济的陌生人世界里，构筑人际关系和谐、互助合作的新的社会共同体，而且要在价值观开放多元的时代促进意义共同性；不仅要进行制度创新，而且要进行价值重塑。这是因为，意义共同性或价值共同性是社会成员、社会群体或社会阶层对自己在社会中所获利益和所处地位自我赋予相似或相同的认知。现阶段存在贫富差距的两极分化、收入分配的不公正以及财富占有、资源和机会配置方面的不合理性，相关的一些新制度和新规范尚处在探索过程。这些实际情形使得“意义共同性”似乎与我们的生活渐行渐远。在这个快速变迁和明显分化的时期，社会越来越凸显出对于意义共同性的要求。社会成员在观念和价值观方面的共同性，其意义绝不亚于社会在利益结构方面的共同性。它触及到了在一个急剧变迁和分化的时代“我们何以能够共同生活”这样一个核心难题，这不能不是一个严峻的挑战。

三是在社会分化加剧的情势下落实公平正义的挑战。我曾在理论上综合马克思、恩格斯和罗尔斯等人的观点，现实上根据新中国建国以来特别是改革开放以来的实践，给社会正义下了一个更为广泛的社会学定义：社会正义就是社会资源和社会机会配置的公平性和平等性。这里，公平就是“合理的差别”。同时我认为，社会公平正义有两个维度，即制度安排与百姓认可。社会公平首先指的是一种客观的制度安排的合理性问题，社会机会对每个社会成员都是自由开放的、可竞争的。社会学上以职业为主要标志的阶层或分层则要求这样来安排：使上层永不松懈，中层永不满足，下层永不绝望。每个阶层的成员都可根据自己的情况和通过自己的努力，找到改变自己地位和命运的机会。社会公平还在主观上体现为百姓的共同认可和认同，这是推动制度创新的最直接、最重要的动力。百姓认可的公平正义是上述意义共同性的最主要部分。

四是在社会重心下移的情况下，大力改善民生的挑战。所谓民生问题，通俗地说，就是老百姓遇到的与衣食住行、生老病死等日常生活相关的问题。用社会学的术语来说，就是一个社会的成员，如何从政府、市场和社会获得自己生存和发展的社会资源和社会机会，来支撑自己的物质生活和精神生活的问题。在我国社会快速转型期，随着工业化、城市化、信息化和市场化的推进，社会分化加剧，出现了新的贫困问题，形成了生活困难的社会群体——社会学称之为社会弱势群体。他们为我国的社会进步付出了主要代价，但是他们的生活改善不多，甚至更加困难。他们是上学难、看病难和住房难等民生困难的主要承受者。现实困境与未来威胁都与社会成员的切身利益有关，都与民生问题有关。前者导致“现实性的烦躁”，后者引发“预期性的焦虑”，它们都会构成人们的后顾之忧，严重影响社会成员的安全感，降低社会安全指数。民生问题不仅是个人安全和整体社会安全的连接点，而且是和谐社会建设最基础的必要条件，是社会矛盾多发凸显最基本的根源，是对共产党执政能力的考验。能否大力改善民生问题，是中国社会发展和社会转型最切实而严峻的挑战。

五是在生态环境恶化的情况下，环境友好、资源节约的挑战。我们已经指出以往初级发展的生态环境的代价：空气污染、水污染、沙漠化等非常严重。在这样的情况下建立环境友好型、资源节约型社会，不能不是一个持续的挑战。这一挑战涉及自然系统与社会系统的和谐、生态环境系统与居住环境系统的协调，要实现城市建设与生态建设的统一、城市快速发展与生活质量提高的统一，还涉及经济发展模式的转变。

六是在发展主体总体布局上，理顺三大部门关系的挑战。现代社会日益分化为三个既相互关联又彼此独立的领域，即政府组织、企业组织和社会组织社会三大部门是社会发展主体，三大部门的构成状况及其相互关系，对社会发展、社会建设和社会管理，具有结构性前提的意义和影响极大。当前中国三个领域联动的社会结构和整合机制还没有很好形成。主要表现在：（1）三者的比例和力量大小还严重失衡；（2）三大部门越位缺位和错位的情况还很普遍，这里主要是政府要正确定位自己；（3）经济上交往原则被错误地引进到公共权力领域和公共领域的现象也很普遍；（4）由于社会缺位，第三部门还没有发挥自己应有的功能，还不能有效地弥补市场失灵、政府失灵和减轻社会管理成本的作用。现在，面对多发和活跃的社会矛盾，中央政府和地方政府如果不从体制上和部门结构上解决问题，那么，政府“引火烧身”，把矛盾集中在自己身上的状况、疲于奔命和被动应对的状况，就很难从根本上加以改变。只有逐步消除上述结构性和功能性的障碍，三大部门各自才能成为良性的社会发展主体，才能有效地发挥各自的作用，相互配合和相互促进，而不是相互摩擦和相互抵消，才能为科学发展、和谐社会建设提供结构和功能协调的部门结构，这不能不是一个任重而道远的挑战。

三、新理念、新思路、新举措

▲您对当今中国社会实践结构性巨变及其主要趋势的分析，勾勒出新型现代性条件下中国特色社会主义社会的转型变迁，并总结出“社会转型论”、“社会互构论”等众多中国特色社会学的理论成果。与此同时，您也高度关注实践创新，譬如您在杭州、深圳等地也进行了大量扎实深入的实地调查，包括您提到从中央到地方、部门到基层社区三个层次的实践创新与探索，这一系列的经验探索为中国社会管理、社区管理、社区服务等都提供了丰富而实用的养料。您能否就过去积累的调研成果谈谈，如何在实践中创新社会建设与社会管理?

●自科学发展观与和谐社会提出以来，我国社会从上到下和从下到上都有很多创造，为中国特色社会主义这种新型社会主义增加了许多新鲜的内容。“中国经验”是中国社会上下结合、共同探索、互动创新的结果。中央经验是“中国经验”的核心、灵魂和指导。地方和部门经验、基层经验的重要性则在于它们共同构成了“中国经验”一个个亮点、一个个支点，共同标示着中国特色社会主义这种新型社会主义历程的一个个轨迹点、成长点。

就从下到上而言，和谐社区制度的创新是最耀眼的亮点，它也是和谐社会建设的抓手和基础工作。我本人有幸对广州、武汉的社区建设作过比较系统的调查，对南京、深圳、济南、镇海、苏州、郑州等地社区建设情况也有所考察。各地的做法都有差别，但都在探索和创新。在这一过程中，我接触了不少领导、社区工作者、城乡社区居民，与他们共享制度创新成功的喜悦，共同梳理其中的问题和教训，受到了极为深刻的教育，也为自己的社会学研究汲取了许多新鲜的养料。

在中央、地方和部门与基层社区三个层次的实践创新和探索中，我的学术团队比较系统地实地调查了属于第二个层次的杭州复合创业主体或复合治理的经验、郑州推进城市现代化的“三化两型”实践，以及北京“大民政”的理念和实践。下面介绍一下北京的“大民政”实践与杭州的复合主体经验。对北京这个城市，我和我的学术团队在2010年至

2011年搞过实地调查，成果是《“大民政”的理论和实践与“中国经验”的成长——夯实中国特色世界城市基础的“北京经验”》。两年前，“大民政”理念得到了中央有关领导的高度重视，民政部领导的大力支持，北京市各级民政干部的切实贯彻，受惠群众和老百姓的衷心拥护，也受到社会科学界的众多好评。两年多来，人们越来越认识到，“大民政”的理念就是体现“民生为重、造福于民”这一本质的理念，“大民政”的实践就是贯彻“民生为重、造福于民”的体制创新探索。“大民政”的重大意义越来越得到显现。经过我们团队两次系统实地调查和分析研究，我把“大民政”的重大意义概括为五个方面：“大民政”是大力推进现阶段中国特色现代民政的艰辛探索；是社会管理从原有体制转向新型体制的不懈努力；是社会成员从无感增长转向有感发展的必由之路；是夯实世界城市建设基础的北京经验的生动体现；是促进建构“国家与社会”新型关系的有力抓手。同时，这一探索和实践也最大限度地激发出社会活力，使北京成为活力、有序兼具的城市，达到了社会管理科学化的较高境界。

杭州复合创业主体或复合治理的经验。杭州市近年来开展社会复合主体实践，构建社会复合主体是杭州市提出的城市发展的整体战略。其基本做法就是：在城市发展中，构建一个个由多个多层多界和多域行为主体联合或结合而成的复合型社会组织。培育社会复合主体是社会运行和社会组织结构的重大创新，是经济运行和社会创业机制的重大创新，是政府职能转变和社会治理的重大创新。

在城乡基层为主的第三个层次中，我们系统地调查了郑州、广州和深圳、杭州的社区建设、社区管理和社区服务的经验。我国许多城市基层社会早就开始了对新睦邻方式和新睦邻途径的探索和创新。在这个过程中，涌现了许多作出了贡献的区、街、社区。这里提到的是一些带有关键性、转折性的区、街、社区。

一是天津市河西区天塔街道，它是探索这项工作的先行者和取得重大突破的代表。从1999年开始，该街道设置了邻居节，以德为邻、以邻为善、以邻为伴，把一年一度的邻居节办成了街道、社区的一个制度性品牌。讲文明、树新风成为一种新的社会时尚，也成为辖区单位和居民的一项自觉行动。通过加强社区睦邻文化建设，天塔街道增进了居民之间的亲和力和凝聚力，推进了社区和谐与社会和谐。这一创新性举措获得中共天津市河西区委、区人民政府的支持，迅速在全区各街道社区全面推开并收到显著成效，也在更大的面上进行了宣扬推广。在对天津市河西区睦邻文化建设经验的推广以后，杭州、哈尔滨、南京、武汉、重庆、济南、深圳都局部或全部推开了“邻居节”或“邻里节”的活动，和谐社区、和谐街道、和谐城区、和谐城市的创建活动有了很大的推进和发展，这些地方形成既有活力又有序运行的局面。

二是西安市新城区西一路街道，它将社区睦邻文化建设推向系统化。随着社区睦邻文化建设在和谐社区中地位的提高和作用的加强，邻里节活动很快从发达地区向中西部发展，从大城市向中小城市发展。在这种背景下，西安市新城区于 2008 年 4 月举办了“全国第三届社区睦邻文化建设高层论坛”，活动由西安市新城区西一路街道承办。126 个城区和街道在论坛上展示了自己开展社区睦邻文化建设的丰硕成果，特别是西一路街道社区睦邻文化建设的“六有”：有机构、有规划、有制度、有阵地、有队伍、有典型；“五主题”：相知、相亲、互助、互动、风采；“三抓”：抓参与面、抓结合点、抓影响力和“自然人与自然人的睦邻、自然人与法人的睦邻、法人与法人的睦邻”，有力地提升了社区睦邻文化建设的境界，大大地拓展了社区睦邻文化建设的内涵和外延。

三是上海市嘉定区嘉定镇街道，通过推行社区“睦邻点”活动，社区睦邻文化建设开始走向了群众化、常态化和可持续化。第三届全国社区睦邻文化建设高层论坛，把全国各地社区睦邻活动推向了高潮，在丰富多样的社区睦邻活动中，上海市嘉定区嘉定镇街道推行的社区“睦邻点”活动，极大地推进了社区睦邻文化建设的深入和发展。嘉定镇街道“睦邻点”建设的实践与探索，是社区睦邻文化工程的理论创新、制度创新、形式创新和内容创新，是目前我国社区邻里和谐的新亮点，代表了社区睦邻文化建设的新水平。

▲您曾多次在文章中提到“要真正具备与世界社会学平等对话的能力，尤其是要创建真正的‘中国学派’”等观点，发人深省。在创建中国特色社会学及理论流派的历程中，这些观点的提出，某种意义上也就是把文化自觉进一步具体到社会科学发展及社会实践的层面。在您看来，中国社会学应当如何持续推进学科本土化、进一步深化“理论自觉”?

●我始终认为要更好确立自己在国际上的学术话语权，最好的、最有效的途径就是要加强“理论自觉”。只要自身的学术发展了、强大了，自己的理论丰富了、成熟了，话语权也就会不断得以增强。现在社会学界越来越多的学者用“建设性反思批判精神”、站在“理论自觉、理论自信”的高度，来看待、研究这一问题。社会科学表面上是一个认识论问题，实际上是立场问题，这里的立场指的是民族的立场。这个立场可以判明当代中国在东西方比较当中、在全球关系当中处于什么样的位置，更决定着我们对未来寄予什么样的希望。近一百年来，尤其是“西学东渐”以来，中国的经验被西方中心的话语贬斥到西方理论的注释里面去了。所有论文的理论都来源于、孕育于西方，而经验材料却来源于中国，中国经验材料成为西方理论证明其正确与否的一个注释。这种情况将会被全盘颠覆过来，西方的理论要成为我们中国经验的参照，作为我们的注释。

我在论述“理论自觉”时曾指出：中国社会学需要的是对西方社会学的借鉴，并主要根据中国社会发展和社会转型的实际，结合中国社会历史悠久的丰富传统学术资源，进行原创性的或有原创意义的理论创新，而不是在西方社会学理论或社会理论的笼子里跳舞，使自己的理论研究或经验研究成为西方社会学理论或社会理论的一个案例、一个验证。我在论述“学术话语权”时还指出：学术话语权与理论自觉度的问题，在当代中国尤其重要。这是因为，包括社会学在内的现代社会科学及其教学机构，基本上都是“西学东渐”的结果。在从鸦片战争正式开始的中国社会的被动转型中，在西学中学的对阵中，主动进攻的西学越来越占优势，最后占了压倒性的优势；这样在包括社会学在内的现代社会科学的世界格局中，欧美社会科学处在中心地位，垄断了社会科学的学术话语权，中国则处在边陲地位，在学术话语权方面处于被支配的地位。此后，特别是现在，越来越多的中国社会科学专家是学习西方社会科学出身的。上世纪前半期的专家还有深厚的中学基础，他们出国留学回归后，很多成为学贯中西的一代。现在则出现了一代对中学知之甚少、处在文化断层边缘的社会科学专家。他们往往养成一种根深蒂固的“边陲思维”，即对外国理论照抄照搬、亦步亦趋、拔高甚至神化，还自以为站在社会学的前沿，往往习惯于用西方的概念来裁剪中国的社会现实，而不善于用正确的立场、观点、方法，把西方社会科学中的精华用来分析快速转型中的中国社会的实际问题和理论问题，还自以为走在正确的路子上。现在确实到了大声疾呼“争取学术话语权，提升理论自觉度”的时候了。具体来说，社会建设、社会管理都涉及国家与社会的关系，涉及政府、市场、社会三大部门的关系。社会建设，社会管理，从深层次说是为了理顺两者或三者的关系。必须指出，东西方在理论上对“国家—社会”关系的观点不同。在西方的文化和社会语境中可以看出，“国家—社会”的紧张关系既是一种历史的常态也是一个现实的困境。在社会学理论中，一些代表人物，如哈贝马斯、布洛维，一些理论流派，如后现代主义者，都在将国家和社会对立起来的前提下，理论地描述了两者那种尖锐的对立关系。让国家（政府）走开，也让市场走开，即“公民社会”、“能动社会”，来主导整个社会的秩序。后现代的一些代表人物，强调社会自身的差异性、多元性、裂变性以及无序、冲突和对抗。他们认为国家以全面性制度生产出强大的行政力量，对社会实施严密的监控、干预和训诫，对社会生活、公共领域和个人事务不断进行侵入和压抑，造成了社会领域的销蚀和颓败。

上述观点中同样内含了解释的排斥性：国家、市场为一边，社会则为另一边。而中国的历史和现实则完全不同。无论是钱穆的“四民社会”概括还是费孝通的“双轨政治”论述，都表明在中国的历史传统中，并没有西方理论中所界定的那个独立于国家的市民社会，相反，国家与民间的理想形态是融合一体、上下整合，而非相互斗争、彼此消解的。1949年后的30年，中国在国家与社会关系上走向了另一个极端，即把市场和社会都消灭了，一切由国家来主导。改革开放实际上就是逐渐改变这种局面，建立一种新型的国家与社会关系形态。在实地调查中，处处都显示，在中国，“社会”无时无刻不是在处理与政府与市场的关系中运行着。这里，我们也看到“国家与社会的尖锐对立”这种在西方也不被完全实行的框架，我们更需要以“理论自觉”的精神，加以批判反思，尽快地跳出来，避免在西方理论框架的笼中跳舞。

加强和创新社会建设与社会管理是一项方兴未艾的伟大实践，立足于当代中国社会变迁的历史大背景，以国际视野和世界眼光，对其进行系统深入的调查研究，把分散的经验材料提升为较为系统的理论观点形态，为其提供必要的学理支撑，这是中国社会学义不容辞的使命。反过来，中国社会学也只有这样做，才能源源不断地获得对学科自身发展极其重要的新鲜经验，切实抓住中国社会变迁赋予我们的理论创新的机遇和挑战，实现“理论自觉”，把握学术话语权，从而使社会学学科的理论之树常绿常青，为我们的时代做出相应的学科和学术贡献。我衷心希望有更多的学者加入到这一队伍中来。

博士研究生的治学要求及社会运行学派的成长*

在国庆佳节之际，又恰逢华中师范大学社会学建系20周年、建立博士点10周年及建院5周年，很高兴在这个特别的日子里和我在武汉的在读博士研究生们一起畅谈学术与人生。我常说，我对自己的学生有四点要求，即“方向正确、品德高尚、学问扎实、身体健康”，这四者互为依托，缺一不可。其中，“方向正确”是指做学问要始终符合为国为民的基本原则；“品德高尚”是要求我们把踏实、勤奋、诚信放在为人处世的第一位；“学问扎实”是对博士研究生学习的基本要求；“身体健康”则是提醒同学们要强身健体，在学习过程中始终保持健康与活力。符合这四点要求，才能真正地坦荡做人、健康生活、快乐学习。由于时间有限，今天我仅就如何做到“学问扎实”，尤其是如何做好一篇优秀的博士学位论文，来谈谈我的三点看法。

第一，博士学位论文的撰写必须有一个正确、清晰、高尚的定位，这是衡量一篇论文是否能够顺利通过的基本标准。首先，何谓正确的定位？这就是我们前面提到的“方向正确”。做学问时，心中要有“一根红线”，要分得清大是大非、也要守得住学术立场。不抄袭剽窃、不拾人牙慧，同时，对社会事实的分析和理论的应用也要有一定的鉴别能力。要学会用中国人的表达来分析中国的问题。其次，何谓清晰的定位？清晰不仅是要求文章有条理、有逻辑、有层次，更重要的是对我们自身规划和学位论文的位置有一个非常清晰的认识。也就是说，如果你仅仅满足于“熬”到毕业、“混”出论文，那么这样一种低定位也必然会使学位论文成为毫无建树、无病呻吟的满纸废话。在我这里是绝对通不过的。因

* 2013年10月1日在华中师范大学社会学院与博士生见面聚会时的谈话。由郑杭生口述，王斌整理。

此，大家在撰写学位论文和其他学术性文章的时候，也务必要树立一个清晰的定位，或曰清晰的追求，即始终要怀着一颗为我国社会学界与现实实践作出贡献的热忱之心，以这样一种学人的担当，来实现论文质量和自我品格的双重提升。最后，从担当说起，我们也必然会提到何谓“高尚”的定位。我主要想讲两层涵义：其一，立意要高尚，即要对我国社会转型期最需要得到解决的问题给予分析，要发现“真问题”并为相对弱势的群体发声，更要对学科本土化背景下最需要探讨的理论进行回应；其二，贡献要高尚，即我们的学位论文要成为一种具有实际功能的、生产性的知识结晶，它既能提升我们社会学的学术话语权，又能增加我们社会运行学派的现实影响力。必须说明的是，博士论文的定位也是作者与导师之间展开对话的起点。博士生导师不同于小学教师，后者关心的是文章中的遣词造句和语法规则，而前者则将更多的精力放在了论文的选题立意、逻辑结构和理论深度等方面。要求导师对每一篇博士学位论文逐字批改、“锱铢必较”，既没有对博导的角色定好位，也没有对博士的素质定好位，更遑论对学位论文的定位了。当然，我们并没有否定或贬低小学教师的贡献，我的夫人就是一名优秀的小学教师，只是大家处于不同的学习阶段，就应该有不一样的学习要求。自然，老师对于学生的指导也大不相同。总之，从以上三个方面找准了定位，也就在价值观上端正了我们对待学位论文的基本态度了。

第二，博士学位论文的撰写还需要强调一个“新”字，这是评判一篇论文是否优秀的关键指标。简单来说，“新”就是要有新观点、新方法、新思路和新理论。首先，新观点是核心，它是区别你与他人论点之间差异性的标志，这其中既要与他人有对话、交流与传承，又要有超越、创新和发展。其次，新方法是途径，无论是定性研究还是定量研究，方法体系的更新必定是为了使学术资料如实、完整地再现社会现实，因此，新方法不在于用多么花哨的技术，而在于怎样真实地获得信息。再次，新思路是重点，思路是指我们的研究设计，思路的创新意味着我们必须要“破中有立”，既要踏踏实实地做好综述，又要有理有据地提出新论题。最后，新理论是“生命”，理论的“厚实”与指导实践的能力是学科向前推进的动能。理论之“新”，不在于生造概念与命题，更非强加关联或逻辑，而是要在稳健的分析基础上，提出具有一定解释力的、不雷同于他人的论点。我提倡的是一种实质上的创新，而不是流于形式。以理论社会学为例，我仅以此简单地谈一下社会运行学派的创新。理论社会学的范围大体包括“论”、“史”、“法”三个方面。其中，“论”指社会学理论或社会理论。“史”主要是社会思想史和社会学史，也涉及社会史等。“法”则主要指方法论层次，包括提供分析问题的视角、切入点、思考方式等。我们在“论”上的创新主要是社会运行学派“五论”的成长，这“五论”除了社会学本理论的基本特性之外，还具有元理论的意义，其中一些理论的提出本身具有论证社会学契合当代中国经济社会发展迫切需要的重要意义。而“史”上的发展则主要是指我们提出以论带史、史论结合的观点，主张运用社会运行论的观点和思路去观察和分析中国社会思想和社会学思想的发展脉络。在“法”的更新维度上，我认为“实践结构论”能做出较好的阐释，即在结合现代性全球化长波进程和本土社会转型特殊脉动的基础上发展出的“两维视野和双侧分析”的方法，既注重对“长时段”的历史把握，又注重对当前社会变迁现实的具象体悟。

第三，博士学位论文的撰写还必须占有大量的一手资料。社会学自诞生之初，初创者就强调了学科的性质在于“实证”。这里的“实证”是一个宽泛的概念，绝不等同于单一的定量研究，它指涉的是面对经验现实而展开的各类社会调查。这也符合我所倡导的“顶天立地”的精神，所谓“顶天”，就是站在世界学术的最前沿，要具有世界眼光和前沿意识；所谓“立地”，就是立足中国实践的最基层，要具有本土立场和草根精神。走向基层、认识基层、发掘材料、提炼现实，才是我们占有一手资料的题中之义。近年来，我们的学术团队所展开的社会结构研究、乡村变迁研究、社区研究等都是直面社会现实中最为紧迫的话题，以鲜活的本土实践，证明了“中国经验”的合理性、创造性和生命力。还需要说明的是，我们并不是要求大家一定都要走经验研究的道路，相反，对于社会学本理论和元理论的开拓在现阶段对我们学界显得尤为重要、更难能可贵。但理论研究也离不开对于一手资料的阅读和学习，这里的一手资料就包括东西方的经典之作。近来有一些研究西方社会哲学的学者提出要“回到经典”，我觉得这种思想是可取的，传统思想蕴含的生机是值得我们再思考的。但，只论西方而对我国的传统社会理论不闻不问，也是极端错误的。因此说到底，占有一手资料是要求我们必须立于学术研究的最前沿，这种前沿既是当代社会建设的热点现实，又是中西理论发展的交汇阵地。掌握一手的资料，认清复杂的实践，厘析经典的文献，才能确立我们自己的主体性、赢得学术话语权，增强社会运行学派的理论自信。

由此，便引出了我想说明的下一个话题，关于当前中国社会学学派发展的几点看法。此次参加华中师大社会学院的相关纪念活动，给我们一个重要的启示是：历史容易被忘记，但历史决不能被忘记。以史为鉴，不仅是我们洞穿社会兴衰治乱的认识方法，更是我们探索社会治理创新的关键步骤。因此，从长时段的社会光谱着手，才能把握住社会学学派发展的动态脉搏。历史地看，中国社会学是有学派传统的。在中国社会学发展的早期或前期，就在以孔德为创始人的西方社会学和以马克思为创始人的马克思主义社会学两大传统基础上，主要形成了四大学派：乡村建设学派、综合学派、社区学派和马克思主义学派。这其中，社区学派的代表人物是费孝通先生。费老作为我国最具影响力的社会学家之一，他贡献了一大批非常具有学术价值和典范意义的原创性理论，如“小城镇理论”、“中华民族多元一体”论、“文化自觉”论、“社会学传统界限扩展论”以及“新型文化文明观”等理论。但非常遗憾的是，费先生很少从学派的角度谈问题，他的学生也没有很好地发挥、演绎和深化这些理论，这便使得最应该成为中国最具生命力和影响力的社区学派日益凋敝。现今，研究费老学说的学者们，大都非先生自己的门生，缺少学派的团队合作和一脉相承的思想火花，是很难在越发精细化的学术研究中出精品、出上品的。这一历史的教训，值得我们不断地深思和反省。

历史不容忘记，现实也同样紧迫。全球化进程的日益加快使得中国社会学面临着前所未有的机遇和挑战。这里的机遇是指我们能有更多的空间去与国际社会学界进行交流，将“中国经验”的现实实践和理论蕴含自信地展现出来。但，挑战更不容忽视，即我们的学术话语权相对薄弱。造成这一现象的原因是多种多样的，其中最为重要的一点就是我们学界还缺少多元化的、能与全球不同类型的社会学进行对话的学派。我们必须认识到，有无学派，特别是有无著名的学派，是一个学科是否繁荣、是否有活力、是否成熟、是否有社会影响力的重要标志之一。不可否认，当前我国的社会学界还缺少类型多样的学派，更缺乏学派间的相互竞争、合作与共同繁荣。研究中国社会需要多种学派的友好争鸣。因此，学派成长的希望还在青年学者的肩头之上。北京郑杭生社会发展基金会的成立以及《社会学评论》的创刊，都是为了给广大社会学人提供学派成长和相互交流的广阔空间。我也希望在中国社会学派发展的历史上尽自己的一点绵薄之力。

最后，我还想再谈一下学派发展过程中传承与创新这一对重要的关系。一方面，这对关系体现在治学的方面。我认为，传承与创新实则是古今关系的一个侧面。正如我今年在社会学年会的主题发言——《再评判、再认识、再提炼——中国社会学在“理论自觉”阶段的基本功》中所提到的那样，古今关系是值得我们“再认识”的。一是要“再认识”当代中国社会学与历代学术传统，特别是社会思想的关系；二是要“再认识”我们这一代社会学者与我们社会学先辈的关系。因此，只有对本土深厚的学术资源进行再认识、再开发、再创新，才能把“理论自觉”真正地落在实处。另一方面，传承与创新这对关系体现在学派人才的培育方面。这些年来我深感有一种主要来自美国的“近亲繁殖”说法对中国的学派建设不利。这种说法贯彻在人事方面，就是在反对“近亲繁殖”的借口下，不许学派带头人留自己培养出来的学生。这就不能不影响到学派的发展、壮大。中国学术传统讲究传承和创新、讲究言传身教、讲究春风化雨。在中国，学派正是建立在这些基础之上的。这与美国学界把这种传承无分析地贬为“近亲繁殖”是很不相同的。这种狭隘的理解，将我们的“学派”和“学术共同体”视为“宗派”和“利益共同体”，这是极端不负责任的、无视我们学派贡献的说法。因此，“近亲繁殖”的论调，对中国学派发展起到了釜底抽薪的作用。要在中国发展人文社会科学的学派，就必须反对盲目照搬美国高校学界的这种做法。

以上，就是我想要表达的主要内容和观点。希望能够借此引发各位的思考，为中国社会学和我们学派作出应有的贡献。

三、他序

《传统文化隐喻——禹州神垕钧瓷文化产业现代性转型的社会学研究》序*

王洪伟博士的《传统文化隐喻——禹州神垕钧瓷文化产业现代性转型的社会学研究》是在其博士论文基础上修订出版的。全书以豫中古镇禹州神垕钧瓷特色文化的历史变迁为研究对象，通过对钧瓷特色文化带动地方经济发展战略演化运作过程的历史考察，探索改革开放以来全国各地风起的区域“名”文化或特色文化带动地方经济发展战略一般性运作机制和运转逻辑，同时探索传统文化资源现代性转化的中国社会学问题框架。这种社会学理论探索精神值得提倡和鼓励。

“名”文化或地方特色文化带动经济发展战略，说到底还是一种现代性扩张的社会转型的表现和运用。钧瓷文化的历史转化同样是一个从传统到现代转型的现代性增长过程。社会学视野里的“社会转型”，意指社会不断从传统走向现代，走向更加现代和更新现代，又不断产生自己相应的新传统和更新的传统的变迁过程。从理论看，传统和现代、传统社会和现代社会成为社会学分析的两种理想类型，具有很强的方法论意义。但是传统与现代并不是非此即彼的二分状态，它们两者是一体相连、互为表达、彼此推进的：没有现代也就无所谓传统，传统揭示了现代的另一种面相。传统与现代实质上是现代性过程的两种面相，正是由于现代不断与传统的对比，显示出自己是现代；传统构成了现代开拓和成长的因素，构成了现代的资源。事实上，不能把传统和现代这两者简单割裂开来、截然对立起来。正是因为传统的更新与现代的拓展而使现代性能够不断获得新的动力。

在王洪伟文笔流畅的社会学叙述中，我们看到，改革开放以来的神

* 该书于2010年1月由中州古籍出版社出版。

垕镇，在经济发展过程中逐渐摸索出“以钧兴镇”的“钧瓷带动”文化经济发展战略，以钧瓷文化为核心，发展地方经济，使一个小小古镇成为闻名全国乃至世界的重要瓷区，获得了巨大的经济成就。特别进入2007年以后，随着神垕钧瓷知名度的进一步张扬，在上级的关注和重视下，地方政府提出着力打造神垕钧瓷文化产业，按照科学发展观的可持续发展思路，力争在三五年内把神垕打造成“河南周庄”。以传统钧瓷文化为中轴的经济发展思路正在向更高水平的层级上拓展。钧瓷文化带动地方经济发展战略，不仅为地方带来发展的奇迹，还不失时机地与国家宏观的政治经济发展政策相契合，并已经逐渐形成一种日益成熟的“名”文化经济发展战略运作机制。神垕钧瓷文化经济发展战略的实践，从一个向度诠释了区域社会的现代经济发展并非对历史传统文化的摈弃而是一种演化为现代性成长的动力资源的过程。

神垕钧瓷文化经济发展战略成功或成熟化运作的新型发展思路，在当下中国经济结构调整浪潮中具有相当的现实典型性和普遍意义。近年来，我们的社会转型理论特别关注“旧式现代性”向“新型现代性”的转型问题。改革开放以来我国一些地区面临的发展困境问题，就是发展的实际结果与发展的预定目标正好相反的趋势。本来，发展的预定目标是减缩差距、改善环境、提高公平度、减少腐败现象、缩小弱势群体，但是发展的实际结果却是差距的增大、环境的恶化、公平度的降低、腐败现象的蔓延、弱势群体的扩大。我们称之为“类发展困境”，是对改革开放以来一些地区“旧式现代性”发展策略的理论概括，就是那种以征服自然、控制资源为中心，社会与自然不协调、社会与个人不和谐，社会和自然付出双重代价的现代性。旧式现代性警示人们：当人类和社会选择了与自然的对立，个人与社会的关系也趋向恶化，许多方面陷入了极度紧张和冲突激变的现实境地。在这种现代性的推进之中，人赢得了对自然的控制，却丧失了整个人类自由和解放的理想前景。旧式现代性已经进入明显的危机时期，探索新型现代性便成为一种势在必行的潮流和趋向。所谓“新型现代性”，是指那种以人为本，追求自然和社会协调，社会与个人和谐，社会和自然双盛，人和社会双赢，并把自然代价和社会代价减少到最低限度的现代性。改革开放以来，神垕地方一直以“一黑一白”的发展模式推动地方经济的发展，甚至资源型的经济增长思路长期占据地方经济发展战略的主导地位，这种追随“旧式现代性”的发展模式从1990年代中后期以降逐渐向以钧瓷文化为核心带动地方经济发展的新型现代性转型，不仅与国家宏观的可持续发展政策相吻合，也是地方资源濒临枯竭的实际形势逼迫下的无奈之举。可以说，以钧瓷文化为核心的文化经济带动发展战略正在演化为一种与“新型现代性”相一致的新型发展战略。从这个意义上来说，探索神垕钧瓷文化经济发展战略的运行机制或运转逻辑，不仅仅是为我们的“旧式现代性—新型现代性”理论分析框架提供一种现实注脚，更重要的是通过这种深度的理论自觉，丰富和充实了我们的“中国经验”研究的宽度和厚度，为中国社会的现代性转型探索出更多的可能性适切路径。当然，考察这种地方特色文化或“名”文化经济发展政策的一般性运作逻辑和机制，不仅具有巨大的现实意义，更具有深刻的理论价值。

王洪伟博士最初选择以神垕钧瓷文化历史变迁的社会学研究为博士论文选题的初衷就抱持两方面的雄心：一是通过对钧瓷文化历史变迁的考察分析，揭示钧瓷文化带动地方经济发展战略的运作逻辑和运转机制，进而发现一般性的“名”文化或地方特色文化经济发展战略的运行规则机制；二是通过对钧瓷文化带动经济发展战略运行机制的考察，构建传统文化资源现代性转化的中国特色社会学理论。

王洪伟博士的这种现实志向和理论雄心贯穿于《传统文化隐喻——禹州神垕钧瓷文化产业现代性转型的社会学研究》的各个章节：首先以“传统—现代”的视角重新构建神垕钧瓷发展历史（实际上也是“中国钧瓷”的史记纲要），由以从宏观的历史角度观察钧瓷文化资本的演化变迁——对于钧瓷这样特别尊重或强调“传统”继承的手工技艺，历史资源对其当代品质及资本形式的现代转化往往起着根本性影响。其次详细解释本研究的理论资源和研究视角。第三，分析钧瓷文化资源的三种形态：具体化的钧瓷艺人、客观化的钧瓷作品，以及制度化的资质或品质认证，考察了钧瓷文化资源内在结构的运作机制和运转逻辑。第四，分析作为钧瓷文化主体的钧瓷艺人在市场和政治双重作用下的结构分化，进一步考察作为钧瓷文化市场主体的钧瓷企业组织的历史演化和政府在钧瓷文化历史变迁过程中的功用。最后，通过对钧瓷文化带动经济战略的解析，致力建构一般性的“名”文化或特色文化带动经济发展战略的运作机制和运转逻辑；同时通过钧瓷文化资本的运转和转换机制的分析，致力建构一般性的传统文化资源现代性转换理论。

通过对钧瓷传统文化历史变迁的社会学考察，王洪伟博士的《传统文化隐喻——禹州神垕钧瓷文化产业现代性转型的社会学研究》为我们呈现了“名”文化经济发展带动战略运转机制或运行逻辑的一般性框架：首先，“名”文化或特色经济发展战略通过对地方特色文化传统的挖掘继承，推动这种传统文化资源历史名声的恢复，特色性的“继承”是地方文化经济发展战略形成、清晰化的逻辑起点；同时，在保持传统精华的基础上结合现代科技创新，传统文化载体现代品质的提升，着力打造和提升传统特色文化本源的知名度。知名度的提升要通过不断完善公正的制度化形态，使文化资本的具体化形态和客观化形态从个体性向集体性或社会性转化。依托于这种文化资本获利的经济组织依赖这种知名度，进一步通过对高知名度的文化客观形态的市场化运作，促动地域名文化资源的现代性经济转化；政治组织借助其政治优势，借助特色历史文化资源的知名度，一方面纵向“向上”争取区域发展的各类稀缺资源；一方面横向向社会吸纳或引进自己发展迫切需要的各类资源，这种双向的资源汲取运动是伴随着地方发展需求不断深化的，从而形成特色文化资源带动地方社会、政治、经济良性运转的逻辑机制。

近年来，我一直提倡中国社会学家应当深入研究“中国经验”，真正回到中国社会发展实践当中去，看看实践中的中国社会是如何运行的，并理解其内在的逻辑，这既是真正把握“中国经验”实质的唯一途径，也是讨论和提升“中国经验”的现实依据。而且我们更强调“中国经验”研究中地方经验、基层经验的重要性，在于它们构成了“中国经验”一个个亮点、一个个支点，标志着中国特色社会主义这种新型社会主义历程的一个个轨迹点、成长点。基层的“中国经验”主要指作为人们社会生活基本单元的城市社区和农村村落建设的经验，这在整个“中国经验”的体系中处于最基础的地位。如何将“中国经验”作为一个严肃的理论和实践命题，对其开展深入的学术研究，既是中国学者的本职所在，也是时代赋予中国学者的难得机遇。中国社会学有义务对整个中国经验、对不同层次的中国经验，进行调查研究，做出自己的符合实际的理论概括，以提升自己的理论品质，在这一方面完成理论自觉的使命，使自己的理论与中国社会发展、中华民族复兴息息相关。近年来，我和我的学术团队深入到中国社会的各个层面，直面中国社会建设和发展中的实际问题，捕捉中国发展进程中的创新举措，并对其进行理论概括，逐渐形成了一些有特点的研究和见解。对于“中国经验”的探讨是中国社会学诞生以来的优良传统，也是中国社会学的持久使命。能否正确认识“中国经验”并从中吸取理论养分，关乎中国社会学是否真正的具有生命力和解释力。王洪伟博士的专著《传统文化隐喻——禹州神垕钧瓷文化产业现代性转型的社会学研究》从一个很独特的视角切入对“传统资源”和“中国经验”的社会学研究，既具有很强烈的现实指涉性，也具有富于开拓性的理论意义。

王洪伟博士1996—1999年在中国人民大学社会学系跟随我攻读硕士学位之后，率性南下，先后入南方日报报业集团、上海文汇新民报业集团、广州日报报业集团从事新闻记者工作，由于其社会学背景，在新闻行业如鱼得水，挖掘采访撰写了不少很有影响的新闻佳作，获得30多项国家级、省部级新闻奖项。但是他并不满足于对新闻事件和社会现象的应急性报道，而对新闻事件背后的社会、政治、经济根源萌生了浓厚的研究兴趣。2006年9月，王洪伟博士放下曾经突出的新闻成就，转身重返象牙塔，跟随我攻读社会学博士学位。作为他的硕士、博士双重指导老师，我见证了王洪伟博士的勤奋刻苦，他学术理论涉猎广博，很有创新意识，最为难能可贵的是他具有很强烈的现实和人文关怀。

王洪伟博士从事近十年新闻职业后转型致力于社会学研究，其学术精神可嘉；而且他一下子从繁华的沿海都市回归到黄河流域传统文化根源地带开始自己的学术生涯，从社会学的理论视角探索中国传统文化现代性转型的可能性路径和运作机制，更为难能可贵。可以说，王洪伟博士关于中国传统文化资源现代性转化运行机制的研究也是我一向倡导研究的“中国经验”有机组成部分，大大充实了“中国经验”的内涵，理论意义和现实意义都不可低估。我一直认为，当代中国社会学要取得实质性的发展必须要有这种“顶天立地”的精神。所谓“顶天”，就是要追求前沿，要有世界眼光，即站在国际社会学的前沿，把握社会学理论、方法、历史研究方面的新成果、新趋势；所谓“立地”，就是要深入基层，要有草根精神，即深入到我国社会快速转型的实践，特别是在社会重心下移的今天，深入到基层的社区建设的实际，把握住制度创新的脉络。从对“中国经验”的把握来看，只有做好既真正“顶天”、又真正“立地”，才能准确把握其实质和要旨。

我相信，王洪伟博士只要继续坚持这种“顶天立地”的学术精神，以高度的理论自觉奋发进取，一定会在“中国经验”的广阔天地里大有作为。

郑杭生

2009年9月20日

于中国人民大学社会学理论与方法研究中心

灾害社会学研究的新进展

——序段华明《城市灾害社会学》*

段华明教授长期致力于灾害社会学研究。10年前他的国家社科“八五”重点项目《灾害社会学研究》出版时，我曾为之作序，认为有着独到的学术站位和工作语言。而今他再立项的国家社科基金项目《城市灾害社会学》作为专著付梓，很高兴再次作序。我看重这个成果，作为灾害社会学研究的延拓和深化，作者尝试建构中国社会学的一个分支——城市灾害社会学，形成了这一社会学分支的基本理念、理论范畴和学科架构，乃是中国减灾事业和社会学学科建设的一个极为有益的理论探索和实证研究，其理论意义和应用价值是十分明显的。

世纪之交，灾害频发成为世界各国面临的共同挑战，与灾害相关联的风险、危机、安全、突发事件、紧急状态等词语，频繁现于政府、学界和公众的公共话语中。进入21世纪，随着全球气候变化、经济快速发展和城市化进程不断加快，防灾减灾成为一种新的责任和新的追求。联系2008年至今中国所遭受的南方雨雪冰冻、汶川大地震，2009年全球肆虐的甲型H1N1流感等重大灾害，我们需要进一步认识灾害同人类社会的关系，尽可能准确地分析灾害原因及其影响，努力寻求消灾化险、去害兴利的途径。自然灾害具有不可逆性，而人为因素是可以管理的，社群的脆弱性是可以改变的。人们眼下能做到的事情，是以约束人类自身行为为着力点，加强对灾害的社会因素的观察、分析和预控，实现对灾害的科学管理、理性干预和及时预警。这意味着灾害社会学研究将大有作为。

以社会学视野看，灾害研究的内容是揭示灾害对社会运行的阻滞和

---

* 该书于2010年7月由人民出版社出版。

破坏的带规律性的知识，而其目标指向却是社会的良性运行和协调发展，也即科学发展。社会学介入防灾减灾，注重社会的整体性、综合性和各种系统之间的结构性、功能性关系，社会学关注社会组织、生活方式及社会心理对社会及其发展的影响，有助于形成良性运行的防灾减灾体制机制，更有效地防范和应对各种灾害。

该研究有创意地指出，日新月异的城市化，使得防灾减灾的重心表现出从传统灾害（自然灾害、农业灾害）向现代灾害（人为灾害、城市灾害）转变的态势，城市已经成为各国政府减灾防灾的重点。城市灾害凸显了现代灾害的某些特征——已不能用传统的方法来应对新型灾害，更直接的是面对一个新的不同于传统常态社会的风险社会。是否具备现代意义上的城市防灾减灾机制和功能，成为评价政府工作和社会进步程度的一个重要标志。在中国城市化加速和城市灾害加剧的情势下，应当摆脱就灾害论减灾的被动局面，拓展城市减灾的社会境域，确立社会大减灾观，着力反思城市管理的结构性缺失和社会性障碍，由偏重科学技术减灾，向科学行为与社会行为并重的社会化减灾转变，构建系统综合、运作协调的城市减灾社会机制，改变目前城市减灾范围狭窄、行为被动的情形。

我认同该研究关于城市灾害社会学的表述，就是把握城市化加速阶段新的风险特征，把各类城市灾害纳入社会整体背景之中，通过城市灾害形成的社会原因、人为原因或自然与社会兼而有之的诸种因素分析，研究灾害对于城市社会所造成的危害，研究城市灾害与城市社会之间双向互动的过程、特点和机理，预测城市灾害趋势，规避城市灾害，减少城市灾害损失，约束城市人的行为，防范城市化进程中的曲折和成本，突出城市社会减灾体制构建和机制运行的专门学科。

近年来，我深感“理论自觉”对中国社会学的极端重要性。理论自觉的一个重要方面就是要对世界性的人类困境和本土性的多重挑战做出自己的理论概括。世界性的人类困境主要指“当代到处存在的不稳定性”，也就是现代风险，有多种表现形式，如像非典、甲型 H1N1 流感那样的新型疾病，不知何时到来的恐怖威胁，全球性的文明认同危机，由美国次贷危机引发的、祸及全球的金融危机，全球气候变化所引发的生态危机等等。本土性多重挑战主要指与中国社会建设、社会发展、社会转型紧密相连的特殊挑战，包括在生态环境恶化情况下各种各样的社会矛盾、社会问题、社会风险。在当前要立足国内外的现实，直面影响国际社会和中国社会生活最大的上述世界性的人类困境和本土性多重挑战，用正确的立场观点方法去调查、研究、概括、总结，这样才会形成有新意、有原创意义的社会学理论和社会理论。从这样的角度看，在我看来，《城市灾害社会学》不仅是灾害社会学研究的新进展，而且也体现了一种理论自觉，这就是用更加宽阔的研究视野，将社会学理论推向新的有待开发的探索领域。《城市灾害社会学》作为有上述特点的潜心之作，会越来越显示出自己所具有的理论和实践意义。

郑杭生

2010 年 3 月 6 日

于中国人民大学社会学理论与方法研究中心

对农村艾滋孤儿抚育有创意的探索

——序杨生勇《当代中国农村社会支持系统的转型——湖北省J镇农村艾滋孤儿抚育研究》*

当代中国正处在急剧的社会转型之中，即处在快速转型期之中。农村社会结构、社会关系已经发生了并且正在发生着剧烈的变化。在这样的时代背景下，农村社会支持系统也不能不发生巨大而深刻的变动。应当说，农村社会支持系统的变化，既是社会转型的结果，也是社会转型的内容和过程。因此，关注并研究农村社会支持系统，是研究中国社会转型的一个重要方面，必将在实践上推动相关转型实际的健康发展，有助于制定更加符合实际的社会政策；在理论上促进对社会转型理论的深入探讨，弥补这一通常容易忽视且难度很大的方面。

农村艾滋孤儿是社会弱势群体中最为弱势的群体。他们的抚育状况，最能体现社会转型过程中社会支持的实际状况，最能充分体现农村社会支持系统运转的有效性。作者抓住这一方面，作为自己博士论文的题目，现在又在博士论文的基础上进行再创作，整理成这本书，是要一定的学术眼光和理论勇气的。他运用湖北省J镇艾滋孤儿抚育实证调查资料，通过对抚育中各支持主体的支持行动及它们之间相互关系的分析，反映了现实农村社会中发生的社会支持实际状况，从国家—社会关系视角探讨社会转型过程中农村社会支持系统的转型实际。

在研究中，作者具体考察了J镇艾滋孤儿“政府主导、家族主体、社区关爱、社会支持”抚育模式的社会支持系统，分析了政府、家族、社区、社会组织、市场在其中扮演的角色及合法性依据，认为该模式已经开始具有协议模式的雏形，政府同家族、社会、社区、市场开始各自

---

* 该书于2010年5月由湖北人民出版社出版。

按照自己的规章参与行动，并且形成了一定的关系模式，特别体现了政府在其中的主导地位。只是由于当前还处在模式形成初期，各主体自身的职责、权利和义务以及它们之间的相互关系仍然处于逐渐明确和完善之中，众主体之间现在尚未形成真正的良性协调关系。

作者提出，由于人际关系的理性化和利益化，导致以传统人际关系为基础的农村主要的支持力量——非正式支持的作用在下降，农村社会支持系统已经开始从非正式支持为主向正式支持为主转变。

作者进一步提出，未来应根据现代社会的发展趋势，坚持社会互构理论的视角，建构以正式支持为主、非正式支持为辅的新型农村社会支持系统，国家与社会、家族、社区、市场几大主体相互形塑，互相推进，向完善的协议模式过渡，实现多主体共同参与、政府主导的复合型良性互动。这就是既要加快在农村建立以社会保障为主要支持力量的正式支持系统，又要继续强调、保持与弘扬家庭、亲属、邻里、社区等在社会支持方面的优秀传统，发挥这些非正式支持的补充作用。

现在，我和杨敏教授合著的《社会互构论：世界眼光下的中国特色社会学理论的新探索——当代中国“个人与社会关系研究”》全书已经正式由中国人民大学出版社出版。此前我的博士生看到和参考的是全书14章中的前4章——它们以10多篇系列论文的形式从2003年开始发表。我的一些博士生，运用社会互构论的视角，深入到不同社会领域，进行调查和分析，做成自己的博士论文。这些成果又反过来进一步检验社会互构论，从而也在不同方面、不同程度上丰富、发展了社会互构论。杨生勇博士的博士论文就是其中之一。在这个意义上，我也要感谢作者做出的努力。

是为序。

郑杭生

2010年5月1日

于中国人民大学社会学理论与方法研究中心

农村社会学的创新性传承

——序钟涨宝主编《农村社会学》*

中国社会正经历着由传统乡土社会向现代工业社会、由计划经济体制向社会主义市场经济体制的转变。前一种转变，称之为社会转型；后一种转变，称之为体制转轨。我曾经说过，在经济体制改革的带动下，社会结构转型和经济体制转轨两者同时并进，相互交叉，形成相互推动的趋势，在其他发展中国家的现代化过程中是很少见的。更进一步说，两种转变的实质在于文明形态的变更。而这种深层次的文明转型发生在中国这个地区发展极不平衡的巨型国度里，经历了不同路径的探索与实践，也呈现出纷繁复杂的社会现象，需要有志于研究中国农民、农业、农村发展的社会各界群策群力。

纵观第三世界发展中国家的转型历程，其发展路径可归纳为两类：一类是工业化城市化的发展道路，另一类是农村现代化的发展道路。前一类是建立在非农化基础上的现代化，旨在通过农村人口的消减、农村的工业化、城镇化或城市化实现农村社会由传统农业文明向现代工业文明的转变，这种发展路径的典型代表如拉丁美洲、非洲等，新农村建设以前的中国基本上也是如此；后一类则是在不消除农业的前提下，通过农村自身的现代化、农民的市民化等方式实现农村社会由传统农业文明向现代农业文明的转变，如新农村建设以来的中国农村。

从我国的农村实践进程看，党的十六届五中全会明确提出建设社会主义新农村，确定“生产发展、生活宽裕、乡风文明、村容整洁、管理民主”的20字方针，标志着中国农村的转型道路由“工业化替代农业化”为主向“农业自身的现代化”为主转变。基于这样一个新的历史转

* 该书于2010年10月由高等教育出版社出版。

向，钟涨宝教授主编的这本《农村社会学》具有理论、经验和实践三重意义。

理论方面，探索农村社会学研究理论与方法论的元问题，对农村社会各种要素的起源、结构、功能做出抽象的概括，寻找其中普遍性的规律，有助于中国农村社会学特色理论的发展。农村社会学虽然属于社会学的分支应用学科，但在研究对象、研究理论、研究方法等方面并非简单套用社会学的研究范式，而是需要结合中国农村实际，对属于农村社会学的理论与方法论等方面的元问题进行反思。在这方面，本书做出了积极的探索。如作者明确界定农村社会学的研究对象为研究农村社会关系、社会结构及其变迁发展的规律，而要研究农村必然有时空坐标，对此，本书紧紧抓住了中国社会转型期农村社会结构变迁和发展的特殊规律这条主线，以农村社会文明形态转型为研究的最终目标。在我看来，这既没有离开社会学研究社会运行和发展的规律性这一总框架，又体现了农村社会学的特殊性。又如，本书不仅有专门的章节研究农村社会学发展的历史，而且在诸如农村社会组织、农村社会阶层分化、农村社区、农村社会控制、农村社会保障等各个章节中，都注意去研究和阐述有关要素的起源和演变历史，并从中总结经验、教训与启示，尝试概念化为中国特色的农村社会学理论。这就是说，钟涨宝教授主编的书，在农村社会学领域的“论”“史”“法”方面，都做了不同程度的探索。这是很可贵的。

经验方面，吸纳国内外农村社会学研究的最新成果，贯彻国家关于农村发展的方针政策，描述农村社会现象和社会过程，增进读者对于转型期中国农村新面貌的认知。在这本著作中，作者不仅对农村社会学研究的传统研究领域注入了前沿研究成果，如农民、农村社会关系、农村婚姻、家庭与家族、农村社会组织、农村社区、农村社会分层、农村社会流动、农村社会问题、农村社会控制、农村社会现代化等章节，而且新增加了农村社会近年来凸显的新问题新成果，增加了农村人地关系、农村社会保障、社会主义新农村建设等值得农村社会学教材编著者们关注的新内容。这对于全面认识转型期中国农村的结构与变迁规律是很有帮助的。

实践方面，强调对理论条件的假定和实践成果的直接或间接应用，对中国农村转型实践的推进具有参考价值。对于理论条件的假定与理论的关系，拉卡托斯在论述科学研究行动纲领时就曾指出，理论体系包涵“硬核”和“保护带”两部分，“硬核”表现为某种非常一般的、构成纲领发展基础的理论假说；“硬核”周围的“保护带”，不仅包括各种辅助假说，而且还包括初始条件所依据的假定以及观察陈述。当“硬核”遇到反证或者否证的时候，即当科学研究纲领与观察实验资料有矛盾的时候，就要调整保护带的辅助假说和理论，以保护“硬核”不受否证。[①] 由此可见，对转型中国农村具有解释力的理论不仅仅在于系统阐释其理论命题构成的“内核”，而且要对其辅助性假定与条件做出明确交代。本书所涉及的研究对象农村社会在不同历史阶段具有不同的主要矛盾和发展模式，形成了诸多解释假说和理论，而真正严谨的理论必然对其解释范式的辅助性条件进行明确界定。在这方面，本书做出了很好的规范性工作，对各章节中涉及的农村社会现象的解释理论均在“硬核”的“保护带”这个极容易忽视的问题上做出了交代与规定。这不仅对于实践理论及其对策建议的应用性具有较高的参考价值，而且对于学术的规范性起到了很好的表率作用，阅读本书的读者可以从中获益。

我国第一位农村社会学博士杨开道先生（1899—1981）曾经是华中农学院（华中农业大学前身）的筹委会主任，他所开创的中国农村社会学教学研究事业为该校的农村社会学留下了宝贵遗产和优良传统，这一传统经过李守经先生（1932—2000）被传承至今。我非常高兴地看到现在承担着继承和发展这一学术传统重任的钟涨宝教授和他的团队，正在不断地为农村社会学作出新贡献，取得新成就。

总之，这本教材凝聚了华中农业大学社会学系多年来农村社会学教学与研究的成果、优良的学术传统、前沿的学术研究和新时代的发展要求，是一部值得研读的优秀作品。

是为序。

郑杭生

2010 年 5 月 5 日

于中国人民大学社会学理论与方法研究中心

---

① 参见［英］伊姆雷·拉卡托斯：《科学研究纲领方法论》，上海，上海译文出版社，2005。

大学教育基金会的系统全面的分析

——序陈秀峰《大学教育基金会研究》*

伴随着和谐社会的发展和志愿精神的弘扬，中国公益事业从幕后走到台前，从边缘走向主流，越来越多的基金会开始步入人们的视野，大学教育基金会就是其中的典型代表。作为一种公益性的非营利组织，大学教育基金会不仅是社会剧烈转型期的产物，也是高等教育大众化的呼唤与需求。它们在增加高校办学经费、促进高校科学研究、关注高校弱势群体、推动和促进高校建设与发展等方面发挥了积极的作用，成为高等教育快速前进的特殊养料和新生力量。因此，在倡导公益文化和志愿精神的今天，研究大学教育基金会的现状与发展，不仅对于我国的高等教育发展具有重要的经济与社会意义，而且对于第三部门发展与和谐社会建设都具有重要的社会现实价值。

陈秀峰博士的这一本专著，是他博士论文修改的结果，也是他完成国家社会科学基金项目的最终成果。在他进行博士论文选题时，我们在一起讨论、思考很久。我们考虑到社会组织方面的社会学实证研究并不是很多而且很有意义，考虑到这几年基金会的规模越来越大、影响越来越广，就定下以教育基金会为研究对象开展分析。这既是为他做好博士论文定好题目，也是为他今后的学术生涯定好方向。论文在实地调查的经验材料和文献资料的基础上，从社会互构论等视角出发，通过对大学教育基金会的组织结构、资金劝募、资金分配、激励机制、监督机制、评估机制等几大方面进行详细论述，探讨了大学教育基金会的目标取向和发展趋势，进而提出加强我国大学教育基金会管理的理念、手段、制度等方面的建设举措，建构和形塑大学教育基金会的发展路径，力图为

---

* 该书于2010年6月由中国社会科学出版社出版。

刚刚起步的大学教育基金会走上稳健而健康的道路提供一定的理论借鉴意义。

陈秀峰的这一作品，作为国内迄今为止系统而全面开展教育基金会研究的专著，总体而言，具有以下的优点和特色。

一是在研究方法上突出了社会学的研究视角。本书以大学教育基金会为研究对象，充分运用社会学的理论框架，以社会互构论为贯穿全文的核心指导理念，强调大学教育基金会既是社会剧烈转型期社会结构变迁过程中行动主体主动建构的产物，同时也是处于一定情境与社会制度下受到约束的行动主体的行动框架。例如在本书中突出分析了大学教育基金会与大学的特殊关系，以社会协同发展为视角，探讨了大学教育基金会与大学之间建立伙伴关系与朋友关系的可能性与现实性。另外在各部分的实证分析中也进一步深化了这一分析视角，强调作为一个非营利性组织的代表，大学教育基金会也是一个微型的“社会”，在这个微型的社会中，大学教育基金会必须处理好基金会运作过程中各个方面的关系，如书中详细论述了大学教育基金会在资金募集过程中的工作人员与捐赠者的关系，资金分配过程中基金会工作人员与捐赠者、工作人员与受助者及捐赠者与受助者等多元关系，基金会组织与工作人员的关系以及基金会与外部环境之间的关系等，突出了组织与社会间的相互关联、互构共生。

二是研究框架合理、内容丰富。首先本书在概念界定上厘清了大学教育基金会的内涵，从双重性、私募性、组织目标的特定性、志愿公益性以及运作方式等方面，对大学教育基金会的特点进行了认真的解读。其次，在各部分的分析中突出了“问题意识”，在有关个案材料和深度访谈资料的基础上，对大学教育基金会的现状与问题进行了归纳、整理与分析，例如对大学教育基金会的组织结构特点，从扁平化、规范化、市场化、权力集中化、柔性化等方面进行了梳理。在大学教育基金会的资金运作中，对大学教育基金会的资金分配要素、资金结构、资金分配目的以及资金分配方向等内容进行了分析。对大学教育基金会的激励机制问题，从特殊的激励主体（单位体制与科层组织模式的高校）、正式激励手段的不公平、非正式激励手段的不确定以及价值激励方式比较脆弱等方面结合访谈资料进行了论证。在监督机制中，分析了体制缺陷导致监督虚位、立法缺失导致监督缺位、观念缺失导致监督无力、舆论力量薄弱导致监督无效等问题，展示了现状描述和问题分析的逻辑性与条理性。再次，对策性探讨有一定的力度与深度。例如在组织结构的设置中，提出了不仅要在组织体制上实现相对独立，还要引入共同治理机制，消解“内部人”控制，要“以人为本”，合理形成组织内人员的角色定位，要通过实质性的监督手段，保障组织功能的合理发挥。针对资金分配问题，提出了以系统优化为资金分配的原则，以竞争增效、能级对应为资金分配的价值目标，以充分有用为资金分配的效能标准，以弹性冗余为资金分配的灵活性体现等建议。针对激励机制，提出了要合理发挥物质激励的作用，实行正式激励与非正式激励的合理化分配，完善外在的社会政策制度等对策。

三是在研究观点上有一定的创新。围绕大学教育基金会在社会发展中的角色，本书对大学教育基金会与社会、政府、企业及利益相关者之间的互构关系进行了细致的探讨，形成了具有一定创新意义的结论。提炼几点与读者共享。

——从大学教育基金会形成的宏观环境和制度背景看，大学教育基金会作为一个相对独立又有一定行政约束的非营利公益组织，是社会结构变化和社会阶层分化的结果。

——大学教育基金会的兴起，不仅代表着中国非营利组织的成长以及公民社会的初步萌芽，还使得国家与市场、国家与社会的关系面临深刻的变化和调整，要求国家与社会的界限进一步明晰，要求以公民个人权利为基础、以民间组织为要素的社会进一步获得自主性。

——企业与大学教育基金会由于共同的社会责任的担当与分享，在社会建设与发展中共同扮演了“良好公民”的角色，在公益事业方面行使了自身的权利和义务，为社会的发展作出了积极的贡献。

——大学教育基金会与捐赠者良好关系的建构在于两者之间相互信任关系的建立，同时大学教育基金会与捐赠者之间信任关系的建立也为其发展获得了良好的社会资本。进一步看，从公民社会的角度来说，大学教育基金会作为公民社会的组织实体是社会资本产生和发挥作用的物质基础。

——志愿服务不仅体现了一种利他性的精神，一种不为报酬而自愿参与的精神，还为基金会发展提供了重要的物质支持、人力资源、精神力量和道德源泉，推动了社会进步、教育发展和社会福利。

总之，《大学教育基金会研究》一书，并不仅仅是一个经验介绍，也不仅仅是一个实践总结，它更多的是在社会学视野下对微弱社会组织的深刻剖析。为了更好地推进中国的社会组织发展和社会建设，我们呼唤有更多的青年才俊能将目光投向这一片青葱的领域，让我国的社会组织更有生命力，得到更为健康的发展成长。

是为序。

郑杭生

2010年5月18日

于中国人民大学社会学理论与方法研究中心

开发传统学术资源的新尝试

——序王万俊新著《二十世纪上半叶中国社会调查方法解析》*

王万俊在其博士学位论文基础上写成的《二十世纪上半叶中国社会调查方法解析》即将付梓出版，与读者见面。他邀请我作序，我很高兴，因为在我们师生关系中有一段不同寻常的富有成果的学术合作。

王万俊是我指导的中国人民大学社会学系社会学专业博士研究生。他在人大脱产读博士期间，为人诚恳，为学勤奋，理论功底轧实，创新思维突出。在这期间，我们合著了《20世纪中国的社会学本土化》（党建读物出版社2000年7月出版，其英文版 *Indigenization of Chinese Sociology in the 20th Century* 是由陆益龙把它从中文翻译成英文，并在2009年6月由中国人民大学出版社出版）。该书奠定了我本人提出的“学科本土论”的理论基础和思想框架，它和另外三论“社会运行论”、“社会转型论”、“社会互构论”一起，构成我长期为之工作的中国特色社会学理论体系的重要内容。应当说，迄今为止，研究社会学本土化、中国化，有系统的、有理论深度的著作不多，这本书是其中之一。

王万俊的博士论文《社会调查方法的研究与社会调查方法的运用——对二十世纪上半叶我国社会调查方法的构成解析》是与上述著作写作密切相关的。从题目上可以看到，他的博士论文把论题聚焦在社会调查方法的本土化努力上

王万俊在出版这本专著时，把标题改为《二十世纪上半叶中国社会调查方法解析》，这样可能更简练一些。该书主要从“构成”式解析的角度，将二十世纪上半叶我国社会调查方法的变迁划分为引入时期（1924

* 该书于2011年4月由四川人民出版社出版。

年以前)、拓展时期（1925年—1937年）和总结—深化时期（1938年以后）三个阶段，全面剖析了这一时期我国社会调查的对象确定方法、资料收集方法和资料整理分析方法，概括地分析了这一时期社会调查所具有的开放性、本土化、实用性和多元化特征，深入揭示了当时社会调查方法方面的成就、问题及启示。该书具有以下四个特点。

一是选题具有挑战性。十年以前，社会学界关于二十世纪上半叶我国社会调查方法的研究主要有“调查活动”回顾型和“人头”考察型两类成果，前者集中体现在一些社会史概论著作中对重要社会调查活动的回顾，后者表现为对某一著名社会学家主持的社会调查活动及其方法的研究论著之中。对这一时期的社会调查方法，社会学界缺乏系统的、专门的研究。这种研究状况，时至今日仍没有彻底改观。因此，该书选择这一论题具有较大的挑战性，最终形成的研究成果也具有一定的开创性。

二是研究方法有创新性。对历史问题进行研究，社会学者通常采用定性的历史文献法，而该书除使用历史文献法外，还创造性地使用了定量方法即内容分析法。作者通过对二十世纪上半叶社会调查活动中使用的几十个访问表、调查问卷及统计表做细致的定量处理，揭示了这一时期结构式访问、问卷调查及统计分析的层次、结构及问题。定量的内容分析法的运用，弥补了定性的历史文献法的缺失，使该书内容丰富，论证有据。

三是研究的途径突出本土性。王万俊的这部著作，从调查对象确定、资料收集、资料整理分析三个层次，系统研究了二十世纪上半叶我国社会调查方法的本土化发展主线，深入探讨了言心哲的人口普查论、朱祖晦的抽样调查法、赵承信和吴文藻的社区调查论、毛泽东的典型调查和集体访问法、李景汉的“十四步”访问调查法、陶孟和的账簿法、陈翰笙的农户分类法等社会调查方法或理论所具有的本土化特征。这种研究，事实上就是对中国社会学传统学术资源的一种理论开发，是对社会调查方法中“中国经验”的概括和提升，具有较强的理论自觉性。近年来，受到费孝通先生“文化自觉”的启发，我多次强调，中国社会学的发展需要“理论自觉”，对中国社会学传统资源进行“理论开发”是实现中国社会学“理论自觉”的重要途径。

四是史与论相结合。该书收集了二十世纪上半叶我国主要的社会调查报告及有影响的社会调查方法研究论著，史料丰富，文献翔实，在精细论证基础上作者提出了不少有见解的结论。例如，该书第二章认为：我国社会学史上将调查划分为“普遍调查”、“抽样调查”、“个案调查”，最早可见于1927年出版的蔡毓骢的《社会调查之原理及方法》和樊弘的《社会调查方法》，但当时抽样调查法的运用是比较少见的，个案调查法是运用最为广泛的一种社会调查对象确定方法。该书第四章认为：严景耀的北平第一监狱调查是我国社会学史上对完全参与式观察法的一次最早的运用尝试，而费孝通的江村调查和禄村调查、张之易的易村调查和玉村调查、史国衡的昆厂调查、蒋旨昂的重庆两乡调查主要运用的是非完全参与式观察法；陶孟和创立的账簿法是一种具有纵贯性调查特征和将结构式访问法、问卷法相结合的调查方法，具有明显的本土化倾向。该书第五章揭示：二十世纪上半叶我国社会调查中对描述性统计分析方法的运用，总体上处于一种初始的阶段，停留于百分比、算术平均数等简单的集中趋势分析层次上。

说以上这些，主要是向读者推荐这本书。我说得对不对，有待读者自己去判断。中国社会学传统资源的“理论开发”，刚刚起步，任重而道远，期望有更多、更好的这方面著作问世。

是为序。

郑杭生

2011年1月6日

于中国人民大学社会学理论与方法研究中心

为可持续发展创造良好的人口环境

——序杨发祥《低生育社会的来临》*

当今世界，各国人口规模、人口增长速度和生育文化不一，国情的多元导致各国生育政策呈现出不同的特质。大体说来，生育政策可分为鼓励性生育政策和限制性生育政策。工业革命以来，随着世界人口的持续激增和“人口爆炸”时代的来临，人口压力日益成为一个不争的事实，许多国家开始在生育政策方面改弦更张。从 20 世纪 70 年代起，许多深受人口持续高增长之苦的第三世界国家，在经过一段酝酿、讨论和准备之后，毅然放弃鼓励人口增殖的传统政策，转而采取节制生育、控制人口增长的新政策。70 年代初期，中国还属于高生育率国家行列，也正是从那时开始，中国经历了一场暴风骤雨式的生育革命。据联合国不完全统计，70 年代的 158 个国家或地区中，有 65 个国家或地区执行节制生育政策。到 80 年代末期，在 178 个国家或地区中，有近 100 个国家或地区执行节制生育政策，世界人口激增的脚步因而有所放慢。而到 90 年代初，在 151 个发展中国家中，有 128 个国家直接支持以节育为主的人口措施，17 个国家间接支持节育。几乎所有发达国家都在不同程度上支持或允许节育，并实施严格控制来自发展中国家移民的政策。这些限制人口增长的政策，大多出于现实的人口压力，以缓解人口与资源、环境之间的矛盾。正如美国学者加勒特·哈丁（Garrett Hardin）所指出：“人口控制的真正要点——批评者时常忽略的要点——不是减少人口本身，而是减少生者的不幸。”

然而，20 世纪 80 年代起，一些发达国家的总和生育率降到更替水平以下，并开始出现人口衰退现象。这种状况不断蔓延，引发了人们对

* 该书于 2011 年 3 月由华东理工大学出版社出版。

“低生育率危机”或“低生育率陷阱”的普遍关注和热烈讨论。1997 年全球已有 51 个国家和地区、44%的人口处于低生育水平。目前世界人口的一半以上生活在生育率低于更替水平的社会中。因人口锐减，俄罗斯拟征“无子女税”。1992 年是中国人口转变进程中一个历史性转折点，当年全国总和生育率首次显著低于更替水平，之后近 20 年来，几乎所有全国性人口调查统计均反映生育率处于 1.5 以下，城镇生育率甚至显著低于 1.0。中国由此进入了一个“很低生育率”的新时代，正如本书所称的“低生育社会的来临”。可以预见，按照目前的总和生育率水平，在并不太遥远的未来，中国人口将会出现短期难以扭转的负增长局面，即以平均每 30 年减少四分之一的速度下降，相伴而生的是人口年龄结构快速老化等一系列社会问题。作为世界上第一人口大国，我国这种快速到来的人口变局，将会对劳动力、生产、消费、社会保障等方方面面造成重大影响，对未来的经济社会构成诸多挑战，甚至关系到民族的繁衍与发展。

中国生育革命的动力，最初来自作为基本国策的计划生育政策。30 多年来，我国实现了发达国家一两百年才完成的人口再生产类型转变，为世界少生 3 亿人，人口过快增长的势头得到有效遏制，初步实现了由贫困到总体小康的历史性跨越。尽管这种以强硬控制手段为主的计划生育政策本身并未获得国内外的一致认同，甚至批评多于褒扬，但它为全球人口与发展作出了不可磨灭的贡献，堪称世界人口发展史上的一大奇迹。日本人口学家若林敬子曾指出：“中国的人口政策是史无前例的，也是人类历史上的宏伟实验。如果这种尝试取得持续的效果，世界人口状况将会改变。”当然，中国生育革命的完成，有赖于改革开放以来中国经济社会的飞速发展。市场经济释放出来的新的社会经济力量促进了生育率的下降，潜移默化地改变着中国民众的生育观念。制度与成本约束、推迟生育、不孕及竞争效应，都对中国生育革命的完成起着推波助澜的作用。

生育革命的完成，同中国进入“低生育社会”是同步的。在中国人口发展已进入低生育率时代的关键时刻，未雨绸缪，总结生育政策的历史流变与发展趋势，反思生育革命的实践历程与影响因素，研究低生育社会所带来的社会后果，对于科学预测人口发展趋势，保障中国人口安全，实现人口与经济、社会协调发展，具有重大的理论与现实意义。从目前的研究来看，聚焦生育率水平的研究较多，从社会学视角出发对生育革命开展的跨学科研究成果尚不多。而中国低生育率社会的来临，为在理论和实践上回应我国当前的生育政策与实践，论证和检验人口红利逐渐消失和刘易斯拐点到来的判断找到了新的契合点，留下了大量可供探索的空间和可行的研究路径。杨发祥博士的专著《低生育社会的来临：中国生育革命与政策选择》正是该领域的一部新作。总体看来，本书主要有以下几个特点。

第一，从人口转变理论出发，以跨学科理论视角，综合运用多学科研究方法，将生育革命放置到整个社会制度体系中展开研究。在梳理生育革命思想渊源的基础上，从全球化、工业化、市场化和城市化以及城乡社会快速转型的背景出发，从"理论争鸣：节育政策出笼与早期节育实践（1949—1970）"、"政策调适：生育实践的秩序重建与结构性变迁（1971—1991）"和"法制建构：计划生育的常态化与制度化（1992年至今）"等三个维度，长时段立体呈现生育革命的现实进程及生育政策的时代抉择，探析了生育革命的发生机制。作者认为，生育革命的完成，使我国生育制度走过了从理论争鸣、政策调适到法制建构的发展历程，逐步完成了从节制生育向计划生育的话语转换，实现了从行政干预到政策牵引的方法蜕变，也初步实现了从强制性变迁向诱致性变迁的体制转型。

第二，考量我国人口发展的不平衡和生育政策的差异化选择，在对生育革命历时性研究的基础上，从共时性角度探索生育革命的协同机制。作者认为，农村和少数民族生育政策的流变、流动人口的生育制度安排，以及涉军、涉外人员的生育规定，体现了我国生育政策注重差异的灵活性实践策略，展现了中国生育革命的多维形态。中国生育革命的这种协同机制，使生育政策的选择与实施呈现出不同的张力，也为未来新生育制度的建构培育了竞合的土壤。

第三，作为世界上第一人口大国，中国的生育革命具有重大的社会经济后果。本书以大国转型为视点，从社会关系与文化认知两大层面，探讨生育革命与社会结构之间的互动，将生育革命放置到社会转型中展开研究，宏观分析与微观分析并重，探讨了生育革命的作用、地位与角色，探索生育革命与妇女、儿童、老人、家庭、文化及可持续发展之间的关系。中国生育革命是通过"急刹车"式的人口转变完成的。当生育率降到更替水平以下时，人口年龄结构相对而言还比较年轻。中国生育革命的特殊性，要求我们在审视中国"低生育社会"的挑战时，充分考量本土的经验与潜在的变量，检视生育政策的得失利弊与未来走向，开展战略性预测与前瞻，探寻建构新生育制度的可能，为可持续发展创造良好的人口环境。

毋庸置疑，由于我国人口基数大，在21世纪前期，我国还面临巨大的人口惯性增长，预计平均每年净增人口1 000万左右，给经济、社会、资源、环境和可持续发展带来巨大压力。受20世纪90年代初以来总和生育率存在的争议，以及第六次全国人口普查等最新统计数据的尚未面世，本书的部分结论有待进一步展开。低生育社会的社会经济后果还有一些未充分凸显，或者尚初露端倪，有待今后作更深入的研究。总之，理解和正视中国已进入低生育率时代这一事实，是我们开展相关学术研究与科学决策的一个基本前提。

杨发祥博士近年来在社会学与人口学研究领域取得了许多喜人的成绩，作为他的博士后导师，我感到由衷的高兴。我相信，他的学术道路一定会越走越宽广。

郑杭生

2011年2月18日

于中国人民大学社会学理论与方法研究中心

构建老年社会学的学科体系

——评析张仙桥、李德滨著《中国老年社会学》* 的学术创新

这是当代中国两位资深社会学家撰写的分科社会学专著。张仙桥先生在新中国成立前师从费孝通老先生，李德滨研究员是中国社会学重建初期参加费孝通老先生主持的第一、二期讲习班的学生。两位资深学者，一直从事社会学研究工作，并深入到分科社会学的领域，著述颇丰。在该新著中，两位作者以深厚的社会学学术功底，把握社会学的学术视角，运用社会学的学科概念，为老年社会学梳理和构建了一套社会学学科化的系统。新著深入地分析了当代中国老年社会，提出了不少独到的见解，体现出作者对学术创新的追求。该书虽是学术专著，但是语言流畅、雅俗共赏，有很强的可读性。

新著有以下几个突出的特色。

一是凸显学科化。新著一个最突出的特征，是为老年社会学梳理和构建了一套社会学学科系统。这是该著之前国内老年社会学著作所缺乏或没有的。这之前国内老年社会学至多涉及老年社会地位、社会角色、社会化、社会价值等这些基本概念，其侧重点也不在构建学科体系上。如李德滨著《老年社会学》侧重于老年社会生活；袁缉辉等著《当代老年社会学》侧重于老年基本问题；叶乃滋著《现代老年社会学》侧重于老年生活方式；战捷主编《老年社会学教程》侧重于老龄化。新著在构建老年社会学学科体系上所作的大胆探索，从多方面表现出来。它探讨了社会学中基本概念如社会地位、角色、社会化、群体、组织、社区、阶层、文化、制度等在老年社会学中的体现和应用；它除了看重静态结

* 该书于2011年11月由社会科学文献出版社出版。

构分析，还注重动态过程分析，善于应用互动、调适、控制、变迁等概念来分析老年社会学的相关问题；它还涉及目前为止老年学、社会学很少涉猎的老年社会组织、老年社会互动、老年社会阶层、老年社会制度等新领域。应该说，这些都为老年社会学的学科建设作出了自己应有的重要贡献。

二是突出中国化。突出中国化是新著的另一个显著特征。首先是自觉把握“中国视角”，即从中国的国情出发，从社会学角度观察和探讨中国的老龄化、老龄社会。讲的是中国老年人的事情，反映的是中国老年与社会的关系。其次是注重概括推介中国学者的理论与见解。比如讲老年价值，介绍王兴华先生的二春论；讲老龄社会结构，推介党俊武博士的老龄社会是一个社会形态的理论。再次是注重对中国老年社会学的创新研究。比如在社会学理论概念上，提出老年继续社会化带有再社会化特征；在老年战略研究上，对国策调整的时机选择上，提出选择人口金字塔形的低凹期；在对中国老年现状的经验研究上，对老年价值的实现、不同层面老年地位、老年继续社会化、老年精神文化等类型概括上，从不同角度全面地系统地反映中国老年社会的方方面面。全书少有国外社会学那种艰涩概念，除对社会学中经典理论概念有简介外，都是围绕当代中国老龄化，讲中国老年人的那些事，阐述当代中国老年人生存的现状、面临的问题、发展的趋势，概括中国老年社会的经验。全书散发着中国气味、中国的品位，是一部中国化的老年社会学著作。

三是注重实证化。新著再一个显著特征是，它不仅提出一个系统的学科体系，而且还勾画或展示出一个当代现实的、生动的、绚丽的中国老年社会画面，把一个真实、实在的中国老年生活呈现出来，有助于人们走近当代中国老年人群体，了解和把握生动的现实的中国老年社会。该著把 21 世纪尤其是 2008 年至 2010 年期间，中国报刊有关老年人的报道整理归类，提纲挈领，通过大量个案展示中国老年人生活方方面面。比如在老年社会问题一章中，不仅介绍了老年人婚姻、儿女孝道、空巢老人问题等传统社会热点问题，还专门讲了老年人上当受骗这种带有普遍性的新问题。这种注重实证化研究，使该著更具有社会学经验研究的特色。同时，该著在注重把当代中国学者对有关老年问题的学术研究成果推介出来时，特别注重把它们的实证研究成果，将当代有价值的实证研究吸纳到该书中。所有这些，使该著既具有创新性，又突出时代性。

从上述几个方面看，这本专著也体现出两位资深社会学家的某种理论自觉。可以说，新著《中国老年社会学》的出版，是老年社会学和老年学界的一件盛事。它可成为对老年社会学有兴趣的读者，特别是广大中国老年人的必读书。它也为从事老年社会学教学和研究的工作者、老年社会工作者，提供了一本难得的参考书和教科书。

郑杭生

2011 年 9 月 16 日

于中国人民大学社会学理论与方法研究中心

瞬间我们看见了历史

——序谢红莉、瞿佳专著《中国最早的中医学校利济医学堂》*

花开终有时，岁月却无情。历史一向是你方唱罢我登场的残酷舞台，大浪淘沙后，留下的总是那些曾风云一时的人物和事物，我们在历史长河中拾遗，在古往今来的文明中进步，利济医学堂作为温州瑞安文化的象征之一，毫无疑问地会被提及和重塑。

温州医学院是浙江省颇具特色的医学省属高等院校，浙江省重点建设大学，有着丰富的教学资源和优秀的教师队伍，每年为浙江省以及全国输送大量优秀医学和各类人才，有着良好的医学学术氛围和科研精神。在这样一所医学名校基础上去探索另一所早期中医教育学堂的产生、发展、转归、意义等一系列过程，更是有着一种机缘巧合的缘分感。

谢红莉、瞿佳教授的专著《中国最早的中医学校利济医学堂》以理性的思考角度和感性的笔触，刻画了瑞安的风土人情，陈虬的生平际遇，陈虬毕生好友宋恕、陈黻宸等人的人生起伏，心兰书社的诞生过程，并着重介绍了利济医学堂、利济医院和《利济学堂报》这三项陈虬创办的影响深远的实业，娓娓道来的字里行间有一种曲径通幽的追寻之感。从本书中，我们能目睹晚清时期的中医教育者们在浙江瑞安鲜活上演的每一幕楼起楼灭，似乎在一瞬间看到了历史的片段。

尽管研究瑞安利济医学堂的学者不乏其人，但多是从某一方面进行描述。极少能像谢红莉、瞿佳教授的《中国最早的中医学校利济医学堂》一书，从学术的角度去研究、挖掘、整理和比较历史，在

* 该书于2012年4月由高等教育出版社出版。

丰富的资料基础上，全面地阐述利济医学堂以及其牵涉的全部人物和事物。

利济医学堂是我国最早采用西方办学制度的中医学堂，本书从医学堂产生背景、办学宗旨、设置结构、设立经过、建筑特点以及医学堂对浙江中医教育的巨大促进作用等方面，展示了利济医学堂的整个变迁和发展过程，宛如一幅写实画卷，详实地展现了这座旧建筑的每一个细节和其本身所含的深层文化意义，利济医学堂本身也超越了砖瓦土木的建筑意义，成为了瑞安历史上的一个文化记忆点，留给世人几多感慨，几多好奇和惊喜。

为让医学堂的学生们能有一个实际操作的地方，陈虬创办了利济医院以供实习之用，而为了加强中医教育的传播，顺应历史潮流，陈虬又创办了《利济学堂报》。利济医院和《利济学堂报》，一者为我国最早采用西方办医制度的中医院，一者是我国最早的高校期刊，既是陈虬创办的较为成功的实业，又是近代中医教育发展的重要推广阵地，其创办过程，创办机制，最终转归情况以及对促进当时维新思想传播和社会风气的影响也是本书的重点着墨之处。

当然利济医学堂内附设的心兰书社也在作者的笔下从破败的废墟还原为书声琅琅、鸿儒往来的学堂，通过对其创办背景、创办过程以及最终转归的记叙，本书展示了我国最早的公共图书社是如何引领着当时瑞安的社会风气，又是如何在举业上让瑞安学子们创一时之盛。

对于利济医学堂的所在地——温州瑞安，作者进行了背景式的详尽描述，从瑞安的风土人情、地理风貌，到瑞安的经济政治、建筑文化，饱含赞誉之情，让这座古老的文化之城在新时代的感召下焕发出蓬勃的生机。

尤为值得一提的是，作者对于利济医学堂相关人物的刻画角度也是多方面的，对陈虬、陈黻宸、宋恕等人虽然着重介绍其思想成就，但也不乏对其人外貌、性格的描述和生平事迹的展述，其中还穿插了个人的有趣故事，让本书在严谨求实的基础上，充满人文气息。

总之，该书在一种现代视野下，重拾利济医学堂的问世对中国医学教育的深刻影响，将我们带回到了百年前动荡晚清社会瑞安名士们的悲欢之中，我们所遭遇的不仅仅是一个人物，一座建筑，更是一段历史，一段包含了过去同时又联结着现在的历史。

我出生在杭州，温州乐清是我的老家、祖籍。对老家和祖籍时时有一种亲切感。瞿佳和谢红莉两位教授，是我认识多年的朋友，我曾受他们的邀请，在温州医学院做过社会学的讲座。我为他们在社会科学方面的学术成就感到高兴。

是为序。

郑杭生

2011 年 11 月 1 日

于中国人民大学社会学理论与方法研究中心

开发传统、服务现代

——序牛卫国著《留余》*

与其他文明形态一样，数千年的传统中国社会蕴含诸多颇具特色的代表性文化哲学理念，浸淫到包括汉民族在内的中国各民族即中华民族的历史和实际，至今依然生生不息，成为中华民族现代性过程中一种宝贵的传统资源。作为一种从自然哲学升华出来的社会哲学、人生哲学乃至经济哲学，“留余”，至今还在当代中国社会和文化实践中发挥着巨大的时代功用。

但是对于丰厚的传统资源，时人却常常有所误解乃至曲解。实际上，传统与现代并不是非此即彼的二分状态，它们两者是一体相连、互为表达、彼此推进的：没有现代也就无所谓传统，传统揭示了现代的另一种面相。所谓传统就是世代相传的文化的延续继承和变化革新，是现代性对世代相传的文化的扬弃式的建构和借鉴性的互构。所谓扬弃式的建构，就是去其糟粕，取其精华；所谓借鉴性的互构，就是现代性在改变传统中也促使自己不断成长。我们从“传统的发明”与“现代的成长”过程来看待和解释传统与现代的关系。传统确实与过去有至关重要的联系，因为传统源于过去。但这并不意味着传统等同于过去。第一，传统是保留在现代人的记忆中、话语中、行动中的那一部分过去；第二，传统是被现代人从过去之中精选出来的，由于现代人的选择这部分过去才得以留存下来；第三，由于现代人的反复实践和应用，这些留存的过去获得了传统的意义；第四，现代人通过对过去“重构”的方式生产出传统，而这是一个集体的和社会的行动过程。所以，传统源于过去，是“活着的过去”，是能够“活到”现在的那一部分过去。所以，作为活着的过

* 该书于2011年11月由河南大学出版社出版。

去，传统也是“现在”，甚至会是“未来”，因为它们往往会蕴生出更为长久的社会趋势。正如吉登斯指出的：传统不仅代表一个社会“所做的”，而且体现“应该做的”。作为传统的“原生态民族文化”，构成了现代开拓和成长的因素，构成了现代的资源。

英国历史学家从宽阔的视野分析了“传统”，指出，传统实质上是在现代社会生活中“被发明的”，它们被“插入”了具有重大历史意义的过去之中；那些表面看来或者声称是古老的“传统”，其起源的时间往往是相当晚近的。“被发明的”传统与历史意义重大的过去存在着联系，其独特性在于它们与过去的这种连续性大多是人为的（factitious）——它们参照旧形式来回应新形势，通过近乎强制性的重复来建立自己的过去。英国历史学家们还认为，“传统”与现实的实践常常是反向相关的，比如，当没有马的时候，骑兵军官军礼服上的踢马刺才显得更为重要；律师的假发也只有在其他人都不戴假发后，才获得了它们的现代含义。因此，被发明的传统能够告诉我们，现代人如何运用历史来生产出行动的合法性依据以及社会团体的黏合剂。

“传统的发明”和“现代的成长”显示了一种学术智慧：并非在“传统”之后才有了“现代”，恰恰相反，我们是因为有了“现代”而发生“传统”——现代人所说的“传统”是为“现代”而生的，因为唯有“现代”才能赋予“传统”的意义；“传统”只有通过“现代”才能获得自身的规定，而且唯有当“传统”与“现代”相联系和对应时，它才可以被我们思考和把握。在这个意义上我们甚至可以说，“传统”实质上就是“现代”的另一面，是对“现代”更为深刻的表达和揭示。除此之外，“传统的发明”也启示了我们：只要我们仍然在现代的旅途中，“传统的发明”就不会终结，因为迈向更加现代和更新现代的过程总会创造出属于自己的传统，传统与现代的这种对照也就使得广义转型论成为一个“不老的论题”。

这样的分析表明，中华民族的现代发展，在某种意义上，就是“现代的成长与传统的（被）发明”的历史，那种对传统全盘否定的历史虚无主义或全盘肯定的历史保守主义，都是片面的，不符合实际的。“现代的成长与传统的（被）发明”这个观点具有非常重要的理论意义和现实意义。

对于“传统”与“现代”的这种内在关联，成长、生活于华夏文明核心地带的牛卫国先生，显然有着一种深切独特的理解。河南巩义市（原巩县）康店镇有一座远近知名的大地主庄园，人称“康百万庄园”。

康百万庄园寨上主宅区东院大厅里，悬挂着清朝同治年间乙丑科进士、金殿传胪、翰林院编修牛瑄为康百万家族题写的“留余”匾。匾额铭文如下：

> 留耕道人《四留铭》云：“留有余不尽之巧以还造化，留有余不尽之禄以还朝廷，留有余不尽之财以还百姓，留有余不尽之福以还子孙。”盖造物忌盈，事太尽，未有不贻后悔者。高景逸所云：“临事让人一步，自有余地；临财放宽一分，自有余味。”推之，凡事皆然。坦园老伯以“留余”二字颜其堂，盖取留耕道人之铭，以示其子孙者，为题数语，并取夏峰先生训其诸子之词以括之曰：“若辈知昌家之道乎？留余忌尽而已。”

作为学术上的有心人，牛卫国先生从“留余”二字展开了广泛深入的学术思考，探究“留余”哲学富含的中国传统文化哲学理念，以及留余思想在中国文化和现代转型中国社会中的体现和应用，非常难能可贵。

其实，作为一种深刻浸润到中国文化肌肤之中的传统哲学思想，留余既有其积极的面相，也有其消极的面相：所谓积极的面相，留余哲学倡导一种执中守和的理念，不走极端，不说满话、做绝事，凡事留有余地，这是秉持人与人、人与社会、人与自然和谐相处的传统中国自然哲学、社会哲学和人生哲学的核心内容，是世代华夏民族对人类文明的一种思想贡献；所谓消极的面相，“留余”，在一定意义上体现出一种守旧、持衡、求稳的哲学观，缺乏革故鼎新、发奋进取的精神。每一种价值观都包含着积极和消极、优势和局限性的分野。作为现代人，我们需要理性地发掘“留余”哲学思想里的精华内涵，辩证地辨识其间蕴含的正负面相，克服消极性传统元素，弘扬优秀精华的传统。

实际上，这也是费孝通先生所倡导的“文化自觉”精神。在费先生看来，所谓“文化自觉”，是指生活在一定文化中的人对其文化有“自知之明”，明白它的来历、形成过程、所具有的特色和它的发展趋向，不带任何“文化回归”的意思，不是要“复旧”，同时也不主张“全盘西化”或“全盘他化”。自知之明是为了加强对文化转型的自主能力，取得决定适应新环境、新时代对文化选择的自主地位。文化自觉是一个艰巨的过程，首先要认识自己的文化，理解所接触到的多种文化，才有条件在这个正在形成中的多元文化的世界里确立自己的位置，经过自主的适应，和其他文化一起，取长补短，建立一个有共同认可的基本秩序和一套与各种文化能和平共处、各抒所长、联手发展的共处条件。

在现今中国社会大转型的背景下，社会问题丛生，社会矛盾重重，在推进社会和谐的过程中，塑造和确立社会的共同性，是共同理想、共同行动、共建共享的前提。在一个日益开放和多元的时代，文化价值观能够产生一种特殊的无形资源——观念和意义，其功能是物质的、有形的资源无可替代的。社会共同性需要细心的呵护，使之成为集体的感受，并成为文化价值观的自觉性和潜意识而世代相承。作为一种具有丰厚历史文化传统的华夏后裔，也常常需要重返我们历史故园里去寻找救济当下的精神食粮。

牛卫国先生的《留余》站在传统和现代交织的历史航道里，俯瞰和观察华夏文明的传统资源，寻求作为一种传统价值资源的"留余"哲学理念的起源、内在逻辑及现代性创造转化的路径，并有延伸性的理论提炼和学术发挥，显然是一种文化自觉和理论自觉的表现，值得鼓励。

是为序。

郑杭生

2011 年 11 月 20 日

于中国人民大学社会学理论与方法研究中心

进一步推进社会文化的建设

——序张琪《社区文化建设的理论与实践》*

社区是社会的缩影，是构成社会的基本单位。而社区文化是社区的灵魂。社区文化不仅仅是社区建设的“环境”和“背景”，更是社区建设的重要资源。社区文化作为社区居民的精神家园和情感依托，其发展对社会的繁荣发展、和谐稳定有着重要的作用。

众所周知，“社区”概念是德国社会学家滕尼斯（Ferdinand Tonnies）1887年在名著《社区与社会》（*Gemeinschaft und Gesellschaft*）中首次提出来的。德文“Gemeinschaft”意指“社区”，又译作“共同体”，表示任何基于协作关系的有机组织形式。“Gesellschaft”指“社会”。滕尼斯提出社区与社会这两个概念，主要是用它们来表征近代社会的整体变迁趋势。他认为从传统的乡村社会向现代的商业化社会过渡后，人际关系的特征以及社会整合方式发生了很大的变化，“社区”或“共同体”主要存在于传统的乡村社会中，社区的政治、经济等各种功能都较强，它的人际关系是一种古老的以自然意志为基础的关系，连接人们的纽带是血缘、感情、共同信仰和伦理。社区居民同质、价值观相同、关系密切、出入相友、守望相助、疾困相扶，乡亲、邻里情感及心理上的认同感强。

工业化、城市化的发展所释放出的社会、经济和文化因素极大地动摇了社区的基础，在改变社会结构的同时也改变了社会的伦理。一方面，由于通信技术、大众传播、交通手段、标准化的公共教育的发展以及居民流动性的增大，同时也由于市场的不断拓展和无孔不入的渗透，社会已经迈向一体化、全球化；另一方面，从工作到消费，从法律到道德，

* 该书于2011年7月由首都师范大学出版社出版。

从教育机会、社会福利到社会流动，现代社会的各项正式与非正式的社会制度安排都以“个人”为执行单位，社会意识也不仅允许而且还在或明确或潜移默化地鼓励个体主动积极地组织安排各自的生活形式，从而导致了现代社会生活的个体化。[①] 社会一体化和生活个体化的双重趋势无疑会极大地挤压作为地域性社会生活共同体的社区，剥蚀它赖以生存和发挥功能的各个方面，消解它在居民生活中的地位和意义。

20 世纪中叶，社区重返政治舞台，倡导回归社区、致力于社区建设和社区发展逐渐形成了一股世界性的潮流。现代社会为什么会重归社区呢？一句话，主要是为了解决工业化、城市化所带来的一系列社会问题和发展问题。西方发达国家所走过的工业化道路，实际上是一条牺牲社区这个与人类文明一样悠久而且曾经占据主要地位的共同体形式为代价的道路。工具价值冲击着生活世界的价值，市场关系支配了整个生活方式和生存环境。由此人类在创造高度繁荣的物质文明的同时，造成了环境污染、资源浪费、生物灭绝、臭氧层破坏等等严重生态环境问题。不仅如此，资本主义发展方式对利润的无限追求还造成了物质丰饶下的精神贫困症，如吸毒、暴力、颓废、人际关系冷漠等。这种工业化道路所带来的负面后果当然不符合人类的本性和需求。人们发现，如果人和社会选择了与自然的对立，个人与社会的关系也趋向恶化，人们在赢得对自然控制的同时，却丧失了整个人类自由和解放的理想前景。社区传统人际关系是人类原初的、永恒的营养液，离开了这种营养液，人类的感情之源就会衰竭，人类的精神之花就会枯萎。以亲情、邻里情和伙伴情为代表的首属人际关系，即使在现代社会生活中也是不可或缺的。

想避免社会的中空化，避免失去归属感和安全感，避免社会发展失掉人的发展这个中心，就要重视社区这个现代社会的细胞。而社区赖以生存和发展的基础是社区原则和社区精神。社区的原则是一种以人为本的原则，社区的精神是亲密交往、相互信赖、守望相助的精神。社区的本质特征是地域社会生活共同体，这决定了社区建设必须发展社区文化。工业化条件下的居民极其渴望人际间的感情交流与关怀，需要社会认同和社区参与，尤其是在中国这个拥有悠久文化底蕴的人情型社会，在人们的观念中尤其渴望人际间的关怀，希望生活在一个人际关系和谐、守望相助、相互信任的共同体中。社区建设中对社区归属感和社区文化的重视，反映了居民对一个伦理型社区的需求和居民对社区内人际间形成

① 参见王小章：《何谓社区与社区何为》，载《浙江学刊》，2002 (2)。

互助、和谐关系的需求。社区文化建设能够促进社区生活共同体的形成，因为社区文化建设的过程就是通过对社会资源的协调和整合，创造一个治安稳定、文化积极的社区环境，一个不同于存在激烈竞争的职业环境的社会生活空间的过程。在这个过程中居民普遍感受到社区发展与自身利益的紧密关联，从而增强对社区的归属感与认同感，形成现代取向和多姿多彩的社区文化模式。

《社区文化建设的理论与实践》一书从宏观层面把握社区建设中的文化内涵，从广义的角度理解社区文化，并把社区文化作为一个建设过程，具体探讨了社区成员所共享的群体意识、价值观念、行为模式和生活方式等精神文化要素以及这些要素有机凝聚而成的文化系统。已有研究，有的从分析社区文化在社区发育中的地位和作用入手，对基层社会发育的动力和机制进行了描述①；有的对社区文化建设在城市精神文明建设中的功能以及社区精神文明建设的意义、目标、原则、主要内容、基本途径进行了探讨②；有的对经济多元化社会背景下的社区文化建设问题进行了探讨，强调社区主流文化与社区亚文化的协商互补发展，从而提高社区居民生活质量和社区本身的发展水平③。同已往的研究相比，该研究为我们提供了一个更系统、全面和动态的中国城市社区文化建设图景。

该书告诉我们，社区文化不仅仅是老头老太扭扭秧歌、打打扑克、唱唱歌曲等解闷找乐的文艺活动，应该突破狭义的解释，把它理解成是一个大文化的概念，是一个融民俗、科技、文艺、教育、体育、精神文明相结合的大文化。它不仅直接关系到广大民众的生活质量，也关系到广大民众是否具备了现代化的人格和素质，关系到整个社会的文明程度。同时我们也看到，社区文化受到诸多相关的社会结构要素的影响，由于地域性的关系，城市社区文化与城市的社会结构变迁尤为密切。现代城市社会结构调整以及人口异质化发展的趋势，使不同的人群会向不同的地域集中，形成越来越多的同质性社区，从而也形成了各具特色的不同取向的社区文化。对各地不同的社区文化发展模式的探讨可以为我国社会建设提供参考甚至指导。

① 参见景天魁：《社区文化与社共发育的逻辑》，载《北京工业大学学报》（社科版），2007（3）。

② 参见文军：《社区文化建设与城市社区精神文明建设》，载《岭南学刊》，1999（5）；《论城市社区精神文明建设》，载《探索》，1999（3）。

③ 参见卢汉龙：《经济多元化发展中的社区文化建设》，载《江苏社会科学》，2000（4）。

成功的实践需要科学的理论作为指导，丰富的社会实践也为理论的创新提供了条件。中国社会建设和社区发展中面临不少重大理论问题需要我们研究，一些新的实践经验需要我们总结和概括。学界和有识之士有责任和义务投身于社区问题的研究，综合动态的历史发展眼光与积极应对的现实主义路径，努力去回答在我国迅速的城市化和工业化过程中为什么要建设社区文化、如何建设社区文化、建设什么样的社区文化等等现实和理论问题。年轻学者张琪撰写的《社区文化建设的理论与实践》是这方面的一个有益尝试，相信该作品有助于社区问题研究的进一步深入，有助于该领域研究的繁荣与发展。

是为序。

郑杭生

2011 年 12 月 5 日

于中国人民大学社会学理论与方法研究中心

个体安全的创造性探索

——序杨敏等著《“以人为本”安全观的社会学探索：个体安全的理论与实践研究》*

前后经过了4年多时间的努力，杨敏教授和她的研究团队完成了《“以人为本”安全观的社会学探索——个体安全的理论与实践研究》这一专著，这是杨敏教授主持的国家社会科学基金重点课题“关于我国社会转型加速期个体安全的理论与实证研究”的最终研究成果。

安全研究是一个逐渐展开和丰富的知识领域。在各个学科的贡献中，社会学取向的安全研究有着特殊的意义。当代社会学理论更为直接地切入安全研究，更为主动地走进社会生活和人的实际安全需要，使安全问题上的社会学传统关注出现了明显的更新，形成了当代安全研究领域的社会学取向。其中，贝克的风险社会理论和吉登斯的现代性理论都是有代表性的。风险社会理论与现代性理论不仅大大推进了安全问题的研究，也展现了社会学对这一领域的创新性贡献。同时也应看到，上述两种理论基本上是宏观性质的社会学理论，在我们看来，这种宏观的过程性和制度性分析也凸显了安全研究存在的问题：如何定位于人（特别是作为个体的人）的实际诉求？这也表明安全研究的社会学取向应作出调整，应进一步聚焦于人的实际安全状况、回应人的现实安全诉求，对与人的安全需要密切相关的社会政策、社会保障以及有效的预案、防护措施等提供实际对策。这就涉及一个很有学术深度的问题，即促成宏观基础性理论研究与实际应用性分支研究这两端的有效勾连，这正是“个体安全的理论与实践研究”的一个重要尝试。

个体安全研究方向的形成和我本人的社会学学术历程有着密切的联

* 该书于2013年6月由中国人民大学出版社出版。

系。个人与社会的关系是社会学的基本问题，其对于现代社会的问题现象有着根源性含义，我们也称之为“社会学的元问题”。20 世纪 80 年代末、90 年代初，我们开始关注这一问题并进行了初步研究。2001 年，我主持的国家哲学社会科学基金重点课题“中国社会转型期个人与社会关系研究”，对社会学的这一基本问题和元问题进行了系统而深入的研究。杨敏自新世纪初考博入门以来，成为我的主要学术助手和合作者。我们在课题研究过程中合作撰写了社会互构论的系列文章，特别是社会互构论的代表作专著《社会互构论：世界眼光下的中国特色社会学理论的新探索——当代中国“个人与社会关系研究”》，在 2011 年入选新闻出版总署启动的第三届“三个一百”原创图书出版工程，在各出版社推荐的 1 167 本图书中，组织各学科的专家，评选出 298 种原创图书，其中人文社会科学 98 种，文艺少儿类 100 种，科学技术类 100 种。《社会互构论》一书属于人文社会科学 98 种原创图书之一。简要地说，关于“个人与社会”关系的研究催生了“社会互构论”，这一理论又促发了更多切近经验层面的社会现象研究，如中国扶贫研究、社区建设研究、城市社会发展、社会建设与社会管理研究，等等。

“个体安全”也是在“个人与社会”关系的研究中逐渐延伸出的一个方向。约 2004 年开始，安全研究成为我们的一个关注点，其中“个体安全”逐渐成为聚焦点。我们认为，以往安全研究主要侧重于强调社会和国家的安全，在很大程度上忽视了个人日常生活中的安全。在“社会实践的结构性巨变”及其主要趋势的分析中，初步提出了个人安全问题的两种实际成因——“现实困境”和“未来威胁”，从社会学视角重新定义了“安全”概念，对“个体安全”给予了较系统的界定，这些后来为“个体安全”研究的基本假设、工作假设以及假设的操作化和研究方法等提供了思路。[①]这里也可以看出个体安全研究的方式和途径的一个特别之处。我们知道，随着现代社会的发展，社会系统和生活现象日趋复杂，对于社会学研究者来说，如何连接宏观视野与微观视角、基础性研究与应用性研究、定性研究与定量研究、理论研究与经验研究等等之间的关

① 参见郑杭生、杨敏：《社会学视野中的社会安全机制缺失症》，载《北京日报》（理论周刊），2004-12-20；郑杭生、杨敏：《个人安全的预期与焦虑》，载《北京日报》（理论周刊），2006-08-20；郑杭生、杨敏：《社会实践结构性巨变的若干新趋势——一种社会学分析的新视角》，载《社会科学》，2006（10）；杨敏、郑杭生：《个体安全：关于风险社会的反思及研究对策》，载《思想战线》，2007（4）；郑杭生、杨敏：《个体安全：一个社会学范畴的提出与阐说》，载《思想战线》，2009（6）。

系，是一些很有难度的问题。个体安全研究在这些方面进行了有益的尝试。

此外，从社会学基础理论研究的拓展和深入，延伸出一个新的分支领域并形成了新的安全理念，也是个体安全研究值得注意的一个结果。从最宽泛的意义上说，个人与社会一直在风险中前行，也一直面对着安全困境的考问，安全问题是社会学研究的一个当然题域。但在以往很长时期里，在安全研究领域，涉足较多的学科有经济学、政治学以及国际关系学、国际法学、外交学等，社会学更像是这一领域的一位“旁观者”。风险社会理论的出现使社会学在安全研究领域的处境发生了很大的改变，但其局限性上文已经指出。个体安全研究逐渐发展为对“以人为本”安全观的一种探索。“以人为本”安全观是一种新的安全理念，即以人作为安全的主体、对象和目的，以积极回应人的安全诉求、满足人的安全需要、提高人的安全感作为安全实践的当然前提、现实基点和最终归宿。不仅如此，个体安全研究强调面向基层、贴近生活、走进民众，对人们日常安全面临的现实困境和潜在威胁获得实际把握并提供对策，从一个新的侧面和高度反映了对“以人为本”安全观的认识深化。这些研究显示了社会学在安全研究的理念、视野、指向和方法等方面的学科独特性。

个体安全研究体现了我一直倡导的“建设性反思批判精神”和“社会学的理论自觉”。所谓“建设性反思批判精神”，就是“这样一种理性思维活动，实事求是地肯定该肯定的东西，否定该否定的东西，并根据这种分析提出积极的建设性的改进意见和方案，以增促社会进步，减少社会代价。这种建设性的反思批判精神，是肯定和否定的辩证统一，它既不赞同‘否定一切’的颠覆性或毁灭性的变味批判，又不赞同‘肯定一切’的无反思批判的盲从态度。”[①]同时，“社会学的理论自觉”表达了中国社会学的这一追求：既要对自己的理论进行反思，也要对西方的理论给予重新考量，在借鉴西方社会学的同时，进一步发掘中国本土的丰富学术资源，以推进原创性的或有原创意义的理论创新。个体安全研究以“理论自觉”的追求，在探索过程中努力促成理论研究与经验实证研究之间的有效连接，在社会学宏观基础性理论研究走向实际应用性分支领域方面，提供了一个难得的研究范例。

---

① 郑杭生：《论建设性反思批判精神》，载《华中师范大学学报》（人文社会科学版），2008（1）。

上述指出的各点，希望读者在阅读该书时，要着重加以领会。是为序。

郑杭生

于中国人民大学社会学理论与方法研究中心

2012年2月6日

流行语时尚文化研究的新进展

——序仓理新主编《流行语与时尚文化》* 教材

这本教材是主编从自己主持的 2006 年度国家社会科学基金项目“当代中国流行文化研究”开发而成。当今世界越来越强调科研成果的转化和应用，仓理新教授在这方面做了很好的尝试，她在首都师范大学开设了一门受本科生欢迎、评价为优的通识选修课程。课程于 2008 年秋季开设，名为：流行语反映的时尚文化。教学大纲在校园网一经挂出，就吸引了 300 多名学生报名选修，遍及全校文理、艺术等各科 13 个二级学院，覆盖一至四年级学生。由于连续几年期末学生对课程的评价都在 90 分以上，使这门课获得资助编写教材，并被中国人民大学出版社纳入 21 世纪通识课系列教材。

我想课程受欢迎的原因是主编把流行语和时尚文化融为一体，并对此进行客观描述和科学解析，从而使课程具备前卫、新锐、贴近生活和吸引年轻人等特点。近年来，相关机构虽然每年发布流行语，但只是列举了流行语是什么。至于形成流行语的社会渊源、流行语反映的社会热点、流行语传播的社会效果、流行语的发展趋势以及对社会变迁的影响等更加深刻的社会问题，则很少涉及。这门课和教材则对上述问题做了深入探讨和研究，并引入了大学讲台。青年是追随时尚文化的主要社会群体，正确引导年轻人面对无处不在的时尚文化是非常重要的。

主编为教材加了很好的副标题——运用马克思主义解读流行思潮。这个思路完全符合十七届六中全会推动社会主义文化大发展大繁荣的精神。十七届六中全会《决定》指出：“当今世界正处在大发展大变革大调整时期，世界多极化、经济全球化深入发展，科学技术日新月异，各种

---

* 该书于 2012 年 6 月由中国人民大学出版社出版。

思想文化交流交融交锋更加频繁，文化在综合国力竞争中的地位和作用更加凸显。”《决定》强调推进社会主义核心价值体系建设，把社会主义核心价值体系融入国民教育和精神文明建设。为此就要“深入推进马克思主义理论研究和建设工程，实施中国特色社会主义理论体系普及计划，加强重点学科体系和教材体系建设，推动中国特色社会主义理论体系进教材、进课堂、进头脑，加强和改进学校思想政治教育。”本课程的开设和教材的出版有利于贯彻十七届六中全会精神。

教材内容涉及21世纪初期流行语反映的流行文化各个方面，如时尚生活、旅游文化、大众文化、传统文化、网络文化、影视演艺文化、畅销书文化等，在对流行语文化现象的分析过程中融入社会学分支学科理论及文化研究方法，例如：文化社会学、语言社会学、旅游社会学、日常生活社会学、网络社会学、电影社会学、文艺社会学、出版社会学等分支学科的理论知识，有助于提高大学生认识社会现象的水平，在拓展、夯实、普及社会学分支学科方面做了新探索。

综上所述，教材向读者展示了我国21世纪初期流行语时尚文化的状况和发展趋势，不只是记录、描述了当代中国的流行语时尚文化是什么，还揭示了流行语时尚文化形成的社会历史渊源和引起的社会后果。对流行语时尚文化引起的社会问题做了深入分析，及其相关机构解决这些问题的思路和政策，为大学生正确面对这些问题提供了参考依据。教材把流行语视为时尚文化的亮点和特质，将同类文化特质整理成文化集丛。通过对不同文化集丛的研究探究流行文化的模式和体系，这既是很有新意的探索，也从一个重要方面促进着社会良性运行和协调发展。

是为序。

郑杭生

2012年2月14日

于中国人民大学社会学理论与方法研究中心

序王积超主编的《企业社会学》* 教材

随着经济、政治和文化全球化的进一步深入发展以及中国快速地和平崛起，在社会转型中，企业管理、发展及其科技创新遇到很多新的机遇和挑战，如何利用好这些机遇和应对各种挑战，是企业社会学研究的重要领域。企业社会学就是通过研究企业活动中产生的各种现象，从社会良性运行及协调发展的条件和机制的角度，来研究企业运行中的诸多现象的边缘性学科。企业社会学对企业自身及其对外部社会环境的分析，不仅涉及政治、经济、文化、法制、民间习俗等社会环境，而且还涉及企业自身的管理、制度、机制、文化等微观环境，需要综合运用社会学、经济学、管理学等不同学科的理论和方法，来建立一个多层次结构与行动交互影响的理论规范和具体机制，以此解决不利于企业良性运行和发展的各种问题，为企业发展服务。这其中不仅要研究企业内部的组织结构及其形成机制，而且还要研究市场的形成和转型；不仅要研究企业的内部运行机制，而且还要研究企业在全球化中遇到的各种议题。

2003 年，在中央财经大学社会学系成立大会上，我提议中央财经大学要在特定领域为社会学研究和发展作出自己应有的贡献，建议要在强化有关社会学基础理论研究的基础上，针对经济社会学、企业社会学、企业跨文化管理等领域展开深入、系统的研究，形成一批标志性的成果，进而凝练中央财经大学社会学的学科特色和方向。

2005 年 9 月，我到中央财经大学做学术讲座，王积超同志来找我，说自己想在企业社会学领域展开研究，并且已经给本科生和研究生开设了企业社会学专题讲座。我鼓励他坚持下去，用三到五年的时间，创造必要的条件，将教材撰写出来，逐步形成中央财经大学自己的企业社会学研究的学术团队。

---

* 该书于 2012 年 8 月由中国人民大学出版社出版。

2012 年 1 月底的一天，王积超来电说，他主编和参与撰写的《企业社会学》教材即将完稿，请我作序。我认为编写企业社会学教材是培养经济社会学专业的学生和对公众普及社会科学知识的重要环节，是我多年提倡和推动的社会学学科建设的重要事业之一，于是就同意了。

当前，无论是就政策环境和体制条件来说，还是就国内氛围和国际环境而言，中国社会学都处于新中国成立以来最好的大有可为的发展时期。中国的现代化建设需要社会学不断地开辟新领域和构建新理论，为中华民族的振兴以及社会主义祖国的强大作出贡献。

社会学对企业的研究，始于社会学创始人之一马克斯·韦伯对于企业组织的研究，后来帕森斯、格兰诺维特等著名社会学家还对企业社会关系展开了研究。他们都为这个学科的形成作出了自己的贡献。中国的学者也在企业产权、企业生产成本、企业社会关系、国有企业改革等领域展开了研究，在国内外学术界形成了一定的影响力，对企业开展生产经营具有实际的指导意义。以这些研究为基础，中国社会需要撰写多本关于企业社会学的教材，特别是标志性的教材，这本教材的撰写出版正是这方面的努力之一。

企业社会学是在企业运行和发展的实践中产生的，是对企业运行实践的总结和提高。中国社会学自恢复重建以来，已经出版了 6 种不同版本的企业社会学教材，出版时间都集中在 20 世纪 80 年代末和 90 年代初的 5 年左右的时间之内。此后很长一段时期中，关于企业社会学的系统性成果可以说是凤毛麟角，但是在国有企业改制、非公有制企业发展环境等特定领域，一些学者作出了重要的理论贡献，指导了这一时期中国企业发展和运行的实践。

与此同时，上海财经大学、中央财经大学等一批高校开始开设企业社会学或与其相关的课程，试图将中国企业运行和发展的实践进行理论概括，加以提升，以此培养学生，推动学科的进一步发展。在社会科学领域内，企业社会学立足于为企业的发展和运行提供正确的对策，同时还对本学科的方法、理论架构进行基础性研究，可以说是理论性与实践性相统一的产物。

为了编写好这本教材，王积超等作者都曾长期深入到企业之中做调查，从企业运行与发展的实践中汲取营养，同时收集、整理了当前有关企业研究的最新理论成果，以此为基础，运用简明、生动的文字阐释了企业社会学的基本知识。在信息化社会中，企业、政府、社会、环境、公民五大主体之间互动发展并相互影响，引起了一系列的社会问题，提出了许多需要解释的理论问题，都需要企业社会学发挥自己的作用。

《企业社会学》教材一书贯彻社会学中国化的学术取向，强调理论基础，突出用社会学的视角研究企业社会运行管理行为，反映了国内外与企业社会学有关的最新的实践和研究成果。全书分别以基础理论、企业内部管理、企业与社会、企业与政府、企业与自然环境等为线索展开，每章由基本内容、小结、关键术语和概念、主要参考文献四个部分组成。

全书共分为五大部分十章。第一部分为企业社会学的研究框架，主要讲述企业社会学的研究对象、内容、源流、研究方法和基本理论；第二部分为企业与社会的研究，主要讲述企业社会责任、企业伦理、市场秩序与企业的交易费用、消费者保护、企业和社区关系等内容；第三部分为企业与政府的研究，主要讲述企业如何处理与政府的关系以及政府如何利用公共政策干预企业的行为；第四部分为企业与自然环境的研究，主要讲述企业与生态环境之间的关系；第五部分为企业与科技创新的研究，主要讲述企业科技创新及其给企业带来的挑战。这种内容体系安排是否符合教学实践的需要，经得起历史和企业实践的检验，还有待讨论，希望今后根据新的理论发展和企业运行实践的变化，不断地进行修订、完善和提高。

理论创新需要极大的勇气，理论创新也是因自我的真诚选择而达到的一种精神境界。作为教材，这本书做到了理论联系实际，形式与内容相统一，收录了大量的案例和有价值的资料，可以为在社会学学院、商学院学习或已经毕业的学生了解企业运行中需要处理的各种关系及其发展趋势提供一种新的解读方式。同时，企业管理人员、政府管理人员和其他有关人员都会从这本书中发现很多感兴趣的内容。

该书是一本教材，一本研究性的教材，同时也是一本专著。作者们在查阅国内外大量资料的基础上，梳理了国内外企业社会学研究的相关成果，吸收了其中的学理蕴涵，进行了深入的阐发，同时结合中国企业发展过程中取得的各种经验教训进行了系统的阐释和总结。希望青年学者们能够将理论创新作为自己的研究志向，保持这种勇气，为中国社会学在世界社会学格局中崛起作出贡献。中国社会学进一步发展的希望在年轻一代。

是为序。

郑杭生
2012 年 4 月 13 日
于中国人民大学社会学理论与方法研究中心

《后现代化理论视野下的青年价值观研究》*一书简评

《后现代化理论视野下的青年价值观研究》一书，在某种意义上说，标志着我国青年研究进入了一个新的阶段，它在实现社会科学理论与青年主体两者结合上，跨出了明显的一大步，这是本书最大的优点和学术价值。需要改进的是：在理论框架方面，除了传统、现代和后现代，还有一种新型现代性，它与后现代一样都是对现代性的一种反思和反映，但却是不同的反思和反映，新型现代性偏重于建设性反思，后现代性则偏重于否定性反思；在社会科学理论方面，要注意增加中国气派、中国风格和中国特色；在青年主体方面还要增加代表性和覆盖面。还要注意，用非常有限的样本做出无限的全称的结论，要非常慎重，如“大学生更加认同俞可平为代表的学者的观点”或“女生比男生更认同俞可平为代表的学者的民主观点”，又如“本科三年级的学生更加认同潘维为代表的学者观点和西方民主的观点”等就属于这一类。人们只要举出一个相反的例子，你的全称命题就被证伪了。同时这样来比较具体学者各自观点在大学生甚至整个青年这一特殊群体中的认可度，是否公平、是否明智，也要慎重考虑。总的来说，这些需要注意之点，并不能掩盖本书的学术价值，后续研究如能注意，就会更加有价值。

郑杭生

2012年6月22日

* 该书2013年3月由社会科学文献出版社出版。

序张大维《中国共产党的社区建设理论与实践》*

社区是城市的细胞，是社会的基本单元，是人们休憩的港湾、安居的乐园。人们常用“基础不牢，地动山摇”，来比喻社区与社会的关系。社区在现代社会生活和社会结构中作用非同小可。社区研究是社会学乃至政治学、马克思主义理论等学科的一个重要研究领域。费老曾在《乡土中国》的后记中指出：“以全盘社会结构的格式作为社会学的研究对象，这对象并不能是概然性的，必须是具体的社区，因为联系着各个社会制度的是人们的生活，人们的生活有时空的坐落，这就是社区。每个社区都有它的一套社会结构，各制度配合的方式。因之，现代社会学的一个趋势就是社区研究。”

现代以来我国的社区研究主要有两个活跃时期：一是在 1933 年为纪念美国社会学家帕克来华讲学而出版纪念文集之后，社区研究在燕京大学学生里流行起来；二是在 2000 年中办、国办转发《民政部关于在全国推进城市社区建设的意见》（中办发〔2000〕23 号）之后，社区建设研究在政界学界中火热起来。社区和社区建设概念，现在已经家喻户晓、耳熟能详了。

经过 10 余年的探索和研究，社区建设的研究成果已经较多，党的建设的研究成果也算不少。但是在建党 90 余年和社区建设 10 余年的时候，将社区建设与党的建设二者结合起来的研究成果还不多。张大维著作《中国共产党的社区建设理论与实践》，以“城市社区建设”为研究对象，以“中国共产党的理论与实践”为研究视角，系统梳理和深入探讨党的社区建设理论体系问题，设计和回应党的建设和社区建设的两大核心问题：中国共产党城市社区建设理论体系是否形成，主要内容和理论价值

---

* 该书于 2012 年 12 月由华中师范大学出版社出版。

如何？中国共产党城市社区建设理论体系指导下的城市社区建设实践成效怎样，主要经验和实践意义何在？张大维著作以新的视角，较为系统地梳理了我党在社区建设领域的思想贡献及其体系，其理论意义和实践价值都是不能小看的。

通观全书，该书有以下主要特色和创新观点。

第一，转换了研究范式，用我党的理论来研究本土的实践，并印证党的社区建设理论体系的成熟性和科学性。该书在对社区建设研究进行全面文献梳理和理论回顾后，概括了学术界对我国社区建设相关主题进行学理性研究的三大局限：一是用西方研究成果，来解读中国本土实践；二是用中国个别案例，来验证西方某一理论；三是用特殊事例说事，来拔高某种经验模式。这三种研究总体上都摆脱不了从西方或个别研究范式出发来阐释中国社区建设实践的弊端。作者将其概括为“水土不服”，其最终导致的是说服力不够或难以持久。该著作关注实践中的问题，通过研究范式的转换，用中国共产党的理论来研究中国特色的社区建设主题。其是从中国的宏观背景和历史进程出发，研究中国社区建设的发生逻辑（新情况—新问题），并从中国共产党的社区建设思想中梳理提炼出社区建设的理论体系，再从中国共产党的社区建设理论指导出发，来研究党的社区建设理论是如何推动中国社区建设实践（新理论—新实践）的，即实践是按照哪些主线开展并取得巨大成就的。

第二，创新了分析思路，以整体性观点来研究社区建设问题，并遵循因果关联和演进逻辑来研究理论实践问题。该书对已有的社区研究成果进行了系统梳理，指出目前学术界除了对社区建设进行专题研究以外，在对社区建设的整体性研究中仍然按照“案例”和“专题”来展开，对我国社区建设进行较好地整体把握的学术成果偏少。该著作转换研究思路，遵循“发生逻辑（为什么）—理论体系是什么—实践成效怎么样”的分析思路，以现实为依据，以问题为导向，从我国社区建设兴起时的现实背景和主要问题出发，精炼地概括出我国巨大社会转型出现的新情况——社会分层、社会流动、社会组织和社会分工，关联性地提炼出我国社会建设面临的新问题——民稳问题、民生问题、民主问题、文化问题。围绕社区建设要解决的四大问题，总结出社区建设开展的四大主题，也即党的理论和实践体现的四条主线——居民自治、社区管理、社区服务、社区文明。该著作围绕此主线并使其贯穿于党的理论和实践的始终。

第三，提炼了理论观点，根据丰富的资料数据阐释，提出了诸多新的理论观点。其一，提出了中国共产党具有自己的社区建设理论体系的判断。即，其是关于建设社区（社会）生活共同体及其内含的居民自治、管理有序、服务完善、文明祥和等各要素的意义价值、宗旨目标、内涵外延、组织架构、体制机制、方式方法、手段途径、网络体系等的整体性理论体系。这种判断的形成，是以党的城市社区建设理论体系指导下的城市社区建设实践成效——“五个建立、五个格局”来检验和支撑的。其二，建构了中国共产党社区建设轴心体系理论框架。包括三个相互关联的组成部分：一是逻辑起点理论，即马克思主义研究问题的出发点和辩证唯物主义、历史唯物主义研究方法理论；二是中轴核心理论，即社区（社会）生活共同体理论；三是外围结构理论，包括社区居民自治理论、社区管理有序理论、社区服务完善理论、社区文明祥和理论等四大支柱理论。论著还提出，逻辑起点理论是方法论，中轴核心理论是价值观，外围结构理论是保护带。其三，得出了中国共产党城市社区建设理论体系是中国特色社会主义理论体系的重要组成部分，是对马克思主义理论在当代中国的发展的具体体现，是马克思主义中国化、时代化、大众化的最新理论成果。

另外，理论研究最大的特点是用事实和数据说话。社区建设研究往往由于很难获得充分的“第一手资料”、“全面的数据”等而显得空洞。而该书则有突破：一是对党的文献等涉及社区建设的论述进行了全面梳理；二是从民政部等部门获得了大量全国层面的数据，作者将社区建设10余年来的数据进行了历时性和共时性统计分析整理；三是运用了作者所在团队10余年来的数据库资源，尤其是所在团队进入“第一现场”获得的大量实证调研资料。

诚然，该书在体系的完善、知识的梳理、概念的界定、观点的把握等方面也还存在这样或那样的不足。例如，作者在文献收集和实证研究上已经做了大量工作，但对我国社区建设理论和实践不可能做到全景把握，论证还可深入，且社区建设轴心体系理论的内涵还可以进一步明晰。再如，囿于材料掌握和理论功底，该著对党的社区建设轴心体系理论的把握仍需要验证和完善。又如，受内容边界的限定，该著没有对农村社区建设进行类似城市社区的探索。等等。这些方面，尚需进一步深化与拓展。正因为是尝试，所以瑕不掩瑜，该著恰是作者研究的新起点。我相信，以此著出版为契机，他会在学术之路上越走越好。

郑杭生

2012年8月25日

于中国人民大学社会学理论与方法研究中心

流行文化社会学研究的新进展*

——简评“当代中国流行文化研究丛书”

“当代中国流行文化研究”是2006年度国家社会科学基金项目社会学课题指南项目。课题承担者仓理新教授在注重研究社会成员日常生活热点的基础上，设计了几个子课题，内容涉及旅游文化、网络文化、健身文化等当代我国大众比较热衷的领域。项目的最终成果是关于当代中国流行文化的研究报告。由于作者以流行语为切入点的思路很有新意，在课题未结项时就引起了出版界的兴趣，被北京市新闻出版局列入2009年度重点图书的选题计划。主编仓理新教授在完成国家社科基金项目的研究过程中开发了这套丛书。应该说，这套丛书无论在理论研究方面，还是实证研究方面都具有很高的学术价值和应用价值。

新中国建立后我国对文化的社会学研究始于20世纪八九十年代，但尚未涉及或者说尚未真正涉及大众流行文化，因为大众流行文化是工业社会后期为广大社会成员消费的文化，与社会经济发展水平、都市化程度、中间阶层数量等社会指标的提高紧密相连。近年来我国经济持续发展、城市化进程加快、中间阶层数量增加，特别是电视在城乡居民家庭中成为日常生活用品，大众流行文化研究才被正式提上日程。这套丛书作为21世纪“十一五规划”开局之年的成果，反映了这一新的社会趋势，是有新的社会学意义的。

近年来，相关机构虽然每年发布流行语，但只是列举了流行语是什么。至于形成流行语的社会渊源、流行语反映的社会热点、流行语传播的社会效果、流行语的发展趋势以及对社会变迁的影响等更加深刻的社

* 本文发表在《创新》，2013 (2)。

会问题，则几乎没有著作涉及。这套丛书对上述问题做了深入的探讨和研究，是我国学者对语言社会学进行的有某种开创意义的研究。社会语言学和语言社会学都是语言学与社会学的交叉学科。社会语言学把流行语看作一种词汇现象。从研究的角度来说，是一种词汇的分类研究。语言社会学把流行语看作反映社会文化的符号，研究角度是揭示符号互动引发的社会变迁。丛书把流行语作为观察社会文化的视角，重点探讨流行语背后反映的社会问题，因此，这不能不对语言社会学注入了某种新意。这是该丛书的第二个新的社会学意义。

丛书的第三个社会学意义是拓展并夯实了相关的社会学分支学科。对流行文化的研究涉及许多社会学分支学科，例如：文化社会学、语言社会学、旅游社会学、体育社会学、日常生活社会学、闲暇社会学、消费社会学等。此外，丛书此次开展了网络流行文化的研究，不仅收集了官方媒体和网络媒体发布的流行语，还探讨了与网络流行文化相关的社会问题，为目前正在形成的网络社会学分支学科增添了某种新因素、新东西。

就应用价值来说，该套丛书对文化创意产业有不小的参考意义。现代社会的一个突出特点是为人服务的行业逐渐取代向自然索取资源和加工资源的行业，即第三产业的规模日益扩大。其中文化产业创造的效益在第三产业中的比重日益增加，文化产品成为社会大众的日常消费品。技术的发达使传统的工作方式逐渐被淘汰，人们的闲暇时间日益增多。“以人为本”的观念日益深入人心，因此社会学研究的一个重要方面也从以往重视宏观研究向贴近日常生活的微观研究转变。这套丛书中列举了许多利用文化元素开发文化产品，在市场上获得效益的成功案例，为我国新兴的文化创意产业提供了经验研究的依据和数据。

当今世界越来越强调科研成果的转化和应用。丛书主编在这方面也做了很好的尝试，不仅开发了这套丛书并获得出版资助，还开设了一门受高校本科生欢迎、广受好评的课程。她于2008年秋季在首都师范大学为全校本科生开设公选课：流行语反映的时尚文化。逾300名学生报名选修，遍及全校文理、艺术等各科13个二级学院，覆盖一至四年级学生，期末学生对该课程的评分都在90分以上。目前，这门课也获得资助，将编写出高校本科生通识选修课教材。

综上所述，这套丛书向读者展示了我国21世纪初期流行文化的状况和发展趋势。丛书不只是记录、描述了当代中国的流行文化是什么，还揭示了流行文化形成的社会历史渊源和引起的社会后果，对流行文化引起的社会问题做了深入分析，并提出了可行性解决思路，为政府决策提供了参考依据。丛书把流行语视为流行文化的亮点和特质，将同类文化特质整理成文化集丛。通过对不同文化集丛的研究探究流行文化的模式和体系。这是很有新意的探索。

光荣、凝重的历史使命

——《荥阳郑氏》专刊前言

郑文化对中华文化起到了积极推动作用，这是毋庸置疑的。

一个弹丸小国，经过一次迁徙，寄居荥阳，三代人，几十年时间经营，一跃成为春秋首霸的巍巍诸侯，主宰中原大地。出现这样的政治历史奇迹究竟是什么原因?

2 700 多年前的封建王朝统治下，能毫无忌讳地解放奴隶，使生产力的发展强劲地推动历史前进，这不得不说是旷世之举。

在那个君要臣死臣不得不死的朝代，君王之错无人敢纠，而郑庄公却主演了“周郑交质”的史剧，从而拉开了战国序幕。

“郑声”开音乐之先河，社会的情操才得以陶冶。

“弦高救国”，“烛之武退秦师”，不战而屈人之兵中，更有赤子报国之大爱，从而兵家效法，千古效贤。

地处中原腹地的郑国，实施富国强民的策略竟然是商业，不仅在当时是制宜之措，就是在现在的经济思想中也是积极的走向。很显然，郑国导引了商业文化的古往今来的发展。

……

如此看来，郑国所演绎的历史，已不是郑人的行为史，不能仅仅属于郑氏，它承载一种文化，荥阳文化，中原文化，属于中华民族的中华文化。

河南省郑文化研究院的成立，就是拓展了中华文化的范延，在这个研究领域里，我们所肩负起的担子，不仅光荣，而且凝重。我们要把已有专家学者以及郑氏各团体、个人的研究成果进行归纳总结，探索深化，研发并解答新的课题，力求让郑文化得到真实、宽泛、正确的诠释。

“弘扬郑文化，振兴我中华！”

郑杭生

2013年10月7日

于中国人民大学社会学理论与方法研究中心

序郑元豹会长主持的《天下郑氏一家亲》

我家乡乐清市郑氏联谊会会长、人民电器集团董事长郑元豹主持和题名的《天下郑氏一家亲》一书出版了。主持者盛情邀请我作序。对此，我感到高兴和亲切，也感到一种责任和鼓励。作为家乡郑氏的一员，觉得家乡的郑氏代表人物能够出版这样一本饱含亲情、自豪的书，来记录反映郑氏对当地和各地经济社会发展的贡献，来弘扬郑氏的优良文化传统，不能不感到由衷的高兴和亲切。而作为世界郑氏联谊总会主席、河南省郑文化研究院院长，积极参与家乡郑氏联谊会的建设和活动，是对总会的一种支持和鼓励，反过来，支持和推广家乡郑氏联谊会的文化建设和开展活动，更是一种责任和义务。

从书中内容可以看到，乐清市出了几十位卓有成就的郑氏代表人物，他们为社会做贡献的奕奕风采，不仅为乐清增光添彩，也为郑氏门庭光宗耀祖，鼓舞着每个郑氏成员，显示着社会的正能量。本书总结出“谦逊处世的美德观、卓越奉献的价值观、自我完善的修身观、厚德载物的伦理观、身重于物的名利观、先忧天下的苦乐观”，从而传承了把世界郑氏连接在一起的郑文化，弘扬了包括郑文化在内的中华文化。本书内容很丰富，可以预期，这本书的出版，一定会对全国各地和世界各地的郑氏起到一种在共享家族文化中体验中华文化的认同激励作用，促进更多的郑氏成员为实现我们共同的中国梦作出更大的贡献。

同时，我也借用这个机会，汇报一下世界郑氏联谊总会、河南省郑文化研究院近来的一些主要活动和今年要做的工作和打算，以便得到乐清市和各地郑氏联谊会的支持。

2013 年 11 月 3 日，郑氏在北京首都大酒店召开“2013 中华郑文化北京峰会”，会议确定“理清郑氏历史，确定郑氏项目，完善郑氏组织，规范郑氏活动”的指导思想，为文化的繁荣、经济的发展、祖国的统一，大力弘扬郑文化，努力展现出中华望族的榜样力量。与会者一致认为，要充分发挥河南省政府批准的“河南省郑文化研究院”这个文化研究平台的作用，扎实有效地做好各方面的工作。会议还评价了以郑朝增为主的郑源一班人，他们为弘扬郑文化艰苦奋斗、锲而不舍，打下了坚实的郑文化发展基础，要努力把荥阳郑氏名人苑、始祖殿的事情做好。

2013 年 12 月 3 日，在荥阳举行有 1 200 多人参加的“河南省郑文化研究院揭牌仪式暨郑氏始祖殿癸巳年世界郑氏拜祖大典”。郑成功纪念馆，郑氏名人苑，三公始祖殿，十余年来得到各地郑氏同心同德、尽心尽力及相关领导的关心支持，终于建成。其中郑氏三公始祖殿特别雄伟辉煌。参加的郑氏知名人士有：

郑世进，世界郑氏联谊总会创会首席主席，香港晖达国际集团总裁

郑昭明，台湾工党主席

郑鸿业，国家贸促会前会长

郑新立，中共中央政策研究室前副主任、中国著名宏观经济学家

郑　明，中国人民解放军海军装备部前部长、少将

郑双成，北京军区《战友报》总编、少将

郑杭生，郑氏文化研究院院长，中国人民大学前副校长、一级教授

郑世东，中国内需经济委员会秘书长

郑永顺，国研和谐研究中心党组书记

郑焕明，北京市人民政府对外联络办公室前主任

郑法雷，全国政协委员、协和医科大学教授

郑伟达，农工党中央委员

郑朝阳，荥阳市人民政府世界郑氏联谊中心主任

郑朝增，河南省郑文化研究院秘书长

郑　城，河南省郑文化研究院常务秘书长

郑通亮，著名企业家、珠海潮人海外联谊会会长、香港联邦企业集团董事长

郑义坚，广东德方斯实业投资有限公司董事长

郑志添，珠海晨泰房地产开发有限公司董事长

郑国平，香港中泰银投资集团董事长

郑存叶，广西郑氏辉煌矿业集团董事长

郑宏辉，广西北流建华水泥集团董事长

郑文景，郑州东升石材集团董事长

郑二坚，广西郑投集团董事长

郑宇才，北京华体集团执行总监

郑立铨，北京旺生园科技集团董事长

郑汉英，北京郑文化交流中心主任

张建勋，北京华沃土地整理有限公司董事长

2014 年 1 月 16 日，珠三角地区部分郑氏宗亲代表在深圳市汕头商会礼堂举行“2014 中华郑文化珠三角峰会”，确定了世界郑氏联谊会的领导成员。现已将原《中华荥阳报》更名为《中华郑文化报》（彩色版），开设“世界郑氏网”（河南省郑文化研究院名誉院长、中央政策研究室前副主任郑新立题），向海内外郑氏和社会弘扬郑文化，传递郑氏信息。

2014 年 2 月 22 日，中华郑氏文化发展恳谈会在北京举行。参加者有郑杭生，河南省郑文化研究院秘书长郑朝增，常务秘书长郑城、郑宇才。农工党中央联络委委员、农工党中央姓氏宗亲文化调研组组长、农工党北京市委理论研究基地专家、中华姓氏宗亲文化大百科全书出版社社长聂振强应邀出席。大家就中华郑文化的传承、郑氏联谊、今后发展重点方向及相关问题，进行了充分交流，达成会议纪要如下。

第一，增强祖国统一意识，找好郑氏文化的“切入点”，把握好姓氏文化发展的大好趋势，大力弘扬郑文化，展现出中华望族的榜样力量，共圆中华民族伟大复兴的中国梦。

第二，做好郑氏文化发展的“顶层设计”，建立专家“智库”，深入郑文化研究，促进文化产业发展。理念决定思路，思路决定出路。具体规模、专业、级别、职能等，另行研究制定。

第三，加强“姓氏社会学”前沿学科的研究，在《社会学评论》期刊开辟“姓氏文化研究”专栏。参与《社会建设》（国内统一连续出版物号为 CN22—1410/C）期刊的组建工作，为姓氏文化、郑文化开辟“平台”。支持北京郑杭生社会发展基金会的发展，支持该基金会在博士生项目和硕士生项目中增设姓氏社会学研究的课题。

第四，推进郑氏始祖殿的建设，郑文化拉动经济发展，经济发展支持郑文化形成。

从上面的简要介绍可以看出，郑氏联谊会，无论是总会还是各地分会，如乐清市郑氏联谊会，都是很有活力的。

愿“天下郑氏一家亲”的亲情，化作实现中国梦的强大力量！

是为序。

郑杭生

2014 年 3 月 16 日

于中国人民大学社会学理论与方法研究中心

一部接“地气”的著作

——序刘燕舞著《农民自杀问题研究（1980—2009）》*

中国社会学的本土化、中国化，自改革开放以来，特别是进入新世纪以来，有了很大的进展。在几代社会学家的努力下，现在对这一问题的思考和研究更为全面深入，成果更为丰富多彩。这表明，中国社会学的主体意识有了很大加强，边陲思维有了很大削弱。

但是种种事实也表明，在中国社会学界，特别是在不少社会学和社会工作专业的青年学者、青年学子中，还存在“地气”不足、“洋气”有余的情况，“边陲思维”还没有弱化到应该弱化的程度，主体意识也还没有加强到应该加强的水平。

可喜的是，青年学者刘燕舞的这部著作《农民自杀问题研究（1980—2009）》在接“地气”方面下了很大的功夫，这无疑是值得鼓励和肯定的。

我们所说的接“地气”主要包含三个层次。

其一是要接现实中国的“地气”。这是最直接意义上的“接地气”。它要求我们社会学者、社会工作者有一种与“世界眼光”相结合的“草根精神”，本着这种精神，深入实际、深入基层、深入草根、深入群众，和人民群众打成一片，了解他们的甘苦，反映他们的需求，代表他们的利益，解决他们的问题。要这样做，我们社会学最基本的办法，就是搞实地调查。

刘燕舞2008年考上我的博士生，作为他的导师，在学术训练上，我一开始便严格要求他努力做到“本土特质”与“世界眼光”兼具，在学术立场上，我要求他努力做到不左不右、实事求是。2009年6月，我带

* 该书于2014年8月由社会科学文献出版社出版。

他到河南省郑州市做实地调查时，更进一步强调这些方面。事实上，他也一直是这样做的。跟随我攻读博士学位以来，他在湖南、湖北、河南、河北、山东、山西、江苏、江西、贵州、浙江等十余省份的农村，采取吃住均在农户家里的驻村调查方式，开展了累计近400个工作日的实地调查，了解和认识中国农村，广泛地接现实中国的“地气”。在《农民自杀问题研究（1980—2009）》这部著作中，他选取了湖北大冶、湖北应城、河南新县、河北青龙等地开展多点实地调查，我们可以看到，正是通过这种接现实中国“地气”的学术努力，他收集到了大量的第一手资料，从中，我们既能看到基于实地调查收集而形成的小样本量的质性数据，又能看到各种丰富的自杀经验故事，从而为他的论证提供了坚实的基础。

其二是要接历史中国的“地气”。我们认为，重视我们中华民族自己历史悠久的、灿烂辉煌的学术传统，开发这一宝贵的学术资源，也是接地气的重要方面。我们认识到，在中国社会思想史上，先秦的社会思想非常重要，其中春秋战国时期诸子百家的社会思想尤其重要。这是因为：一方面，中国此后两千年的各种思想无一不受诸子百家思想这样那样、或大或小、正面负面的影响，诸子百家成为我国社会思想发展的直接源头，奠定了中国社会思想的基本面貌；另一方面，中国的诸子百家作为中国的思想源头，与作为西方思想源头的古希腊思想处在大致相同的历史时期。只要进行认真的比较研究，我们就能从源头上理解和把握中国社会为什么与西方社会不同，例如，西方社会传统更讲天人对立、更讲神圣性、更讲契约、更讲竞争，而中国社会传统则更讲天人合一、更讲世俗性、更讲伦理、更讲和谐等。

在刘燕舞的《农民自杀问题研究（1980—2009）》一书中，他通过对古希腊时期的苏格拉底、柏拉图和亚里士多德等哲人关于自杀的看法的研究发现，西方文化讨论自杀问题时，其思维方式是二元对立的，即：自杀到底是人的一种权利还是对城邦的一种犯罪？在这里，人与城邦或者说人与社会是二元对立的。显然，这种思维方式在很大程度上影响着此后西方关于自杀问题的思考，在中世纪时，基督神学基于上帝创世的理论基础更是将自杀当作犯罪看待，并对自杀者的尸体进行侮辱性惩罚。文艺复兴以后特别是启蒙运动以降，在人权与神权的对立框架下，越来越多的思想家倾向于认为自杀是人的一种自然权利，因而，各种废除自杀法案的行动开始发生。无疑，西方自杀社会学理论的构建是奠基于其自身的文化土壤的，因此，在西方自杀社会学领域，到处充斥着二元对立的困境，如社会结构与自杀行动的对立。但是，刘燕舞发现，中国先秦时期的思想家尤其是正统哲学家在讨论自杀问题时其思维方式却与西方迥异。在儒家哲学中，以孔孟为代表，他们对待自杀的态度并非“权利”还是“罪罚”的二元对立讨论，而是更加关注自杀的“应该”还是“不应该”或者说自杀的目的动机及其意义何在。在这里，中国文化关于自杀的理解是二元统一的，只要自杀的目的动机符合抽象的“仁义”原则，就是值得肯定的，否则，即是应该反对的。因此，孔子既肯定了伯夷和叔齐的“求仁得仁”的自杀，又肯定了管仲因为“相桓公，霸诸侯，一匡天下，民到于今受其赐”而没有随公子纠殉难自杀的做法。如果放在西方传统文化中考察，基于二元对立的思维，孔子的思想显然是自相矛盾的，然而，在中国传统哲学思维中，基于二元统一的思维，孔子对自杀看似矛盾的看法却是再也逻辑自洽不过的。所谓思维方式，其实就是人们看问题的方法准则，就是方法论。所以，基于中西历史脉络中关于自杀理解的比较，就为刘燕舞的自杀研究提供了合适的方法论。他从中国传统哲学中关于自杀理解的特点出发，一反涂尔干从原因角度对自杀进行分类的办法，将涂尔干“颠倒”的研究顺序再次“颠倒”了一下，从目的动机的角度结合收集到的一手经验资料，对农民自杀的类型进行了中国式的分类。

其三是要接中国立场观点的“地气”。立场观点是做学术的根本。世界上实际没有“为学问而学问”、“为学术而学术”这样的事情。这一点古今中外，概莫能外。中国古代诸子百家以及后来的思想家，为天下百姓追求“去乱求治”。社会学传入中国后，中国社会学家为救亡、为维新、为富强、为革命，都是站在中华民族、中国国家、中国人民的立场上的。

中国立场观点是我对学生从事学术研究的基本要求。刘燕舞的《农民自杀问题研究（1980—2009）》问题意识很清晰，其定位从一开始就不是要单纯地回应西方学术谱系中的某个问题，而主要是为了回答农民自杀的各项特征在中国的时间和空间中的差异性分布及其机理的形成问题。因此，在理论解释上，他既不盲从西方理论，也没有排斥西方理论，而是坚持在中国立场的主体性前提下，洋为中用。我很高兴他将我们提出的“社会互构论”运用到他的自杀研究中，应该说，他的自杀研究将我们的“社会互构论”的某些观点进一步具体化了。在社会互构的理论逻辑下，自杀行为不再是一个二元对立的问题，而是社会结构与自杀行动互构共变的产物。从静态的空间分布看，不同的社会结构会形塑出不同的自杀行动类型，而不同的自杀行动类型的分布亦会强化其所赖以存在的社会结构。从动态的时间分布看，无论是社会结构还是自杀行动，都是处于变化中的，并反过来会相互作用于对方。例如，刘燕舞发现，在血缘联结度与规则维控度双强的团结型社会中，从静态的空间分布来看，因为血缘联结紧密，使得自杀者容易为血缘联结关联对象如家庭成员考虑，因此，利他型自杀容易在这种社会结构的社会中发生，同时，又因为规则维控体系较强，一些受到委屈或挫折的自杀者容易以自杀作为手段来报复或威胁家庭成员，报复型自杀则容易出现在这种社会结构的社会中。反过来说，因为利他型自杀和报复型自杀的多发，也更加容易强化血缘联结的紧密程度和规则维控的作用强度。从动态的时间分布来看，无论是血缘联结的紧密程度还是规则维控的强度都在不断弱化，这会使得利他型自杀和报复型自杀相应地减少，而自杀行动的这一变化，又会进一步加速社会结构层面血缘联结强度和规则维控强度的弱化。社会结构与自杀行动在时空两维的这种互构共变关系，较之结构决定论或行动决定论来说显然具有更强的包容性，也更符合中国的经验现实。

有人说，刘燕舞的自杀研究具有“理论暴力”的“缺陷”。因为他的“野心”太大，他不但试图克服西方实证主义社会学与人文主义社会学在自杀研究领域的二元对立的困境，竟然还要运用中国特色的社会学理论进行解释，并试图在此基础上构建具有中国特色的自杀社会学理论，且还试图贯通理论自觉与经验自觉的学术实践，这难道不是“理论暴力”的“缺陷”吗？然而，在我看来，刘燕舞之所以有这种“理论暴力”的“底气”，就是因为来自于他的接“地气”，既接现实中国的“地气”、历史中国的“地气”，也接中国立场观点的“地气”。从这个意义上讲，我们应该欢迎这种“理论暴力”，肯定这种“缺陷”，鼓励这种“野心”，这样的学术“野心”在当前社会学界不是太多了，而是太少了。

是为序。

郑杭生

2014年2月20日

于中国人民大学社会学理论与方法研究中心

“读懂中国与世界丛书”序言*

编撰英汉双语两个版本的系列丛书的想法始于2010年。这套“读懂中国与世界丛书”直接起源于当年12月5日—8日的一项重大国际学术活动。英国伦敦政治经济学院举办了为期四天的题为“理解中国，与中国人沟通”的纪念中国著名社会学和人类学家费孝通100周年诞辰的学术活动。该活动是由伦敦政治经济学院亚洲研究中心、人类学系、中国比较研究网（CCPN）和伦敦商务孔子学院（CIBL）、英国浙江联谊会（ZJUKA）和中山大学社会学与人类学学院联合主办，由中英教育服务中心承办的。

作为大会的组织者和参加者，我们对把中国社会科学和社会学推向世界有很强的认同。在著名中国研究专家、社会学和人类学家王斯福（Stephan Feuchtwang）教授的支持下，以这次大会的论文为基础的文章将以《中国社会科学全球化——费孝通百年诞辰纪念文集》为名结集，分别出版英汉双语两个版本。该书收录了近40位作者的作品，工作量非常繁重，制作双语版本更是难上加难。2013年，全球中国比较研究会的成立，尤其是其旗下的子公司全球中国出版社的诞生，使我们出版这套丛书的愿望得以付诸实践。

“理解中国”的英文是“understanding China”。在2001年耶鲁大学约翰·布莱恩·斯塔尔（John Bryan Starr）博士出版的一书（*Understanding China*：*A Guide to China's Economy*，*History*，*and Political Culture*）的封面上的汉字为“了解中国”，与该书的副标题“中国经济、历史和政治文化指南”十分贴切。在此书写作十年后，我们试图通过研究费孝通的个案来深入地“理解中国”。2013年11月2日，二十一世纪

* 郑杭生和常向群为“读懂中国与世界丛书”的共同主编。常向群博士：全球中国比较研究会会长、英国伦敦大学亚非学院中国研究院研究员、复旦大学社会文化人类学中心特聘教授。

理事会在北京召开题为“Understanding China”的论坛，同样一个英文词，这次被媒体翻译成“读懂中国”，并成为当下国际学术界、政界、商界以及公共领域的热门话语。

习近平主席在会见参加这次论坛的外方代表时发表了重要讲话。他指出，“中国坚持和平发展，绝不走国强必霸的道路。随着中国的发展，中国将承担更多的国际责任，更积极参与国际事务及国际体系改革。中国是促进世界和平与发展的建设性力量。我们将继续抱着谦虚的态度，学习借鉴其他国家的先进理念和发展经验，包容并蓄，走同其他国家和谐共生的发展道路”①。这与“中国比较研究”的理念不谋而合。于是，我们在“读懂中国”后面加上“世界”两个字：“读懂中国与世界”，即把中国置于全球化的背景下，把中国和其他国家与地区作镜像观照和比较研究，帮助我们自己也帮助他人来读懂中国与世界。

基于我们以往的研究项目，全球中国出版社将陆续推出以下著作：

- 《社会建设：中国社会发展的一种模式》②
- 《中国社会科学全球化——费孝通百年诞辰纪念文集》
- 《“金砖国家”新移民如何参与形塑全球社会?》
- 《马克斯·韦伯与中国：文化、法律与资本主义》
- 《人情与中国民间社会支持的运作机理》

我们诚邀海内外专家学者用英汉双语参与编撰这套丛书，使我们在“读懂中国与世界”的话语中享有充分的发言权，在实现中国梦的同时推动人类的共生梦。

郑杭生

2014年4月8日

于中国人民大学社会学理论与方法研究中心

---

① 《习近平：解决发展问题、改善民生仍是中国第一要务》，载《北京晨报》，2013-11-03。

② 此书的英文版虽然是由剑桥学者出版社出版，但其全部工作，从组织、编辑、翻译、校对到排版均由全球中国比较研究会承担。

常向群主编的《社会建设：中国社会发展的一种模式》中译版* 序言

近现代以来，从晚清、民国到新中国的建立，中国社会发生了天翻地覆的变化，中国学者始终孜孜不倦地引进和学习西方社会科学不同门类来帮助读懂中国和建设中国社会。近年来，社会建设的研究可谓是汗牛充栋，这是中国学者在开发本土社会科学和人文资源、继承前辈学者丰富的学术遗产不懈努力的结果。

中国的社会科学，尤其是社会学和人类学有着鲜明的双重属性：一方面，致力于借鉴国外思想做中国本土的文化观察与解说，或曰社会学的中国化的理论和方法论研究；另一方面，重视“经世致用”的现代应用，重视人类学或社会学对社会自身和人本身的观照（这可能是严复将sociology 翻译为“群学”的原因之一吧）。上述特点从老一辈学者林耀华、费孝通等的研究中都可以看到。

从费孝通晚年的研究中我们还看到，他致力于扩展社会学的传统界限，提倡社会学的科学性和人文性之综合。这实际上是在形塑一种“中国特色的社会学”或曰“中国社会学”。在这门学科中，“社会建设”是一个有代表性的概念，它源于中国几代社会科学家对中国社会的广泛深入研究，汇集了古今中外、理论应用、社科人文、政府民间等方方面面的智慧，如，孙中山于 1917 年提出，孙本文于 1930 年编入社会学教科书，并于 1944 年联合中国社会学社和社会部合办《社会建设》月刊（中国人民大学将重办《社会建设》期刊，梳理、总结社会建设的“中国经验”）。近年来，社会学和其他社会科学的学者们做了大量的关于社会建设的研究，在此不赘述。

---

* 该书于 2014 年 5 月由剑桥学者出版社出版。

在我辈社会学者中，陆学艺的“三农”研究在为政府的政策咨询和推动中国社会发展中的贡献广为人知。他同时也很注意社会学界的学术理论倾向，对中国社会结构、社会流动、社会改革尤其是社会建设的研究，在学术界和社会上引起广泛的反响。特别值得一书的是，他在晚年致力于把“社会建设”这个中国的社会学的本土概念推向国际社会学界。陆学艺通过亲自走出去请进来的方式，推介社会建设的概念，还指导下一辈社会学者组织国外专家学者尝试用社会建设来研究中国社会并将其与其他国家和地区作比较研究。常向群主编的《社会建设：中国社会发展的一种模式》一书全面记载了这一历程，并展示了其相关研究成果。

在《社会建设：中国社会发展的一种模式》的中译本出版前夕，常向群邀请我为此书的中译本作序。我欣然应允。我很高兴地注意到此书的三个特点：这是国外学者首次应用中国社会学的概念研究中国社会并作比较研究的积极尝试；把英文版即时地翻译成中文使之同步出版，使国内外学者可以用自己的语言同时了解同样的内容，为国内外学者对同一话语的学术交流的同频提供了可能；此书的中英文版本在英国的出版，有助于使“社会建设”融入人类知识的共享资源，标志着中国与世界其他国家的社会科学的学术交流进入了新的历史时期。

是为序。

郑杭生

2014 年 4 月 10 日

于中国人民大学社会学理论与方法研究中心

一本有新意的著作

——序张本效的《新型城镇化的社区经验研究》

《新型城镇化的社区经验研究》，是张本效在跟随我做访问学者期间，对其博士论文进行修改与完善而成的一部著作，在即将出版之际，邀请我赠其序一篇。

纵览全文，该书体现了作者立足现实，创新求异，扎实做学问的探索勇气，论证发轫于基层农村社区的主动城镇化模式，该模式的生命力和经济社会功能虽然在学术界还存在争议，但在实际运行中却为相应的农村社区带来了显著效益。特别是它致力于发展以集体经济为主导的混合所有制经济，并以之作为推进农村新型城镇化发展的载体，不仅能够很好地吸纳政府主导型城镇化推进过程中带来的发展机遇，而且有效规避了城镇化发展对农村经济社会所形成的冲击，真正实现了新型城镇化与村域经济社会的良性互动和协调发展，进而带来了农村社会和谐兴旺的发展局面，因之，一方面证明了城镇化与农村经济社会发展的兼容性，另一方面也为我国新型城镇化模式探索提供了生动个案和不一样的思路。

另外，《新型城镇化的社区经验研究》有如下几个值得我们关注和探讨的重要思路和观点。

第一，农民在新型城镇化进程中的地位与角色问题。这是与城镇化的经营主体与发展动力相联系的重要问题，也是学术界关注较少的问题。现有的相关研究成果从两个角度涉及了这一问题，其一是将城镇化的经营主体界定为城市，在此基础上，研究城市在自身发展能力不断增强的前提下，如何推动和引领农村的城镇化。在这类观点中，农村只是个被动接受者，农民既不是城镇化的发展动力，也不是积极主动的行为主体。其二是将农村城镇化的经营主体界定为农民，认为农村的城镇化应该由农民自己主导、推行，应该是“自下而上”的内源性城镇化，村庄应采取各种措施，积极主动融入城市，并以自身不断扩张的实力服务城市、影响城市，谋求与城市的共同发展。虽然这类观点开始关注农民的城镇化地位与作用问题，但都还处于起步阶段，对诸如农村城镇化的经营主体是谁，农民在新型城镇化中的角色定位等基本问题，缺乏界定和讨论。至于更深层次的问题，诸如村域集体经济在城市社会时代的实现形式与历史命运，城镇化与以集体经济为主导的混合所有制经济的互构关系及运行逻辑等问题，更需要进一步研究。

作者以社会互构论为基础理论视角，基于对样本村实证研究的结果，提出我国现阶段的农村城镇化的实质就是“三农”的城镇化，归根结底是农民的城镇化，农民既是城镇化的对象，也是城镇化的任务，更应该是城镇化的经营主体，并在此基础上，提出了主动城镇化和农民的城镇化角色两个重要概念，并在精确界定这两个概念的基础上，推导出基于混合所有制经济的新型城镇化模式与理论。

第二，主动城镇化与政府主导型城镇化的关系问题。主动城镇化是相对于政府主导型城镇化而言的一种新型城镇化实现形式，是城镇化先发村农民创新出的一种城镇化推进路径，并在实践中取得了较为显著的成就。与政府主导型城镇化相比较，可以发现，两种城镇化模式各有优缺点，政府主导型城镇化的优点在于它的政府背景、全局性特点以及强大的发动力、号召力和推动力；其缺点是个性特色不足，在发挥农民主动性、创造性方面流于表面。恰好相反，主动城镇化的优点正在于它因地制宜的个性特色和对农民主动性、创造性的依赖；而其缺点则在于对天时、地利、人和的过度依赖和可能发生的本位主义、个人利益、集团利益、局部利益及其对我国整个经济社会发展带来的负面冲击。

作者通过对实践中两种模式呈现出的利弊得失的深入研究，提出了通过政府、法规等外部力量的规范与保障，通过主动城镇化者积极、主动承担和履行社会责任与历史使命，通过将两种模式对接与结合，扬长避短，进而实现“各美其美、美人之美、美美与共、天下大同”，促进我国城乡一体化建设顺利推进的建设性观点。

第三，新型城镇化新型发展模式问题。中国的城镇化率已经在2011年底超过50%，我国进入了城市社会时代，与之相对应，我国的城镇化也进入转型发展时期。适应转型期特点，未来我国新型城镇化发展模式与之前模式相比较，也必将存在显著差异。

基于在研究过程中的所有观察与思考，基于对J村主动城镇化实践路径和发展成就的研究，基于对我国农村城镇化经验教训的审视和反思，基于对政府主导型城镇化利弊得失的讨论，并基于对其与主动城镇化模式进行的对比，作者在研究的最后阶段，构建出一个有关新型城镇化的发展模式，试图在理论层面上提供适应城镇化转型要求的新型城镇化发展模式结构。该模式虽然还存在着这样或那样的不足，但是，作为一个探索性结论，它的提出，对研究我国未来城镇化发展路径、探讨新型的城乡关系、破解城乡二元结构困境等，都具有实实在在的价值和意义，值得学术界去关注和探讨。

当然，《新型城镇化的社区经验研究》还存在着许多需要进一步完善的地方，比如主动城镇化的概念界定问题，农民的主动城镇化角色问题，等等。作为作者的创新性成果，如何在更进一步提炼与优化的基础上，使之为理论领域的学者和实践领域的工作者所理解和接受，并成为具有较强生命力的“流行”概念，还需要作者不懈的工作和进一步的努力。

总之，《新型城镇化的社区经验研究》是一个基于实证研究基础上的创新性研究成果。语言通俗、流畅、清新，结构合理，分析深入，研究结论可靠。该书的出版，对于城市社会时代农村新型城镇化发展路径探索、模式凝练都具有启迪意义。

郑杭生

2014 年 5 月 28 日

于中国人民大学社会学理论与方法研究中心

《党的领导与社会建设》[*] 序言

中国社会的转型有两条主线：第一条是从计划经济转向市场经济的经济转轨；第二条是从传统型社会结构转向现代型的社会结构的社会转型。随着市场经济逐步建立，第一条主线正在逐渐完成，这意味着由传统型向现代型社会结构转型这第二条主线将被置于更重要的位置。我们的转型也将进入一个新的阶段：一是要从原来的单线式的经济型转轨转向以经济社会共同发展的复合型的转型转变；二是随着社会转型向深水区迈入，各种深层矛盾、硬骨头，更经常、更广泛地显露出来，我们的研究也必须跟上趟。和谐社会理论的提出标志着我国社会转型地位的进一步突出，而社会建设和社会管理的提出则使和谐社会的理念、理论进一步深化，有了加以落实的路径和手段。这表明，有关和谐社会、社会建设、社会管理、社会治理的理论推进，有一个理论形态递进和理论结构丰满的过程。

党的十八届三中全会提出，紧紧围绕更好保障和改善民生、促进社会公平正义、深化社会体制改革，改革收入分配制度，促进共同富裕，推进社会领域制度创新，推进基本公共服务均等化，加快形成科学有效的社会治理体制，确保社会既充满活力又和谐有序。[①] 党中央把推进社会事业改革创新和改革社会治理体制放在完善和发展中国特色社会主义制度、推进国家治理体系和治理能力现代化的总目标中，充分体现党所领导的社会建设在实现“两个百年”奋斗目标和实现中华民族伟大复兴的中国梦中的重要位置。

把社会管理和社会治理摆在这样重要的位置，一方面，是对我国“矛盾凸显期”的应对。随着我国的进一步发展，原先不曾出现的社会问

---

* 该书于2014年12月由花城出版社出版。

① 参见《中共中央关于全面深化改革若干重大问题的决定》，载《人民日报》，2013-11-16。

题，或者很少出现的社会问题，像人口流动增加、环境资源承载加重、财富资源配置不公等问题，经过多年积累，爆发出来了，把我国推进到了“矛盾凸显期”。在这种情况下，管理、治理新增社会事务，更好维护公民基本权益，加强对社会秩序的干预等任务，就迫切地摆在了面前，提上了日程。另一方面，社会管理和社会治理本身，也必须与时俱进，包括社会治理的理念更新，手段的创新等。新中国成立以后，我们主要是依靠“单位管理社会”，“单位办社会”的社会管理和社会建设方式。在城市，通过全民所有制、集体所有制单位来搞社会管理和建设；在农村则是通过人民公社来贯彻实施。伴随着国有企业转制、私营企业成长、农村人民公社解体，越来越多新经济、新社会组织的产生，互联网成为社会格局中的一股重要力量，个人的个性不断张扬，党和国家要实现新时期对社会的驾驭，必须要进行社会管理和治理的手段创新，如增加政府公共服务支出，以社区作为一种管理和服务供给的单位，以信息化创新作为管理工具，等等。所有这些，都要求我们社会管理和社会治理要更加实事求是，“以人为本”，把科学精神和人文关怀结合起来，使我们的社会管理和社会治理既能维护社会秩序，又能促进社会活力，使我们的社会成为一个有序与活力兼具的社会。

我们的社会建设和社会治理，必须以中国共产党为领导核心，坚持中国共产党的领导。只有坚持中国共产党的领导，才能始终保证中国特色社会主义事业的方向，才能制定和执行正确的路线、方针、政策，保证现代化建设不断取得进步和成功。中国共产党的执政地位也决定其对社会建设负有领导职责，中国共产党必须紧紧把握社会建设的进程与方向，使社会建设沿着正确的方向前进。

推进社会建设和社会管理，也必须加强和改进党的领导，充分发挥党组织在基层社会中的领导核心作用。我和我的团队在近年来的社区调查中发现，党的领导在社会建设中具有不可替代性。[①] 第一，越是陌生人的世界越需要有社区党组织的支撑。社会建设、社区建设，是为了在一个市场经济的陌生人世界里，构筑人际关系和谐的、互助合作的新的社会共同体。这个社会共同体，在宏观上叫做和谐社会，在微观上叫做和谐社区。要在陌生的世界中建设和谐社区，关键是要找到能够整合社区各种陌生人的主导力量，找到社区凝聚的核心力量。从各地的经验看，

---

① 参见郑杭生：《改革开放30年——快速转型中的中国社会：从社会学视角看中国社会的几个显著特点》，载《社会学研究》，2008（4）。

这个力量主要是社区共产党员组成的基层党组织（党支部或党总支或基层党委）。正是他们的工作，把陌生人世界重新连接起来、整合起来。各地的调查使我们认识到，在中国研究社区建设如果看不到以党的建设带动社会建设，以基层党组织为整合陌生人世界的主导力量，创造新的连接这个基本经验，就不可能理解中国社区建设的过去、现在和未来，也不可能真正理解中国社区建设最大的特色。在中国，没有任何社会力量能在基层起到这样的整合作用。在对北京建外街道这个最典型的陌生人的世界的考察中，我们深切感到，越是陌生人的世界越需要有社区党组织的支撑。

第二，全国社区运转模式都离不开作为领导核心的基层党组织。在中国，社区运转模式通常有“1＋1”（社区党组织＋社区居委会）、“1＋2”［社区党组织＋（社区居委会＋社区工作站）］、“1＋2＋1”［社区党组织＋（社区居委会＋社区工作站）＋社区志愿者大联盟］、“1＋3”［社区党组织＋（居民委员会、业主委员会＋物业企业）］，甚至还有“1＋4”的，即在“1＋3”中再加上商会。但不管是哪种模式，都有“1”，它就是作为领导核心的基层党组织。同时，社区建设的方方面面，不论是社区资源动员、社区文化建设，还是社区服务等等，都离不开基层组织。《民政部关于在全国推进城市社区建设的意见》也反映了这一点：“社区党组织是社区组织的领导核心”。党的十八大报告重申：要着力加强基层党的建设，“以党的基层组织建设带动其他各类基层组织建设”，充分发挥基层党组织“推动发展、服务群众、凝聚人心、促进和谐的作用”。社区党组织的建设，既是社区建设的重要内容，也是社区建设的组织保证。

第三，支部领导与居民自治相结合——社区建设取得进展的关键。如果说，在新民主主义革命中，支部建在连上，是保证革命胜利的基层军事基础，那么现在，支部建在社区，则是保证社区建设成功的基层社会基础。支部领导与居民自治相结合，这是中国特色社区建设取得进展的关键之一。各地以党建带社建，为这一点提供了新的例证。当然，支部领导与居民自治相结合，如何结合得好，仍有许多问题要探索，例如，支部领导如何改进，居民自治如何推进，两者的结合方式如何创新等等，不是都解决了。

因此，研究党所领导的社会建设和社会治理，既是中国社会学研究的主要任务之一，也是党史党建学科研究的重要内容之一。然而，在以往的研究中，很少有人把党的领导与社会建设联系起来，各自为政的现象很严重。中共广州市委党校常务副校长王永平研究员主持编著的《党的领导与社会建设》，超越党的建设与社会建设研究的界限，从中国共产党领导社会建设的政治逻辑和现实分析入手，探索通过加强和改进党的领导、推进党建工作创新，从社会事业创新、社会治理体制、激发社会组织活力三个方面分析党领导社会建设的重大任务、战略部署、政策安排，从思想、政治、组织上提出党领导社会建设的主要抓手。这项研究坚持理论与实践相结合，政治立场坚定，政策分析准确，提出了党领导社会建设若干理论研究和政策取向的现实问题，对于创新社会治理方式、推进社会事业创新具有很强的借鉴价值。

我和永平校长是多年的老朋友。我非常欣赏他的这种治学态度，他善于捕捉社会学研究中的前沿问题，具有很强的政治敏感性和理论自觉性。用现在时髦的话说，他既是社会学领域中研究党的建设问题的专家，又是党的建设领域研究社会学问题的专家，更是率先打破社会学研究和党建学科界限的党建社会学的专家。他的这种学术风格，在《党的领导与社会建设》这本专著中有充分体现。中央和中央领导同志鼓励学术研究要有“中国特色”、“中国风格”，永平校长主持的这个课题研究体现了这种学风。

永平校长非常重视培养研究人才，注重在集体攻关、团结协作中锻炼队伍，善于发挥和调动多学科思维共振、激励和培养老中青相互协作，培养了一批学有专长、研有特色的党校科研人才。在《党的领导与社会建设》这本专著中，他组织的这个团队既有研究社会学的、文化学的学者，还有研究政治学、党史党建的学者。这种通过集体攻关来培养人才、锻炼队伍的团队建设方法，值得推广。

作为一名长期研究社会学的专业工作者，我很乐意看到永平校长带领他的团队推出的这本专著，更希望越来越多的学者能够从交叉学科的角度研究社会学。因为加强和改进党的领导需要推进社会建设，加强社会建设更需要坚持和改善党的领导。

郑杭生

2014 年 6 月于北京

中国人民大学社会学理论与方法研究中心

《转型发展论》* 序言

从人类社会发展的趋势看，以经济全球化为主要特征的当今世界发展变化，实质上是不同社会制度、不同社会文明乃至不同思维方式在新的时代层面上的竞争与整合。能否正确地认识和把握经济全球化的实质，不仅直接关系到能否对正在变革中的世界大趋势作出正确判断，而且直接关系到能否正确选择一条既切合中国实际又适应世界潮流的转型发展道路。毫无疑问，我们应当透过纷繁复杂的经济全球化现象以及当代世界的变化，准确把握经济全球化的实质及其对我国发展的深刻影响。

在全球化浪潮席卷下，我国改革开放和社会主义现代化建设的艰巨性和复杂性世所罕见，我国在改革发展中所面临的矛盾和问题世所罕见，我国在前进中所面对的风险和挑战也世所罕见。当代中国正处于发展机遇期和矛盾凸显期。一方面，当代中国的发展取得了举世瞩目的成就；另一方面，这种发展付出了高昂的代价。对中国的发展成就，国际社会做出了种种反应：肯定、羡慕、嫉妒、反感，甚至提出种种所谓“中国威胁论”。对中国发展付出的高昂代价，国际社会也做出了种种反应：有善意提出改进办法、纠正措施的，有幸灾乐祸的，甚至恶意利用以妖魔化中国，更有人用此得出形形色色的“中国崩溃论”。对许多外国人和不少西方理论家来说，当代中国社会成了一个无法准确判断的“测不准”的社会。他们对当代中国社会的这种认识，与其根深蒂固的偏见有关，与其戴着意识形态的有色眼镜有关，也与其低估中国社会很强的自我调适能力有关。

自古以来，中国社会就有很强的自我调适能力。这是中国社会5000年历史不曾中断的一个重要原因。新中国成立以来，这种自我调适能力进一步增强，主要体现在三个相互联系的基本要素上：它有能够把全国

---

* 该书于2014年12月由广东经济出版社出版。

人民凝聚在一起的、坚定不移的共同目标；它有能够把社会资源集中到实现这一目标上的、无可比拟的社会动员能力；它有全国人民信赖的、无可替代的社会领导核心力量。以这三个基本要素构成的极强的自我调适能力，是中国社会的优势，是战胜一切困难的保证，是社会沿着既定目标前进的强大推动力。①

在中国共产党的领导下，中国转型发展是以经济体制改革为先导展开的，经济体制转轨与社会结构转型同步并行，经济体制改革推动着社会结构转型，社会结构转型又深刻影响着经济体制改革。事实表明，当代中国的转型发展是多重转型叠加的复合型转型。这种转型发展有两条主线：一条是从计划经济转向市场经济的经济体制转轨；另一条是从传统型社会转向现代型社会的结构转型。随着市场经济逐步建立，第一条主线正在逐渐完成，这就意味着由传统型向现代型社会转型的第二条主线将被置于更重要的位置。因而，中国的转型也将进入一个新的阶段，即从原来的单线式的经济型转轨转向以经济社会共同发展的复合型转变。这种转型内容更丰富，意义更重大，任务更繁重。

准确认识当代中国转型发展，需要把握转型发展的深刻内涵。当前我国已进入改革发展的关键时期，经济体制深刻变革，社会结构深刻变动，利益格局深刻调整，思想观念深刻变化。这“四个深刻”决定了当代中国转型发展是全方位的转型发展。这种全方位的转型发展包括了从原有计划经济体制向社会主义市场经济体制转变、农业社会向工业社会转变、乡村社会向城镇社会转变、封闭半封闭社会向开放社会转变、伦理社会向法理社会转变等等，结构转型和体制转轨同步并行、相互交织，涉及社会所有构成要素系统的相应变化与调整。在全方位转型发展中，经济体制转型是先导，社会体制转轨是重点，政府体制改革是突破，党的领导方式转变是关键。简言之，全方位转型发展就是经济、政治、文化、社会等领域的全面性变革。

科学推动当代中国转型发展，需要以全面深化改革为动力。按照党的十八届三中全会的战略部署，要紧紧围绕使市场在资源配置中起决定性作用来深化经济体制改革，紧紧围绕坚持党的领导、人民当家做主、依法治国的有机统一来深化政治体制改革，紧紧围绕建设社会主义核心价值体系、社会主义文化强国来深化文化体制改革，紧紧围绕更好地保

① 参见郑杭生：《改革开放 30 年——快速转型中的中国社会》，载《社会科学研究》，2008 (4)。

障和改善民生、促进社会公平正义来深化社会体制改革，紧紧围绕建设美丽中国来深化生态文明体制改革，紧紧围绕提高科学执政、民主执政、依法执政水平来深化党的建设制度改革，不断完善和发展中国特色社会主义制度，推进国家治理体系和治理能力现代化。

深入研究当代中国转型发展，需要选择科学的研究路径，采用科学的研究方法。研究中国转型发展问题“不应在西方理论的笼子里跳舞”，而应“立足现实，提炼现实；开发传统，超越传统；借鉴国外，跳出国外；正确总结‘中国理念’，探索‘中国道路’”①。当代中国社会是各种各样思潮的汇集点，遵循这一研究路径，尤为重要。科学的研究方法是揭示当代中国转型发展基本规律的工具。要坚持深入实际，深入基层，透过现象分析本质，善于从高处着眼、从低处入手，化繁为简，深入浅出。这是我这么多年来积累的一点研究心得和体会。

中共广州市委党校常务副校长王永平研究员主持编著的《转型发展论》秉持了上述研究路径和方法。该书从中国转型发展的现实逻辑出发，在充分汲取国内外转型发展理论的基础上建构了转型发展的理论框架，并从经济转型、社会转型、政治转型三重视角提出了转型发展的政策选择和体制创新，最后落脚于党的领导方式的转型上。这种研究路径和方法既立足学术研究的前沿，又紧贴中国转型发展的实际，做到了“顶天立地”、“集成创新”。这应当成为中国学术界的“好声音”。

近十年来，永平校长一直带领他的团队从事中国转型发展研究，先后出版了《创新发展模式：广州经济社会发展转型研究》、《构建社会生活共同体：新时期城市社区建设研究》、《广州社区党建与社区自治》、《党的领导与社会建设》。《转型发展论》是永平校长在前四部专著基础上推出的第五部关于转型发展研究的专著。

完全有理由相信，《转型发展论》的出版对于深化中国转型发展研究乃至推动当代中国转型发展的实践都会起到应有的作用。

郑杭生
2014 年 7 月 23 日
于中国人民大学社会学理论与方法研究中心

① 郑杭生：《社会建设和社会管理研究与中国社会学的使命》，载《社会学研究》，2011（4）。

四、书评

一部体现“理论自觉”的宏制巨篇*

——从社会学的视角看《中国民俗史》六卷本

由钟敬文先生主编、人民出版社2008年2月出版的六卷本《中国民俗史》，获得了北京市优秀成果的特等奖，真是可喜可贺。这部著作，从哪一方面看，都是一部宏制巨篇，是重量级的著作，是中国民俗史研究上的一个里程碑，学术价值重大。这部著作有许多突出的特点。其中的一个，就是表现出高度的“文化自觉”特别是“理论自觉”，因而能够对学界起到引领作用。这部著作提出的很多理论观点已经成为并将进一步成为学界的集体记忆，成为能够持久产生积极影响的学术资源。

在中国民俗史上，理论自觉的一个根本问题是，我们究竟需要什么样的中国民俗学和民俗学史，或者说，它把什么样的民俗学和民俗学史作为自己追求的目标：是世界眼光中国气派兼具的中国民俗学和民俗史，而不是西方民俗学某种理论的中国版。自觉到这一点，是中国民俗学界对自己的理论的反思，也是对别人的理论的反思的结果，是对自己所教学所研究的中国民俗学理论和历史的自知之明。这是“理论自觉”的主要内容，是“理论自觉”的首要自觉。

钟先生事实上正是抓住了这个首要的自觉。他生前曾把这部著作叫做“中国文科的宝贝”，深情地说：“我们现在正在编写六卷本《中国民俗史》。这套书出来了，就是向世界展示了中国文科的宝贝。”这本书还能够改变过去那种不正常的情况，即“到现在为止，在中国现代民俗学史上，研究中国民俗文化的学者，在世界上知名的，往往都是外国学者，但也不能老是几个外国人的名字，中国民俗学者自己要争气”。现在看

* 本文是笔者2010年12月17日获知钟敬文先生主编的六卷本《中国民俗史》获得了北京市第十一届哲学社会科学优秀成果奖特等奖之后写的一篇短评。

来，这部六卷本巨著正是争气之作、扬眉吐气之作，是中国民俗史学界在国际学术界，开始从边陲向学术中心转变长途中的重要一站。“中国民俗学者自己要争气”这句话，正是中国民俗学“理论自觉”的集中表现。当年，钟敬文先生，站在这样的高度，来规划设计这部著作，是值得其他学界借鉴和学习的。这种学术趋势与我国正从地区性大国向全球性大国转变的趋势是一致的。这本书的出版，也很好完成了钟敬文先生未竟的宏愿。

同时，钟敬文先生的理论自觉还表现在他提出自己的一些独创性的看法上。钟敬文先生指出：“民俗学的基础学科应该是社会学与社会学史，以及文化学与文化学史”。他指出这是“没看见哪个外国学者讲过”的。他认为，这两组基础学科“每组都是密切相关的，同时也各有其领域”，并强调指出：“研究民俗史和民俗学史，要离开文化史和社会史的记录，是不可想象的。”那么民俗学史的特殊性在哪里呢？钟先生指出：“我们的重点是研究底层的文化史和社会史”。确实，社会学与民俗学是两门密切关联的学科。它们在历史渊源、学术传统、研究对象以及理论和方法等方面，存在许多交叉。

总之，有钟先生这样的理论自觉，本书才能主旨高屋建瓴，特点明显突出，通过诸多中国民俗学界的学者的共同努力，终于完成了这部巨著。

从“浙江经验”到“中国经验”：一项社区理论本土化研究*

——《城郊结合部和谐社区建设研究——基于温州杭州湖州的实证分析》一书

温州大学任映红带领科研团队经过长达六年的调研，所著的《城郊结合部和谐社区建设研究——基于温州杭州湖州的实证分析》一书于今年（2012年——编者注）2月在中国社会科学出版社出版了。记得两年前，我到温州大学讲学，任映红就背着沉甸甸的初稿来征询我的意见，当时我的一个直观印象是：以她为负责人的团队，深入到温州、杭州等地的城郊社区，认真做了调研和概括，对城郊结合部的情况和问题有了系统、深入的把握，提出的观点很有意义，为制定相关社会政策提供了依据。今看到她寄来的书之后，我发现在其后的日子里，这一团队又作了大量的补充调研，实证资料更加丰富，内容挖掘更加深入，体例框架也有较大的修改完善。我欣赏这种对学术研究的执著和严谨。综观全书，我觉得至少以下几点值得肯定。

第一，研究有新意，是社区理论本土化的重要探索。

目前国内关于城郊结合部的专门研究很少，作者找准这个切入点，让整个研究有创新意义。伴随着我国城市化进程，介于传统意义上的城市和农村社区之外的第三类社区（“边缘社区”）正在持续出现并不断扩大。然而，这样一个特殊的场域，无论在政策上、管理上还是在研究上，都曾被我们忽视。关于城郊结合部社区建设的研究，很难查到较为完整、系统的研究成果，这使社区理论本土化少了一项重要内容，成为我国社

* 本文发表在《浙江社会科学》，2012（10）。

区理论中的一个缺憾。在一定意义上说，本书作为社区理论本土化的一项重要探索，可以认为是在某种程度上弥补了这一缺陷。

在该书中，作者把握住了和谐就是人自身、人与人、人与社会、人与环境之间的协调这一主线，先理顺管理体制、明确社区建设主体包括个人行动者和集体行动者，再从征地拆迁中利益冲突的协调，社会互动的推进，如社会三大群体间社会距离的缩小、农民市民化、社会治安综合治理，到环境污染的治理，人与自然共生体系的形成，再到社区内多元文化冲突的化解，对这一系列和谐社区建设中重大问题的深入分析，使整个研究在前人基础上有所推进和突破。

第二，注重抓特征，努力把握城郊和谐社区建设的互动关系。

作者努力梳理和把握城郊结合部自身具有的特征。城郊结合部和谐社区建设之所以复杂，是由于城郊结合部自身的过渡性、动态性和边缘性造成的。城郊结合部是一个极具中国特色的地域概念，是城乡空间结构和各种经济、社会要素的过渡地带，如农村人口与城市人口的交汇地区，是城市管理体制与农村管理体制的过渡地带；城郊结合部处于不断变迁之中，无论是人口结构、产业结构、职业结构、生活条件、空间地域都无时不在发生着变化；城郊结合部人口密度高，人口异质性强，城乡地域交叉、农（民）居（民）生活交叉、街乡行政管理交叉，是管理难度最大的地区。

作者正确把握了社会建设和社区建设的关系。社区建设是中国社会建设的起点，是构建社会主义和谐社会的重要举措。和谐社区是构建和谐社会的重要基石，微观的社区建设是宏观的和谐社会构建的切入点和抓手。社区建设与社会建设的结合，将有力推动中国社会发展。改善民生既是社会建设的重点，也是社区建设的重点。

我认为，从“单位”到“社区”的转变，表明社会管理的重心从“工作场所”向“居住场所”的转移。这种转变和转移，意味着社会管理的基础单元的转换，意味着社会日常生活的支持网络的转换，意味着社会资源和社会机会配置机制的转换。这是中国社会极其深刻的变化之一。社区作为社会的基本单元，是社会物质文明、精神文明、政治文明和生态文明协调发展的重要基础，建设和谐社区是构建和谐社会的前提。

“和谐社会”作为一个重要的社会学范畴，是指社会协调发展、良性运行，反映的是社会在其发展过程中表现出来的人际协调、天人协调的状态。从某种意义上说，“和谐社区”也是这样协调发展、良性运行的社区，即它应该是一个充满活力和创造力、自然舒适、生态优雅、秩序井然、邻里关系友好、居民互相帮助的社区。结合中国实际说来，和谐社区有如下的特点：一是社区居民广泛参与社区建设，具有强烈的认同感和归属感。二是具有完善的社区服务设施，社区居民生活便利。三是具有良好的治安管理，社区居民安居乐业。四是具有优美的生态环境，社区居民生活温馨。五是具有祥和的人文环境，社区居民文明礼貌。六是具有和谐的人际关系，社区居民团结互助。和谐社会的创建不是也不能只是一句口号。当前，弱势群体的数量仍非常大，物质文化生活贫乏，又因为没有话语权或很少话语权而成为“沉默的大多数”。假如无法减轻来自经济、社会和心理的巨大压力，社会风险最容易在承受力最低的弱势群体身上爆发，危及社会稳定。因此，政府和社会应关心关爱弱势群体，共同分担社会进步代价，共享社会进步成果，这样，和谐社会才不会是一句空话。

第三，从实际出发，基于对现有问题深入分析提出对策。

本书对城郊结合部存在问题的分析是比较全面深入的。城郊结合部位于城乡边缘，普遍存在基础设施差、流动人口多、管理不到位、治安形势严峻、环境污染严重等问题，已成为我国目前各种社会问题集中、管理最为棘手的场域之一。存在的主要问题有：其一，土地问题是利益分化与冲突之焦点。城郊结合部土地产权关系复杂多变、模糊不清，管理权限交叉，征地拆迁频繁，利益纷争叠起。其二，制度缺口是管理症结与社会失范之根源。由于地理位置特殊，许多城郊结合部社区没有明确的行政隶属关系，“多头管理”和“管理真空”并存，制度规范尚未健全。其三，外来农民工生存状态堪忧。城郊结合部存在大量外来务工人员，他们普遍培训机会少、整体素质不高，就业难和招工难并存，就业和生活质量低下，权益得不到充分保障，子女就学困难。其四，社会治安形势严峻，社会保障不健全。由于流动人口多，成分复杂，城郊结合部社会治安压力陡增，刑事案件发案率居高不下，加之警力不足，打击和防控差强人意。其五，农民市民化障碍多，新生代农民工融入城市难。由于新生代农民工和第一代农民工无论在身份认同、文化水平、思想观念、思维方式、生活方式上都有较大差异，使得新生代农民市民化更有一些特殊困难。其六，城郊结合部地理优势未能充分发挥，“公地悲剧”不断。城郊结合部的“过渡性”、“公共性”、“公地性”使社会管理出现“盲区”，“人口聚集效应”、“候鸟心态”、环境监管缺位，客观上使城郊结合部的生态系统成为最特殊也是最脆弱的区域，环境污染和治理现状令人担忧。

作者有针对性地提出对策建议：一是要协调征地拆迁中的利益冲突；二是加强制度创新，理顺管理机制；三是优化外来农民工生存状态，缩小社区各群体间的社会距离；四是维护社会治安稳定，促进社会保障的城乡一体化；五是消解城郊农民市民化的障碍，加速新生代农民工的城市融入；六是发挥地理优势，整治环境污染，促进人与自然的共生和谐。这些建议对策对于基层政府解决城郊结合部问题有着重要的决策参考价值。

第四，有开阔视野，为“中国经验”添砖加瓦。

社区研究是我的研究旨趣之一。因为社区研究是社会研究的起点和具体化。社会是由一个一个大大小小的社区所组成的，一切社会活动都是在具体的社区里进行的。“麻雀虽小，五脏俱全。”一个社区就是一个小社会，是大社会的缩影。某个社区所面临的问题，往往不是独有的，而是在更大社会范围内的问题的具体表现；同大社会相比，社区范围较小，问题较具体，易于把握，立足社区开展典型调查研究，可以见微知著，既可发现同类地区的共同问题和表现形式，又可发现和解决更为广泛的社会问题，探索社会发展的普遍规律，因地制宜地进行社会改革和社会建设。

我一直认为，对于社区建设这样一个前所未有的伟大创举来说，从中央到地方都处于摸索阶段，还没有形成一个全国统一的模式，这时候，基层社区自下而上的经验、创造就显得更加弥足珍贵，它们构成了“中国经验”和“中国模式”的一个个亮丽景观、一根根坚实支柱，也为不同层次的高端设计提供草根基石。我曾多次指出：“整个中国经验由中央经验、地方和部门经验、基层经验三个层次构成。在三个层次的实践创新和探索中，中央经验是‘中国经验’的核心、灵魂和指导。地方和部门经验、基层经验的重要性则在于它们共同构成了‘中国经验’一个个亮点、一个个支点，共同标志着中国特色社会主义这种新型社会主义历程的一个个轨迹点、成长点。”我们计划在全国范围内选择最具有代表性的典型城市进行深入调查，希望将中国不同类型城市的不同探索展现出来，形成一个概括和对比，以求在实践中的相互借鉴，并挖掘实践背后所凸现的深层理论问题。

基于此，我主持的教育部人文社会科学重点研究基地中国人民大学社会学理论与方法研究中心就一直着眼于深入探究中国各地社区建设的特色性实践。因此，从 2006 年起，我曾先后到武汉、南京、杭州、上海、苏州、济南、广州、深圳等多个城市做社区建设专题调研，还带领学术团队对武汉、广州、深圳、郑州、杭州等城市社区建设做了系统研究，为了系统总结基层的“中国经验”，我主持了一套“中国特色和谐社区建设调查研究报告系列丛书”，反映了“郑州经验”、“广州经验”、“深圳经验”、“杭州经验”。我一直强调要总结提炼社区建设的最基层的“中国经验”，因为它是人们社会生活基本单元的城市社区和农村村落建设的经验，在整个“中国经验”的体系中处于最基础的地位。

浙江是我的故乡，温州是我的祖籍老家，杭州是我的出生地。这些地方经常热情邀我去调研或讲学，乡情让我感动，故土让我流连，所以我也十分关注浙江的社会学研究。2008 年 9 月，应杭州市委的邀请，我曾带领学术团队到杭州开展“杭州市社会复合主体的理论与实践”学术调研，在深入调研后，深深感到我们多年来的中国特色社会学理论探索与杭州市的中国特色社会发展实践探索在深层理路上不谋而合所带来的欣喜；2009 年 6 月，我带领“上城特色和谐社区建设实地调查研究”课题组到达上城，受到热情接待，深切感受到令人目不暇接“上城模式”、“杭州经验”的创新探索，已成为整个“中国经验”、“中国模式”中亮丽的篇章。

本书也是立足于浙江的实证调研，向读者呈现出快速城市化进程中出现在城郊结合部地区的重大社会问题及其严重性，所提出的对策建议和解决机制，就是城郊结合部和谐社区建设最草根、最实际的基层经验。先发地区往往是最先接受现实挑战的区域，其社区发展的进程、出现的问题、解决的思路，都对后发地区有重要的借鉴作用。因此，本项研究也可以说是城郊结合部和谐社区建设的“浙江模式”，构成了“中国经验”的支点。浙江各地的和谐社区建设还在不断探索、推进和发展中，如能从城市推向城郊结合部、再从城郊结合部辐射到农村，这可能是突破中国城乡二元结构的一条有效途径，期待能给我国其他地区的城郊结合部和谐社区建设以更多的更好的经验和启示。

五、综述

中国社会学“十一五”期间研究回顾与“十二五”期间发展瞻望*

根据全国哲学社会科学规划办公室《关于组织开展哲学社会科学研究“十二五”学科调研工作的通知》精神，国家社会科学基金社会学评审组经讨论、制定并下发了《关于编写社会学学科调研报告总报告与分报告的实施意见》，确定社会学“十二五”学科调研按总报告和分报告进行。分报告包括理论社会学、社会学方法、社会思想史（含社会学史）、社区研究、城市社会学、农村社会学、经济社会学、社会分层与流动研究、政治社会学、组织社会学、社会发展研究、社会人类学、社会问题研究、妇女研究（含家庭社会学）、社会保障与社会工作、信息社会学、科学社会学等约20个分支社会学领域，每个领域的分报告由一位学科评审组专家牵头负责（其中城市社会学报告聘请评审组以外的专家负责），组织学科调研和报告的撰写。

本报告是在全面检索和梳理2005年至2010年6月间中国社会学研究成果的基础上，结合了以上部分已提交的分报告的研究成果撰写而成的。本报告对“十一五”期间社会学研究的主要趋势、取得的主要成果和存在问题做了梳理与分析，对“十二五”期间的发展趋势、研究的重点领域做了分析，并提出了“十二五”期间社会学重点研究课题指南。

---

* 本文是国家社会科学基金资助项目“新世纪中国社会学（2006—2010）——‘十一五’回顾与‘十二五’瞻望”成果的总报告，由郑杭生、奂平清、黄家亮执笔撰写。参见郑杭生主编：《新世纪中国社会学（2006—2010）——“十一五”回顾与“十二五”瞻望》，北京，中国人民大学出版社，2011。

第一部分 “十一五”期间社会学的主要进展、重要成果及问题

一、“十一五”以来社会学发展的总体态势

“十一五”期间，社会建设成为我国社会主义现代化建设事业总体布局的一个重要方面，这为社会学事业的发展提供了历史性的机遇；同时，中国经济社会发展方式转变所带来的种种纷繁复杂的问题，也对社会学的解释和回应能力提出了严峻的挑战。社会学家及时抓住机遇、认真应对挑战，实现了社会学的快速发展。这一时期，无论是在理论构建上，还是在对现实问题的政策性回应上，都取得了显著的成就，使得社会学的学术视野更加开阔、理论基础更加坚实、研究方法更加专业、学科地位更加巩固。从总体上看，“十一五”期间社会学的发展呈现以下几个方面的良好态势。

第一，立足现实，对中国社会转型的回应意识和回应能力不断提升。

社会学必须对中国社会转型的过程作出理论的概括，对转型中出现的问题给出理论的解释。在相当长的一段时期，社会学界对现实问题的回应意识和回应能力比较欠缺，不少学者要么沉醉于西方理论的概念游戏之中，不关注中国的现实；要么沉溺于统计数字和琐碎的个案事实之中，或用西方的概念、框架硬套中国的经验素材；还有一些学者停留于发牢骚式的批判。在过去的5年中，“提升社会学的理论自觉”、“理论导向的实证研究”、“建设性反思批判精神”等倡导得到了学界越来越多的认同，越来越多的社会学家将自己的理论研究建立在中国经验的基础上，也有越来越多的社会学家对中国社会发展、社会建设中出现的结构性问题进行系统研究、给出建设性的政策建议，对社会转型的回应意识大大增强。同时，由于社会学理论和方法上的发展，使得社会学对社会转型的回应能力也大大提高了。在理论上，研究视野开阔、领域扩展，对当代中国和世界的社会变迁获得了俯视性及统揽性的把握，同时理论研究不断深化和细化，越来越切近对象世界的微观细节，使理论研究对社会生活越来越具有一种系统性和覆盖性的效果（郑杭生，2008）。在方法上，CGSS（China General Social Survey，中国综合社会调查，由中国人民大学社会学系联合国内社会学主要教学与研究机构组织实施）等全国

性、连续性调查的开展，使得中国社会学家们能够及时、全面捕捉到中国社会的变迁，并从社会学的理论视角给出解释和对策。

第二，开发传统，对中国社会学传统资源的开发更加自觉。

经过 30 年的恢复与重建，中国社会学逐渐走出了移植西方社会学的阶段，开始致力于找回传统、激活传统、超越传统，实现学术自觉。寻找自己的“学统”，并致力于在现代性背景下形成中国社会学的“新传统”。在这一过程中，重新发掘和认识中国社会学的传统资源的重要性被越来越多学者意识到。因此，在过去 5 年中，有学者用中国特色的社会学理论重写中国社会思想史（郑杭生、胡翼鹏，2007，2008，2009；郑杭生、江立华，2010）；有学者重新探究西方和中国社会学的起点和早期历史及脉络分流（刘少杰，2007）；有学者提出要重新找回中国社会学“丢失的传统”，对民国时期的“社会学中国化”历程展开再研究（田毅鹏，2005）；有学者提出重新认识中国社会学的思想传统，以中国经验为基础，从根本上再造中国社会学的核心问题和精神气质（应星、吴飞、赵晓力、沈原，2006）；还有学者尝试用中国传统的概念，如“气”（应星，2007）、“义”（吴飞，2009），来诠释当下的问题。也正是在“重解学术经典，再造学术传统”的旗帜下，不少学者致力于整理中国社会思想史资料（陆学艺、王处辉，2007；曾亦，2007）、中国社会学经典文献（谢立中，2007；李培林，2009），一批清末民初以来的经典社会学著作也得以整理出版。

第三，借鉴国外，与国际社会学界的学术交流和对话更加密切和富有成效。

中国社会学在国际社会学格局中处于弱势地位，借鉴国外先进的理论范式和研究方法对于中国社会学的发展是大有裨益的。过去 5 年中，中国社会学界与国际社会学界的学术交流更加频繁，学术对话更加有效，中国学者在对外交流中越来越具有主体意识，奉行“以我为主，为我所用”的原则。继 2004 年第 36 界世界社会学大会在北京召开之后，国际社会学学会“社会分层与流动研究委员会”2009 年年会、国际人类学与民族学联合会第 16 届世界大会等国际顶尖的学术会议纷纷在中国举行。环境社会学国际学术研讨会（中国人民大学社会学系和中国人民大学社会学理论与方法研究中心主办，2007）、“中国社会与中国研究”国际学术研讨会（南京大学社会学系主办，2007）、“转型中的中国社会与中国社会学：纪念中国改革开放 30 周年”国际学术研讨会（北京大学社会学系主办，2008）、“改革开放 30 周年”国际学术研讨会（中国社会科学院主办，2008）等一大批国际性的学术研讨会也在中国举行。“集体行为与社会运动研究课程班”（中国人民大学社会学系和中国人民大学社会学理论与方法研究中心举办，2007）、“社会学与人口学研究方法”论坛（密歇根大学社会学系和北京大学社会学系联合举办，从 2005 年开始，每年 1 期）等高质量的研修课程也越来越频繁出现在国内社会学界。此外，中国人民大学、北京大学等越来越多的社会学系都开设了大量由国际一流学者讲授的课程，如中国人民大学开设了专门由国际一流学者授课的国际小学期。总之，中国社会学在国际化方面取得了巨大的成绩，中国社会学在国际社会学格局中的地位也越来越重要。

第四，创造特色，中国社会学的理论自觉意识不断提高，社会学的本土化进程稳步推进。

正是在立足现实、开发传统、借鉴国外的基础上，中国社会学的理论自觉意识不断提高，中国特色、中国风格、中国气派的社会学正在逐渐形成。继差序格局论、学科边界扩展论、社会运行论、社会转型论、学科本土论、社会互构论等中国特色的社会学理论之后，“十一五”期间，其中有些理论进一步得以讨论和完善，中国社会学界又提出并初步阐述了实践结构论、感性选择理论等新的理论视角。而且，社会学界越来越重视运用这些理论视角和概念框架去分析和解释现实问题。这意味着中国社会学界的主体意识和反思意识越来越强，基本思维方式越来越成熟，社会学的本土化正在稳步向前推进。

二、“十一五”以来社会学研究的重要成果

对于社会学在“十一五”期间的研究成果，重点从以下 20 个研究领域加以介绍。

● 社会学理论研究

理论的发展对知识的积累和整个学科研究水平的提升具有重要意义。“十一五”期间，社会学理论研究在多个方面取得了坚实的进展，呈现以下趋势。

1. 社会学研究的理论导向更加明确

1997 年和 2003 年，费孝通分别提出了“文化自觉”和“扩展社会学的传统界限”两个命题，为中国社会学的理论导向奠定了基础。“十一五”期间，社会学界进一步阐述和发展了这两大命题，使社会学研究的

理论导向更加明确。

郑杭生（2009）在“文化自觉”的基础上，提出了“理论自觉”的概念，提出要对“两类挑战”做出自己的理论概括，对“传统资源”做出自己的理论开发，对“西方学说”做出自己的理论借鉴，对“中国经验”做出自己的理论提升，从而促进中国社会学的理论自觉。他还提出当代中国社会学研究应该发扬“建设性反思批判精神”（2007）与“顶天立地精神”（2009）：所谓“建设性反思批判精神”，即通过反思批判这样一种理性思维活动，实事求是地肯定和否定的辩证统一，既不赞同“否定一切”的颠覆性或毁灭性的变味批判，又不赞同“肯定一切”的无反思批判的盲从态度；所谓“顶天立地精神”，即前沿与草根相结合的精神。

许多学者进一步阐述了费孝通关于“扩展社会学的传统界限”的思想。刘少杰（2006）提出要克服社会学研究因单纯强调科学精神和客观原则而导致的经验化、技术化和表层化倾向，将经验研究上升到概念思维或理论逻辑的高度。邱泽奇（2005）从中西学术传统的对比中指出，中国学术传统的认识论强调天理与人性的统一，因此，要凸现社会学的人文关怀。田毅鹏等强调对中国人文学科的传统进行重新检视和开发，“找回丢失的传统”，建立起社会学与人文科学进行的勾连，是社会学扩展自身传统界限的关键（田毅鹏，2005；田毅鹏、刘拥华，2006）。

2. 中国特色社会学理论的探索更加深化

“十一五”期间，中国特色社会学理论取得了重要进展，传统的差序格局理论和社会互构论得到了更加深入的阐释，实践结构论、感性选择理论等新的理论视角也被提出来了。

学者们从不同视角对差序格局理论进行了反思和发展。翟学伟（2009）在进一步阐述差序格局理论贡献的基础上，指出了隐喻方法与逻辑推理之间的矛盾所造成的这一理论的缺陷。廉如鉴（2009）分析了差序格局理论与梁漱溟的伦理本位理论之间的尖锐分歧。阎云翔（2006）分析了差序格局与中国文化的等级观之间的关系，强调差序格局不仅包括横向的“差”，也包括纵向的上下尊卑的“序”，后者常被人忽视。马戎（2007）则通过中西对比，分析了差序格局背后所包含的社会结构、宗教基础，以及行为方式之间的差异。还有学者分析了差序格局从“乡村版”走向“城市版”的趋势（张继焦，2005；于光君，2006）。

“十五”期间，郑杭生和杨敏提出了社会互构论的主要思想，在“十一五”期间，这一理论得到了系统的阐述（郑杭生、杨敏，2010），该理论对时代转型的大趋势作出了独特的回应，无疑是中国社会学理论构建的一个里程碑。在社会运行论、社会转型论、学科本土论和社会互构论的基础上，近年来，郑杭生、杨敏（2008）又提出并初步阐述了实践结构论这一新的理论视角，继续引领中国特色社会学理论走向深化。刘少杰（2005）在揭示理性选择研究利弊得失的基础上提出了感性选择理论，并用这一视角分析当前中国的种种经济社会现象。

3. 西方社会学理论的研究更加深入

这一时期，出现了多本对西方社会学理论进行系统研究和介绍的著作，如杨善华和谢立中主编（2005，2006）的《西方社会学理论》（上下卷）、刘少杰主编的《国外社会学理论》（2006）和《当代国外社会学理论》（2009）、高宣扬著的《当代社会理论》（2005）、文军主编（2006）的《西方社会学理论：经典传统与当代转向》，等等。这些著作对于人们对西方社会学理论发展脉络和理论体系的认识具有重要的推动作用。

在现代性、公共性、全球化、风险社会、制度主义等经典理论主题上，这一时期也有不少突破。在现代性问题上，有学者系统探讨了经典社会理论对现代性的回应方式（王小章，2006）；有学者探讨了当代西方社会学理论的反思转向、叙事转向、修辞转向，以及其如何走出传统的现代性，以从理论上应对信息社会、消费社会、世界社会、风险社会带来的巨大挑战（成伯清，2006）；有学者提出了“新型现代性”的概念，以区别于传统的“旧式现代性”概念（郑杭生，2006），并对传统与现代的关系作了新的解释，分析了“现代”的成长和“传统”的被发明机制（郑杭生，2006）；学者们对国家与市民社会（邓正来、亚历山大，2005）、文化与公共性（汪晖、陈燕谷，2005）、社会和谐与公共性（郑杭生，2005）、社团合作与中国公民社会（高丙中，2006）、社区建设与公共性（黄平，2010）等主题进行了探讨。在全球化问题上，有学者探讨了全球化时期的文化冲突和共生（苏国勋等，2006）；有学者探讨了社会学理论应对全球化的方案，提出要建立“全球化研究范式”（文军，2005）。在风险社会问题上，最重要的进展是“个体安全”概念的提出（郑杭生、杨敏，2007）。关于制度主义的研究，林克雷等（2005）分析了社会分层研究中的制度主义范式；李路路（2006）分析了制度转型与社会分层和社会流动机制的关系；刘少杰（2006）分析了制度在社会学理论中的兴衰历程，并提出要重建制度社会学的主张。还有学者对话语建构论（谢立中，2010）、现象学社会学（杨善华，2010）等方面进行了比较深入的研究。

4. 马克思主义社会学理论的研究更加系统

2004 年开始实施的中共中央“马克思主义理论研究和建设工程”，对于马克思主义社会学的研究具有极大的推动作用。郑杭生、刘少杰（2006）主编的《马克思主义社会学史》对马克思主义社会学的相关主题做了系统深入的分析。“马克思主义理论研究和建设工程”首批重点编写的教材《社会学概论》在郑杭生等首席专家和相关咨询委员会专家与国内社会学界的共同努力下，历时 6 年，已完成任务，在马克思主义社会学等相关重大议题上取得了创造性的成果。

● 中国社会思想史、社会学史研究

加深对中国社会思想史和社会学史的研究是认识传统、找回传统、超越传统，从而形成中国气派的社会学解释范式和概念体系的重要基础。“十一五”期间，在这方面取得了以下进展。

1. 中国社会思想史研究

（1）从“思想家评述”到“思想命题”研究。从思想命题的角度理解社会思想史，不仅使学科的问题意识更为明确，而且具有延续性。郑杭生、胡翼鹏（2007，2008，2009）从社会运行论与中国社会思想史理论传统的内在亲和性出发，用社会运行论重新系统梳理了两周和春秋战国时期各个思想流派的主张。陈劲松（2007）以“儒学社会”为主线展开分析，将中国传统社会的历史进程划分为“前儒学社会”、“儒学社会”和“后儒学社会”三个阶段。王君柏（2007）提出从个人与社会、国家与社会、风与俗、文与质、理想与现实等范畴出发开展中国社会思想史研究。郑杭生、江立华主编的《中国社会思想史新编》（2010），借助社会运行理论的知识视角，来分析诠释中国社会思想中有关治乱盛衰的内容，通过意义的发现、阐明、转换，使有关治乱盛衰的内容有机镶嵌在社会运行的理论框架中，进而使涵盖中国传统思想文化的混沌空间，在结构上清晰起来——建构起与社会运行理论统一的知识构架和话语体系，在内容上具体起来——展示出历代思想家关于传统社会治乱盛衰的思考与实践。

（2）中国社会思想史研究资料的整理出版。陆学艺、王处辉主编的 6 卷本《中国社会思想史资料选辑》（包括先秦卷、秦汉魏晋南北朝隋唐卷、宋元明清卷、近代卷和现代卷）出版，较全面地反映从上古至新中国成立以前中国历代社会思想的基本面貌。此外，曾亦主编（2007）的《中国社会思想史读本》也具有较高的参考价值。

（3）关注“民间社会思想”研究。传统社会思想史研究主要是围绕着“思想经典”展开的，而民间思想、民间信仰则被忽视。近年来，有些学者开始关注民间社会思想，并尝试通过对非经典文本的解读，来把握民间社会思想的特性。如王处辉等人（2007）通过对《水浒传》的研究，来观察传统中国下层民众的社会理想。夏当英、王处辉（2007）从民俗、民谣、民谚、家谱、小说、评话、蒙学等方面探寻其中所蕴含的传统社会生活理念。

（4）“田野的思想史”的方法取向。社会思想史研究领域中最新的动向是主张哲学家或思想家的思想不仅保留在他们著作里，同样保留在民间日常行为、仪式、信仰和观念里面，主张通过田野考察来把握民间的思想史（杜靖，2010）。可以预见，未来人类学、民族学、语言学、考古学等学科的研究方法，将为社会思想史研究提供重要的支持，获得更为丰富的理论成果。

2. 中国社会学史研究的新进展

（1）对中国社会学的早期发展史的研究。刘少杰（2007）的《中国社会学的发端与扩展》对中国社会学的经学渊源和西学来源做了认真的梳理，在中西学术的历史交汇中分析了中国社会学的发端与演化，并对中国社会学的开拓者和奠基人严复、康有为、梁启超的社会学理论做了深入而充分的讨论，评析了梁漱溟强调中国文化传统和中国社会结构特殊性的社会学理论，并且对费孝通晚年大力倡导扩展社会学传统界限的思想主张进行了深入的分析。

（2）关于20世纪上半叶中国社会学史料的整理。中国社会学史资料的选编和出版是找回中国社会学传统的基础性工作。这一时期，关于20世纪上半叶中国社会学史料整理的成果主要包括：李培林等学者选编的《中国社会学经典导读》（上、下册）（2009）；谢立中（2007）选编的《中国社会学经典读本》；以及上海世纪出版集团“世纪文库”丛书整理出版的梁漱溟、瞿同祖、李景汉、李安宅、杨庆堃、詹承绪等前辈社会学家的著作。

（3）关于20世纪80年代以来社会学重建的研究。在改革开放30周年之际，社会学界也对30年以来的研究成果开展了系统的总结和反思，代表性成果是郑杭生主编（2008）的《中国社会学30年》和李强主编（2008）的《中国高校哲学社会科学发展报告1978—2008：社会学》。此外，田毅鹏（2005）、应星等（2006）都认为社会学恢复重建以来，在研究规范化方面取得了长足的进展，但也存在简单移植西方社会学，缺乏对自身传统的开发等问题，应该努力找回传统，激活传统，超越传统，实现学术自觉。

● **社会研究方法**

方法的发展对于学科的发展具有重要的推动作用。“十一五”期间，社会学界在方法研究上更加强调“方法论的自觉”。

1. 对方法论的反思

在相当长一段时间内，我国社会学研究基本是不加反思地移植西方的研究方法，强调“规范性”。近年来，越来越多的学者开始反思这种做法，提出既要规范化又要本土化的主张，如潘绥铭提出要建立符合中国国情的社会学研究方法体系，并承担了教育部人文社会科学研究重大项目“符合中国国情的社会学方法研究”；边燕杰、李路路、蔡禾（2006）结合 CGSS 调查的实践总结了“中国社会调查的本土实践经验”；风笑天（2005）认为要实现社会学研究的规范化与本土化，必须要处理好经验研究与社会学理论、定量方法与定性方法、理想状态与现实条件之间的关系，加强对研究论文的方法评价。

王天夫（2006）重新界定了因果关系的概念，分析了因果分析对于社会研究而言的重要性和相关性，并结合当前社会研究中的某些不足，提出了应用因果分析的一些基本原则和技术。庄孔韶（2007）提出在人类学、社会学等学科的研究中，应该注意面（比喻为“蝗虫法”）与点（比喻为“鼹鼠法”）的结合，发挥多学科融合的优势。

此外，潘绥铭和黄盈盈（2009）强调，社会调查必须在研究伦理的框架之内进行，任何以“人”为对象的社会调查都需要贯彻三项基本研究伦理：知情同意、平等与尊重、无伤害与受益，并要求调查者要真正地做到为被调查者着想、以“平常心”对待。方长春（2006）从方法论和本土实践两个角度出发，探讨调查研究所存在的局限性。

2. 对定量研究方法的探讨

在“十一五”期间，随着 CGSS、CFPS（Chinese Family Panel Studies，中国家庭动态跟踪调查，由北京大学中国社会科学调查中心组织实施）等全国性的大型社会调查的开展，国内定量研究逐渐趋于成熟。

在这一时期，学者们对从问卷设计到资料分析的每一个环节都进行了新的讨论。潘绥铭（2008）强调专业的问卷调查应该重视和突出“无假设”；赵延东（2007）对受访者推动抽样（RSD 法）的理论渊源、基本思路、主要操作步骤和原理进行了研究；张丽萍（2009）对 Kish 表在中国的运用提出改进建议；风笑天（2006）考察了社会调查中区间法和填空法两种收入测量方法的特点与问题，并针对前者容易出现的“端点累积”现象和后者容易出现的“特殊整数点累积”现象进行了探讨；宋时歌和陈华珊（2005）分析了如何用纵贯性数据和生长模型来回答关于“变化”与“趋势”的研究问题；刘瑛（2005）将人工神经网络引入社会统计分析方法，以弥补社会统计常用的多元线性回归、Logistic 回归等方法将变量间复杂的函数关系简单线性化的缺陷。

此外，有学者对计算机辅助调查、网上调查、email 调查等新的研究方法进行了研究（夏传玲，2007；王东、潘绥铭、黄盈盈，2008；潘绥铭，2009；宋春艳，2010）。还有学者通过对西方社会科学经验研究方法论范式的分析，以及国际一流社会科学杂志论文的总结，勾勒出经验社会科学研究的“洋八股”：即问题、理论（文献）、假设、数据、测量、方法、发现和结论，这种范式反映出后实证主义逻辑（彭玉生，2010）。

3. 对定性研究方法的探讨

（1）定性研究的类型。黄盈盈、潘绥铭等（2008）将现有的定性研究方式分为求同法、求异法、求全法三种类型，这种划分有利于更加深刻地理解定量调查与定性调查的冲突。

（2）个案研究中的意义、代表性、表述。杨善华（2007，2009）主张访谈既应当以“悬置”社会科学知识体系的态度进入现场，同时又要随时保持反省；对意义世界的认知经由感知与洞察完成，从而能够获得对现象意义的相对深刻与准确的理解和解释。个案的代表性问题是一直困扰个案研究的难题，朱晓阳（2006）提出了“个案延伸”的方法，卢晖临和李雪（2007）提出了两种分析性概括以及扩展个案方法的两种处理方式，谭同学（2009）提出了“类型比较视野下的深度个案”研究方法。个案如何表述也是个案研究中的一个难题，应星（2006）分析了近年流行的“叙事”这种表述方法的功能及其限度，冯仕政（2010）认为如何处理表述文本问题，实质上是一个科学哲学问题，而不纯粹是一个写作技巧问题。

4. 围绕研究方法的争鸣

“十一五”期间，社会学者在研究方法上展开了多场激烈的争论，对社会学方法的发展具有重要推动作用。应星和仝志辉等就“华中乡土派”所主张的“广泛的田野调查”和“野性的思维”等研究方法展开了争论（应星，2005；仝志辉，2005；吴毅等，2005）；张扬（2007，2009）与尹海洁（2009）围绕证伪主义在社会科学中的可行性问题展开了商榷；

风笑天（2007）和郝大海（2007）就抽样中的样本替换与应答率，抽样调查下样本的随机性与代表性，敏感性问题的抽样方法等问题展开了讨论；张静（2006）和李雪（2006）还围绕吉尔茨的认识论问题展开了争论。

● **社区研究**

“十一五”期间，随着社区建设在全国范围内的深入开展，社区研究也成为社会学研究中的一个热门话题。

1. 社区与社区建设

对于社区的定义、实质、内涵等问题，多数学者认同官方的定义，即“社区是具有一定地域范围的社会生活共同体”。有学者进一步指出认同感、归属感、依附感等社区情感是社区的最重要的意涵（单菁菁，2005；丁元竹，2007）；也有学者对现代城市社区的“共同体”追求提出了质疑（桂勇，2005；陈宁，2006）；还有学者指出，当代社区具有地域空间和社会网络两种空间形态，应努力实现二者的系统性互动（陈福平、黎熙元，2008）。

如何开展社区建设？郑杭生通过对全国十几个城市社区建设实践的系统考察，认为社区建设就是要在市场经济陌生人世界构建人际关系和谐的社会共同体，中国社区建设的最重要的特色就是以党建为龙头带动社区建设；社区建设的实质是将社会公平正义落实到社区制度的方方面面，途径是社区制度创新，重点是改善民生，目标是共建共享和谐社区。同时，他还提出中国社区建设的一些新理念，如复合治理、通过服务实现治理、国家与社会互构合作、有形资源与无形资源相互转化等等（郑杭生，2007，2008，2010；郑杭生、杨敏，2010）。徐永祥（2006）认为现行的社区建设体制难以承担社区的社会发展、社会民主、社会治理与社会服务的制度角色，必须通过社区建设体制的改革与创新，切实转变政府的社会职能，积极培育民间社会组织，建立现代公共财政体系，努力构建现代性的、政府与社会的分工合作体制。

2. 社区服务与社区治理

通过社区服务改善社区民生是社区建设的首要目标。江立华（2008）认为社区福利是在政府相关部门的指导下，以社区为基础，整合和协调社区内外的社会资源，为解决社区居民特别是生活不能自理的个人和家庭的生活问题及提高居民的生活质量，由政府的公共体系、社区组织、非营利组织所提供的社会性福利服务。孙朝阳（2007）从制度经济学的视角探讨了社区公共物品供给的制度困境及对策。还有不少学者就社区养老等具体社区服务内容展开了研究（李宗华等，2009；赵立新，2009；周建国，2010）。

社区治理是指政府、社区组织、社区居民等各种主体共同管理社区公共事务的活动。杨敏（2007）认为社会转型和社区建设运动背景下的中国城市社区是为了解决单位制解体后城市社会整合与社会控制问题的自上而下建构起来的国家治理单元。李友梅（2007）认为社区作为一个满足居民生活、居住的实体，其资源供给系统日益复杂，政府组织、市场组织、社区自治组织等多元共存；社区公共事务越来越依赖多种组织参与的决策和执行系统，因此，社区正在走向“共治”。周红云（2009）认为社区治理单位的重构是社区改革的主线，当前社区治理的趋势是社区治理结构发生明显变化，自上而下的管理逐渐转变成合作治理；社区治理主体多元化，逐步形成社区多中心治理局面；治理过程和方式更趋民主化和科学化。向德平（2006）分析了社区组织的行政化困境。针对“社区自治就是让政府走开”的观点，郑杭生（2007）指出，自治并不是不要政府，而是正确处理与政府的关系——“自治是一种关系”、“自治是一种分工”、“自治是自助与互惠的结合”、“通过自治推进社会合作”，通过自治理顺各种主体之间的关系，使它们能够协调、合作。关于社区治理的具体模式，学界提出“参与式治理”（王敬尧，2006）、“权变合作主义”（何艳玲，2007）、“四轮驱动、一辕协调”（王雪梅，2005）、国家与社会互构合作（郑杭生、杨敏，2010）等主张。

3. 社区动员与参与

“社区冷漠症”，是制约社区建设的瓶颈。多位学者对此进行了分析，刘少杰（2009）认为其原因在于“社会主要成员不在场”，即由单位制和当代社会生活脱域等因素影响，城市主要社会成员（职业群体）的主要社会活动不在城市社区之中；黎熙元、陈福平（2008）认为随着城市化程度和人口流动性的提高，居民的社会支持网逐渐从社区内转移到社区外，导致了居民的社区认同和社区参与减弱；还有学者从利益结构和利益卷入的角度来解释这一问题（熊易寒，2008；李骏，2009）。要解决这一问题，一方面要对现行以“属地管理”为基础的社区建设模式进行一些反思和调整，加强社区的动员能力；另一方面要注重社区资本的培育，实现社区建设物理空间和心理空间的统一（潘泽泉，2008；桂勇、黄荣贵，2008；刘少杰，2009）。

还有一些学者注意到了近年来因为利益冲突——特别是物业纠

纷——而频发的社区维权。何艳玲（2007）分析了后单位制时期街区集体抗争三个层面的逻辑：通过媒体声援将特定的地方性问题变成公共话语；运用说服性沟通策略使抗争行动合法化；建构共识性危机使潜在动员者变成实际参与者。桂勇、黄荣贵（2009）通过定性比较分析方法（QCA）分析了互联网如业主论坛在社区集体抗争中的作用。曾鹏（2008）考察了不同社区网络如何影响集体行动生发的可能性、表现形态和行动绩效。张磊（2005）运用资源动员理论、政治过程理论和利益集团理论研究中国城市业主维权运动的产生原因和动力机制。陈鹏（2010）用“法权抗争”——包括“上访维权”、“诉讼维权”和“立法维权”三个基本类型——的分析框架分析当前中国城市业主维权。

● 城市社会学

“十一五”期间，城市社会学研究取得了较大进展，在城市化道路、城市发展模式、城市生活方式、城市空间等方面都有新的研究成果。

1. 城市化研究

从 20 世纪 70 年代末起，无论是理论界还是政府部门就面临着如何推进城市化的问题。在相当长一段时期内，小城镇模式，即农村城镇化，占据主流地位。但随着小城镇战略的推进，其局限性逐渐暴露出来，学界开始重新审视城市化道路选择问题，先后提出了大城市论、中等城市论、均衡发展论（又称城市体系论、多元模式论）。“十一五”期间，这一讨论更加深入。有学者对“城市化”这一思路本身提出了质疑，如温铁军（2005）认为将城市化作为解决“三农”问题的根本途径这一战略值得反思。田雪原（2006）提出在城市化战略实践中应该吸取人口城市化“拉美陷阱”的教训。潘允康（2006）则认为，大城市有“聚集经济优势”和“聚集社会优势”，而且有成本低、符合人的本性的追求等，因此其超先增长是不以人们的意志为转移的自然历史过程。王明美（2006）认为我国城市的发展模式，应因地制宜，大、中、小并举，宜大则大，宜中则中，宜小则小。李强（2009）提出在大城市模式、中等城市模式和小城镇模式三种模式外，还应该有第四种城市化模式，即“乡村生活的城市化”，即乡村仍然保留，但机械化的劳动方式、城市化的衣食住行、现代的文化生活及闲暇生活等都与城市中的生产生活方式没有本质区别。

2. 城市发展模式研究

郑杭生认为当前中国城市发展已经走到了一个新的阶段，过去主要依靠土地、廉价劳动力、矿物资源、环境代价等初级资源的发展模式逐渐走到了尽头，需要重新解放思想、进行制度创新。他主编的“当代中国城市社会发展实地调查研究系列丛书”就是希望总结各地在这一背景下制度创新的经验。目前，这一丛书已出版了杭州卷和郑州卷，无论是杭州“复合社会创业主体”的新理念和新模式，还是郑州的“三化两型”国际大都市的建设实践，都为城市社会学的研究提供了新的素材（郑杭生等，2009；杨敏、赵君，2010）。潘允康（2008）从系统论的视角对城市群和城市圈的发展战略进行了研究，认为它体现了要素与系统，要素与环境之间的平衡，因此它有强大的生命力。王光荣（2006）针对目前我国大城市单中心集中的发展模式所带来的系列问题，提出大城市多中心发展模式。张鸿雁（2006）则针对中国城市的环境压力和世界范围的能源短缺提出了循环型城市发展模式。

此外，还有学者开始关注全球化对城市体系、文化交融、移民和人口流动以及社会结构的各种影响，对西方的“世界城市”理论进行了引介（苏雪串，2007；郑伯红、陈存友，2007）。随着北京等城市“世界城市”建设实践的逐步推进，这一领域的研究将成为中国城市社会学新的热点。

3. 城市空间研究

城市空间是城市社会学研究的一个基本问题。何雪松（2007）探讨了空间在新城市社会学中的重要地位，高峰（2010）运用新马克思主义空间理论分析了城市空间生产的运作逻辑。蓝宇蕴（2005）则研究了与城市化相伴生的、具有鲜明过渡性意涵的都市村社型共同体（新型社会空间），认为它是弱势的非农化群体“小传统”得以依托、行动逻辑得以体现的社会场域。城市居住空间的分异和区隔是近年来中国社会学研究的一个新热点。学者们探讨了居住空间分化的具体表现、对社区交往行动与社区建设的影响、与社会分层的关系，以及如何优化城市居住空间等问题（刘精明、李路路，2005；边燕杰、刘勇利，2005；李远行、陈俊峰，2007）。

● 农村社会学

“十一五”期间，是我国农村发展的又一个“黄金时期”。社会主义新农村建设、取消农业税等一系列国家宏观政策的实施，使得农村发生了巨大的变化，也为农村社会学的研究注入了新的活力，一大批基于经验研究和理论反思的学术成果涌现出来。

1. 农村社会的历史性变迁

黄宗智（2006，2007，2010）认为当前中国乡村面临着一个历史性的契机：中国农业今天正处于大规模非农就业、人口自然增长减慢和农业生产结构转型三大历史性变迁的交汇之中，这样的交汇将同时导致农业从业人员的降低和农业劳动需求的增加，这使得中国农村第一次有可能走出长期困扰其发展的“过密化”困境。面对这一历史契机，中国农业问题的出路不在于美国式的大规模机械化农场，而是在于当前的新时代的、具有中国特色的“资本—劳动”双密集化的小规模“畜—禽—鱼”饲养和“菜—果”种植家庭农场。但这种小农场需要“生产—加工—销售”的纵向一体化。毛丹（2008）指出村庄正在经历从农业共同体到城乡社区衔接带之弱质自治社区的大转型。董磊明（2008）认为中国乡土社会已经在相当大程度上解体了，取而代之的是现代社会，因此传统的乡村治理模式也应该向现代社会的治理模式转变，特别是要“迎法下乡”。

此外，学界普遍认为传统的以农养工、以农养城时代已经终结，我国的农村战略正在由提取资源转为输入资源，城乡统筹发展作为一个战略提出来恰逢其时。而城乡二元体制是当前农村发展的最为重要的结构性和制度性障碍，理应作为下一步改革的重点目标（陆益龙，2008）。

2. 农村社会的阶层分化与社会流动

有学者认为改革开放以来，农村社会中出现了多元分层和分派现象（卢福营，2007），已经形成一个包括农业劳动者、亦工亦农劳动者、乡村干部、农民企业家、知识分子、个体工商业主、雇工等新的职业阶层在内的复杂社会人群结构（邹农俭，2005）。这种分化的主要趋势和问题在于农村居民收入差距将进一步拉大、分化与阶层边界固定化并存、各阶层间矛盾冲突增多和分化中不公正性严重等（奂平清，2005）。陆益龙（2009）认为新中国成立60年来，我国农村阶级阶层结构经历了从制度变革型的平等化结构到政治运动型的平均主义化结构，再到市场转型中的多元分化结构。就结构变迁的机制而言，依次是社会制度的变革、集体化运动和市场转型。

农村劳动力的流动一直是乡村研究的焦点问题。有学者认为中国大规模城乡人口流动的一个重要特征即是劳动力流动而非移民运动，来自农村的流动人口在城市中遭遇了多种形式的社会排斥和社会隔绝，使他们难以融入城市，从而完成移民过程（李春玲，2007）；有学者称当前的农民工的社会融入是“半城市化”状态（王春光，2006）。还有学者从农民工叙事模式的转变——从生存论预设下“生存—经济”叙事模式到公民权视野下“身份—政治”叙事模式（王小章，2010）、“市民权”（陈映芳，2005）等视角探讨农民工的城市融入问题。

3. 农村社会问题

农村社会问题纷繁复杂。“十一五”期间，失地农民、农村社会保障、农民的维权抗争等问题受到学界的广泛关注。

关于失地农民的研究。童星、张海波（2006）研究发现由于被动城市化，失地农民在经济上生存于城市边缘，社会交往兼具农村与城市、传统与现代的双重特点，大部分失地农民存在严重的认同危机和城市适应不良问题。王道勇（2008）研究了失地农民与国家的互动过程，认为失地农民问题已经成为影响社会和谐的重要社会问题，应该通过理念更新和制度变革化解。

农村社会保障研究。李迎生（2007）提出构建城乡衔接的农村社会保障体制的主张。钟涨宝等提出以农村社会资源（主要是土地资源）为基础来构筑农村的社会保障体制（钟涨宝，2008；陈颐，2008）。

关于农民的维权抗争的研究。胡荣（2007）探讨了农民上访与政府信任流失之间的复杂关系。还有学者将农民的上访置于“村庄”与“事件”的情境之中，通过一系列的个案分析展示出上访者利益的两面性、利益表达的权益性，以及处于“权力—利益的结构之网”中的利益表达困境（应星，2007；吴毅，2007）。

此外，还有学者就农村自杀（吴飞，2009；陈柏峰，2009）、农村纠纷（董磊明，2008）、生态环境（黄家亮，2008；王晓毅，2009；张玉林，2009）等问题展开了研究。

4. 乡村基层政权研究

周雪光（2005）认为，在税费改革之前，多数乡镇基层政权已经成为一个“谋利型经营者”，其要么是直接介入到经济生产领域以谋求自身的利益，要么以“逆向软预算约束”自上而下地索取资源。当税费改革之后，乡镇特别是中西部地区的乡镇财政变得越来越“空壳化”，乡镇政府的工作主要是以四处借贷、向上“跑钱”为主，且乡镇同农民的旧有联系正在解脱，日益呈现出“悬浮型”的特征（周飞舟，2006）。陷入财政和职能困境中的基层政权，基于目标管理责任制（王汉生、王一鸽，2009）的压力，为了完成上级下达的任务，只得不断地运用各种策略以寻求自主空间的拓展（杨善华、宋倩，2008），这使得乡镇的治理、运作日渐以利益博弈为基础（吴毅，2007）。

● 社会分层与流动研究

1. 社会分层研究

社会分层研究是社会学的核心问题之一，“十一五”期间仍是研究的热点。

刘精明、李路路（2005）基于 CGSS2003 数据，发现在居住、交往和认同维度上，尤其是在客观分层结构的两端已经形成了阶层化的主要趋势，但是在生活方式维度上的阶层化趋势并不明显，并且四个维度都存在程度不同的不对应关系。边燕杰、刘勇利（2005）则从住房角度研究中国城市的社会分层。研究表明，拥有住房产权的比率从非精英到专业精英再到管理精英依次递增，而且，“权力维续”在住房获取中起重要作用。

李强（2008）通过对“五普”数据的分析认为中国是“倒丁字形的社会结构”。中国社会科学院社会学研究所所当代中国社会结构变迁研究课题组的《当代中国社会结构》研究报告，对中国社会结构的历史和现状作了总体描述和分析，认为中国社会结构滞后于经济结构，已成为诸多社会矛盾的根源，因此，调整社会结构是社会建设的核心（陆学艺主编，2009）。学界还针对“断裂社会”理论提出了质疑，如郑杭生认为中国社会并不是断裂的，而是动态的连续的，要从严谨的学术角度来看这个问题，不应该断章取义。陆学艺（2010）认为中国社会上下流动的速度正在加快，从社会底层流到中层的人员每年有七八百万人，即每年基本上增加 700 万到 800 万的中产阶层，中国的社会结构并没有断裂。

刘欣（2008）对社会阶层分化背后的制度基础进行了分析，认为再分配权力、寻租能力、市场能力共同构成了阶层分化的动力基础。刘精明（2006）重新将“国家”范畴带回转型期社会分层的研究，分析了市场化改革过程中国家力量对劳动力市场中收入分配的影响。郝大海、李路路（2006）认为，应特别强调“区域差异改革”和“国家垄断部门”两种策略及其对收入分配的影响。王天夫（2005）等研究发现集团性而非个体性特征是社会不公平的更重要和持续性的根源。吴晓刚（2006，2008）强调个体的自我选择机制对收入不平等结构的影响。

近年来，中国社会不平等研究的分析范式正在发生微妙的变化。在社会分层研究盛行的同时，一些学者对马克思传统的阶级分析重新产生兴趣，认为只有重新引入阶级分析视角，才能对中国社会不平等的结构和形成做出更有洞察力和前瞻性的分析（冯仕政，2008）。有学者明确主张“回到马克思”（仇立平，2006）、“把工人阶级带回分析的中心”（沈原，2006）。王春光（2010）则认为，面对学术界将阶级和阶层研究对立起来的问题，应从中国的现状出发，把阶级分析与阶层分析统合在一起，用统合式的框架来透视和研究当代中国社会阶级阶层关系，一些理论和现实问题可以得到较为恰当的解决。

2. 社会流动研究

学者们深入探讨了社会流动机制，并结合中国现实的特殊性，对已有社会流动理论的解释逻辑、研究模型和理论假设进行了深刻的反思。

多位学者研究了教育对社会流动和地位获得的重要作用及其机制，以及教育公平对社会公正的影响（李煜，2006；刘精明，2006，2008；郝大海，2007；吴晓刚，2009；李春玲，2010）。郑辉、李路路（2009）构建了“精英代际转化与阶层再生产”理论模型，认为在市场转型过程中，中国不同类型的精英群体（行政干部精英、技术干部精英、专业技术精英）通过排斥非精英群体进入的方式在代际间实现了人员的自由交换，并实现了精英代际转化。刘欣（2005）提出“权力衍生论”来解释中国社会的精英循环和再生产现象。边燕杰等（2006）提出了“地位资源含量”概念，认为再分配体制下形成的单位和地区壁垒，不但限制了职业流动，也导致了同一社会经济地位其资源含量在壁垒之间的差异，使工作单位和出生地成为地位的象征和指示器。吴晓刚（2007）对户籍制度与代际职业流动之间的关系进行了探讨。

3. 中产阶级研究

学者们对中产阶级划分标准进行了讨论，形成了以利益为基础（李强，2007）、以制度为基础（李路路，2007）、以职业为基础（李友梅，2005）、以客观综合指标为基础（周晓虹，2005；李培林、张翼，2008）等多种分层模式。对中国中产阶层的政治功能的研究，或认为中产阶级是民主政治的推动力量，或认为中国的中产阶级政治上较为保守，将成为维持社会政治稳定的基础（李友梅，2005；张翼，2005；李路路，2008）。还有学者讨论了中产阶级的阶层认同（李路路、王宇，2008；李培林、张翼，2008；刘欣，2007）。

● 政治社会学

“十一五”期间，政治社会学的各个领域取得了很大的进展。一方面，政治社会学的理论研究得到了深化，学科意识逐渐增强；另一方面，学者们围绕着国家与社会关系、社会建设与政治民主、地方治理与基层自治、底层政治与草根参与等重要议题，展开广泛讨论，使得政治社会学理论与现实问题紧密结合，表现出面向中国问题推动政治社会学发展的自觉意识。

第一，在消化吸收西方理论的基础上，努力探索政治社会学本土化理论体系。毛寿龙的《政治社会学：民主制度的政治社会基础》（2007）将公共事务的解决和公共福利的提高作为最高的价值目标，把政治权力作为实现这一价值目标的重要手段，把民主制度看作是保证政治权力恰当运用的重要制度基础，并以此三点来构建政治社会学的理论体系。夏玉珍和江立华的《政治社会学教程》（2005）、王威海的《政治社会学：范畴、理论与基本面向》（2008）、梁丽萍的《政治社会学》（2009）等也做了类似的尝试。

第二，关于国家与社会关系研究。有学者用“分类控制”和“行政吸纳政治”模型概括中国大陆国家与社会的关系形态（康晓光、韩恒，2005，2007）；有学者强调国家制度建设对于国家转型的重要性（王绍光，2007；胡鞍钢等，2009；郑永年，2009）；有学者直接倡导“复兴国家”（郁建兴、徐越倩，2005）、“回归国家”（徐勇，2006）；还有学者指出应该寻求国家与社会的双向建构、良性互动与合作共治，而不是将国家与社会二元化、对立化，片面强调“国家控制、入侵社会”或“社会制约、对抗国家”（郑杭生、杨敏，2010）。

第三，关于民主的研究。民主是政治学的经典主题，也是政治社会学的重要议题。王绍光的《民主四讲》（2008）详细分析了“民主”的历史源流及其在2500年历史中与各种社会因素之间的复杂关系，走出了20世纪80年代以来“民主是个好东西”式的思维方式，将这一领域推到了一个新的高度。该研究得到了赵鼎新（2008）、强世功（2008）等学者的回应。

第四，关于城市和乡村基层治理的研究。在乡村治理方面，学者们就乡村治理的社会基础（贺雪峰，2009；吴毅，2007）、乡村治理的形式变迁（何包钢，2008；徐增阳、杨翠萍，2006；方柏华，2009）、村落公共权威（宋婧、杨善华，2005）、现代公共规则与乡土社会的关系（张静，2006）、村庄性公共领域（毛丹、任强，2006；毛丹，2008）、后税费时代农村公共物品的提供（吴理财，2006；贺雪峰，2008）、农民分化背景下的多元精英治理结构（卢福营，2007）等话题展开了研究。在城市社区治理方面，学者们对社区行政化（向德平，2006）、社区的公共空间（阿兰纳·伯兰德、朱健刚，2007）、“参与式治理”（王敬尧，2006）、居委会选举等问题进行了研究。

第五，关于基层权益抗争的研究。以维权为基本指向的基层民众权益抗争，构成了转型期中国社会发展的重要内容，并日益成为社会科学尤其是政治社会学研究的一个新兴领域。学者们借助西方的理论视角——社会运动理论（陈映芳，2006）、集体行动理论（曾鹏，2008）和底层社会理论（折晓叶，2008）等，对农民（尤其是失地农民）、工人（尤其是农民工）、市民（突出表现为城市新小区业主）等不同抗争主体的维权行为进行了研究，得出了以下结论：（1）抗争的原因和诉求基本上限于利益，尤其是经济利益的侵害和补偿（于建嵘，2007，2008）；（2）抗争者们尽力地将其行为限制在国家认可的规则体系（主要是法律，有时也包括政府的“信号”）之内，即所谓“以法抗争”或“非对抗抵制”（应星，2007；吴毅，2007；裴宜理，2008）；（3）作为一个草根动员过程，精英参与度、底层自主性、组织化程度、社会网络等因素对抗争过程和抗争结果发挥着重要作用（张磊，2005；陈映芳，2006；曾鹏，2008；董海军，2008；陈鹏，2010）；（4）在这些抗争中出现的基层自组织乃至草根 NGO（非政府组织——编者注），在一定程度上反映了公民社会和公共领域在中国的初步生长（和经纬等，2009；石发勇，2010）。

此外，随着互联网作用的日益凸显，关于网络与集体行动以及“网络问政”的研究逐渐增多。政治社会学者对这一现象的研究，主要从公共领域（谢金林，2009）、公民社会（师曾志，2009；熊光清，2009）和协商民主（陈剩勇，2008；杜骏飞、魏娟，2010）等相互联系的理论视角展开。此外，论者们也注意到了网络政治可能带来的一些挑战，如信息化对传统的国家权力、国家主权和国家安全的影响（田作高，2006），网络“广场政治”的非理性缺陷（周志强，2009），网络无序性政治参与的危害（张亚勇，2007）等。

● 经济社会学

“十一五”期间，经济社会学在选择行为、产权问题、产业集群、市场秩序、社会资本、制度变迁等方面取得了丰硕的研究成果。

1. 选择行为研究

学者们对不同层面或不同群体的选择行为开展了研究，如农民工的生存理性选择、基层社会成员的有限理性选择、个人、群体和社会的博弈选择行为等，以及信息传递、环境制约、资源限制和利益分化同选择行为的关系等。刘少杰（2005，2006）结合中国伦理本位与情理社会的特点，提出了“感性选择”概念，论述了“感性意识的选择性”、“理性选择理论的形式缺失与感性追问”以及“社会理性化的感性制约”等问题。汪和建（2007）探讨了“中国人何以将自主经营当作其参与市场实践的首选方式”的问题，认为源于自我主义的自治感和来自关系理性的亲友关系运作是自主经营的主、客观力量。

2. 产权研究

社会学者对认识中国社会的产权制度有两项主要贡献：一是揭示了在乡村集体资产的产权界定过程中，各方当事人的权利是依据何种公平原则来界定的，从而修正了经济学家认为“集体产权是模糊的”认识，有助于我们认识“集体产权”的建构逻辑，也有助于认识集体所有制的改革逻辑；二是揭示了在中国社会，产权界定规则是多元的、不确定的，当事人往往依靠自己的“强力”来选择规则和主张权利，只是“强力”的使用也需要凭借某种公平原则，而这样的公平原则也是多元化的（曹正汉，2008）。产权关系并非像经济学者所认为的那样，是划分明确且一经形成便相对稳定的关系结构，相反，它是个体行为者与其所处的社会环境不断互动的过程，“财产权利关系结构表现为一个动态的均衡过程”（申静、王汉生，2005）；从实质论的产权和资本体系的视角看，产权有复合存在的特征（张小军，2007）；社区集体产权主要不是一种市场合约性产权，而是一种社会合约性产权（折晓叶、陈婴婴，2005）；产权变革过程中，更优的目标产权结构和产权变革的社会认可之间存在的张力需要被关注（刘世定，2008）。

3. 产业集群研究

经济学侧重从市场交易和供给需求的角度研究产业集群，经济社会学则主要关注产业集群形成的社会机制。林竞君（2005）对产业集群形成、发展、衰落的整个生命周期过程进行新的跨学科解释。李国武（2007，2009）对在经济资源禀赋优势并不明显的条件下产业集群何以形成的问题进行了研究。

4. 市场秩序研究

有学者对西方经济社会学关于市场的研究进行了评述和反思（王晓路，2007；符平，2009，2010）。有学者以转型社会学的视野将市场看作生产着的实践过程，认为市场更是一个实践的对象，应该对市场的诞生和发育做实地的、细致的观察和了解（沈原，2007）。有学者围绕“镶嵌式博弈”这一解释工具，对转型社会市场秩序作了剖析（王水雄，2009）。有学者则努力从本土化视角探索优化市场交易秩序的可能和途径，认为陌生关系和熟悉关系是市场交易行为中的两种基本关系，在中国传统熟悉社会中形成的道德观念在当前的市场交易行为中仍然在起作用。一些经营者通过熟悉关系陌生化不仅造成了同消费者的信息不对称，而且也逃避了传统道德观念的约束，在不公平的交易关系中获取高额利润；而另一些经营者通过陌生关系熟悉化，既坚持了传统注重诚信的道德观念，又建立了稳定的交易关系，形成了协调的交易秩序（刘少杰，2010）。

5. 社会资本研究

社会资本仍是“十一五”期间经济社会学研究较为活跃的领域。在这些研究中，有的侧重社会资本与基层社会治理的关系（陈捷、卢春龙，2009；胡荣，2006，2008），有的侧重研究特殊群体的社会资本状况及其功能，如社会资本与灾后重建（赵延东，2007）、政策精英群体的社会资本（朱旭峰，2006）以及流动人口的社会资本（刘林平、张春泥，2007）等，有学者对不同层次的社会资本的测量和概念进行了反思（刘林平，2006；张文宏、栾博，2007；桂勇、黄荣贵，2008；尉建文，2008），以及对社会资本与“关系”的区别、联系问题进行了探讨（翟学伟，2009）。

6. 制度变迁研究

有学者分析了经济社会学的制度学派有三个重要的研究方向：强调理性的社会建构和认知在社会建构过程中的作用；强调国家建设与市场建设是一个互动的、不可分割的过程，国家既是行动主体，也是结构，对经济生活有重大影响；强调非市场治理机制的作用。这三个研究方向能为研究中国经济发展模式正在经历的转型提供独特的视角（高柏，2008）。与经济社会学制度学派的视角相关的研究较多，如冯仕政（2007）从经济增长、政治合法性和思想路线三个方面，分析了在1981—2000年高度政治化、高度集体化的“南街村体制”的制度变迁过程，指出了这一体制是国家与市场之间相互竞争、制约、强化和改变的结果。有学者运用“通变”这一概念，从“形式绩效”和“实质绩效”的维度探讨制度变迁的具体机制和过程（刘玉照、田青，2009）。

● 组织研究

“十一五”期间，国内对国外成熟的组织社会学理论有了较为系统的引进，其中对法国组织决策分析学派、美国组织社会学新制度主义学派以及网络学派的著作引进尤其关注。学科建设方面，在教材编写，学术交流与平台建设方面都取得进展，如“组织社会学实证研究工作坊”从

2004年开始，已连续召开六届，对人才培养、研究水平提高和学科发展起到了重要的推动作用。在系统引进国外相关理论的基础上，国内组织社会学的实证研究也有很大进展。

1. 经济组织研究

“十一五”期间，学界对企业组织形态依然有较多的关注，并关注组织中的行动者。任焰、潘毅（2006）通过对宿舍劳动体制的分析，研究跨国公司中的劳工问题。余晓敏（2007）探讨了跨国公司的行为守则对我国外资企业劳工标准和劳动关系的影响，并借助“跨国—国家—地方”的分析框架加以分析。

对企业改制的研究仍是一个重要议题。刘小玄、李利英（2005）、胡一帆等（2006）研究指出，国退民进的改制方向与企业效率提高的方向是一致的，产权变革取得了推动生产率提高的积极效果。张建君（2005）通过对苏南和温州乡镇企业不同的改制方式背后所呈现的权力关系的考察，指出人民与政府之间、经济精英与政治精英之间不同的权力关系，带来不同的改制行动后果。

刘世定（2005）对农村合作基金会的治理模式的考察发现，低层政府干预下的软风险约束导致了合作基金会对低还款率的漠视、低准备率的贷款冲动等行为特征。张翔（2006）通过在温州和台州等地的研究发现，“合会”具有的信息汇聚机制能降低交易费用，帮助资金需求者从信息匮乏者处借到资金。

2. 地方政府研究

张闫龙（2006）研究发现，以财政包干为主要内容的分权化改革，使得省以下政府间财政利益逐渐分化，同时不同政府部门之间在财政收入方面的竞争日趋激烈。在此情况下，对自身利益的关注成为主导地方政府决策过程的首要因素。周飞舟（2006，2007）认为，税费改革之后基层政权从过去的“汲取型”变为与农民关系更为松散的“悬浮型”。李芝兰、吴理财（2005）的考察认为，地方政府跟上级政府因为税费改革而产生了“倒逼”与“反倒逼”的互动方式。周雪光（2005，2008）用“逆向软预算约束”概念概括了基层政府自上而下地向所管辖区域中的下属组织和个人索取资源的行为，他还考察了中国行政体制带来的基层政府间“共谋”这一制度化的非正式行为。

3. 单位制组织研究

自1986年沃尔德的“新传统主义”模型开启中国单位这一特殊组织的研究后，国内的研究就一直高涨（李汉林，2008；李路路，2009；田毅鹏，2005，2007）。李路路等（2009）通过梳理与分析“新传统主义”模型，从“单位制”视角透视中国城市社会基层的组织制度和秩序。

何明洁（2006）探究了高校管理秩序建立的基础和校内各方行动逻辑，呈现了当前“单位”中的新传统主义。刘平等（2008）考察了在限制介入性大型国有制企业所表现出来的新单位制特征，以及推动社会分化的集团性因素及其对中国社会结构的影响。王天夫、王丰（2005）发现在计划经济时期形成的集团类别，如地域、行业、所有制类型和工作单位等这些重要的制度性因素在市场经济发展中也得以延续，成为收入分化快速增长和新的社会分层模式的制度性基础。田毅鹏、吕方（2009）提出“单位社会的终结”，认为1949年以来形成的中国社会宏观联结方式由“国家—单位—个人”的控制体系向“国家—社区、社会团体—个人”协同参与模式转变，导致中国社会原子化动向和转型期社会联结的中断错乱。

面对市场转型及单位改革，单位成员的行动模式也受到更多关注。佟新（2006）认为，工人们在市场经济条件下的负面经历凸显了他们对社会主义文化传统的认同，兼并式改革所具有的私有化性质激发了工人们的“主人”观念，使得国有企业工人有可能借助以前的文化传统来为其群体利益的实现寻找合法性和可能性。吴清军（2008）研究发现，市场转型时期国企工人抗争的本质并非是雇佣劳动力与资本的斗争，导致国企工人形成群体认同和阶级意识的也并非是工厂纪律，而是社会制度变迁和单位管理层的腐败。汪和建（2006）则关注中国的单位组织中为什么没有发生变革或终结其制度的集体行动，认为中国人并非是个人行动者而是自我行动者，自我行动受自我主义和关系理性的驱动和约束，从自我行动到关系行动，再到小集团或派系行动，构成了中国人自我行动的逻辑进程。冯仕政（2006）研究发现单位对集体抗争仍然具有显著的抑制作用，单位特征对集体抗争的发生机制具有明显的分割效应。

4．民间社团研究

民间社团研究主要集中在非政府组织当前现状、公民社会、法团主义以及社团行动等议题上。王名（2007）描述了中国非政府组织的发展及现状。陈福平（2009）的研究表明市场经济发展带来了人们自主空间的释放，推进了公民参与的发展，但也存在一种抑制效应——市场经济发展程度越高的地区，公民参与网络发展从而提高社会资本的能力越趋于弱化。高丙中（2006）将社团平等合作看做是“有机团结”，认为其中所包含的目标自主、生存自立、合作自愿、协商平等是中国公民社会发展水平的指标。顾昕、王旭（2005）研究发现，由于国家的卷入，专业性社团的自主性尚未得到充分发展，中国的社团空间向社会法团主义转化依然还是个理论预期。张钟汝等（2009）认为国家与社会正经历着由“直柱型的国家与社会关系状态”向“漏斗型的国家与社会关系状态”的转变。

● **社会发展研究**

“十一五”期间，社会发展研究呈现出生机勃勃的景象，在多个领域都有一些创新性的成果。

1. 社会发展理论研究

童星（2005）系统研究了从古典社会学家到当代社会学家的各种关于发展的主张，并分析了世界主要国家现代化的模式，还系统探究了中国现代化进程的历史经验与教训以及未来的发展道路。郑杭生（2008）强调，发展不能仅仅着眼于“硬实力”的增长，更要注重“软实力”的培育；张海东（2010）提出“发展质量”概念，倡导建立一套测量指标。田毅鹏（2009）提出“新发展主义”概念，主张将“空间”维度带回发展研究的核心，强调“文化自觉”，使得发展真正回归人的尺度，回归特定文化的内在尺度，并寻求新公共性的构建。景天魁等（2009）提出以“时空压缩”与“时空伸延”作为基本概念，建立能够解释全球化背景下新的发展过程，特别是发展中国家新的发展历程的发展社会学理论视角和基本结构。中国人民大学中国调查评价中心（2007）利用指数功效函数的改进模型编制出了“中国人民大学中国发展指数”，对我国31个省级行政区的发展指数进行了测算和排序，并对我国省级行政区进行了聚类分析，发现了我国在社会经济发展过程中的区域结构性特点。童星（2005）、陈友华（2005）也对发展的指标体系进行了探讨。何传启领导的中国现代化战略研究课题组在第二次现代化理论的基础上，先后发布专题报告，分析了中国在社会现代化、人的现代化、生态现代化、文化现代化等方面的状况。

2. 关于中国发展模式的研究

在改革开放30年和新中国成立60年之际，学者们对中国发展模式，即“中国经验”进行了广泛的探讨。

郑杭生（2008，2009）认为，“中国经验”是中国社会上下结合、共同探索、互动创新的结果，其中三个层次的相互推进十分明显：既有中央“自上而下”的推进，又有基层“自下而上”的推动，还有各个地方、各个部门连接上下的促进。这三个层次，通过理论创新、制度创新，共同创作、不断完善，融合成具有独特气派、独特风格、又有某种普遍意义的“中国经验”。研究“中国经验”应将“前三十年”和“后三十年”结合起来看，前者既为后者打下了基础，也留下了问题。从发展的目标、发展的手段、用于发展的资源、参与发展的各主要方面的关系、发展的结果等各方面来看，改革开放以来的 30 年的发展也明显分为两个阶段——旧式现代性追求下的初级发展和新型现代性追求下的科学发展。郑永年（2009）从国际发展大格局的视角讨论了中国模式，认为中国模式不仅仅是指经济模式，也包括政治模式，中国的经济模式正是由中国的政治模式促成的。潘维（2008）认为中国经验是国民经济、民本政治、社稷体制“三位一体”的中华体制。

学者们从不同视角对中国模式做了解释。王绍光（2008，2009）认为，过去 60 年，中国在坚守社会主义方向的同时，不懈地探索着适合中国国情的社会主义道路，其灵活的学习机制和超强的适应能力正是中国模式成功的核心经验之所在。黄宗智（2009）从中国特殊的动员体制和激励机制来理解中国模式。渠敬东、周飞舟、应星（2009）从总体性支配到技术化治理的视角来理解改革开放 30 年“中国经验”的独特性，以及中国社会转型所面临的机遇和挑战。李培林（2005）认为，中国经验包括：渐进式改革成为我国改革的普遍规则；经济体制转轨与社会结构转型的同步进行；社会稳定优先原则和稳步的民主化探索；长期坚持低生育率政策和减少贫困政策；从人口大国向人力资源大国转变；对外开放、走向世界，努力扩大外交空间。

3. 中国社会发展研究报告

这一时期，关于中国社会发展的研究还有一个重要特点就是注重系统的经验调查，形成了一系列的研究报告。比较具有代表性的成果包括：（1）中国人民大学发布的“中国人民大学中国社会发展研究报告”，从 2003 年起，每年围绕一个主题对中国社会发展趋势及问题进行深入研究，至今（指该报告撰写的时间——编者注）已出版了 8 部报告，主题包括弱势群体与社会公正、风险社会与社会安全、社会结构与社会和谐、社会建设与社会管理、转型期社会矛盾及其治理、社区建设与制度创新、社会认同与社会共识、社会资源及其合理配置等；（2）中国社会科学院社会学研究所发布的“中国社会形势分析与预测”年度报告；（3）北京市及各地方发布的相关“社会发展报告”等。这些连续性的研究报告，对于记录中国社会发展的轨迹、认识中国社会发展的规律有着重要价值。

● 社会人类学

“十一五”期间社会人类学领域取得了诸多进展，表现为几个鲜明的特点。

首先，研究视野更加开阔，除了传统的民族志写作外，海外民族志、私人生活、自杀等过去中国人类学界较少涉及的主题都被纳入了研究范围，并取得了一批优秀的成果。高丙中（2006）认为“有意识地到国外开展民族志研究的问题，在我们当今形势下已经无可回避”，他本人及多位博士生已深入到泰国、蒙古国、马来西亚、印度、澳大利亚等多个国家开展民族志研究，已取得了初步的成果（谢立中主编，2010）。项飚以印度 IT 服务业为主题的民族志《全球“猎身”：世界信息产业和印度的技术劳工》（2010）是新中国成立后出版的第一部由中国学者撰写的海外民族志。阎云翔的《私人生活的变革》（2006）将人类学的触角伸到了中国农民的家庭、爱情、性等隐私世界，探究中国社会的深刻变迁。吴飞的《浮生取义》（2009）则是国内第一部以自杀为题材的民族志，他以丰富的田野材料向人们揭示了中国农民特殊的生活逻辑与价值观念，被哈佛大学人类学系凯博文（Arthur Kleinman）教授誉为“全球范围内迄今为止关于自杀问题最认真的田野研究，也是涂尔干以来最优秀的自杀研究。其结论挑战了，但也补充了精神医学的观点。同时，它也对中国农村文化的研究做出了重要贡献”。

其次，更加贴近社会实践，性病、艾滋病、戒毒等公共卫生议题都纳入了人类学的研究范围。景军（2006）研究了艾滋病流行与人血买卖市场之间的关系，分析了“铁默斯预言”在中国语境下的实践；他还研究了社会地位和艾滋病风险之间的关系，提出了艾滋病风险的“泰坦尼克定律”。庄孔韶（2005）在公共卫生研究中发现了“虎日”戒毒盟誓仪式的特殊功效，从而提出建立不同于科学的方法论的另一种方法论——以文化的力量战胜人类生物性的成瘾性。潘绥铭、黄盈盈、李楯（2006）研究指出艾滋病在中国并不是一个简单的疾病流行的问题，而是具有中国独特性的社会问题，在很大程度上是被社会所建构出来的。

再次，更加注重对人类学传统资源的重新发掘，表现在对学术名村的再研究上。王铭铭（2005，2008）提出了“学术区”的概念——指“被本地、外地、外国学者研究过，而形成某种学术遗产和学术风格的区域”，并对“云南三村”进行了“再研究”。此外，周大鸣对凤凰村（2006），兰林友对满铁村落（2007）、陆益龙对小岗村（2007）、潘鸿雁对定县翟城村（2008）进行了追踪调查。

最后，人类学与其他学科的交叉化现象也越来越普遍，多个交叉学科，如政治人类学（吴毅，2007；陶庆，2006）、法律人类学（杨方泉，2007；陈柏峰，2006；谭同学，2008）、影视人类学（庄孔韶，2005）等都产生了比较优秀的成果。

● **社会问题研究**

“十一五”期间，在结构张力、制度真空、权利意识、网络社会等多重因素的作用下，我国明显进入了社会问题多发期，社会学也对此作出了回应。

1. 关于社会问题的理论研究

郑杭生、杨敏（2006）认为当前中国社会进入了高风险时期，普遍性的“人类困境”与本土性的特殊矛盾、“现实的困境”与“未来的威胁”相互交织，使得社会矛盾空前突出，这需要有一种符合世界潮流的理论眼界、内含紧迫感的常态心理以及建设性反思批判精神。他提出了要从现代性的长波进程和本土转型的特殊脉动这二维视野来审视当前的社会矛盾。朱力（2008）系统阐述了社会问题学的基本理论，提出了社会问题界定的条件和过程，社会问题的基本理论、基本特征与类型、解决社会问题的原则与方法，社会问题研究的方法论和研究方法。闫志刚（2006）将建构主义的理论视角用于分析社会问题，指出社会问题的社会学研究主题不是“有问题的”客观事实或状态，而是这些事实或状态被宣称成为社会问题的活动和过程。

2. 关于社会安全问题的研究

吴忠民（2006，2008）指出，中国社会进入了高风险期，出现了一系列“风险并发症”；社会风险在什么样的情况下会转变成社会危机，主要取决于社会危机的“诱因变量”和“本因变量”以及两者之间相互影响的具体情况。李友梅（2008）分析了风险分配与阶级、阶层之间的联系，指出财富分配逻辑与风险分配逻辑在中国语境下的互动将使中国社会结构在新世纪出现一种新的趋势。颜烨（2005）提出建立“安全社会学”，并对该学科提出了初步的设想。杨敏和郑杭生（2007）认为，以往安全研究主要强调整体性安全，很大程度上忽视了个体生活中的安全问题，实际上个体安全是更为基本的、本体性安全，是其他人类安全（社会安全、公共安全、国家安全、人类安全）的基础和归宿。

3. 关于社会公正问题的研究

郑杭生（2007）指出，将社会公平正义落实到具体制度的方方面面，是社会建设的实质；社会公正有制度安排和百姓认可两个维度；要通过制度创新，使得“上层永不松懈，中层永不满足，下层永不绝望”。吴忠民（2007）强调应确立全体社会成员共享社会发展成果的基本理念，矫正“原始积累不可避免”、“国家财力不堪重负”、“重视社会公正会妨碍效率”等错误观念，建立一个初级的社会公正保障体系，优化社会阶层结构。李迎生（2007）强调通过调整转移支付制度、收入分配制度、税收调节制度、社会保障制度、社会互助制度，以及建立诉求反应机制、民主参与机制、整合协调机制、评估调整机制，来保障社会公正。

4. 关于劳资关系问题的研究

随着《中华人民共和国劳动合同法》的出台，关于劳资关系的讨论成为热门话题。根据佟新（2008）的总结，近年来，劳工研究逐渐形成了四种理论视角——公民权或公民社会视角、文化视角、阶级视角和后现代主义视角，分别从国家与社会关系、文化和意义符号、利润和财产关系以及性别、阶级和城乡关系的重叠来理解劳工状况。关于劳资冲突的化解，有学者指出应以合作逻辑代替零和逻辑（石秀印，2006）；有学者认为，走出劳资关系困境的关键在于引进集体谈判机制，建立政府、企业主组织和工会之间的“三方协商机制”，使劳资关系走上制度化发展的轨道（胡涤非，2006）；还有学者提出，随着中国经济由传统形态向工业化、市场化和现代化的快速转型，建立新合作主义的劳资关系体制十分必要（杨鹏飞，2006）。

5. 关于群体性事件的研究

“十一五”期间，频繁发生的群体性事件引起了社会学界的关注。赵鼎新（2006）区分了集体行动、社会运动和革命，认为中国当前的社会矛盾不是社会运动，而是集体行动；于建嵘（2009）也指出由于与西方社会政治秩序不同，中国的社会问题并不以利益集团和社会运动的形态来表现，而是通过个案性和临时性的群体性事件来反映。童星、张海波（2008）根据是否有组织、是否有直接利益诉求这两个维度，将群体性事件分为“有组织—有直接利益诉求”、“有组织—无直接利益诉求”、“无组织—有直接利益诉求”和“无组织—无直接利益诉求”四个类型。朱力等（2009）从大量群体性事件的经验资料中提炼出“网络助燃”理论，指出互联网作为信息的载体和舆论的平台在现代大规模集体行动的发育和扩散中成为一种不可缺少的结构性条件。

还有诸多学者对中国群体性事件发生的原因、动员机制、行动策略等进行了研究。有学者研究了中国特殊的差序格局式的人际关系和行为模式（冯仕政，2007）、独特的制度结构（薛澜、张杨，2006）、独特的心理结构（“气”、“气场”）对群体性事件的影响（应星，2009）。有学者分析了中国社会泄愤事件的发生和扩散机制（于建嵘，2009）。还有学者分析了土地纠纷（吴毅，2007）、环境纠纷（黄家亮，2008；童志峰，2009）、物业纠纷（张磊，2005；何艳玲，2007；桂勇、黄荣贵，2009；陈鹏，2010）等各种具体纠纷所引发的群体性事件中的机制和逻辑。

● 社会政策、社会保障、社会工作研究

与社会发展密切相关的是社会政策（宏观的社会政策包括社会保障和社会工作），在国家大力倡导社会建设的大背景下，这一领域的研究也取得了较大进展。

1. 社会政策研究

对于我国的现代化建设来说，从经济政策时代到社会政策时代的转变，是一个历史性的转折，意味着经济发展方式的重大转型（王思斌，2004；王绍光，2008；关信平，2009）。“十一五”期间，我国社会政策研究的内容包括社会政策的基本目标、理念、原则等理论问题（唐钧，2006；郑功成，2008），我国社会政策的发展阶段、脉络等历史问题（李培林，2008；杨团，2006；关信平，2008），也包括社会保障、医疗卫生、社会福利、住房、就业、教育等具体政策的改革问题。这一时期，我国社会政策研究的一个明显特点是学者们致力于将西方前沿社会政策理念与中国社会政策实践相结合，力图构建适合中国国情的现代社会政策。如全球化的社会政策发展理论（林闽钢，2007）、发展型社会政策理论（张秀兰等，2007；徐道稳，2008）、资产建设社会政策理论（杨团，2005，2007；孙炳耀，2005；高鉴国、展敏，2005）、福利三角和福利多元主义（彭华民，2006a，2006b）、社会排斥与社会政策（彭华民，2007；曾群，2006）等理论视角都被引入到中国社会政策领域加以分析。但同时学者们也非常强调中国社会政策的特殊性，如独特的议程设置模式（王绍光，2006）；面临基本国情、体制转轨、二元社会、经济社会不平衡等特殊问题（景天魁，2007），长期以来社会政策的弱势性（王思斌，2006），政府角色的特殊性（徐月宾、张秀兰，2005）等。

2. 社会保障

这一时期，围绕中国社会保障改革与发展战略的研究更加深入、系统。郑功成领衔的中国社会保障发展战略课题组经过多年的研究推出了其核心成果——《中国社会保障改革与发展战略——理念、目标与行动方案》(2008)。该报告系统分析了中国社会保障改革与制度建设所面临的形势、挑战和任务，系统诠释了社会保障的核心理念、基本原则和需要处理好的相关关系，对中国社会保障改革与发展的战略目标、步骤与措施进行了宏观规划，从理论上厘清了社会保障体制改革目标、政府责任的确立和中国特色的体现。同时，对养老保障、医疗保障、社会救助等三大支柱性制度安排的改革与发展，从战略与实践角度提出了系统的规划与政策建议。关于社会保障制度改革和发展的目标，有学者提出“构建适度普惠型的社会福利制度”(王思斌，2009)，有学者提出“迈向中国特色社会主义福利社会”(郑功成，2008)，还有学者基于“底线公平”理论提出“从小福利迈向大福利”的主张(景天魁，2009)。

农村社会保障制度的构建是该时期另一个研究热点。李迎生等(2006，2008)对农村社会保障体系进行了系统研究，主张应当秉持循序渐进的原则，分项目、分人群、分区域、分阶段地推进改革，最终实现建立城乡整合的社会保障体系的目标。郑秉文等(2009)认为当前中国社会保障制度改革走到了一个“十字路口”，必须在“碎片化”和“大一统”两种完全对立的思路中作出选择，认为应该走“大一统”道路。韩克庆(2005)分析了全球化为中国社会保障制度建设带来的新挑战，认为现阶段中国社会保障制度的构建应当针对现实需求，优先建立社会救助体系，完善失业、养老、工伤和医疗等现代工业保险制度，逐步建立城乡一体的社会保障制度。

此外，还有学者对农村弱势群体(童星、王增文，2010)、残疾人(王齐彦、谈志林，2006；郑功成，2007，2008)、农民工(张翼，2005；李迎生、刘艳霞，2006)等群体的社会保障问题进行了研究。

3. 社会工作

“十一五”期间，国家“建立一支宏大的社会工作人才队伍”战略的提出，使得社会工作受到了前所未有的重视。社会工作研究主要围绕建立中国特色社会工作体系展开：

第一，社会工作的专业化、职业化。学者们从学科规范、实践需要、国际趋势等各个角度论证了社会工作专业化和职业化的必要性(何雪松、陈蓓丽，2006；王思斌，2006；李迎生，2008；文军，2009)。王思斌(2006)提出了社会工作职业化的两种途径，即社会工作专业毕业生的“身份转换”和实际社会工作者的“专业支持”；孙莹(2006)提出“职业专业化”和“专业职业化”的概念；史柏年(2006)提出“巩固外围、突破内线、典型示范、由点及面”的职业化发展策略。

第二，中国社会工作的本土化。早在20世纪90年代，就有学者提出社会工作既要专业化又要本土化，并对中国本土的民政工作与社会工作进行比较分析，称前者为“行政性非专业化的社会工作”（王思斌，1995；袁华音，1993）。“十一五”期间，学界对这一问题的讨论更加深入，有学者分别从中西社会结构的差异（田毅鹏、刘杰，2008）、中国人独特的行动模式（王思斌，2009）、中国特殊的社会政策框架（刘继同，2006）、制度惯性（李迎生，2010）等视角论证了社会工作本土化的重要性以及社会工作本土化与专业化的结合途径。

第三，社会工作理论。有学者明确提出构建本土化社会工作理论的主张并进行了初步的探索（李迎生，2008）。有学者还就社会工作价值观的个体主义与整体主义（文军，2008）、认识论的实证主义与建构主义（何雪松，2005）、社会工作教育中的“理性—技术”模式与“人文—实践”取向（陈涛，2006）、“增权”视角和中国特色的增权模式（范斌，2005）等理论问题进行了讨论。

● **社会心理研究**

中国社会急剧转型期的社会心理状态及其变迁日益受到社会学者的重视。“十一五”期间，学界主要从以下几个方面对其进行了探索。

1. 社会心理和心态变迁

周晓虹（2009）认为，经过60年的变迁，中国人的价值观与社会心态变得越来越理智和成熟、越来越开放和多元、越来越主动和积极，也越来越具有全球意识。沈杰（2005）指出，20世纪90年代以来，中国社会心理变化的主要趋势与特征表现为：价值观取向从注重理想向强调实际发展，从注重义务向强调权利演变，从注重集体向强调个体转化；社会心态从封闭化走向开放化，从情感化走向理性化，从单一化走向多样化。

关于阶层意识、公平观念、社会态度及其对社会稳定的影响，也受到了社会学者们的关注。学者们对各群体的阶级阶层意识（翁定军，2010）、公平观念（李春玲，2005；孙明，2009；张光等，2010）、政治态度（张翼，2008）等方面进行了探讨。

2. 群体性事件的社会心理机制

随着改革和社会转型的深化，我国各类社会矛盾日益凸显，群体性事件也日益增多，成为学界关注的重要话题。社会心理学也成为分析和解释群体性事件的重要视角。陈潭、黄金（2009）应用参照群体理论、谣言流通理论、价值累加理论对群体性事件的社会心理做了分析。应星（2009）从“气场”这一特殊的社会心理机制对集体行动的发生和动员机制做了分析。王二平（2009）分析认为，群体性事件是部分群众与行政当局或强势社会集团的对抗性冲突。我国目前正处于经济转型期，存在很多的社会问题，如贫富差异加剧、法制不健全、新旧体制并存、地区间经济发展的不平衡等，这是引起群体性事件的背景。群体性事件的发生，还涉及集群动员机制（社会认同、相对剥夺、群际偏见、谣言的推波助澜）、集群组织机制（集群行动的速生规范，可以压制成员不符合集群的意图和情绪），以及因各级政府的公共政策失误和不当行政行为引起的群众不满，如果体制内利益诉求渠道有效，群体性事件是完全可以避免的。

3. 社会认同研究

方文（2008）以多元群体资格为核心，刻画、理解和解释了社会转型期中国人心理和行为逻辑。杨宜音（2008）主张对中国社会文化中群己关系的社会心理机制，即“我们”概念的形成机制及其转换的可能与条件进行探讨。周晓虹（2008）试图通过对社会学与心理学认同理论的分析途径的比较，以促进认同理论的整合。

郑杭生（2006，2009）从社会互构论的视角，将社会认同定义为以利益为基点，以文化为纽带，以组织为归属，在多种社会关系网络中，个人和群体对其社会身份和社会角色的自我认定和他者认可。当前中国应对社会认同危机的挑战，需要重塑我们时代的“大传统”，要加强社会主义核心价值体系建设，树立中国特色社会主义的共同理想，强化“四个认同”，即对祖国、中华民族、中华文化、中国特色社会主义道路的认同；从文化建设的角度来看，要旗帜鲜明地弘扬主文化、引导亚文化、限制和取缔反文化（郑杭生，2006，2009）。有学者还深入分析了社会福利、文化多元化、社会意识形态转型、组织结构、社区建设等因素与社会认同的关系、社会转型期与阶级认同、全球化与民族认同等问题（郑杭生主编，2009）。

李友梅（2007）认为，基础层面的社会认同涉及福利渗透、意义系统和社会组织三个领域，如何把握好三大领域之间的关系，发挥它们之间的配合机制对社会整合以及社会生活新秩序的积极影响，是社会建设中一个非常重要的问题。李培林等对中产阶级等群体的阶级阶层认同进行了研究（李培林、张翼，2008；翁定军，2010）。还有学者对宗教信仰群体（张静，2006；方文，2005）、青年农民工（符平，2006）、流动儿童（时立荣，2005）等特殊群体的社会认同做了实证研究。

其他方面，如社会歧视问题也受到关注。如黄家亮（2005，2008）从社会心理学和社会学的视角分析了社会歧视的发生机制与治理思路。佟新等研究了就业过程中的性别歧视问题（佟新、梁萌，2006；张抗私，2009）。

● **家庭社会学、妇女研究**

“十一五”期间，家庭社会学研究队伍逐渐稳定，研究水平日渐提高，研究成果也更趋向于有一定的理论深度、创新性，并逐渐形成了中国特色的家庭社会学理论。

在家庭理论方面，唐灿（2010）梳理了家庭现代化理论近50年间的发展脉络，包括：对一元化和单线演进的家庭变迁理论进行反思，逐步接受家庭变迁存在多种路径和复杂多样模式的可能性，家庭变迁研究的分析范畴经历了从家庭结构到家庭关系的转变。在方法上，不再执著于对传统和现代家庭及其行为进行简单的分类等。

在家庭结构变迁方面，阎云翔（2006）、王跃生（2006，2009）、沈崇麟（2009）、陈午晴（2005）对中国家庭的权力结构、人口结构、家庭关系一级城乡家庭结构等方面的历史变迁做了分析；文化（2007）、胡尚哲等（2007）对少数民族的家庭结构变迁，徐斌（2005）、李爱芹（2006）对丁克家庭进行了研究；潘鸿雁（2008）、杨菊华、李路路（2009）对农村劳动力流动导致家庭残缺或“非常规家庭”现象进行了研究。

择偶和婚姻问题，如大龄“剩男剩女”现象等，成为当前中国的社会焦点。人们的择偶标准正在发生变化，物质基础、爱情、门当户对等标准都显得非常重要（周建芳，2009）。家庭婚姻问题，如家庭暴力、家务分工、家庭贫困等都受到研究者的关注，如研究如何消除家庭中的暴力现象（陈敏，2007），如何构建和谐家庭（张丽丽，2009），如何应对家庭贫困（洪小良，2008）等。此外，吉国秀（2007）探讨了婚姻支付制度和姻亲秩序的形成，高永平（2007）探讨了传统婚姻制度在面对现代社会变迁时所体现出来的适应性。

独生子女问题以及家庭养育模式等问题已成为当前家庭研究的重要领域。有研究表明成才期望促使独子家庭在子女教育方面的支出日渐增加，单纯的投入增加和教育的功利性追求使家庭教育发生巨大偏差，一方面是孩子学习负担日渐沉重，另一方面是孩子的教育发生缺失（熊孝梅，2009)。有学者则用内容分析法，对大众媒介新闻报道中的独生子女形象作了系统解读，发现大众媒介对独生子女的形象建构存在着明显的“妖魔化”倾向（风笑天，2010)。

性别视角逐渐成为家庭社会学研究的主要视角之一，从而与妇女社会学研究形成了互有交叉、相互配合、共同发展的态势，如家庭暴力、贫困家庭、夫妻权利地位与家庭结构等研究领域。

这一时期，妇女研究队伍有所壮大，妇女研究开始由分散的多学科交叉的问题研究走向了融合社会性别视角的学科化研究之路，极大地推动了女性社会学的学科建构和发展。妇女发展与公共政策（事务)、妇女的政治参与，以及妇女的社会生活，包括工作、福利和保障，婚姻家庭情感，妇女健康，妇女教育，性别文化，社会阶层和地位，环境保护，生活方式，休闲，互联网，女性犯罪等领域，在“十一五”期间都受到较多关注。

● 信息社会学

“十一五”期间，国家信息化发展战略的推进，为信息社会学的研究提供了难得的历史机遇。

1. 信息社会学理论研究

在学科理论方面，有学者梳理了信息社会学的理论流派，区分为信息社会测度流派、信息社会结构流派、信息社会冲突流派等（吴正荆、靖继鹏等，2007)，也区分了信息社会学的主要范式，如信息化范式、经济范式、文化范式、关系范式和哲学范式，并指出几种范式之间具有演进关系（吴正荆、靖继鹏等，2008)。有学者认为，信息社会学的任务是研究社会信息化和信息社会建设中出现的各种问题，探讨有助于推进社会信息活动正常发展的社会运行机制，完善和丰富学科研究内容和体系（吴正荆，2007)。

网络社会的发展，极大地推进了网络社会学的发展。有学者认为，网络社会学的研究极有可能将社会学研究带入一个全新的领域，促成网络时代社会学的重构（黄少华，2006)。网络社会学应关注网络空间的社会结构和社会行为、网络空间的社会问题、网络生活世界与现实生活世界的交互影响等问题（黄少华、翟本瑞，2006)。有学者研究了不同信息活动主体之间的信息差距及其不断扩大的社会分化现象，即信息分化问题（谢俊贵，2006)。

2. 信息社会学研究方法

“十一五”期间信息社会学研究进一步规范化，表现为：社会学定量研究方法的应用（黄少华，2008；徐福刚、杨志惠，2008；浦颖娟等，2009）；定性研究方法的规范利用；在线调查方法、网络人类学方法等多种研究方法的综合运用（刘华芹，2005）；用社会网络分析方法研究网络社会的互动结构等问题（兰英英、冯学斌，2007；黄少华，2008；王陆，2009）。这些方法的运用，大大拓展了传统调查方法时间和空间的限制，并对方法论的创新有重要启示。

3. 网络社会学研究

（1）网络行为、网络社会问题研究。网络行为研究主要集中在对网络交往行为、网络互动、青少年网络行为失范等领域。网络社会问题研究包括网络犯罪、网络病毒、网络黑客、信息垄断、两极分化、网络色情、网络成瘾、信息化污染、私人领域公共化、安全威胁及时化、网络战争、网络泡沫、网上邪教等方面的研究（段兴利、汪中海，2008）。

（2）网络文化、心理与伦理研究。陈光磊、黄济民（2008）从青少年的网络使用、网络成瘾、网络游戏、人际交往、网络恋情等不同方面分析了青少年网络使用方面的心理状况与问题，并提出了相关对策；苏振芳（2007）从网络文化角度研究了网络文化与青少年成长及社会化的关系。在网络伦理研究方面，主要讨论网络伦理的意义、影响、社会控制，及其与现实伦理的关系。

（3）社会事件网络传播与网络公共领域研究。各种网络社会事件极大丰富了网络社会学的研究范围。随着网民群体的扩大，信息社会中网络空间已经具有了公共空间的特性，在这个空间内的个人行为具有了公共的特征，而私人事件通过网络传播也往往可能发展为公共事件。学者们用传播理论、市民社会理论、公共领域理论等来分析网络社会的公共事件传播，丰富了信息社会学的理论范围（赵万里、王菲，2009）。

● 科学社会学

在“十一五”期间，科学社会学在理论研究和经验研究方面都取得了显著的成果，使得该学科的知识体系更加系统化、研究领域更加丰富化、研究方法更加多元化。

在理论研究方面，主要表现为对默顿科学社会学和科学知识社会学（SSK）这两大科学社会学理论范式的探究。罗伯特·默顿所开创的科学社会学研究范式是科学社会学的经典传统。“十一五”期间，对默顿本人及其学派的研究又掀起了一次高潮，在多个领域取得了进展，如对科学规范的研究（马来平，2008；徐梦秋，2007，2008；盛华根，2005；谭文华，2006）、对科学奖励系统的研究（鲍健强、苗阳，2009；欧阳峰，2009；杨锋等，2008）、对科学精英社会化过程的研究（刘崇俊、王超，2008），等等。科学知识社会学（SSK）是20世纪70年代后作为默顿科学社会学的对立范式出现的。有学者对这一范式各学派的代表人物的思想进行了深入剖析，如约克学派的代表人物马尔凯（林聚任，2007）、巴黎学派的创立者拉图尔（吴莹等，2008；严国萍，2009）、巴斯学派的主要代表人物柯林斯（王丽慧，2007；姚丽萍、韩卿，2007）；有学者理性审视SSK向后SSK的转变（阎莉、刘美玲，2009；刘鹏、蔡仲，2007；刘鹏，2008）；有学者对SSK的社会建构主义观点进行了研究（安维复，2008）；还有学者全面梳理SSK及相关代表人物对默顿范式的批判（王彦雨、张翔，2007）。

在经验研究方面，社会学界主要关注科学技术与社会（STS）的关系。传统的科学社会学主要是关于“西方科学”经验的社会学研究，“十一五”期间的一个可喜进展是学者们开始有意识地将“中国经验”和“问题意识”带入科学社会学的研究。如邱泽奇（2005）以信息技术在制造企业的应用为例分析了技术与组织之间相互建构的关系，指出信息技术的应用是否成功既取决于技术本身的可互构性，也取决于组织结构的可互构性；张茂元等（2009，2010）以中国近代长三角和珠三角地区机器缫丝业为例研究了技术应用的社会条件，指出技术应用活动成败的关键在于是否惠及相关的利益团体。还有学者对生物技术、网络技术的社会应用及带来的伦理难题（吕澜，2009；郭于华，2005；李宏伟，2008；陈多闻、陈凡，2009），以及科研与性别（徐飞、杨丽，2009）、科研与年龄（尚智丛，2007）等问题进行了研究。

- **环境社会学研究**

随着“资源节约型和环境友好型社会”建设战略的推进，环境社会学的重要性日益凸显。

学者们对环境社会学的基本理论问题进行了研究。洪大用（2010）提出环境社会学的研究应该增强理论自觉，他还对环境公平、环境治理、居民的环境意识及环境关心的测量、环境社会学在环境友好型社会构建中的作用等前沿性的理论问题进行了深入研究（洪大用，2006，2007，2008）。陶传进（2005）从社区的视角对我国环境治理进行了较为系统的研究。陈阿江（2010）提出“生态自觉”的概念，认为生态自觉应是生态文明建设中的重要议题之一，是环境保护的新理念。张玉林（2009）分析了生态环境灾难的“分配”不均等现象。潘敏等（2007）对与环境社会学相关的社会学分支学科以及环境建构主义、环境公正、社会体制论、社会对策理论等进行了讨论。

学者们分析了中国独特体制下的环境问题的特殊性。张玉林（2007）分析了“政经一体化”体制与我国农村环境恶化和冲突加剧之间的关系；荀丽丽、包智明（2007）分析了我国政府动员型环境政策在由政府力量、市场力量以及地方民众所形成的权力和利益网络中实践的逻辑。

学者们也十分关注环境热点问题。洪大用等（2007，2010）对中国民间环保运动和环保力量的成长，以及低碳社会的构建等进行了较为系统的研究。李强等（2005）对中国水危机和水管理进行了较为系统的研究。还有一些学者对我国当前的环境抗争、环境维权、基础环境运动进行了研究（石发勇，2005；冯仕政，2007；黄家亮，2008；童志锋，2009）。

● **法社会学研究**

过去五年中，随着社会学学者的深度介入，法社会学学科逐渐向着规范化、实证化、体系化方向发展。

这一时期，一批集思想性与实证性于一体的法社会学研究成果相继问世，大大提升了这一学科的研究水平。黄宗智（2008）运用丰富的史料和田野调查材料对 20 世纪中国的社区调解、法庭调解、民事判决等民事法律的实践进行了探讨，提出必须突破历史与现实的隔绝，将中国法律的三大传统——古代的、现代革命的和西方移植来的——融合起来，从而探寻、建立中国自己的现代法律。董磊明（2008）以河南宋村的调解实践为例，分析了农村社会所面临的“结构混乱”，提出了“迎法下乡”的主张，对朱晓阳（2007）提出的现代法律在乡村所面临的“语言混乱”命题提出了挑战。郭星华等通过对东北某监狱中民转刑案件的考察，提出了犯罪人的自我归因模型、纠纷的“漏斗效应”等命题（郭星华，2010；褚卉娟，2010）。刘思达（2007，2010）对法律的职业化、专业化以及日常法律工作意涵的变迁进行了研究，分析了日益专业化的法律系统与日常社会生活之间的沟通困境。还有学者对农村纠纷的各种广泛题材进行了深入的研究，如财产纠纷背后的二元整合秩序（张静，2005）、基层法院中法律的实践逻辑（黄家亮，2006）、乡镇司法所（谭同学，2008)、乡村的财产关系与法律秩序（张佩国，2007)、村庄的纠纷与暴力（陈柏峰，2007）等，探讨了转型期中国乡村与法律之间种种复杂的关系。

此外，关于法社会学的理论研究也更加系统化、体系化。郭星华、黄家亮（2007）对中国法律的现代性悖论，以及现代化与地方性互动的关系框架、冲突逻辑、化解策略等进行了系统的思考。陆益龙（2009）对西方法社会学的基本范式进行了探讨。汤唯（2007)、张善根（2009）等对中国法社会学的法律脉络做了系统梳理。郭星华（2010）主编了国内第一部完全由社会学者完成的教材——《法社会学教程》，尝试从社会学的视角构建法社会学的知识体系。

三、“十一五”以来社会学研究存在的主要问题

“十一五”以来，社会学研究尽管取得了可喜的进展，但在理论研究和经验研究的各个层面也存在不少问题。正是这些问题的存在，使得中国社会学在回应社会实践结构性巨变的能力上还有待提升，在学科的本土化、专业化水平上还任重而道远。

（一）理论研究方面

第一，理论研究和经验研究的失衡仍然比较严重。出于对美国实证社会学的简单模仿和急功近利的心态，我国社会学在理论研究上一直相对薄弱，理论研究与经验研究两张皮现象非常严重。无论是从研究力量还是从研究成果来看，社会学的理论研究和实证研究的比例都严重失衡，不少社会学教学科研单位甚至没有从事理论研究和教学的专门人才，这使得中国社会学的解释力大打折扣，难以担负起时代所赋予这一学科的历史使命。

第二，对西方社会学理论的研究和反思不够。有限的社会学理论研究大多集中在对西方理论的研究和介绍上。从总体来说，虽然不乏严谨扎实之作，但也存在浮躁、跟风、食洋不化、炒作概念等现象。很多研究停留在对西方理论的简单化、庸俗化理解，在对西方理论的理论脉络、实质意涵、历史背景、现实根基等都缺乏反思的情况下，就简单用这些概念框架来套用中国的现实，结果是得出一些似是而非、甚至令人啼笑皆非的结论，不仅不能发挥理论应有的简化认识的功能，往往还会对人们产生误导作用。还有一些研究者爱跟风，今天这边，明天那边，热衷

于扎堆，满足于表面的热闹，真正深入某一人物、某一流派进行长期深入研究的还不够多。

第三，理论自觉精神和理论创新意识有待加强。中国社会正处在一个全面转型的“大时代”，这需要相应的“大理论”来解释和回应这种转型实践；同时，这种“大时代”也为“大理论”的诞生提供了有利条件和舞台。然而，我国社会学界的理论自觉和理论创新的意识和能力都还比较欠缺，要么沉溺于对西方理论的简单移植，要么停留于对具体问题的经验分析。这种状况产生的原因还在于对中国经验的理解深度、对传统学术资源的开发力度和对西方理论的借鉴程度，都还远远不够。还有一些学者缺乏主体性和自信心，不敢进行基于中国经验的理论构建，甚至认为只有西方的理论才是理论，中国的理论都不是理论。

（二）经验研究方面

“十一五”期间，实证社会学的研究方法在许多方面都取得了主要进展，但也存在不同程度的问题，需要在今后的研究中不断改进。

第一，缺乏理论的提升。由于理论思维的缺乏，不少经验研究仅仅停留在运用社会调查和统计技术对社会现象进行描述的阶段，无法在理论上得到提升，这就造成当前中国社会学实证研究普遍面临的一个缺陷——描述有余而解释不足。这种没有理论支撑的经验研究大行其道，造成了社会学的表面繁荣，其背后实际上潜伏着越来越深刻的危机，严重制约了中国社会学的整体发展。

第二，缺乏学术的积累。学术的进步需要知识的积累，这对经验研究提出了更高的要求，不能就事论事，而要在一定的学术脉络中展开自己的讨论，要有明确的理论前提、问题预设和解释框架。而当前的中国社会学的经验研究，正由于缺乏理论的维度，生产出来的只是大量的知识碎片，相关经验研究之间不能形成有效的学术对话，不同的文字围绕着相似的现象反复论述，对问题的讨论和对普遍性知识的贡献仍然只是原地踏步。

第三，对研究方法的反思不够。社会学研究的方法有很多种，共同构成了一个“工具箱”，研究者必须清楚各种不同工具所具有的特点和功能，了解其能做什么，不能做什么，然后根据自己的研究主题选择最为合适的研究方法。而且，必须保持清醒的是：任何研究方法（特别是调查方法）都是需要和具体的人打交道，既需要具体的人来操作，也是针对具体的人来展开，因此都不可能仅仅是放之四海而皆准的客观技术，同一种方法在不同文化当中的效果可能是不一样的，这就需要特别注重对适合中国国情的研究方法的探讨。

第二部分　“十二五”期间社会学发展趋势及重要研究领域

从总体来看，“十二五”期间中国社会学的研究，研究方法将进一步规范化和科学化，经验研究与理论研究将进一步融合；理论自觉意识将进一步提高，对中国传统资源的挖掘将进一步深入，对本土经验概括将进一步成熟，与世界社会学对话的能力将进一步提升；研究领域将不断扩展，将更加关注中国社会变迁过程中的重大问题，以及全球化背景下全球性问题与困境，并将提出更有解释力的理论。

中国社会学在“十二五”期间的发展趋势和重要研究领域，分别从以下研究领域加以分析。

一、理论社会学

“十二五”期间理论社会学研究将有以下主要趋势和领域。

（1）中国社会学理论自觉意识将进一步提升。近年来，随着“社会学传统界限扩展论”（费孝通）的发扬，“建设性反思批判精神”（郑杭生）的提出，从“文化自觉论”（费孝通）迈向“中国社会学的理论自觉”（郑杭生），中国社会学的理论自觉意识将进一步提升，理论社会学水平将不断提高。

（2）马克思主义社会学理论研究的推进。承接“十一五”期间对马克思主义社会学研究已经奠定的基础，未来这一领域的探索如马克思主义社会学理论的中国化形态，马克思主义社会学的内涵、概念、逻辑、体系等，马克思主义社会学与其他西方社会学理论的对话等，将有望推出新的成果。

（3）中国特色社会学理论的持续发展。中国社会学在基础理论研究、分支理论研究、本土社会学理论范式研究等方面，都将有新的收获。在基础理论研究方面，中国特色社会学理论的体系化、系统化研究仍将持续发展，推出本土社会学理论的新形态。在分支理论研究方面，如环境社会学、经济社会学、法社会学、关系社会学、海洋社会学等的进一步探索过程中，将有所创新。基础理论研究和诸分支理论研究的推进，将为本土社会学理论范式的研究提供新的动力。

（4）西方社会学理论的借鉴与反思批判。对西方古典社会学理论、当代西方社会学理论的检视和审思将更为理性，对现代主义与后现代主义社会理论的研究将更为深入。总体上看，对西方社会学理论的基本特征、动向和趋势，以及西方分支社会学理论的研究将进一步深入。

（5）社会学理论与应用研究的发展。在过去十多年中，中国社会学理论研究重视与应用研究的结合，一些基础理论的创新成果持续应用于社区建设、社会建设、新农村建设、城市化、贫困问题、家庭问题、社会保障、社会公正、社会组织、社会安全与个体安全、扶贫减贫、生态环境、法律与司法、纠纷、群体性事件，以及民族问题、文化与文明的比较等问题的研究中。这一趋势在“十二五”期间将持续和进一步扩展。

二、中国社会思想史、社会学史研究

“十二五”期间，社会思想史、社会学史研究将有如下主要发展趋势和研究领域。

（1）继续整理和挖掘中国社会思想史的文本。除传统典籍之外，将尤其关注对存留于基层社会的民间思想、民间信仰、生存性智慧、社会性智慧加以深入地总结和理论化。同时，着眼于主题化、问题化的社会思想史研究，以及对社会思想与作为其基础的社会结构关系的考察。具体来说，总结和梳理历代思想家关于社会构成、社会运行、社会变迁的理论观点，并从延续性和发展性的视角开展分析性研究，而不囿于对个别思想家理论观点的述评。此外，深入思考和总结中国文明5000年的传统、中国走向现代社会百余年的传统和新中国60年与改革开放30年的传统之间的关联，古为今用，为建设和谐社会提供社会理论支持。在新时期，对这三个传统的开掘和比照、总结与发展将成为凝聚共识、继往开来的坚实基础。

（2）总结和反思中国社会学百余年传播与发展的历史经验，结合新时期的社会现实，发展出中国气派的社会学理论。中国的现代性道路在世界范围是独一无二的，因此，对于中国社会的认识亦不可能简单借用西方社会学的成形理论与范式。从中国走向现代社会的历程、中国社会的独特构造、社会学在中国学界引进传播与发展的历程、几代社会学人的学术活动的经验总结、社会学与新时期社会发展的关系等方面入手，系统整理各派理论观点在中国社会学界传播与发展的历史，分析其与中国社会现实之间的张力，探寻中国自身的社会学理论范式，对于当代社会学发展与和谐社会建设均具有重大意义。

（3）依据本土经验、本土思想资源，与世界社会科学对话的能力将得到提升。随着西方与非西方社会学经典不断进入中国学界，对中国本土社会思想资源的清理与挖掘，中国社会学有望发展出更多契合中国社会本土经验的理论范式，进而也为世界社会科学的繁荣作出贡献。其中需要警惕两个方面，一是警惕陷入“西方中心论”的理论陷阱，以西方理论简单分析本土经验，失掉了批判与反思的理论品格；二是警惕走向相对主义，将中国问题过于特殊化，丧失了与世界社会科学界对话的基础。

三、社会学研究方法

“十二五”期间，社会学研究方法需进一步探讨以下方面的问题。

（1）进一步加强经验研究与社会学理论建构对接方式的研究。国内社会学经验研究已取得长足的进步，但经验研究与理论相分离的问题仍然普遍存在，许多经验研究停留在低水平重复阶段，一些研究或者仅限于用社会统计方法单纯性的描述区域性的社会现象与事实，或者局限于以本土化材料验证西方社会学的理论假设，无法实现本土化理论的提炼与整合。这种现状不仅影响学科发展质量，也不利于社会学学科制度的完善和学科认同的获得。“十二五”期间，至少可以就如下几个问题展开思考：如何实现理论研究对经验研究的有效指导；经验研究上升到理论层面的程序与技巧；经验研究与理论研究的融合路径，等等。

（2）重视实验研究与文献研究方法论与研究方法的探讨。对社会调查方法和定性研究方法的研究，一直受到重视，相关研究成果也较多。但对实验研究、文献研究等方法的探讨很少受重视。各种研究方法各有其适用领域和范围，彼此间互相补充、共同促进社会学的发展。实验研究和文献研究有着自身特定的研究逻辑、资料收集与分析方法以及特定的研究技术和技巧，在以后的研究中应加以重视。

（3）加强经验研究成果运用，实现社会学经验研究成果的转换。社会学许多经验研究与实证研究仅仅是“为学术而学术”，研究成果的应用转化比例明显低于经济学、法学等学科，从而影响到社会学学科地位与学科认同。经验研究与实际的对接不仅有利于加强学科地位的认同，也有助于推动学科发展。“十二五”期间，可就如下问题展开思考：经验研究与社会现实的对接方式；社会学经验研究成果的转换途径；经验研究成果应用过程中的障碍以及结合实际克服这些障碍的方法，等等。

四、社区研究

“十二五”期间我国的社区研究，在横向层面，要关注社区建设和居民社区生活的关系问题；在纵向层面，要立足于把握社区组织和政府的关系问题。这两个层面的研究，对于理顺社区建设中的各种关系和推进社区建设将有重要的理论与实践价值。社区研究对以下研究领域应有更多的关注。

（1）社会建设和社区建设及其关系研究。以民生为主的社会建设，需要在理论和实践做更深入的分析，对于社区，其作为一个地域性的共同体和行政性的福利投放基础，在社会建设中的意义和所能发挥的功能是什么？社区建设和社会建设的内在关系是什么？都需要做深入研究。

（2）社区隔离问题研究。从发达国家的发展经验看，因收入、教育、职业背景和移民族群的差异而产生了各种形态的社区群体的隔离现象。在当代中国经济快速发展、人口流动日益频繁的社会背景下，社会流动和社会分化是否也带来了社区内部居民的“隔离”现象？这种隔离现象对社区的建设和发展产生了哪些重要的影响？这些问题都值得深入研究。

（3）社区治理和社区冲突研究。当前中国进入加速转型时期，各类社区性的矛盾和冲突也逐年增多，由此也产生了一些社区性的集体维权行动。如何分析这些不同社区主体之间的内在矛盾？它们的发生机理是什么？这些维权行动背后的制度不足之处是什么？如何化解这些社区性的冲突和矛盾，从而促进和谐社区的建设？都需要深入研究。

（4）社区组织研究。新生的社区组织，如业主委员会、社区服务组织和社区活动组织，与传统的街道办事处、居民委员会等行政性或类行政性社区组织，它们之间的区别和联系是什么？它们如何实现沟通和合作？如何形成有效组织合力促进社区和谐？都值得深入研究。

（5）互联网虚拟社区和实体社区研究。当前，网络社区逐渐兴起，在居民的信息交流和获取中发挥了越来越重要的作用。以实体社区联系为基础的虚拟社区，如业主论坛、商品房社区论坛等也正在增多，实体社区和虚拟社区相结合的社区联系方式，也给社区的集体生活和活动带来了新的变化。对这些问题应加以深入观察与研究。

五、城市社会学

“十二五”期间，城市社会学研究的主要方向和领域有如下方面。

（1）科学发展观指导下的中国城市化研究。中国的城市化进程面临“二难推理”困境，一方面，城市有聚集经济优势、聚集社会优势，且符合人的本性和追求，另一方面，城市化又面临社会生活方式转换中的困扰，以及社会生活中滋生的各种问题。如何用统筹的方法，趋利避害，在坚定不移地推进中国城市化进程中，把握好城市化的规模、模式和速度，充分显现城市化的优越，减少城市化中的社会问题，是亟待研究和解决的重大理论和实践问题。

（2）关于城市的准入与融合研究。在当前城市化研究中最为急迫的还是城市流动人口（尤其是城市农民工）问题。他们是城市化进程的主要推动者，主要受益者，也是主要问题产生者。农民工身份转变与城市融入问题，及其制度性的障碍，如户籍问题，怎样在改革户籍制度的同时，解决土地制度和公共服务等其他相关的问题，需要深入研究。

（3）关于城市空间转向和空间生产研究。关注和城市空间密切相关的城市社会关系、社会资本、社会资源等方面，把城市空间研究和城市人、城市社会研究更加紧密地联系起来。从消费、住房、城市空间资源、社区环境等方面研究城市人与城市区位的关系。

（4）城市社会学研究与多学科研究的交叉。跨学科研究和学科融合是城市社会学发展的必然要求。如地理学、建筑学、规划学、犯罪学和异常行为研究，以及人口统计学、社会政策、家庭、老龄化、医疗、社会差别等方面的研究，都与城市社会学密切相关。追求各个学科在思想和方法上的融合，通过学科间的商讨与合作，建构一个共同的研究框架，获取一个整体的或系统的研究成果。

六、农村社会学

“十二五”期间，中国农村社会发展将有三个明显的趋势：一是农民外出流动加剧、中国城市化进程加速；二是农业税费取消之后，农民与政府的关系发生且将继续发生复杂的变化；三是农村公共服务体系亟待重建。这三者对农村社会和整个中国的社会转型都将产生重要影响，包括中国的城乡关系、国家同农民之间的关系，以及农村社会的发展等。“十二五”期间，农村社会学的研究则必须回应上述趋势与现实，研究的重点领域应包含如下方面。

（1）新农村建设与城乡一体化研究。如何推进社会主义新农村建设、加速中国的城乡一体化建设以及化解这一进程中所呈现的各种社会问题是“十二五”期间农村社会学研究需要重点关注的领域。

（2）新形势下国家与农民关系研究。税费改革之后，国家与农民的关系发生了重大变化，农村社会学的研究应该回应这一时代特征，需探讨在国家宏观政策调整背景之下国家与农民的互动、认同以及关系变迁等问题。

（3）农村社会保障体系研究。“十二五”期间，民生问题将是国家发展的持续关注点，农民所面临的养老、失业、医疗等问题将成为农村社会学研究的重要议题。

（4）农村社会风险与社会治理研究。包括农村社会发展过程中存在的主要社会风险，农村社会风险发生的逻辑和机制，农村社会风险监测的理论和方法，农村社会治理机制分析与社会安全机制建设等。

（5）农村社区发展研究。社区发展是新形势下推动新农村建设的重要切入口，农村社会学的研究应加强对农村社区发展的研究，从社区公共物品供给、社区组织建设、社区管理以及社区文化建设等方面展开深入而系统的研究。

（6）农村剩余人口流动模式转变的制度支持体系研究。国家和全社会要积极面对农民向城市流动的现实和趋势，需要建立与我国的城市化发展相适应的农村人口流动支持体系，使长期以来农村劳动力或农村剩余人口的自发流动模式向有规划、有序地向城市迁移的模式转变，对于实现这种转变的相关制度与政策等支持体系，需要加以深入探索。

七、社会流动与分层研究

中国社会当前还处在急剧的变迁之中，社会阶级阶层关系还将经历很大的变化。因此，社会学在“十二五”期间将继续关注中国社会结构变迁问题，尤其是社会流动与阶级阶层结构变化，包括阶级阶层关系演变趋势研究，收入分配差距及其调整政策体系研究，阶层意识与社会态度研究，教育对社会流动和社会地位获得的影响，以及教育公平问题，将仍是分层研究的重要话题。

八、政治社会学

“十二五”期间政治社会学研究的趋势和重要领域包括如下方面。

（1）基础理论和学科体系的构建仍将是学科发展的基本任务。对于政治社会学的学科性质、研究对象、核心问题等方面，需要进行更加深入的讨论，在继续引进和消化国外经典和前沿研究的基础上，逐步实现政治社会学的本土化的理论整合。政治社会学研究需要突破传统政治学与社会学的学科壁垒，从对政治的社会基础与社会后果的把握，拓展到把握社会进程对政治的影响，并探求中国政治文明建设的切实推进的路径。

（2）中层理论研究将是政治社会学研究实现突破的重点。一方面，我国政治社会学现有的学术积累尚不足以发展出足够有效把握社会政治现象及其变迁的一般特征和普遍规律的宏大理论，而对于特定事件的详尽描述和操作性对策又缺乏必要的概括性，难以超越地方性、情景化的限制，因此介于二者之间的中层理论的探索无疑是较好的选择。另一方面，作为研究策略，中层理论有助于缓解五种紧张，即经验研究与理论研究之间的紧张，外来理论与本土化之间的紧张，全域性理论与地方性知识之间的紧张，社会科学知识的有效性与它的可更新性、开放性之间的紧张，社会科学研究者的良知与科学态度之间的紧张（毛丹，2006）。

（3）社会建设和社会政策的研究应成为政治社会学的核心议题。调整转型将是“十二五”期间的主调，构建适合我国特点的和谐发展型社会体制和政策体系，也将成为政治社会学研究的焦点。

（4）对已有研究领域的深入探索和新研究领域的开拓。政治社会学努力建立了一些具有较强解释力的元理论和研究范式，“十二五”期间，相关的讨论可望得到深化和拓展。随着政治社会的变迁而产生的一些新问题，如群体性事件、公共危机、环境保护等，需要应用政治社会学的理论和方法把握其生成和演化机制，提出更加完整的管理与干预的理论和策略。

九、经济社会学

“十二五”期间经济社会学的研究将表现出几个方面的趋势。

（1）密切关注经济社会发展的新问题。经济社会学将更加关注经济持续发展的社会基础问题、贫富差距与分配公正问题、产业升级与发展新型经济问题、扩大内需与增加就业问题等。也将更加关注全球化背景下经济社会新问题，如对经济波动引发的就业、社会保障、社会稳定等方面的新问题，需要在本土实践和全球化视野的连接中进行思考。

（2）研究领域的扩展。在 2009 年和 2010 年的国家社会科学基金申报指南中，涉及经济社会学问题的有“中国市场秩序形成中的社会因素影响研究”、“民营企业研究”、“社会建设中的社会资本研究”、“马克思主义经济社会学理论研究”、“社会转型中的选择行为研究”等，这方面的课题将成为“十二五”期间经济社会学研究的重要组成部分。此外，消费与休闲问题、低碳经济的社会影响、金融社会学研究等将为经济社会学注入新的活力。

（3）植根中国本土经验的经济社会学理论建设将有新进展。我国经济社会学研究虽已取得了一些本土化理论成果，但与新中国成立 60 年和改革开放 30 年以来所积累的经济社会发展经验相比，本土化理论建设显得相对薄弱，这也使“植根中国本土经验的经济社会学理论建设”这一学术任务显得十分迫切。中国经济思想史是当前经济社会学发展的本土思想资源，新中国成立以来尤其是改革开放以来的经济社会发展经验是本土经济社会学理论建设的现实基础；中国情理社会的文化特点为经济社会学研究提供了中外比较的基础，对反思国外理论、发展本土理论提供了基本的研究视角。

“十二五”期间经济社会学的重要研究领域有如下方面。

（1）古典社会学的经济社会学思想的挖掘。挖掘古典社会学大师的经济社会学思想，能够为理清经济社会学的思想传统、促进各学科领域的学术对话奠定基础。

（2）改革 30 年来经济社会发展经验的分析总结。改革开放 30 年经济社会发展的过程，为经济社会学的发展提供了广阔的天地。在宏观和微观两个层次对改革发展的经验进行分析和总结，是经济社会学发展的重要方向。

（3）中国传统文化对市场经济中社会行为的影响研究。文化影响和制约经济行动，如在中国古代“伦理本位”的社会中，“道义原则”在经济社会生活中占有基础性地位。在市场化改革的今天，中国是否还带有伦理本位、差序格局的文化特点？如果存在，是否还在影响市场经济活动？或者说，理性化的市场原则是否能够摒弃中国传统文化的影响而自动实现？传统文化要素与经济活动的复杂关系无疑需要进一步研究。

十、组织研究

“十二五”期间社会学的组织研究和组织社会学的学科建设将在以下领域有重要进展。

（1）更加有效地引进西方理论，加强研究方法的系统学习、梳理和训练。在系统地引进西方各种研究范式的同时，要特别注重对这些研究范式本身的研究方法、研究框架、概念工具的学习和整理。对于国内组织社会学界来讲，目前更急需的是严格的、系统的研究方法的训练。

（2）建立组织研究的系统资料库。“十一五”期间，从事组织社会学研究的专家学者围绕各种各样的组织现象作了大量的个案研究，但总体来讲，对于各类组织现象研究的系统性不够，缺乏与组织研究相关的大型问卷调查和系统资料库的建设。与组织研究相关的大型数据库建设期待进行，跨地区的比较研究也将是“十二五”期间组织社会学研究的重点之一。

（3）进一步提高对当代复杂组织现象的认识水平。在凸显组织现象的复杂性和多变性的同时，保持理论的概括性和简洁性，将是组织社会学研究不得不面对和努力去解决的一个问题。

（4）面向社会转型与信息社会的组织变迁研究。我国的社会转型仍在继续，计划经济体制也仍在发挥着重要作用，同时传统的组织形态和关系网络重新渗入到社会生活的各个角落，全球化与信息化的浪潮也以其强大的力量在重塑着整个社会的组织结构与制度体系，使得我们整个社会的运行在焕发出巨大生机与活力的同时，也变得极为复杂与多变。学术研究中传统的结构分析、组织与制度理论在日益复杂的社会现实面前已经变得越来越力不从心，在关注正式的组织结构与制度安排的同时，需要更多地关注非正式的制度、权力关系、社会网络与组织的实际运行方式的研究。

十一、社会发展研究

“十二五”期间社会发展研究将有以下重要研究领域。

（1）中国特色社会主义现代化理论体系和实践模式研究。中国道路、中国发展模式或者中国经验的提出，丰富了中国特色社会主义现代化理论，但中国正处于经济社会高速发展的现代化进程中，必然会不断遇到新问题和新挑战，需要我们坚持做到理论自觉、经验提升，进一步探索和总结中国特色社会主义现代化理论和实践经验，丰富其理论体系和实践模式。

（2）中国不同区域现代化发展模式的比较研究。目前中国已形成多个大都市圈和经济发展区域，如长三角、珠三角、环渤海经济区，包括现在新建立的关中—天水经济区等，为实现局部区域的快速现代化提供一个资源共享的发展平台。通过进行不同区域发展和现代化的竞争与比较，寻找规律，总结经验。

（3）社会发展和社会现代化的效益评估研究。社会现代化指标体系无疑是动态观测和衡量区域现代化程度的一个重要参照系，应在此基础上，推行社会发展和社会现代化的效益评估研究，使其由指标监测向效益评估转变，以获得更为准确的经济价值和社会效益产出的数值结果，更好地为经济社会发展服务。

（4）生态现代化的延伸和扩展研究。无论是从转变经济发展方式、降低社会潜在风险的层面来考虑，还是从人的自身发展的现实需要出发，生态现代化的研究价值已经日益凸显，而且生态因素已经蔓延到经济、社会、文化、政治和日常生活等各个维度，加强对生态现代化领域的研究非常有利于整个现代化事业的发展。

十二、社会人类学

“十二五”时期，在社会学、人类学、民族学学者的积极参与和推动下，社会人类学必将呈现出崭新的面貌。重点研究领域将有以下几个方面。

（1）加强社会人类学的理论和方法研究。随着对社会人类学理解的加深，社会人类学研究的视角、领域将会进一步拓展，方法也将更加多样。

（2）中国特色的社会人类学学科建设将成为重点。在中国本土化的社会人类学发展中，无论是研究范式，还是理论创新，或者本土化与国际化统一的问题上，都面临着极大的挑战，这使得中国特色的社会人类学学科建设成为重中之重。

（3）全球化进程中本土文化的保护与发展研究。全球化过程中本土文化的保护与发展，成为社会人类学关注的焦点，与此同时，文化之间的交流和融合，也是不容忽视的重要问题。

（4）弱势地区和弱势群体的社会人类学研究。作为中国社会弱势地区和弱势群体的西部、民族地区，以及女性和儿童，仍将是研究者们关注和思考的重要领域。

十三、社会问题研究

我国社会正处于现代化建设与社会转型的历史重要关口——发展的黄金机遇期和社会风险的高发期，社会问题具有明显的复杂性、深层性、长期性。“十一五”期间许多突出的社会问题还会在以后一段时间内以各种形式表现出来，需要社会学者持续关注和研究，同时还要注意研究随社会发展而出现的新社会问题。“十二五”期间我国的社会问题研究重点包括如下领域。

（1）全球性社会问题研究。如人口结构问题（性别比过高与老龄化加剧）、资源短缺问题、生态环境恶化问题，以及跨国犯罪、恐怖主义威胁问题的研究。

（2）变迁性社会问题研究。如“三农”问题、城市化与“城市病”问题、失地农民与进城农民的城市适应与城市融入问题、社会安全问题、社会信用缺失问题、社会结构滞后于经济结构问题、失业问题、贫困问题、劳动安全问题、犯罪问题、婚恋家庭问题、国民健康问题以及网络社会问题等方面的研究。

（3）转轨性社会问题研究。如社会分层问题、社会公平问题、社会保障问题、腐败问题、社会控制问题、社会整合问题，以及突发事件的预警及处理、自然灾害恢复力问题、社会冲突的化解问题与社会管理体系建设等方面的研究。

十四、社会保障研究

“十二五”时期将是我国社会保障制度建设，包括社会保障城乡一体化建设的重要时期，也将是我国转变经济发展方式的重要时期，将会给社会保障带来新的机遇、新的问题和挑战，需要通过社会保障制度的改革和发展以适应转变经济发展方式的新要求，促进经济发展方式的转变。“十二五”期间社会保障研究应重点关注以下领域。

（1）社会保障基础理论研究。包括我国新时期社会保障体系建构新的经济、政治和社会基础、社会保障与经济社会协调发展理论、社会保障制度建构中的公平与效率的关系、社会保障的适度水平研究、适度普惠型社会保障体系建构等。

(2) 社会保障国际比较研究。重点研究总结国外近10年来社会保障理论与实践的发展，尤其是研究国际金融危机对各国社会保障制度的影响，各国社会保障面临的新问题，以及在后危机时期各国社会保障改革的理论与实践。同时还应关注经济全球化发展及其对社会保障影响研究的新动态。

(3) 完善我国社会保障体系研究。在完善社会保障的宏观体系方面，应研究如何根据我国的经济发展、就业和宏观公共服务体系建构的总体规划，构建功能健全、覆盖面广泛的社会保障体系，以及社会保险、社会救助和社会福利等各个领域之间的制度衔接；在中观领域主要研究养老保障、失业保障、医疗保障、社会救助等方面的体系建构，继续进行公务员和事业单位社会保障改革研究，以及针对残疾人、儿童等特殊群体的社会保障体系研究。在微观领域主要研究社会保障各个项目的内容、覆盖面及制度完善问题。

(4) 转变经济发展方式下的社会保障新问题研究。研究转变经济发展方式将会对社会保障的制度建构和发展提出新的挑战和要求，及其对我国社会保障发展的深远影响。

(5) 我国社会保障若干新领域和新问题研究。包括公务员和事业单位社会保障制度改革研究；城市居民社会保障制度研究；农民工社会保障制度研究；跨国流动劳动者社会保障问题研究（包括我国外出劳动者的社会保障问题和外籍劳动者参与我国社会保障的制度和政策研究）。

十五、社会工作研究

“十二五”期间党和国家大力推动社会主义和谐社会建设和加强社会建设的总体发展目标，将引领我国社会工作实践的大发展。随着我国社会工作实践领域的职业化和专业化的不断发展，需要研究的问题将快速增多。“十二五”期间社会工作研究的规模会进一步扩大，研究水平尤其是理论水平将会逐渐提高，社会工作基础理论研究及实务性研究将并重发展，社会工作研究的中国化特色将更加明显。社会工作与社会政策的研究将相互促进，共同发展。“十二五”期间社会工作研究的重点领域将有以下方面。

(1) 社会工作基础理论研究。包括我国社会工作的经济、政治、文化及社会基础研究、社会工作的目标和功能研究、中国社会工作的基本价值理念研究、社会工作方法的社会学和心理学基础研究等方面。

（2）中国特色的社会工作方法研究。社会工作方法是专业社会工作知识和技能体系的核心，也是社会工作有效发挥作用的基础。应在引进吸收和传承的基础上，建立和发展适合我国国情的社会工作方法体系，其中重点包括社会工作方法的理论基础研究，具有中国特色的个案工作、小组工作和社区工作方法研究，社会工作的专门性工作方法及技巧、综合性的社会工作方法、社会行政及社会服务机构的管理及社会工作的研究方法等。

（3）中国专业社会工作的体制建构研究。包括我国专业社会工作的基本体制、社会工作的组织体系、社会工作的岗位体系、社会工作者的角色、地位及专业权威、社会工作的基本制度体系，以及社会工作的立法研究等。

（4）社会工作教育及人才培养模式研究。应围绕国家中长期社会工作人才发展规划所规定的任务，重点加强对社会工作教育和人才培养模式的研究，包括社会工作教育发展、社会工作职业培训，以及社会工作者职业水平评价考试等重要的方面。

（5）社会工作实务中的若干重点领域研究。包括企业社会工作、农村社会工作、青少年社会工作、儿童社会工作、老年社会工作、残疾人社会工作、社区社会工作、学校社会工作、家庭社会工作、医务社会工作等重点研究领域。

十六、家庭社会学、妇女研究

“十二五”期间家庭社会学、妇女研究应重点推动的领域包括几个方面：中国特色妇女理论体系研究进展，要在坚持马克思主义的基础上，深入探讨如何融合不同的性别研究理论，建立符合科学发展观与和谐社会建设需要的中国特色妇女理论；妇女史、家庭史研究，通过对比中外情况和吸收外国经验，建立以中国历史文化为基础的理论体系；以社会性别视角分析当代中国社会现象，但注意多元理论的运用，推动妇女社会学研究的多样化和开放性；妇女、家庭社会学研究应继续积极参与到公共政策领域之中，对现实问题和新兴问题做出及时回应，从而体现学术研究的有效性；妇女社会学研究应注重以研究推动妇女参与公共政策、公共事务；家庭社会学研究应着力于维护家庭稳定和实现家庭功能的理论和应用研究。

十七、信息社会学

（1）信息社会学理论与研究方法与创新。信息社会层出不穷的独特现象和网络特质，使得开拓和发展适应信息社会研究和网络研究的社会学研究方法成为重要问题，如何更好地开展线上研究，得到更有信度和效度的资料，研究方法的创新和改造成为必然。

（2）信息社会新兴网络现象与网络社会问题研究。信息社会不仅流行较新的交往方式，如目前流行的 TWITTER（国内类似如微博）、FACEBOOK（国内类似如校内）、YOUTUBE（国内类似如优酷）等，也会有很快的淘汰和更新速率，同时也产生新兴的网络社会问题，如网络社会伦理、网络新式犯罪等。信息社会学需要跟上网络现象更新的步伐，加快对新兴网络社会现象与问题的研究。

（3）网络社会运动与公共领域研究。网络社会运动是一个全新的领域，信息社会学将进一步加大对现实社会与信息社会关系问题的研究，研究现实事件与网络事件的关系问题，以及网络公共领域与公共社会议题。

十八、科学社会学

“十二五”期间，我国的科学社会学在学科建设与研究方面将会有更进一步发展，跨学科研究趋势会进一步加强；相关研究的理论与方法将会进一步丰富发展；问题意识将进一步加强，重视经验与本土研究，中国的科学社会学研究者一方面应关注当前世界共同的与科学技术发展相关的社会问题研究，另一方面也要有本土问题意识，分析科学与社会在中国这一特定背景中互动的特质与问题。

“十二五”期间，我国科学社会学研究应重点关注两个方面：一是科学社会学新理论与方法论研究。与科学社会学相关的一些新理论方法，如建构主义、修辞与话语分析、实践论、批判主义、女性主义及后现代主义科学观等，要做深入系统的研究。二是科学社会学的应用与政策研究。应密切关注新的科学技术发展所产生的社会问题与伦理问题。如新技术发展也使得我们进入高风险社会阶段，生物技术带来的食品安全等问题，科学社会学应在科学技术的社会应用和政策研究上有所作为。

第三部分 “十二五”期间中国社会学研究重点课题

“十二五”期间社会学的重点研究课题建议如下。

1. 中国特色社会学理论体系构建的探索与研究

在“十一五”中国特色社会学理论研究的基础上，深入发展有关中国社会学理论的基础性理论研究、本土社会学理论的范式研究，推进各新兴社会学分支理论的研究与构建。

2. 新时期中国马克思主义社会学理论研究

毛泽东思想、邓小平理论、“三个代表”重要思想、科学发展观的提出不仅是对于各个时期社会现实的理论回应，也是对中国马克思主义社会学传统的传承与发扬。通过对中国马克思主义社会学传统的研究，深化我们对于社会运行、社会发展与社会学研究之间关系的认识，为社会主义和谐社会的建设提供理论支持。

3. 西方社会学理论的借鉴与反思研究

对西方社会学理论的借鉴与反思已成为中国社会学理论研究的一个传统题域。关注古典、现代和当代西方社会学理论及社会理论，如实证范式、解释范式、批判范式的关系，当代社会的风险化理论，制度主义，社会信任，社会网络，社会资本，社会支持等重要研究领域。

4. 中国社会思想史及其研究方法探索

随着社会思想史研究对象边界的拓展，迫切需要研究方法的创新，人类学、语言学、历史学、文学、考古学等学科研究方法的引入，将为中国社会思想史研究开拓全新的局面。

5. 社会研究过程中的困难与冲突研究

作为一种经验性的科学方式，社会研究始终面临着理想状态与现实条件之间的矛盾，同时也面临着科学规范要求与客观现实可能之间的冲突。在实施社会研究的过程中，客观社会现实条件所形成的困难常常阻碍和影响社会研究的顺利进行，也影响到社会研究成果的质量。有针对性地开展对社会研究过程中的各种困难和冲突的研究，可以为实际社会研究提供切实可行的操作建议。

6. 后单位社会及其运作机制研究

单位社会的解体，对中国基层社会的运行产生了深远的影响，从单位制到社区制、现代公司制度的建立，再到股份制改革、民间组织的发育等一系列变化，都在重塑着中国基层社会的运作逻辑。

7. 民族地区社会现代化与社会稳定研究

深入研究民族地区经济社会现代化的制约因素，探索民族地区经济社会发展道路和模式，研究民族地区民族团结和社会稳定的影响因素，促进民族地区社会现代化与社会稳定的经济社会政策体系建设等。

8. 城乡基层社会矛盾演化及化解机制研究

农村基层社会的社会矛盾演化及其与农村社会结构之间的关系、社会矛盾的类型与谱系、产生的原因及其化解机制的分析。城市社区性矛盾和冲突，如新型商品房社区中业委会和物业公司的矛盾，社区居民和房地产开发公司的矛盾等，及其由此产生的社区性的集体维权行动，如何分析这些不同社区主体之间的内在矛盾及其发生机理？这些维权行动背后的制度不足之处是什么？如何化解这些社区性的冲突和矛盾，从而促进和谐社区的建设？这些都需要做深入研究。

9. 劳资关系与劳工权益保障问题研究

劳资关系与城乡关系、政府与社会关系、族群关系一样，是影响我国社会与政治进程的重大问题，也是社会建设的重点领域，需要研究者有更大的投入，深入研究评估劳资关系的现状和趋势，探索有利于政治安定、社会和谐与经济可持续发展的劳资关系，探索有利于保障劳工权益的理论、制度和策略。

10. 企业社会责任及其培育机制研究

在“单位办社会”的计划体制下，企业的社会责任体现为按照行政指令的要求，承担对单位职工、社区和政府的多重责任，具有较强的政治色彩。在市场化改革的过程中，不仅“单位办社会”的模式逐渐解体，而且很多新兴企业的发展及其引发的职业疾病、环境污染、劳动冲突、产品质量低下等问题，都为新时期企业社会责任提出了要求和挑战。但是，企业在本质上是经济主体，营利性和利益最大化是其行为的主要特点，因此企业的社会责任不会自动实现，而是需要在国家、市场、社会三方的互动关系中展开，如何培育企业社会责任及其实现机制，是市场化改革中十分重要的经济社会学问题。

11. 产业更新形势下的再就业问题研究

产业结构优化升级与扩大就业，两者既矛盾又统一。产业升级的一个核心内容就是技术升级，技术排挤劳动力，这是经济学领域的一般定律。但从更宽广的视角、更长远的时期来看，产业结构的持续优化升级，必将不断催生经济增长活力，聚集经济增长动能，促进经济持续发展，也必将创造更多新的就业机会。从经济社会学的视角看，应着重研究产业更新升级的人力资本基础、产业升级对劳动力职业能力的影响，以及在产业更新过程中失业人员的职业转换的过程和机制问题。尤其对老工业基地而言，产业更新所带来的再就业问题更为复杂，对此进行深入研究显得十分必要。

12. 经济发展方式转变中的社会心理研究

加快转变经济发展方式是我国未来的重要战略任务，要加强研究经济发展方式转变中的社会心理，包括社会不同阶层的不同心态和态度，研究生活方式、价值观念的变化及其与经济发展方式转变之间的相互影响。

13. 人口、资源、环境问题的社会学研究

随着经济社会发展的深入，人口、资源、环境问题成为我国所面临的严峻问题，并将长期制约我国经济社会的协调发展。在科学发展背景下探讨我国在这些问题上的反思与改进理应成为社会学界关注的问题，特别是应当从生活方式、消费理念、人际交往、婚恋家庭等方面努力，发挥出社会学应有的优势。

14. 民生政策体系建设研究

科学认识民生建设在构建和谐社会中的重要意义，研究建设以人为本的民生政策体系，重在探索如何通过一定的制度安排和制度运行，将社会发展的成果转化为社会成员的权利和利益，从而推动和促进社会公平正义的实现。尤其要加强对于基本公共服务均等化及其实现机制、普惠型社会福利制度等的研究。

15. 转变经济发展方式下的社会保障新问题研究

主要研究转变经济发展方式给社会保障发展的经济与社会基础带来的新的变化，在新的经济发展方式下我国的人力资本战略、企业劳动力成本及劳资关系的变化对社会保障的影响、挑战和新要求，以及如何通过更加有效的社会保障制度去保障转变经济发展方式的顺利进行等。

16. 完善我国社会救助体系研究

主要研究在“十二五”期间如何进一步优化城乡社会救助体系的问题。主要内容包括进一步完善社会救助体系，提高社会救助的社会效益和资金使用效率，建立社会救助促进就业的有效机制，建立农村社会救助的制度体系，改革和优化城市社会救助的制度体系，探索各级政府社会救助资金来源的制度化安排，加强和优化社会救助对象及资金管理，建立和完善重大自然灾害和社会事件社会救助应急机制，以及建立社会

救助城乡一体化体系等问题。

17. 企业社会工作研究

随着我国经济发展和转变经济发展方式的逐步进行，劳资关系及企业员工劳动与生活中的许多矛盾和问题越来越成为影响我国企业发展和社会稳定的重要方面。应根据我国企业发展、劳资关系和企业员工结构变化的新情况，探讨建立企业社会工作的必要性、基本条件、基本体制和组织模式、企业社会工作人才队伍和企业社会工作的内容和方法等。

18. 中国特色女性社会学理论体系研究

社会学的方法和视角是妇女研究的重要支柱，各个学科对性别问题的研究不仅需要有社会性别视角作为方法论指导，同时也应有更具指导性的理论体系作为基础。女性社会学理论体系应成为中国特色妇女理论体系研究的先行者，应通过女性社会学理论体系的建构为其奠定基本的框架和原则。

19. 信息化与虚拟组织的运作机制研究

信息技术的发展极大地改变了人们的交往方式和组织的运作机制，大规模网络社区和虚拟组织的出现，成为现代社会最重要的新的组织方式，需要开展对信息化与虚拟组织的运作机制研究。

20. 网络社会运动及控制研究

网络公共领域的拓展使其日益成为社会事件的发源地和重要传播渠道，如何更好地使网络公共领域发挥积极正面作用，减少负面影响，适当加以控制，是涉及社会稳定和谐的重要课题。

主要参考文献

边燕杰，李路路，李煜，郝大海．结构壁垒、体制转型与地位资源含量．中国社会科学，2006（5）

边燕杰，李路路主编．制度转型与社会分层——基于 2003 年全国综合社会调查．北京：中国人民大学出版社，2008

蔡禾，王进．“农民工”永久迁移意愿研究．社会学研究，2007（6）

曹正汉．产权的社会建构逻辑．社会学研究，2008（1）

陈福平．强市场中的“弱参与”：一个公民社会的考察路径．社会学研究，2009（3）

陈劲松．儒学社会学通论．北京：中国人民大学出版社，2007

陈那波．海外关于中国市场转型论争十五年文献述评．社会学研究，2006（5）

陈映芳．“农民工”：制度安排与身份认同．社会学研究，2005（3）

陈映芳．城市开发的正当性危机与合理性空间．社会学研究，2008（3）

陈映芳．行动力与制度限制——都市运动中的中产阶层．社会学研究，2006（4）

成伯清．“风险社会”视角下的社会问题．南京大学学报（哲学·人文科学·社会科学版），2007（2）

成伯清．走出现代性：当代西方社会学理论的重新定向．北京：社会科学文献出版社，2006

程为敏．关于村民自治主体性的若干思考．中国社会科学，2005（3）

仇立平，顾辉．社会结构与阶级的生产：结构紧张与分层研究的阶级转向．社会，2007（2）

仇立平．回到马克思：对中国社会分层研究的反思，社会，2006（4）

崔凤．海洋社会学与主流社会学研究．中国海洋大学学报（社会科学版），2010（2）

丁元竹．社区的基本理论与方法．北京：北京师范大学出版社，2009

丁元竹．中国社会建设：战略思路与基本对策．北京：北京大学出版社，2008

董磊明，陈柏峰．结构混乱与迎法下乡．中国社会科学，2008（5）

段永朝．互联网：碎片化生存．北京：中信出版社，2009

方文．群体符号边界如何形成？——以北京基督新教群体为例．社会学研究，2005（1）

方文．群体资格：社会认同事件的新路径．中国农业大学学报（社会科学版），2008（1）

方文．转型心理学：以群体资格为中心．中国社会科学，2008（4）

风笑天．独生子女：媒介负面形象的建构与实证．社会学研究，2010（3）

风笑天．高回收率更好吗？．社会学研究，2007（3）

风笑天．社会学研究方法：走向规范化与本土化所面临的任务．华中师范大学学报（人文社会科学版），2005（11）

风笑天．再谈样本规模和调查回收率．社会学研究，2007（6）

冯仕政．沉默的大多数：差序格局与环境抗争．中国人民大学学报，2007（1）

冯仕政．单位分割与集体抗争．社会学研究，2006（3）

冯仕政．国家、市场与制度变迁．社会学研究，2007（2）

冯仕政．重返阶级分析？——论中国社会不平等研究的范式转换．社会学研究，2008（5）

符平．“嵌入性”：两种取向及其分歧．社会学研究，2009（5）

高丙中．社团合作与中国公民社会的有机团结．中国社会科学，2006（3）

关信平，农民工参与城镇社会保障问题：需要、制度及社会基础．教学与研究，2008（1）

关信平．现阶段我国农村劳动力转移就业背景下社会政策的主要议题及模式选择．江苏社会科学，2005（5）

桂勇，黄荣贵．社区社会资本测量：一项基于经验数据的研究．社会学研究，

2008 (3)

桂勇等．互联网与业主集体抗争：一项基于定性比较分析方法的研究．社会学研究，2009 (3)

郭强．现代社会的漂浮：无根的现代性及其呈现．社会，2006 (4)

郭星华，黄家亮．社会学视野下法律的现代性与地方性．中国人民大学学报，2007 (5)

郭星华．从“他者”到“主体”——一项关于犯罪人自我归因的实证研究．中国人民大学学报，2010 (4)

郭于华．透视转基因：一项社会人类学视角的探索．中国社会科学，2004 (5)

韩克庆．社会安全网：中国的社会分层与社会福利建设．社会科学研究，2008 (5)

郝大海，李路路．区域差异改革中的国家垄断与收入不平等——基于 2003 年全国综合社会调查资料．中国社会科学，2006 (2)

郝大海．流动的不平等：中国城市居民地位获得研究 (1949—2003)．北京：中国人民大学出版社，2010

郝大海．中国城市教育分层研究 (1949—2003)．中国社会科学，2007 (6)

洪大用，肖晨阳．环境关心的性别差异分析．社会学研究，2007 (2)

洪大用．环境社会学与环境友好型社会建设．中国人民大学学报，2007 (1)

洪大用．理论自觉的必要性及其意涵．学海，2010 (2)

洪大用．中国低碳社会建设初论．中国人民大学学报，2010 (2)

洪大用等．中国民间环保力量的成长．北京：中国人民大学出版社，2007

胡荣．农民上访与政治信任的流失．社会学研究，2007 (3)

胡荣．社会资本与中国农村居民的地域性自主参与．社会学研究，2006 (2)

奂平清．“关系社会学”研究反思．科学社会主义，2010 (1)

黄家亮．论社会歧视的社会心理根源及其消除机制——社会心理学视野下的社会歧视．思想战线，2005 (5)

黄家亮．通过集团诉讼的环境维权：多重困境与行动逻辑．见黄宗智主编．中国乡村研究（第六辑）．福州：福建教育出版社，2008

黄少华，翟本瑞．网络社会学——学科定位与议题．北京：中国社会科学出版社，2006

黄少华．网络空间的社会行为——青少年网络行为研究．北京：人民出版社，2008

黄盈盈，潘绥铭，王东．定性调查：“求同法”、“求异法”与“求全法”的不同性质．中国人民大学学报，2008 (4)

黄宗智，彭玉生．三大历史性变迁的交汇与中国小规模农业的前景．中国社会科学，2007 (4)

景天魁．底线公平：和谐社会的基础．北京：北京师范大学出版社，2009

康晓光，韩恒．分类控制：当前中国大陆国家与社会关系研究．社会学研究，

2005 (6)

黎熙元，陈福平．社区论辩：转型期中国城市社区的形态转变．社会学研究，2008 (2)

李春玲，李实．市场竞争还是性别歧视．社会学研究，2008 (2)

李春玲．断裂与碎片：当代中国社会阶层分化实证研究．北京：社会科学文献出版社，2005

李春玲．高等教育扩张与教育机会不平等——高校扩招的平等化效应的考查．社会学研究，2010 (3)

李春玲．流动人口地位获得的非制度途径——流动劳动力与非流动劳动力之比较．社会学研究，2006 (5)

李汉林等．组织和制度变迁的社会过程．中国社会科学，2005 (1)

李路路，苗大雷，王修晓．市场转型与"单位"变迁——再论"单位"研究．社会，2009 (4)

李路路．社会分层结构的变革：从"决定性"到"交易性"．社会，2008 (3)

李路路．再生产与统治——社会流动机制的再思考．社会学研究，2006 (2)

李路路．中间阶层的社会功能：新的问题取向和多维分析框架．中国人民大学学报，2008 (4)

李培林，李强，马戎主编．社会学与中国社会．北京：社会科学文献出版社，2008

李培林，李炜．农民工在中国转型中的经济地位和社会态度．社会学研究，2007 (3)

李培林，张翼．中国中产阶级的规模、认同和社会态度．社会，2008 (2)

李培林．建设和谐社会应注意社会心态的变化．中国党政干部论坛，2005 (9)

李培林主编．中国社会学经典导读（上下册)．北京：社会科学文献出版社，2009

李强．"丁字型"的社会结构与"结构紧张"．社会学研究，2005 (2)

李强．试分析国家政策影响社会分层结构的具体机制．社会，2008 (3)

李强主编．中国高校哲学社会科学发展报告：1978—2008 社会学．桂林：广西师范大学出版社，2008

李强主编．中国社会变迁 30 年．北京：社会科学文献出版社，2008

李文祥．从个人选择到社会选择的理论扩展．社会学研究，2008 (3)

李迎生．构建本土化的社会工作理论及其途径．社会科学，2008 (5)

李迎生．市场转型期的农村社会保障制度建设：进度与偏差．中国人民大学学报，2005 (4)

李迎生．我国社会工作职业化的推进策略．社会科学研究，2008 (5)

李迎生．制度建设与社会公正．教学与研究，2007 (5)

李迎生．中国社会工作模式的转型与发展．中国人民大学学报，2010 (3)

李迎生．转型时期的社会政策：问题与选择．北京：中国人民大学出版社，2007

李友梅．社会结构中的“白领”及其社会功能．社会学研究，2005（6）

李友梅．社区治理：公民社会的微观基础．社会，2007（2）

李友梅．重塑转型期的社会认同．社会学研究，2007（2）

李煜．制度变迁与教育不平等的产生机制——中国城市子女的教育获得（1966—2003）．中国社会科学，2006（4）

李忠杰．论社会发展的动力与平衡机制．中国社会科学，2007（1）

梁玉成．渐进转型与激进转型在初职进入和代内流动上的不同模式．社会学研究，2006（4）

梁玉成．现代化转型与市场转型混合效应的分解．社会学研究，2007（4）

林兵．中国环境社会学的理论建设——借鉴与反思．江海学刊，2008（2）

刘春荣．国家介入与邻里社会资本的生成．社会学研究，2007（2）

刘继同．中国社会政策框架特征与社会工作发展战略．南开学报（哲学社会科学版），2006（6）

刘精明．高等教育扩展与入学机会差异：1978—2003．社会，2006（3）

刘精明．市场化与国家规制——转型期城镇劳动力市场中的收入分配．中国社会科学，2006（5）

刘精明．中国基础教育领域中的机会不平等及其变化．中国社会科学，2008（5）

刘军．一般化互惠：测量、动力及方法论意涵．社会学研究，2007（1）

刘林平．企业的社会资本：概念反思和测量途径．社会学研究，2006（2）

刘平，王汉生．变动的单位制与体制内的分化．社会学研究，2008（3）

刘平．新二元社会与中国社会转型研究．中国社会科学，2007（1）

刘少杰．从移植到重构——研究西方社会学的理论转向．教学与研究，2008（6）

刘少杰．经济社会学的新视野——理性选择与感性选择．北京：社会科学文献出版社，2005

刘少杰．扩展社会学新境界．社会，2006（2）

刘少杰．马克思主义社会学理论研究的历史与机遇．江海学刊，2008（5）

刘少杰．社会学研究的提升：从经验描述到理论思维．河北学刊，2006（5）

刘少杰．制度建设是构建和谐社会的根本途径．社会学研究，2007（2）

刘少杰．制度研究在社会学中的兴衰与重建．江苏社会科学，2006（3）

刘少杰．中国社会学的发端与扩展．北京：中国人民大学出版社，2007

刘世定．低层政府干预下的软风险约束与“农村合作基金会”．社会学研究，2005（5）

刘思达．当代中国日常法律工作的意涵变迁（1979—2003）．中国社会科学，2007（2）

刘思达．职业自主性与国家干预．社会学研究，2006（1）

刘欣．当前中国社会阶层分化的多元动力基础——一种权力衍生论的解释．中

国社会科学，2005（4）

刘欣．当前中国社会阶层分化的制度基础．社会学研究，2005（5）

刘欣．中国城市的阶层结构与中产阶层的定位．社会学研究，2007（6）

刘玉照．乡村工业化中的组织变迁．上海：格致出版社，2009

卢春荣，陈捷．共通性社会资本与特定性社会资本——社会资本与中国的城市基层治理．社会学研究，2009（6）

卢晖临，李雪．如何走出个案——从个案研究到扩展个案研究．中国社会科学，2007（1）

陆学艺．建设和谐社会需要社会学有个大发展．中国农业大学学报（社会科学版），2007（2）

陆学艺主编．当代中国社会结构．北京：社会科学文献出版社，2010

陆益龙．户口还起作用吗．中国社会科学，2008（1）

陆益龙．建构论与社会学研究的新规则．学海，2009（2）

陆益龙．嵌入性政治与村落经济的变迁——安徽小岗村调查．上海：上海人民出版社，2007

陆益龙．社会主义新农村建设的背景、模式及误区——一种社会学的理解．北京大学学报（哲学社会科学版），2007（5）

吕炳强．现象学在社会学里的百年沧桑．社会学研究，2008（1）

吕鹏．社会大于市场的政治经济学．社会学研究，2005（4）

马戎．“差序格局”——中国传统社会结构和中国人行为的解读，北京大学学报（哲学社会科学版），2007（4）

马戎．内蒙古草原牧区的蒙汉关系演变及影响因素．西北民族研究，2009（4）

毛丹．村落共同体的当代命运：四个观察维度．社会学研究，2010（1）

毛丹．村庄大转型——浙江乡村社会的发育．杭州：浙江大学出版社，2008

毛丹．赋权、互动与认同：角色视野里的城郊农民市民化问题．社会学研究，2009（4）

毛丹．社会学研究中的中层理论关心．浙江社会科学，2006（5）

闵学勤．社区自治主体的二元区隔及其演化．社会学研究，2009（1）

潘鸿雁．国家与家庭的互构——河北翟城村调查．上海：上海人民出版社，2008

潘绥铭，黄盈盈，李楯．中国艾滋病“问题”解析．中国社会科学，2006（1）

潘绥铭，黄盈盈等．定性调查：“求同法”、“求异法”与“求全法”的不同性质．中国人民大学学报，2008（4）

潘绥铭，黄盈盈等．中国社会调查中的研究伦理：方法论层次的反思．中国社会科学，2009（2）

潘允康．论中国城市化进程中的大都市圈战略．河北学刊，2008（5）

潘允康．社会学视野中的大城市发展模式研究．天津：天津社会科学院出版社，2006

潘允康．中国城市发展模式中的理论问题．河北学刊，2006（6）

潘泽泉．社会资本与社区建设．社会科学，2008（7）

潘泽泉．实践中流动的关系：一种分析视角．社会学研究，2005（3）

彭华民，黄叶青．福利多元主义：福利提供从国家到多元部门的转型．南开学报（哲学社会科学版），2006（6）

彭玉生．"洋八股"与社会科学规范．社会学研究，2010（2）

邱泽奇．技术与组织的互构——以信息技术在制造企业的应用为例．社会学研究，2005（2）

邱泽奇．中国学术传统与实践的社会学：方法论的讨论．天津社会科学，2005（2）

渠敬东，周飞舟，应星．从总体支配到技术治理——基于中国30年改革经验的社会学分析．中国社会科学，2009（6）

任焰，潘毅．跨国劳动过程的空间政治：全球化时代的宿舍劳动体制．社会学研究，2006（4）

申静，王汉生．集体产权在中国乡村生活中的实践逻辑．社会学研究，2005（1）

沈殿忠．论环境社会学的逻辑起点．江海学刊，2008（2）

沈原．"强干预"与"弱干预"：社会学干预方法的两条途径．社会学研究，2006（5）

沈原．社会转型与工人阶级的再形成．社会学研究，2006（2）

石秀印，许叶萍．市场条件下中国的阶层分化与劳资冲突，学海，2005（4）

宋林飞．从"风险社会"走向和谐社会．江海学刊，2007（4）

苏国勋．马克斯·韦伯：基于中国语境的再研究．社会，2007（5）

苏国勋．社会学与文化自觉——学习费孝通"文化自觉"概念的一些体会．社会学研究，2006（2）

苏振芳．网络文化研究：互联网与青年社会化．北京：社会科学文献出版社，2007

孙立平．社会转型：发展社会学的新议题．社会学研究，2005（1）

孙明．市场转型与民众的分配公平观．社会学研究，2009（3）

唐钧．社会政策的基本目标：从克服贫困到消除社会排斥．江苏社会科学，2006（1）

陶传进．草根志愿组织与村民自治困境的破解：从村庄社会的双层结构中看问题．社会学研究，2007（5）

田耕．社会学知识中的社会意象．社会学研究，2005（1）

田毅鹏，吕方．单位社会的终结及其社会风险．吉林大学社会科学学报，2009（6）

田毅鹏，漆思．"单位社会"的终结——东北老工业基地"典型单位制"背景下的社区建设．北京：社会科学文献出版社，2005

田毅鹏．"典型单位制"的起源和形成．吉林大学社会科学学报，2007（4）

田毅鹏．找回丢失的传统．天津社会科学，2005（2）

佟新．延续的社会主义文化传统——一起国有企业工人集体行动的个案分析．社会学研究，2006（1）

童星．发展社会学与中国现代化．北京：社会科学文献出版社，2005

王春光．当前中国社会阶级阶层关系的变化与特点．河北学刊，2010（4）

王春光．农村流动人口的“半城市化”问题研究．社会学研究，2006（5）

王春光．统合：透视当代中国阶级阶层关系的新框架．河北学刊，2010（2）

王二平．群体性事件的心理学分析．见北京市社会科学界联合会等．科学发展：文化软实力与民族复兴——纪念中华人民共和国成立60周年论文集（上卷）．北京：北京师范大学出版社，2009

王建民．现代性的主题分化与社会学研究范式整合．社会，2005（5）

王宁．消费制度、劳动激励与合法性资源．社会学研究，2007（3）

王绍光．大转型：1980年代以来中国的双向运动．中国社会科学，2008（1）

王绍光．坚守方向、探索道路：中国社会主义实践60年．中国社会科学，2009（5）

王思斌．多元嵌套结构下的情理行动——中国人社会行动模式研究．学海，2009（1）

王思斌．我国社会政策的弱势性及其转变．学海，2006（6）

王思斌．我国适度普惠型社会福利制度的建构．北京大学学报（哲学社会科学版），2009（3）

王思斌．走向发展型社会政策与社会组织建设．社会学研究，2007（2）

王天夫，赖扬恩．城市性别收入差异及其演变：1995—2003．社会学研究，2008（2）

王天夫，王丰．中国城市收入分配中的集团因素：1986—1995．社会学研究，2005（3）

王天夫．城市夫妻间的婚内暴力冲突及其对健康的影响．社会，2006（1）

王天夫．社会研究中的因果分析．社会学研究，2006（4）

王卫东．中国城市居民的社会网络资本与个人资本．社会学研究，2006（3）

王小章．从“生存”到“承认”：公民权视野下的农民工问题．社会学研究，2009（1）

王雅林．社会发展理论的重要研究范式——基于马克思社会理论的“生活/生产互构论”．社会科学研究，2007（1）

王跃生．当代中国家庭结构变动分析．中国社会科学，2006（1）

王跃生．中国当代家庭结构变动分析：立足于社会变革时代的农村．北京：中国社会科学出版社，2009

文军．社会学理论的核心主题及其古典传统的创新——兼论社会学理论中“全球化研究范式”的建立．浙江学刊，2005（4）

文军．从季节性流动到劳动力移民：城市农民工群体的分化及其系统构成．探索与争鸣，2006（1）

文军．个体主义还是整体主义：社会工作核心价值观及其反思．社会科学，2008（5）

文军．论社会学研究的三大传统及其张力．南京社会科学，2004（5）

翁定军．阶级或阶层意识中的心理因素：公平感和态度倾向．社会学研究，2010（1）

吴飞．浮生取义——对华北某县自杀现象的文化解读．北京：中国人民大学出版社，2009

吴清军．市场转型时期国企工人的群体认同与阶级意识．社会学研究，2008（6）

吴小英．探寻性别关系和性别研究的潜规则．社会学研究，2005（3）

吴晓刚．“下海”：中国城乡劳动力市场转型中的自雇活动．社会学研究，2006（6）

吴晓刚．1990—2000年中国的经济转型、学校扩招和教育不平等．社会，2009（5）

吴晓刚．1993—2000年中国城市的自愿与非自愿就业流动与收入不平等．社会学研究，2008（6）

吴毅．权力—利益的结构之网与农民群体性利益的表达困境．社会学研究，2007（5）

吴忠民．中国社会主要群体弱势化趋向问题研究．东岳论丛，2006（2）

吴忠民．走向公正的中国社会．济南：山东人民出版社，2008

夏光．社会理论、文化研究与当代中国社会学．社会学研究，2006（3）

夏建中．社会学的社区主义理论．学术交流，2009（8）

夏学銮．构建整合社会福利制度探讨．北京大学学报（哲学社会科学版），2006（3）

向德平．城市社会学．北京：高等教育出版社，2005

向德平．社区组织行政化：表现、原因及对策分析．学海，2006（3）

肖瑛．社会学视野中的社会科学学科构成．中国社会科学院研究生院学报，2006（5）

谢桂华．农民工与城市劳动力市场．社会学研究，2007（5）

谢立中．当前中国社会学理论建构的努力与不足．河北学刊，2006（5）

谢立中．走向多元话语分析：后现代思潮的社会学意涵．北京：中国人民大学出版社，2009.

谢宇．认识中国的不平等．社会，2010（3）

荀丽丽，包智明．政府动员型环境政策及其地方实践．中国社会科学，2007（5）

闫志刚．社会建构论：社会问题理论研究的一种新视角，社会，2006（1）

阎云翔．差序格局与中国文化的等级观．社会学研究，2006（4）

阎云翔．私人生活的变革：一个中国村庄里的爱情、家庭与亲密关系：1949—1999. 上海：上海书店出版社，2006

杨敏，郑杭生．个体安全：关于风险社会的一种反思及研究对策．思想战线，

2007 (4)

杨敏，郑杭生．社会实践结构性巨变时代的马克思主义社会学．社会科学研究，2007 (2)

杨敏，郑杭生．依然在路上：穿越历史大弯道的个人与社会．中国人民大学学报，2007 (6)

杨敏．现代性的反叛与理论社会学的前景．中国人民大学学报，2006 (1)

杨敏．作为国家治理单元的社区——对城市社区建设运动过程中居民社区参与和社区认知的个案研究．社会学研究，2007 (3)

杨善华，宋倩．税费改革后中西部地区乡镇政权自主空间的营造——以河北Y县为例．社会，2008 (4)

杨伟民．论个人福利与国家和社会的责任．社会学研究，2008 (1)

杨宜音．关系化还是类别化：中国人"我们"概念形成的社会心理机制探讨．中国社会科学，2008 (4)

应星，吴飞，赵晓力，沈原．重新认识中国社会学的思想传统．社会学研究，2006 (4)

应星．"气场"与群体性事件的发生机制——两个个案的比较．社会学研究，2009 (6)

游正林．管理控制与工人抗争．社会学研究，2006 (4)

游正林．也谈国有企业工人的行动选择．社会学研究，2005 (4)

岳天明．传统社会发展动力理论的再审视及民族学意义反思．西北民族研究，2010 (1)

岳天明．社会发展观的演变及其民族意义追问．中央民族大学学报（哲学社会科学版），2006 (3)

翟学伟．报的运作方位．社会学研究，2007 (1)

翟学伟．再论"差序格局"的贡献、局限与理论遗产．中国社会科学，2009 (3)

张光，Jennifer R. Wilking，于淼．中国农民的公平观念：基于村委会选举调查的实证研究．社会学研究，2010 (1)

张鸿雁．循环型城市社会发展模式——社会学视角的理想类型建构．社会科学，2006 (11)

张建君．政府权力、精英关系和乡镇企业改制——比较苏南和温州的不同实践．社会学研究，2005 (5)

张静．二元整合秩序：一个财产纠纷案的分析．社会学研究，2005 (3)

张静．身份认同：观念、制度、理据．上海：上海人民出版社，2006

张静．现代公共规则与乡村社会．上海：上海书店出版社，2006

张磊．业主维权运动：产生原因及动员机制——对北京市几个小区个案的考查．社会学研究，2005 (6)

张宛丽．重塑转型期的社会认同．社会学研究，2007（2）

张文宏．城市居民社会网络资本的阶层差异．社会学研究，2005（4）

张翔．合会的信息汇聚机制．社会学研究，2006（4）

张小军．复合产权：一个实质论和资本体系的视角．社会学研究，2007（4）

张扬．证伪在社会科学中可能吗？．社会学研究，2007（3）

张翼．当前中国中产阶层的政治态度．中国社会科学，2008（2）

张翼．中国城市社会阶级阶层冲突意识研究．中国社会科学，2005（4）

张玉林．另一种不平等：环境战争与“灾难”分配．绿叶，2009（4）

张兆曙．产品依赖性与中国农民的组织化难题．人文杂志，2009（2）

张兆曙．非常规行动与社会变迁：一个社会学的新概念与新论题．社会学研究，2008（3）

赵鼎新．集体行动、搭便车理论与形式社会学方法．社会学研究，2006（1）

赵万里，王菲．网络事件、网络话语与公共领域的重建．兰州大学学报（社会科学版），2009（9）

赵旭东．乡村成为问题与成为问题的中国乡村研究．中国社会科学，2008（3）

赵晔琴．“居住权”与市民待遇：城市改造中的“第四方群体”．社会学研究，2008（2）

折晓叶，陈婴婴．产权怎样界定．社会学研究，2005（4）

折晓叶．合作与非对抗性抵制——弱者的“韧武器”．社会学研究，2008（3）

郑广怀．伤残农民工：无法被赋权的群体．社会学研究，2005（3）

郑杭生，胡翼鹏．天道左旋：社会运行的溯源和依据——若干考古发现成果的社会学开发．浙江师范大学学报（社会科学版），2007（3）

郑杭生，胡翼鹏．礼序人伦，乐移风俗：社会运行的二重性规范——两周时期的社会思想研究．学习与实践，2007（10）

郑杭生，胡翼鹏．天道兼爱，尚同节用：社会运行的一体化理论——春秋战国时期墨者的社会思想研究．社会科学，2008（1）

郑杭生，胡翼鹏．敬天明德与设官分职：社会运行的理念和实践——西周时期的社会思想研究．社会科学战线，2008（2）

郑杭生，胡翼鹏．道法自然，静默无为：社会运行的另类思路——春秋战国时期道家的社会思想．河北学刊，2008（3）

郑杭生，胡翼鹏．道之以德，齐之以礼：社会运行的理性规范——春秋战国时期儒家社会思想研究．文史哲，2009（2）

郑杭生，胡翼鹏．严刑峻法，因情而施：社会运行的强制规范——春秋战国时期法家社会思想研究．学习与探索，2009（3）

郑杭生，胡翼鹏．社会运行、社会秩序与王朝的治乱盛衰——中国社会思想史研究的新视野．学海，2009（4）

郑杭生，江立华主编．中国社会思想史新编．北京：中国人民大学出版社，2010

郑杭生，李路路．社会结构与社会和谐．中国人民大学学报，2005（2）
郑杭生，刘少杰主编．马克思主义社会学史．北京：高等教育出版社，2006
郑杭生，杨敏．当代中国社会转型的实质：新型社会主义的成长．中国社会科学（内刊），2007（2）
郑杭生，杨敏．社会互构论：世界眼光下的中国特色社会学理论的新探索——当代中国"个人与社会关系研究"．北京：中国人民大学出版社，2010
郑杭生，杨敏．社会实践结构性巨变的若干新趋势．社会科学，2006（10）
郑杭生，杨敏．社会实践结构性巨变对理论创新的积极作用．中国人民大学学报，2006（6）
郑杭生，杨敏．社会实践结构性巨变视野下的社会矛盾．探索与争鸣，2006（10）
郑杭生，杨敏．现代性过程"个人"的创生与集体化——行走在自我创新前夜的"个人"．社会，2006（2）
郑杭生，杨敏．中国社会转型与社区制度创新：实践结构论及其运用．北京：北京师范大学出版社，2008
郑杭生．促进中国社会学的"理论自觉"——我们需要什么样的中国社会学？．江苏社会科学，2009（5）
郑杭生．改革开放三十年：社会发展理论和社会转型理论．中国社会科学，2009（2）
郑杭生．关于加强社会学理论研究的几点思考．河北学刊，2006（5）
郑杭生．论建设性反思批判精神．华中师范大学学报，2008（1）
郑杭生．论社会建设与"软实力"的培育——一种大传统与小传统的社会学视野．社会科学战线，2008（10）
郑杭生．社会公平正义与和谐社区建设——对社区建设的一种社会学分析．中国特色社会主义，2007（6）
郑杭生．深入研究马克思主义社会学史．马克思主义与现实，2006（3）
郑杭生．论现代的成长和传统的被发明．天津社会科学，2008（3）
郑杭生．新时期以来中国社会学发展的回顾与反思．江西社会科学，2005（8）
郑杭生主编．中国人民大学中国社会发展研究报告2009：走向更有共识的社会：社会认同的挑战及其应对．北京：中国人民大学出版社，2009
郑杭生主编．中国社会学30年（1978—2008)．北京：中国社会科学出版社，2008
郑辉，李路路．中国城市的精英代际转化与阶层再生产．社会学研究，2009（6）
周飞舟．从汲取型政权到"悬浮型"政权．社会学研究，2006（3）
周飞舟．生财有道：土地开发和转让中的政府和农民．社会学研究，2007（1）
周晓虹．冲突与认同：全球化背景下的代际关系．社会，2008（2）
周晓虹．再论中产阶级：理论、历史与类型学．社会，2005（4）
周晓虹．中国人社会心态六十年变迁及发展趋势．河北学刊，2009（5）
周雪光．"逆向软预算约束"：一个政府行为的组织分析．中国社会科学，2005（2）
周雪光．基层政府间的"共谋现象"——一个政府行为的制度逻辑．社会学研

究，2008（6）

周雪光．社会学视野下的世纪社会变迁．社会学研究，2008（1）

周雪光．一叶知秋：从一个乡镇的村庄选举看中国社会的制度变迁．社会，2009（3）

周怡．共同体整合的制度环境：惯习与村规民约——H村个案研究．社会学研究，2005（6）

周怡．寻求整合的分化：权力关系的独特作用．社会学研究，2006（5）

朱力，卢亚楠．现代集体行为中的新结构要素——网络助燃理论探讨．江苏社会科学，2009（6）

朱力．当代中国社会问题．北京：社会科学文献出版社，2008

朱晓阳．语言混乱与法律人类学整体论进路．中国社会科学，2007（2）

朱旭峰．寻租、市场转型与中国的社会分层．中国社会科学，2007（2）

庄孔韶．“虎日”的人类学发现与实践——兼论《虎日》影视人类学片的应用新方向．广西民族研究，2005（2）

庄孔韶．蝗虫法与鼹鼠法——人类学及其相关学科的研究取向评论．开放时代，2007（3）

2010年北京地区社会学研究综述*

2010年北京社会学者在理论社会学、社会研究方法、社会建设、社区建设与社会管理、社会结构、社会分层与流动、农村社会学、农民工城市化、社会问题、社会福利保障与社会工作、经济社会学、环境社会学、政治社会学、法社会学以及家庭社会学等诸多领域都取得了可喜的研究成果，社会学者对中国社会建设和社会管理的伟大实践和时代课题开展深入调查研究、提供学理支撑的使命感更加强烈，理论自觉意识也进一步提高。

一、理论社会学研究

“十一五”期间，中国理论社会学取得重大进展，理论社会学的理念导向更趋成熟，理论社会学研究取得了创新性的成果，理论社会学的应用研究逐步兴起。有学者分析认为，中国社会学理论自觉精神的继续发展、马克思主义社会学理论研究的推进、中国特色社会学理论的持续发展、西方社会学理论的引入吸取与反思批判、中国传统文化资源的发掘与创新性运用、社会学理论与应用研究的发展等，将成为“十二五”期间的重要趋势。①

有学者近年来提出并逐步完善了社会互构论这一中国特色的社会学理论，该理论以现代性之全球化与本土社会转型为背景性视域，以个人

---

* 与奂平清合作，见北京市社会科学界联合会编：《北京社会科学年鉴2010》，北京，北京出版社，2011。

① 参见杨敏、郑杭生：《中国理论社会学研究：进展回顾与趋势瞻望》，载《思想战线》，2010（6）。

与社会关系为研究主题，着力理解和阐释多元社会行动主体间的相互形塑、同构共生关系。通过对当代中国个人与社会关系问题的具体研究，探讨了我国社会转型加速期人们的生活方式、社会关系结构和组织模式的转换与变迁。① 当代中国社会实践领域发生的结构性巨变，为中国社会学理论提供了宽阔视野、重大题材和现实养料，这也决定了“社会互构论”是一个仍在继续发展和丰富的社会学理论。② 在社会互构论看来，个人的现代性意涵对于破解现代性的重大问题和深刻危机有着根本性意义，故需开辟现代性的新走向以彻底变革人与自然的现有关系，拓展社会转型和社会变迁的视野以理解传统与现代之间关系的真实意义，阐析现代社会的共同性意涵，以重建个人与社会的关系。③

有学者近年明确提出“理论自觉”的概念和命题，认为中国社会学要有“正确认识自己、正确认识别人、正确处理与欧美社会学关系”的“理论自觉”，并在2010年的相关学术会议（如第九届人类学高级论坛、“社会转型与中国社会学的理论自觉”研讨会、中国社会学2010年学术年会等）上发言和论文中，对“理论自觉”做了进一步深入分析，认为中国社会学的理论地位、理论内涵、理论学派，都离不开中国社会学的理论自觉，中国社会学应该充分利用中国社会历史性变迁的巨大舞台和现实性宝贵资源，提炼和创造自己的概念、命题和理论，形成自己的学术话语，为世界社会学增添中国社会学者自己的创造。中国的社会学、人类学、民俗学等学科如能抓住机遇，进一步加强理论自觉，加强学科间的交融与合作，不断推进自主理论创新，提升学科理论水平，形成具有中国特色的社会学、人类学和民俗学理论，就会提高自己在世界学术话语体系中的话语权。④

“理论自觉”的概念与命题得到了许多学者的强烈共鸣与认同，一些学者以更加明确的理论自觉意识对不同领域的研究加以反思、总结和展望，表明中国社会学已经进入到了一个强调“理论自觉”的新阶段。有

---

① 参见郑杭生、杨敏：《社会互构论：世界眼光下的中国特色社会学理论的新探索——当代中国“个人与社会关系研究”》，北京，中国人民大学出版社，2010。

② 参见杨敏、郑杭生：《社会互构论：全貌概要和精义探微》，载《社会科学研究》，2010（4）。

③ 参见郑杭生、魏智慧、杨敏：《社会学的“个人”：意涵、问题及前景》，载《河北学刊》，2010（3）。

④ 参见郑杭生、陆益龙：《把握交融趋势，推进学科发展——论当代中国社会学、人类学和民俗学的关系》，载《温州大学学报》（社会科学版），2010（5）；郑杭生、奂平清：《2010年社会学发展回顾与反思》，载《中国社会科学报》，2010-12-28。

学者分析指出，中国社会的巨变要求中国社会学深入反思其在中国社会变迁中的位置，反思社会学者与其所研究的对象——社会之间的关系，拓展对于其研究对象的理解，同时要求中国社会学者保持理论自觉，致力于发展出整合的社会学，不断创新社会学的研究方法。中国环境社会学的发展，也需要高度重视理论自觉问题，推动中国环境社会学的理论研究和建设。① 有人对社会资本和关系社会学的研究做了反思性批评，认为对于中国社会转型过程中“关系”的盛行等现象，不能仅局限于做技术性实证描述与分析，应该坚持反思性研究的立场，要有理论自觉意识，探索中国传统社会资本创造性转化的有效途径。②

当前，“中国模式”或“中国经验”是包括社会学在内的理论界讨论的热点之一。关于能不能提“中国模式”的问题，有学者认为，“中国模式”可以提而且必须提；同时，“中国模式”或“中国经验”是中国社会学立足现实的有效切入点，当代中国社会学要取得实质性的发展，必须有一种“顶天立地”的精神，把追求前沿与深入基层结合起来，把世界眼光与草根精神结合起来。而实地调查地方层次和社区层次是将前沿意识与草根精神结合的关键。③ 有学者指出，“中国经验”作为世界现代化经验的主要组成部分，有其一定的规律性，从社会发展的角度来看，中国经验的主要特征表现为诸多方面，如经济体制转轨与社会结构转型的同步进行、渐进式改革成为中国改革的普遍规则、社会稳定优先原则和积极的民主化探索、快速增长中的非平衡发展、注重发挥劳动力的比较优势、长期坚持低生育率政策、大规模减少贫困人口、注重教育等人力资本投入、坚持对外开放和超越意识形态的国际合作，以及努力克服环境、资源与快速发展的矛盾等。④

有学者对韦伯理论的分析认为，理性化与传统的关系，构成了西方与东方（特别是中国）的关键差别。西方理性化这样一种反传统的“传统”，根源于伦理先知对自然人伦关系的怀疑和拒弃，以及相应对陌生人构成的“博爱共同体”的向往；而现代中国人生活的可能性，在很大程度上取决于能否在对抗历史命运的自由努力中重建具有内在精神气质的

① 参见洪大用：《理解中国社会的可持续性》，载《江苏社会科学》，2010（5）；洪大用：《理论自觉的必要性及其意涵》，载《学海》，2010（2）。

② 参见奂平清：《“关系社会学”研究反思》，载《科学社会主义》，2010（1）。

③ 参见郑杭生：《中国模式或中国经验与当代中国社会学再研究》，载《江苏社会科学》，2010（6）。

④ 参见李培林：《改革和发展的“中国经验”》，载《甘肃社会科学》，2010（4）。

"伦理秩序"。①

二、社会学研究方法

有学者对费孝通晚年对社会学方法论的思考做了深入分析，认为费孝通思考的一个核心就是用其一生的经验去理解作为整体性而存在的"人"，以及作为可以与外界进行沟通的"我"，如何借助某种社会与文化的机制而发生相互勾连。这一方法论试图超越中国社会学长期沿袭西方社会学所形成的实用性的、二元对立的以及在人与社会之间加以割裂地去看待社会与文化的那些既有性格。在这种超越中去发现中国文化中可以用来理解中国文明自身发展中的那些概念。这一方法论可以说是中国社会科学发展中一种真正意义上的承前启后的新探索。费孝通晚年一直思考的有关文化界限以及文化自觉的问题，在一定意义上为近代西方以民族国家为基础的社会发展到极致之后所出现的一些困境提供了一种可能的出路。②

有学者从现象学社会学的视角对访谈过程中被访人赋予自己话语和行动的意义（包括赋予场景的意义）的解释之可能的基础做了探讨，指出建立"我群关系"和经由"索引性"去显现和追溯被访人在访谈过程中所建构的意义脉络是获得这样的基础的关键，从而从一个侧面对"意义探究何以可能"给出了一个回答。③

有学者认识到多元话语分析模式对社会研究的重要意义，认为多元话语分析是从多元主义的立场对话语进行分析，包括话语策略分析和话语构成规则分析等基本程序，目的在于消除以实证主义和古典诠释社会学为主要代表的传统"实在论"分析模式在社会研究中的影响。④

关于问卷调查方法，有学者认为，问卷调查中的描述调查不可能"发现"任何未知的现象，检验调查则不可能"探索"原来假设之外的任何相关关系。因此，问卷调查并非总是最佳选择而经常是无奈之举。如果非使用问卷调查不可，就必须改善我们的问卷设计，为被调查者而设

① 参见李猛：《理性化及其传统：对韦伯的中国观察》，载《社会学研究》，2010（5）。

② 参见赵旭东：《超越社会学既有传统——对费孝通晚年社会学方法论思考的再思考》，载《中国社会科学》，2010（6）。

③ 参见杨善华：《田野调查中被访人叙述的意义诠释之前提》，载《社会科学》，2010（1）。

④ 参见谢立中：《多元话语分析：社会分析模式的新尝试》，载《社会》，2010（2）。

计问卷，而不是为了调查者自己。[①] 问卷调查必须要加强过程控制，要把定性调查的思路、视角与操作原则融入定量调查之中，以逐步走向两种调查方法的整合，这是保证问卷调查科学性的基本手段。[②] 关于定性调查的样本问题，有学者认为，定性调查试图囊括的是“研究主题相关的所有潜在信息”，追求的是对“研究主题的归纳程度”，而不是定量调查所要求的“代表性”。只要相对实现了“最大差异的信息饱和”，就足以反映信息的整体质性，足以通过归纳来满足研究主题的需要，而绝不在于人数的多少。因此，对于定性调查而言，所谓“代表性”其实是个伪问题，以此来衡量定性调查则是个误区。[③]

有学者指出，中国目前正处在经济建设的高速发展期，许多重大工程项目在实施过程中都遇到诸多社会问题，如何对工程项目或重大决策的社会影响作出科学的评价，已经成为当前亟待解决的重大问题。尽管国际上的一些研究成果可以加以借鉴，但更需要探索建立适合中国国情的社会影响评价指标体系。他们在基本理论、方法和相关项目案例的实证研究的基础上，提出了中国国情背景下的社会影响评价基本框架和指标。[④]

三、社会建设、社区建设与社会管理研究

有学者从国家与社会关系的视角对社会建设做了分析，认为社会与国家关系中的“社会”是一种利益共同体，既包括狭义的社会，又包括市场，“国家”则是对社会作出政治安排的权力系统，社会与国家两者之间具有互构的法理机制和解释机制。在我国社会转型加速期，制度性行动与非制度性行动的互构关系进入了一个新时期，原有的制度性行动规则面临挑战，而社会建设可以从更加合理地配置社会资源、更加有效地

---

① 参见黄盈盈、潘绥铭：《社会学问卷调查的边界与限度——一个对“起点”的追问与反思》，载《学术研究》，2010（7）。

② 参见黄盈盈、潘绥铭：《问卷调查的“过程控制”：论主体构建视角下调查方法的整合》，载《社会科学战线》，2010（6）。

③ 参见潘绥铭、姚星亮、黄盈盈：《论定性调查的人数问题：是“代表性”还是“代表什么”的问题——“最大差异的信息饱和法”及其方法论意义》，载《社会科学研究》，2010（4）。

④ 参见李强、史玲玲、叶鹏飞、李卓蒙：《探索适合中国国情的社会影响评价指标体系》，载《河北学刊》，2010（1）。

化解社会矛盾两个方面调节社会与国家关系。①

有学者通过对中国经济社会形势的分析认为，要解决经济发展与社会发展不平衡、不协调这一矛盾的关键在于社会建设，要把社会建设摆到更加突出的位置，要像抓经济建设那样抓社会建设，从社会事业建设、社会体制和社会规范、社会管理和社会安全体制、社会结构调整等方面着力，协调好经济社会发展的关系，加快社会结构调整，优化资源与机会在社会成员中的配置。② 社会建设是中国特色社会主义建设总体布局发展中的重要一环，也成为实际工作部门工作的重点，社会建设的关键是转变政府职能，核心是提供均等化的公共服务，重点是深化体制改革，要点是制定规划。着力解决这几个方面的问题，有利于社会建设的顺利推进。③

关于社会建设主要方面的社区建设，有学者基于实地调查，认为社区不应只有行政性的意义，还要讲“社区”的社会学意义，即认同感、安全感、凝聚力。就农村社会发展而言，如果少了社区的维度，或者是只有个人、经济和物质层面的，就不足以解决好“三农”问题。在农村社区建设中，要寻求一种跳出传统与现代的二元叙事、超越二元对立的思路。农村社区的重建，一个很重要的问题是怎样把有形无形的社会资源激活、勾连和再组织，弥补自然资源和经济资源的短缺或不足。④ 有学者认为，单位制解体和人口老龄化使城市家庭福利需求压力剧增，家庭小型化和家庭的不稳定性则削弱了家庭的福利功能，而政府的缺位和社区的碎片化又进一步导致家庭福利供需失衡加剧。因此，缓解家庭福利需求压力的关键是激活社区资源，增强社区福利功能，建设社区福利供给体系。⑤

加强和创新社会管理，越来越成为当前中国社会建设的核心任务。有学者认为，改革开放以来，新的社会阶层不断成长，新的社会组织不

① 参见郑杭生、杨敏：《社会与国家关系在当代中国的互构——社会建设的一种新视野》，载《南京社会科学》，2010（1）。

② 参见陆学艺：《当代中国社会结构与社会建设》，载《北京工业大学学报》（社会科学版），2010（6）。

③ 参见宋国恺：《当前社会建设需要着力解决的若干问题》，载《北京工业大学学报》（社会科学版），2010（6）。

④ 参见黄平：《重建社区公共性——新农村社区建设的实践与思考》，载《中国经济》，2010（3）。

⑤ 参见张秀兰、方黎明、王文君：《城市家庭福利需求压力和社区福利供给体系建设》，载《江苏社会科学》，2010（2）。

断发展，新的社会需求不断提出，新的社会事务不断出现，新的社会心态不断形成，新的社会矛盾不断产生。传统的“单位制”社会管理已经不能适应社会发展的需要。这些新问题对社会管理体制提出了新的要求和新的挑战，迫切需要加快社会管理体制改革。但现阶段社会管理仍存在理念不够准确、主体不够多元化、方式不够灵活、法规不健全、载体不够明确、人才缺乏等问题，需要建立以政府为主导、与社会主义市场经济相适应的、具有中国特色的多元化社会管理新格局。① 有学者指出，“十二五”时期我国社会秩序面临的挑战，收入差距、腐败、利益冲突等问题，成为引发社会不稳定的关键因素。要解决这些矛盾，必须从机制体制入手，完善治理体系，积极推进基层治理体制机制创新；着力解决收入分配不合理和利益冲突问题；提高基层干部新时期的社会管理和突发事件应急能力；大力开展社区建设，奠定社会和谐基础；大力发展民办社会服务组织，完善社会组织的管理体制机制；关注互联网时代的政治生态，进一步创新社会管理体制机制。②

四、社会结构、社会分层与流动研究

随着经济高速发展，中国社会结构正在发生前所未有的深刻变化。有报告分析认为，当前中国社会矛盾和问题正在凸显，经济发展和社会发展不平衡、不协调成为当前主要矛盾，社会结构滞后经济结构大约 15 年，而加强社会建设是解决这一矛盾的关键。③ 有分析认为，我国当代社会结构的变化直接或间接影响到社会需求结构的变动，如需求更加现实和理性、显现出个性化特征，基本生存需求逐渐得到满足、发展需求越来越强烈，基本需求的标准逐步提高、权利需求越来越强烈，社会安全需求越来越强烈，阶层之间和代际之间需求差异较大。社会结构和社会需求结构的变动带来了诸多社会风险，而社会保障体系建设的滞后进一步加大了这些社会风险，如养老风险、生存和发展风险、贫富差距扩

① 参见龚维斌：《我国社会管理体制面临的新挑战》，载《人民论坛》，2010（36）；龚维斌：《建立以政府为主导的多元化的社会管理新格局》，载《行政管理改革》，2010（4）。

② 参见丁元竹：《社会矛盾："硬骨头"怎么啃——从社会管理体制改革谈起》，载《人民论坛》，2010（5）。

③ 参见陆学艺主编：《当代中国社会结构》，北京，社会科学文献出版社，2010；陆学艺：《当代中国社会结构与社会建设》，载《学习时报》，2010－08－30。

大风险、社会融合风险、社会和谐风险等都在加大。①

有学者对新中国成立以来阶级阶层结构变迁作了分析，认为60多年来我国阶级阶层结构发生了很大变化，特别是改革开放以来，阶级阶层结构由原来的“两个阶级、一个阶层”，演化转变为“十大阶层”，中产阶层正在崛起。尽管阶级阶层结构还存在诸多问题，然而一个现代化的阶级阶层结构雏形已经形成。② 有学者利用20年间的8个全国抽样调查数据，对中国收入不平等内部结构特征及其演变过程和趋势的分析表明，近20年来中国收入不平等的内部结构呈现出两极化不断加剧的趋势，而且这种趋势在一个时期内仍然不会改变。③ 有学者通过使用多层线性模型分析了我国行业影响收入分配的机制，发现在个人收入的整体差异中，超过13%份额是由于行业的不同造成的；而行业特征（如行业规模、行业年龄、行业高学历比例等）对个人特征的收入回报的影响则呈现出多种显著的方式。④

针对学术界将阶级和阶层研究对立起来的问题，有学者分析指出，改革开放后，中国的社会阶层关系呈现出非常复杂的特性，既具有资本经济的一些特性，又带有社会主义的一些属性，还掺和着许多中国社会和文化的传统因素。从利益、权力和身份三个维度透视这种关系可以发现，当前中国的阶级阶层关系是一种以利益博弈为主导、以权力为形塑机制、将身份地位作为核心价值追求的关系，其未来的演变方向面临着博弈的扩大与合法性等问题的挑战。所以，应从中国的现状出发，把阶级分析与阶层分析统合在一起，用统合式的框架来透视和研究当代中国社会阶级阶层关系。⑤

关于教育与社会分层的关系，有分析认为，接受高等教育尤其是名牌大学的教育是个体获得精英身份、实现地位升迁的有效途径。以前文化精英、国家—革命精英的选拔逻辑实际上给底层社会带来了一次上升机会，尽管两者的作用人群和影响范围有很大区别；而市场转型以来的

---

① 参见龚维斌：《中国社会结构变迁及其风险》，载《国家行政学院学报》，2010（5）。

② 参见陆学艺：《中国社会阶级阶层结构变迁60年》，载《北京工业大学学报》（社会科学版），2010（3）。

③ 参见陈光金：《中国收入不平等：U型变化与不确定的未来》，载《江苏社会科学》，2010（5）。

④ 参见王天夫、崔晓雄：《行业是如何影响收入的——基于多层线性模型的分析》，载《中国社会科学》，2010（5）。

⑤ 参见王春光：《当前中国社会阶级阶层关系的变化与特点》，载《河北学刊》，2010（4）；王春光：《统合：透视当代中国阶级阶层关系的新框架》，载《河北学刊》，2010（2）。

精英选拔机制隐含着一系列与社会初始位置相关的操作原则，有可能加剧社会分化，从而削弱高等教育本身所具有的社会流动渠道的意义。[①] 有学者基于2005年1%人口抽样调查数据，分析了大学扩招对不同阶层、户口身份、民族和性别之间的教育机会不平等的影响，认为大学扩招没有减少阶层、民族和性别之间的教育机会差距，反而导致了城乡之间的教育不平等上升。[②] 对于为什么在中国教育收益率不断提高的情况下收入差距却呈现不断扩大趋势，有学者根据调查数据的分析认为，人们的经济社会地位是以收入水平和社会保障状况来界定的，而不同社会阶层的教育收益率是有很大差异的，这种差异主要是受人力资本因素（以教育年份、技术水平和工作经验为表征）的影响；不同社会阶层社会保障状况的差异则主要是受户籍等制度因素的影响。中国劳动力市场的二元分割的特征决定了劳动力市场上的社会分层机制。[③]

有研究发现，我国住房市场化条件下形成的居住分异强化了群体分化程度，居民间的社会距离扩大、疏离感增强。这种状况不利于社会团结与和谐社会的建设，如果没有明确的政策干预，居住分异与社会距离问题会变得更加严重。[④]

改革开放以来，农民工阶层就已经成为支撑中国经济持续快速增长的重要力量。有研究者基于2006年和2008年的调查数据，对近年来、特别是在国际金融危机背景下农民工的经济状况和社会态度进行分析，发现2006年数据反映出农民工在收入水平较低、劳动强度较高的情况下，却保持着较为积极的社会态度；近两年的新变化是农民工的收入水平和社会保障水平都有了显著的提高，但在就业和生活压力加大的影响下，其社会安全感、公平感、满意度和未来预期却都有所降低。这种经济状况和社会态度变化不一致的情况，应当引起高度关注。[⑤] 有学者指出，解决已经进入到产业队伍中的广大农民工的社会地位问题，使他们有机会进一步上升到中等社会阶层中，最有力的渠道就是对农民工中已

---

① 参见刘丽敏、阮丹青、杨善华：《教育选拔与社会变迁——高校招生政策之世纪演变》，载《华中科技大学学报》（社会科学版），2010（1）。

② 参见李春玲：《高等教育扩张与教育机会不平等——高校扩招的平等化效应的考查》，载《社会学研究》，2010（3）。

③ 参见李培林、田丰：《中国劳动力市场人力资本对社会经济地位的影响》，载《社会》，2010（1）。

④ 参见李强、李洋：《居住分异与社会距离》，载《北京社会科学》，2010（1）。

⑤ 参见李培林、李炜：《近年来农民工的经济状况和社会态度》，载《中国社会科学》，2010（1）。

经具有一定和较高技术水平的人给予正式的技术职称认定，从而实现农民工自身的结构转型。[①]

有调查发现，我国现阶段传统的“弱势群体”正在减少，但存在“弱势心理”或“弱势”感受的人并没有相应的减少，甚至还有蔓延趋势。党政干部、知识分子及公司白领等“精英阶层”自认弱势群体的现象说明，一个和谐的社会需要一个稳定的预期，刚性的制度、公正公平的程序的缺乏是当下中国不安全感产生的源泉。[②] 有学者认为，要注意当今中国社会出现的“制度障碍型的弱势化”（即“非竞争型的弱势化”）现象（如户籍制度），这种弱势化不是在合理的竞争之中发生的，需要引起全社会的关注。[③]

五、农村社会学、农民工城市化研究

关于社会学重要分支的农村社会学学科与理论发展，有学者在对中国农村研究存在的问题进行深入反思的基础上，认为当前中国社会学在农村研究上虽有量的增长，但学科建设并无实质进步。中国农村研究存在的突出问题是“问题取向”的研究和经验研究的过密化与理论范式的缺乏。“问题取向”的研究存在将农村预设为“问题”社会之倾向，经验研究的过密化则过于依赖直觉经验，并在范式缺失之下简单重复一般化农村调查。中国农村社会学理论的创新，关键是要将农村社会研究回归到社会学范式之中，加强理论导向的经验研究，超越直觉经验方法的局限，勇于探索农村社会快速转型过程中的“大问题”（即相对于一般经验问题的重要理论问题、社会学范式中的基本问题），不断提高农村社会学理论创造能力，以促进农村社会学理论的发展。[④] 关于中国乡村社会的性质，有分析认为，乡土中国在经历土地革命、社会主义改造等一系列重大制度变迁之后，乡土性特征已经发生变化，然而乡村社会的实体结构及部分乡土文化依然存续，由此构成了中国基层社会的后乡土性特征，突出表现在当前农村的双二元格局及秩序基础的行政化和制度化，城乡

① 参见李强：《为什么农民工“有技术无地位”——技术工人转向中间阶层社会结构的战略探索》，载《江苏社会科学》，2010（6）。

② 参见人民论坛问卷调查中心：《“弱势”缘何成了普遍心态——不同群体“弱势”感受对比分析报告》，载《人民论坛》，2010（12）（上）。

③ 参见李强：《警惕“非竞争型的弱势化”》，载《人民论坛》，2010（12）（上）。

④ 参见陆益龙：《超越直觉经验：农村社会学理论创新之路》，载《天津社会科学》，2010（3）。

二元及体制内与体制外二元已成为农村发展不确定性的重要因素。①

有学者指出，“三农”问题的病根是城乡二元结构，破除二元结构、统筹城乡经济社会发展是解决好“三农”问题的根本方针，而要使城乡经济社会协调发展，就必须对现行的城乡体制机制进行改革；同时还要建一个工作机构，从组织上落实统筹城乡经济社会的改革和发展。② 有学者提出要把“建设社会主义新城市”列入“十二五”规划的战略重点，因为“三农”问题的根本解决要靠城市化，扩大内需使我国从投资出口主导型转变为内需主导型国家要靠城市化，转变经济发展方式要靠城市化，社会和谐稳定需要建设新城市，加快城市化步伐。③ 有学者认为，需要跳出农村，从城镇化进程中去谋求农村发展之路，城镇化是农村发展的根本出路。中国的城镇化可以选择多元化的城镇化道路，主要包括通过新农村建设而推进的乡村生活方式——城市和乡村集镇化，以及通过制度创新而推进农村劳动力城市化和城乡一体化。④ 有学者指出，当前各地正在推进的城乡一体化，更多将注意力放在静态二元结构上，而忽视动态的二元结构。当前大城市外来人口日益增多、作用日益重要，动态二元结构的弊端日益凸显，其消极影响甚至超过静态二元结构。城市外来人口面临的主要问题是户籍身份、子女上学、就医、公共参与等公民身份问题和基本公共服务等密切关系民生的问题。切实破除城市中的动态二元结构，应当成为各类城市加快城市化和城乡一体化的重中之重。当前要通过体制机制创新，尤其要重点实现和保障外来人口平等的就业权、受教育权、健康权、居住权和社会保障权。⑤

改革开放以来农民大量流入城镇，农民工及其城市融入问题日益受到关注。有学者指出，农民大规模流入城镇的“新移民运动”是我国现代化进程中必然产生的一个重大社会变迁，是市场化、工业化、城市化、全球化的产物，对现行社会管理制度带来重大挑战，给中国社会带来一系列制度变迁。⑥ 有学者认为，新生代农民工在城市融入上面临着三大

---

① 参见陆益龙：《乡土中国的转型与后乡土性特征的形成》，载《人文杂志》，2010（5）。

② 参见陆学艺：《破除城乡二元结构，实现城乡经济社会一体化》，载《理论参考》，2010（12）。

③ 参见陆学艺：《建设社会主义新城市应成为“十二五”规划的战略重点》，载《江苏社会科学》，2010（6）。

④ 参见陆益龙：《多元城镇化道路与中国农村发展》，载《创新》，2010（1）。

⑤ 参见张英洪：《城乡一体化的根本：破除双重二元结构》，载《调研世界》，2010（12）。

⑥ 参见俞可平：《“新移民运动”：牵动中国社会的大变迁》，载《北京日报》，2010-05-31。

难以化解的张力：政策的“碎步化”调整与新生代农民工越来越强烈的城市化渴望和要求之间的张力；新生代农民工对城市化的向往与他们实现城市化的能力之间的张力；中央城市化政策与地方落实城市化措施之间的张力。新生代农民工如果长期处于这样的张力之中，他们会在城市社会中建构出另一个不同于城市主流社会的圈子，会产生更大结构张力的“半城市化”问题。因此，应该全面改革城乡体制，建构出一个基于公平机会之上的城乡一体化的社会管理制度，才能化解新生代农民工的城市融入问题。① 有学者指出，农民工城市融合是一个多维度的概念，并非仅指农民工单方面融入城市的过程，更重要的是农民工和城市居民之间的相互接纳和认同的过程。农民工城市融合度的测量应该从城市层面和个体层面两个层次进行。“农民工城市融合度”评价指标体系应该从“农民工城市融合政策指数”、“农民工城市融合总体指数”和“农民工城市融合个体指数”三方面进行构建。②

六、社会问题、社会福利保障与社会工作研究

社会变迁过程中出现的结构紧张是失范等社会问题的主要根源。有学者认为，不同利益群体间的矛盾与冲突可归结为“结构紧张”产生的张力所致，“失范”状态就是一种典型的结构性问题。调查数据也表明了结构紧张与失范之间的关系，社会地位结构、组织结构、角色结构、权力地位结构、收入水平与教育水平结构上的差异与分化导致了失范感受的产生。诸如个体的失范、不满意度、相对剥夺感等负面感受很大程度正是缘于客观的结构分化快于制度整合而引起的失衡与紧张。③

有分析认为，中国是在一种比较特殊的条件下进行改革开放和现代化建设的，特殊的时代背景条件，使得中国现阶段的社会矛盾表现出民生需求甚于政治诉求、官民之间的矛盾比较突出、个案问题容易演化成整体化的矛盾、诉求方式相对温和、解决社会矛盾的两难境地、社会矛盾的生长空间很大等明显特征。不过与其他国家和地区同期发展阶段相

① 参见王春光：《新生代农民工城市融入进程及问题的社会学分析》，载《青年探索》，2010（3）。

② 参见黄匡时、嘎日达：《“农民工城市融合度”评价指标体系研究——对欧盟社会融合指标和移民整合指数的借鉴》，载《西部论坛》，2010（6）。

③ 参见李汉林、魏钦恭、张彦：《社会变迁过程中的结构紧张》，载《中国社会科学》，2010（2）。

比，中国社会具有一些应对社会矛盾问题的独特优势，主要表现在：人心普遍思定，强大的举国动员能力，务实平和宽容的精神传统，家庭的重要缓冲作用，以及互联网的减压作用等。①

有学者分析认为，当前中国存在的最大社会问题是民族关系问题。人们较为熟悉、也更为关注城乡二元结构问题，而民族“二元结构”，即在许多领域中存在于汉族公民与“少数民族”公民之间的系统性制度化区隔却被忽视。在社会转型和快速发展的历史时期，这种普遍存在的民族区隔，在深层上冲击了中华民族认同意识的构建，也带来了当前两部分国民交往中一系列值得关注的社会矛盾、利益冲突和文化隔膜，须引起全社会，尤其是学者的高度重视。②

关于贫困问题的研究，有学者认为，随着对贫困内涵的理解从基本需求向多元贫困演变，应建立可持续生计—脆弱性—社会排斥三维的贫困分析框架，以对贫困群体的贫困状态、致贫原因以及自身应对机制有全面系统的了解，从而提供有效地帮助其脱离贫困陷阱的扶持措施和手段。③

我国社会转型加速期民生问题日益突出，并表现出生存型民生诉求趋于弱化、发展型民生问题凸显、民生诉求多元化和民生问题结构不均衡等基本特点。为解决这些日益突出的民生问题，我们应当科学地把握社会福利改革的趋向，确立以民生为本位的社会福利价值取向，定位以社会建设为目标的社会福利核心功能，明确以制度转型为重点的社会福利改革方向，加强以福利服务为重心的社会福利发展重点，创新以多元合作为机制的社会福利推进策略。④

有学者认为，社会保障由维护稳定、保障民生的工具转变为维护公平正义、实现合理共享的财富分配机制，是一条不可逆转的发展规律。中国的社会保障制度建设已经进入关键时期，特别需要从国家层面对整个社会保障体系进行顶层设计，并且逐步建立和完善各项具体的社会保

① 参见吴忠民：《中国现阶段社会矛盾特征分析》，载《教学与研究》，2010（3）；吴忠民：《中国应对社会矛盾问题的独特优势》，载《中共中央党校学报》，2010（6）。

② 参见马戎：《“民族化”政策的影响及其后果》，载《中国民族报》，2010-10-22；马戎，《中国社会的另一类“二元结构”》，载《北京大学学报》（哲学社会科学版），2010（3）。

③ 参见唐丽霞、李小云、左停：《社会排斥、脆弱性和可持续生计：贫困的三种分析框架及比较》，载《贵州社会科学》，2010（12）。

④ 参见江治强：《转型加速期的民生问题与社会福利改革取向》，载《学习与实践》，2010（12）。

障制度。我国社会保障制度的战略目标，应当从弥补制度缺失、构建覆盖城乡居民的社会保障体系入手，不断缩小城乡之间、地区之间、群体之间的差距，积极稳妥、循序渐进地推进社会保障制度沿着公平、普惠、可持续的方向发展，在解除人民生活后顾之忧的同时，不断提高人民的生活质量并增进人民的幸福感，切实维护个人的自由、平等与尊严，最终迈向中国特色社会主义福利社会。①

关于福利国家危机论的争论，有学者分析了近20年来全球化背景下福利国家的变革和弹性，从理论和经验资料两方面阐释福利国家危机论及其局限性，认为新自由主义思潮影响了福利国家危机论的形成，研究者还需要时间和更为充分的经验资料来证明上述危机的原因以及各种影响因素的关联性，受意识形态主导和依赖片面的经济学的假设来判定福利国家的危机是不可取的。作为一种主要由政府实施、旨在解决特定社会问题而制定的短期与长期措施，社会政策既具有修复性，也具有发展性，有助于社会系统功能与秩序的恢复，促进社会发展与进步。在全球化和急剧社会转型背景下，中国政府应从强化理念和制度建构的角度出发，从政治实践的可行性与技术理性方面考虑，切实推进民生为本的社会政策的发展，从而实现公平正义，促进公民权的进步，提升制度的合法性及优越性。②

有学者认为，中国在计划经济体制下形成的政府包揽、“差序格局”、非专业性的社会工作模式，在社会快速转型期遭遇的严峻挑战下开始了自身的转型进程。但由于实际社会工作的制度惯性与专业社会工作发展的不足，目前中国的社会工作发展尚存在着两种模式并存、过渡性、不平衡性和民间组织发育不良等问题。中国社会工作模式必须在结合中国国情、借鉴国际通则、克服自身缺陷的基础上实现创新与发展。③ 有学者在区分心理学与社会工作的本质差异的基础上，探讨了灾后社会重建和中国特色精神健康社会工作制度框架设计、服务体系与实务模式的建设等问题，认为中国应优先发展精神健康社会工作实务模式，科学定位

---

① 参见郑功成：《中国社会保障改革与未来发展》，载《中国人民大学学报》，2010 (5)。

② 参见熊跃根：《全球化背景下福利国家危机与变革的再思考》，载《学海》，2010 (4)；熊跃根：《论转型时期我国福利体制的改革与社会政策的发展》，载《学习与实践》，2010 (1)。

③ 参见李迎生、方舒：《中国社会工作模式的转型与发展》，载《中国人民大学学报》，2010 (3)。

心理学服务层次。①

七、经济社会学研究

制度变迁研究是经济社会学主题之一，有学者分析认为，中国过去30年来发生的重大社会变迁既是在经济与理念层面发生的制度变迁的结果，也是国家行动与政党体制的制度持久性的体现。在积累了一定的物质基础、治理与组织建设经验后，如何理解制度变迁与路径依赖之间的关联仍然是论证中国未来制度建构的一个关键问题。②

关于市场经济与经济秩序的研究，有学者对经济秩序做了类型学分析，认为经济秩序围绕“经济原则”、“社会原则”和“政治原则”的互动关系展开，可分为四种类型，即“伦理经济”、“国家经济”、“市场经济”和“社会经济”，四者分别对应“道义原则”、“政治控制原则”、“效用最大化原则”和“社会保护原则”。有学者认为，在我国“以经济建设为中心”、“发展才是硬道理”的政策口号下，应重申伦理经济、强调和保护社会经济以弥补市场经济效用最大化原则的缺陷。③ 有学者认为，陌生关系和熟悉关系是市场交易行为中的两种基本关系。一些经营者通过熟悉关系陌生化，不仅造成了同消费者的信息不对称，也逃避了传统道德观念的约束，在不公平的交易关系中获取高额利润；而另一些经营者通过陌生关系熟悉化，既坚持了注重诚信的传统道德观念，又建立了稳定的交易关系，形成了协调的交易秩序。在中国传统熟悉社会中形成的道德观念在当前的市场交易行为中仍然起作用。因此，应认真分析陌生关系熟悉化在培育市场交易秩序中的积极意义，充分发挥本土资源支持市场经济健康发展的作用。④

有学者深入考察了苏南一个乡镇中四家商会的组织和运行状况，分析了乡镇政府一方面在集体企业产权结构变革中退出对企业资产的控制、

---

① 参见刘继同：《心理学与社会工作的本质区别及其对构建中国精神健康社会工作实务模式的启示》，载《社会科学研究》，2010（3）。

② 参见熊跃根：《转型经济国家的社会变迁与制度建构：理解中国经验》，载《社会科学》，2010（4）。

③ 参见王建民：《秩序的变迁——对四种经济秩序的社会学分析》，载《天津社会科学》，2010（4）。

④ 参见刘少杰：《陌生关系熟悉化的市场意义——关于培育市场交易秩序的本土化探索》，载《天津社会科学》，2010（4）。

另一方面又积极渗透进私有企业主商会组织的行为，描述了政府渗透下商会组织的特征，讨论了政府何以需要商会、企业主利用商会做什么、政府何以要渗透商会，以及企业主何以接受政府的渗透等问题，从中透视国家政治制度在私有产权的控制和运用中的作用。[①]

哈里森·怀特的"生产的市场结构"模型将新古典企业理论嵌入到社会学的市场概念框架中，提出了经济社会学中的数理模型。有研究者应用怀特的理论，通过田野研究法深入分析白沟箱包市场上生产者相互观察、建立市场的机制，也通过计量分析法考察了多个产品市场，把握生产者相互观察形成的市场结果，在此基础上提出了进一步研究怀特模型的思路。[②]

有学者认为，随着互联网技术的日益成熟以及新媒体的广泛开发，无孔不入的信息成为社会权力的重要来源，信息权力成为形塑社会秩序的一股不可忽视的重要力量登上历史舞台。广泛存在于社会各个方面的信息权力，正越来越深刻地影响和塑造着人们的思维方式、行为方式以及交往方式，信息权力统治世界的合法性正在逐步确立。[③]

八、环境社会学研究

随着环境问题的日益严重和环境问题的全球化与政治化，环境社会学的研究也取得了很大发展。在可持续议题上，有学者指出，认识中国社会的可持续性需要用辩证、动态的观点，不能把中国与世界割裂开来，以避免结构主义倾向。当前中国社会中并存着不可持续因素与可持续性因素，科学发展观是中国政府追求可持续性的新战略。由于中国社会转型的特殊性，中国低碳社会建设面临着选择困境、整合困境、持续困境、外部突围困境以及协同困境。建设中国低碳社会应当充分发挥现有体制的优势，但需推动其必要的功能转换，建立政府、市场与公民社会之间的适当关系。[④] 关于中国环境社会学的发展，有学者认为其最重要的不

---

① 参见刘世定：《退"公"进"私"：政府渗透商会的一个分析》，载《社会》，2010（1）。

② 参见李凝紫：《生产的市场结构——基于中国市场田野调查和工业普查数据的经验研究》，载《社会学研究》，2010（3）。

③ 参见王冬梅：《信息权力：形塑社会秩序的重要力量》，载《天津社会科学》，2010（4）。

④ 参见洪大用：《理解中国社会的可持续性》，载《江苏社会科学》，2010（5）；洪大用：《中国低碳社会建设初论》，载《中国人民大学学报》，2010（2）。

足是理论基础非常薄弱，现有的理论研究还不足以有力地支撑一门新兴分支学科。中国环境社会学的未来发展，需要高度重视理论自觉问题。环境社会学者应积极拓展传统社会学的视界，坚持社会学的未来关怀，努力洞察中国社会转型以及转型期社会成员行为的特殊性和复杂性，以推动中国环境社会学的理论研究和建设。① 还有学者从知识和权力结构的社会学角度分析中国农村环境问题，认为农村的本土知识逐渐让位于外来知识，以及外界力量在农村取得越来越强的支配权力是导致农村环境恶化的重要原因。②

九、政治社会学、法社会学研究

有学者对当前中国政治意识形态相关问题做了深入分析，认为中国社会学应当借鉴西方社会学重视意识形态研究的学术传统，对中国社会各层面的意识形态问题做出应有的回答，要有费孝通所主张的“文化自觉”的态度，注重对中国传统思想文化资源的研究。在当代文化视觉化和中国传统文化持续传承的背景下，重视感性意识形态的现实意义就更为突出。③ 当前中国社会矛盾突出，但我们在社会管理体制等方面的制度建设，往往仅仅专注于组织化、理性化的正式制度建设，而忽视支配基层社会成员思想观念和行为的习惯、习俗和惯例等非正式的感性制度。应当兼顾制度建设的理性化和感性化，并努力实现二者的融合。④

有学者指出，国民对国家的认同感是国家维系自身的统一性和连续性的基础，是国家软实力的主要方面。对符号资源的大力挖掘是增强国民国家认同感的重要举措，国家牢牢把握话语主导权以实现有益符号之意义的充分展现，有助于激发国民对自己国家的历史和领土的想象，进而增强其国家认同感。⑤ 关于当代认同问题的研究立场，有学者认为，应当从对微观叙事的偏好有意识地转向对宏观叙事的重视，研究的着力点应当从以个体的身份感和体验为主要内容的自我认同适当转向对以国

① 参见洪大用：《理论自觉的必要性及其意涵》，载《学海》，2010（2）；洪大用：《理论自觉与中国环境社会学的发展》，载《吉林大学社会科学学报》，2010（3）。

② 参见王晓毅：《沦为附庸的乡村与环境恶化》，载《学海》，2010（2）。

③ 参见刘少杰：《意识形态的理论形式与感性形式》，载《江苏社会科学》，2010（5）

④ 参见刘少杰：《改革创新社会管理体制，化解风险型社会矛盾》，载《科学社会主义》，2010（3）。

⑤ 参见吴玉军：《符号、话语与国家认同》，载《学术论坛》，2010（12）。

家认同为主要内容的社会认同的探究上。①

有学者对我国城市化进程中治理和适应之间复杂互动关系做了分析，认为当代城市治理实践可区分为三种类型：剥夺式治理、调节式治理和恢复式治理。如何设法改变单向治理和单向适应的局面，是影响各社会行动者和正式/非正式外部力量的社会命运的一个重大结构性支撑条件。② 有人基于对城市业主维权抗争实践的观察和研究，提出“法权抗争”的分析范式，并将之具体化为“上访维权”、“诉讼维权”和“立法维权”三个基本类型，为城市业主维权研究提供了一个初步的描述类型学。③

有关对民间社团在中国农村的发育情况的研究发现，农村“半独立的社团”有社会纠纷调解职能，就可以有效地削减村庄的大规模群体性上访，而由官方控制的负责治保或民调类的社团却无法达到同样的效果。④

在法社会学方面，有学者研究指出，乡土社会的法律实践是一个法律逐渐“祛魅化”的过程，即从基层司法建设魅化法律到农民法律参与下的法律脱魅。法律的祛魅化使农民对法律有一个更为理性的认知和选择。法律实践和法律参与的“知情祛魅”逻辑从主体角度抑制了农民对法律的需求，而基层司法体制的诸多弊端和缺陷则从外在限制了农民的法律需求。结构混乱虽然使乡土社会产生了法律需求，但这种需求的扩展性和持续性存在问题。因此，当下乡土社会的法律实践并非简单地从“送法下乡”向“迎法下乡”转变。⑤ 有分析认为，中国传统纠纷解决注重基于“情理”对情境困境中的各种因素进行权衡，以恢复或调整双方原有社会关系为目的；现代性法律的“法理”以形式理性为特性，是具体事实通过法律逻辑适用法律原则的过程。在法律运行中“情理”式的行为模式与“法理”式的司法过程发生冲突，是中国法律现代化所面临的困境。

---

① 参见王成兵：《国家认同：当代认同问题研究的新焦点》，载《学术论坛》，2010（12）。

② 参见刘能：《适应，抑或治理：城市化过程中的社会命运》，载《思想战线》，2010（4）。

③ 参见陈鹏：《当代中国城市业主的法权抗争——关于业主维权活动的一个分析框架》，载《社会学研究》，2010（1）。

④ 参见刘明兴、刘永东、陶郁、陶然：《中国农村社团的发育、纠纷调解与群体性上访》，载《社会学研究》，2010（6）。

⑤ 参见郭星华、邢朝国：《从送法下乡到理性选择——乡土社会的法律实践》，载《黑龙江社会科学》，2010（1）。

十、家庭社会学研究

在家庭理论方面，有学者梳理了家庭现代化理论近 50 年的发展脉络，这一发展变迁过程包括：对一元化和单线演进的家庭变迁理论进行反思，逐步接受家庭变迁存在多种路径和复杂多样模式的可能性，家庭变迁研究的分析范畴经历了从家庭结构到家庭关系的转变。在方法上，不再执著于对传统和现代家庭及其行为进行简单的分类。①

有学者对我国农村家庭结构变迁的分析认为，在土改前，核心家庭是最大的家庭类型，但它并非居于主导地位；直系家庭虽居第二位，其所容纳的人口却处首位；复合家庭位居第三，约有四分之一的村民生活在这类家庭中。集体经济制度对农村家庭结构的影响主要表现为复合家庭渐趋式微乃至消失；家庭核心化在 20 世纪 60 年代末、70 年代初即已实现；而农民就业方式的非农转换并未对家庭结构产生大的影响，目前 65 岁以上多子父母被轮养较为普遍。②

有学者通过对一个农村家庭的几位成员的生活史分析，认为当代中国的家庭既区别于传统家庭又不同于西方现代家庭模式，虽然中国家庭在结构以及功能上趋于核心家庭，但在实质上仍然保持了中国家庭的传统，家庭成员依然与“家”有着十分紧密的情感与经济联系，家庭成员之间依旧共享着一种对家的信仰。③

有学者分析发现，近 20 年来中国自杀率呈下降趋势，而农村女性的迁移是自杀率下降的关键因素之一。农村人口大规模迁移，其中包含了农村女性的广泛参与，这种迁移规避了三种既往的自杀风险，即农村女性既往的从属地位、家庭纠纷和自杀工具，从而降低了自杀率。④

在人口老龄化的背景下，老年人的健康照料、社会保障、养老问题成为关注的热点。有学者利用中国城乡老年人状况调查、全国残疾人抽样调查以及国家卫生服务调查数据，分析了我国城乡老年人的健康状况

---

① 参见唐灿：《家庭现代化理论及其发展的回顾与评述》，载《社会学研究》，2010（3）。

② 参见王跃生：《农村家庭结构变动及类型识别问题——以冀东村庄为分析基础》，载《人口研究》，2010（2）。

③ 参见杨光生、芦洋、李冬宝：《血缘的力量——现代化背景下中国家庭模式变迁的个案研究》，载《吉林师范大学学报》（人文社会科学版），2010（6）。

④ 参见景军、吴学雅、张杰：《农村女性的迁移与中国自杀率的下降》，载《中国农业大学学报》（社会科学版），2010（4）。

和照料提供来源，并且提出了提高老年健康水平和应对老年人口照料危机的相关政策建议。[①] 有学者基于3省20村的调查和3个社区的典型案例考察，认为社区在养老保障方面仍具有较大的潜力，应强调社区养老的作用。而且社区能否实现养老保障不仅取决于现有的资源含量，还取决于社区资源的分配原则和村庄领袖的动员能力。[②] 有人基于对“中国老人健康长寿影响因素研究数据”（1998—2008）的分析发现，老人丧偶与其死亡风险有非常显著的关系，在控制健康变量后，这种关系仍然显著存在，不过有很大程度的减弱。在解释丧偶是如何影响老人的死亡风险时，配偶的照顾是一个非常重要的因素，在控制配偶照顾的条件下，丧偶者与有偶者的死亡风险差异会大幅下降，说明来自配偶的生活照顾对于老人的寿命发挥着重要影响。[③] 有人用中国综合社会调查（CGSS）2006年数据，分析了老年父母的居住模式，他们在物质、日常照料和心理等方面获得儿女支持赡养的现状，以及二者之间的关系。发现虽然空巢家庭已逐渐成为老人家庭结构的主流，但绝大多数老人居住在距子女较近的地方，并与子女保持着比较密切的联系。除家务照料外，子女居住距离与对父母的支持频次之间没有很显著的关系；父母的居住模式和对父母的支持频次间也不存在很明显的关联关系。[④] 也有人对第一代城市独生子女家庭及其养老问题的研究做了梳理与展望，以探讨应对和缓解即将到来的独生子女家庭“少子高龄化”养老危机的途径与方式。[⑤]

① 参见张钧、郑晓瑛：《中国城乡老年健康及照料状况研究》，载《人口与发展》，2010（6）。

② 参见唐有财、裴晓梅：《农村老年人社会保障：社区的潜力》，载《中共中央党校学报》，2010（1）。

③ 参见焦开山：《丧偶对中国老人死亡风险的影响——年龄组差异及其健康因素的作用》，载《人口学刊》，2010（6）；焦开山：《中国老人丧偶与其死亡风险的关系分析——配偶照顾的作用》，载《人口研究》，2010（3）。

④ 参见谢桂华：《家庭居住模式与子女赡养》，载《社会科学战线》，2010（2）。

⑤ 参见丁杰、郑晓瑛：《第一代城市独生子女家庭及其养老问题研究综述》，载《人口与发展》，2010（5）。

改革开放新时期我国社会建设与社会管理的战略*

用世界的眼光，对社会建设和社会管理进行系统深入的调查研究，回答它们包含的热点、焦点、疑点、难点，把分散的经验素材形式转化为较为系统的理论观点形态，为社会建设和社会管理的伟大实践提供必要的学理支撑，这是中国社会学义不容辞的使命。反过来，中国社会学也只有这样做，才能源源不断地获得对学科自身发展极其重要的新鲜实践经验，切实抓住中国社会转型赋予我们的理论创新机遇和挑战，真正实现自身的“理论自觉”，进一步把握学术话语权，从而使自己学科的理论之树保持常绿常青，为我们的时代做出自己相应的学科和学术贡献。

探索社会建设和社会管理，有一个研究路径选择的问题。根据中国社会学百多年发展的轨迹，根据中国社会学前辈艰辛探索学科本土化和努力把握学术话语权的启示，研究社会建设和社会管理的正确路径是：立足现实，提炼现实；开发传统，超越传统；借鉴国外，跳出国外；从而正确总结“中国理念”，概括“中国道路”。当代中国社会是各种各样思潮的汇集点，遵循这一研究路径，尤为重要。

一、社会建设的新的时代内容

1. 作为历史概念的“社会建设”

“社会建设”并不是一个现在提出的新概念，它曾是一个历史概念。

在政治上，孙中山在民国六年，即1917年，曾为“建国方略”之三《民权初步　社会建设》一书作序。“建国方略”包括《心理建设》、《物

---

* 本文是“高校哲学社会科学战略规划研究课题——社会学”研究成果的第一章，由笔者撰写。

质建设》、《社会建设》以及《国家建设》等书。在这篇序言中，孙中山强调要把四万万一盘散沙的民众团结起来，行使民权，应从学习集会开始。他说道："会议通则为教我国人民行使民权第一步之方法也，倘此第一步能进，行之能稳，则逐步前进，民本之发达必有登峰造极之一日。"①在孙中山那里，社会建设是他总的政治设计的基础部分。后来国民党在说明心理、伦理、社会、政治和物质五大建设时，对上述孙中山政治建设和社会建设两者的关系作了这样的解读："社会建设就是具体而微的政治建设"②。

在社会学上，孙本文在1933年曾创办过名为《社会建设》的杂志，并在1935年出版的《社会学原理》中对这一概念做了规定："依社会环境的需要与人民的愿望而从事的各种社会事业，谓之社会建设。"③

从孙中山和孙本文的论述中，可以明显地看到，他们有时着重在狭义上使用"社会建设"一词，有时则着重在广义上加以使用。

现在强调的"社会建设"，尽管在字面上一样，并不是对过去社会建设的单纯重复，而是具有了新的时代内容，因此又成为一个鲜活的、对实际社会生活起越来越重要作用的现实概念。

2. 新的时代内容的主要体现

（1）新的时代提出了新的任务和新的挑战。

进入新世纪以来，我们国家面临众多新的任务，从社会学的视角看，它们主要有以下这些。无疑，社会建设的提出是与这些新的任务相适应的：

第一，应对我国进入社会矛盾和不协调因素多发期的客观形势；

第二，直面国际和国内传统风险和新型风险活跃期的社会现实；

第三，适应世界上从旧式现代性向新型现代性转变的国际潮流；

第四，总结新中国成立以来用破坏旧世界的思路建设新世界的经验教训；

第五，深入参考我国优秀文化中人伦和谐天人协调的精华思想；

第六，汲取社会学等人文社会科学有关协调发展观的积极成果。

同时，新的时代也提出了新的挑战。社会建设是对新的时代挑战所作的积极回应。这些新的时代挑战，从我国社会转型和社会发展的角度

---

① 孙中山：《建国方略》，载《孙中山全集》第6卷，414页，北京，中华书局，1985。

② 中国国民党中央执行委员会训练委员会编：《五大建设述要》，140页，1941。

③ 孙本文：《社会学原理》（下），244页，北京，商务印书馆，1935。

看主要有：

第一，在市场经济陌生人的世界建立社会共同体的挑战；

第二，在价值观开放多元的时代促进意义共同性的挑战；

第三，在社会分化加剧的情势下落实公平正义的挑战；

第四，在社会重心下移的情况下大力改善民生的挑战；

第五，在生态环境恶化情况下环境友好资源节约的挑战；

第六，在发展主体总体布局上理顺三大部门关系的挑战。

除了有效回应国内的上述特殊挑战之外，我国还要有效处理对人类共同的各种“人类困境”，即当代到处存在的不稳定性、不确定性，也就是现代风险，如新型疾病、恐怖活动、文明认同、金融危机等等的挑战。它们也这样那样地与社会建设关联着。

（2）当今社会建设的影响力比过去大得多。

社会建设作为我国社会的发展战略所具有的社会影响力，它的作用范围、它的深度，更是过去所不可比拟的。20世纪上半期的社会建设，大多还限于一种设想，就是试验和实施，范围也很小，数目也很少。如孙中山社会建设思想中涉及的关于地方自治、革命程序、均权主义等方面的内容和设计①，情况就是如此。又如晏阳初、李景汉在河北定县、梁漱溟在山东邹县的农村建设实验区，也是这样。即使后来被认为是“作为社会建设实行的新生活运动”，范围也不大，内容也很窄，更重要的是，目的也根本不同。当然，我们对历史上的社会建设，必须像胡锦涛指出的“按照去伪存真、去粗取精的要求，努力做到古为今用”。例如，孙本文指出的“不努力于社会建设者，必趋于衰败，努力于社会建设者，必趋于进步”②，这个思想就很可贵。

（3）对社会建设的内涵做了新的概括。

对社会建设的内涵和本质，过去没有得到明确的揭示。现在，一些文章往往用它的外延来代替它的内涵。

在我们看来，社会建设的内涵，或者说，社会建设的定义，可以抓住“社会资源和社会机会合理配置”这一核心，从正向和逆向两个方面来加以把握。

从正向说，所谓社会建设，就是要在社会领域或社会发展领域不断建立和完善各种能够合理配置社会资源和社会机会的社会结构和社会机

① 参见赵立彬：《孙中山政治设计中的社会建设考量》，载《广东社会科学》，2008（1）。

② 孙本文：《社会学原理》（下），245页，北京，商务印书馆，1935。

制，并相应地形成各种能够良性调节社会关系的社会组织和社会力量。

从逆向说，社会建设就是根据社会矛盾、社会问题和社会风险的新表现、新特点和新趋势，不断创造和完善正确处理社会矛盾、社会问题和社会风险的新机制、新实体和新主体，通过这样的新机制、新实体和新主体，更好地弥合分歧、化解矛盾、控制冲突、降低风险、增加安全、增进团结、改善民生。①

上述社会建设的内涵，也即社会建设的定义，有如下特点：

第一，它指出了社会建设的实质是与合理配置社会资源和社会机会这个根本问题联系在一起的，而为了合理地配置社会资源和社会机会，就要建立相应的社会结构、社会机制、社会组织和社会力量。给社会建设下定义，如果不抓住这一点，应该说没有抓住社会建设的实质和根本。

第二，它也指出，社会建设，特别是和谐社会的建设，并不是在无矛盾或忽视矛盾的情况下进行的，恰恰相反，是在正确处理社会矛盾、社会问题和社会风险的过程中达到的，而要正确处理社会矛盾、社会问题和社会风险，也要不断建立和完善相应的新的社会机制、社会实体和社会主体。

第三，由于社会建设是与合理配置社会资源和社会机会这个根本问题联系在一起的，因此社会建设不能不以促进社会公正为自己的实质，以共建共享社会和谐为自己的目标，而实现这一实质、达到这一目标的最实际的切入点就是改善民生。所以，社会建设与促进公正、构建和谐、关注民生是内在地联系在一起的。

（4）对社会建设的外延做了新的提炼。

社会学以整体社会系统与各子系统的关系为根据，对社会建设的外延或所指，做了新的提炼。整体社会系统与各子系统的关系，可以有多种表述，最常见的是四分法、三分法、二分法。所谓“四分法”，即是社会与它的政治、经济、文化和社会生活各子系统的关系；所谓“三分法”，指社会及其三大部门（政府组织、企业组织和社会组织）或三大领

① 关于社会建设的这一内涵或定义，在《中国社会学的重大历史责任》（中国社会学会2007年长沙年会的开幕辞）中第一次正式发表，后来发表在《中国社会科学院院报》以及《广东社会科学》。参见郑杭生：《中国社会学的重大历史责任》（中国社会学会2007年长沙年会的开幕辞），2007-07-17，见 http：//www.sociology.cass.cn/zgshxs/nh2007/zxxx/t20070720_12825.htm；郑杭生：《社会建设：改善民生与公平正义》，载《中国社会科学院院报》，2007-11-15；郑杭生：《抓住改善民生不放，推进和谐社会构建》，载《广东社会科学》，2008（1）。这次发表，做了个别字句调整和修改。

域或三大板块的基本划分等；所谓“二分法”，指国家与社会的关系。正是从这些关系中，引申出了范围不同、大小有异的“社会”：“小社会”或“狭义社会”、“中社会”或“中义社会”、“大社会”或“广义社会”。

第一，狭义的社会建设。这就是在政府、市场、社会“三分框架”中的狭义的“小社会”建设。现代社会经济制度体系中，政府、市场和社会是三种基本的制度安排。它们分别被称为社会的“第一部门”、“第二部门”和“第三部门”，也被称为“政治领域”、“经济领域”和“社会领域”。它们既是社会建设的不同范围，也是社会资源和社会机会配置的三个基本主体。狭义的社会，社会学常常用“社会生活”或“社会生活子系统”或“社会发展领域”来表示；政治学则往往用“市民社会”或“公民社会”来表示。这种社会建设的内容，大体由民生建设、社会安全建设、社会管理体制建设，以及社会政策法规、社会事业、社会组织机制以及社会伦理道德等构成，本身也是一个相对完整的体系。十七大报告第八章着重论述的“加快推进以改善民生为重点的社会建设”问题，《中共中央关于制定国民经济和社会发展第十二个五年规划的建议》第八节所讨论的六方面的问题，都是集中讨论狭义的社会建设所面临的种种新问题。

第二，中义的社会建设。这里的“中社会”，由三大部门中市场板块和狭义社会构成，而与政府板块（国家）相对。这事实上就是平常所说的“国家—社会”的“二分框架”。那么，这里什么是社会、什么是国家？马克思指出，“在我们面前有两种权力：一种是财产权力，也就是所有者的权力，另一种是政治权力，即国家的权力”①。这里的所有者权力与政治权力，分别表现了社会与国家的根本性特征。社会是各个财产所有者的权益的集合体或利益的共同体，国家则是对个人及其群体的权益做出政治性安排的权力系统。这里，市场板块和狭义社会板块两者也都是权益的集合体或利益的共同体。市场是营利组织，毫无疑问是利益的共同体，社会组织尽管是非营利组织，但同样有自己的权益，同样可以经营，不过它的经营目的不是为了利润，而是为了使做好事的本钱保值增值。这二者同样是在国家这一权力系统的政治安排下进行合法活动的。在社会互构论的视野中，社会与国家是两种相互关联、又互有区别的人类生存共同体，两种具有自主意志的行动体，代表了两种不同的集体整合方式，体现了两种不同的社会资源和社会机会配置的方式。上述二分

① 《马克思恩格斯全集》，中文1版，第4卷，330页，北京，人民出版社，1958。

框架和三分框架并无哪个先进、哪个落后的差异和对立，只是根据所要分析问题的需要，选择哪个分析框架更加合适而已。社会建设在调整社会与国家关系上起着十分重要的作用。这正是讲中义社会建设的意义所在。

第三，广义的社会建设。大社会或广义的社会，就是那种与自然界相对、包括经济、政治、思想文化、社会生活各个子系统的社会，或者说是包括政府、市场、社会三大板块的社会。因此，广义的社会建设，是社会主义经济建设、政治建设、文化建设、社会建设四位一体的总体的社会建设，是政府体系建设、市场体系建设和社会生活体系建设的统一，也就是整个和谐社会的建设。十七大报告第四章以“实现全面建设小康社会奋斗目标的新要求”为标题，集中论述了在新形势下，如何“坚持中国特色社会主义经济建设、政治建设、文化建设、社会建设的基本目标和基本政策构成的基本纲领”的问题。这实际上说的是广义的社会建设和发展。

广义的社会建设和狭义的社会建设是不能截然分开的。广义的社会建设，当然要靠各个子系统的建设与和谐运行来支撑，其中已经包括狭义的社会建设的内容；反之，狭义的社会建设，没有整个社会建设作为自己建设的社会大环境，没有其他各子系统的配合，也很难孤军建设成为和谐子系统。所以，我们既可以广义地使用社会建设，也可以狭义地加以使用。但有一点可以肯定，社会建设主要是指狭义的社会建设，这一点在学术界已经达到共识。当然，当我们着重从狭义的意义上来加以分析时，也丝毫不能离开广义的社会建设。这种相互联系，也就是要从小社会入手、大社会着眼。同理，中义的社会建设，与广义的社会建设和狭义的社会建设也是不能截然分开的。

二、社会建设与社会管理的出发点和归宿点

1. 社会管理就是要最大限度落实“民生为重、百姓至上”

“民生为重、百姓至上”，是我们社会建设与社会管理的出发点和归宿点，是社会建设的基本理念。

所谓民生为重，就是要把改善民生作为社会建设的重点来抓。这是因为：第一，民生问题是和谐社会建设最根本最基础的必要条件；第二，民生问题是当前社会矛盾多发和凸现最基本的根源；第三，民生问题是个人安全和整体社会安全的交叉连接点；第四，民生问题是对党的执政

能力的考验和合法性基础的培育。

所谓百姓至上，即把老百姓放在社会和国家根本的地位。中国古代长达数千年的社会思想中，就有大量的民本思想。《尚书》中就有“民惟邦本，本固邦宁”这样经典的句子。它表达了这样的理念：百姓是国家的根本、基础；百姓安居乐业，国家就能太平。《孟子》中则有“民为贵，社稷次之，君为轻”这一同样经典的话，把老百姓放在至上的位置。

社会管理和社会服务，从根本上说，都是实现“民生为重、百姓至上”的手段和途径。因此如何在社会管理和社会服务中最大限度地体现和落实“民生为重、百姓至上”，需要我们很好的研究。

现在由于社会管理和社会服务在学界政界都是充满争议的领域，甚至对什么是社会管理、什么是社会服务，都有争议。如果基本理论都不清楚，在贯彻中一定会出现这样那样的问题和偏差。理论就像钟摆上端的点，那里有轻微的偏差，就会导致在实践中钟摆大幅度的摆动。所以，在这里谈谈我对这些理论问题的看法，也许不是多余的。

国外并没有相应的“社会管理”这个短语，通常是用意义相近的“社会治理”。2010 年底，在较高层次讨论社会管理问题时，我从社会学的视角，参照其他的定义①，给“社会管理”下了这样一个定义：

社会管理，在中国的国情下，是指执政党和政府与其他社会主体，运用法律、法规、政策、道德、价值等社会规范体系，直接地或间接地对社会不同领域和各个环节进行服务、协调、组织、监控的过程和活动。通过这样的过程和活动，维系社会秩序、规范社会行为、协调社会关系、维护社会治安、促进社会公正、增进社会认同、推进社会和谐；化解社会矛盾、解决社会问题、应对社会风险、减少社会内耗、控制社会冲突、

---

① 马凯：我们这里所讲的社会管理，“是指以维系社会秩序为核心，通过政府主导，多方参与，规范社会行为、协调社会关系、促进社会认同、秉持社会公正、解决社会问题、化解社会矛盾、维护社会治安、应对社会风险、为人类社会生存和发展创造既有秩序又有活力的基础运行条件和社会环境、促进社会和谐的活动。在这里，‘维系社会秩序’是社会管理的核心内涵，是人类从事一切活动的基础条件；‘规范社会行为、协调社会关系、促进社会认同、秉持社会公正、解决社会问题、化解社会矛盾、维护社会治安、应对社会风险’，是由‘维系社会秩序’这一核心内核派生和展开的社会管理的基本任务；政府和社会各方是社会管理的主体，其中政府处于主导地位；‘为人类社会生存和发展创造既有秩序又有活力的基础运行条件和社会环境、促进社会和谐的活动’，是社会管理的直接目的。”《努力加强和创新社会管理》，载《国家行政学院学报》，2010（5）。李培林、陈光金：“现代社会管理是一个以政府干预和协调为条件、以基层社区自治为基础、以非营利社会组织为中介、动员公众广泛参与的互动过程。”《中国当前社会建设的框架设计》，载《2011 年中国社会形势分析与预测》，168 页，北京，社会科学文献出版社，2011。

弥合社会分歧，从而推动社会资源和社会机会更加公平合理地配置和分配，为构建和谐社会、促进社会生存和发展创造既有秩序又有活力的基础运行条件和社会环境。

这个定义指出了社会管理的内涵和外延，它的主体、手段、目标、任务以及作用。

社会管理的内涵或本质属性指的是一种服务、协调、组织、监控的过程和活动。这里把服务放在前面，是强调了我们的政府必须是服务型政府，现在正在向服务型政府转变。在不同的阶段，社会管理的目标和任务是能够变更的，但是社会管理的内涵和本质属性，是保持稳定的。

社会管理的外延，也就是它的范围和所指，是社会的不同领域和各个环节，既指现实社会领域，也指虚拟社会领域；既指社会组织等社会实体，又指社会关系等社会软体；既涉及各个层次的社会群体，也涉及不同地域的基层社区等。

现代社会管理不可避免地要涉及社会管理的主体的多元性问题，“执政党和政府与其他社会主体”的提法，明确指出了管理主体不是执政党和起着主导作用的政府一家，还存在其他的社会主体。这符合“党委领导，政府负责，社会协同，公众参与”的管理格局的精神，这也是社会治理与社会统治的基本区别。

社会管理的基本手段是社会规范体系。社会规范包括硬规范：法律、法规、政策等；也包括软规范：道德、价值等。社会管理不能忽视软规范的作用。今后，软规范的作用会越来越重要。

社会管理的目标和任务，从正向讲是：维系社会秩序、规范社会行为、协调社会关系、维护社会治安、促进社会公正、增进社会认同、推进社会和谐。这里“维系社会秩序”是总体目标和任务，其他是它的细化或展开。现在，社会认同的问题越来越突出。促进社会认同，是社会管理的深层目标和任务。从逆向讲是：化解社会矛盾、解决社会问题、应对社会风险、减少社会内耗、控制社会冲突、弥合社会分歧。其中化解社会矛盾，也是逆向的总体目标和任务，其他是它的细化和展开。

社会管理的作用，定义强调了两点，第一，社会管理，归根结底是为了通过社会管理的活动和过程推动社会资源和社会机会更加公平合理地配置和分配。正如经济学的核心命题是经济资源和经济机会的有效配置和分配问题一样，社会资源和社会机会的公平合理的配置则是社会学的核心命题。第二，为构建和谐社会、促进社会生存和发展创造既有秩序又有活力的基础运行条件和社会环境。这里既有秩序又有活力其实指出了社会秩序和个人自由的关系：社会秩序保护、促进符合社会规范的个人自由，但是限制、制约实际的和可能越轨的个人自由。这是社会管理的两重性之一。

上述所说，与胡锦涛在省部级主要领导干部社会管理及创新专题研讨班开班式上发表的重要讲话（以下简称《重要讲话》）所指出的，"我们加强和创新社会管理，根本目的是维护社会秩序、促进社会和谐、保障人民安居乐业，为党和国家事业发展营造良好社会环境。社会管理的基本任务包括协调社会关系、规范社会行为、解决社会问题、化解社会矛盾、促进社会公正、应对社会风险、保持社会稳定等方面"是一致的。

这样的社会管理寓服务于管理之中，也在最大限度上体现和落实了"民生为重、百姓至上"的出发点。当然社会管理对社会成员起到双重的作用：既保护又限制。

2. 社区建设是实现民生为重、百姓至上的微观途径

民生问题在社区建设中具有特殊重要性。实现"民生为重、百姓至上"的理念社区建设是最基础、最重要，也是最具体的途径。

第一，社区服务与住有所居。社区服务是我国改革开放以来探索的一条贴近百姓、服务居民、安居乐业的社会化服务新路子。近几年来，全国各地一些社区创造了很多很好的社区服务方式，大力提倡"零距离"服务，更好地施惠于民。社区工作人员与社区的服务对象之间，在服务感情上的距离为"零"。社区工作人员与本社区单位及居民之间要建立好友谊，培养好感情，相互之间要经常沟通，让社区单位和居民对社区工作人员有信赖感，这是做好"零距离"服务的前提。在服务空间上的距离为"零"。社区工作人员变"被动"服务为"主动"服务，变"找上门"服务为"上门找"服务，把服务送到社区单位和居民家中，这是做好"零距离"服务的核心。在服务时间上的距离为"零"。社区工作人员根据社区服务对象的需要，随叫随到，及时提供优质服务，这是做好"零距离"服务的根本保证。

第二，社区就业与劳有所得。社区最大的优势在于"二清一近"，即下岗失业人员情况清、社区单位和居民家庭需求清、与下岗失业人员感情近。社区工作人员及时、准确地掌握了社区居民大量的岗位需求信息，同时，又能及时了解社区企事业单位用人需求，从而"就近就地"解决下岗失业人员再就业问题，使社区居民都能劳有所得。

第三，社区保障与病有所医、老有所养。随着社会格局发生的巨大变化和用工制度的改革，随着政府职能向社会转移，作为民生之依的社

会保障、社区保障越来越重要。这是因为，社会人员流动面增多，有些人开始下岗分流，脱离单位，走上社会，进入社区；随着我国步入老年社会，退休职工在社区的比重越来越大，他们的衣、食、住、行及就医看病将是社区的又一大群体。病有所医、老有所养需求的增加是社区建设与发展的主要推动力。社区医疗服务与社区养老服务作为一项社会福利性服务，在政府倡导并推动下，各级政府不仅通过制定政策鼓励兴办社区医疗和养老服务机构，而且建立以社区负责人为主的社区医疗和养老服务，这就使得社区医疗和养老服务带有浓厚的民生色彩，让老弱病残者在社区保障中消除后顾之忧。同时在中国，居家养老，仍然是重要的养老方式，有的社区创造了各种新型的居家养老的具体形式。

第四，作为教育载体的重要组成部分社区学院，近年来受到政府和民众的广泛重视。社区学院的共通点，在于其开放式入学条件及低廉的学费、小班教学及灵活的教学方式。社区学院中的社区教育包含了很宽泛的多种活动，包括成人教育、继续教育、农民工培训以及社区教育服务。根据学员的需要，为了学习工作技能或满足个人的学习兴趣，可以是一个小时的讲座，也可以是一个学期的课程，可以在社区学院内上课，也可以在社区学院之外上课。通过社区学院做到社区居民学有所教。

近年来，全国不少社区进行了社区管理体制改革。南京市建邺区在这方面创造了特色鲜明且具有一定推广价值的“建邺经验”或“建邺模式”。它的一些主要的有创新性的内容可以这样来简述：一是资源向社区集中、向社区倾斜，真抓实干；二是民生优先，针对百姓实际需求加以落实；三是推进民主，重在真正让百姓做主和参与；四是民心导向，着力培育社区归属感、认同感、公平感、安全感、幸福感，使社区和谐不是表面的而是深层的。上述四点，建邺区自己概括为“资源向下，民生优先，民主向前，民心向上”，并且力求将它们制度化。五是合理调整国家和社会的关系，调整政府、市场和社会的关系，这特别表现在剥离街道的经济功能、分离社区的行政功能，使之专事社区管理和社区服务。这种框架性的探索，能够为高端的制度设计提供鲜活的实际经验和基层支撑，是十分重要的。在这个意义上，“建邺经验”或“建邺模式”也是整个中国经验或中国模式的重要组成部分。各地的社区管理体制改革，将极大地推进社区建设。

三、加强和创新社会管理要注意六个结合

参考我所知道的一些发达国家的情况，根据我国社会矛盾和社会转型的实际，笔者认为，在加强和创新社会管理上要注意六个结合，这就是：治标管理与治本管理相结合；刚性管理与柔性管理相结合；社会服务与社会管理相结合；社区管理与社会管理相结合；政府主导与多方参与相结合；科学精神与人文关怀相结合。

1. 治标管理与治本管理相结合

突出源头治理，强调治本管理，把治标管理与治本管理有机结合起来，是胡锦涛《重要讲话》的一个特点和重点。胡锦涛指出，社会管理要搞好，必须加快推进以保障和改善民生为重点的社会建设，完善保障和改善民生的制度安排，使发展成果更好地惠及全体人民。这很好地指出了源头治理、治本管理的三个要点：要以改善民生为重点、要注重制度安排的公平正义、要让发展成果惠及全体人民。努力实现这三条，才能从源头上预防、化解和减少社会矛盾。很显然，这样的治本管理，包含着一种“大管理”的视野，有利于我们跳出过去对社会管理的狭隘眼界。所谓治标管理，就是我们过去习惯的应急性、“灭火式”的管理，无疑地，应对得及时有效也是十分重要的，否则要误大事。问题是我们过去对源头治理重视不够，甚至忽视，没有把治标管理与治本管理有机结合起来。

这种标本兼治的社会管理战略，首先是在去年10月（2010年10月15日至18日——编者注）举行的十七届五中全会上得到了系统论证。五中全会通过的《中共中央关于制定国民经济和社会发展第十二个五年规划的建议》（以下简称《建议》）第八节，从就业、分配、保障、医疗、人口、社会管理六个方面（从第31条到36条），分别对改善民生为重点的社会建设进行了全面系统的阐述。前五个方面都直接涉及改善民生的问题，涉及老百姓安居乐业的问题，涉及让社会弱势群体共享发展成果的问题，涉及社会资源和社会机会公平配置和分配的问题。它们对维护社会和谐稳定带有基础的、根本的性质。这主要是从治本的角度，来讲切实维护社会和谐稳定的问题。第36条，即“加强和创新社会管理”这一条，主要是从途径、手段、运作等方面，来讲切实维护社会和谐稳定。它比起上述以治本为主的社会管理和治理，更多地表现出应急、应对当前社会矛盾、社会问题、社会风险的性质，因此也可以说是以治标为主

的。这个意义上，我们完全可以把胡锦涛的重要讲话，看作是对十七届五中全会系统论证的标本兼治社会管理战略的重申和强调。

在实践上，这种标本兼治的社会管理，体现为关口前移，从源头上预防和减少社会矛盾，也就是胡锦涛指出的“加强社会矛盾源头治理”，而不是停留在应急性、“灭火式”的管理上。从现在多发凸显的社会矛盾看，从燃点多、燃点低的社会问题看，最主要的根源就在于经济发展的成果落实不到老百姓的民生福利上，应该说，这是最大的脱离群众。执政党和政府的社会政策如果不给老百姓实惠或少给老百姓实惠，社会就不可能和谐稳定。现在确实有些干部舍不得把钱花在普通百姓身上。这已经发展为政治问题。单靠刚性的强力的手段来维稳，成本很高，收效甚微，甚至造成越维稳，群发事件越多的困境。这是因为没有从根本上解决问题，只是治标。必须有新的治本的思路。这就是增加民生福利，特别是增加老百姓的收入，尤其是低收入群体、弱势群体的收入。这是有效得多的办法。这当然不是平分，平均分配是另外一个极端，我们吃过亏，也要避免。这是为什么五中全会这样强调以民生为重的社会建设，强调“努力提高居民收入在国民收入分配中的比重，提高劳动报酬在初次分配中的比重”的道理。我们的劳动报酬只占 GDP 的 37.2%，还不到 40%，这与发达国家占 60%以上，差距太大了，与我们自己 1985 年相比，也下降差不多 20%。这种情况已经引起党和国家的高度重视，在“十二五”规划的主要指标当中，明确了经济增长速度是年均 7%，同时也明确了城乡居民收入增长速度要在 7%以上。把 GDP 的增长与居民收入增长明确挂起钩来，使居民收入增长与 GDP 保持一致，在中国社会，其意义是非常深远的。它雄辩地表明，中国正在大踏步走向以民生为重的社会，也从一个最重要的方面显示，中国社会管理的科学化水平的稳步提高：改善民生确实正在一步一步转化为有可操作性的社会管理体制和机制，落实为有可行性的社会政策。

这种治标管理与治本管理相结合，是有中国特色的，是立足本土的实际和问题提炼出来的；同时又是有世界眼光的，借鉴了世界各国的经验教训。因为尽管说法各有不同、表达各有特点，它们其实也是世界上发达国家实际上在做的。

2. 刚性管理与柔性管理相结合

社会管理作为一种服务、协调、组织、监控的过程和活动，本来就应该是刚性管理与柔性管理相结合的。其中除了监控以刚性管理为主外，服务、协调、组织都是以柔性为主的。标本兼治的社会管理，则更应该在实行方式上体现刚性管理与柔性管理的有机结合。治本的管理本身就是以柔性管理为主的。柔性管理主要包括三方面的内容：加大财政投入、德治法治并重、突出社会服务。第三点将放在下一个题目说。

柔性管理的一个基础方面是加大对民生的财政投入。近来我们承担了北京市大民政的一个课题，题目叫"'大民政'的理论和实践与适度普惠民生之路——夯实世界城市基础的'北京经验'"，随着我们对"大民政"理念和实践，特别是它对北京市城乡居民带来的众多民生实惠之理解的日益深入，我和我的学术团队受到了很大教育。北京市大民政近两年来出台200多项惠民政策，都需要投入。例如，就北京市65岁以上城乡居民享受公交免费、公园免费这一项就要支出82亿。后来我们想明白了。财政的钱是留不住的。不是花在这里，就是花在那里，而最值得的是花在普通百姓身上，减少或推迟那些与民生无关或关系不大的开支。今年（2011年——编者注）财政部已经表示，财政支出三分之二要用于民生，就是向前进了很大的一步。当然，这也要实事求是、量力而行，并且把有限的钱用好。现在的问题，不是不能做，而是没有想到做或不想做。想做，就会根据自己的实际情况，制定适合当地实际情况的标准。北京大民政两年多来的实践已取得的效果证明了这一点。有很多例子很感人。我们体会到，大民政实际上是一种大管理，是一种治本维稳的社会管理，同时也是一种柔性的社会管理。加大民生投入是对社会管理从"以刚性管理为主"向柔性管理为主推进的一种强有力的支撑。

柔性管理的一个深层方面就是，进一步加强和完善思想道德建设，持之以恒加强社会主义精神文明建设，加强社会主义核心价值体系建设，增强全社会的法制意识，深入开展精神文明创建活动，增强社会诚信。这就是前文说的社会管理在重视法律等硬规范时，不能忽视软规范——道德、价值的作用。今后，软规范的作用会越来越重要。

3. 社会服务与社会管理相结合

标本兼治的社会管理战略，也使我们认识到过去社会管理与社会服务结合不够，把服务寓于管理之中、把管理寓于服务之中太少。实际上，社会管理，既是治理更是服务。柔性管理的最切近群众方面，老百姓最能切身感受到的，不是别的，正是社会服务。

我们看到，胡锦涛《重要讲话》围绕民生问题，在谈社会管理时离不开讲社会服务，而在谈社会服务时又处处在讲社会管理。例如，他说，加快发展各项社会事业，坚持优先发展教育，着力抓好就业这个民生之本，合理调整收入分配关系，加快推进覆盖城乡居民的社会保障体系建设，加快医疗卫生事业改革发展，加快推进住房保障体系建设，继续推进扶贫开发，发展妇女儿童事业，培育壮大老龄服务事业和产业，健全残疾人服务体系，使发展成果更好惠及全体人民。这既是在讲社会管理，更是在讲社会服务，体现出社会服务和社会管理是有机地结合在一起的。

从十七届五中全会通过的《建议》第36条看，也是这样。这一条主要是抓两个方面：上抓加强社会管理法律、体制、能力的建设；下抓基层管理和服务体系的建设，形成社会管理和社会服务的合力，把各种不稳定因素化解在基层和萌芽状态，加大社会管理薄弱环节整治力度等。这一条强调了好几个服务与管理，如做好流动人口服务管理，加强特殊人群帮教管理和服务工作等，贯穿了社会服务与社会管理相结合的观念和政策。

现在各地、各个部门，针对当前出现的新问题、新矛盾，对社会服务和管理的结合进行了许多创造性的探索，如不少地方创造了“零距离服务”方式，通过它增强了社区归属感、社会认同感。

4. 社区管理与社会管理相结合

社区管理对社会管理的作用主要体现在三个方面。一是社区管理是社会管理的基础。胡锦涛在《重要讲话》中正是在这一意义上强调了基层社会管理的重要性，提出要进一步加强和完善基层社会管理和服务体系，把人力、财力、物力更多投到基层，努力夯实基层组织、壮大基层力量、整合基层资源、强化基础工作，强化城乡社区自治和服务功能。二是社区管理又是社会管理的抓手和切入点。社区的社会管理和社会服务结合好了，对整个的社会管理和服务的结合是一种极大的推动和促进。胡锦涛强调要“健全新型社区管理和服务体制”，将对整个新型的社会管理和服务体制，产生深远的影响。三是基层社区管理的实践创新，为整个社会管理的高端制度设计提供富有生命力的经验素材。跟整个中国经验由中央经验、地方和部门经验、基层社区经验构成一样，中国社会管理经验，也是由这三个层次构成的。

总结众多社区管理和服务体制创新而提炼的高端社会管理设计，反过来又指导、推进基层社区的进一步实践。在胡锦涛关于抓好社会管理的八点意见中，事实上是将标本兼治的社会管理战略，具体化为社会管理的体制和机制，提出了以下方面的主要管理机制：党和政府主导的维护群众权益机制、实有人口动态管理机制、基层社会管理和服务体系、网上舆论引导机制、公共安全体系、食品药品安全监管机制、安全生产监管体制、社会治安防控体系、应急管理体制等等。这些都具体地体现了中央关于社会管理的一个总体性的政策思路，全方位地拓展了社会管理制度建设的视野，也勾勒出了中国特色社会主义这种新型社会主义的社会管理体系的框架。这就是说，社区管理与社会管理相结合，集中体现在高端的社会管理设计与基层的制度创新实践相互促进之中。

5. 政府主导与多方参与相结合

在西方的文化和社会语境中“国家—社会”的紧张关系既是一种历史的常态，也是一个现实的困境。[①] 与此不同，在中国文化和社会语境下，国家与社会是一种上下联通、融合一体的关系。“政府—企业—社会”的合作三维将是中国“国家—社会”关系的新型形态。笔者认为，胡锦涛正是从这样的观点来论述政府主导与多方参与相结合的，强调了贯穿其中的“国家—社会”两维或“政府—企业—社会”三维的有机统一。他说，切实加强党的领导，强化政府社会管理职能，强化各类企事业单位社会管理和服务职责，引导各类社会组织加强自身建设、增强服务社会能力，支持人民团体参与社会管理和公共服务，发挥群众参与社会管理的基础作用。这里，党的领导、强化政府社会管理职能，说的是政府一块；强化各类企业单位社会管理和服务职责，说的是企业一块；而各类事业单位、各类社会组织、各人民团体、不同阶层的群众参与，则是社会一块。这三块的社会管理和社会服务的作用都要加强或强化。它们之间不是一块压一块的关系。

这样强调各类社会组织参与社会管理和社会服务，在国家领导人的论述中是不多见的。这表达了多方参与、共同治理的理念，既坚持党委领导、政府主导，又发挥好社会力量在社会管理中的协同、自治、自律、他律、互律作用，充分调动人民群众的积极性、主动性、创造性，形成社会管理合力，从而使“党委领导，政府负责，社会协同，公众参与”的管理格局，更加具体化，进一步得到落实。

6. 科学精神与人文关怀相结合

社会管理可以说既是科学，又是艺术。作为科学，社会管理要有科学态度，探索客观规律；作为艺术，又要有人文关怀，强调以人为本。缺少哪一个方面，都不是实事求是的。胡锦涛的《重要讲话》，一方面强

① 参见杨敏：《“国家—社会”的中国理念与“中国经验”的成长——社会资源的优化配置及公共服务与社会治理的创新》，载《河北学刊》，2011（2）。

调“深刻认识和准确把握社会管理规律”，一方面也强调“以人为本”，并把两者结合起来，很好地体现了这一点。在实践中，几年前武汉市把这归结为八个字“依法行政，有情操作”，很有代表性。

武汉市按照“依法行政，有情操作”的理念，在 2003 年一个月内取缔 3 万多辆“麻木”，而没有引起任何社会震荡的典型事例，特别鲜明地表明了他们关注弱势群体、维护社会弱者正当权益的立场、观点和方法。给人留下了深刻印象。一方面，“麻木”是影响武汉交通发展、污染城区环境的最大因素，市民意见越来越大。调查结果显示，830 万市民绝大多数赞成取缔“麻木”。据此，“禁麻”得到湖北省武汉市两级人大常委会的通过，因此必须“依法行政”。但另一方面，他们又知道，3 万多辆“麻木”的车主多是伤残人员、下岗人员等弱势群体，取缔“麻木”等于切断了他们的生计。虽然他们的数量不到 830 万市民的 1%，但不能因为他们是少数，就可以忽视他们的利益，就可以简单粗暴地处理。因此又需要“有情操作”，即充分考虑补偿这部分人员的利益，采取合情合理的做法。第一，5 月 19 日武汉市决定由财政提供 1.5 亿元左右回收被称为“麻木”的三轮车，并为一时找不到工作的“麻木”车主提供最低生活保障；第二，还决定在规定期限内交出“麻木”的，可以得到市区两级政府的奖金；第三，社区的干群全力配合有关部门，不分昼夜，为 3 万多名“麻木”车主办理低保、登记就业、发放车辆回收证；第四，6 月初，武汉市还出台了方便群众出行的措施：把出租车起步价调低到 3 元，延伸了公交路线。这样从 2003 年 5 月 22 日到 6 月 24 日这样差不多一个月中，武汉市回收了全部 37 000 辆“麻木”，而没有引起任何社会震荡。这可以说是“依法行政，有情操作”这种关注弱势群体的社会政策创造的奇迹，是他们把社会管理与社会服务紧密结合、科学精神和人文关怀紧密结合创造的奇迹。

总之，只有在调查研究的基础上，努力做到“标本兼治”、“刚柔相济”、社会服务与社会管理相结合、社区管理与社会管理相结合、政府主导与多方参与相结合、科学精神与人文关怀相结合，并把它们贯彻到社会政策中，落实到工作任务中，才能不断提高社会管理科学化水平。正如胡锦涛总结的：把社会管理工作摆在更加突出的位置，深刻认识和准确把握社会管理规律，加强调查研究，加强政策制定，加强工作部署，加强任务落实，不断提高社会管理科学化水平。

四、总结“中国理念”，概括“中国道路”

（一）“国家和社会”关系问题的重要性

社会建设、社会管理都涉及国家与社会的关系，涉及政府（组织）、市场（组织）、社会（组织）三大部门的关系。社会建设、社会管理，从深层次说是为了理顺两者或三者的关系。

必须指出，东西方在理论上对“国家—社会”关系的观点不同。这是由于：不同的文化和社会中，对于“国家—社会”的关系有明显不同的思考，因而有明显不同的回答。弄清楚这个问题，特别是东西方的不同观点，对保持社会建设、社会管理研究的正确方向和健康发展是十分重要的。

（二）西方的观点

在西方的文化和社会语境中可以看出，“国家—社会”的紧张关系既是一种历史的常态，也是一个现实的困境。在社会学理论中，一些代表人物，如哈贝马斯、布洛维，一些理论流派，如后现代主义者，都在将国家和社会对立起来的前提下，在理论上描述了两者那种尖锐的对立关系。这些观点也许适合或部分适合西方的情况，但它们既不符合中国的传统，也不符合中国的现实，不能照搬。

在社会学理论中，哈贝马斯的研究是具有代表性的，他对生活世界与系统之间关系所作的分析，也是对“国家—市场—社会”的冲突和对立关系的理论表达。在他看来，生活世界是亲属内部与非亲属内部的活动领域，正直、诚实、相互支持的责任行动得到确立，形成了社会成员的交往与沟通，因而和睦必然是普遍的。伴随生活世界的分化，产生了系统（市场、国家），系统进而与生活世界脱节并对其进行侵夺和殖民化，致使生活世界日渐萎缩。他认为，这导致了“生活世界与系统之间的整合与平衡问题。正是在这些问题中存在着现代社会的难题与危机”。

美国社会学家布洛维把社会与市场、国家截然对立起来，提出所谓“公共社会学拒绝与市场和国家的共谋”。这种主张，通俗地说，就是让国家（政府）走开，也让市场走开，剩下他那个作用被夸大的“社会”，即他的“公民社会”、“能动社会”。按照这种理论，那么行动的选择只能是：要么为市场化张目、为国家立言、对社会侵夺，要么成为创立社会、保卫社会、解放社会的斗士。这样，一个独立于国家并具有抗争和制衡力量的社会，完全能够自主、自治、能动的社会，是解决现代社会一切问题的一剂良药。这种主张很激进，但是根本做不到的。“社会”无时无刻不是在处理与政府、与市场的关系中实际运行着。上述观点根本不适合中国的社会建设和社区建设。因为它在中国社会毫无根基，既没有历史的根基，也没有现实的根基。在中国社会，这种观点不能不是一种“无根的观点”。

后现代的一些代表人物，强调社会自身的差异性、多元性、裂变性以及无序、冲突和对抗。他们认为国家以全面性制度生产出强大的行政力量，对社会实施严密的监控、干预和训诫，对社会生活、公共领域和个人事务不断进行侵入和压抑，造成了社会领域的销蚀和颓败。他们认为这激发了社会的对抗性行动，他们主张社会应当采取动员、抗争、博弈等各种能动性的行动诉求。上述观点中同样内含了解释的排斥性：国家、市场为一边，社会则为另一边。

这里，我们也看到了在西方社会理论与实践的矛盾。在实践上，他们是按“政府与民间的合作互动”走的，他们也不能不这样做，因为别无选择。但在理论上，则呈现出另外一幅图景：国家与社会的尖锐对立。很显然，这种在西方也不被完全实行的框架，我们更需要以“理论自觉”的精神，加以批判反思，尽快地跳出来，避免在西方理论框架的笼中跳舞。

（三）西方式“公民社会”不能是我们社会建设的目标

我们不能把对社会建设、社会管理的探索创新纳入西方“公民社会”的理论框架，不能在西方特别是美国的理论框架中跳舞。一些人把西方公民社会描述得非常完美、美妙。这不符合事实。以至于学者王绍光写文章提出要对“公民社会”祛魅。西方的公民社会理论，是要培育发展一个在“公民社会”名义下与政府抗争的对立的社会，并把党委领导驱逐出社区，把执政党对社会、社区的领导称之为一党独裁。这是最大的陷阱。一定要警惕和看清这一逻辑。

现在，根据中国的实际情况，在社区等自治组织的治理和自我管理中，表现出一种新的转变，这就是：政府退一步，党委进一步。所谓政府退一步，是指过去社区承担了许多政府职能，现在社区要依法自治，政府要依法行政，那些不该社区承担的政府职能将由社区工作站或社区服务中心来承担，这表现为“政府退一步”。所谓“党委进一步”，是指执政党的基层组织和党员进一步深入社区，更好地发挥核心作用、领导作用。这本来执政党的应有之义。

这里还涉及对“社区自治”的理解。自治不是有些人理解的“让政府走开”。自治是一种关系、一种分工、一个过程。这就像“自由”不是可以为所欲为，而是在法律的范围内活动，超出法律范围，就要失去自由。

这就是说，我们的社会建设、社会管理的探索创新，以我为主，有我们自己的理念、思路，该干什么就干什么，只是不在西方的理论框架中跳舞。识破西方“公民社会的陷阱”，跳出西方的理论框架，是为了更好地进行社会建设、社会管理，而不是要放慢社会建设的步伐，该发展社会组织还是要发展，该购买服务还是要积极购买，政府该依法行政还是要依法行政，基层党组织、党员个人的作用该加强的还是要加强。

拉美有人这样形容他们与西方的关系：开始时，他们有黄金，西方人手中有《圣经》，过了若干年，拉美人手中的黄金变成了《圣经》，西方人手中的《圣经》变成了黄金。这就是他们那一套所谓“普世价值”的作用。在我看来，现在关于有没有普世价值的争论，一开始就注定是无解的、走火入魔的。这是因为，前提已经被置换：本来是一个事物的两种属性，现在被说成是两种事物。例如，任何事物，包括民主、人权等，都有普遍性和特殊性两种性质。现在被一些人转换成普遍人权和特殊人权两种人权。这样，既有普遍性又有特殊性的一种人权，被说成为普遍人权和特殊人权两种人权。仿佛西方特别是美国的人权是纯粹普遍的人权，是“普世价值”，而包括中国在内的发展中国家的、既有普遍性又有特殊性的人权则是纯粹特殊的，是纯粹的非普世价值！这种在错误前提下的争论，不可能有什么结果，而且争论后面都有利益因素在起作用，只会越争论越走火入魔。

（四）中国的观点

在中国的社会和文化语境中，“国家—社会”的关系呈现出不同于西方社会的另一种图景。

1. 历史的维度

从历史的维度看，钱穆先生的国史研究，费孝通先生的“双轨政治”，刻画了中国传统社会“国家—社会”的关系。

钱穆认为，对于“社会”的重视是中国的一个悠久传统：“社会一词，亦是外来的新名词，中国古人称社会为‘乡’。乡的观念，在中国一向极受重视。所谓观于乡而知王道之易，就十足透露中国古人对于社会重要性之认识。”①对于“国家—社会”的关系，钱穆指出：“政治与社会常是融合为一的。上下之间，并无大隔阂”，因为“士”正是“结合政治社会使之成为上下一体之核心”②。

费孝通认为，任何政治决不能只在自上而下的单轨上运行，“一个健全的，能持久的政治必须是上通下达，来往自如的双轨形式”。指出中国乡村社会存在着“地方自治的民主体制”，非政府的事务是由人民自理的，他将在地方社区里人民因公共需要而自动组成的团体称为“自治单位”，其中，地方代表——乡绅——是“中国政治中极重要的人物”，他们代表民间与官方协商，这一过程形成了由下而上的另一条政治轨道。③

当代中外人类学家亦通过中国政治权力机制的研究，指出了地方精英在国家权力与地方社会之间的双向作用，认为在对中国的国家与地方社会进行的研究中，将两者对立起来的二分法思维方式，都有自身的局限性。④在关于文化的大传统与小传统的关系方面，当代中国的人类学研究者强调：“在中国的乡村社会研究中，‘国家’的存在是研究者无法回避的核心问题之一。”并认为，乡村庙宇、民间信仰等揭示了“如何在漫长的历史过程中，通过士大夫阶层的关键性中介，‘国家’与‘民间’的长期互动得以形成和发生变化”。如果只是强调从乡民的感情和立场出发去体验乡村的生活，忘记了与来自大的文化传统的影响的互动，是无从洞察中国乡村社会的实质的。⑤

杨敏教授把中国历史上国家与社会融合一体、上下整合的政治理想，概括为“国家—社会”关系的中国理念。指出，作为一笔珍贵遗产和深厚资源，这一理念继续启迪我们的智慧，应对来自实际的各种挑战。这一过程促成了“中国经验”的持续成长。在“中国经验”以及更多的地方与基层经验中，构建“国家—社会”的新型关系是一个贯穿性的内核。⑥它同样也是我们构建社会管理中国模式的一个贯穿性的

① 钱穆：《中国历史研究法》，38～39页，北京，三联书店，2001。

② 同上书，44页。

③ 参见费孝通：《乡土中国与乡土重建》，149～155页，台湾，风云时代出版公司，1993。

④ 参见杜赞奇、罗红光：《在国家与地方社会之间》，载《社会学研究》，2001（1）。

⑤ 参见陈春声：《乡村的故事与国家的历史——以樟林为例兼论传统乡村社会研究的方法问题》，载黄宗智主编：《中国乡村研究》第二辑，北京，商务印书馆，2003。

⑥ 参见杨敏：《“国家—社会”的中国理念与“中国经验”的成长——社会资源的优化配置及公共服务与社会治理的创新》，载《河北学刊》，2011（2）。

内核。

2. 现实的维度

从现实的维度看，不可否认，在国家和社会关系上，新中国也走过弯路，走向了与西方理论把国家与社会相对立的另外一个极端，即国家与社会合一。大家知道，新中国前 30 年实行的是高度集中的计划经济体制，即由国家集中计划分配、管理各种社会资源和社会机会。那时，资源配置的主体就是国家—政府一家，与国家相对独立的市场和社会几乎是不存在的。那时不仅是政府主导，而且是垄断。在实际生活中，就表现为“政企不分”、“政社不分”、“政事不分”。

在现代社会经济制度体系中，政府组织、市场组织、社会组织是三种基本的制度安排。改革开放以来，随着社会主义市场经济逐步成为配置社会资源的基本手段。政企、政事、政社逐步区分，三大部门的社会格局逐步形成。

“政府—企业—社会”的合作三维是“国家—社会”新型关系的基本形态。这里所说的“基本形态”包括组织构架、作用模式和运行机制。首先，政府、企业、社会的各种组织、群体及个人之间能够产生某种框架，使得“国家—社会”的上下联通、融合一体具备结构性条件。其次，政府、企业、社会三大部门应促成制度化的行动方式，使其组织、群体及个人的互动过程能够形成相互促进、制约和规范，以达到预期的合作愿景。最后，政府、企业、社会各个组成部分能够根据能力优势的原则，各自扬长避短，以彼之所长弥补己之所短，这种有效的联动将使良好的合作产生出现实的结果。

在这方面，杭州的社会复合主体和北京的“大民政”，提供了特别有说服力的典型经验。限于篇幅，我们只简要地说说杭州经验。我们在实地调查中深深体会到，杭州“社会复合主体”的实践探索，促成了“政府—企业—社会”三大部门在结构上互动、功能上互补、机制上互联。从结构上说，复合主体的构成容纳了党政界、知识界、行业企业界、媒体界以及社会组织、市民等；从功能上说，则是使不同部门、组织、群体和个人具有的优势得到协调、整合、协同和提升，在经济发展、政治民主、文化繁荣、改善民生、环境友好等方方面面发挥作用；从机制上看，是将社会三大部门各自的机制联动，使行政机制、市场机制、社会机制成为一个综合整体，形成了行政性与自发性、市场性与社会性、竞争性与公益性、营利性与非营利性等不同机制之间的相互促进。

更具体地说，杭州的复合创业主体或复合治理，包括“政府—企业—社会”四类合作方式，这就是架构式合作、联盟式合作、项目式合作和网群式合作。为了简明，我们把它们列表如下①：

表 4—1 杭州复合主体各主体间的合作方式

序号	合作模式	内容解释	现实特征	优势	适用性	举例
1	架构式合作	政企社融合式的实体型复合体	实体式	推动力强	较适用于大战略，大投入，大品牌项目	杭州京杭大运河复合体、西泠印社复合体、西湖综合保护工程复合体、西溪湿地复合体
2	联盟式合作	政学合作虚拟性复合体	虚拟式	宏观把握	适用于确立宏观性、全面性指导	杭州浙大战略合作联盟复合体
3	项目式合作	政企结合以项目为中心的平台型复合体	平台式	灵活性高	适用于选定需要推动扶持的项目	杭州丝绸女装复合主体、茶战略复合体
4	网群式合作	产学研相结合的网络化复合体	焦点式	成本不大	适用于扩展关联性产业	杭州生活网群复合体

总之，无论从“政府—企业—社会”的结构互动、功能互补、机制互联看，还是从它们的架构式合作、联盟式合作、项目式合作和网群式合作看，都可以观察到贯穿于其中的“政府—企业—社会”合作三维所表达的“国家—社会”关系的新型形式，看到我国地方和基层是如何通过他们的不懈努力，来破解和理顺在发展主体、管理主体上三大部门之间关系这一时代挑战的，来构建国家与社会关系上带有自己特点的地方经验和地方模式的，从而也为构建这方面的“中国经验”、“中国道路”做出了自己的独特贡献。

① 参见郑杭生、杨敏、奂平清等著：《“中国经验”的亮丽篇章——社会学视野下的“杭州经验”的理论和实践》，353页，北京，中国人民大学出版社，2010。此表是第六章执笔者童潇提供的。

发自内心的亲切感

——我和北京社科联

对北京社科联，我有一种发自内心的亲切感。

这首先是因为在我担任中国人民大学副校长 10 年期间，兼任过第二、第三两届的社科联副主席，以后年龄大了，又承蒙社科联的好意，担任社科联顾问这样的荣誉职务。这些经历，使我有可能见证了北京社科联从小到大、从弱到强、发挥越来越大作用的不平凡历程；也使我认识了许多在北京地区工作的知名人士，增进了彼此的友谊。记得 1990 年第二届，我是和方玄初、吴树青、戴逸、顾明远、张寿康、刘述礼、周一兴、王为等一起被选举为副主席的，比起他们来，我的年龄是较小的；1996 年第三届，副主席人数增多，除了原有的方玄初、吴树青、戴逸和我，还增加了顾明远、陶西平、闫承宗、袁振宇、陶一凡、王学勤、王石奇、刘占军、杨静云、高起祥、张文启、闵维方、林岗、袁贵仁等各位，他们大多数年龄比我小了。在这期间，我们一起参加了社科联的多次活动，特别是科研成果的评奖活动，能和他们一些工作，也是一种缘分。

其次，还因为我作为一个学者与社科联有着种种值得回忆的学术联系。北京社科联的专职领导，都很重视抓学术。在社科联组织、1999 年由北京出版社出版的“中国学术百年”丛书中，除了有 8 本分科的百年，如《社会学百年》、《历史学百年》等。还有一本综合性的《学界专家论百年》。我写的《中国社会学百年轨迹》一文被收录其中。正是在这篇文章中，我提出，中国社会学百年的轨迹“立足现实，开发传统，借鉴国外，创造特色”，也是我们社会学研究的正确学术路径。

记得 2001 年底，北京市社科联举办“2001 年学术前沿论坛”活动。该项活动分主论坛和分论坛两个部分。在 21 日的以“学术发展与创新”为主题的主论坛暨开幕式上，我做了题为《警惕“发展困境”的苗头——社会稳定的新情况》的学术报告。报告指出，所谓发展困境，就是发展实际结果与发展的预想目标正好相反。其他做主题报告的还有著名专家学者黄楠森、邬沧萍、赵曜、曹凤岐、刘伟、李景治等。至于在每年的社会学的分论坛上，我几乎每次都有所贡献。

2009 年出版的《新中国 60 年·学界回眸》一套书，也是社科联组织、北京出版社出版的。这套书共 12 卷，其中的“社会学与社会建设卷”就是由我主编，洪大用、杨敏、陆益龙为副主编，编写而成的。其中《总论：走向更加公平合理的社会资源配置格局——新中国 60 年社会发展和建设成就》就是由我执笔的。

在 2012 年出版的“领导干部半日读”丛书，也是社科联与北京出版社在宣传部领导下合作组织的。我承担了其中《感受社会学》一书的编写。这本书是社会学通俗化的努力，力求深入浅出，由我、杨敏、王道勇合作写成。它的目标是让我们的领导干部花半天时间大体了解、感受社会学的主要内容，如何联系实际，引起他们对社会学的兴趣，为进一步深入了解、运用社会学打下基础。

社科联还和首都出版社合作组织编写了“北京社科名家文库”我也有幸被邀编写一本《郑杭生自选集》，书名是《社会运行学派轨迹》，这本书已经完成，很快就会出版。它简明地展示了我们学派提出的五个中国特色社会学理论的轨迹，这“五论”是：社会运行论、社会转型论、学科本土论、社会互构论和实践结构论。这本书与学习出版社出版的、作为“学习理论文库”之一的《郑杭生自选集》相比，所选文章没有一篇是重复的。

回忆这些学术联系，我非常感谢社科联，为包括我在内的广大学者提供了这样好的学术平台。这里我要特别感谢那些默默无闻、辛勤为学者们服务的有关社科联机关的工作人员。

最后，我与社科联还有一层联系，就是 2011 年底批准 2012 年正式开始运行的“北京郑杭生社会发展基金会”。它的挂靠单位就是北京社科联。无论在成立过程中，还是在项目实施过程中，都得到社科联的许多宝贵的帮助。这个基金会以资助青年学者、青年学子为主，兼着也做一些好事。现在已经实施了两年。每年这个基金会资助 10 个以中西部为主的硕士生项目，每个项目 1.5 万元；10 个博士生项目，每个项目 2.5 万元；还有 30 名青年学者，共 20 万元；2012 年基金会资助赤峰残疾儿童用品 15 万元。2013 年，青年学子项目与青年学者项目和前一年一样，在资助贫困地区方面，则资助眉县一所小学的学习用品 10 万元。基金会能够顺利运行，靠的是多方支持，其中也包括社科联的支持。

充分发挥社科类基金会的引领整合作用*

哲学社会科学是人们认识世界、改造世界的重要工具，是推动历史发展和社会进步的重要力量。国家几代领导人都非常重视哲学社会科学的发展，尤其是在全国上下共同追逐“中国梦”的今天，哲学社会科学的时代意义与现实意义更加突显出来。习近平总书记说，“实现中华民族伟大复兴，就是中华民族近代以来最伟大的梦想”，“实现中国梦必须走中国道路，必须弘扬中国精神，必须凝聚中国力量”。哲学社会科学的繁荣与否关系到中国梦能否实现，为此，我们需要充分发挥各类社科类基金会的引领整合作用，着力从道路、精神和力量三个方面助推中国梦的早日实现。

引领发展方向、提炼中国模式

习近平总书记在新进中央委员会的委员、候补委员学习贯彻党的十八大精神研讨班的开班式上强调，道路问题是关系党的事业兴衰成败第一位的问题，道路就是党的生命。党的十八大精神，说一千道一万，归结为一点，就是坚持和发展中国特色社会主义。中国特色社会主义就是中国道路，是要毫不动摇坚持和发展的。社会转型的结构性巨变不可避免地带来了这样那样的问题，这些问题的解决离不开哲学社会科学的研究工作，具体工作的开展不能脱离建设中国特色社会主义的道路，也离不开学者们的建设性反思批判精神。

在百家争鸣的学术氛围里，单靠部分学者的呼声来实现上述期望是远远不够的，这就需要发挥好各类社科类基金会，特别是国家社科基金

* 本文以《社科研究基金会的作用与努力方向》为题，刊登在《人民日报》，2013-11-15。发表时文字做了压缩。

的引领作用。例如，现在社科理论界也开展了“走基层、转作风、改文风”的活动，但是如何将“走转改”深入走下去呢？在我看来，国家社科基金的示范和导向作用就很重要。国家哲学社会科学规划办公室的主要职责是制定国家哲学社会科学研究中长期规划和年度计划，管理国家社科基金，组织评审立项、中期管理、成果验收、宣传推介等工作。这些工作都是引领哲学社会科学研究方向的重要环节，每一环节如果注入了“走转改”要求，从事社科研究的工作者自然会参与到“走转改”的活动当中。

社科类基金会的引领作用不是僵化的，不是反对学术自由的，而是旨在促进学术工作者深入基层，明确民之所想，了解民之所忧，提炼中国道路中的中国模式，推动中国经济、社会、文化的全面发展，最终在建设中国特色社会主义的进程中贡献自己的力量。社科类基金会的引领作用直接关乎哲学社会科学繁荣发展的方向，进而影响到中华民族伟大复兴的路径选择。发挥好了各类社科类基金会的引领作用，中国特色社会主义的道路就有了永不枯竭的知识宝库，中华民族的伟大复兴就有了永不式微的力量源泉。

弘扬中国精神、增促社科繁荣

习近平总书记在十二届人大一次会议闭幕会上阐述：“实现中国梦必须弘扬中国精神。这就是以爱国主义为核心的民族精神，以改革创新为核心的时代精神。”各类社科类基金会正是弘扬中国精神的重要阵地，它以科研立项的形式推动改革创新，以知识积累的方式表达爱国主义。社科类基金会强调研究和学术的意义，它不同于“授之以鱼”的救济性福利机构，而是通过科研立项的形式，探求解决社会问题的根本途径，以达到“授之以渔”的目的。

当然，各类社科类基金会在弘扬中国精神上还有很多工作要做。尤其是在中西关系、今古关系、理实关系（理论与现实、理论与实践）三个方面，社科类基金会一定要把好关。例如，在中国社会学的“理论自觉”问题上，我期望广大的青年学者们能真正做到“借鉴西方，跳出西方”，不断进行“再评判”；做到“开发传统，超于传统”，不断进行“再认识”；做到“提炼现实，高于现实”，不断进行“再提炼”。这样，我们才能真正创新自己的学术话语，创造我们的学术特色，才能真正弘扬中国精神，跳出对西方文化的依附处境，摆脱世界学术格局的边陲地位。

要实现这一点，各类社科类基金会有着不可推卸的责任和使命。

中国的哲学社会科学想要立足于世界学术殿堂，就不能“在西方的理论框架下跳舞”。冯友兰曾说过：“盖并世列强，虽新而不古；希腊罗马，有古而无今。惟我国家，亘古亘今，亦新亦旧，斯所谓‘周虽旧邦，其命维新’者也。”不同的历史累积、不同的文化底蕴造就了不同的社会结构与环境，西方的理论和思想只具有借鉴意义，万不可照搬照抄，奉为圣典。各类社科类基金会要在科研项目方面有所侧重，注重建立中国自己的学术话语、注重挖掘悠久历史中的丰富资源、抓住社会转型的时代机遇，进一步弘扬中国精神、增促社科繁荣。

凝聚社会力量、成就意义共识

国家社科基金自设立以来，学术成果丰硕。相比之下，民间力量的社科类基金会还很薄弱，社科基金项目在供给与需求之间还存在很大的差距，这些问题制约了哲学社会科学的繁荣发展。其实，社科类基金会有着绝佳的结构优势。科学研究的公益目的既是政府工作的必然指向，也是社会事业的工作重心。共同的目标为社科类基金会的发展提供了两方面资源，一方面，在基金会的发展上，政府与社会的关系是协调统一的。另一方面，社科类基金会能够带动市场力量的公益性介入，适当地消减了市场竞争的残酷性，从而弥合了市场与社会之间的隔阂。从这两方面来看，作为社会力量的社科类基金会是优化政府与市场关系结构的第三维。

我们应该充分发挥社科类基金会凝聚社会力量的重要作用，吸收更多的民间力量投入到服务科学研究的行列中。社科类基金会不但凝聚了社会力量，彰显了高收入人群的社会责任，还推动了社会资源合理配置，促进了社会的良性运行与协调发展。例如，“北京郑杭生社会发展基金会”的成立就吸引了京东商城等多家企业的捐赠。这为社会发展研究凝聚了社会力量，缓解了科研项目的供求失衡局面。我们需要更多的作为民间力量的社科类基金会，实现社会资源和社会机会的更加合理配置，推动社会建设取得新进展。

此外，代表社会责任的社科类基金会是达成利益共识、意义共识的有效载体。新时期，我们面临着在市场经济陌生人的世界里建立社会共同体的挑战，只有打破单纯市场经济所滋生的利己主义、个人主义、享乐主义，在尊重价值多元的前提下，尽可能地寻求利益共识、意义共识，才能真正凝聚中国力量，才能凸显中华民族伟大复兴的整体利益。社科类基金会在集资运作的过程中，有助于增强高收入人群的社会责任感，以便在古今中外思潮齐聚的当代中国，形成“中国梦”的基本共识。不同阶层、不同身份的人即便无法建立社会共同体，但是有了“中国梦”的基本共识，有了社会责任的使命感，意义共同体的建立就有了驱动力。

总而言之，社科类基金会能够引领社科研究发展的方向，推动社科研究服务于中国特色社会主义建设；能够弘扬中国精神，逐步建立中国自己的学术话语，增促社科繁荣；能够凝聚社会力量，成就社会建设，形成意义共识。中华民族伟大复兴的“中国梦”需要哲学社会科学的繁荣发展，需要社科类基金会的引领与整合，需要社会力量的凝聚和参与。

2013 年北京地区社会学研究综述*

2013 年度北京社会学界在理论社会学，社会建设、社会治理与管理研究，社会变迁、社会结构、社会分层研究，城乡发展与流动融合研究，社会福利、社会政策、社会保障与社会工作研究，组织社会学，政治社会学，经济社会学与市场社会学，法社会学，网络社会学，环境社会学以及婚姻家庭、性（性别）社会学研究等领域取得了丰富的研究成果，有一些研究在全国社会学乃至社会科学研究中有引领性的作用。

一、理论社会学

早在 20 多年前，郑杭生就提出社会学的学科发展要“多一点学派，少一点宗派”的命题，学派与学科发展的关系问题引发了学界的广泛讨论。在社会学不断壮大、日趋成熟的背景下，作者进一步论证了学派对学科、学界以及对中国研究的重要性，考察了社会学学派在中国发展的曲折道路，解释了在改革开放后学派意识和学派传统的恢复并没有与社会学的重建保持同步的原因。同时，以社会运行学派为例，作者着重指出学派意识、学派建设还都是逐步增强的，后来也出现了较为成熟的社会学学派。如果照搬西方所谓“近亲繁殖”的说法，无视中国学派传承和发展的传统，对中国学派的形成和发展会起到釜底抽薪的消极作用。中国社会学恰恰需要更多体现时代精神的、互相争鸣的、真正意义上的学派，而真正意义上的学派需要“举贤不避亲”式的传承与紧密有效的学术交流和互动。[①]

---

* 与邵占鹏合作，见北京市社会科学界联合会编：《北京社会科学年鉴 2013》，北京，北京出版社，2014。

① 参见郑杭生：《中国社会研究与中国社会学学派——以社会运行学派为例》，载《社会学评论》，2013（1）。

学者们还注重对著名社会学家社会学思想与学术历程的研究。

对国内社会学家的研究中，有学者阐述了孙本文先生对早期中国社会学的贡献，指出了孙本文的理论成就与理论自觉意识，对新中国成立以前社会学学科发展的贡献，展现的报国为民、增促社会进步、有学派无宗派以及勤奋治学的中国社会学学科精神。① 有学者分析了费孝通学术历程中在城乡社会学、民族研究和文化研究等方面的高度理论自觉和文化自觉意识；有学者分析了陆学艺在“三农”问题研究中根据时代和社会的变迁不断反思和丰富自己的思想所体现的理论自觉。②

对国外经典社会学家的研究中，有学者围绕涂尔干早期社会理论中的“社会”概念展开论述，回答了涂尔干早期社会理论的理论意图以及存在的内在困境。③ 有学者考察了韦伯把“价值分析”引入社会学研究的时代背景与理论目标，以及由此形成的文化意义的社会动力学。④

基于新社会形态开展社会学研究也是理论社会学者所关注的。有学者认为社会时空是建构社会理论的核心范畴，社会时空成为理解现代社会的重要视角和方法，在当前的时代特征与社会结构巨变背景下，时空社会学具有基础性学科地位，它将成为重建社会科学、走向“统一科学”的枢纽和平台，并可助力构建适应中国崛起需要的学术话语体系。⑤ 有学者认为后现代社会学关于后工业社会、网络社会、风险社会和反思性社会等概念，是从不同角度对信息社会发展变化的理解与概括，现代社会学与后现代社会学是当代社会学的两种基本形式，是在信息社会崛起背景下发生的社会学学科分化。⑥

二、社会建设、社会治理与管理研究

党的十八大报告，是加强社会建设和创新社会管理的纲领性文件。有学者对十八大报告中关于社会建设的论述进行文本解读，指出要加强

---

① 参见郑杭生：《孙本文先生对早期中国社会学贡献的再认识》，载《华中师范大学学报》(人文社会科学版)，2013 (1)。

② 参见奂平清：《费孝通学术历程的理论自觉及其意义》，载《天津社会科学》，2013 (6)；奂平清、夏志新：《陆学艺“三农”问题研究的社会学理论自觉及其意义》，载《社会学评论》，2013 (6)。

③ 参见李英飞：《涂尔干早期社会理论中的“社会”概念》，载《社会》，2013 (6)。

④ 参见张旅平：《马克斯·韦伯：基于社会动力学的思考》，载《社会》，2013 (5)。

⑤ 参见景天魁：《时空社会学：一门前景无限的新兴学科》，载《人文杂志》，2013 (7)。

⑥ 参见刘少杰：《面对新社会形态的当代社会学》，载《天津社会科学》，2013 (5)。

社会建设、改善民生问题、追求共同富裕，归根结底，离不开社会资源和社会机会的合理配置和获取；把十八大报告关于社会建设的精神落到实处，就必须紧紧抓住社会资源和社会机会公平配置这个关键，进一步改善民生和提高社会管理科学化水平。[①] 在社会管理方面，为了避免“一管就死，一放就乱”的“历史怪圈”，走向有序与活力兼具的社会，中国经验的三个层次（即中央经验、地方和部门经验、基层经验）都做出了很多有益的探索，旨在达成国家、市场和社会的有效整合与合作，从而在解决好各种关系的基础上实现科学管理。[②]

学者们还探讨了社会建设的历史任务、具体内容以及可能性问题。有学者认为加强社会建设是我国现代化不可逾越的阶段，并具体指出了社会建设面临包括民生事业建设在内的九大任务。[③] 有学者论述了社会体制变革与社会结构转型的关系，指出了加快社会体制改革的核心议题与主要内容。[④] 有学者认为在中国社会转型的关键时期，社会建设是引领全面改革的突破口，它承前启后，既是经济建设的延伸和深化，又是民主政治建设的前提和基础。[⑤] 有学者认为过去 30 多年的结构性巨变带来了中国社会关系的“个体化”特征，而中国社会的个体化与德国社会学家贝克所谓的“个体化”有一些明显的不同，目前个体化成了当前中国社会建设所要化解的重要社会风险。[⑥]

基层经验中的治理与管理也是学界关注的热点，其中比较有代表性的观点有：城市发展与社区建设的实践理念[⑦]、“服务—治理—管理”新型关系下的社区实践[⑧]、“大民政”所代表的社会管理创新的新趋

---

① 参见郑杭生：《抓住社会资源和机会公平配置这个关键——党的十八大报告社会建设论述解读》，载《求是》，2013（7）；郑杭生、徐晓军、彭扬帆：《社会建设与社会管理中的理论深化与实践创新——访中国人民大学郑杭生教授》，载《社会主义研究》，2013（3）。

② 参见郑杭生：《走向有序与活力兼具的社会——现阶段社会管理面临的挑战及应对》，载《西北师范大学学报》（社会科学版），2013（1）。

③ 参见陆学艺：《加快社会建设：我国当前和今后的重大战略任务》，载《北京工业大学学报》（社会科学版），2013（2）。

④ 参见李培林：《转型背景下的社会体制变革》，载《求是》，2013（15）。

⑤ 参见李玲、陈秋霖、江宇：《社会建设：引领全面改革的突破口》，载《社会学评论》，2013（2）。

⑥ 参见王春光：《个体化背景下社会建设的可能性问题研究》，载《人文杂志》，2013（11）。

⑦ 参见郑杭生、姜利标：《城市发展与社区建设的实践理念：对杭州市发展的审视》，载《科学社会主义》，2013（1）。

⑧ 参见杨敏、杨玉宏：《“服务—治理—管理”新型关系与社区治理新探索》，载《思想战线》，2013（3）。

势[①]、“文件治国”下的基层治理[②]、地方政府的非正式权力结构对经济的影响[③]等。

三、社会变迁、社会结构、社会分层研究

在社会变迁的研究方面，有学者总结了我国“单位制”研究的现状与分析思路，指出了现有研究的不足以及旧有研究传统所面临的挑战。[④]有学者通过对 1949 年后就业中代际资源传承的历时性经验分析，揭示出市场转型发端于中国人对子裔传承的关注的传统伦理，比较了中西方在理性化过程中的不同，并指出要警惕在市场转型过程中人们“祛魅”的极端经济理性主义。[⑤]

很多学者没有只关注社会变迁，而是将其与社会结构、社会分层结合起来考察。有学者将新中国成立以后 60 多年的变迁总结为四个社会试验，即打碎原有阶级结构的试验、恢复社会结构的试验、资源配置方式的试验、缓解工业社会中社会矛盾冲突的试验。[⑥] 有研究指出，从社会学的古典时期到当代社会，阶级分析的“重心”经历了从“经济决定”到“权威支配”的实质性理论转向过程，与之相伴随的是研究层次的转换，即从“一般社会”的层次转向“组织”层次。[⑦] 有学者认为，中国地位层级的主要认同基础已由对具体社会单元的归属感转变为对收入等市场要素的占有，这是地位认同“参照系”的重大转变，转变后的地位参照系具有缺乏稳定性、没有具体边界等特点，最终导致了地位阶层认同的下移。[⑧]

---

① 参见黄家亮：《“大民政”：社会管理创新的必然趋势》，载《中国党政干部论坛》，2013 (4)。

② 参见李林倬：《基层政府的文件治理——以县级政府为例》，载《社会学研究》，2013 (4)。

③ 参见刘明兴、张冬、钱滔、章奇：《地方政府的非正式权力结构及经济影响》，载《社会学研究》，2013 (5)。

④ 参见李路路：《“单位制”的变迁与研究》，载《吉林大学社会科学学报》，2013 (1)。

⑤ 参见郝大海：《祛魅化与市场转型——1949 年后中国大陆理性化过程的历时性分析》，载《江苏社会科学》，2013 (1)。

⑥ 参见李强：《中国在社会分层结构方面的四个试验》，载《马克思主义与现实》，2013 (2)。

⑦ 参见秦广强、李路路：《从“经济决定”到“权威支配”：阶级研究的理论转向及内在逻辑》，载《中国人民大学学报》，2013 (6)。

⑧ 参见高勇：《地位层级认同为何下移——兼论地位层级认同基础的转变》，载《社会》，2013 (4)。

与社会分层密切相关的是居民收入差距的测量指标，有学者认为要想通过平等讨论的途径来获得一个唯一“真实”的基尼系数是非常困难甚至是不可能的，我们能够得到的只是人们在不同话语系统的引导和约束下所完成的有关中国居民收入分配差距的不同话语建构。[①]

四、城乡发展与流动融合研究

城市化与城乡发展一直是社会学界关注的热点问题。有学者认为目前我国“三农”问题的根本仍然是二元结构体制的存在，并从户籍制度、土地制度和财政体制三个方面给出了破除二元结构体制的政策建议。[②]有学者在审视中国城乡社会变迁的历史与现实基础上，指出城市和社区中存在的本地市民、本地农民和外来流动人口三元化特征的利益格局，号召城乡一体化与同城化齐举并进。[③] 有研究指出了我国户籍制度改革所取得的成绩以及存在的城市之间户口等级差异，针对新生代农民工市民化的问题，给出了进一步深化户籍制度改革的对策建议。[④] 有学者认为符合农民利益的城镇化，农民才会有积极性，作者通过对实证调研数据的分析，探索了主动市民化、主动城镇化的多种途径、多种模式。[⑤]有学者认为构建包容、公平、共享的“身份—权利—待遇”体系的过程，将有望绘制中国城市化的一幅全新图景。[⑥]

在流动融合研究方面，有学者关注了流动人口家庭化的现状与特点、流动人口的身份认同问题[⑦]，有学者关注了农民工创业的地域选择及其影响因素[⑧]，有学者根据第六次人口普查数据指出了当前我国流动人口

---

① 参见谢立中：《唯一“真实”的基尼系数是否可得?》，载《社会学研究》，2013（5）。

② 参见陆学艺、杨桂宏：《破除城乡二元结构体制是解决“三农”问题的根本途径》，载《中国农业大学学报》（社会科学版），2013（3）。

③ 参见郑杭生：《城乡一体化与同城化齐举并进》，载《红旗文稿》，2013（20）。

④ 参见李强、胡宝荣：《户籍制度改革与农民工市民化的路径》，载《社会学评论》，2013（1）。

⑤ 参见李强：《论农民和农民工的主动市民化与被动市民化》，载《河北学刊》，2013（4）。

⑥ 参见杨敏：《三元化利益格局下“身份—权利—待遇”体系的重建——走向包容、公平、共享的新型城市化》，载《社会学评论》，2013（1）。

⑦ 参见杨菊华、陈传波：《流动人口家庭化的现状与特点：流动过程特征分析》，载《人口与发展》，2013（3）；杨菊华、陈传波：《流动家庭的现状与特征分析》，载《人口学刊》，2013（5）；杨菊华、张莹、陈志光：《北京市流动人口身份认同研究——基于不同代际、户籍及地区的比较》，载《人口与经济》，2013（3）。

⑧ 参见郭星华、郑日强：《农民工创业：留城还是返乡？——对京粤两地新生代农民工创业地选择倾向的实证研究》，载《中州学刊》，2013（2）。

面临的主要问题[①]，有学者关注了不同户籍身份流动人口的居住状况[②]，有学者关注了独生子女政策引发的老年人向大城市的迁移现象及其对公共物品供给的挑战[③]。

此外，在融合的主题下，有学者提出要反思“边疆”概念，考察其背后的政治意涵与文化指向[④]；有学者认为，围绕价值意义社区来改善人们的社会生活和公共生活，是当今城镇建设面临的新课题，也是滕尼斯的梦想。[⑤]

五、社会福利、社会政策、社会保障与社会工作研究

西方社会在社会福利与社会政策方面的实践走在我国的前列，总结西方的经验和教训对我国实际工作的开展有着重要意义。有学者总结了西方社会福利制度的演变以及其中存在的内在悖理，认为我国的社会福利制度需要做到积极和主动的发展、动态和可控的适度、自我调节的节律从容。[⑥] 有学者认为“中国特色福利社会”是福利模式的新选择，而底线公平福利模式可以在理念、制度、机制设计和体系建设四个层面，将理想与现实统一起来。当前，有步骤地推进社会保障和社会福利的制度整合，是增强公平性、适应流动性、保证可持续性的关键。要将制度整合和体系整合结合起来，实现社会保障和社会福利在制度内外和体系内外的协调和均衡，由此建立起底线公平福利体系。[⑦] 还有学者探讨了国际社会政策中新近出现的“全球化视阈中的社会政策”、“后现代主义视野中的社会政策”和“发展型社会政策”等三大创新观念对我国社会建设的借鉴意义。[⑧] 此外，还有学者进行了具体的社会保障研究，比较

---

① 参见段成荣、吕利丹、邹湘江：《当前我国流动人口面临的主要问题和对策——基于2010年第六次全国人口普查数据的分析》，载《人口研究》，2013（2）。

② 参见何炤华、杨菊华：《安居还是寄居？不同户籍身份流动人口居住状况研究》，载《人口研究》，2013（6）。

③ 参见吴要武：《独生子女政策与老年人迁移》，载《社会学研究》，2013（4）。

④ 参见关凯：《反思“边疆”概念：文化想象的政治意涵》，载《学术月刊》，2013（6）。

⑤ 参见丁元竹：《滕尼斯的梦想与现实》，载《读书》，2013（2）。

⑥ 参见杨敏、郑杭生：《西方社会福利制度的演变与启示》，载《华中师范大学学报》（人文社会科学版），2013（6）。

⑦ 参见景天魁：《民生建设的“中国梦”：中国特色福利社会》，载《探索与争鸣》，2013（8）；景天魁：《社会福利发展路径：从制度覆盖到体系整合》，载《探索与争鸣》，2013（2）。

⑧ 参见李迎生、卫小将：《社会政策与社会建设——兼谈国际社会政策的新近趋势对我国的启示》，载《社会学评论》，2013（3）。

有代表性的有："农村社会保障制度的改革"①、"残疾人公共权利的社会保障"②。

在社会工作研究方面，有学者认为中国社会工作的基本发展方向是从形式的承认走向实质性承认，在实践的向度上，既要重视在承认关系中处于优势地位的政府的责任，更要强调社会工作群体的自我承认问题。③ 有学者总结了自助组织研究中的三个相关的视角，即组织角度、工作方法角度和社会福利实现途径角度，并认为这三个视角在个人、组织和社会层面均发挥着重要的福利功能。④ 有学者认为，灵性视角及其实践，是当代西方社会工作理论和实务领域中兴起的一个重要流派，开展灵性社会工作，并倡导一种灵性引导的生活，在当前的中国社会转型过程中具有重要的意义。⑤ 还有学者探讨了社会工作教师领办社会服务机构所带来的跨域实践困境。⑥

六、组织社会学

十八大报告首次明确提出"加快形成政社分开、权责明确、依法自治的现代社会组织体制"，学界针对社会体制改革展开了研讨。有学者通过分析我国社会组织体制的历史背景和改革开放以来我国社会组织体制的变化，提出了不同于单纯通过发展民间组织促进社会发育的社会组织体系发展框架，主张通过体制内改革和体制外发展双轨驱动来构建我国现代社会组织体制。⑦ 有学者在概述我国社会组织近年来改革发展的主要特点和解读十八大报告有关社会建设重要思想的基础上，从三个方面来分析我国现代社会组织体制建设的战略目标和主要任务。⑧

---

① 参见李迎生：《农村社会保障制度改革：现状与出路》，载《中国特色社会主义研究》，2013（4）。

② 参见时立荣、刘菁：《残疾人公民权利的保障性研究——关于中国社会福利企业税收优惠政策的思考》，载《北京科技大学学报》（社会科学版），2013（5）。

③ 参见王思斌：《走向承认：中国专业社会工作的发展方向》，载《河北学刊》，2013（6）。

④ 参见何欣、王晓慧：《关于自助组织的研究发展及主要视角》，载《社会学评论》，2013（5）。

⑤ 参见陈劲松：《灵性实践的误区与社会工作的介入》，载《学海》，2013（4）；陈劲松：《当代灵性社会工作的理论与实践初探》，载《社会工作》，2013（4）。

⑥ 参见王思斌：《高校教师领办社会工作服务机构的跨域实践》，载《江苏社会科学》，2013（5）。

⑦ 参见李培林：《我国社会组织体制的改革和未来》，载《社会》，2013（3）。

⑧ 参见王名、张严冰、马建银：《谈谈加快形成现代社会组织体制问题》，载《社会》，2013（3）。

有学者系统梳理了社会学领域中具有代表性的几项产权研究，从占有、经营、治理三个经典理论概念出发来分析乡镇企业的生成结构和运行机制。① 对此，有学者认为该文以理想型的方法构建了一个多重概念框架，力图呈现和解释作为总体现象的乡镇企业的多维面相和总体意义，揭示其展现出来的改革时代的制度精神，体现了运用适当的经典社会科学概念解释中国经验问题的可能性及其有效性。② 有学者在该文的启发下，指出“乡镇企业悖论”的真正答案也许并不在产权本身，而是在企业的经营过程及其与乡土社会的紧密联系之中。③

有学者以在四川地震灾区收集的乡村社区案例为基础发现，不同于西方的正式规则作用，中国的自组织过程是在社会关系特质下进行的，自组织运作过程中的能人现象有其本土特质并存在“人情困境”，即资源支配者接受资源请托者的人情请托时，假使他将资源进行有利于请托者的分配，就违背了公平法则，而且还可能遭受其他利益相关者的社会非议甚至法律惩处。④

还有学者从组织社会学的角度关注了社会网络、社会资本、社会闭合等因素，如“教育获得中社会资本研究的三个主要流派”⑤、“社会网络对健康行为的影响”⑥。

七、政治社会学

冯仕政的专著《西方社会运动理论研究》是政治社会学领域中较有分量的成果，该书是继赵鼎新《社会与政治运动讲义》一书之后国内该领域的又一扛鼎之作。该书的主体架构分为“集体行为论”、“资源动员论”、“政治过程论”、“框架建构论”、“新社会运动论”五大章，对西方

---

① 参见渠敬东：《占有、经营与治理：乡镇企业的三重分析概念（上）重返经典社会科学研究的一项尝试》，载《社会》，2013（1）；渠敬东：《占有、经营与治理：乡镇企业的三重分析概念（下）重返经典社会科学研究的一项尝试》，载《社会》，2013（2）。

② 参见赵立玮：《理论化与制度精神——由〈占有、经营与治理：乡镇企业的三重分析概念〉引申的几点思考》，载《社会》，2013（3）。

③ 参见周飞舟：《回归乡土与现实：乡镇企业研究路径的反思》，载《社会》，2013（3）。

④ 参见罗家德、孙瑜等：《自组织运作过程中的能人现象》，载《中国社会科学》，2013（10）。

⑤ 参见赵延东、洪岩璧：《网络资源、社会闭合与宏观环境——教育获得中的社会资本研究及发展趋势》，载《社会学评论》，2013（4）。

⑥ 参见赵延东、胡乔宪：《社会网络对健康行为的影响》，载《社会》，2013（5）。

社会运动研究的主要理论流派和具体理论均有系统的介绍与中肯的评述。用作者自己的话说，“本书的主要兴趣是按照西方社会运动研究的主流框架，梳理各种范式、理论和观点的源流及得失。大致可以说，赵书是以批判为主，介绍为辅；本书则是以介绍为主，批判为辅，两书正好可以相互补充、相互参照、相互发明。”在书的序言中，赵鼎新也说，仕政的著作覆盖更广阔、更重梳理和介绍、更与西方主流框架相重叠。[①] 总之，该书充实了国内的政治社会学研究，为国内政治社会学研究提供了丰富的理论资源，便于相关研究者准确把握西方社会运动的不同理论流派。

在学术论文方面，学者们开展研究的侧重点不尽一致。

在农民抗争的研究主题中，有学者侧重对农民抗争动机的研究，在对鲁西农民抗争积极分子进行研究的基础上指出，推动抗争积极分子持续抗争的动机是一种由抗争行动本身带来的、突出的、不同于受损逻辑的“英雄伦理”，并论述了这种“英雄伦理”推动抗争持续的作用机制以及“英雄伦理”对于理解中国乡村抗争政治的贡献。[②] 有学者侧重考察农村去集体化进程中不同层次的叙述文本，认为乡村共同体的隐藏文本揭示了集体化末期基层村庄的行动能力仍然是权宜且分散的，在很大程度上仰仗外部局势的变化，而在上层精英的叙述中，群众及其需要却被赋予附加的重要意义，进一步发现，主流历史的叙述方式与转型时期国家治理的合法性需要密切相关。[③] 有学者侧重分析农民的土地产权认知与国家政策法规的差异，分析农民集体产权认知的形成与新中国成立以来的独特历史进程的紧密关系，指出农民的土地认知对中国土地制度变革具有重要参考意义，制度改革应当沿着尊重农民土地权利的方向进行。[④]

此外，政治社会学的研究还涉及：“中国现阶段劳动者利益诉求方式”[⑤]、“东亚共同体的重要意义与可能性”[⑥]、“社会指标运动源起、评价

---

① 参见冯仕政：《西方社会运动理论研究》，北京，中国人民大学出版社，2013。

② 参见吴长青：《英雄伦理与抗争行动的持续性——以鲁西农民抗争积极分子为例》，载《社会》，2013（5）。

③ 参见李洁：《农业“去集体化”过程中的乡村治理与底层政治——对一段乡村历史的分层解读》，载《社会》，2013（2）。

④ 参见张浩：《农民如何认识集体土地产权——华北河村征地案例研究》，载《社会学研究》，2013（5）。

⑤ 参见吴忠民：《中国现阶段劳动者利益诉求方式分析》，载《社会学评论》，2013（2）。

⑥ 参见谢立中：《走向东亚共同体：东亚社会面临的困境与出路》，载《社会学评论》，2013（5）。

及启示”[①]、“互联网与当代中国社会抗争的新模式”[②]、“脱耦中的合法性动员”[③] 等。

八、经济社会学与市场社会学

陆益龙的专著《制度、市场与中国农村发展》是以制度创新、市场发展为切入点，探讨中国农村发展出路的有益尝试。全书大体分为三个部分，第一部分从第一章到第四章重点讨论农村发展中的“制度”问题，第二部分从第五章到第十一章主要考察农村市场发展中的具体问题，第三部分从第十二章到第十五章主要探讨中国农村发展问题。该书的理论探讨和理论解释基本上是基于经验研究而展开的，其中提出的“一元化”体制改革的观点、关于农村市场发展的“引导性制度变迁”理论、关于农民的“闯市场”机制的观点、关于农村社会变迁的“后乡土社会”理论，以及关于中国农村新发展及农村发展的多元城市化道路与农村发展道路多样性的理论观点，都很有学术价值与理论启发性。[④] 作者基于安徽小岗村市场发展的经验和教训认为，政府在推进制度变迁中，引导作用比主导作用更有价值，基础投资比零星补贴更重要，牵线搭桥比计划指导更有效，多层次推进比孤立推进更有效。[⑤]

同样关注中国农村市场的研究，有研究探讨，在资本稀缺条件下，中国的农产品市场是如何兴起的。研究发现，在“礼物交换”的互惠机制和市场权力基础上的“强征性信用”机制的作用下，农户、商贩和厂家克服资本匮乏困难，实现市场交易，从而为农产品市场的兴起提供了条件。[⑥]

经济社会学中现有操演性理论的实证研究往往关注新的经济学理论、

---

① 参见彭宗超、李贺楼：《社会指标运动源起、评价及启示》，载《南京社会科学》，2013（6）。

② 参见曾繁旭、黄广生、刘黎明：《运动企业家的虚拟组织：互联网与当代中国社会抗争的新模式》，载《开放时代》，2013（3）。

③ 参见王程韡、王路昊：《脱耦中的合法性动员——对南方某大学孵化器的扎根理论分析》，载《社会》，2013（6）。

④ 参见陆益龙：《制度、市场与中国农村发展》，北京，中国人民大学出版社，2013。

⑤ 参见陆益龙：《引导性制度变迁与农村市场发展——安徽小岗村的经验分析》，载《天津社会科学》，2013（3）。

⑥ 参见艾云、周雪光：《资本缺失条件下中国农产品市场的兴起——以一个乡镇农业市场为例》，载《中国社会科学》，2013（8）。

技术、工具出现后，市场被成功建构的案例。有学者的研究则试图以中关村电子产品市场的重构为例回答市场建构失败的原因。研究发现，市场重建过程中相互冲突的行动者、建构过程中生成的利益格局使得一个理想的经济学意义上的市场无法顺利建构。人的行动者（卖场管理者、商会、商户）与非人的行动者（报价系统、明码标价制）之间的矛盾和斗争，扭曲了市场改革过程，而管理者和商户之间特定的利益格局也影响了操演的结果。①

在公司治理的研究上，有学者基于676家上市公司1997—2007年间的面板数据及对上市公司高管、独立董事、基金经理和证券分析师等的深度访谈资料，分析公司治理和企业绩效之间的关系，揭示在中国制度背景下与代理理论的预测颇为不同的公司治理与企业绩效的关系模式。②

九、法社会学

有学者将社会失范和矛盾纠纷置于社会转型的背景中考察，有研究认为，在社会转型期，甚至出现了无赖生存的社会环境③，导致社会失范的原因在于下位规则超越上位规则而形成“规则僭越”，不过，“规则僭越”也是重建社会秩序的重要力量；承认和重视“下位规则”，寻求“上位规则”与“下位规则”的沟通与合作，是缓解社会矛盾、维系社会秩序的关键。④有学者分别研究了转型期城市社会的矛盾纠纷与农村社会的矛盾纠纷，总结了十大类城市易发矛盾纠纷，主张城市在社会建设过程中需要构建多元动态的矛盾纠纷化解机制；对于农村，作者认为当前乡村社会并未出现矛盾凸显的特征，乡村社会在纠纷管理或治理策略方面，对生活性矛盾纠纷需采取“基层—调解—化解”的管理策略，对结构性矛盾纠纷则要采用“顶层—调整—解决”的治理策略。⑤

---

① 参见陈氚：《“操演性”视角下的理论、行动者集合和市场实践——以重构中关村电子产品市场的失败为例》，载《社会学研究》，2013（2）。

② 参见杨典：《公司治理与企业绩效——基于中国经验的社会学分析》，载《中国社会科学》，2013（1）。

③ 参见郭星华、石任昊：《无赖生存的社会环境——关于社会风气的一种法社会学探究》，载《社会学评论》，2013（6）。

④ 参见郭星华、周延东：《规则僭越：转型期的社会失范》，载《探索与争鸣》，2013（2）。

⑤ 参见陆益龙：《快速转型期城市社会易发矛盾纠纷及其化解机制》，载《人文杂志》，2013（12）；陆益龙：《乡村社会变迁与转型性矛盾纠纷及其演化态势》，载《社会科学研究》，2013（4）。

学者们还针对法社会学中的热点问题展开研究。有研究探讨了社区矫正本土化的困境问题，认为构建本土化的社区矫正制度，不能矫枉过正，一味强调其教育、帮扶的一面，而忽视了惩罚的本质，制度移植与本土适应其实是一个过程的两个阶段。① 有学者关注了当今日益突出的环境纠纷以及居民的行动策略。② 有学者考察了“农村地区的医疗纠纷及其解决方式”，以及“网络立法与虚拟社会的法律治理”③。

十、网络社会学

网络社会是继工业社会崛起以来的又一次深刻的社会转型。有学者认为，因为网络社会带来的变化是在新的社会展开形式、存在基础和权力关系中的变化，而随之出现的问题也是用传统概念框架和研究方式难以说明的新现象、新问题，因此，中国社会学就更应以新视野、新境界和新的研究方式面对在中国迅速崛起的网络社会。④

经验性的网络社会学研究包括“网络流行语的感性化与讽喻性”、“网络动员中的国家与社会”等。有学者认为感性化的网络流行语并非仅是对现实生活的形象表达，其中还包含了对社会消极因素的讽喻，体现了广大网民嘲讽邪恶虚假、期盼公平正义的理性要求，因此，应当对网络流行语开展深入的话语分析。⑤ 有学者比较了网络动员与传统动员的不同，并以“免费午餐”的网络动员为案例，分析了其中的国家与社会的合作，进一步思考了网络动员再生产何以可能的问题。⑥

十一、环境社会学

中国环境问题的突出以及多种复杂因素，共同凸显了环境社会学研

---

① 参见郭星华、李飞：《制度移植与本土适应——社区矫正本土化面临的困境》，载《中州学刊》，2013（8）。

② 参见陆益龙：《环境纠纷、解决机制及居民行动策略的法社会学分析》，载《学海》，2013（5）。

③ 参见邢朝国、李飞：《中国农村地区的医疗纠纷及其解决方式——基于五省份调查数据的分析》，载《中州学刊》，2013（3）；邢朝国、郭星华：《网络立法与虚拟社会的法律治理》，载《内蒙古社会科学》（汉文版），2013（6）。

④ 参见刘少杰：《网络化时代的社会转型与研究方式》，载《学习与探索》，2013（7）。

⑤ 参见陈氚、刘少杰：《网络流行语的感性化与讽喻性》，载《人文杂志》，2013（3）。

⑥ 参见刘秀秀：《网络动员中的国家与社会——以“免费午餐”为例》，载《江海学刊》，2013（2）。

究的重要性。有学者探讨了公众环境风险认知与国际比较、生态文明建设等问题。

在公众认知与国际比较方面，作者基于ISSP 2010和CGSS 2010数据的分析结果，一些方面证明了经济发展水平高的国家，其公众具有更强的环境关心；而另外一些方面的分析结果又似乎说明环境关心是一种全球性现象。作者指出，进一步的研究应该尽量采用同样的数据和比较指标，同时谨慎对待按照经济发展水平将国家分类进行比较，并在比较指标的选择方面力求全面合理；有关气候变化的研究以及相关的政策行动，应更加关注气候变化的社会事实面相，充分理解气候变化之社会反应的差异性和应对气候变化的复杂性。①

在生态文明建设研究方面，作者认为生态文明建设内在地包括生态建设与社会建设两大方面，其实质是通过社会建设促进生态建设；生态文明建设是对生态中心主义与人类中心主义的双重超越；生态文明建设的实质是通过社会建设促进生态建设，区域性率先推进生态文明建设是有可能的。②

十二、婚姻家庭、性（性别）社会学

有学者考察了子女因素对离婚风险的影响，研究发现，婚前生育不利于婚姻的稳定；生育子女的数量多，对婚姻稳定有利，不过，边际效应递减；子女的年龄小，对婚姻稳定有保护作用；有男孩的夫妇，离婚的风险更低。研究还发现，子女因素对离婚风险的影响在城乡之间有显著的不同：在农村地区，子女对婚姻的保护作用比城市更强；有男孩的夫妇，婚姻更稳定。③

有学者采用新的方法来测量家庭幸福感。研究使用全国范围有代表性的概率样本调查数据，引入“测量锚点”和“等比例方法”对家庭幸福感评分进行标准化，在此基础上，进而分析家庭幸福感自评异质性的

---

①　参见洪大用、范叶超：《公众环境风险认知与环保倾向的国际比较及其理论启示》，载《社会科学研究》，2013（6）；洪大用、范叶超：《公众对气候变化认知和行为表现的国际比较》，载《社会学评论》，2013（4）。

②　参见洪大用：《关于中国环境问题和生态文明建设的新思考》，载《探索与争鸣》，2013（10）。

③　参见许琪、于健宁、邱泽奇：《子女因素对离婚风险的影响》，载《社会学研究》，2013（4）。

影响因素以及标准化与非标准化测量的评分差异，从而揭示以往主观评价变量非标准化测量可能存在的问题。①

有学者基于2010年人口普查数据指出：城市家庭结构变动特征是：城市核心家庭构成缩小，单人户明显增加，直系家庭稍有降低；农村家庭结构变动特征是：农村核心家庭构成降幅较大，单人户提高，直系家庭上升。而影响家庭结构及其变动的因素有人口流动、子女数量、人口老龄化、婚姻和住房情况。②

同样基于第六次人口普查数据，有学者分析了中国老年人口的家庭居住、健康与照料安排，研究发现：（1）有65岁以上人口的家庭户占总家庭户的比重，农村高于镇、镇高于市；（2）在老年人口中，老年空巢家庭的比重从2000年到2010年的10年中，增加了将近9%；（3）伴随年龄的上升，老年人的健康状况急剧下降，但在每一年龄段内，女性的健康程度都低于男性；（4）有配偶的老年人的健康程度高于未婚者、离婚者和丧偶者；（5）在生活不能自理时，老年人主要依靠家庭成员的供养生活，养老保险的作用还需要继续加强，其中女性老年人口对家庭成员的依赖程度高于男性。③

在性（性别）社会学研究方面，北京社会学界也取得了丰硕的成果。

有学者分析了性文化最新发展的运行机制：性制度中公权力局部有限地退缩为“隐身在场”的“表态化”；人们日常生活的意义被不断地离散；人本身在代际传承与社会性别这两大方面被分化；性的外延出现了至少五个方面的扩散；就连性文化变革的阻力也出现了零散化。研究的理论总结是：由于“初级生活圈”已经被解构，这些变化已经不再是20世纪最后20年那样的阶级斗争式的性革命，而是性文化的弥散，造成了当前“后性革命时代”的“炫彩呈现”。④

有学者在身体社会学背景下，分析了患乳腺癌对女性身心的影响，展现了女性在经历乳腺癌的过程中（尤其是被切除了乳房之后）如何面对、管理被医学与社会标定为“残缺”的身体，如何努力恢复身体和

---

① 参见王广州、王军：《中国家庭幸福感测量》，载《社会》，2013（6）。

② 参见王跃生：《中国城乡家庭结构变动分析——基于2010年人口普查数据》，载《中国社会科学》，2013（12）。

③ 参见张翼：《中国老年人口的家庭居住、健康与照料安排——第六次人口普查数据分析》，载《江苏社会科学》，2013（1）。

④ 参见潘绥铭、侯荣庭：《弥散与炫彩：后革命的性化时代》，载《社会学评论》，2013（5）。

“正常”的亲密关系；表达了身体从医疗空间走向社会空间时，“残缺”感与正常化过程中的阶段性特点，以及身体在日常生活中的多重性与政治性。①

针对预防艾滋病领域中跨学科实验的经验与教训，有学者认为跨学科主张的理想与现实之间尚有很大差距，有必要对跨学科主张进行认真反思。实现真正的跨学科研究，需要具备三个方面的条件，即：必要条件，各个学科内部的多元平等、自甘边缘的异端分子与他们的开放性；充分条件，创建世界观、思维逻辑和价值取向三方面的新的元命题；发展条件，创立新的方法论。否则，跨学科的主张就可能成为陷阱，影响甚至扭曲学术的发展方向。②

此外，还有研究涉及“Gender 在中国的知识再生产”③、“婚外包养与男性气质的关系化建构”④ 等。

① 参见黄盈盈、鲍雨：《经历乳腺癌：从“疾病”到“残缺”的女性身体》，载《社会》，2013（2）。

② 参见黄盈盈、潘绥铭：《跨学科主张的陷阱与前景——基于预防艾滋病领域的实践》，载《中国人民大学学报》，2013（5）。

③ 参见黄盈盈：《反思 Gender 在中国的知识再生产》，载《社会学评论》，2013（5）。

④ 参见肖索未：《婚外包养与男性气质的关系化建构》，载《社会学评论》，2013（5）。

六、悼念

悼念文海校长*

——在李文海同志追思会上的发言

文海校长不幸在 81 岁之际离我们走了。我们都很悲痛。就个人来说，我失去一位共事 10 年的学校主要领导和好友，一位在学术界多年担任相似职务而又心心相印的著名学者，一位始终在自己学科运用和发展马克思主义而志同道合的著名历史学家。文海比我长 4 岁，属于我的兄长辈。在这个追思会上，我想就这三个方面简要地说一些记忆深刻的事情，与大家共享，以悼念文海校长。

一

文海 1987 年 9 月起任中国人民大学党委书记兼副校长，1994 年 6 月至 2000 年 8 月任中国人民大学校长。我是在 1987 年 9 月至 1997 年 4 月担任了 10 年副校长，所以，先后 10 年一直在文海领导下工作，其他领导过我的还有袁宝华校长、黄达校长以及后来的马绍孟书记。

这期间发生的最大的事情是 1989 年春夏的政治风波。这对谁来说，都是一场严峻的考验。对作为党委书记的文海来说，他的担子最重，在那样的国际国内复杂的情况下，既要和党中央保持一致，又要最大限度保护那些没有政治经验的学生，他们很容易受到一些怀有政治目的内外势力的影响、误导和利用。应该说，面对这样的大风大浪，文海和人大其他主要领导表现出很高的政治水平。在他们的部署下，我们这些分管具体工作的副校长，都多次到天安门广场劝说学生回来，应该说工作还是有效果的，劝回了不少学生。对于事后的处理，应该说也是既坚持原

---

* 这是笔者 2013 年 6 月 23 日在中国人民大学举行的李文海同志追思会上的发言。

则，又通情达理，保护了绝大多数青年学生，没有留下什么后遗症。后来，文海坚持正面教育为主，组织几位副校长吴树青、罗国杰和我对学生作报告，分不同的专题，对学生进行教育。其中，我讲的是划清两种民主观的界限，后发表在全国性的报刊上。

在文海主政期间，人大领导班子最大的特点是很团结、协调，大家工作得很愉快。不可否认，工作中对人、对事的看法，不可能没有分歧，但是文海从不以位压人，总是以理服人。同时只要分管副校长的提议对，他总是很支持。从1990年到1993年，我分管过四届职称评定工作。在评职称的过程中，我在文海书记和黄达校长的支持下处理了两件事情。一件是我让人事处做了一项调查，就是从国外留学得到博士学位回来、建国初期（1949—1956年——编者注）是教授而现在不是教授的人有多少，回答是不到10个。另外一件是我让人事处调查一下解放初期（1949—1952年——编者注）是教授但现在不是教授的有多少，结果也是差不多有10个。这两部分人虽然人数不多，但影响不小，他们有的是一些很有影响的人士如伍修权、陶大镛的同学。他们怨言很多，心情不舒畅，多次找我反映。我曾向黄达、文海等校主要领导汇报了我的想法，解决他们的教授问题。他们都支持，终于把这些问题解决了。这既解决了一些历史遗留问题，调动了这些人的积极性，符合党的政策，也维护了人大的声誉，对人大产生了一些积极的作用。

二

在学界，文海和我担任一些相似的职务：文海是国家社科基金历史组的组长，我则是社会学组的组长；文海是教育部历史学教学指导委员会的主任委员，我则是社会学的主任委员；他是马工程历史学编写组的首席专家，我则是社会学概论编写组的首席专家等等。因此，我们有很多会在一起开，有不少交流，对自己有不少帮助。每次文海的发言，都很有水平，能够抓住学界存在的需要解决的问题，特别是一些倾向性的问题，很有说服力，听了有一种心心相印的感觉。

文海和我有许多共同的经历，我们在1986年一起晋升为教授，1991年一起获得政府特殊贡献津贴，2009年一起被聘为人大首批一级教授。这些共同的经历，也从一个侧面增进我们的友谊。

在作为学者的交往中，有一件事情我印象特别深刻，这就是时任中国社科院院长的胡绳同志，托文海向我转达他对我两篇文章的评论性观点。一篇是《光明日报》、《社会学研究》分别发表的关于社会学对象问题新探的文章，说我提出的马克思主义社会学两种形态的观点，解决了多年没有解决的问题。一篇是《红旗》杂志（后改为《求是》杂志）发表的关于正确对待现代西方哲学的。文海向我转达上述意见时，也不忘对我表达兄长般的关爱和鼓励。

还有一件事是文海曾送我一把很精致的可折叠的太极剑，这是因为他看到我那时经常打太极拳、太极剑。他很平淡地对我说，这剑对你有用，对我没有，你拿去吧！这同样体现了他对同事的友谊，他那兄长般的关爱。

三

文海是一位坚定的马克思主义者，一位始终在自己学科运用和发展马克思主义的著名历史学家。他坚持用辩证唯物主义和历史唯物主义的观点进行分析和研究，对中国近代史研究中出现的诸多重大理论问题，毫不含糊、态度鲜明地表达自己的观点和意见，体现了一个马克思主义学者的远见卓识和高度的社会责任感。这些表现在对太平天国运动、戊戌维新运动、义和团运动以及辛亥革命等研究方面，表现在对社会史、近代中国灾荒史，特别表现在清史研究方面，还表现在他开发历史传统、借鉴古代、为现实服务上。可以说，他著作等身，培养了很多人才，多次获历史学界学术大奖。

文海对一些诸如历史虚无主义的观点，对我国历史文化传统全盘否定的观点，对我国历代的英雄人物、对共和国开国领袖抹黑、污名化的做法，都是坚决反对的。他经常说，一个否定自己历史的民族是没有希望的。我们从不同的领域都主张，无论对我们的历史，对我们的现实要有一种建设性的反思批判精神。在这些方面，我们可以说是志同道合的。

作为长期共事的同事好友和兄长，作为在学术界长期有交往而心心相通的学者，作为在自己的学科一贯运用和发展马克思主义而志同道合的历史学家，文海的音貌、笑容，永远留在我们脑海里，他的崇高品格和卓越贡献，永远铭记在我们心中！

悼念挚友陆学艺*

学艺在（2013年——编者注）5月13日上午突然离我们而去，没有任何征兆，没有明显痕迹，一点思想准备也没有，实在让人震惊，令人悲痛！

再有三个月，就是他80寿辰，社会学界正准备以学术研讨的形式加以庆祝，通过这种形式，阐发他对中国社会学、对“三农”问题、对中国分层和流动等领域的理论和实践贡献。他的突然逝去，更是让人深感意外，倍加惋惜！

2003年在他过70寿辰前，他曾给我说，今年你来参加我的会，酒管你够，3年后我去参加你的！我这样做了，他也这样做了。那次唯一的遗憾是，曾经酒量很大的他，为了保健原因，很少喝酒或只喝很少的酒了。正如那次一样，差不多10年后的前些日子，他也亲自给我说过类似的话。这表明，他对自己的身体非常自信。我们也多次谈到社会学前辈的长寿，或说社会学界有长寿的传统。我感到，我们两人都有一种心照不宣的期盼：我们在90寿辰时也能这样！谁能知道，事情竟会是现在这样出乎所有人的预料！

学艺的离去，使我失去一位多年相互尊重、相互合作、相互支持、共同为推进中国社会学健康发展而努力的密友，一位无论什么事情都可以相互商量、相互沟通、心心相通的挚友，失去一位站在时代前列、学有专长、给人以启发、比我大3岁的长友！

学艺和我的交往，开始于20世纪80年代中后期，从那时起差不多快30年了！那时他刚刚从中国社会科学院农林发展所副所长调任社会学研究所副所长，一年后，即担任所长，他的专业也从以中国农村研究为

* 本文是笔者为好友陆学艺去世而写的悼文。先发表在社会学视野网上，多个网站转载，《财经》杂志摘要地发表了这篇文章。

主转到以社会学领域为主。我们的交往，始终伴随着中国社会学事业的发展和成长，中间也共同经历了一些随政治风波而来的风风雨雨。所有这些共同的经历，都在增进我们彼此的友谊。

我和学艺有几个共同点：我们都是从哲学转向社会学的；我们都长期担任社会学系所、社会学界或涉及社会学的各种规划、评审和编写机构的主要领导职务。我们还分别办有基金会，老陆的是：2008 年成立的“北京市陆学艺社会学发展基金会”，资助社会学学术活动，奖励社会学优秀科研成果；我的是：2011 年成立的“北京郑杭生社会发展基金会”。这表明了我们两人对人生最后阶段的看法和做法：除了做学问，还要做些善事。甚至，我们两人还在 2012 年同时获得了“首届费孝通学术成就奖”这一社会学界的大奖！

我们的相互尊重、相互合作、相互支持，主要是在社会学界的各种活动中体现出来的。

就国家社科基金的社会学规划和评审小组来说，我是 1986 年成为该组成员的，老陆是 1988 年进来的。自当时中国社科院院长胡绳同志决定国家社科基金由中国社科院代管转为中宣部管理以来，我一直是该小组的组长和召集人，老陆和王思斌一直是副组长。在这个领导岗位上，我和老陆一直相互协调，按照领导小组的精神，着重支持中西部地区的社会学发展，支持青年社会学者的成长。我们两个在每年年度评审中，都非常关心有没有上西部省区的高校、党校和社科院课题和项目，如果没有，就必须调整。多年来，我们都是这样做的。这对中西部特别是西部地区的社会学发展，起了一定的推动作用。在社会学规划和评审小组内部，由于老陆和我的相互支持，在 20 多年中，每年年度评审，都保持了协商和谐高效规范的气氛。老陆曾提出，对每年承担中国社会学会学术年会的地区和单位，评审小组都会给予一个重点课题的支持和鼓励。我很支持老陆的建议，这也已经实施了多年。

就中国社会学会来说，学艺和我都是在 1990 年北京换届的理事会会议中，共同新当选为副会长的。正是在那次会议上，我作为新当选的副会长发言，正式提出了学会建立年会制度的提议。当时我说，学术是学会的生命线，年会制度表明我们有定期的学术交流和探讨；每年出一本年会的论文集，就能使我们的学术交流和探讨以具体的成果体现出来。这个建议得到了当时袁方会长的支持，也得到了包括新当选副会长陆学艺在内的所有副会长、绝大多数常务理事、理事的支持和采纳，并于第二年付诸实施，这就是中国社会学会的第一次学术年会，即 1991 年天津学术年会。这个年会制度现在已经成为中国社会学会的一个优良传统，一直坚持发展至今。现在，年会越办越好，参加的人越来越多，影响越来越大。在 1996 年沈阳年会换届会议当选为会长的陆学艺，在他担任两届 8 年的会长期间，曾多次如实说明年会制度的由来，表示对我的支持。同样，学艺的许多建议，我也是全力支持的。其中，一个很重要的是，在 2000 年换届会议前几个月，陆学艺带着秘书长来找我商量，提出下一届能否实行双会长，由他和我一起担任一届会长，出于对老陆的尊重和支持，我没有多考虑，说只要他认为合适，我没有意见。这样，中国社会学会第五届理事会是两个会长。此后，第六届由我担任会长。老陆成为名誉会长。中国社会学会主要由高校系统、社科院系统、党校系统等的单位成员构成。学艺和我之间的相互尊重、相互合作、相互支持，表明了这些系统之间的协调团结，中国社会学会一开始就是一个一级学会，其他多年来都是二级学会而成立不起来一级学会的学科，都很羡慕我们中国社会学界。老陆和我都有一种强烈的意识，我们对中国社会学的发展、对中国社会学界的团结负有责任。

就马克思主义理论研究和建设工程社会学编写小组来说，该小组于 2004 年成立以来，我一直是第一首席专家，另一位首席专家是景天魁，后来又补充了李培林和洪大用两位首席专家，老陆一直是主要成员。这个组历时 10 年，历经 11 稿完成的本科生教科书《社会学概论》，就是各位大家合作的结果。其中什么是社会学是这样说的："社会学是从综合性、整体性视角，系统研究现代社会结构和过程，深入揭示现代社会运行和发展规律的社会科学。"这个定义就是综合各家学说的结果，其中主要有 1979 年由费孝通主持编写的《社会学概论》（试讲本）的观点、郑杭生 1987 年和 2003 年分别主编的《社会学概论新编》和《社会学概论新修》的观点、陆学艺 1996 年主编的《社会学》的观点。其中老陆的定义为："社会学是一门通过研究人们的社会行动以揭示社会结构和过程的规律性的科学。"

就对一些省社会学会的成立和若干专业委员会的建立来说，老陆和我曾促成了山西社会学会和河北社会学会的建立，并先后一同前往太原和石家庄参加这两个地方社会学会的成立仪式，我们两个在各自的致辞中，分别对新成立的学会表示衷心祝贺，对它们今后的发展提出殷切希望。正是在老陆和我分别担任会长和担任双会长十多年的岁月中，全国各省市自治区，除了少数外，都成立了社会学会，还先后支持批准了十几个专业委员会的成立。这两者，分别推动了中国社会学在全国的发展，推动了各分支社会学在中国的发展（这一段是网上发表时，新增的）。

在老陆的十大分层的著作《当代中国社会阶层研究报告》出来之后，曾经受到一些误解，甚至有被禁止的危险。当时，我在自己的一些文章和讲演中，为他做了四点有针对性的辩护，这些论证在我看来，带有基本的性质。首先我指出，客观的社会阶层结构新变化，已远远超出了以往“两个阶级（工人阶级和农民阶级），一个阶层（知识分子阶层）”的解释框架。如果社会科学工作者不是从事实出发，而是从原则出发，不是与时俱进，而是拘泥于原来的解释框架，那就无异于削足适履，硬要客观的阶层结构适应于主观的解释框架。这样做就会在理论上离实际越来越远，丧失生命力；在实践上则无法对社会决策过程产生应有的影响，也无法对推进社会的改革、发展和稳定的进程起到应有的作用。因此，探讨和提出新的解释框架势在必行。社会学界在社会调查研究的基础上，提出的种种解释框架：有城乡统一的，也有城乡分开的；有阶层界限明确的，也有界限模糊的；城乡统一中有划分为 10 个阶层的，城乡分开中有把城市区分为 7 个阶层的，等等，都可以看作是提出新的更为切合实际的解释框架的种种尝试。我个人认为，这样看问题，可能比较符合事实，比较符合科学研究的规律，比较有利于推进真正实事求是的社会科学探索。其次，我指出，马克思主义关于一切社会关系中，最为根本的关系就是人们在社会活动中所结成的各种利益关系等根本观点必须坚持；而关于一些阶级阶层的具体论断，则必须随着时代的发展而不断校正。从根本观点与具体论断的视角看，学术界，特别是社会学界，对我国社会阶层解释框架、划分阶层标准的种种探索，在总体上是符合马克思主义要不断发展这样一种内在要求的。再次，我还指出，社会学的阶层范畴，特别是以马克思主义为指导的社会学的阶层范畴，还普及得不够，还没有被各界所真正理解。好像一提阶层就是否定阶级，用一种非此即彼的两极思维把阶层与阶级两者截然对立起来。事实上，社会阶层的核心内容是社会资源和社会机会在不同社会群体中的分配方式或配置方式的差异。这就是社会学领域中社会分层研究的主要视角。抓住了这一点，我们就能够看清楚阶层与阶级的本质联系了。阶层范畴可以看作是一种适度淡化了的阶级概念。在现阶段我国所处的内外环境中，用阶层范畴来适度淡化阶级概念不仅是必要的、及时的，而且是符合我国社会差异的实际的，也是符合马克思主义对待两种社会应取不同态度的要求的。最后，我认为，我国阶层结构变化的过程，既是一个社会进步过程，同时又是一个付出社会代价的过程。我们社会科学工作者的重大责任是，在肯定和推进我国社会进步的同时，研究把无法避免的社会代价减缩到最小限度的办法，研究对社会代价的主要承担者——各类弱势群体进行社会支持必须采取的措施，供社会决策部门选择和参考。这样，才能真正对社会决策过程产生应有的影响，对推进社会的改革、发展和稳定的进程起到应有的作用。

老陆作为一个有马克思主义素养的社会学家，很注意社会学界的学术理论倾向，他敢于对不符合事实的观点和论断公开表达自己的意见。例如，他在一篇题为《中国的社会结构断裂了吗?》的文章（《北京日报》，2010-03-01）中，对一个热点问题发表了自己的看法。他鲜明地指出："现在，有社会学家认为，当代中国的价值观出现断裂，更重要的是社会阶层断裂了，特别是 1998 年以来，整个社会固定化了。"他首先指出这是不符合实际的：表面看来中国社会已经定型了：联盟、垄断、基层的人起不来、老板为富不仁，但仅仅根据这些还远不能判断中国社会就此定型，他的主要论据是中国社会上下的流动速度正在加快，从社会底层流到中层的人员估计每年有七八百万人，也就是每年基本上增加 700 万到 800 万的中产阶层，这是有统计数据为根据的。其次，他指出要看到社会好的变化，学者不能脱离实际："我们这代人都是从折腾的时代过来的，这三十年没有折腾了，农村、城市都在往好的方向变并且变化很快，有很多学者说农村日益凋敝，这是相比城市来说的，是相比改革开放的巨大成就来说的，农村变化的速度确实慢了一些，但相比三十年前吃不饱、穿不暖来说已经变化很多了。因此，我们的一些学者要经常到农村、工厂、工人家里看看，看看他们的变化。"再次，陆学艺研究员还给出了他对我们社会总的估计，其中包含如何看问题的思想、看法，指出："总体来说中国现在正处在一个比较不错的时代，这三十年中是在大步前进的。当然中国需要解决的问题很多，但总要有个先后次序之分，不可能一下子全解决。"中国社会到底是不是一个断裂社会、失衡社会、问题化社会、不可治理性社会，我想这不是个小问题。在这些问题上，我和老陆的观点是相同的，我在自己的文章中引用了这些观点。现在，这些观点被曲解为不许指出社会的负面现象，显然，这是不符合事实的。

老陆作为著名的社会学家和社会学界的领军人物，他本人的学术成就和对中国社会学的贡献，去年首届费孝通学术成就奖的颁奖词做了很好的概括。该颁奖词指出，陆学艺教授长期从事农村问题的调查和研究，是我国著名的"三农"问题专家。他在改革开放初期对家庭承包制实践的研究，在 20 世纪 80 年代中期对农村形势的判断，显示了他的学术勇气和社会担当，对社会实践产生了重大影响。他始终坚持社会调查，先后组织了“中国百县市经济社会调查”和“中国百村调查”等大型调查活动，开创并长期组织社会形势年度报告的研究与编写。他对中国社会结构和社会流动的研究、对社会建设和社会改革的研究，在学术界和社会上引起广泛的反响。陆学艺教授的研究和学术活动，对于推动中国社会学的发展，扩大社会学在中国的影响作出了重要贡献。

老陆和我都认为，我们两人在中国社会学史的这一阶段上，是连接老一辈社会学家和后辈社会学家的桥梁。这是我们两人的定位。要发挥好这个作用并不容易。现在老陆走了，中国社会学会失去了仅存的两位名誉会长中的一位，我失去了这样一位密友、挚友和长友！原有那种相互尊重、相互合作、相互支持的格局，那种相互商量、相互沟通、心心相通的精神依靠，那种眼光深远、给人以启发的兄长般关怀，都成为记忆了！这是最大的损失！我感到某种孤单，但也深感我们应该像继承和发展费老、雷老的事业一样，也要更好地继承和发展老陆的事业，推进中国社会学的发展，使中国成为世界社会学一个既繁荣又有活力的学术中心。

安息吧！我的密友、挚友和长友陆学艺，你的名字、你的业绩、你的贡献作为当代中国社会学史重要的一页，将永载史册！

一个全面“接地气”的社会学家*

——陆学艺逝世一周年的学术追思

老陆——陆学艺先生离开我们已经整整一年了！在这一年中，人们越来越感受到，他作为我们学界一个杰出的代表人物、领军人物离我们而去，对中国社会学界所造成的损失是严重的、不可弥补的！就我个人来说，我失去了这样一位挚友，也倍感惋惜和悲痛。在他逝世一周年之际，以学术研讨会的形式，表达对他的追思，表达对他学术遗产的尊重和继承，是很恰当、很得体的，也是让人深感安慰的。

为了准备这个学术性的追思发言，我检索了他从上世纪 80 年代开始的约 30 年的社会学学术活动、他完成的课题、发表的论文、著作等。我们完全有根据说，他是一个全面“接地气”的社会学家，非常值得我们学习。可以这样说，老陆在学术上的灵感、达到的水平、取得的成就，都与这一点密切相关。

所谓全面接地气，按我的看法，至少要做到在这三方面接地气，这就是：一要接现实中国的地气，二要接历史中国的地气，三要接中国立场观点的地气。其中，接现实中国的地气，无疑是最基本的，但不是唯一的。如果把接地气仅仅理解为第一方面，是不全面的。我说陆学艺是一位全面接地气的中国社会学家，就是说在这三面他都做得很出色。由于时间的限制，我就简要地说说这三方面。

首先，在接现实中国的地气方面。从上世纪 80 年代开始，老陆就很注意组织大型的社会调查和社会研究。其中就有著名的“中国百县市经济社会调查”，后来又持续地做百县市经济社会追踪调查。他还做百乡村经济社会调查，动员和吸引了成千上万的年轻学子对中国社会进行深入

---

* 2014 年 5 月 10 日在“纪念陆学艺先生逝世周年学术座谈会”上的发言。

的剖析和研究。这是他主持国家社科重点课题“中国国情丛书——百村经济社会调查”的必要步骤，该课题取得了丰硕的成果。陆学艺先生关于中国社会的一些重要的论断、观点，如他对社会结构大约落后于经济结构 15 年的论断、他关于中国社会阶层分为 10 个阶层的划分的观点等等，都是深入调查研究的结果。同样，他领衔编写的系列皮书《中国社会形势分析与预测》、主编的《北京社会建设 60 年》等等，也是如此。老陆很早就养成了实地调查的习惯。有好几次，我们在外地开完会，他说他还要到一些地方去调查，不能一起回北京。可以说，调查研究已经成为他的学术生活方式。这也是他对中国社会，特别对“三农”问题有真知灼见的原因和根据。

其次，在接历史中国的地气方面。陆学艺对中国社会思想史的研究十分重视，主持了“中国社会思想史研究”的重点课题，出版了他和王处辉共同主编的六卷本的《中国社会思想史资料选辑》，作为这一重点课题的阶段性成果之一。陆学艺重视研究中国社会思想，这是继承了孙本文、费孝通等先辈留给我们的优良传统。孙本文先生在 20 世纪 30 年代就提出“中国社会思想，为研究中国社会学者必须研究之材料”。费孝通先生在他最后 10 年同样指出：“中国丰厚的文化传统和大量社会历史实践，包含着深厚的社会思想和人文精神理念，蕴藏着推动社会学发展的巨大潜力，是一个尚未认真发掘的文化宝藏。从过去二十多年的研究和教学的实践来看，深入发掘中国社会自身的历史文化传统，在实践中探索社会学的基本概念和基本理论，是中国学术的一个非常有潜力的发展方向，也是中国学者对国际社会学可能做出贡献的重要途径之一”。在这方面，我和老陆有很多相同的看法，例如，我曾多次说过，我国社会学系的学生必须要学“中国社会思想史”和“中国社会学史”这两门史，否则，对自己这方面的可资开发的宝贵资源都一无所知，或者知之甚少，一味学欧美的东西，造成洋气有余，地气不足。这样的学生很难期待他有什么“理论自觉”，而这样的学生当了老师，就会对他的学生进行误导。

再次，在接中国立场观点地气方面。立场观点方法是任何一个学者都无法回避的问题。老陆在社会学界坚持的正确的立场观点和方法，主要体现在这样一些层面：

一是坚持马克思主义的指导。他写道，社会学健康发展，得益于我们有一个正确的发展方针，这就是社会学研究要以马克思主义为指导，社会学要为社会主义现代化建设服务。就在社会学重建初期，费孝通教授曾作过明确的阐述，他说要建立“以马克思主义、毛泽东思想为指导，密切结合中国的实际，为社会主义建设服务的社会学”，“我国的社会学必须是反映具有社会主义性质和中华民族特点的中国社会的社会学。它的内容既不可能是新中国成立以前的社会学简单恢复，也不可能是任何外国社会学的直接引进，我们虽要批判地继承所有过去社会学的成果，但必须立足于当前中国社会实际为主，通过实践的考验逐步发展我国自己的社会学”。多年来，中国的社会学工作者坚持了这个方针，保证了我国社会学事业的发展。正是坚持这样的方针，我们社会学界，几十年来在各种风风雨雨中，保持了正确的政治方向和学术方向，使学科得到了极大的发展。

二是坚持社会学必须本土化。他说，迄今为止，我国社会学的话语系统主要还是引进版，属于西方话语系统，但是我国社会学要在世界上有一定地位和影响力，那么非要发展出自己的理论和相应的话语系统不可，这也就是通常所说的本土化过程。我们主张本土化，并不是不管世界社会学发展的整个规范系统，而是在遵循普遍的规范原则基础上，在理论、规范上有所创造。我国独特的社会文化传统以及快速的社会变迁，确实为我国社会学的本土化提供了广阔的前景。我们相信，经过我国社会学工作者的不懈努力，在不远的将来，在我国本土上将会涌现一批世界性社会学巨著，产生出中国的社会学理论流派和系统理论，从而不但扭转当今中国社会学与西方社会学不平等的对话格局，而且还为世界社会学提供一个具有主导性的话语系统，有中国特色的社会学就可以建立起来。

三是把人民的利益、社会弱势群体的利益，放在自己心上。他对以改善民生为重的社会建设的论证、对解决“三农”问题的呼吁等等，都贯穿着这样的红线。

四是有自己的原则立场，既正面支持、推动全国和各地的社会学发展，做大做强，又敢于批评一些妨碍中国社会学健康发展的错误观点。这方面的事例不少，这里不再赘述。

所有这些都值得我们，特别是中青年社会学者，尤其是青年学子好好体会。

最后，正如我在《悼念挚友陆学艺》一文中表示的：“我们应该像继承和发展费老、雷老的事业一样，也要更好地继承和发展老陆的事业，推进中国社会学的发展，使中国成为世界社会学一个既繁荣又有活力的学术中心”。今天，我就用这样的话，来追思、纪念我的挚友陆学艺！我们可以忘掉许多东西，但是中国社会学界决忘不了陆学艺！

后记

大约在2004年，郑杭生先生着手回顾其社会学学术历程，并在2005年编辑出版三卷，分别是《中国特色社会学理论的探索》、《中国特色社会学理论的应用》和《中国特色社会学理论的拓展》。2010年，先生继续编辑出版第四卷《中国特色社会学理论的深化》。虽然此时先生年事已高，但是仍然笔耕不辍、产出颇多，尤其对于中国社会学学科在新时期的健康发展思虑深远。2013年，先生告诉我，他要编辑出版第五卷，收录其自2010年以来的一些论述。此后，关于编辑的进程我们时有沟通，一直期待着该书在庆祝先生八十寿辰时能够面世。但是，天不假年，先生于2014年11月9日驾鹤西去，只留下其编辑的意图、框架和初步整理过的文献。

为了实现先生的遗愿，同时也为了更加完整地呈现先生从事社会学学术研究的历程，方便学界了解、研究先生学术思想的全貌，中国人民大学社会学理论与方法研究中心决定按照先生既定的设想，组织编辑“郑杭生社会学学术历程”第五卷，题目就是先生确定的《中国特色社会学理论的提升——社会运行学派：前沿意识与草根精神》。具体编辑工作委托中央财经大学社会学系杨敏教授组织。历经数月，睹文思人，杨敏教授在组织编辑先生文稿时付出了艰辛的努力，这是本书得以及时出版的重要保障。

按照先生本人确定的框架，本卷内容分为四个部分：第一部分，前沿意识；第二部分，草根精神；第三部分，重新认识；第四部分，铺路搭桥。全书收录了先生自2010年以来直至辞世的诸种论述，共有180余篇文章，大约117万字。其中绝大多数文章是先生去世之前公开发表过的，少数几篇文章的正式发表时间在先生去世之后。

在本卷第一部分“前沿意识”中，包括了“学派建设”、“理论自觉”、“学术话语权”、“传统与现代”、“文化问题”等模块，体现了先生对于中国社会学学科发展的新思考；第二部分“草根精神”包括了“社会建设与社会管理”、“社区建设与社区治理”、“新型城镇化”、“中国经验”等模块，这里有先生深入中国城市、农村的社区和村居进行实地调查的大量成果，是本卷比较突出的内容；第三部分“重新认识”包括了“社会学史”、“外国理论”、“国家与社会”等模块，体现了先生对中国社会学再评价、对西方社会学理论再认识、对中国经验和中国道路再提炼的思想；第四部分“铺路搭桥”的内容比较综合，收录了“致辞”、“采访”、“他序”、“书评”、“综述”、“悼念”等方面的文字。各部分收录的文章，是否能够完全体现先生的意图，我们不敢确定，也已无从知晓。我们所依据的基本原则就是尽量全面。

本卷编辑工作得到了中国人民大学党委常务副书记张建明教授的大力支持，中国人民大学社会学理论与方法研究中心李路路教授、刘少杰教授、陆益龙教授、冯仕政教授等也非常关心本卷的编辑工作，杨敏教授和黄家亮副教授等人直接从事资料整理和编辑工作，付出了大量心血。此外，中国人民大学出版社潘宇女士、宋义平编辑等也为本卷的出版作出了重要贡献。在此，我们一并表示衷心的感谢！

谨以此卷纪念先生逝世一周年，告慰先生在天之灵，并勉励同门及后学诸君。

洪大用

于中国人民大学社会学理论与方法研究中心

2015 年 9 月 6 日

图书在版编目（CIP）数据

中国特色社会学理论的提升：社会运行学派：前沿意识与草根精神/郑杭生著．—北京：中国人民大学出版社，2015.10

（郑杭生社会学学术历程）

ISBN 978-7-300-21949-3

Ⅰ.①中… Ⅱ.①郑… Ⅲ.①社会学-研究-中国 Ⅳ.①C91

中国版本图书馆 CIP 数据核字（2015）第 226852 号

郑杭生社会学学术历程之五

中国特色社会学理论的提升

社会运行学派：前沿意识与草根精神

郑杭生 著

Zhongguo Tese Shehuixue Lilun de Tisheng

出版发行	中国人民大学出版社		
社　　址	北京中关村大街 31 号	**邮政编码**	100080
电　　话	010－62511242（总编室）		010－62511770（质管部）
	010－82501766（邮购部）		010－62514148（门市部）
	010－62515195（发行公司）		010－62515275（盗版举报）
网　　址	http://www.crup.com.cn		
	http://www.ttrnet.com(人大教研网)		
经　　销	新华书店		
印　　刷	涿州市星河印刷有限公司		
规　　格	150 mm×230 mm　16 开本	版　　次	2015 年 11 月第 1 版
印　　张	90.25 插页 8	印　　次	2015 年 11 月第 1 次印刷
字　　数	1 504 000	定　　价	298.00 元（上下卷）